사가열전 上

사기열전 上

司馬遷 史記列傳
고전에서 배우는 지략과 처세

사마천 지음
김치영 옮김

마인드북스

역자 서문

 우리는 왜 고전(古典)을 읽는가? 그것은 과거의 성공과 실패의 사례에서 교훈을 얻어 자신이 원하는 풍요로운 현실을 살고자 하는 욕망 때문이다. 그러면 고전이란 무엇이기에 사람들이 그토록 찾는 것일까? 고전이란 과거의 기록이나 문헌으로써 지금 사람들이 읽어도 모범이 될 만한 가치를 지닌 작품을 말한다. 그 가치란 물질적 충족을 얻을 수 있는 비결일 수 있고, 정신적 풍요로움을 가져다주는 비책일 수도 있다.

 2,200년 전에 사마천(司馬遷)이 기록한 『사기(史記)』는 현재 전 세계적으로 가장 많이 읽히는 고전 중의 하나이다. 특히, 우리나라 모든 대학에서 청년 시절에 누구나 한번은 읽어 봐야 할 필독서로 꼽고 있으니 가히 고전의 진수(眞髓)라 해도 손색이 없을 것이다.

 『사기(史記)』는 중국 최초의 정통 역사서 이전에 사마천이라는 한 인간이 삶의 아픔과 불행을 딛고 일어서서 목숨을 바쳐 기록한 인간 성찰의 산물이며 역사의 혼(魂)이다. 그 내용은 고대 전설의 인물인 황제(黃帝)로부터 시작하여 하(夏), 은(殷), 주(周) 시대를 거쳐 최초의 통일국가 진시황의 진(秦)나라, 그리고 가장 넓은 영토를 가진 통일국가 한(漢)

나라 무제(武帝) 때까지의 역사를 기록하고 있다.

『사기』의 내용을 분류하면 다음과 같다. 위대한 왕과 황제에 대한 기록인 「본기(本紀)」 12편, 연대별로 정리한 「표(表)」 10편, 제도와 문물과 사적에 관한 기록인 「서(書)」 8편, 왕과 제후들의 흥망성쇠를 기록한 「세가(世家)」 30편, 그리고 그 당시 천하에 이름을 떨친 일반 인물들의 행적을 그린 「열전(列傳)」 70편, 도합 130편, 한자 52만 6천5백 자로 구성되어 있다.

특히, 『사기』의 내용 중에 백미(白眉)라고 할 수 있는 「사기열전」 편은 은(殷)나라 말기 백이(伯夷)와 숙제(叔齊)를 시작으로, 춘추시대 제자백가를 거쳐, 전국시대 칠웅(七雄)이라 불리는 진(秦), 한(韓), 위(魏), 제(齊), 조(趙), 초(楚), 연(燕)나라의 흥망성쇠와, 이후 진(秦)나라와 한(漢)나라의 시기에 천하에 명성을 떨쳤던 수많은 인물들의 성공과 실패에 대한 활약상이 기록되어 있다.

그 무렵 최고의 가치관은 천하제일 유아독존(天下第一 唯我獨尊)이었다. 모든 왕과 제후들은 누구나 최고 강자가 되고자 원했다. 협력과 공존은 신뢰할 수 없었고 자신이 최고인 것만 믿을 수 있는 시절이었다. 지금 일등주의를 고집하는 우리 사회와 크게 다르지 않았다. 그러나 천하제일이 되고자 하는 자는 반드시 갖춰야 할 몇 가지 요건이 있었다.

천하를 지배하려면 우선 국가의 이념과 통치를 다질 사상가가 필요했다. 이들은 대체로 표방하는 나라가 어떤 나라이며, 통치는 어떻게 할 것이며, 백성들은 어떻게 다스릴 것이냐 하는 국가 기반에 관해 깊은 학식을 갖춘 자들이었다. 두 번째는 전쟁에 대한 지략이 뛰어난 전략가가 필요했다. 매일같이 서로 물고 물리는 치열한 전쟁 상황에서 어떻게 하면 상대를 이길 수 있냐 하는 뛰어난 전략이 무엇보다 중요했다. 또 약한 나라들은 생존하기 위해 어떻게 연맹을 맺고 연합을 이룰 것인가를 고심해야 했다. 바로 그런 일을 이끌 전략가가 그 시대에는 최고의 인텔리로 대접받았다. 세 번째는 천하의 강자가 되려면 전쟁터에 직접 나가 싸울 장수, 장군이 필요했다. 용장(勇將) 밑에는 약졸(弱卒)이 없는 법이다. 즉, 싸움 잘하는 장수를 많이 거느린 왕이 천하의 패권을 움켜쥐는 것은 당연한 것이었다. 네 번째로는 외교를 담당할 입심 좋은 달변가가 필요했다. 병법에도 싸우지 않고 이기는 것이 가장 큰 승리라고 했다. 이들은 칼이 아니라 말로써 사람을 죽이고 적을 항복시키니 각국의 군주들은 달변가를 크게 예우했다. 결국 이 네 가지 인재를 많이 얻은 왕이 천하의 패권을 차지하였고 그렇지 못한 왕은 멸망할 수밖에 없었다.

따라서 사마천의 「사기열전」은 혼란한 시대에 치열하게 살다 간 온갖 인물들의 성공과 실패에 대한 생생한 기록물이다. 이 책은 바로 그들의 이야기를 통해 오늘을 살아가는 현대인들이 자신들에게 필요한 지략과 처세를 얻기를 바라는 바에서 펴낸 것이다.

「사기열전」의 특징이라고 한다면, 첫째는 웅혼한 필치로 등장인물을 그려 내어 역사서로는 보기 드물게 문학성이 빼어나다는 점이다. 또한 인물의 행적을 시대 순에 따라 기록한 기전체(紀傳體) 형식을 창안하여 수천 년 동안 고대의 학자며 저술가들에게 모범적인 문장으로 인식되어 왔다. 둘째, 「사기열전」의 내용은 읽는 사람이 처한 상황과 식견에 따라 달리 해석된다는 점이다. 강자의 처지였다가 약자의 처지가 되었을 때 그 의미가 달리 다가온다는 뜻이다. 셋째, 「사기열전」은 아무리 여러 번 읽어도 싫증이 나지 않으며 오히려 새로운 삶의 맛과 지혜의 보고를 느끼게 해 준다. 넷째, 진한 감동과 놀라운 탄성이 저절로 터져 나오게 하는 깊은 인간미를 담고 있다. 특히 많은 등장인물들이 지혜와 용기는 뛰어났지만 끝내 뜻을 펴지 못하고 좌절하는 불운에 대하여 사마천은 냉혹하리만큼 초연한 입장에서 기록하였는데, 이런 부분들은 가슴을 부여잡게 하고 뭉클한 감동을 느끼게 해 준다.

국내에 번역되어 있는 『사기열전』은 여러 종류다. 하지만 출간된 책들이 대부분 편협한 원문 위주의 번역이라 그 내용이 너무 어지럽고 이해조차 할 수 없는 것들이 많다. 이에 역자는 감히 용기를 내어, 원문에 충실하되 분명히 이해할 수 있도록 번역하였고, 누구나 읽기 쉽도록 재미와 감동을 곁들여 평역하였다.

번역이란 원전의 뜻에 따라 논의의 근거대로 문맥을 구현하는 작업이다. 따라서 이 책에서는 「사기열전」 원문의 복잡하거나 중복되는 부분은 독자의 편의를 위하여 간략하였다. 또한 내용 이해를 돕고자 약간의 윤색을 가하였음을 밝혀 둔다.

본래 이 책은 고뇌하는 한 젊은이에게 인생의 조언을 주기 위해서 한 편씩 연재하던 것이었다. 인생의 가르침 중에 고전보다 나은 것이 어디 있겠는가? 그 원고를 모아 세세히 검토하고 정렬하여 이 책을 내게 된 것이다.

번역자로서 보람이라면 이 책을 읽는 독자 여러분이 행여 작은 글귀 하나에서 인생의 희망과 용기를 얻는 소중한 계기가 되었으면 하는 것이다.

이 책이 출간되기까지 먼저 집필에 전념할 수 있도록 도와주신 '한국

예술인복지재단' 담당자와 관계자 여러분에게 감사를 드린다. 또한 본 내용을 강연할 수 있도록 후원해 주신 '한국도서관협회' 인생멘토 사업단에 감사를 드린다. 특히 출판을 위해 많은 지원과 협력을 아끼지 않으신 마인드북스의 정영석 사장님께 진심으로 감사드리는 바이다. 그리고 힘들고 어려울 때마다 의지를 심어 준 양도현님, 많은 조언을 해 준 홍태지님, 깊은 관심을 가져 준 조경연님에게도 고마움을 전한다. 끝으로 이 책을 열심히 세상을 살아가는 딸 김청림, 언제나 멋진 아들 김화림에게 바치는 바이다.

2015년 9월
국립중앙도서관에서
김치영

차 례

차 례

하권

——————————— ✻ 일러두기 ✻ ———————————

1. 이 책은 중화서국에서 간행한 사마천의 『사기』 중에서 61권 「백이열전」부터 130 권 「태사공자서」에 이르는 70편을 완역한 것이다.

2. 번역의 원칙은 원문에 충실하였고, 원문과 다르게 부가한 말은 독자의 이해를 돕기 위한 것이다.

3. 본문은 현대문으로 서술하였고 인명, 관직명, 지명 등의 고유 명칭과 난해한 용어는 표기에 따르되 괄호로 음훈을 달았다.

4. 제목과 소제는 문장의 구분을 위해 붙인 것이다.

5. 역주는 사용하지 않고 읽기 쉽도록 본문에 설명으로 대신하였다.

6. 지나치게 어려운 설명, 중복된 내용, 인명에 대한 족보의 뒤적임, 장황한 상식적인 문장은 생략하거나 단순하게 정리하였다.

7. 맞춤법과 띄어쓰기는 한글맞춤법과 외래어표기법을 따랐다.

사마천은 누구인가

사마천의 생애에 관한 기록은 그다지 많지 않다. 『사기』의 마지막 편인 「태사공자서(太史公自序)」, 임안(任安)에게 보내는 편지, 반고(班固)가 지은 『한서(漢書)』 「사마천전」이 주요 자료일 뿐이다. 이런 자료의 빈약함으로 인해 사마천의 출생 및 사망 연도가 확실하지 않다.

그럼 『사기(史記)』의 저자 사마천은 누구인가, 과연 어떤 인물인가? 잠시 살펴보고 넘어가겠다. 사마천은 대략 기원전 145년 중국 섬서성 한성현에서 태어났다. 그의 집안은 주(周)나라 시절부터 대대로 왕실 사관의 직책을 맡아 왔다. 그 시절에 사관이란 왕실의 역사를 기록하고 천문과 주술에 관한 일을 같이 맡아 했기 때문에 그다지 사회적으로 높은 직책은 아니었다.

어릴 적 사마천은 사관인 아버지 사마담(司馬談)의 영향으로 글을 배우고 책을 읽었다. 스무 살 무렵에는 전국을 여행 다니며 문물을 익혔다. 강남(江南)·산동(山東)·하남(河南) 등을 여행하며 옛 선현의 발자취를 돌아보았다. 여행이란 예나 지금이나 인간의 시야와 사고의 폭을 넓혀 주고 견문과 식견을 높여 주는 좋은 경험임이 틀림없다. 사마천은 이때의 경험들이 이후 사기를 쓰는 데 많은 도움이 되었다고 고백했으니 말이다.

아버지 사마담이 임종을 앞두고 사마천에게 유언을 남겼다.

"너는 사관의 직무에 충실하여 이 애비가 못다 이룬 역사 기술을 반드시 완수하여라."

이후 사마천은 한(漢)나라 무제(武帝) 때 태사령(太史令)의 직책을 맡아 부친의 가업을 잇게 된다. 그때가 서른여섯 살이었다. 그리고 평범하고 편안하게 10년이 흘러갔다. 자식도 낳고, 지방 출장도 가고, 황제를 따라 지방 외유도 나가고, 흉노 정벌도 다녔다.

기원전 99년, 무제의 명을 받고 흉노 정벌에 나섰던 한나라 이릉(李陵) 장군이 뜻밖에도 흉노에 투항한 사건이 벌어졌다. 한나라의 장군이 저 야만스러운 흉노에 투항한다는 것은 황제에 대한 모독이며 치욕이었다. 그런 일이란 황제에게 반기를 드는 역적 행위와 같은 것이었다. 군대를 이끌고 출정한 장군이 적에게 패하면 스스로 자결하지 못할망정, 도리어 적에게 투항한다는 것은 자신의 집안 삼대가 멸망하는 엄청난 풍파를 겪는 일이었다. 자신의 부모, 자신과 자신의 형제들, 자신의 자식들과 형제들의 자식들이 모두 참수당하는 정말 끔찍한 일이었다.

그 무렵 천하를 통일한 한나라가 가장 두려워한 것은 국경을 무단으로 침입하는 오랑캐들이었다. 특히 북쪽 흉노는 그 세력이 강대하여 자주 쳐들어왔다. 그래서 역대의 황제들은 군사를 동원해 흉노를 공격해 보기도 하고, 많은 물품과 식량을 원조해 주며 회유해 보기도 했지만 모두 소용없었다.

그건 약속과 신의를 지키지 못하는 흉노의 야만성과 그들의 척박한 삶의 터전 때문이었다. 흉노는 예의의 도가 없어 힘센 자는 부족의 장을 함부로 죽이고 그 직위를 빼앗아 갈 수 있었다. 또 집안의 노인들은 함부로 밥상에 앉지 못했다. 젊고 튼튼한 자식들이 먼저 밥을 다 먹고, 그들이 남긴 것을 먹는 것이 노인이었다. 더구나 이들은 문자가 없으니 기록할 수도 없었고 모든 일을 말로써 주고받는 것이 전부였다. 그러니 신의가 있을 턱이 없었다. 상식과 대화로 문제를 해결할 수 없는 민족이었기에 한나라가 골치 아플 수밖에 없었던 것이다.

이릉 장군의 투항에 대해 조정 신하들이 급히 모여 회의를 열었다. 모두 이릉에 대해 문책하기를 황제에게 건의했다.

"그의 친족들을 서둘러 모두 죽여야 합니다."

"이번 기회에 평소 이릉과 가깝게 지낸 자들도 모두 참수하는 것이 사직의 안정을 위해 옳은 일이라 사료됩니다."

그때 사마천은 일찍이 이릉의 인간됨을 알고 있었던 터라 당당히 일어나 이릉을 변론하였다.

"이릉 장군은 그가 원해서 투항한 것이 결코 아닐 것입니다. 폐하, 조금 더 살펴 주시길 간청드립니다!"

그 말이 황제로부터 노여움을 사게 되었다. 그 시절에 황제를 화나게 한다는 것은 스스로 죽음을 부르는 일이었다. 사마천은 당장에 옥에 갇히고 그 벌로 생식기가 잘리는 궁형(宮刑)에 처해졌다. 그때 나이 46세. 남자도 아니고 여자도 아닌 천대받는 환관이 되어 고통과 고뇌의 시간을 보내야 하는 처지가 되었다.

사마천은 그때의 심정을 적어 친한 친구 임안에게 편지를 보냈다.

자신이 왜 자결하지 않고 부끄럽게 궁형을 받게 된 이유를 절절이 적었다.

"여보게. 지금 나는 진흙 속에 처박혀 있다네. 내가 세상의 부끄러움을 무릅쓰고 참고 살아 있는 까닭은, 젊은 날 마음속에 맹세한 것을 완성하지 못한 것이 원통해서이네. 이대로 죽어 버리면 돌아가신 아버님과의 약속은 고사하고, 후세에 지금의 역사를 전하지 못하는 것이 안타깝기 때문이라네."

그리고 그날로 사마천은 마음을 잡고 아버지의 유언대로 『사기』 집필을 시작하였다. 환관이라는 수치와 모욕을 받고 사느니 차라리 죽고 싶은 심정이었지만, 사마천은 자신이 살아야 할 분명한 목적이 있었던 것이다. 해야 할 일이 무엇인지 분명히 알았던 것이다. 그렇게 역사를 집필한 지 4년 후, 사마천은 황제의 신임을 회복하여 궁중에서 문서를 다루는 환관의 최고위직 중서령(中書令)에 오르게 되었다.

다시 6년이 지난 기원전 91년, 사마천의 나이 57세, 사대부들의 멸시와 조롱을 받는 그 어려움 속에서 마침내 인류 최고의 명저 『사기(史記)』가 완성되었다. 그리고 2년 후, 사마천은 향년 59세를 일기로 세상을 뜨고 말았다.

사마천은 자신의 저서를 본래는 『태사공서(太史公書)』라고 지었지만, 후한(後漢) 시대에 들어와 『사기』라고 불리게 되어 지금까지 그렇게 전해지고 있다.

왜 사마천은 『사기』를 썼던가

이는 반고(班固)가 저술한 『한서(漢書)』 「사마천전(司馬遷傳)」에 자세히 기록되어 있다.

"나의 조상은 일국의 제후가 될 만한 공적이 없어 천문 역서를 주관하는 일을 가업으로 삼아 왔다. 이는 하찮고 보잘것없는 일이라 경멸하는 자들이 많았다. 그러니 이런 낮은 신분인 내가 법의 제재를 받고 사형을 받았다 하더라도 구우일모(九牛一毛)가 없어지거나, 작은 벌레나 개미가 밟혀 죽는 것과 다를 것이 없었다. 절개나 의리를 위하여 죽는 사람들처럼 나를 보아줄 리가 만무하였다. 그저 지혜가 다하였거나, 죄가 무거워서 죽는다고 여길 뿐이었다.

죽음이란 태산보다 무겁게 여겨질 때가 있고, 기러기 털보다 가볍게 여겨질 때가 있는 것이다. 이는 어떤 목적을 위해 죽느냐 하는 것에 달려 있다. 최선의 죽음이란 조상을 부끄럽게 하지 않는 것이고, 차선이라면 자신에게 부끄럽지 않은 것이고, 그 아래로는 자신의 면목을 잃지 않는 것이다. 그 이하로는 신체의 자유가 구속되어 붉은 수의를 입고, 수갑을 차고, 볼기를 맞고, 모발이 잘리고, 쇠사슬에 감기고, 코나 귀가 잘리고, 팔다리가 잘리어 죽는 것으로 이는 참으로 수치스럽고 부끄러운 일이다. 그러나 그보다 더 최하의 형벌이란 궁형을 당하는 것인데 이는 죽지도 못하는 극도의 수치심이다.

형벌을 받는 죄수의 신분이 얼마나 비참한 것인가는 말로 다 형용할 수 없다. 진(秦)나라의 재상 이사(李斯), 한(漢)나라의 명장 한신(韓信), 개국공신 주발(周勃), 재상 전분(田蚡) 같은 이도 일단 투옥되면 보잘것없는 옥리를 보고도 썩은 땅에 머리를 조아려 숨을 죽이고 눈치를 살펴야 했다. 그 속에서 추악함을 당하는 경우가 무수히 많았기 때문이다.

부귀와 영화를 누리다가도 죽은 후에는 그 명성이 사라진 이들이 헤아릴 수 없이 많았다. 그렇다고 하더라도 출중한 자들은 후세에 칭송을 받았다. 주(周)나라 문왕인 서백은 감옥에서 『주역』을 저술하였고, 공자는 곤경에 처하여 『춘추』를 저작하였으며, 굴원은 추방되어 「이소(離騷)」의 시를 지었다. 좌구명은 실명한 후에 『국어(國語)』를 저술하였고, 손자는 두 다리가 잘리고서 『손자병법』을 서술하였다. 여불위는 촉으로 유배되어 『여씨춘추』를 편찬하였고, 한비자는 진나라 감옥에서 『설난(說難)』이라는 명저를 남겼다. 『시경』 삼백 편도 모두 성인들이 분한 마음을 풀 길이 없어 편찬한 것들이다.

요컨대 인간이란 마음이 응어리져 답답할 때 이를 해소할 길이 없으면 결국 지난날들을 기록하게 된다. 그 과거의 기록으로 미래를 생각하게 되는 것이다. 특히 불구가 되어 활동할 수 없게 되면 저술에 전념하여 비분강개(悲憤慷慨)의 뜻을 후세에 남기는 것이다.

　나도 엉뚱한 생각일지는 몰라도 보잘것없는 문장 실력으로 천하에 흩어진 기록이나 논저를 모으고, 역사상 활동했던 인물들의 성공과 실패를 깊이 관찰하여 저술하기로 결심하였다. 그것이 내가 궁형의 상처를 극복하는 길이었다. 만약 이걸 완성하지 못하고 죽는다는 것은 오로지 원통하고 아깝다는 그 한마음뿐이었다.

　나는 남자도 아니고 여자도 아닌 환관이 되었지만 그렇다고 누구를 원망하지 않는다. 내가 심혈을 기울인 이 저술이 완성되면 한 벌은 명산에 감추어 대대로 후손에게 전하게 하고, 다른 한 벌은 조정의 뜻있는 인사에게 전할 수 있다면 내 치욕은 씻겨질 것이다. 그러면 1만 번 사형을 받는다 해도 조금도 여한이 없을 것이다."

夫學者載籍極博、猶考信於六藝。○詩書雖缺、然虞夏

之文可知也。○堯將遜位、讓於虞舜、舜禹之間、嶽牧

鹹薦、乃試之於位、典職數十年、功用既興、然後

政。○重器○王者大統、傳天下若斯之難也。而

제1편

백이, 숙제 열전

說者曰堯讓天下於許由、許由不受、恥之逃隱。及夏

之時、有卞隨、務光者。此何以稱焉。太史公曰余登

箕山、其上蓋有許由塚雲。孔子序列古之仁聖賢人、

如吳太伯、伯夷之倫詳矣。餘以所聞由、光義至高、

其文辭不少概見、何哉。孔子曰伯夷、叔齊不念舊

"세상 사람들은 모두가 이익을 탐하느라 다투고 살기 바쁘지만 오직 백이(伯夷)와 숙제(叔齊) 두 사람은 의(義)를 지키느라 바빴다. 심지어 나라까지 양보하고 자신의 신념을 지키다 굶어 죽었으니, 어찌 천하가 이들을 오래도록 칭송하지 않겠는가?"

●

고대로부터 학자들이 기록한 책은 무수히 많았다. 그중 믿을 만한 책은 『시경(詩經)』, 『서경(書經)』, 『예기(禮記)』, 『악경(樂經)』, 『역경(易經)』, 『춘추(春秋)』 등 육예(六藝)를 꼽을 수 있다. 특히 시경과 서경에는 비록 완전하지는 않지만 요(堯), 순(舜), 우(禹)임금의 왕위 이양에 관한 기록이 남아 있다. 요(堯)는 순(舜)에게 순은 우(禹)에게 왕위를 넘겨줄 때 여러 관리와 신하들의 추천을 받고 수십 년간 직책을 맡아보게 하여 그 공적을 판단하고서야 비로소 나라를 맡겼다.

고대 국가는 부락이 연맹을 맺어 형성되었다. 왕은 나이 많은 순서대로 돌아가며 했다. 그래서 요가 먼저 왕위에 올랐다. 요의 치적으로는 백성이 화합하고 모든 관리가 공명정대해진 것을 꼽을 수 있다. 나중에 요가 나이가 들자 사람들이 순을 추천하였다.

순의 아버지는 고수(瞽叟)였다. 눈먼 늙은이라는 의미이지만 생각이나 판단이 어리석은 사람이란 뜻이다. 순은 일찍이 어머니를 여의고 계모

밑에서 자랐다. 그런데 계모는 아주 고약한 여자였다. 계모의 아들 상(象) 역시 오만하기 짝이 없었다. 하지만 순은 부모에게 효도하고 동생 상을 사랑했다. 마을 사람들이 이를 알고 순은 덕이 높은 자라고 추천한 것이었다.

요임금이 그 말을 듣고 괜찮다고 여겨 자신의 딸을 순에게 시집보냈다. 창고도 지어 주고 소와 양도 보내 주었다. 그것을 본 계모가 질투가 나서 남편 고수를 꾀어 순을 죽이려 했다.

어느 날 고수는 아들 순에게 창고 지붕을 고치라고 명했다. 순이 사다리를 타고 올라가자 계모가 창고에 불을 질렀다. 불이 나자 순은 사다리를 찾았으나 이미 치워지고 없었다. 다급한 그 와중에 순은 마침 햇빛을 가리려고 삿갓 두 개를 갖고 있었다. 그것을 양손에 하나씩 들고 날개를 편 것처럼 사뿐히 지붕에서 뛰어내려 목숨을 건졌다.

며칠 후, 고수는 순에게 우물을 파게 하였다. 순이 우물 안으로 들어가자 계모는 아들 상과 함께 흙과 돌로 우물을 메워 버렸다. 그러나 순은 마침 우물 안 옆쪽으로 굴을 파서 쉴 공간을 마련해 두었기에 다치지 않았다. 그 굴을 계속 파서 무사히 집으로 돌아왔다.

순이 살아 돌아오자 가족들은 놀라고 이내 순을 해칠 생각을 그만두게 되었다.

"아, 이는 하늘이 보호하는 자로다!"

이후 순은 예전과 마찬가지로 부모에게 효도하고 동생 상을 사랑하며 지냈다. 요임금이 그 사실을 알고는 순에게 문무백관의 일을 총괄하도록 했다. 그러자 백관의 일이 질서정연해졌다. 다시 사방 제후들을 접대하는 일을 맡겼더니 찾아오는 빈객들이 정중하고 화목하여 모두 순을 공경하였다. 이어 산림과 산천의 일을 맡겼더니 폭우가 내리고 폭풍이 불어도 그르치지 않고 성실히 수행하였다. 이에 요임금은 순은 덕이 높은 자라 여겨 왕위를 넘겨주었다.

요임금 때부터 황하 유역에는 큰 홍수가 나면 집과 가축이 떠내려가고 비옥한 밭이 물에 잠겼다. 요임금은 숭(崇) 부락의 수령인 곤(鯀)에게 황하를 다스리도록 명했다. 곤은 9년 동안 제방을 쌓고 쌓아 홍수를 막았지만 황하를 다스리기에 역부족이었다. 오히려 제방이 터지면 더 큰 참사를 불러왔다. 그러다가 순임금이 즉위하자 곤을 해임하고 그의 아들 우(禹)에게 황하를 다스리도록 명했다.

우는 아버지의 실패로부터 교훈을 얻었기에 제방을 쌓는 것이 아니라 물길을 터서 황하와 소통하는 방법을 택했다. 멀리까지 물을 댈 수 있게 수리시설을 많이 만들었다. 오직 백성을 구제해야겠다는 신념으로 일을 하였다. 그 오랜 노력 끝에 황하의 홍수를 수리시설로 이겨내게 되었다. 이 공로로 우는 순에게서 왕위를 물려받았다.

이렇게 임금의 자리가 세습이 아니라 덕 있는 자에게 양위되는 것을 선양(禪讓)이라고 한다. 그 무렵에는 이처럼 직무를 수십 년 동안 수행하게 하여 그 공적의 결실을 보고 난 후에 비로소 왕위를 넘겨주었다. 이러한 절차를 밟은 것은 천하는 귀중한 보물이요, 천자는 가장 높은 통치자이기 때문에 천하를 물려준다는 것은 참으로 어렵다는 것을 손수 보여 준 것이다.

그런데 고대의 어떤 자가 다음과 같은 의문을 품었다.

"요임금이 이전에 허유(許由)라는 덕망이 높은 자에게 왕위를 물려주려고 했을 때, 허유는 받아들이지 않고 오히려 이를 치욕으로 여겨 달아나 숨어 버렸다. 또 하(夏)나라 때, 변수(卞隨)와 무광(務光)은 덕망 있는 자였다. 하지만 정치에서 도망쳐 은둔하며 살아갔다. 그런데 사람들이 이들을 높게 칭송한 것은 무엇 때문인가?"

진(晉)나라 때 황보밀(皇甫謐)이 지은 『고사전(高士傳)』에 허유에 관해 다음과 같이 기록되어 있다.

"허유는 어질고 지혜롭기로 명성이 높은 자였다. 요임금이 이를 알고 구주를 맡아 달라고 청하였다. 허유는 이를 거절하고 더러운 말을 들었다 하여 영수(潁水)라는 개울가에서 자신의 귀를 물에 씻었다. 이때 친구인 소부(巢父)라는 자가 소를 몰고 오다가 허유가 귀를 씻는 까닭을 전해 들었다. 소부는 그런 물을 자신의 소에게 먹일 수 없다고 여기고 곧바로 상류로 올라가 소에게 물을 먹였다. 이후 허유는 기산(箕山)에 은거하며 지냈다."

기산영수(箕山潁水)라는 고사는 바로 허유와 소부의 절개와 지조를 나타낸 말이다.

이에 대해 사마천 역시 공자에게 의문을 가졌다.

"공자(孔子)는 인인(仁人), 현인(賢人), 성인(聖人)을 차례로 열거하면서 백이(伯夷)와 숙제(叔齊)에 대해 매우 상세하게 기록하였다. 나도 허유와 변수와 무광이 절의(節義)가 지극히 고결하다는 말을 무수히 들었는데 『시경』과 『서경』에는 이들에 관한 기록이 하나도 없다. 이것은 어째서 일까?"

사마천이 기록한 백이와 숙제에 대한 이야기는 다음과 같다.

백이와 숙제는 은(殷)나라 고죽국(孤竹國) 왕의 아들이다. 왕은 셋째인 숙제에게 왕위를 물려주려고 했다. 그런데 뜻밖에도 왕이 별안간 죽고 말았다. 숙제는 왕위를 형인 백이에게 넘겨주려 했다. 이에 백이는 완강히 거절하며 끝내 국외로 도망쳐 버렸다.

"야, 아버지가 너보고 하라고 했지 나는 아니야. 난 하고 싶지도 않아."

숙제 또한 왕위에 오르기를 원치 않아 몰래 도망가 버렸다. 결국 신하들은 둘째 중자(仲子)를 왕으로 옹립했다.

나라를 떠난 백이와 숙제는 서백창(西伯昌)이라는 자가 노인을 잘 봉양한다는 소문을 듣고 의로운 자라 여겨 그를 찾아갔다. 막상 가서 보니 서백창은 이미 죽고, 그의 아들 무왕(武王)이 아버지의 위패를 수레에다 받들어 싣고 폭군인 은(殷)나라 주왕(紂王)을 정벌하러 나서고 있었다. 그걸 보자 백이와 숙제는 무왕의 말고삐를 잡고 간언하였다.

"부친이 돌아가셨는데 장례도 치르지 않고 전쟁을 일으키려 하는 것을 어찌 효(孝)라고 할 수 있습니까? 더구나 은나라의 신하된 자로서 왕을 치려 하다니, 이를 어찌 인(仁)이라고 할 수 있습니까?"

그러자 무왕의 호위무사들이 달려 나와 백이와 숙제에게 칼을 들이댔다. 이때 무왕의 사부인 강태공(太公)이 나서며 격하게 소리쳤다.

"칼을 거두어라! 이분들은 의인(義人)이시다."

그러고는 둘을 부축해 무사히 돌려보냈다.

이후 무왕은 은나라를 평정하고 주(周)나라를 세웠다. 그러나 백이와 숙제는 주나라의 백성이 된 것을 치욕으로 여기고 수양산(首陽山)에 들어가 숨어 살았다. 그곳에서 고사리를 캐 먹으며 연명하였다. 이들이 죽을 지경이 되었을 때 다음과 같은 노래를 지어 불렀다.

오늘도 수양산에 올라 고사리를 캐노라

폭력으로 폭력을 바꾸었건만

왕은 아직도 그 잘못을 모르는구나.

신농(神農), 순(舜)임금, 우(禹)임금

그 좋은 시절은 홀연히 지나갔으니

이제 우리는 어디로 간단 말인가?

아, 죽음뿐이구나.

쇠잔한 내 운명이여.

마침내 이들은 수양산에서 굶어 죽고 말았다.

공자는 『논어』에서 다음과 같이 말한다.

"백이와 숙제는 지나간 원한을 기억하지 않아 남을 원망하는 일이 거의 없었다. 그들은 인(仁)을 구하고 인을 얻었는데 무엇을 원망했겠는가?"

이는 자신의 행위에 부끄러움이 없이 살았기 때문이라는 뜻이다. 그러나 사마천은 공자의 말에 다음과 같은 의심을 품었다.

"백이와 숙제가 어찌 심경이 비통하지 않았겠는가? 그들이 어찌 원망이 없었겠는가? 혹자는 말하기를 하늘의 도는 공평무사해서 항상 착한 사람을 돕는다고 한다. 과연 그런 걸까? 백이, 숙제는 행실이 깨끗했음에도 굶어 죽었다. 또한 공자는 칠십 명의 제자 중에서 오직 안연(顔淵)만이 학문을 좋아한다고 칭찬하였다. 그러나 안연은 항상 가난해서 술지게미나 쌀겨 같은 거친 음식도 배불리 먹지 못하고 끝내 요절하고 말았다. 하늘이 착한 사람을 돕는다고 하면서 어찌 이들에게 이럴 수가 있단 말인가?

춘추시대의 도척(盜跖)은 천하를 도적질하고 날마다 죄 없는 사람을 죽이고 포악무도한 짓을 행하고도 끝내 천수를 다 누리고 죽었다. 이것은 그의 어떠한 덕행에 의한 것이란 말인가? 또한 죄를 짓고 법을 위반하면서도 한평생을 호강하며 자자손손 부귀를 누리는 이들이 있다. 그런가 하면 걸음도 골라서 딛고, 말도 가려서 하며, 길을 가도 공평하고 바른 곳만 가는 이들이 재앙을 당하는 일이 헤아릴 수 없이 많다. 이러한 것을 하늘의 도리라고 한다면, 이는 과연 옳은 것인가, 그른 것인가?"

사마천이 백이와 숙제가 원망이 없지 않았다고 한 것은 그 시대의 상황과 그들의 인생이 맞지 않은 것이 참으로 애석하다고 여겼기 때문이다.

공자는 이렇게 말한다.

"서로 길이 다른 사람과는 함께 일을 도모하지 않는다."

이 말은 사람은 누구나 자신의 뜻을 좇아서 산다는 말이다. 하늘의 뜻을 따라 사는 것이 아니라, 자신이 좋아하는 일을 좇아 산다는 것이다.

공자는 이어 다음과 같이 말했다.

"부귀와 영화가 누구나 추구해서 얻는 것이라면, 비록 말채찍을 잡는 천한 일을 해서도 얻는다고 하면 나는 그것을 할 것이다. 그러나 정녕 구할 수 없는 것이라면 나는 내가 좋아하는 것을 좇아 살 것이다."

공자는 또한 사람이 부귀와 영화만을 추구하는 것을 따끔하게 꼬집었다.

"추운 겨울이 와야 소나무와 측백나무가 변하지 않고 푸르른 것을 알게 된다."

이는 세상이 혼탁해져야 청렴한 사람이 드러난다는 말이다. 어찌 부귀만 중히 여기고 청렴한 의를 가볍게 여긴단 말인가?

이어 공자가 말했다.

"군자란 죽은 뒤에 자신의 이름이 사라지는 것을 근심할 수 있어야 한다."

이는 인생을 얼마나 떳떳하게 살았느냐 하는 것이다. 사람들은 모두가 재물에 목숨을 걸고 살아간다. 그러니 어찌 자신에게 떳떳할 수가 있겠는가.

한(漢)나라 때의 정치가인 가의(賈誼)는 이렇게 말했다.

"욕심 많은 자는 재물 때문에 목숨을 잃고, 열사는 명분 때문에 목숨을 잃고, 권세를 과시하는 사람은 그 권세 때문에 목숨을 잃고, 서민들은 그날그날 자기의 생계에 매달리다 목숨을 잃는다. 밝은 것들은 서로 비추어 주고, 같은 무리들은 서로 어울린다. 구름이 용을 따라 일어나고, 바람이 호랑이를 따라 일어나듯이 성인이 나타나야 만물이 빛을 얻게 되는 것이다."

사마천은 말한다.

"백이와 숙제가 비록 현인이기는 했지만 공자의 찬양을 얻고 나서 그 명성이 더욱 알려졌다. 안연이 비록 학문에 독실하기는 했지만, 공자가 총애하는 제자라는 꼬리가 붙어서 그 덕행이 더욱더 빛나게 되었다. 시골 가난한 선비가 이름을 날리고자 하면 덕망 있고 지위가 높은 선비를 만나지 않고서 어떻게 후세에 이름을 남길 수 있겠는가? 시골 사는 선비도 나아가고 물러갈 때를 가려서 처신하여 그 품행이 드러나는데, 허유와 무광 같은 이의 이름이 쉽게 버려진 것은 참으로 슬픈 일이다."

제2편

관중, 안영열전

管仲夷吾者，潁上人也。少時常與鮑叔牙遊，鮑叔知
其賢。管仲貧困，常欺鮑叔，鮑叔終善遇之，不以為
言。已而鮑叔事齊公子小白，管仲事公子糾。及小白
立為桓公，公子糾死，管仲囚焉。鮑叔遂進管仲。
管仲既用，任政於齊，齊桓公以霸，九合諸侯，一匡
天下，管仲之謀也。
管仲曰：吾始困時，嘗與鮑叔賈，
分財利多自與，鮑叔不以我為貪，知我貧也。吾嘗
為鮑叔謀事而更窮困，鮑叔不以我為
愚，知時有利不利也。吾嘗三仕三見逐於君，鮑叔不
以我為遭時也。

"관중(管仲)은 사치스러웠지만 백성들에게 욕을 먹지 않았다. 이는 제(齊)나라 환공(桓公)을 보좌하여 천하의 패권을 쥐게 한 명재상이었기 때문이다. 안영(晏嬰)은 지극히 검소하여 백성들의 사랑을 받은 재상이었다. 제나라를 그 어느 때보다 태평하게 잘 다스려 안자(晏子)라는 칭호를 받을 정도였다."

●

관중

관중은 제(齊)나라 사람으로 이름이 이오(夷吾)이며 자가 중(仲)이다. 젊은 시절 친구 포숙(鮑叔)을 만나 자주 어울려 지냈다. 포숙은 집안이 그런대로 먹고 사는 처지였지만 관중은 아주 가난했다. 관중은 경제적인 이유로 포숙을 속이는 일이 종종 있었다. 하지만 포숙은 그런 일을 가지고 왈가불가 따지지 않았다. 누구보다 관중의 현명함을 알아주는 유일한 친구였기에 아무렇지 않은 듯 언제나 잘 대해 주었다.

둘은 성인이 되자 벼슬을 얻고자 했다. 그 무렵 제나라 임금은 양공(襄公)이었다. 그는 동생 부인을 몰래 겁탈하고, 그것도 부족하여 끝내는 동생을 죽이고 부인을 빼앗아 간 황음무도(荒淫無道)한 자였다. 또 자신의 맘에 들지 않는 신하는 함부로 죽이거나 옥에 가두는 폭군으로 악명이 높은 자였다. 이로 인해 민심이 등을 돌렸고 나라는 혼란스러운 상황이었다. 이때 포숙은 양공의 동생인 공자(公子) 소백(小白)을 찾아가 섬겼고, 관중 또한 양공의 동생인 공자(公子) 규(糾)를 찾아가 섬겼다.

어느 날 양공은 사촌동생인 공손무지(公孫無知)에게 피살되고 말았다. 상황이 험해지자 공자 규와 소백은 혹시라도 공손무지에게 노여움을 살까 두려워 각각 노(魯)나라와 거(莒)나라로 망명을 떠났다. 이때 관중과 포숙도 각각의 공자를 따라 떠났다. 두 명의 유력한 공자가 망명을 떠나자 제나라에 남아 있던 배다른 형제들이 음모를 꾸몄다. 결국 공손무지도 곧이어 암살됨으로써 제나라는 한치 앞도 예측 못할 큰 혼란에 휩싸이고 말았다. 빈 왕위 자리를 놓고 치열한 권력 쟁탈전이 시작된 것이었다.

유력한 왕의 계승자인 두 공자가 망명지에서 이 소식을 듣고는 서둘러 귀국길에 올랐다. 이때 공자 규는 활 솜씨가 뛰어난 관중을 자객으로 보내 소백을 암살하도록 명령했다. 거(莒)나라에 들어온 관중은 소백이 수레에 오르는 것을 목격하고 이내 조준하여 활을 당겼다. 소백은 그만 수레 앞으로 고꾸라지고 말았다. 소백이 죽었다는 소식을 접한 공자 규는 느긋하게 귀국길에 올랐다.

그런데 죽은 줄로만 알았던 소백이 살아났다. 관중이 쏜 화살이 소백의 허리띠에 맞아 천만다행으로 목숨을 구했던 것이다. 소백은 부랴부랴 달려 규보다 먼저 귀국하여 왕위를 차지하였다. 뒤늦게 귀국한 공자 규가 소백에게 저항했지만 이미 권력을 쥔 소백을 이길 수 없었다. 결국 공자 규는 사로잡혀 스스로 자결하고 말았고, 그의 부하들 중에 사로잡힌 자들은 처형을 앞두고 있었다.

이때 관중 역시 사로잡혀 사형 집행을 기다리는 처지였다. 포숙은 친구를 잃는다는 생각에 너무도 가슴이 아팠다. 고민 끝에 소백을 찾아가 엎드려 간곡히 아뢰었다.

"대왕께서는 제(齊)나라만으로 만족하신다면 지금 가진 신하들로 충분합니다. 하지만 천하의 패권자가 되고자 하신다면 관중이 없어서는 아니 되옵니다. 관중은 어느 나라에서나 소중히 쓰일 인물이오니 결코 잃어서는 아니 되옵니다. 부디 그를 살려 주어 등용하시기 바랍니다."

소백은 잠시 고민하더니 포숙의 건의를 받아들였다. 이내 관중을 풀어 주고 신하로 삼았다. 이후 관중은 재상에까지 오르는 비약적인 출세를 하게 되었다. 자신을 알아 준 소백에 대한 보답으로 천하의 모든 제후들을 아홉 번이나 불러들여 소백을 섬기도록 하였고, 제나라를 천하의 패권국가로 만들었다.

재상에 오른 관중이 가장 힘썼던 정책은 우선 부국강병이었다. 국토의 장점을 이용하여 이웃나라와 특산물을 교역하여 경제를 부흥시켰고 재화를 축적하여 군대를 키웠다. 이 정책이 성공함으로써 마침내 소백은 군주의 자리인 환공(桓公)에 오르고 천하제일의 강자가 되었다.

관중은 정치에 대해 이렇게 말했다.

"백성들은 곡식창고가 가득차야만 예절을 알고, 먹고 입는 것이 풍족해야만 명예와 치욕을 안다. 백성들이 사유(四維), 즉 예의, 정의, 청렴, 부끄러움을 모르면 나라는 멸망하고 이를 알면 나라는 강해진다. 또한 군주가 법도를 실천해야 백성들이 나라의 명령에 순응하게 된다. 그런 까닭에 정치란 백성들이 원하는 것을 들어주고 백성들이 싫어하는 것을 없애 주는 실질적이며 실용적이어야 한다."

한번은 제나라의 공격을 받은 노(魯)나라가 존폐 위기를 느껴 수읍 땅을 바치고 화친을 맺고자 했다. 환공이 이를 받아들여 가(柯) 땅에서 맹서식을 거행하기로 하였다. 노나라 장공(莊公)이 단상에 앉아 비통한 표정으로 서약서를 쓰고 있었다. 그때 제나라 군사들의 경비가 소홀한 틈을 타서 노나라 장군 조말(曹沫)이 단상으로 뛰어 올라갔다. 그리고 환공에게 비수를 들이대며 위협했다.

"제나라가 아무리 강하다고 해서 어찌 이토록 노나라를 가혹하게 하십니까. 지금 대왕의 목숨은 제 손에 달려 있습니다. 이제껏 빼앗아 간 노나라 땅을 모두 돌려준다는 서약서를 써 주십시오. 그렇지 않으면 이 칼이 용서치 않을 겁니다."

환공은 목숨이 위태로운 처지라 조말의 조건대로 서약서를 써 주었다. 그러자 조말이 태연하게 장공을 모시고 내려와 노나라로 돌아갔다. 환공은 제나라로 돌아오자 분을 참지 못했다. 이내 서약서는 무효라고 선언하고 당장 군대를 출정시켜 노나라를 치도록 명령했다. 그러자 관중이 나서서 말했다.

"대왕께서는 천하의 패권자이십니다. 천하의 으뜸이라면 신망이 있어야 합니다. 서약이 비록 협박에 의한 것이라 해도 약속이니 지키셔야 합니다. 만약 이를 지키지 않으시면 지금까지 대왕을 따르던 많은 제후들이 신망이 없다고 여겨 떠날 것입니다. 하지만 약속을 지키시면 천하의 많은 제후들이 그 신망을 믿고 섬기고자 찾아올 것입니다. 이는 바로 주는 것이 얻는 것이라는 정치의 정석인 것입니다."

그 말에 따라 환공은 서약대로 빼앗은 노나라 땅을 모두 돌려주고 더는 공격하지 않았다. 그러자 정말로 여러 제후들이 찾아와 환공을 섬기고자 문전성시를 이루었다.

　어느 날 관중이 늙어 병이 나서 눕게 되었다. 환공은 나랏일이 걱정되어 직접 병문안을 왔다. 관중을 바라보며 물었다.
　"그대가 볼 때에 후임 재상으로 누가 적임자라 생각하오?"
　관중이 대답했다.
　"제가 듣건대 신하를 알아보는 것은 임금보다 나은 사람이 없고, 자식을 알아보는 데에는 아비보다 나은 사람이 없다고 하였습니다."
　그러자 환공이 말했다.
　"역아(易牙)는 어떤가?"
　관중이 대답했다.
　"그는 제 자식을 죽여서까지 벼슬에 미련을 못 버린 자니 위험합니다. 부디 멀리 하십시오."
　그러자 환공이 다시 물었다.
　"개방(開方)은 어떤가?"
　관중이 대답했다.
　"그는 출세하고도 부모를 버렸으니 인정이 없는 자입니다. 가까이 둘 자가 결코 아닙니다."
　환공이 이어 물었다.
　"그럼 수도(豎刀) 그 자는 어떤가?"
　관중이 대답했다.
　"그는 조강지처를 버린 의리를 모르는 자입니다. 언제고 대왕을 배반할 자입니다."

얼마 후 관중이 죽었다. 하지만 환공은 관중의 말을 따르지 않고 역아, 개방, 수도 세 사람을 중용하였다. 현명한 신하를 잃은 군주는 판단이 흐려질 수밖에 없었다. 이후 이 세 사람이 정권을 전횡하여 환공을 허수아비로 만들었다.

나중에 환공이 죽자 다섯 아들은 장례는 제쳐 두고 왕위 계승 쟁탈전을 벌였다. 환공의 시체는 67일 간이나 방치되어 구더기가 들끓는 상태였다. 이후 제나라는 쇠락하고 말았다.

관중은 죽기 전에 친구 포숙에 대해 이렇게 말했다.

"젊은 시절 나는 포숙과 함께 장사를 한 적이 있었다. 이익을 나눌 때 내가 더 많이 차지하곤 했다. 그럼에도 포숙은 나를 욕심쟁이로 여기지 않았다. 내가 가난한 것을 알았기 때문이다. 한번은 내가 포숙을 대신해서 어떤 일을 벌이다가 실패하여 그를 무척 곤궁하게 만들었다. 하지만 포숙은 나를 어리석다고 여기지 않았다. 운이란 좋을 때와 나쁠 때가 있다고 말했다. 또 예전에 내가 세 번이나 벼슬길에 나섰다가 세 번 내쫓기고 말았다. 포숙은 그런 나를 못났다고 여기지 않았다. 아직 때를 만나지 못한 것이라 위로했다. 그리고 나는 세 번 전쟁터에 나갔다가 세 번 모두 도망쳤을 때에도 포숙은 나를 겁쟁이라고 여기지 않았다. 내게는 모셔야 할 늙은 어머니가 있다는 사실을 알았기 때문이다. 공자 규가 패하자 그 가신들이 스스로 목숨을 끊었다. 하지만 나는 붙잡혀 치욕스러운 몸이 되었을 때, 포숙은 나를 수치도 모르는 자라고 여기지 않았다. 내가 부끄러워한 것은 정작 그런 일이 아니라, 천하에 이름을 날리지 못한 것을 부끄럽게 여기고 있음을 알았기 때문이다. 나를 낳아 준 이는 부모이지만 나를 알아준 이는 포숙이었다."

한편 포숙은 관중을 천거한 후에 자신은 그 아랫자리에 있으면서 관중을 받들었다. 후에 포숙의 자손들은 대대로 제나라 대부(大夫)의 집안으로 명성을 떨쳤다. 이는 세상 사람들이 관중의 현명함보다는 관중을 알아준 포숙을 칭찬했기 때문이었다.

관중과 포숙 이 둘 사이의 우정을 관포지교(管鮑之交)라 한다. 비슷한 말로 송무백열(松茂栢悦)이 있다. 소나무가 무럭무럭 커 가는 걸 보고 측백나무가 기뻐한다, 즉 벗이 잘됨을 기뻐한다는 뜻이다.

안영

관중이 죽고 백 년 후, 제나라 이유(夷維) 땅에서 안영(晏嬰)이 출현했다. 안영은 자가 평중(平仲)이고 제나라 영공(靈公), 장공(莊公), 경공(景公)을 섬겼다.

어느 날 안영은 외출하는 도중에 포졸에게 끌려가는 한 죄수를 보게 되었다. 표정이 태연하고 늠름해 도무지 악한 사람 같지 않았다. 안영이 수레에서 내려 포졸에게 물었다.

"이보시오, 저자의 죗값을 내가 대신 치루면 풀어 줄 수 있겠소?"

포졸이 그렇게 할 수 있다고 고개를 끄덕였다. 그러자 안영은 자신의 마차 왼쪽 말을 풀어 죗값으로 치러 주고 그를 태워 집으로 데려왔다. 이야기를 나누어 보니 그는 제나라 사람들이 현인이라고 부르는 월석보(越石父)라는 자였다. 집에 오자 안영은 하인을 시켜 월석보를 손님방에 머무르게 하고는, 아무런 인사도 없이 내실로 들어가 버렸다. 그러자 잠시 후에 월석보가 큰소리로 인사를 하는 것이었다.

"당신 같이 예의도 모르는 사람은 내 알고 싶지 않소. 나는 가겠소!"

깜짝 놀란 안영이 방에서 뛰어나와 무슨 까닭인지 물었다.

"내가 당신을 곤경에서 구해 드렸잖소. 그런데 무엇이 예의가 없다는 것이오?"

월석보가 대답했다.

"군자는 자신을 알아주지 않는 자에게는 굴욕을 당할 수 있지만, 자신을 알아주는 이에게는 자신의 마음을 드러낸다고 했습니다. 방금 전 내가 죄수의 몸이었을 때에 포졸들은 나를 알아주지 않았지만, 그대는 죗값을 치러 주고 나를 구해 주었으니 이는 나를 알아준 것이오. 그런데 나를 알아주었던 사람이 집에 와서는 예의 없이 그대로 방에 들어가 버리니, 그건 마치 내가 은혜도 모르는 사람이라고 여긴 것이 아니고 무엇이겠소. 그럴 바에야 차라리 죄수의 몸으로 있는 것이 나을 것이라는 생각이 들었기 때문에 작별을 하고자 하는 것이오."

그 말을 들은 안영은 방금 전 자신의 무례함을 부끄러워하며 지체 없이 사과했다. 그리고 월석보를 집안의 상객(上客)으로 정중히 맞아들였다.

안영은 평소 검소하기로 소문난 자였다. 제나라 재상이 된 후에도 식사 때에 고기반찬은 한 가지로 족했고, 집안 부녀자들은 함부로 비단옷을 입지 못하게 했다. 또 행실이 분명하여 조정에 들어가서 왕이 물으면 늘 곧고 바른말로 응답했다. 왕이 묻는 것이 없으면 돌아와 몸가짐을 바르게 하고 있었다. 왕의 명령이 바른 것이면 순종하였고, 잘못된 경우에는 냉정히 따졌다.

안영이 재상이 되었을 때 일이다. 하루는 재상의 마차를 모는 마부가 대문 밖에서 안영을 기다리는데 그 태도가 아주 거만하기 이를 데 없었다. 마차에 앉아 네 마리 말에 채찍질을 하는 시늉이 의기양양한 모습이었다. 마침 마부의 아내가 지나가다 그 행동을 지켜보게 되었다. 안영이 마차에 오르는 걸 보고는 마부의 아내는 그만 한숨을 크게 내쉬며 한탄하고 말았다.

"저 인간이 왜 저렇게 거만한 거지!"

마부는 안영을 모시고 나갔다가 몇 시간 뒤에 집으로 돌아왔다. 그런데 마부의 아내가 별안간 이혼을 청하는 것이었다. 뜻밖의 말을 듣게 된 마부가 그 이유를 물으니 아내가 대답하였다.

"당신이 모시는 재상 어른은 비록 키는 작지만 천하에 명성을 떨치고 있는 분입니다. 오늘 아침 제가 그분의 외출 모습을 살펴보니 검소한 복장에 겸손한 자세였습니다. 그런데 당신은 키는 여덟 자나 되건만 남의 마부 노릇을 하면서도 아주 거만하기 이를 데 없었습니다. 저는 그런 거만한 사람과는 살고 싶지 않습니다. 그래서 이혼을 청하는 것입니다."

그 말을 들은 마부는 깨닫는 것이 있어 부인에게 용서를 빌었다. 그후로 자신을 낮추고 겸손해졌다. 얼마 후 안영이 마부의 행동이 달라진 것을 이상하게 여겨 묻자 마부가 사실대로 대답했다. 그러자 안영은 마부의 사람 됨됨이가 바르다고 여겨 천거하여 승진시켜 주었다.

안영은 성품이 강직해 아첨을 몰랐다. 언제나 왕에게 충언하는 것을 두려워하지 않았다. 한번은 왕에게 형벌을 가볍게 하고 백성들의 세금을 줄여야 한다고 주장하였다. 하지만 그 무렵 장공(莊公)은 제멋대로 행동하는 못난 군주였다. 사치와 향락에 빠져 정치를 팽개친 지 오래 되었다. 결국 안영은 자신의 건의가 받아들여지지 않자 사직하고 고향으로 내려왔다.

어진 신하가 떠나면 어리석은 군주는 망하기 마련인 법이다. 장공은 얼마 후 자신의 가신인 최저(崔杼)에게 살해되고 말았다. 이전에 장공이 최저의 아내를 농락하자 최저가 그 원한을 오래 품고 있었던 것이었다. 최저는 장공의 가신들을 모조리 처형한 후 공자(公子) 저구(杵臼)를 경공(景公)으로 옹립했다. 최저 자신은 우상(右相)이 되어 전권(專權)을 장악했다.

이때 최저는 태사령(太史令) 백(伯)이 쓴 왕실 기록을 보고는 크게 노하고 말았다.

"5월 을해(乙亥)일에 최저가 장공을 살해했다."

결국 최저는 분을 참지 못해 백을 살해하고 말았다. 그리고 백의 동생 중(仲)과 숙(叔)을 태사령 직에 앉혔으나 이들의 왕실 기록 역시 형과 다르지 않았다.

"5월 을해(乙亥)일에 최저가 장공을 살해했다."

최저는 다시 노하여 두 동생마저 살해했다. 그러자 막내인 계(季)가 태사령 직책을 이어 형들과 똑같이 왕실에 대해 직필기록을 하였다.

"5월 을해(乙亥)일에 최저가 장공을 살해했다."

결국 최저는 역사는 거스를 수 없다고 여겨 막내 계는 살려 주었다.

장공이 시해당했다는 소식을 접한 안영은 조문을 가기로 결심했다. 그것은 장공의 죽음을 슬퍼하기 위함이 아니라 최저의 행위는 의롭지 못하다고 항의하기 위해서였다.

그러자 주변에서 혹시라도 안영이 해를 당할까 염려하여 가지 말 것을 충고했다.

"이보게, 불에 뛰어드는 나방처럼 자멸해서는 아니 되네."

그러자 안영이 대답했다.

"나는 신하로 있을 때에 비록 장공이 나를 푸대접했어도 충언 올리는 일을 게을리하지 않았네. 그런데 최저가 무엇을 믿고 나를 해친단 말인가?"

그렇게 당당하게 안영은 조정에 들어섰다. 최저가 그를 보자 불같이 화를 내었다. 칼을 뽑아 당장에 죽일 것처럼 큰소리를 쳤다.

"네놈이 무엇이기에 조정에 함부로 발을 디딘단 말인가? 목이 떨어지고 싶지 않으면 어서 나가라."

하지만 안영은 조금도 두려워하지 않고 태연하게 말했다.

"나는 나라의 사직을 위해 달려온 것이지 애당초 살고 죽는 것은 내 관심 밖이다."

말을 마친 안영은 장공의 시체에 엎드려 하염없이 통곡을 하였다. 최저는 그 기세에 눌려 아무 말도 하지 못했다. 하지만 최저는 안영을 자신의 편으로 만들 궁리를 하였다.

이후 최저는 자신이 왕위에 오를 것을 계획하였다. 모든 신하를 자신의 집에 불러 술을 한잔 따라 주면서 충성을 서약받기로 하고 연회를 베풀었다. 만약 그 자리에서 맹서를 거부한 자는 부하를 시켜 목을 베게 할 작정이었다.

마침 그 자리에 안영도 초대받게 되었다. 많은 신하들이 과연 안영은 어떤 식으로 최저에게 맹서하는지 보기 위해 한시도 눈을 떼지 않았다. 신하들이 차례대로 이어가면서 충성 서약을 하고, 드디어 안영의 차례가 되었다. 안영은 차분하게 잔을 받아 들고는 이내 하늘을 우러러보며 크게 탄식하였다.

"원통하구나! 감히 최저 네놈이 군왕을 시해하다니. 포악한 짓을 한 놈들은 결코 제 명대로 살지 못할 것이다!"

그리고 술을 단숨에 들이키고는 무섭게 최저를 노려보았다. 기가 질린 최저는 칼을 뽑아 안영의 가슴에 겨누고는 다시 맹서하도록 명령했다.

"네놈이 죽고 싶지 않으면 어서 똑바로 맹서해라!"

순식간에 연회장은 긴장감이 감돌았다. 그러나 안영은 조금도 두려워하지 않고 말했다.

"창칼 앞에서 뜻을 바꾸는 자는 용감한 자가 아니다. 위협을 받는다고 나라를 배반하는 것은 더럽고 비열한 자들이다. 내 머리가 잘리고 가슴에 칼이 들어온다 해도 나 안영은 네놈 최저에게 결코 굴복하지 않을 것이다."

도리어 큰소리를 치고는 자리에서 일어났다. 화가 머리끝까지 난 최저가 칼로 단숨에 내려치려 하자 옆에 있던 부하가 완강하게 만류하였다.

"안 됩니다! 장공이 죽었을 때 백성들이 슬퍼하지 않은 이유는 그는 폭군이었기 때문입니다. 그런데 안영을 죽인다면 의로운 신하를 죽였다고 백성들이 들고 일어날 것입니다. 그러면 원하시는 정권을 얻을 수가 없을 것입니다. 그러니 참으십시오."

부하의 충고에 최저가 겨우 정신을 차리고 칼을 거두었다. 그러자 안영이 다시 호통을 쳤다.

"군주는 쉽게 죽이는 놈이 어찌 나 안영을 못 죽인단 말이냐!"

안영이 연회장을 나오자 마부가 서둘러 마차를 댔다. 혹시라도 최저의 군사들이 달려와 안영을 죽일까 겁이나 급히 떠나려 했다. 그러자 안영이 말했다.

"긴장하지 마라. 목숨이라는 것이 빨리 간다고 안 죽고, 천천히 간다고 죽는 것이 아니다. 죽을 놈은 아무리 빨리 뛰어도 무덤 속에 있기 마련이다."

그 무렵 경공은 최저에 의해 옹립되긴 했지만 최저에게 쉽게 휘둘리는 인물이 아니었다. 도리어 최저의 권력 횡포에 강한 불만을 품고 모사를 꾸몄다. 그리고 얼마 뒤, 최저를 유인하여 사로잡고 그를 따르는 자들을 모조리 죽이고 말았다. 최저는 자신의 운명을 한탄하면서 자살하고 말았다. 경공은 이어 유능한 신하들을 조정으로 불러들이고 특히 안영에 대해 특별한 관심을 갖고 그를 재상에 기용하였다.

한번은 아현(阿縣) 지방의 풍속이 문란하기 그지없어 경공은 안영으로 하여금 그곳을 다스리게 하였다. 안영이 부임하고 3년이 지나자 문란한 풍속이 사라졌다. 그런데 어찌 된 일이지 안영을 헐뜯는 상소가 셀 수 없이 조정에 올라왔다. 경공이 이를 보고 안영의 허물을 질책삼아 관직을 박탈하려 했다. 그러자 안영이 상소를 올렸다.

"제 잘못이 무엇인지 분명히 알고 있습니다. 3년만 더 이곳을 다스리게 해 주시면 저를 비방하던 자들이 모두 저를 칭찬하게 만들겠습니다."

경공이 그렇게 하라고 허락하였다. 그리고 다시 3년이 지났다. 아니나 다를까, 이번에는 안영을 칭찬하는 상소가 수도 없이 조정에 올라왔다. 경공은 몹시 기뻐 안영을 불러 상을 하사하려 했다. 그런데 기뻐해야 할 안영은 엄숙한 표정으로 상을 거부했다. 경공이 무슨 까닭인가 묻자 안영이 대답했다.

"처음 아현을 다스릴 때 저는 강철 같은 심정으로 법을 엄격하게 집행했습니다. 그 바람에 부랑자와 깡패들이 저에게 원한을 품었습니다. 또 근검절약과 분수에 맞는 생활을 강조하자 이번에는 도적과 건달들이 저를 원망했습니다. 업무를 공평무사하게 처리하자 이번에는 지역의 권세가들이 저를 원망했습니다. 친구들이 찾아와 이러저런 청탁을 했지만 저는 들어주지도 만나지도 않았습니다. 그러자 친구들이 저를 원망하게 되었습니다. 고위층에 대해서 규정된 것만 대우하자 이번에는 고위층 인사들이 저를 원망하게 되었습니다. 하지만 백성들은 살기 편해졌고 풍속이 좋아져서 모두들 생업에 종사할 수 있게 되었습니다.

그 뒤 3년은 달랐습니다. 저는 그저 물 흘러가는 듯이 내버려두었더니 이전에 저를 원망했던 자들이 모두 저를 칭송하게 되었습니다. 처음 3년은 제가 상을 받아야 마땅하지만 왕께서는 도리어 저에게 벌을 주시려 하셨습니다. 다음 3년은 제가 벌을 받아야 하지만 왕께서는 도리어 상을 하사하시려 했습니다. 그러니 제가 어찌 그 상을 받을 수 있겠습니까?"

이 일로 경공은 크게 깨닫는 바가 있어 안영을 더욱 신임하게 되었다.

경공은 평소 술을 무척 좋아하는 군주였다. 한번은 7일 동안 술자리가 밤낮없이 계속되었다. 경공은 피곤한 줄 모르고 주색에 빠져 있었다. 그때 경대부(卿大夫) 홍장(弘章)이 참다못해 경공 앞에 나아가 아뢰었다.

"이제 국정을 돌보시고 술자리를 끝내셔야 합니다."

그러나 경공은 들은 척도 하지 않았다. 그러자 홍장은 속이 부글부글 끓어 무릎을 꿇고 말했다.

"대왕께서 더 이상 제 말을 듣지 않으신다면 차라리 제 목을 베어 주십시오."

그러자 옆에서 그 말을 듣고 있던 안영이 껄껄 웃으며 자리에서 일어나 박수를 치는 것이었다. 홍장은 무슨 영문인가 싶어 고개를 갸웃거렸고, 경공 또한 무슨 일인가 싶어 안영을 쳐다보았다. 하지만 안영은 아무렇지도 않다는 표정으로 말했다.

"경대부 홍장께서는 충언을 올리고도 목숨이 살아 있으니 정말 다행으로 여겨야 할 것입니다. 만약에 걸왕(桀王)이나 주왕(紂王) 같은 폭군을 만났더라면 진즉에 목이 달아나고 말았을 겁니다."

그 말을 들은 경공이 순간 정신이 번쩍 들어 술자리를 끝내고 말았다.

이후 안영은 경공에게 술에 관해 다음과 같이 상소를 올렸다.

"술은 인간과 인간의 감정을 소통시켜 우의를 다지게 합니다. 하지만 지나치면 그르치게 됩니다. 환공 때는 음주로 인해 농사일이나 베 짜는 일을 게을리하면 처벌을 받았습니다. 그래서 그때는 풍속이 순박했고 도적이 없었고 음탕한 행위가 없었습니다. 지금 대왕께서는 조정 일은 팽개치고 음주가무에 빠져 지내시니 이는 나라의 큰 해가 아니고 무엇이겠습니까?

『시경』 삼백 편에 술에 관한 이야기가 있습니다. '음주는 수양이 뒷받침되어 있어야 한다. 적당할 때 그칠 줄 알아야 하며, 마시고 나면 자리에서 일어설 줄 알아야 한다. 그래야 손님과 주인의 예를 잃지 않는다.'고 말입니다. 마시고 취했는데도 자리를 뜰 줄 모르면 손님의 예의를 잃은 것입니다. 제가 대왕을 초청해 밤늦도록 술을 권한다면 이는 신하된 자가 대왕의 잘못을 부추기는 꼴이 됩니다. 그러니 부디 깊게 살펴 주십시오."

이후 경공은 음주를 크게 줄였다.

안영이 죽고 난 후, 경공이 여러 신하를 모아 놓고 술을 마시는 자리였다. 이때 경공이 자신의 활솜씨를 보여 주겠다며 멀리 표적을 향해 활을 당겼다. 그러나 화살은 표적에 맞지 않았다. 그런데 신하들이 모두 일어서서 일제히 탄성을 질렀다.

"훌륭하십니다!"

안색이 변한 경공은 활을 내던지고 연회장을 나갔다. 이때 현장(弦章)이란 신하가 따라나섰다. 경공은 현장에게 탄식하듯 말했다.

"내가 안영을 잃은 뒤로 이제까지 뭐 하나 잘못했다고 충언하는 신하가 없었다. 그런데 오늘은 더욱이 내 화살이 과녁에 맞지 않았는데도 신하들은 모두 칭찬만 하고 있지 않은가?"

현장이 이에 대답했다.

"신하란 군주가 하사한 의복을 몸에 걸치고 군주가 좋아하는 음식을 먹습니다. 자벌레는 노란 것을 먹으면 노래지고, 푸른 것을 먹으면 푸르게 됩니다. 행여 대왕께서는 아첨하는 자들의 말을 먹고 계신 것은 아니신지요?"

경공이 그 말을 듣자 모처럼 기분이 좋았다. 충언을 올린 현장에게 좋은 생선을 하사품으로 내렸다. 생선을 실은 수레가 지나가자 신하들이 모두 쳐다보며 부러워하는 눈치였다. 그러자 현장은 깨닫는 바가 있었다.

"조금 전 대왕께 찬사를 보낸 자들은 모두 이 생선을 원하는 자들이다. 옛날에 안영은 왕이 내려 준 상을 사양하고 왕의 허물이 있으면 죽음을 각오하고 아뢰었다. 나 또한 아첨하는 자들을 따라 살 수는 없는 노릇이다."

하고는 생선을 실은 수레를 모두 되돌려 보냈다.

태사공은 말한다.

"세상 사람들은 관중을 어진 신하였다고 하지만 공자는 그를 하찮게 여겼다. 그것은 환공을 도와 왕도를 실행하지 않고 다만 제후들 중에 강자로서 이름을 떨치게 했기 때문일 것이다. 임금의 장점은 키우고 단점은 바로잡아 줘야 군신이 서로 친목할 수 있다는 말은 관중을 두고 한 말이 아니겠는가?

안자(晏子)는 안영을 높여 부르는 말이다. 안자는 조정에 들어가면 충성을 다할 것을 생각하고 물러나서는 자신의 잘못을 살피는 자였다. 안자가 지금 살아 있다면, 나 사마천은 그를 위해 마부가 되어 채찍 드는 일이라도 기꺼이 할 것이다. 안자는 정녕 내가 흠모하는 사람이다."

제3편

노자, 한비자 열전

老子者、楚苦縣属鄉曲仁里人也、姓李氏、名耳、字

聘周守藏室之史也。孔子適周、將問禮於老子。老

子曰子所言者、其人與骨皆已朽矣、獨其言在耳。

且君子得其時則駕、不得其時則蓬累而行。吾聞之、

良賈深藏若虛、君子盛德容貌若愚。去子之驕氣與多

欲、態色與淫志、是皆無益於子之身。吾所以告子、

若是而已。孔子去、謂弟子曰鳥、吾知其能飛魚、吾

知其能遊獸、吾知其能走。走者可以為罔、遊者可以

為綸、飛者可以為矰。至於竜、吾不能知其乘風雲而

> "노자는 스스로 자연스럽고 청정하면 자신을 바르게 한다고 했다. 이를 무위(無爲)라 하였다. 한비자는 사물의 이치를 헤아리고 형세와 이치를 따르는 처세론을 지었다. 여기서는 노자, 장자, 신불해, 한비에 대해 소개한다."

●

노자

노자(老子)는 초(楚)나라 고현(苦縣) 사람이다. 성은 이(李) 이름은 이(耳), 자는 백양(伯陽), 시호는 담(聃)이다. 한때 주(周)나라의 장서실(藏書室)을 관리하는 사관(史官)이었다.

공자(孔子)가 주나라에 머무를 때, 노자에게 예(禮)에 관해서 물었다. 노자는 이렇게 대답했다.

"그대가 말하는 성현들이란 이미 그 육신과 뼈는 모두 썩었고 단지 말만 몇 마디 남아 있을 뿐이오. 군자도 때를 만나야 관직에 나아가지, 때를 못 만나면 이리저리 휘날리는 다북쑥처럼 처량한 신세인 것이지요. 뛰어난 장사꾼은 물건을 깊이 숨겨 두어 겉으로는 아무것도 없는 것같이 보이고, 군자는 훌륭한 덕을 간직하고 있어도 겉모습은 어리석어 보이는 것이 아니겠소. 그대는 이제 그만 교만과 탐욕, 허세와 욕망을 버리도록 하시오. 이러한 것들은 그대에게 아무런 도움이 되지 않소. 내가 그대에게 할 말은 단지 이것뿐이오."

이후 공자는 돌아와서 제자들에게 이렇게 말했다.

"새는 날아다니기 잘하고, 물고기는 헤엄을 잘 치며, 들짐승은 달리기를 잘한다. 달리는 들짐승은 그물로 잡을 수 있고, 헤엄치는 물고기는 낚시로 낚을 수 있고, 나는 새는 화살로 잡을 수가 있다. 그러나 용은 어떻게 구름과 바람을 타고 하늘로 올라가는 건지 나는 도무지 알 수가 없다. 이전에 내가 노자를 만나 보니 그는 마치 용과 같은 사람이었다."

노자는 도덕(道德)을 수련했으며, 그의 학문은 자신을 감추어 이름이 드러나지 않도록 하는 것이었다. 주나라가 쇠락하는 것을 보고 노자가 그곳을 떠나려고 하였다. 수레가 함곡관(函谷關)에 이르자 성을 지키는 관령(關令)인 윤희(尹喜)라는 자가 말했다.

"선생께서 이제 이후로 멀리 떠나신다고 하니, 송구한 부탁이지만 저를 위해 글 몇 자만 써 주십시오."

그러자 노자는 도(道)와 덕(德)의 의미를 5천여 자로 서술한 『도덕경(道德經)』을 써 주고 떠났다. 그 뒤로 그가 어떻게 여생을 보냈는지 아무도 알 수 없었다.

일설에 의하면 춘추시대 초(楚)나라 사람 노래자(老萊子)가 15편의 저서를 지어 도가를 논했다고 한다. 노래자는 공자와 같은 시대 사람이다. 또 노자는 160살 혹은 200살까지 살았다고 하는데, 이것은 노자가 도를 닦아 양생의 비법을 터득했기 때문에 장수했을 것이라고 믿는 까닭이다.

사관(史官)의 기록에 의하면, 공자가 죽은 후 129년 되는 해에 주(周)

나라 태사(太史)였던 담(儋)이 진(秦)나라 헌공(獻公)을 알현하며 다음과 같이 말했다.

"진(秦)나라는 처음에 주(周)나라와 합쳤다가 5백년 후에는 나누어지고, 나눈 날로부터 70년이 지나면 패왕이 출현할 것입니다."

어떤 사람은 담이 바로 노자라고 하고, 또 어떤 사람은 아니라고 한다. 이제 세상에는 그것이 사실인지 아닌지를 아는 이가 아무도 없다. 노자는 이렇듯 숨어 사는 군자였다.

노자의 아들은 이름이 종(宗)이다. 종은 위(魏)나라 장수로서 단간(段干)을 봉토로 받았다. 종의 아들은 주(注)이고, 주의 아들은 궁(宮)이며, 궁의 현손은 가(假)이고, 가는 한(漢)나라 효문제(孝文帝)를 섬겼다. 그리고 가의 아들 해(解)는 교서왕(膠西王) 앙(卬)의 태부(太傅)가 되어 제(齊)나라를 다스렸다.

세상에서 노자의 학문을 배우는 사람들은 유가를 배척하고, 유가를 배우는 이들은 역시 노자의 학문을 배척했다.

"도가 같지 않으면 서로 도모하지 않는다."

바로 이런 것을 두고 하는 말일 것이다. 노자는 무위(無爲)로서 저절로 교화되는 것과, 사람은 맑고 고요하게 있으면 저절로 바르게 된다고 주장하였다.

장자(莊子)

장자는 몽(蒙) 지방 사람으로 이름은 주(周)이다. 일찍이 몽 지방의 칠

원(漆園)이라는 고을에서 관리를 지냈다. 배운 것이 많아 학문이 넓고 통달하지 않은 것이 없었다. 하지만 그의 근본은 노자로 귀결된다. 10만여 자나 되는 그의 저서는 대체로 우화로 이루어졌다. 그는 「어부(漁父)」, 「도척(盜跖)」, 「거협(胠篋)」 편을 지어 공자(孔子)의 무리들을 비판하고 노자의 학설을 찬양했다.

「외루허(畏累虛)」, 「항상자(亢桑子)」 같은 이야기는 사실이 아닌 허구이지만 문장력이 뛰어난 논저이다. 세상사와 인간의 마음을 적절히 비유하여 유가와 묵가를 공격했다. 비록 당대의 대학자라고 하더라도 그의 공격을 피할 길이 없었다. 그의 언사는 거센 물결과 같이 자유분방한 까닭에 제후나 대인들이 꺼려 등용되지 못하였다.

초(楚)나라 위왕(威王)은 장자가 현인이라는 말을 듣고 사신을 보내 천금을 예물로 주고 그를 재상으로 삼으려 했다. 그러자 장자가 웃으며 초나라 사신에게 이렇게 대답했다.

"천금(千金)이라면 막대한 돈이고, 재상이라면 존귀한 지위지요. 혹시, 그대는 왕이 제사 지낼 때 제물로 바치는 소를 보지 못했습니까? 그 소는 여러 해 동안 잘 먹고 잘 지내다가, 어느 날 화려한 비단옷을 입고 종묘로 끌려가게 되지요. 이때 그 소가 하찮은 돼지로 살겠다고 한들 그렇게 될 수 있겠소? 그러니 그대는 더는 나를 욕되게 하지 말고 빨리 돌아가시오. 나는 차라리 더러운 시궁창에서 즐겁게 노닐지언정 제후들에게 구속당하고 싶지는 않소. 죽을 때까지 벼슬하지 않고 내 마음대로 생을 즐기다 갈 것이오."

신불해

　신불해(申不害)는 경읍(京邑) 사람으로 본래 정(鄭)나라의 하급 관리였다. 후에 법가(法家)의 학문을 배워 한(韓)나라 소후(昭侯)에게 유세하여 재상에까지 올랐다. 15년간 재상으로 있으면서 안으로는 정치와 교육을 정비하고 밖으로는 외교를 강화하여 한(韓)나라를 부강하게 만들었다. 그가 살아 있는 동안 주변의 여러 제후들이 감히 한나라를 넘볼 수 없었다.

　신불해의 학설은 자연을 숭상하는 황제(黃帝)와 노자의 주장에 근본을 둔 황노사상(黃老思想)과 법가에서 주장하는 형명(刑名)학을 주요 이론으로 하고 있다. 신하에게 관직을 맡겨 그 직무를 책임지게 하고, 군주는 신하를 감독하면서 생사여탈권(生死與奪權)을 쥐는 전제 정치를 지향하였다.

　그는 술론(術論)에서 다음과 같이 말한다.

　"술(術)이란 군주가 뜻하는 바를 신하가 모르게 해야 직무를 맡은 자들이 그 능력을 다하는 것이다. 그로 인해 공로에 따라 상벌을 주면 되는 것이다."

　그의 사상은 한비자에게 영향을 미쳤는데 그는 『여씨춘추』에서 이렇게 말하였다.

　"그러므로 지극한 지혜는 지혜를 버리고, 지극한 인(仁)은 인을 버리며, 지극한 덕은 마음에 두지 않는 것이다. 한비자여, 듣는 것을 버려라. 듣지 않으면 귀가 맑아질 것이다. 보는 것을 버려라. 보지 않으면 눈이 밝아질 것이다. 지혜를 버려라. 알지 않으면 편안해질 것이다. 이 세 가지를 버리고 결코 의지하지 않으면 잘 다스려질 것이고, 이 세 가지에 의지하면 어지러워질 것이다."

신불해는 『신자(申子)』라는 두 편의 저서를 남겼다.

한비자

한비(韓非)는 한(韓)나라의 귀공자 출신으로 노자 사상에 기반을 둔 형명(刑名)과 법술(法術)을 숭상했다. 선천적으로 말더듬이어서 변론에는 서툴렀으나 문장에 재능이 있어 저술에는 뛰어났다. 스승인 순자(荀子) 에게 진(秦)나라 재상을 지낸 이사(李斯)와 더불어 제왕학과 처세술을 배 웠다. 이때 한비의 배움은 이사보다 월등했다. 이로 인해 이사는 한비에 대해 깊은 경계심을 갖게 되었다.

한(韓)나라가 날로 쇠약해져 가는 것을 보자 한비는 왕에게 여러 차 례 정책을 건의하였다. 하지만 어느 것 하나 받아들여지지 않았다. 나 라를 다스림에 있어 우선 법제를 정비하고, 권력을 장악해 신하를 통제 하고, 부국강병에 힘써 어진 인재를 등용해야 한다는 정책 기조는 무시 당하고, 도리어 조정은 실속 없는 소인배들이 좌지우지하고 있었다. 이 에 한비는 통탄하였다.

"나라가 쇠퇴하는 데에는 다 까닭이 있으니, 유학자는 경전으로 나라 의 법도를 어지럽히고, 무인은 무력으로 나라를 범하기 때문이다. 군주 란 나라가 태평할 때에는 글 읽는 선비를 총애하고, 나라가 위급할 때 에는 갑옷을 입은 장수를 등용해야 한다. 그런데 지금 나라의 녹을 먹고 있는 자들은 위급할 때 전혀 쓸모없는 자들이고, 위급할 때 써야 할 자들은 모두 조정을 떠나 있지 않은가?"

한비는 청렴하고 강직한 사람들이 사악한 권신(權臣)들에 의해서 배척당하는 것이 슬펐다. 그런 가운데 정치의 성패와 득실의 변천 과정을 관찰해 「고분(孤憤)」, 「오두(五蠹)」, 「내외저(內外儲)」, 「세림(說林)」, 「세난(說難)」 편 등 10만여 자의 글을 저술했다.

하지만 스스로 유세(遊說)의 어려움을 알고 재앙을 벗어날 「세난」 편을 상세하게 저술했음에도 결국은 자신조차 재앙을 벗어나지 못하였다. 한비는 「세난」 편에서 이렇게 말하였다.

"무릇 유세의 어려움이란 나의 지식으로 상대방을 설득시키기 어렵다는 것이 아니고, 또 내 언변으로 뜻을 분명히 밝히기 어렵다는 것도 아니며, 내가 감히 해야 할 말을 자유롭게 말하기 어렵다는 것도 아니다.

유세의 어려움이란 상대방의 마음을 잘 알아, 나의 말을 거기에 꼭 들어맞게 하는 데 있는 것이다. 상대방이 높은 명성을 얻고자 하는데 유세자는 큰 이익을 얻도록 설득한다면 식견이 낮은 속된 사람이라고 천시받을 것이다. 이와 반대로 상대방이 큰 이익을 얻고자 하는데 유세자는 높은 명성을 얻도록 설득한다면 몰상식하고 세상 물정에 어둡다고 여겨 틀림없이 쫓겨나고 말 것이다.

상대방이 속으로는 큰 이익을 바라면서도 겉으로는 높은 명성을 얻고자 할 때 유세자가 높은 명성을 얻도록 설득한다면 겉으로는 받아들이는 척하지만 실제로는 그를 멀리할 것이다. 만약 이런 경우에 큰 이익을 얻도록 설득한다면 속으로는 유세자의 의견을 받아들이면서도 겉으로는 그를 배척할 것이다. 이런 점들을 유세자는 잘 알아두어야 상대를 설득할 수 있다.

무릇 일이란 비밀을 유지함으로써 성사되고 누설됨으로써 실패하게 된다. 그러나 유세자가 상대의 비밀을 들출 뜻이 없었지만 우연히 상대의 비밀을 말한다면 유세자는 목숨이 위태로워진다.

또 제후에게 허물이 있을 때 유세자가 주저 없이 분명하게 바른 말을 하고 그 잘못을 들추어내면 목숨이 위태로워진다. 군주의 신임과 은혜가 아직 깊지 않은데 유세자가 아는 바를 다 말해 버리면, 설령 그 주장이 실행되어 효과를 보더라도 군주는 그 공로를 잊어버리게 될 것이고, 그 주장이 실행되지 않아 실패하게 되면 군주의 의심을 살 것이니 이런 경우에도 유세자의 목숨이 위태롭게 될 것이다.

또 군주가 좋은 계책을 내어 자기의 공로로 삼고자 하는데 유세자가 그 계책을 알아 버리면 목숨이 위태롭게 된다. 군주가 겉으로는 어떤 일을 하는 척하나 실제로는 다른 일을 꾸미고 있는데 유세자가 이것을 알아 버리면 역시 목숨이 위태롭게 된다. 군주가 결코 하고 싶지 않은 일을 억지로 하게 하거나, 그만둘 수 없는 일을 가로막으면 이 또한 목숨이 위태롭게 된다.

군주는 어질고 현명하다는 이야기를 듣게 되면 자신을 헐뜯는다고 여기고, 우매하다는 이야기를 들으면 유세자가 권세를 부린다고 여기고, 군주가 총애하는 자에 관해서 말하면 그들을 이용하려고 한다고 여기고, 군주가 미워하는 자에 관해서 말하면 자기를 떠보려 한다고 생각할 것이다.

말을 꾸미지 않고 간략히 하면 무지하다고 경시할 것이고, 장황하게 수식을 늘어놓으면 말이 많다고 할 것이며, 사실에 적합하게 이치대로 진술하면 소심하고 겁이 많아 할 말을 다 못한다고 할 것이고, 생각한 바를 거침없고 두루 다 말해 버리면 버릇없고 거만하다고 할 것이다. 이런 점들이 유세의 어려움이니 마음속에 새겨 두어야 한다.

무릇 유세에서 중요한 것은 상대방의 장점을 미화하고 상대방의 단점을 덮어 버릴 줄 아는 것이다. 상대가 자신의 계책을 탁월하게 여긴다면 공연히 그의 잘못을 꼬집어 궁지로 몰아서는 안 된다. 상대가 자신의 결정에 동참했다면 구태여 다른 의견을 들어 그를 화내게 해서는 안 된다. 나를 인정해 주는 상대가 은근히 능력을 과시하면 기분이 상하더라도 가로막아서는 안 된다.

유세자는 군주와 같은 계책을 가지고 있는 자, 또 같은 행위를 하는 자를 칭찬하고 혹 실패하더라도 두둔해 주고, 실수를 하더라도 그의 과실이 아니라며 덮어 주어야 한다.

군주는 유세자가 충성을 맹세하는 발언을 하면 배척하지 않는다. 그때가 유세자에게는 자신의 지혜와 언변을 마음껏 펼 수 있는 기회이다. 그런 연후에 군주의 신임을 얻으면 자신이 아는 바를 다 말할 수 있다. 그렇게 해서 오랜 시일이 지나면 군주의 총애가 깊어지고 큰 계책을 올려도 의심받지 않고, 군주와 말다툼을 하여도 벌을 받지 않는다. 그때가 되어야 유세자가 국가에 이로운 점과 해로운 점을 명백히 따져 군주가 공을 세울 수 있게 하면, 군주와 옳고 그름을 솔직하게 따져도 의심을 받지 않으니 부귀와 영화를 얻게 된다. 이러한 관계가 되어야 비로소 성공했다고 할 수 있다."

은(殷)나라의 재상 이윤(伊尹)은 요리사였고, 진(秦)나라 목공(穆公)의 신임을 얻은 백리해(百里奚)는 포로 출신이었다. 이들은 이런 상황을 극복하여 군주에게 등용되는 계기가 되었다. 비록 고되고 천한 일을 겪었지만 결코 부끄럽게 여기지 않았다. 성공한 유세란 바로 이와 같은 것이다.

송(宋)나라에 한 부자가 있었다. 하루는 비가 와서 그의 집 담장이 무너졌다. 그러자 그의 아들이 말했다.

"담을 다시 쌓지 않으면 도둑이 들 것입니다."

이웃집 주인도 역시 아들과 똑같이 말했다.

"담을 다시 쌓지 않으면 도둑이 들 것입니다."

날이 저물고 어두워지자, 과연 도둑이 들어 부자는 많은 재물을 잃고 말았다. 그러나 부자는 똑같은 말에 대해서 아들은 선견지명이 있어 똑똑하다고 칭찬하면서도 이웃집 주인에게는 도리어 의심을 갖게 되었다.

'혹시, 저놈이 훔쳐 간 것이 아닐까?'

또 옛날 정(鄭)나라의 무공(武公)이 오랑캐인 호(胡)나라를 정벌할 때였다. 무공은 자기 딸을 호나라 군주에게 시집보냈다. 그러고는 신하들에게 물었다.

"내가 전쟁을 일으키려 하는데 어느 나라를 치면 좋겠는가?"

그러자 대부 관기사(關其思)가 나서며 말했다.

"호나라를 쳐야 합니다."

그 대답을 들은 무공은 무척 화가 났다.

"호나라는 사돈의 나라인데 그대는 어찌 호를 치라고 하는가?"

하고는 그 자리에서 관기사의 목을 베고 말았다.

호나라 군주가 마침 이 소식을 듣고 정나라야말로 친밀한 우방국으로 여겨 경계를 게을리하게 되었다. 얼마 후, 정나라는 호나라의 경계가 극도로 소홀함을 보고는 단숨에 쳐들어가 함락시키고 말았다.

이웃집 주인과 관기사가 한 말은 모두 옳은 말이다. 하지만 심한 경우 목숨을 잃었고 가벼운 경우 의심을 받았다. 이는 곧 안다는 것이 어려운 일이 아니라, 아는 것을 어떻게 쓰느냐가 어렵다는 뜻이다.

춘추시대 위(衛)나라 영공(靈公)은 미자하(彌子瑕)라는 젊은 신하를 남달리 총애하였다. 그건 미자하가 학문이 깊거나 재능이 뛰어나서가 아니었다. 왕의 마음을 잘 헤아려 달콤한 말을 할 줄 알았고, 잘 생긴 외모로 늘 왕에게 좋은 인상을 주었기 때문이었다.

그 당시 위나라 국법에는 군주의 수레를 훔쳐 타는 자는 발꿈치를 자르는 월형(刖刑)에 처하게 돼 있었다. 그런데 한밤중에 누군가 찾아와서 미자하의 모친이 병이 났다는 소식을 전해 주었다. 소식을 들은 미자하는 급한 마음에 군명(君命)을 사칭해 군주의 수레를 타고 단숨에 모친에게 달려갔다.

나중에 영공이 이 일을 알게 됐다. 하지만 처벌하기는커녕 오히려 미자하를 칭찬했다.

"그대는 참으로 효자로다! 어머니를 위해서라면 월형도 무서워하지 않았으니 말이다."

또 한 번은 미자하가 영공을 따라 과수원에 놀러 갔었다. 그곳에서 미자하가 복숭아를 하나 따서 한 입 베어 물었는데 맛이 참으로 달았다. 그 먹던 것을 영공에게 바쳤다. 영공은 무엄하다고 여기지 않았다. 오히려 가상하다고 여겨 이렇게 말했다.

"미자하는 참으로 나를 위하는 자로다. 제 입맛을 참고 나를 생각하니 말이다!"

그러다가 얼마 후에 미자하의 외모가 쇠약해지면서 멀리 변방의 벼슬자리로 나가게 되었다. 그런데 뜻하지 않게 아주 사소한 일로 미자하가 죄인이 되어 영공 앞에 서게 되었다. 하지만 미자하는 조금도 걱정하지 않았다.

"왕께서 이전에 나를 얼마나 총애했던가. 결코 나를 잊지 않았을 것이다."

그런데 영공은 미자하를 보더니 대뜸 인상을 쓰면서 호통을 치는 것이었다.

"저놈은 본디 고약한 놈이다. 이전에 군명을 사칭해 내 수레를 훔쳐탄 적이 있고, 또 먹다 남은 복숭아를 나에게 권했던 아주 버르장머리 없는 놈이다. 저 무례한 놈을 당장 끌어내 목을 베어라!"

미자하의 행위는 처음이나 나중이나 다를 바가 없었다. 하지만 이전에는 왕을 위해 현명하다고 여겼던 일이 후에는 죄를 진 것이 됐다. 그것은 군주가 총애하는 마음이 다해 미움으로 바뀌었기 때문이다.

한비는 말한다.

"그러므로 군주에게 총애를 받을 때에는 어떤 계략을 말해도 군주의 마음에 들지만, 군주에게 미움을 받을 때에는 아무리 훌륭한 지혜를 말해도 군주를 노하게 만든다. 따라서 유세자는 군주의 애증을 살펴보고 난 후에 말해야만 한다.

용이란 동물은 잘 길들이면 그 등에 올라탈 수도 있다. 그러나 그 목덜미 아래 한 자 길이의 거꾸로 난 비늘, 역린(逆鱗)이 있는데 이것을 건드린 사람은 반드시 죽는다고 한다. 군주에게도 이처럼 거꾸로 난 비늘이 있는데 유세하는 사람이 이 비늘을 건드리지 않으면 그 유세는 성공했다고 할 수 있다."

어떤 사람이 한비가 저술한 책을 진(秦)나라에 가지고 갔다. 진나라 왕이 「고분」, 「오두」 2편의 문장을 읽어 보더니 감탄하여 말했다.

"아! 과인이 이 사람을 만나 사귈 수 있다면 죽어도 여한이 없겠다."

그때 신하인 이사가 나서서 대답했다.

"이것은 한(韓)나라의 한비라는 자가 저술한 책입니다."

그러자 진나라 왕이 바로 명을 내렸다.

"당장 한(韓)나라에 가서 한비라는 자를 진나라로 보내도록 하라. 그렇지 않으면 공격할 것이라고 전해라!"

이 소식을 들은 한나라 왕은 상황이 급박해지자 서둘러 한비를 진나라에 보냈다. 진나라 왕은 한비를 보자 반갑게 잘 대해 주었다. 하지만 등용할 것인가는 맘을 정하지 못했다.

평소 한비의 재능이 뛰어난 것을 알고 있었던 신하 이사(李斯)와 요고(姚賈)는 자신들의 자리를 빼앗길까 두려워하고 있었다. 왕이 주저하는 틈을 노려 이렇게 간언하였다.

"지금 대왕께서는 천하통일의 야망으로 인재를 구하고 계십니다. 그런데 한나라에서 온 한비를 등용한다면 그는 한나라를 위할 뿐이지 결코 진나라를 생각지는 않을 것입니다. 그것은 인정상 당연한 일입니다.

그렇다고 해서 그를 등용하지 않고 오랫동안 억류했다가 돌려보낸다면 이는 스스로 후환을 남기는 일이옵니다. 차라리 가혹한 법을 적용하여 처형하는 것이 가장 좋은 방법일 것입니다."

진나라 왕은 그 말이 그럴듯하다고 여겨 한비를 법대로 처리하게 했다. 이에 이사가 사람을 시켜 한비에게 사약을 보냈다. 스스로 목숨을 끊도록 한 것이었다. 하지만 한비는 그 위태로운 순간까지도 직접 진나라 왕에게 진언하고자 사방으로 하소연하였다. 하지만 끝내 방법이 없어 결국 죽임을 당하고 말았다.

한참 지난 후에 진나라 왕이 우연히 한비가 떠올라 신하들에게 말했다.

"당장 한비를 사면하도록 하라!"

그러자 신하인 이사가 대답하였다.

"폐하, 한비는 죽은 지 이미 오래되었사옵니다."

신불해와 한비는 모두 책을 저술해 후세에 전하니 배우는 자들이 많았다. 다만 한비가 「세난」 편을 저술하고도 자신은 재앙에서 벗어나지 못한 것이 슬플 따름이다.

태사공은 말한다.

"노자(老子)가 귀히 여긴 도(道)는 허무(虛無)이고 무위(無爲)이다. 그의 학설은 언사가 미묘하고 이해하기가 어렵다. 장자(莊子)는 노자의 도덕을 확대해 자유분방하게 의론했는데 그 요지는 자연(自然)으로 돌아가라는 것이다. 신불해는 부지런히 형명(刑名)에 힘을 썼으며, 한비는 법률에 의거해 결단하고 시비를 밝혔다. 하지만 너무 각박하고 매정하여 은

덕이 결핍되어 있었다. 이들의 학설은 모두 도덕에 근원을 두고 있기는
했지만 그중 노자가 가장 심원하였다."

제4편

사마양저 열전

卷六十四。司馬穰苴列傳

司馬穰苴者、田完之苗裔也。齊景公時、晉伐阿、甄、而燕侵河上、齊師敗績。景公患之。晏嬰乃薦田穰苴曰、穰苴雖田氏庶孽、然其人文能附眾、武能威敵、願君試之。景公召穰苴、與語兵事、大說之、以為將軍、將兵扞燕晉之師。穰苴曰、臣素卑賤、君擢之閭伍之中、加之大夫之上、士卒未附、百姓不信、人微權輕、願得君之寵臣、國之所尊、以監軍、乃可。於是景公許之、使莊賈往。穰苴既辭、與莊賈約曰、旦日日中會於軍門。穰苴先馳至軍、

> "무경칠서(武經七書)는 고대의 일곱 가지 병서이다. 『손자(孫子)』, 『오자(吳子)』, 『사마법(司馬法)』, 『울요자(尉繚子)』, 『이위공문대(李衛公問對)』, 『삼략(三略)』, 『육도(六韜)』 순으로 되어 있다. 이 중 『사마법』은 무과(武科) 시험의 교과서로 주요한 부분을 차지하였다. 후에 양저(穰苴)가 이를 부연하여 새롭게 밝혔다."

●

양저

양저(穰苴)는 제나라 사람으로 본래 성이 전(田)씨이다. 제나라 경공(景公) 무렵에 진(晉)나라가 아(阿)와 견(甄) 지역을 공격해 오고, 연(燕)나라가 하상(河上)을 침범해 왔다. 제나라 군사들이 나가 싸웠으나 크게 패했다. 이에 경공은 깊은 시름을 안게 되었다. 그러자 신하인 안영(晏嬰)이 전양저를 천거하였다.

"양저는 비록 전씨(田氏) 문중의 서자(庶子)이지만 문리에 대한 재능이 뛰어나고 무공(武功)으로 말하자면 적을 섬멸하기에 충분합니다. 왕께서는 그를 한번 시험해 보시기 바랍니다."

경공은 즉시 양저를 불렀다. 그리고 그와 함께 병사(兵事)에 관해서 담론을 나누었다. 경공은 양저의 식견에 아주 만족하였다. 이어 양저를 장군으로 삼아 연나라와 진나라의 공격에 대비하게 하였다.

그러나 양저는 자신의 부족함을 알고 있었다. 그래서 왕께 다음과 같이 아뢰었다.

"신은 본래 미천한 신분입니다. 대왕께서 저를 대부(大夫)의 자리에 서게 하셨으나, 병사들이 아직 복종하지 않고 백성들이 아직 신임하지 않습니다. 그러하오니 대왕께서 총애하시고 온 백성이 존경하는 인물로 제가 인솔하는 군대를 감독하게 해 주십시오."

경공이 이를 허락하고 이름 있는 장군, 장고(莊賈)를 감독으로 보내기로 했다. 양저는 왕께 작별인사를 하고, 장고를 만나 약속을 하고 헤어졌다.

"내일 정오에 군문(軍門)에서 만납시다!"

다음 날 양저는 먼저 군영으로 달려와 시계를 보며 장고를 기다렸다. 본래 장고는 거만한 인물이었다. 이번 출정이 자신이 직접 군대를 거느리는 것이 아니고 감독하는 입장이므로 그리 서두를 것이 없다고 생각하였다. 때마침 친척들과 측근들이 감독으로 떠나는 그를 위해 송별연을 베풀어 주자 거절하지 못하고 참석해 밤새 술을 마시게 되었다.

약속한 시간이 넘도록 장고는 군영에 나타나지 않았다. 양저는 그만 해시계와 물시계를 엎어 버리고 군영으로 들어가 사병들에게 군령(軍令)을 선포했다. 저녁때가 되어서야 장고가 군영에 도착했다. 양저가 물었다.

"어찌 약속 시간을 어기고 이리도 늦는단 말이오?"

그러자 장고가 미안하다는 듯이 말했다.

"대부와 친척들이 송별연을 열어 주어 늦었소이다."

그 말을 듣자 양저가 크게 꾸짖으며 말했다.

"장수는 명을 받으면 그날로 집을 잊어버려야 하고, 군령이 정해지면 그 육친을 잊어버려야 하고, 북을 치며 진격할 때에는 자기 몸을 잊어버려야 합니다. 지금 적군이 침입해 나라가 위태로운 지경입니다. 병사들은 변경에서 낮에는 땡볕을 쬐고 밤에는 노숙하고 있으며, 왕께서는 잠자리에 들어도 편하지 않고 음식을 드셔도 맛을 모르십니다. 지금 백성들의 목숨이 모두 그대에게 달려 있거늘, 이 위급한 때에 무슨 송별연이란 말이오?"

그러고는 규율을 책임지는 군정(軍正)을 불러 물었다.

"군법에 약속시간에 늦은 자를 어떻게 처리하는가?"

군정이 대답했다.

"참형(斬刑)에 처합니다."

그 말을 들은 장고는 더럭 겁이 났다. 급히 부하를 왕께 보내 구원을 요청했다. 그러나 장고의 부하가 다시 돌아오기 전에 장고는 참수형에 처해져 그의 목은 전군의 본보기로 내걸려 있었다. 이에 병사들이 모두 두려움에 떨었다.

잠시 후에 왕이 보낸 사자가 장고를 사면시키라는 왕명을 가지고 말을 달려 군영으로 들이닥쳤다. 그러자 양저가 단호히 말했다.

"장수가 진중에 있을 때에는 왕의 명이라도 받아들이지 않는 법이오."

그리고 군정에게 물었다.

"군영 안에서 말을 타고 달린 자는 군법으로 어떻게 처리하는가?"

군정이 대답했다.

"참형에 처합니다."

그 말을 들은 왕의 사자가 크게 두려워했다.

양저가 말했다.

"왕의 사자는 차마 죽일 수 없다. 하지만 군법에 예외는 있을 수 없다."

이에 말을 몬 마부의 목을 베고, 군정을 침입한 수레의 왼쪽 부목(駙木)을 잘라 내고, 왼쪽 말의 목을 베었다. 이는 전군의 본보기로 삼고자 하는 의도였다. 그리고 양저는 사자를 보내 왕에게 상황을 보고한 후 전쟁터로 출전했다.

군대가 진영을 갖추자 양저는 병사들의 막사, 우물, 아궁이, 식수, 취사, 문병, 의약 등을 친히 살폈다. 장군에게 주어지는 재물과 양식을 모두 병사들에게 나누어 주고 자신은 병사들과 똑같이 의식주를 나누었다. 특히 병약한 병사들을 잘 보살폈다. 그리고 3일 후, 적과 싸우기 위해 병사들을 통솔하니 모든 병사들이 앞다투어 나섰다. 심지어 아픈 병사들도 용감하게 출전했다.

진(晉)나라 진영에서 이 소식을 듣고 이내 군사를 철수해 버렸다. 연나라 군사들 또한 이 소식을 듣고 말머리를 돌려 황하를 건너 귀국하고 말았다. 그러자 양저가 그들을 추격하여 잃었던 영토를 수복하니 병사들의 사기가 충천하였다.

이후 양저가 궁궐로 돌아오니 왕과 모든 대신들이 교외로 영접을 나왔다. 군사들의 노고를 위로하고 개선식을 마친 후에 양저는 왕을 접견하게 되었다. 왕은 그 자리에서 양저를 대사마(大司馬)로 임명했다. 이후 양저는 날이 갈수록 백성들과 군사들에게 존경을 받아 명성이 높아졌다.

얼마 후, 왕실의 대부(大夫)인 포씨(鮑氏), 고씨(高氏), 국씨(國氏)가 양저를 시기하게 되었다. 그들이 몰래 중상모략을 꾸며 왕께 아뢰었다.

"양저는 왕의 신임을 이용해 재물을 축적하고, 다른 나라에 국가 기밀을 넘겨주고 재물을 쌓는다고 하옵니다. 이를 철저히 조사해 주시기 바랍니다."

왕은 그 말을 곧이곧대로 듣고 당장에 양저를 파면시켰다. 어이없게 자리에서 물러난 양저는 이후 화병으로 죽었다. 이 일로 인해 전양저의 집안은 오래도록 포씨, 고씨, 국씨에게 원한을 품게 되었다.

후에 전상(田常)이 간공(簡公)을 살해하고, 이어 고씨, 국씨의 일가족을 모두 죽였다. 전상의 증손인 전화(田和)에 이르러 제후(齊侯)의 반열에 들었다. 심지어 전화의 손자 전인제(田因齊)는 제나라 위왕(威王)에 올랐다. 위왕은 권력을 행사함에 있어 전양저의 병법을 크게 본받았다.

위왕은 대신들에게 고대의 『사마병법(司馬兵法)』을 연구하게 했는데, 전양저의 병법도 그중에 포함시켜 그것을 따로 『사마양저병법(司馬穰苴兵法)』이라고 이름 지었다.

태사공은 말한다.

"내가 『사마병법(司馬兵法)』을 읽어 보았는데 그 문장은 그다지 칭찬할 것이 못 되지만, 그 내용이 방대하고 심원해 삼대(三代)에 걸친 전쟁이라도 그 전략을 다 발휘하지 못할 만큼 많았다. 그런데 양저(穰苴)라는 사람은 보잘것없는 작은 나라의 군사를 움직였으니 어찌 그의 전략을 『사마병법(司馬兵法)』에 비할 수 있겠는가. 세상에는 이미 사마병법이 많이 퍼져 있으므로 여기서는 논하지 않고 다만 양저만을 기록하였다."

제5편

손자, 오기열전

孫子武者、齊人也。以兵法見於吳王闔廬。

闔廬曰、子之十三篇。吾盡觀之矣。可以小試勒兵乎。對曰可。

闔廬曰、可試以婦人乎。對曰可。於是許之、出宮中美

女、孫子以王之寵姬二人各

為令。汝知而心與左右手背乎。

婦人曰知之。孫子曰、前、則視心。左、視左手右、視

右手後、即視背。婦人曰諾。約束既布、乃設鈇鉞、

即三令五申之。於是鼓之右、婦人大笑。孫子曰、約束

不明、申令不熟、將之罪也。複三令五申而鼓之左、

"장수에게 신(信), 염(廉), 인(仁), 용(勇)이 없으면 병법을 전하거나 논할 수 없다. 이는 안으로 몸을 수련하고 밖으로 상황에 대처하게 해 주어 자신의 덕을 쌓는 것이다."

●

손자

손자(孫子)의 이름은 무(武)이고 제(齊)나라 사람이다. 자신이 직접 지은 병법을 들고 오(吳)나라 왕 합려(闔廬)를 만났을 때 일이다.

왕이 물었다.

"나는 그대가 지은 13편의 병서를 다 읽어보았소. 내 앞에서 시험 삼아 군대를 한번 지휘해 볼 수 있겠소?"

손무가 대답했다.

"한번 해 보겠습니다."

그러자 왕이 다시 물었다.

"그러면 혹시 부녀자로도 시험해 볼 수 있겠소?"

손무가 대답했다.

"상관없습니다."

왕은 즉각 궁중의 미녀 180명을 불러 모아 손무에게 맡겼다. 손무는 우선 그들을 두 편으로 나누었다. 그리고 왕이 총애하는 애첩 두 명을 각각 양편의 대장으로 삼았다. 그리고 모두에게 창을 들게 하고는 군령을 설명했다.

"너희들은 가슴과 등, 왼손과 오른손을 알고 있는가?"

궁중의 미녀들이 모두 안다고 대답했다. 손무가 설명을 이어나갔다.

"내가 앞으로, 하면 가슴이 향하는 쪽을 보고, 좌로 하면 왼손이 있는 쪽을 보고, 우로 하면 오른손이 있는 쪽을 보고, 뒤로 하면 등 쪽을 보도록 하라."

그러자 미녀들이 힘차게 대답하였다.

"네, 알겠습니다!"

손무는 이렇게 훈련 규정을 알려 주고는, 군령을 어긴 자의 목을 벨 때 쓰는 부월(鈇鉞)이라는 칼을 앞에 갖추어 놓았다. 그리고 북이 울리자 명령을 내렸다.

"우로!"

힘차게 명령을 내렸지만 미녀들은 크게 웃기만 할뿐 따르지 않았다. 이어 손무가 말했다.

"약속을 분명히 하지 않고 명령을 내려 따르도록 한 것은 장수의 잘못이다. 그러니 다시 한 번 설명하겠다. 분명히 알아듣도록 하라."

하고는 다시 앞뒤좌우에 대해 설명하였다.

"모두 확실히 알아들었는가?"

"네, 알았습니다!"

그러자 다시 북이 울리고 우렁차게 명령이 떨어졌다.

"좌로!"

하지만 미녀들은 또다시 크게 웃기만 할 뿐이었다. 이에 손무가 말했다.

"약속이 분명하지 않은데 명령을 진행하려는 것은 장수의 잘못이다. 그러나 약속이 이미 분명함에도 명령대로 따르지 않는 것은 양편 대장의 잘못이다."

하고는 왕의 애첩인 두 대장의 목을 베려 하였다. 이 광경을 보고 있던 왕이 크게 놀라서 급히 다가가 말했다.

"과인은 그대가 용병(用兵)에 능하다는 것을 이전부터 알고 있었소. 그 두 명의 애첩이 없으면 나는 음식을 먹어도 맛있는 줄 모르니, 제발 죽이지 마시오."

그러자 손무가 대답했다.

"저는 이미 왕의 명을 받은 장수입니다. 장수가 군영에 있을 때에는 왕의 명이라도 받들지 않을 경우가 있는 것입니다."

하더니 두 대장의 목을 베어 미녀들에게 본보기를 보였다. 그리고 그 다음으로 왕의 총애를 받는 두 애첩을 대장으로 삼았다. 다시 북이 울리고 명령이 떨어졌다.

"좌로! 우로! 앞으로! 뒤로!"

그 어떤 명령에도 모두들 신속하고 정확하게 숨소리 하나 내지 않고 따랐다. 손무가 왕에게 아뢰었다.

"군대는 이미 정돈되었습니다. 대왕께서 내려오시어 직접 시험해 보십시오. 이들은 대왕의 명령이라면 물불을 가리지 않고 뛰어들 것입니다."

이에 왕이 대답했다.

"그대는 그만 관사로 돌아가 쉬시오. 과인은 시험해 보고 싶지 않소."

손무가 말했다.

"대왕께서는 단지 저의 병법 이론만을 좋아하실 뿐이지, 저의 진정한 능력을 사용하실 줄은 모르십니다."

그러나 얼마 후 왕은 손무를 오나라 장군으로 임명하였다. 손무는 군대를 이끌고 서쪽의 강국인 초(楚)나라를 무찔러 영(郢) 땅을 차지하고, 북쪽의 제나라와 진(晉)나라를 벌벌 떨게 만들었다. 그 명성이 천하에 알려진 것은 모두가 탁월한 그의 병법 덕분이었다.

손빈

손무가 죽은 지 백여 년 후에 제나라 아(阿)와 견(甄) 지방에서 손무의 후손인 손빈(孫臏)이 태어났다. 손빈은 일찍이 방연(龐涓)이라는 자와 함께 병법을 배웠다. 둘은 공부를 마치자 먼저 방연이 위(魏)나라 혜왕(惠王)의 총애를 받아 장군이 되었다.

어느 날 방연이 손빈을 초대했다. 그건 아주 의도적인 일이었다. 자신의 재능이 언제나 손빈에 미치지 못한다고 생각한 방연의 계략이었다. 손빈이 도착하자 방연은 자신의 부하에게 은밀히 명을 내렸다.

"저놈을 묶어 당장에 옥에 가둬라!"

그리고 방연은 있지도 않은 간첩죄를 뒤집어 씌워 손빈에게 참혹한 형벌을 가했다. 먼저 손빈의 두 다리를 자르고, 얼굴에는 글자를 새겨 먹물을 들였다. 그리고 다시 옥에 가두었다. 손빈을 죽이지 않은 것은 손빈의 선조 손무가 남긴 병서를 손에 넣기 위해서였고, 또 하나는 자신보다 뛰어난 손빈이 세상에 이름을 떨치지 못하도록 하기 위해서였다.

나중에서야 이 모든 일이 친구 방연의 천인공노할 흉계에 의해 이루어졌다는 걸 알게 된 손빈은 하루라도 빨리 이 죽음의 처지에서 벗어나고자 했다. 하루는 제나라 사신이 위나라의 수도 양(梁)에 이르렀을 때였다. 참혹한 상태의 손빈이 그 소식을 우연히 듣고 어렵게 옥리(獄吏)에게 부탁하였다.

"은혜를 잊지 않겠습니다. 제나라 사신을 한번 만날 수 있도록 해 주십시오!"

옥리가 손빈의 처지를 가엾게 여겨 사신에게 소식을 넣어 주었다. 그런데 정말 생각지도 않게 사신이 손빈을 찾아온 것이었다.

손빈의 이야기를 듣고 난 사신은 그가 정말 재주를 가진 사람이라 생각하고 몰래 수레에 태워 제나라로 데리고 갔다. 그리고 장군 전기(田忌)에게 손빈을 소개했다. 전기는 손빈의 재능을 단번에 알아보고 그를 귀빈으로 예우해 주었다.

그 무렵 전기는 제나라 귀족들과 경마(競馬) 내기를 자주 하곤 했는데 언제나 손해를 보았다. 손빈이 가만 보니 경마들의 주력에는 별 차이가 없는데 말은 상, 중, 하의 등급이 있음을 알게 되었다. 손빈이 전기에게 말했다.

"장군, 가능하면 이번에는 큰돈을 거십시오. 제가 반드시 이기도록 해 드리겠습니다."

전기는 그 말을 믿고 배짱 좋게 천금을 걸었다. 시합이 막 시작될 무렵 손빈이 말했다.

"우선 상대의 상급 말과 장군의 하급 말이 겨루도록 하십시오. 그리고 상대의 중급 말과 장군의 상급 말이 겨루고, 상대의 하급 말과 장군의 중급 말이 겨루도록 하시면 됩니다."

시합이 시작하자 전기 장군은 첫 번째는 지고, 두 번째 세 번째는 이겨 천금을 얻게 되었다. 얼마 후 전기는 손빈이야말로 나라를 부강하게 할 수 있는 자라 여겨 왕에게 천거했다. 왕은 손빈에게서 병법에 관하여 듣고는 크게 기뻐하였다. 마침내 그를 군대의 전략가인 군사(軍師)로 삼았다.

얼마 후 위(魏)나라가 조(趙)나라를 공격했을 때, 다급해진 조나라는 제나라에 구원을 요청했다. 이에 제나라 왕은 손빈을 장군으로 삼아 출정하도록 권유하였다. 그러나 손빈은 극구 사양했다.

"소신은 형벌을 받은 자라 감히 장군이 될 수 없습니다."

결국 제나라 왕은 전기를 장군으로 삼고, 손빈을 군사로 삼아 계략을 짜게 하였다. 손빈이 전기에게 전략을 이야기했다.

"어지럽게 엉켜 있는 실을 풀려면 손가락을 써야지 주먹으로 쳐서는 안 됩니다. 또 싸우는 사람을 말리려면 그 사이에 끼어들어 함부로 힘을 써서는 안 됩니다. 상대의 급소를 치고 빈틈을 찔러 형세를 불리하게 만들면 저절로 싸움을 그만두게 됩니다.

지금 위나라가 조나라를 공격하고 있습니다. 아마 위나라 군사들은 모두 날렵한 정예 병사들일 겁니다. 그 대신 위나라 안에는 노약자만 남아 있을 것이 뻔합니다. 그러니 장군께서는 병사들을 이끌고 속히 위나라의 수도 양(梁)으로 진격하는 것이 제일 좋겠습니다. 그러면 조나라와 싸우고 있는 위나라 군대는 자기 나라를 구하기 위해 서둘러 물러서고 말 것입니다. 이 계책이야말로 조나라를 위기에서 구하고 위나라를 피폐하게 할 수 있는 최고의 상책입니다."

전기가 손빈의 계책을 그대로 따랐다. 위나라는 과연 조나라에서 물러나 본국으로 급히 돌아가는 중이었다. 계릉(桂陵)을 지날 무렵 매복하고 있던 전기 장군의 군대가 급습하여 위나라 군대를 크게 무찔렀다.

그로부터 13년 후, 이번에는 위나라와 조나라가 연합하여 한(韓)나라를 침공하기에 이르렀다. 한나라에서는 급히 제나라에 구원을 요청했다. 제나라는 이번에도 역시 전기를 장군으로 삼아 곧장 위나라로 진격하였다. 위나라 장군 방연이 이 소식을 듣고 한나라에서 급히 철수하여 본국으로 돌아가는 중이었다. 전기 장군은 방연의 군대가 추격하여 온다는 소식을 듣고는 계속 진격하여 위나라 수도로 향했다. 도중에 손빈이 전략을 이야기했다.

"위나라 병사들은 원래 사납고 용맹스러워 제나라 군대를 겁쟁이라고 깔보는 편입니다. 그런데 전쟁을 잘하는 자는 주어진 형세를 잘 이용해 자기 쪽에 유리하게 만들 줄 알아야 합니다. 병법에 승리를 얻고자 백리 밖에서 급히 적을 추격해 오면 상장군(上將軍)을 잃게 되고, 50리를 급히 추격해 오면 군사 절반을 잃게 된다고 했습니다. 장군께서는 우리가 위나라 땅에 들어서면 군사들에게 바로 명령을 내려 주십시오. 첫날은 10만 개의 아궁이를 만들게 하고, 다음 날에는 5만 개의 아궁이를 만들게 하고, 또 그 다음 날에는 3만 개의 아궁이를 만들게 하십시오."

방연이 제나라 군사를 추격한 지 3일이 지나자, 나날이 아궁이가 줄어드는 걸 보고는 매우 기뻐하며 말했다.

"내가 진작부터 제나라 놈들은 겁쟁이인 줄 알고 있었다. 저 아궁이가 나날이 줄어드는 걸 보아라. 우리 땅을 침범한 지 3일 만에 도망친 병사들이 절반이 넘는데, 그러고서 무슨 군대라 할 수 있겠느냐?"

자신만만한 방연은 즉각 보병을 떼어놓고 단지 날쌘 정예부대만을 이끌고 이틀거리를 하루에 달려 제나라 군을 맹추격하였다. 방연이 뒤쫓아 오는 것을 어림잡아 헤아리고 있던 손빈이 말했다.

"저녁 무렵이면 방연이 이곳 마릉(馬陵)에 도착할 것입니다. 이곳은 길이 협소하고 양쪽으로 험한 산이 많아 병사들을 매복시키기에 아주 좋습니다."

이어 손빈은 산에 있는 큰 나무의 껍질을 벗겨 내고 거기에 글씨를 써넣었다.

"오늘 방연은 이 나무 아래에서 죽을 것이다!"

그리고 제나라 군사 중에서 활 잘 쏘는 사람 만 명을 골라 길 양쪽에 매복시키며 단단히 일러두었다.

"밤에 불빛이 보이면 즉각 그곳을 향해 일제히 활을 쏘도록 하라."

과연 한밤중이 되자 방연이 마릉에 도착하였다. 그리고 껍질을 벗겨 낸 큰 나무 아래에 이르러 글씨를 발견하였다. 글씨를 읽으려 불을 밝히자, 미처 글을 읽기도 전에 무수한 화살이 날아들었다. 한 순간 위나라 군사들은 어둠 속에서 혼비백산해 이리저리 흩어졌다. 그러자 매복한 전기의 군대가 크게 함성을 지르고 공격해 왔다. 방연은 정신을 차리기도 전에 자신의 부대가 모두 흩어진 것을 알고는 그 순간 자신이 싸움에 패했음을 짐작했다.

"아, 저 애송이 녀석이 기어코 천하에 명성을 떨치는구나!"

하고는 패배한 자신이 수치스러워 칼로 목을 찔러 자결하고 말았다.

승리의 기세를 몰은 제나라 군사들은 위나라 태자(太子) 신(申)을 포로로 잡아 귀국하는 큰 성과를 거두었다. 이 싸움으로 인해 손빈은 천하에 명성을 날리게 되었으며, 대대로 그의 병법이 전해지게 되었다.

오기

오기(吳起)는 본래 위(衛)나라 사람이다. 일찍이 공자의 제자인 증삼(曾參)에게서 학문을 배웠고, 병법에 남달리 재주가 뛰어나 노(魯)나라 왕의 신임을 받아 등용되었다.

어느 날, 제나라 군대가 쳐들어오자 노나라 왕은 서둘러 오기를 장군으로 삼아 나라를 방어토록 하였다. 하지만 그 무렵 오기의 아내가 마침 제나라 출신이었다. 그것을 핑계로 신하들이 모두 오기를 의심하여 반대하였다.

"오기는 제나라와 관련이 깊으니 장군 임명을 철회하여 주시옵소서!"

그러자 오기는 자신은 결코 제나라와 아무 관련이 없음을 강하게 주장하였다. 하지만 신하들 누구도 그 말을 믿지 않았다. 이에 오기는 자신의 아내를 목 베어 그것을 증명으로 내보였다. 그러자 신하들이 모두 오기에 대한 오해를 풀었다. 왕은 즉각 오기를 장군으로 임명하였다.

이에 오기는 병사들을 이끌고 제나라를 공격하여 크게 무찔렀다. 오기가 궁궐에 돌아오자 그 명성이 이미 나라 전체에 알려졌다. 그런 가운데 은밀히 오기를 비난하는 자들이 생겨났다.

"오기는 본래 집이 부유했으나 젊을 때 벼슬을 구한다고 이리저리 돌아다니며 가산만 탕진한 방탕아이다. 더구나 마을 사람들이 패가망신한 그를 보고 비웃자, 오기는 잔인하게도 이웃 주민 30여 명을 죽이고 동쪽 성문으로 도망한 범죄 전력도 있다.

또 늙은 어머니와 이별하면서 약속을 하였는데, 자신은 대신이나 재상이 되기 전에는 결코 집에 돌아오지 않을 것이라 말했다. 그 뒤 증자를 스승으로 섬기며 배웠는데 얼마 후에 어머니가 돌아가셨다. 오기는 끝내 집에 돌아가지 않았다. 증자는 그런 오기를 불효한 자라 여겨 사제의 인연을 끊었다. 이처럼 오기는 벼슬에 집착하여 부모와 스승의 예를 전혀 모르는 무례한 자이다.

더구나 노나라 왕과 대신들이 그의 전력을 의심하자 아내를 죽이면서까지 장군의 자리에 오르니 이 어찌 잔인한 자가 아니겠는가? 작은 노나라가 큰 제나라와 싸워 이겼지만 그것은 오기의 명성만 높여 준 것이지, 주변 나라들이 노나라를 두려워하는 것은 결코 아니다. 게다가 오기는 위(衛)나라에서 등용되지 못한 자인데, 노나라와 위나라는 본래 형제의 나라가 아닌가. 만약 노나라가 오기를 중용한다면 이는 형제간에 의리를 저버리는 일이다."

이러한 소문을 들은 노나라 왕은 결국 오기를 미덥지 않게 여겼다. 이에 오기가 먼저 눈치를 채고 벼슬에서 물러났다. 그리고 노나라를 떠났다.

오기는 위(魏)나라 문후(文侯)가 현명하다는 소문을 듣고 이번에는 그를 섬기고자 상소를 올렸다. 이에 문후(文侯)가 신하인 이극(李克)에게 물었다.

"오기는 어떤 자인가?"

이극이 대답했다.

"오기는 성격이 탐욕스럽고 잔인하지만 전쟁을 이끄는 용병술에서는 사마양저(司馬穰苴)도 따라갈 수 없을 정도라고 합니다."

이에 문후가 오기를 인정하여 장군으로 삼았다. 오기는 이에 대한 보답으로 군사를 이끌고 강대한 진(秦)나라를 공격해 다섯 개의 성을 빼앗는 공을 세웠다.

오기는 장군의 신분이었지만 그의 행동과 처신은 남달랐다. 언제나 가장 신분이 낮은 병사들과 똑같은 옷을 입고 똑같은 식사를 했다. 잠을 잘 때에는 자리를 깔지 않았으며 행군할 때도 말이나 수레를 타지 않고 자기가 먹을 식량을 친히 가지고 걸었다. 병사들과 함께 고통을 나눈 것이었다.

한번은 병사 중에 독창(毒瘡)이 난 자가 있었는데 오기가 친히 그 고름을 입으로 빨아 주었다. 병사의 어머니가 그 소식을 듣고는 대성통곡하며 울었다. 그러자 마을 사람들이 그 까닭을 물었다.

"그대의 아들은 일개 병사인데 장군께서 친히 그 독창을 빨아 주었거늘, 어찌해서 그토록 통곡하는 것이오?"

병사의 어머니가 대답했다.

"그렇지 않습니다. 예전에 오기 장군이 그 애 아버지의 독창을 빨아준 적이 있었습니다. 그이는 너무 감격한 나머지 전쟁터에서 물러설 줄 모르고 용감히 싸우다가 적에게 죽임을 당하고 말았습니다. 그런데 오기 장군이 지금 또 내 자식의 독창을 빨아 주었다니, 난 이제 그 애가 어디서 죽게 될지 모르게 되었습니다. 그래서 통곡하는 것입니다."

위나라 문후는 오기가 용병에 뛰어날 뿐만 아니라 처신이 공정해 모든 병사들로부터 신망을 얻고 있다고 생각하였다. 그래서 진(秦)나라와 한(韓)나라를 방비하기 위해 그를 서하(西河) 태수로 삼았다.

문후가 죽고 그의 아들 무후(武侯)가 즉위하였다. 하루는 무후가 서하(西河)에 배를 띄우고 황하 중간 정도 내려가다가 자신을 영접 나온 태수 오기를 돌아보며 말했다.

"정말 훌륭하구나. 이 험준한 요새야말로 우리 위(魏)나라의 보배로다!"

그러자 오기가 대답했다.

"나라의 보배는 임금의 덕행에 있는 것이지 지형의 험준함에 있는 것이 아닙니다. 예전에 삼묘씨(三苗氏)의 나라는 왼쪽으로 동정호(洞庭湖)가 있고 오른쪽으로는 팽려호(彭蠡湖)가 있었으나 덕행과 신의를 닦지 못해 우(禹)임금에게 멸망당했습니다. 하(夏)나라의 걸왕(桀王)은 황하와 제수(濟水)를 왼쪽에 끼고, 태산(泰山)과 화산(華山)을 그 오른쪽에 끼고서, 이궐(伊闕)이 남쪽에 있고, 양장(羊腸)이 북쪽에 있었지만, 어진 정치를 베풀지 못해 탕왕(湯王)에게 내쫓겼습니다. 또 은(殷)나라 주왕(紂王)은 왼쪽으로는 맹문산(孟門山)이 있고, 오른쪽으로 태항산(太行山)이 있으며, 북쪽으로 상산(常山)이 있고, 남쪽에는 황하가 흐르고 있었지만 덕 있는 정치를 하지 못했으므로 무왕(武王)에게 죽임을 당했습니다.

이런 사실로 보면 나라를 다스리는 것은 왕의 덕행에 있는 것이지 지형의 험준함에 있는 것이 아닙니다. 만약 대왕께서 덕을 닦지 않으시면 이 배 안에 있는 사람이 모두 적이 될 것입니다."

그러자 무후가 대답했다.

"옳은 말이오!"

오기는 서하의 태수를 지내면서 그 명성이 이전보다 더 높아졌다. 그런데 무후가 재상의 직책을 마련하고 그 자리에 전문(田文)을 앉혔다. 오기는 이에 불만이 가득차고 말았다. 결국 전문을 찾아가 물었다.

"당신의 공로와 내 공로를 한번 비교하면 어떻겠소?"

전문이 답했다.

"그렇게 합시다!"

오기가 물었다.

"삼군(三軍)의 지휘관이 되어 병사들로 하여금 기꺼이 목숨을 걸고 싸우게 해, 적국이 감히 우리나라를 넘보지 못하게 한 점에서 나와 당신 중 누가 더 낫소?"

전문이 대답했다.

"내가 당신만 못하지요."

오기가 물었다.

"모든 관리를 다스리고, 백성을 화합시키고, 나라의 창고를 가득 채운 일은 나와 당신 중 누가 더 낫소?"

이에 전문이 대답했다.

"그것도 내가 당신만 못하오."

또 오기가 물었다.

"서하를 수비해 진(秦)나라 군사들이 감히 동쪽으로 침범하지 못하게 하고 한(韓)나라와 조(趙)나라를 복종하게 한 점에서 나와 당신 중 누가 더 낫소?"

전문이 대답했다.

"당연히 당신이 나보다 낫죠."

그러자 오기가 물었다.

"이 세 가지 점에서 당신은 나보다 못한데도 어찌 나보다 윗자리에 있는 것이오?"

전문이 그 질문에 되물었다.

"지금 임금께서 나이가 어려 나라가 불안한 가운데 있습니다. 신하들은 복종하려 들지 않고 백성들은 신뢰하지 않고 있습니다. 이런 때에 재상의 자리가 당신에게 적합하겠소, 아니면 나에게 적합하겠소?"

오기는 한참 동안 말이 없다가 대답했다.

"아, 내가 그걸 몰랐소. 당신이 적합하오."

전문이 말했다.

"이것이 바로 내가 당신보다 윗자리를 차지한 까닭이오."

오기는 비로소 자기가 전문만 못하다는 것을 깨닫게 되었다.

얼마 후, 재상 전문이 죽고 공숙좌(公叔座)가 그 자리에 앉았다. 그는 위(魏)나라 공주를 아내로 얻은 자로 평소 오기를 무척 싫어했다. 공숙좌의 하인 하나가 그걸 눈치 채고 책략을 건의했다.

"재상 어른, 오기를 쉽게 내쫓을 수 있는 방법이 있습니다."

공숙좌가 물었다.

"어떻게 말이냐?"

하인이 대답했다.

"오기는 절개가 있어 명예를 소중히 여기는 자입니다. 우선 오기는 재능 있는 사람이라고 왕께 아뢰십시오. 그리고 우리나라는 작고 이웃한 진(秦)나라는 강대국이라 오기가 우리나라에 오래 머무를 생각이 없을까 염려된다고 하십시오. 그러면 왕께서 '어찌하면 좋겠소.'라고 물으실

겁니다. 그때 시험 삼아 아직 배필이 정해지지 않은 공주를 오기에게
아내로 주라고 하십시오. 만약 오기가 이 나라에 머무를 마음이 있으
면 반드시 받아들일 것이고, 머무를 마음이 없으면 틀림없이 사양할 것
이니 이것으로 판단하면 된다고 아뢰십시오.

그리고 그 전에 재상께서는 오기를 집으로 초대하십시오. 초대한 자
리에서 오기가 보는 가운데 마님으로 하여금 재상을 마음껏 깔보게
하십시오. 그러면 오기는 공주 출신인 마님이 재상을 천대하는 것을
보게 되면 틀림없이 왕의 공주들은 다 저 모양이라고 생각할 것입니다.
그러면 왕이 자신의 딸을 주겠다는 제안을 당연히 사양할 것입니다."

공숙좌가 그 말대로 오기를 초청했다. 그리고 하인의 계략대로 아내
가 화를 내며 자신을 천대하도록 했고 그것을 오기가 목격하게 했다.
다음 날 조정에 들어간 오기는 뜻밖에도 왕이 공주를 아내로 주겠다
는 제안을 하자 극구 사양하고 말았다. 그러자 왕은 오기를 의심하고
이후로 멀리하게 되었다. 오기는 상황이 달라진 것을 눈치 채고, 혹시
나 죄인이 될까 두려워 위나라를 떠나 초(楚)나라로 도망갔다.

초나라 도왕(悼王)은 평소 오기가 현명하고 재능 있다는 말을 들었던
터라 그를 재상으로 삼았다. 오기는 초나라의 법령을 정비하고, 불필요
한 관직을 없애고, 왕실과 먼 일족들의 봉록을 폐지했다. 그리고 그 봉
록을 군사 양성에 사용했다.

군사력을 강화한 이유는 합종(合縱)이니 연횡(連橫)이니 하는 유세객들
의 주장을 배격하는 데에 있었다. 군사력이 강해지자 남쪽으로는 백월
(百越)을 평정하고, 북쪽으로는 진(陳), 채(蔡)를 병합하고 삼진(三晉)을 격
퇴했으며, 서쪽으로는 진(秦)나라를 토벌하여 초나라의 강대함을 천하

에 알리게 되었다.

그러나 나라 안에서는 예전 초나라의 왕족이었던 자들 중 봉록을 빼앗긴 자들이 모두 오기를 미워했다. 도왕(悼王)이 죽자 왕족과 대신들이 즉각 난을 일으켰다. 그리고 오기를 죽이려 했다. 오기는 달아나다가 죽은 도왕의 시신에 걸려 넘어졌다. 반란의 무리들이 무수한 화살을 쏘아 오기를 사살하고 말았다. 그때 도왕의 시신에도 화살이 여러 대 꽂히고 말았다.

나중에 태자가 왕위에 오르고 나서야 도왕의 장례식이 치러졌다. 왕위에 오른 태자가 영윤(令尹), 즉 재상에게 명했다.

"오기를 사살(射殺)하기 위해 내 아버지의 시신에 화살을 쏜 자들을 모두 잡아들여라!"

이 죄에 왕실 일족 70여 집안이 연루되어 무참히 몰살되고 말았다.

태사공은 말한다.

"세상에서 병법과 용병술을 말하는 자들은 모두 『손자(孫子)』13편과 『오기병법(吳起兵法)』을 거론한다. 이 두 책은 세상에 많이 알려져 있으므로 여기서는 논술하지 않고 그들의 행적에 관해서만 기록한다.

행동이 능한 사람이라고 해서 꼭 말에 능한 것은 아니며, 말에 능한 사람이라고 해서 반드시 행동이 능한 것은 아니다. 손빈(孫臏)이 방연(龐涓)을 해치운 계략은 뛰어났지만, 그 전에 자신의 다리가 잘리는 형벌에서 벗어날 수 없었으며, 오기(吳起)는 무후(武侯)에게 지형의 험준함이 임금의 덕행만 못하다고 설득했으나 초나라에서 행한 일이 각박하고 몰인정했기 때문에 끝내 목숨을 잃었던 것이다. 아, 슬픈 일이로다!"

제6편 오자서열편

卷六十六　伍子胥列傳

伍子胥者、楚人也、名員。員父曰伍奢。員兄曰伍
尚。其先曰伍舉、以直諫事楚莊王、有顯、故其後世
有名於楚。

楚平王有太子名曰建、使伍奢為太傅、
無忌為少傅。無忌不忠於太子建。平王使無忌為太子
取婦於秦、秦女好、無忌馳歸報平王曰：秦女絕美、王
可自取、而更為太子取婦。平王遂自取秦女而絕愛幸
之、生子軫。更為太子取婦。

無忌既以秦女自媚於王、因去太子而事平王。恐一
曰平王卒而太子立、殺己、乃因讒太子建。建母、蔡

"간신의 음모로 아버지와 형을 잃은 오자서는 고난과 역경을 뚫고 16년 만에 복수를 하게 된다. 그는 위기에 대처하는 능력이 남달랐던 인물이다."

●

오자서(伍子胥)는 초(楚)나라 사람으로 이름은 운(員)이다. 아버지는 오사(伍奢), 형은 오상(伍尙)이다. 조상 중에 초나라 장왕(莊王)을 섬겼던 오거(伍擧)는 직언을 서슴지 않는 신하로 명성이 높아 가문을 빛내기도 했다.

초나라 평왕(平王)에게는 건(建)이라는 태자가 있었다. 평왕은 신하 오사를 태자의 태부(太傅)로 삼고 신하 비무기(費無忌)를 소부(少傅)로 삼았다. 오사는 강직했지만 비무기는 언변이 뛰어났고 술책이 좋았다.

어느 날 평왕은 진(秦)나라에 가서 태자비를 맞이해 오는 일을 비무기에게 맡겼다. 비무기가 가서 태자비인 진나라 공주를 보니 참으로 절세미인이었다. 태자비를 정성껏 모시고 국경을 넘을 즈음에 비무기는 먼저 급히 말을 타고 궁궐로 돌아와 평왕에게 아뢰었다.

"태자비가 천하에 둘도 없는 미인이옵니다. 하오니 대왕께서 그녀를 왕비로 맞이하시고 태자에게는 이후 따로 태자비를 얻어 주도록 하시옵소서."

본래 평왕은 음모를 꾸며 형인 영왕(靈王)을 살해하고 왕위에 오른 인물로서 잔인하고 흉폭하며 지나치게 여색을 밝히는 군주였다. 이에 평왕은 거절하지 않고 진나라 공주를 차지해 끔찍이 좋아하게 되었다. 이후 그녀로부터 아들 진(軫)을 낳았다. 그리고 나중에 태자에게는 따로 비(妃)를 구해 주었다.

이 일로 인해 평왕으로부터 환심을 사게 된 비무기는 이후 태자를 떠나 평왕을 섬기게 되었다. 그러나 그는 언제나 두려웠다. 평왕이 죽고 태자가 왕위에 오르게 되면 자기를 죽일 것 같았기 때문이었다.

그런 까닭에 비무기는 태자 건을 먼저 없애 버리기로 하고 중상모략을 일삼았다. 마침 태자의 모친은 채(蔡)나라 여자로서 평왕의 총애를 받지 못하고 있었다. 이를 이용해 비무기는 태자에 대한 좋지 못한 소문을 수차례 평왕에게 간언하였다. 평왕은 처음에는 그런가 보다 하다가 나중에는 그 말을 믿게 되었다. 결국 태자를 멀리하고 변경 지역인 성보(城父)의 수장(守將)으로 내보냈다.

얼마 후 비무기는 또다시 평왕에게 태자에 관한 중상모략을 늘어놓았다.

"태자는 이전 진나라 공주의 일로 원한을 품고 있습니다. 더구나 지금 성보에 머문 이후로 병사를 거느리고 밖으로 나돌며 여러 제후들과 교제하고 있다고 하옵니다. 이는 그 의도가 있는 것으로 장차 도성으로 침입해 반란을 일으키려는 징후이오니 대왕께서는 단단히 경계하셔야겠습니다."

이에 평왕은 크게 노하여 태자의 태부인 오사를 불러 사실을 캐물었다. 오사는 비무기가 태자를 모략하고 있다는 것을 이전부터 알고 있었다.

"대왕께서는 어찌 간교한 소인배의 말 때문에 친자식을 멀리 하십니까?"

그러자 비무기가 나서서 말했다.

"지금 태자를 제지하지 못하시면 나중에 후회하셔도 소용없습니다. 앞선 자가 제압하고 뒤진 자는 제압당하는 법입니다. 대왕께서는 지금 결단을 내리시기 바랍니다."

평왕은 결국 비무기의 말을 믿고 오사를 괘씸하게 여겼다.

"당장에 오사를 옥에 처넣어라!"

그리고 군정을 맡아보는 신하 분양(奮揚)을 불렀다.

"너는 당장에 성보로 가서 태자를 죽이도록 하라!"

분양은 성보로 출발하기 전에 먼저 태자에게 사람을 보내 이 사실을 알렸다.

"태자께서는 빨리 도망치십시오. 그렇지 않으면 죽게 될 것입니다."

소식을 들은 태자 건은 황급히 송(宋)나라로 달아났다.

그즈음에 비무기가 평왕에게 아뢰었다.

"오사에게는 두 아들이 있는데 모두 재능이 뛰어납니다. 지금 그 일족을 죽이지 않으면 장차 초나라의 걱정거리가 될 것입니다. 그러니 오사를 인질로 삼아 두 아들을 불러들이십시오."

평왕은 그 말대로 오사에게 사람을 보내 말했다.

"너의 두 아들을 불러오면 살려 주겠지만, 그렇지 못하면 너는 죽을 것이다."

그러자 오사가 말했다.

"장남 오상은 성품이 온유하고 어진 자라 내가 부르면 틀림없이 올 것입니다. 그러나 오자서는 고집이 세고 주관이 강해 내가 부르면 부자가 함께 사로잡힐 것을 알고 틀림없이 따르지 않을 것입니다."

왕은 이 말을 믿지 않고 두 아들에게 군사를 보내 말했다.

"너희들이 오면 너희 아비를 살려 줄 것이지만, 오지 않으면 너희 아비를 당장 죽이겠다."

형인 오상이 가려고 하자 오자서가 말했다.

"왕이 우리 형제를 부르는 것은 우리 아버지를 살려 주려는 것이 아닙니다. 우리 형제 중에 도망하는 자가 생기면 나중에 후환이 될 것을 두려워하기 때문입니다. 우리가 가면 부자가 함께 죽을 것입니다. 그것이 아버지의 죽음을 구하는 데 무슨 도움이 되겠습니까? 간다면 아버지의 복수조차 할 수 없게 될 것이니 차라리 다른 나라로 도망쳤다가 후에 힘을 빌려 아버지의 원수를 갚는 것이 나을 것입니다. 다 같이 죽는 것은 아무런 의미가 없습니다."

그러자 오상이 말했다.

"내가 부름에 따라 간다고 해도 아버지의 목숨을 구할 수 없다는 것을 나는 알고 있다. 그러나 아버지께서 나를 부르셨는데, 내가 가지 않았다가 나중에 원수를 갚지 못하면, 결국 세상 사람들의 웃음거리가 될 것이 아니겠느냐? 너는 도망가거라. 너라면 아버지의 원수를 갚을 수 있을 것이다. 나는 아버지 계신 곳으로 가서 함께 죽을 것이다."

오상이 걸어 나오자 군사들이 포박하고 이어 오자서마저 붙잡으려 했다. 그러나 오자서가 활을 당겨 겨냥하니 감히 접근하지 못했다. 그렇게 시간을 끌며 밤을 틈타 오자서는 송나라로 도망쳤다.

아들 오자서가 도망쳤다는 말을 들은 오사가 말했다.

"이제 초나라 왕과 신하들은 앞으로 전란에 시달릴 것이다."

하지만 평왕은 오상이 잡혀 오자 즉시 오사와 함께 사형에 처하고 말았다.

오자서는 송나라에 도착한 후에 그곳에서 먼저 와 있던 태자 건을 섬겼다. 하지만 그 무렵 송나라는 화씨(華氏)의 난이 일어나 혼란스러웠다. 오자서는 태자 건과 함께 정(鄭)나라로 다시 망명하였다.

정나라 사람들이 잘 대우해 주었으나 태자 건은 또 무슨 까닭인지 진(晉)나라로 떠났다. 이때 진나라 경공(頃公)이 태자에게 한 가지 제안을 했다.

"태자께서는 정나라와 사이도 좋고 신임도 받고 있으니 그곳으로 돌아가 계십시오. 내가 정나라를 공격할 때에 안에서 호응해 주면 정나라는 틀림없이 멸망하고 말 것이오. 그러면 그때 태자를 정나라에 봉해 주겠소."

태자는 그 약속을 굳게 믿고 음모를 숨긴 채 정나라로 돌아갔다. 그러나 거사가 이루어지기 전에 생각지 않은 일이 생기고 말았다. 태자의 하인이 큰 실수를 하여 태자가 감정을 참지 못하고 하인을 죽이려고 하였다. 하인은 오래도록 태자가 신뢰하던 자라 마침 태자의 음모를 들어 알고 있었다. 자신의 목숨이 달아날 것을 두려워한 하인은 이내 비밀을 정나라에 밀고하였다. 그러자 정나라에서 황급히 무사들을 보내 태자 건을 찔러 죽이고 관련자 전원을 체포하였다.

그 무렵 태자 건에게는 승(勝)이라는 아들이 있었다. 겁이 난 오자서는 승과 함께 오(吳)나라로 도망쳤다. 국경 소관(昭關)에 이르렀을 때 경비 중인 병사들에게 발각되었다. 그러자 오자서는 승을 버려두고 급히 혼자 도망쳤다. 병사들이 이를 알고 추격해 왔다. 오자서는 막다른 길에 쫓겨 더는 도망갈 곳이 없었다. 눈앞에는 절벽이며 암담한 장강이 펼쳐 보일 뿐이었다.

"아, 아버지의 원수도 갚지 못하고 이렇게 목숨이 끝나는구나!"

오자서는 절망에 빠져 모든 것을 포기하려 할 때, 멀리 강 한가운데로 배를 타고 오는 어부가 보였다. 어부가 오자서에게 뛰어내리라고 연신 손짓을 보냈다. 이에 오자서는 뒤도 안 돌아보고 강물에 뛰어들었다. 그리고 어부의 도움으로 무사히 배를 타고 도망칠 수 있었다.

강을 건너온 후에 오자서는 어부에게 자신의 칼을 내놓으며 말했다.

"이것은 백금(百金)의 값어치가 있는 소중한 칼입니다. 목숨을 구해 주신 감사의 뜻으로 이걸 드리겠습니다."

그러자 어부가 말했다.

"지금 초나라 방방곡곡에 오자서를 잡아오는 자에게는 곡식 5만 석과 벼슬을 내린다는 포고가 붙어 있는데 이까짓 칼로 되겠습니까? 내가 돈을 바랐다면 벌써 그대를 관아에 넘겼을 것이오."

어부는 오자서의 억울한 사연을 알고 있었던지 끝내 칼을 받지 않았다.

이후 오자서는 오나라를 향해 걷는 도중에 병이 나고 말았다. 아픔을 참아 내며 어쩔 수 없이 힘겹게 걸식을 하며 지내야 했다. 그렇게 우여곡절 끝에 오나라에 이르렀다.

그때 오나라는 마침 요(僚)가 정권을 장악하고 있었고, 공자(公子) 광

(光)이 장군으로 있었다. 오자서는 공자 광을 찾아가 식객으로 머물게 되었다.

초나라의 종리 지역과 오나라의 비량지 지역은 서로 맞대고 있는 국경 마을이었다. 이곳 사람들은 모두 누에를 치고 살았는데, 하루는 두 지역의 여자들이 뽕잎을 가지고 다투는 일이 생겼다.

초나라 평왕은 이 소식을 듣고 노하여 군대를 이끌고 오나라를 공격하였다. 오나라에서는 공자 광이 군대를 이끌고 나와 공격에 맞섰다. 하지만 싸움은 공자 광이 초나라 군대를 물리치고 종리 지역을 함락시킴으로 끝났다.

이 기회를 놓치지 않고 오자서가 오나라 왕에게 간청을 올렸다.

"지금이 바로 초나라를 멸망시킬 수 있는 절호의 기회입니다. 하오니 대왕께서는 공자 광에게 다시금 출정을 명하여 주시옵소서."

왕은 그 말이 일리가 있다고 여겨 공자 광을 불러 의견을 구했다. 이에 공자 광이 들어와 아뢰었다.

"오자서가 초나라를 치라고 권한 것은 그의 아버지와 형이 이전에 초나라 평왕에게 죽임을 당했으니, 그저 자신의 원수를 갚기 위함일 뿐입니다. 소신이 판단하건데 지금 싸움에 지친 군대를 이끌고 초나라를 친다는 것은 무리한 일입니다. 하오니 오자서의 의견을 물리쳐 주시옵소서!"

왕은 공자 광의 말에 쉽게 수긍하고 말았다. 그것을 본 오자서는 일이 성사될 수 없다고 여겨 더는 왕을 설득하지 않았다. 하지만 이 일로 오자서는 공자 광이 야망이 있는 자임을 알아채게 되었다.

본래 공자 광의 부친은 오나라 왕 제번(諸樊)이었다. 제번에게는 동생이 셋 있었는데 여채(餘祭), 이말(夷眛), 계자찰(季子札)이었다. 제번은 태자를 세우지 않고 동생들이 차례대로 왕위를 이어 가장 현명한 계자찰에게 나라를 맡기고자 했다. 제번이 죽자 여채가 왕위를 이었고, 여채가 죽자 이말이 왕위를 이었다. 이말이 죽자 마땅히 계자찰이 왕위를 이어야 함에도 그는 거절하고 변경으로 도망쳤다. 할 수 없이 신하들은 이말의 아들 요(僚)를 왕으로 세웠다.

　　이 일에 대해 공자 광이 불만을 갖고 왕위 찬탈을 노리게 된 것이다.

　　"형제의 순서대로 한다면 당연히 계자찰이 왕위를 이어야 한다. 그러나 형제의 아들을 왕으로 세워야 한다면 나야말로 적자이니, 당연히 내가 임금이 되어야 한다."

　　이런 내막을 알게 된 오자서는 물러나면서 검술에 능한 자신의 부하 전제(專諸)를 공자 광에게 추천하였다. 그리고 죽은 태자 건의 아들인 승과 함께 시골에 내려가 농사지으며 조용히 살았다.

　　5년 후, 초나라 평왕이 죽었다. 일찍이 태자에게서 가로챈 진나라 공주가 낳은 아들 진(軫)이 왕위에 올랐다. 그가 바로 소왕(昭王)이다.

　　오나라 왕 요는 초나라의 국상을 틈타 자신의 두 동생에게 군대를 주어 초나라를 기습 공격하게 하였다. 그러나 의외로 초나라 병사들이 강하게 응전하여, 쳐들어갔던 두 공자의 군대는 퇴로를 차단당하여 갇힌 처지가 되고 말았다.

　　병사들이 대규모로 떠났으니 오나라 도성은 텅 비어 있었다. 공자 광이 이 틈을 놓치지 않고 거사를 개시하였다. 왕을 연회에 초청한 후 검객 전제를 시켜 살해하였다. 그리고 자신이 왕위에 오르니 그가 바로 오나라 왕 합려(闔廬)이다.

합려는 왕위에 오르자 오자서에게 외교 업무를 맡겼고 손무에게는 군대를 맡겼다. 그리고 초나라에서 망명 온 백비(伯嚭)를 대부로 삼았다. 이전에 초나라 군대에 포위된 두 공자는 왕이 시해되었다는 소식을 듣고 어쩔 수 없이 초나라에 투항하였다.

3년 후, 합려는 군대를 일으켜 오자서, 백비와 함께 초나라 서(舒) 땅을 함락시키고, 오나라를 배반했던 두 공자를 마침내 사로잡았다. 합려는 이 여세를 몰아 초나라의 수도인 영(郢)까지 진격하려고 했다. 그러자 장군 손무가 만류하였다.

"안 됩니다! 지금은 군사들이 지쳐 있습니다. 조금 더 기다리십시오."

합려는 그 말대로 군사를 되돌렸다.

다시 1년 후, 초나라를 공격해 육(六)과 잠(灊)을 점령했으며, 이듬해는 월(越)나라를 공격해 크게 이겼다. 얼마 후 초나라 소왕(昭王)이 공자(公子) 낭와(囊瓦)를 시켜 오나라를 공격해 왔으나 오히려 예장(豫章)에서 오자서에게 크게 패하고 거소(居巢)를 빼앗겼다.

9년 후, 오나라 왕 합려는 오자서와 손무에게 물었다.

"당초 그대들은 초나라 영(郢)을 진격할 수 없다고 했는데 지금은 과연 어떠한가?"

이에 손무가 대답했다.

"초나라 장군 낭와는 잔인하기 그지없어 당(唐)나라와 채(蔡)나라가 모두 그를 원망하고 있습니다. 대왕께서 반드시 초나라를 공격하시려면 우선 당나라와 채나라를 우리 편으로 만들어야 가능합니다."

합려가 그 말을 받아들이고 당, 채와 동맹을 맺어 함께 초나라를 공격했다. 한수(漢水)를 사이에 두고 서로 진을 쳤다. 마침 합려의 동생인 부개(夫槪)가 병사를 이끌고 싸우기를 청했으나 합려가 허락해 주지 않았다. 그러자 부개는 자기 휘하의 5천 명 병사를 데리고 초나라 장군 자상(子常)을 공격했다. 자상은 패하여 정(鄭)나라로 달아났다. 이에 오나라는 승리의 여세를 몰아 진격하니 다섯 번의 전투를 치른 끝에 드디어 수도인 영(郢)에 도착했다. 기묘일(己卯日)에 초나라 소왕이 달아나고, 경진일(庚辰日)에 오나라 왕 합려가 영에 입성했다.

소왕은 도주하는 도중에 운몽(雲夢) 지역에 들어섰다가 도적 무리에게 습격을 당하자 다시 운(鄖)나라로 달아났다. 이 소식을 들은 운나라 군주의 아우 회(懷)가 말했다.

"초나라 평왕이 이전에 우리 아버지를 죽였으니, 이제 내가 그의 아들을 죽여 원수를 갚아도 되지 않겠습니까?"

운나라 군주는 본래 초나라는 강대국이기에 행여 아우 회가 소왕을 죽일까 두려워 소왕이 수(隨)나라로 도망치도록 도왔다. 이 소식을 들은 오나라 병사들이 수나라를 포위하며 크게 외쳤다.

"주(周)왕실 자손들은 모두 초나라가 멸망시켰다. 그 죄를 벌하고자 하니, 당장 소왕을 넘겨주시오."

그러자 수나라 사람들이 주저하면서 점을 쳐 보았다. 소왕을 오나라에 넘겨주는 것이 불길하다는 점괘가 나오자 오나라의 요구를 거절하고 넘겨주지 않았다.

예전에 오자서와 신포서(申包胥)는 친구 사이였다. 오자서가 수배를 받고 나라를 도망칠 때, 신포서에게 말했다.

"나는 반드시 초나라를 뒤엎고 말 것이다."

그러자 신포서가 말했다.

"그렇다면 나는 반드시 초나라를 보존시킬 것이다."

초나라 수도 영에 입성하여 소왕을 잡으려던 오자서의 계획은 이루어지지 못했다. 대신 병사들에게 죽은 평왕의 묘를 파헤치도록 명령하였다. 잘 보존된 평왕의 시체가 관에서 들려 나왔다. 그러자 오자서가 크게 외쳤다.

"이 간악하기 짝이 없는 놈아. 내 아버지와 형을 살해한 살인마야. 네 놈에게 오늘 같은 날이 올 줄은 몰랐을 것이다."

원수를 마주한 오자서는 온몸의 피가 거꾸로 몰리는 듯했다. 그는 친히 채찍을 들어 평왕의 시체에 혼신의 힘을 다해 매질을 가했다. 하나, 둘 채찍 끝의 가죽이 허공에서 춤출 때마다 평왕의 썩은 살점이 떨어져 나갔다. 그렇게 삼백 번을 치자 평왕은 허연 해골만 남았다. 오자서는 그제야 채찍질을 멈추었다. 원수를 갚고자 한 지 16년 만의 일이었다.

산중으로 도망간 신포서가 이 소식을 듣고 오자서에게 서신을 전했다.

"그대의 복수는 너무 심하구려. 사람이 많이 따르면 잠시 천명을 이길 수 있지만, 천명은 일단 정해지면 어떤 사람도 이길 수가 없는 것이오. 일찍이 북면에서 평왕을 섬겼던 그대가 지금 그 시신을 욕되게 하였으니, 이보다 더 천리에 어긋난 일이 있을 수 있겠는가?"

그러자 오자서가 말했다.

"가서 신포서에게 미안하다고 전해 주게. 해는 지고 갈 길은 멀어 도리에 어긋난 짓을 할 수밖에 없었다고."

산에서 내려온 신포서는 서둘러 진(秦)나라로 달려갔다. 그곳에서 초
나라의 위급한 상황을 알리고 구원을 요청했다. 그러나 진나라에서 아
무도 응해 주지 않았다. 어쩔 수 없이 신포서는 진나라의 궁정 뜰에 서
서 7일 밤낮으로 통곡하며 울었다. 우는 그를 가련히 여긴 진나라 애공
(哀公)이 말했다.

"초나라에 이 같은 충신이 있으니 어찌 망하게 할 수 있겠는가?"

하고는 전차 5백 대를 파견해 초나라를 구하고 오나라를 공격하게 했
다. 6월에 진나라 군대가 직(稷)에서 오나라 군대를 무찔렀다.

한편 오나라 왕 합려가 오랫동안 초나라에 머물며 소왕을 찾고 있
는 동안 아우인 부개가 몰래 귀국하더니 스스로 왕위에 올랐다. 이 소
식을 들은 합려는 서둘러 귀국해 부개를 공격했다. 결국 부개는 패하고
초나라로 도망쳤다.

초나라 소왕은 오나라의 내란을 이용해 부개를 등용하고 당계(堂溪)
지역 제후로 봉해 그를 당계씨(堂溪氏)라 불렀다. 이어 초나라는 다시 오
나라와 싸워 이겼다. 오나라 왕 합려는 결국 후퇴하고 귀국해 버렸다.

2년 후, 합려는 태자 부차(夫差)에게 병사를 거느리고 초나라를 공격
하게 해 파(番) 땅을 빼앗았다. 초나라는 오나라가 대거 공격해 올 것이
두려워 영을 떠나 약(鄀)으로 천도했다. 이때 오나라는 오자서와 손무
의 계책으로 서쪽으로는 초나라를 무찌르고, 북쪽으로는 제(齊)나라와
진(晉)나라를 위협했으며, 남쪽으로는 월(越)나라를 굴복시켰다.

5년 후, 월나라 왕 구천(句踐)이 오나라를 공격해 오자 합려가 친히 나
가 싸웠다. 하지만 고소(姑蘇)에서 크게 패하고 합려는 손가락에 부상을

입고 퇴각하였다. 이후 뜻하지 않게 상처가 커져 죽음이 임박해졌다. 합려는 부차를 불러 유언을 남겼다.

"월나라 구천이 네 아비를 죽인 일을 너는 잊지 마라!"

부차가 대답했다.

"결코 잊지 않을 것입니다."

그날 저녁 합려가 죽었다. 부차는 왕위에 오르자 평소 총애하는 백비를 태재(太宰)로 삼았다. 그리고 아버지의 유언을 받들어 와신(臥薪)하며 복수를 다짐하였다. 그리고 2년 후 월(越)나라를 공격하여 대승을 거두게 되었다. 월나라 왕 구천은 치욕스럽게도 잔병들을 거느리고 회계산(會稽山)으로 도망하였다. 그곳에서 숨어 지내다가 결국 버티지 못하고 백기를 들고 말았다. 자신의 대부 종(種)을 시켜 오나라 태재 백비에게 많은 예물을 바치고 자신은 오나라의 신하가 되고 자신의 아내는 왕의 첩이 되겠다며 강화를 요청하였다. 백비가 그대로 건의하자 오나라 왕이 이를 받아들이려 했다. 그러자 오자서가 간언하였다.

"구천은 고통을 잘 견뎌 내는 자입니다. 지금 그를 죽이지 않으면 나중에 반드시 후회하게 될 것입니다."

그러나 오나라 왕은 이 말을 듣지 않고 월나라와 강화하였다. 이후 구천은 회계산의 치욕을 씻기 위하여 쓸개를 핥으면서 복수의 날을 고대하게 되었다. 그리고 은밀히 월나라의 부국강병(富國强兵)에 힘쓰기 시작했다.

그로부터 5년 후, 제나라는 경공(景公)이 죽자 대신들의 권력투쟁으로 나라가 혼란에 빠졌다. 그 틈을 이용해 오나라는 군사를 일으켜 제나라 북쪽을 공격하려 했다. 그러자 오자서가 나서서 간언을 하였다.

"지금 오나라에 월나라가 존재하는 것은 마치 사람의 뱃속에 질병을 담아 둔 것과 같습니다. 그럼에도 왕께서는 월나라를 먼저 없애려 하지 않으시고 제나라에 힘을 쓰고 계시니 어찌 잘못된 일이 아니겠습니까? 구천은 한 가지 반찬으로 식사를 하고, 죽은 자를 조문하고, 병든 자를 문병하고 있는데, 이것은 장차 그들을 써먹기 위한 것입니다. 구천을 죽이지 않으면 반드시 오나라의 우환이 될 것입니다."

그러나 오나라 왕은 그 말을 듣지 않고 제나라를 공격해 애릉(艾陵)에서 크게 이겼다. 그 여세를 몰아 추(鄒)나라와 노나라 군주를 위협하고서 귀국했다. 이후로 오나라 왕 부차는 오자서의 계책을 더욱 홀대하였다.

다시 4년 후, 오나라 왕이 북쪽의 제나라를 공격하려고 하자 월나라 왕 구천은 자공(子貢)의 계책을 써서 그의 군사를 이끌고 오나라를 도왔다. 그리고 한편으로 귀중한 보물을 태재 백비에게 바쳤다.

백비는 구천으로부터 여러 번 뇌물을 받았기 때문에 유난히 그를 좋아하고 신임했다. 그래서 시시때때로 오나라 왕에게 구천을 좋게 이야기했고, 왕 역시 백비의 견해를 신용하게 되었다.

이에 오자서가 다시 간언을 하였다.

"월나라는 뱃속에 생긴 병처럼 골치 아픈 존재입니다. 지금 왕께서는 구천의 허황된 감언이설을 믿고 제나라를 넘보고 계십니다. 설령 제나라를 무찌른다고 해도 그곳은 황폐한 땅이라 아무런 쓸모가 없습니다. 『서경(書經)』 「반경(盤庚)」 편에 예법을 거스르고 공손하지 못한 자는 코를 베거나 또는 목을 베어 이 땅에 악의 씨가 자라지 못하게 하라고 했습니다. 이것이 상(商)나라가 흥한 까닭입니다. 원컨대 왕께서는 제나라를 단념하시고 먼저 월나라를 처리하십시오. 만약 그렇지 않으면 나중에 후회해도 소용이 없을 것입니다."

그러나 부차는 이 말을 듣지 않고 오자서를 제나라에 사신으로 보냈다. 오자서가 제나라로 떠나려고 할 때 아들에게 말했다.

"내가 여러 번 왕께 간언을 했지만 왕께서 내 말을 듣지 않으시는구나. 이제 오나라는 곧 멸망할 것이다. 하지만 네가 오나라와 함께 망하는 것은 무익한 일이다."

오자서는 아들을 제나라의 대부 포목(鮑牧)에게 맡기고, 돌아와 사신의 일을 보고하였다.

오나라의 태재 백비는 원래 오자서와 사이가 좋지 않았다. 그는 오자서가 제나라를 다녀온 것을 계기로 중상모략을 일삼았다.

"오자서는 고집이 세고, 사납고, 인정이 없으며, 시기심만 가득합니다. 그가 왕께 원한을 품고 있어 큰 화근이 될까 두렵습니다. 예전에 왕께서 제나라를 공격하려 할 때 오자서는 안 된다고 했습니다. 하지만 왕께서는 결국 제나라를 공격해 큰 공을 이루셨습니다.

오자서는 자신의 계책이 받아들여지지 않은 것을 부끄럽게 여겨 오히려 왕을 원망하고 있습니다. 그런데 지금 왕께서 또 제나라를 공격하려는데 오자서가 멋대로 고집을 부리며 강력히 반대하고 있습니다. 이는 왕의 결정을 비방하고 저지하는 것으로, 오자서는 오나라가 공격에 실패하여 자신의 계책이 뛰어나다는 것이 증명되기를 바라는 것일 뿐입니다.

지금 왕께서 제나라를 공격하기 위해 온 나라의 병력을 총동원해 친히 출정하시는데, 오자서는 자신의 책략이 받아들여지지 않은 것을 평계로 직위를 사직하고 병을 이유로 출전하지 않으려 하니 왕께서는 이에 대한 조치를 하셔야만 합니다.

이번에 어떤 화(禍)가 일어날지 예상하는 것은 그리 어려운 일이 아닙니다. 사람을 시켜 은밀히 오자서를 조사해 보니 그가 제나라 사신으로 갔을 때 자기 아들을 제나라 포씨(鮑氏)에게 맡겨 두었습니다. 오자서는 안에서 뜻을 이루지 못했다고 하며 밖으로 제후들과 결탁하고 있습니다. 선왕을 친히 모신 자로서 지금은 저버림을 당했다고 항상 불평과 원망을 품고 있습니다. 원컨대 왕께서는 속히 이 일을 처리하십시오."

그러자 오나라 왕 부차가 말했다.

"그대가 말하지 않아도 나 역시 오자서를 의심하고 있었다."

이어 형리에게 칼을 한 자루 내리며 속히 처리하라 일렀다. 형리가 오자서를 찾아가 말했다.

"왕의 명령이요. 그대는 이 칼로 자결하도록 하라."

이에 오자서가 하늘을 우러러보더니 탄식하며 말했다.

"아! 간사한 백비가 나라를 어지럽히고 있거늘 왕은 도리어 나를 주살하는구나. 내가 그의 부친을 천하의 패권자로 만들었고, 그 아들 부차가 여러 공자들과 왕위를 다툴 때 내가 죽음을 무릅쓰고 그의 부친에게 아뢰어 태자에 오르게 하지 않았던가. 게다가 부차는 왕위에 오르자 나에게 오나라를 나누어 주려고 했을 때, 나는 과감히 그것을 거절하지 않았던가. 아, 그러나 지금 그는 아첨하는 간신의 말을 듣고 나를 죽이려고 하는구나."

이어 오자서는 자신의 가신들에게 말했다.

"내 시신은 가래나무 관에 넣고, 내 두 눈알을 도려내어 오나라 동문

(東門) 위에 걸어 두라. 내 기필코 월나라 군사들에게 오나라가 처참히 멸망하는 것을 똑똑히 볼 것이다."

그 말을 끝으로 오자서는 칼로 자신의 목을 찔러 죽었다.

오자서의 유언을 듣게 된 부차는 크게 노하여 오자서의 시체를 자루에 담아 강물에 던져 버렸다. 나중에 오나라 사람들이 오자서를 불쌍히 여겨 강기슭에 '서산(胥山)'이라는 이름의 사당을 세우고 제사를 지내 주었다.

오자서가 죽고 난 후, 부차는 결국 제나라 공격을 개시했다. 이때 제나라는 대부 포목(鮑牧)이 군주인 도공(悼公)을 죽이고 양생(陽生)을 군주로 옹립한 혼란한 시기였다. 오나라는 반란 세력을 토벌하려 했으나 미완에 그치고 귀국하고 말았다.

2년 후, 부차는 노(魯), 위(衛)나라의 군주를 불러 탁고(橐皐)에서 회맹했다. 그 다음해, 북쪽 황지(黃池)에서 제후들과 대대적으로 회맹하고 주(周) 왕실을 호령했다.

그러나 월나라 왕 구천이 그 틈을 타서 점점 세력을 키워 오나라를 기습 공격했다. 태자를 죽이고 오나라 군대를 크게 무찔렀다. 이 소식을 들은 부차는 서둘러 귀국하여 월나라에 예물과 사신을 보내 강화를 체결하였다.

9년 후, 월나라 왕 구천은 마침내 오나라를 멸망시키고 오나라 왕 부차를 죽였다. 또한 많은 뇌물을 받고 자기와 내통했던 태재 백비도 목을 베었다.

이전에 오자서와 함께 도망쳤던 초나라 태자 건(建)의 아들 승(勝)은 오나라에 머물러 있었다. 초나라 혜왕(惠王)이 승을 부르려 하자 섭공(葉公)이 말했다.

"승은 간교한 자입니다. 은밀히 용맹스러운 자들을 구하고 있습니다. 아마 사사로운 의도가 있는 줄로 아옵니다."

그러나 혜왕은 섭공의 말을 듣지 않고 승을 불러 초나라 변경 지역인 언(鄢)에 살게 하고 백공(白公)이라 불렀다. 백공 승이 초나라로 돌아온 지 3년째 되던 해에 오자서가 죽었다.

승은 아버지를 죽인 정(鄭)나라에 대한 원한을 품고 은밀히 병사들을 양성해 보복하려고 했다. 5년째 되던 해, 정나라 토벌을 조정에 요청하자 초나라 영윤(令尹) 자서(子西)가 이를 허락하였다.

그런데 출병하기 전에 진(晉)나라가 정나라를 공격하는 일이 벌어졌다. 정나라에서는 급히 초나라에 구원을 요청했고 이에 초나라에서는 영윤 자서를 보내 구원토록 하였다. 이후 영윤 자서는 정나라와 맹약을 맺고서 귀국했다.

이 소식을 들은 백공 승이 크게 탄식하며 말했다.

"원수는 정나라가 아니라 바로 네놈 영윤 자서이다!"

하고 그날로부터 칼을 갈게 되었다. 어떤 사람이 물었다.

"무엇을 하려고 칼을 가는 것입니까?"

이에 승이 대답하였다.

"영윤 자서를 죽이려고 하오!"

그 말을 전해들은 영윤 자서가 웃으며 말했다.

"승은 아직 알에서 깨어나지도 않았는데, 그런 자가 무슨 일을 할 수 있겠는가?"

4년 후, 백공 승은 심복인 석기(石乞)와 함께 초나라 조정을 기습해 영윤 자서와 사마(司馬) 자기(子綦)를 죽였다. 일을 벌인 후에 석기가 말했다.

"이제 왕을 죽이지 않으면 안 됩니다."

승이 초나라 혜왕을 죽이려 했으나 그는 소부인(昭夫人)의 궁으로 달아났다. 이어 반란이 일어났다는 소식을 들은 섭공이 군사를 모아 백공 승을 공격했다. 승은 싸움에서 패하자 산속으로 도망가 끝내 자결하고 말았다. 그러나 석기는 사로잡혔다. 섭공이 물었다.

"승의 시체가 있는 곳을 말하지 않으면 네놈을 삶아 죽이겠다."

석기가 대답했다.

"거사가 성공했다면 내가 아마 당신 자리에 있었을 것이오. 허나 실패했으니 삶아 죽여도 어쩔 수 없는 일이오."

석기는 끝내 승의 시체가 있는 곳을 말하지 않았다. 그러자 섭공은 석기를 삶아 죽였다. 그리고 혜왕을 찾아 다시 왕으로 세웠다.

태사공은 말한다.

"사람에게 원한이 사무친다는 것은 참으로 통탄할 일이다. 왕이라 하더라도 신하에게 원한을 사서는 안 되는 일이거늘, 하물며 동등한 지위에 있는 자들에게 말해서 무엇하랴. 일찍이 오자서(伍子胥)가 아버지 오사(伍奢)를 따라 같이 죽었다면 하찮은 땅강아지나 개미와 무엇이 달랐겠는가? 그는 소의(小義)를 버리고 큰 치욕을 갚아 명성이 후세에까지 전해진 것이다.

슬프도다! 오자서가 강가에서 위급한 상황에 처하고, 길에서 걸식을 할 때도 잠시라도 초나라의 수도인 영(郢)을 어찌 잊었겠는가? 그러므로 그는 모든 고초를 참고 견디어 공명을 이룰 수 있었으니, 강인한 대장부가 아니면 어느 누가 이런 일을 이룰 수 있겠는가? 백공(白公) 승의 역모가 성공하지 못하였으니 이는 왕위는 스스로 오를 수 없는 것임을 보여 준 것이다."

제7편

공자 제자 열전

卷六十七。仲尼弟子列傳

孔子曰「受業身通者七十有七人」，皆異能之士也。德行

顏淵、閔子騫、冉伯牛、仲弓。政事，冉有、季路。

言語，宰我、子貢。文學，子游、子夏。師也辟，參

魯，曾也魯，柴也愚，由也喭，回也屢空。賜不受命而貨殖

焉，中則老子於衛，蘧伯玉於齊，晏平

孔子之所嚴事，於周則老子於衛，蘧伯玉於齊，晏平

仲於楚，老萊子於鄭，子產於魯，孟公綽。數稱臧文

仲柳下惠、銅鞮伯華、介山子然，孔子皆後之，不

並世。

"공자는 문(文)과 덕(德)을 전수하고 도덕을 강론하였다. 후에 제자들이 곳곳의 스승이 되어 인(仁)을 숭상하고 의(義)를 행하는 데 이바지하였다."

·

공자(孔子)의 자(字)는 중니(仲尼)이다. 공자가 말했다.

"내게 가르침을 받아 육예(六藝)에 통달한 제자가 77명이다. 그들은 모두 재능이 뛰어난 자들이다. 안연(顔淵), 민자건(閔子騫), 염백우(冉伯牛), 중궁(仲弓)은 덕(德)을 행하는 데 뛰어나다. 염유(冉有), 계로(季路)는 정치에 뛰어나다. 재아(宰我), 자공(子貢)은 언변이 뛰어나다.

자유(子遊), 자하(子夏)는 문학에 뛰어나다. 그러나 전손사(顓孫師)는 한쪽으로 치우친 면이 있었고, 증삼(曾參)은 재빠르지 못하고 둔했으며, 고시(高柴)는 어리석었다. 중유(仲由)는 예의가 바르지 못했으며. 안회(顔回)는 자주 끼니를 거를 만큼 가난했다. 단목사(端沐賜)는 가르침을 받지 않고도 생각하며 헤아리는 일들이 여러 번 적중하여 재물을 모았다."

공자가 존경한 인물로는 주(周)나라의 노자(老子), 위(衛)나라의 거백옥(蘧伯玉), 제(齊)나라의 안평중(晏平仲), 초(楚)나라의 노래자(老萊子), 정(鄭)나라의 자산(子産), 노(魯)나라의 맹공작(孟公綽) 등이 있었다.

그리고 자주 칭찬한 인물로는 장문중(臧文仲), 유하혜(柳下惠), 동제백화(銅鞮伯華), 개산자연(介山子然)이 있었다. 그러나 이 네 사람은 모두 공자보다 앞 시대의 사람들이다.

안회

안회(顔回)는 노나라 사람이며 자(字)는 자연(子淵)이다. 공자보다 서른 살이 적었다. 어느 날 안회가 인(仁)에 관하여 묻자 공자가 대답했다.

"자기를 이기고 예(禮)로 돌아오는 것이 인이다. 만일 사람이 하루라도 자신을 이기고 예로 돌아온다면 그로 인해 온 세상 사람들이 다 인으로 돌아올 것이다."

공자는 안회에 대해서 다음과 같이 말했다.

"어질도다. 안회여! 누추한 마을에서 밥 한 그릇과 물 한 바가지로 살고 있지만, 다른 사람 같으면 그런 생활을 견뎌 내지 못할 것인데, 안회는 자기가 즐겨 하는 것을 바꾸지 않는구나."

공자는 또 다음과 같이 말했다.

"안회는 배울 때에 어리석은 것 같았지만, 물러나서 그 행하는 바를 살펴보면 배운 대로 제대로 실천하고 있었다. 그는 결코 어리석지 않도다."

공자는 안회를 다음과 같이 평가하기도 했다.

"벼슬자리에 나가면 도를 행하고, 물러나면 조용히 도를 즐길 수 있는 자는 오직 너와 나뿐이구나."

안회는 스물아홉의 나이에 머리가 온통 백발인 채로 죽었다. 공자가 그 소식을 듣고는 매우 애통해하며 소리 내어 울었다.

"내게 안회가 있고부터 제자들이 나와 더욱 친해졌는데…."

노(魯)나라 애공(哀公)이 공자에게 물었다.

"제자들 중에서 누가 배우기를 좋아합니까?"

공자가 대답했다.

"안회라는 자가 배우기를 좋아해 남에게 화를 옮기지도 않으며 잘못을 되풀이하지도 않습니다. 그런데 불행하게도 젊은 나이에 죽었습니다. 지금은 배우기를 좋아하는 자가 없습니다."

민손

민손(閔損)은 자(字)가 자건(子騫)이다. 공자보다 열다섯 살 아래였다. 공자가 말했다.

"민손은 효자로다. 그 부모와 형제들이 그를 효자라고 칭찬하면 사람들이 모두 수긍했다."

민손은 대부를 섬기지 않았으며 더러운 군주의 녹을 받지 않았다. 일찍이 노나라의 대부 계씨(季氏)가 그에게 벼슬을 주고자 사자를 보냈다. 그러자 민손은 사자에게 이렇게 말했다.

"만일 나를 다시 찾아오면 그때는 이 노나라를 떠날 것이오."

염경

염경(冉耕)은 자(字)가 백우(伯牛)이다. 공자는 그가 덕행이 있는 자라고 칭찬하였다. 염경이 문둥병에 걸렸다는 소식을 듣고 공자가 문병을 갔을 때였다. 창문을 사이에 두고 손을 잡으며 공자는 깊이 탄식하였다.

"천명이로구나! 이런 훌륭한 자가 이런 병에 걸리다니, 천명이로다!"

염옹

염옹(冉雍)은 자(字)가 중궁(仲弓)이다. 하루는 정치하는 방법을 묻자 공자가 대답했다.

"문밖을 나가 사람을 대할 때에는 귀중한 손님을 대하듯 하고, 벼슬에 올라 백성을 부릴 때에는 큰 제사를 받들 듯이 정중하게 하면 된다. 그렇게 하면 군주 밑에서 벼슬을 하거나 대신의 집에서 일을 하더라도 남에게 원한 사는 일이 없을 것이다."

염옹은 덕행이 뛰어났는데, 공자는 이렇게 말했다.

"옹은 군주가 될 만한 사람이다."

염옹의 부친은 미천한 자였으나 공자는 염옹을 높이 평가했다.

"빛깔이 붉고 좋은 뿔을 가지고 있는 귀한 송아지라도 사람들은 싫으면 제사에 쓰려고 하지 않는다. 그러나 제사를 받는 산천의 신들이 그런 송아지를 그냥 내버려 두겠는가?"

염구

염구(冉求)는 자(字)가 자유(子有)이다. 공자보다 스물아홉 살 아래였다. 노나라 대부 계씨(季氏)의 집안일을 책임지고 있을 때였다. 당시 세도가인 계강자(季康子)가 공자에게 물었다.

"염구는 어진 사람입니까?"

공자가 대답했다.

"천 호 되는 고을과 수레 백 대를 가진 대부의 집을 다스릴 수는 있겠지만 그가 어진 자인지는 모르겠습니다."

계강자가 다시 물었다.

"자로(子路)는 어진 사람입니까?"

공자가 대답했다.

"염구와 다를 바가 없습니다."

어느 날 염구가 공자에게 물었다.

"의(義)로운 일을 들었으면 바로 행해야 합니까?"

공자가 대답했다.

"바로 행해야 한다."

그런데 자로가 같은 것을 물었다.

"의로운 일을 들었으면 바로 행해야 합니까?"

그러자 공자가 대답했다.

"아버지와 형이 살아 계신데 어찌 상의도 없이 그대로 행할 수 있겠는가?"

옆에서 이 말을 들은 자화(子華)가 의아해하며 물었다.

"감히 묻겠습니다. 두 사람이 똑같은 것을 물었는데 어찌 선생님의 대답은 서로 다른 것입니까?"

공자가 대답했다.

"염구는 소극적이라 앞으로 나아가게 한 것이고, 자로는 성격이 급하므로 제지한 것이다."

중유

중유(仲由)는 자가 자로(子路)이다. 노나라 변(卞) 땅 사람으로 공자보다 아홉 살이 적었다. 성격이 거칠고 용감하며 자존심이 강했다. 한때 수탉의 깃으로 관을 만들어 쓰고, 수퇘지의 가죽으로 칼집을 만들어 검을 차고 다녔을 때는 공자를 업신여기며 함부로 대하려 했다.

그러나 공자가 항상 예로써 대하고 차츰 바른 길로 이끌어 주자 감동을 받았다. 이후 선비의 의복을 갖추고 예물을 마련해 공자에게 가르침을 받게 되었다.

하루는 자로가 물었다.

"정치란 어떻게 해야 합니까?"

공자가 대답했다.

"백성들보다 앞장서서, 백성들을 위해 수고를 아끼지 않아야 한다."

자로가 다시 물었다.

"그밖에 더 해야 할 일은 없습니까?"

공자가 대답했다.

"게을러서는 안 된다."

자로가 또 물었다.

"군자가 용맹을 좋아해도 괜찮겠습니까?"

공자가 대답했다.

"군자는 의(義)를 가장 소중히 여긴다. 군자가 용맹을 좋아하고 의를 모르면 난(亂)을 일으키고, 소인이 용맹을 좋아하고 의를 모르면 도둑질을 하게 된다."

자로가 그 말을 듣고서 두려워 더는 묻지 않았다. 이는 자신이 행하지 못함을 알기 때문이었다.

공자는 자로에 대해 이렇게 말했다.

"자로는 과단성이 있어 송사의 판결을 한마디로 내릴 수 있는 자이다. 용기는 나보다 앞서지만 자신의 재능을 적절히 다스리지 못하는 단점이 있다. 이로 인해 제 명대로 살기 어려운 자이다. 그러나 자로는 당당하고 의연하여 자신이 낡고 헤진 옷을 입고 부유한 자들과 나란히 서도 조금도 부끄러워하지 않는다. 자로의 학문은 웬만한 경지에 이르렀지만 아직 뛰어나다고는 할 수 없다."

노나라의 제후 계강자가 물었다.

"자로는 어진 자입니까?"

공자가 대답했다.

"수레 천 대가 있는 나라를 다스릴 수는 있겠지만 그가 어진 사람인지는 모르겠습니다."

자로는 공자를 따라 천하를 돌아다니기 좋아했다. 우연히 길에서 장저(長沮), 걸익(桀溺), 하조장인(荷篠丈人) 등을 만났는데 이들은 모두 공자를 못마땅하게 여기며 이렇게 말했다.

"세상이 알아주지도 않는 도를 가지고 돌아다녀 봐야 무슨 소용인가. 부질없는 짓 그만두게나."

자로가 노나라 계씨(季氏)의 재상이 되었을 때, 계손(季孫)이 공자에게 물었다.

"자로는 대신이라고 말할 수 있습니까?"

공자가 대답했다.

"보통 신하라고 말할 수 있겠습니다."

자로가 포(蒲) 지방의 대부(大夫)가 되어 공자에게 작별 인사를 하러 왔을 때, 공자가 다음과 같이 말했다.

"포 지방은 기개 있고 굳센 장사(壯士)들이 많아 다스리기가 어려운 곳이다. 내 하는 말을 꼭 명심하여라. 누구에게나 몸가짐을 공손하게 하면 존경을 받고 다스릴 수 있을 것이다. 너그럽고 올바르면 백성들이 따라올 것이고, 겸손하고 바르게 다스리면 모든 것이 안정되니 이는 곧 나라에 보답하는 것이다."

일찍이 위(衛)나라 영공(靈公)에게는 남자(南子)라는 총애하는 첩이 있었다. 그런데 아들인 태자 괴외(蒯聵)가 그녀에게 죄를 범하고 왕의 처벌이 두려워 나라 밖으로 달아났다.

이후 영공이 죽자 남자(南子)가 공자(公子) 영(郢)을 왕으로 세우려고 했다. 그러나 영은 사양하며 말했다.

"태자는 비록 망명했지만 그의 아들 첩(輒)이 살아 있습니다."

이에 위나라는 첩을 왕으로 세웠는데 그가 바로 출공(出公)이다. 출공이 즉위한 지 12년이 되도록 그의 아버지 괴외는 국내로 들어오지 못했다.

자로는 이 무렵 위나라 대부 공회(孔悝)의 땅을 다스리는 책임자로 있었다. 괴외가 몰래 공회와 음모하여 반란을 일으키기로 했다. 정해진 날에 드디어 무리들과 들고 일어나 출공을 습격하였다. 출공은 간신히 목숨을 건져 노나라로 도망쳤다. 이어 괴외가 왕위에 오르니 바로 장공(莊公)이다.

자로는 밖에 있다가 반란의 소식을 듣고 성으로 달려왔다. 마침 위나라 성문을 나오는 자고(子羔)와 마주쳤다. 자고가 말했다.

"출공은 도망을 갔고 성문은 이미 닫혔으니 돌아가십시오. 들어갔다가는 공연히 화를 당하게 됩니다."

그러자 자로가 말했다.

"내가 출공의 녹을 먹고 사는 자인데, 어찌 왕이 어려움에 처한 것을 보고 회피한단 말이오?"

이에 자고는 그대로 길을 떠났고, 자로는 마침 성으로 들어가는 사자가 있어 따라서 들어갔다. 마침 괴외는 왕의 자리인 대(臺)에 앉아 있었고, 그 옆에 공회가 있었다. 이에 자로가 괴외에게 말했다.

"도대체 공회를 어디에 쓰고자 하시는 겁니까? 그는 반역을 꾀한 자이니 지금 당장 죽이도록 허락해 주십시오!"

그러나 괴외가 허락하지 않았다. 자로는 급기야 공회가 앉은 자리로 달려갈 태세였다. 그러자 괴외가 부하들에게 자로를 죽이라고 명령하였다. 자로는 결국 이들의 칼에 맞아 쓰러졌다. 이때 갓끈이 끊어졌는데, 칼 맞은 자로가 외쳤다.

"군자는 설사 죽더라도 관은 벗지 않는다."

하고는 갓끈을 다시 매고서 죽임을 당했다.

　나중에 공자는 위나라에서 반란이 일어났다는 소문을 듣고 깊이 탄식하였다.

　"아, 자로가 죽겠구나!"

　그 뒤 알고 나니 정말로 자로가 죽은 뒤였다. 공자는 자로를 그리워하며 이렇게 말했다.

　"내가 자로를 얻은 뒤부터는 세상 사람들의 비난을 들어보지 않았다."

재여

　재여(宰予)는 자가 자아(子我)이다. 언변이 특히 뛰어났다. 그는 공자에게 가르침을 받고 나서 이렇게 물었다.

　"부모의 삼년상은 너무 긴 것 아닙니까? 군자가 삼 년간 예를 닦지 않으면 예는 반드시 무너질 것이고, 삼 년간 음악을 버려둔다면 음악 또한 반드시 무너질 것입니다. 해마다 묵은 곡식은 없어지고 새 곡식이 나옵니다. 나무를 비벼 얻는 불씨도 철 따라 바꾸는데, 부모의 상은 일 년으로 그쳐도 될 듯합니다."

　이에 공자가 물었다.

　"그렇게 하면 네 마음이 편하겠느냐?"

　재여가 대답하였다.

　"편하겠습니다."

공자가 말했다.

"그것이 편안하면 너는 그렇게 하라. 군자는 상(喪)을 당해서는 맛있는 음식을 먹어도 맛을 모르고, 듣기 좋은 음악을 들어도 즐겁지 않기 때문에 삼년상을 치루는 것이다."

재여가 나가자, 공자가 말했다.

"재여는 참으로 마음이 어질지 못하구나. 자식은 태어나서 3년이 지난 뒤라야 부모의 품에서 벗어난다. 따라서 저 삼년상은 천하의 공통된 예의인 것이다."

하루는 재여가 낮잠을 자고 있었다. 공자가 그 모습을 보고 꾸짖었다.

"썩은 나무로는 조각을 할 수 없고, 더러운 흙으로는 담을 쌓을 수 없느니라."

한번은 재여가 고대 전설 속의 다섯 제왕, 즉 황제(黃帝), 전욱(顓頊), 제곡(帝嚳), 요(堯), 순(舜)의 덕에 대해 묻자 공자는 이렇게 말했다.

"너는 그런 것을 물을 자격이 없다."

후에 재여가 임치(臨菑) 땅의 대부가 되었다. 전상(田常)이라는 자와 함께 반란을 일으켜 실패하므로 그 일가족이 멸하고 말았다. 공자는 이 일을 두고두고 큰 수치로 여겼다.

자공

단목사(端沐賜)는 자가 자공(子貢)이며 위(衛)나라 사람이다. 공자보다 서른한 살 아래다. 자공은 말솜씨가 뛰어났지만 공자는 늘 그것을 경계시

컸고 억누르도록 하였다. 한번은 공자가 이렇게 물었다.

"너와 안회 중 누가 더 나은가?"

자공이 대답했다.

"제가 어찌 감히 안회를 따를 수 있겠습니까? 안회는 하나를 들으면 열을 알지만 저는 하나를 알면 겨우 둘을 알 뿐입니다."

하루는 자공이 가르침을 받고 난 후에 물었다.

"선생님, 저는 도대체 어떤 자입니까?"

공자가 말했다.

"너는 그릇이니라."

"어떤 그릇입니까?"

"제사에서 쓰이는 가장 귀중한 그릇 호련(瑚璉)이다."

어느 날 공자의 제자 진자금(陳子禽)이 자공에게 물었다.

"공자 선생님은 누구에게서 배우셨습니까?"

자공이 대답했다.

"문왕(文王)과 무왕(武王)의 도가 아직 이 땅에 보존되어 있어 현자들은 도의 큰 것을 기억하고 있고, 그렇지 못한 자라도 작은 것을 기억하고 있습니다. 이처럼 문왕과 무왕의 도가 사람에게 남아 있는데 공자께서 누구에겐들 배우지 않으셨겠습니까. 그러므로 정해진 스승이 따로 없었습니다."

진자금이 또 물었다.

"공자께서는 가는 나라마다 그곳 정치에 대해서 훤히 알고 계시는데, 그것은 공자께서 누구에게 물어보셔서 아시는 겁니까, 아니면 누군가 알려 주는 것입니까?"

자공이 대답했다.

"선생님께서는 성품이 온화하고 선량하며 공손하고 검소하시어 그 나라 군주가 스스로 정치에 관해 말을 하여 듣고 아시는 것이지, 다른 사람들처럼 선생님이 요청하시지는 않는답니다."

언젠가 자공이 공자에게 물었다.

"부유하지만 교만하지 않고 가난하지만 아첨하지 않는다면 어떻습니까?"

공자가 대답했다.

"괜찮다. 그러나 가난하지만 도를 즐기고 부유하면서도 예를 좋아하는 것만은 못하다."

전상(田常)이 제나라에서 난을 일으키고자 했으나 귀족인 고씨(高氏), 국씨(國氏), 포씨(鮑氏), 안씨(顔氏) 세력이 두려워 주저하고 있었다. 그래서 그들의 군대를 모두 이용해 오히려 노나라를 정벌하고자 했다. 공자가 이 소식을 듣고 제자들에게 말했다.

"이 노나라는 우리 조상의 무덤이 있는 나라다. 지금 나라가 위기에 처해 있는데 그대들은 어찌 구하러 나서지 않는 것인가?"

이에 자로가 나섰지만 공자가 만류하였다. 자장(子張)과 자석(子石)이 나섰지만 역시 허락하지 않았다. 이번에는 자공이 나서자 공자는 허락했다.

이에 자공이 제나라로 가서 전상에게 말했다.

"노나라를 치고자 하는 것은 잘못된 일인 줄 아뢰옵니다. 노나라는 성벽이 약하고 낮습니다. 성을 둘러싼 연못과 땅 또한 작고 좁습니다.

그 나라의 왕은 어리석고 모질고, 신하들은 위선적이고 무능하고, 또 병사들과 백성들은 전쟁을 싫어합니다.

이런 나라와는 싸워 봐야 이득이 없습니다. 그럴 바에야 차라리 오(吳)나라를 치는 것이 낫습니다. 저 오나라는 성벽이 높고 두텁고, 성을 둘러싼 연못과 땅은 넓고 깊으며, 무기는 튼튼하고 새롭고, 군사들은 용감하고 식량도 충분합니다. 중무장한 정예 병사들이 성 안에 가득하고 훌륭한 장수가 지키고 있으니 이는 참으로 정벌하기가 쉬운 상대입니다."

그러자 전상이 화를 내면서 말했다.

"그대가 어렵다고 하는 것은 다른 사람에게는 쉬운 일이고, 그대가 쉽다고 하는 것은 다른 사람들에게는 어려운 일인데, 이런 식으로 나를 설득하는 것은 무슨 까닭이오?"

이에 자공이 다음과 같이 대답했다.

"나라의 걱정이 내부에 있으면 강한 적을 공격하고, 외부에 있으면 약한 적을 공격한다고 합니다. 그런데 지금 공의 근심은 내부에 있습니다. 제가 알기로는 공께서는 제나라 왕에 세 번이나 봉해졌는데 세 번 모두 성사되지 않았습니다. 이는 신하들 중에 반대하는 이가 많았기 때문입니다.

지금 공께서 군대를 이끌고 노나라를 격파해 제나라의 세력을 넓힌다고 하면 제나라 왕은 싸움에 이겼기 때문에 더욱 교만해질 것이고, 그 추종하는 신하들의 위세는 더욱 높아질 겁니다. 그러면 공께서는 아무런 인정도 받지 못하고 오히려 왕과의 관계만 더 멀어질 뿐입니다.

이렇게 위로는 왕의 마음을 교만하게 하고, 아래로는 여러 신하들을 방자하게 만들면 결코 공의 큰 뜻을 이루기 어렵습니다. 대저 임금이 교만해지면 제멋대로 하고, 신하들이 교만해지면 서로 권력을 다투게 됩니다. 이는 위로는 왕에게서 멀어지고 아래로는 신하들과 권력을 다투게 됨을 뜻합니다.

그렇다면 제나라에서의 공의 입지는 더욱 좁아져 도리어 위태롭게 될지도 모릅니다. 때문에 오나라를 공격하는 것만 못하다고 말한 것입니다.

만약에 오나라를 공격해 이기지 못하면, 많은 병사들이 바깥에서 죽게 될 것입니다. 병사들을 잃으면 조정의 신하들 또한 세력이 약해질 것이고, 왕 또한 약해질 것이 뻔합니다. 그때가 되면 제나라를 마음대로 흔들 수 있는 사람은 공밖에 없을 겁니다."

전상이 물었다.

"일리 있는 말이오. 하지만 우리 군대가 이미 노나라로 출동했으니, 오나라로 방향을 돌린다면 신하들이 의심할 것이 아니겠소?"

자공이 대답했다.

"가능한 대로 모든 수단을 써서 군대를 지체하여 주십시오. 그동안 제가 오나라 왕께 노나라를 구원하여 달라고 유세하여 함께 제나라를 공격하도록 하겠습니다. 그때 오나라와 맞서 싸우시면 됩니다."

이에 전상이 고개를 끄덕이며 자공이 남쪽으로 가서 오나라 왕을 만나는 것을 허락하였다. 자공이 오나라 왕께 아뢰었다.

"아뢰옵니다. 왕도로서 천하를 다스리는 나라는 다른 나라의 후사를 끊는 일이 없고, 천하를 제패한 나라는 결코 적을 강하게 만들지 않는다고 들었습니다. 지금 전차 만 대의 제나라가 전차 천 대의 노나라를 공격해 차지하려고 하는 것은 오나라와 서로 강함을 다투기 위한 것입니다. 저는 이것이 왕에게 염려되는 일이라 생각합니다. 하오니 오나라가 노나라를 구원하는 것은 명분을 얻는 일이고, 제나라를 치는 것은 큰 이익을 얻는 일이라 사료됩니다.

이참에 사수(泗水) 주변의 제후들을 설득하여 난폭한 제나라를 징벌하고 그 여세를 몰아 진(晉)나라를 굴복시킨다면 이보다 더 큰 이익은 없을 것입니다. 명분이야 망해 가는 노나라를 존속시키는 데에 있지만, 실상은 강한 제나라를 곤경에 빠뜨리는 것이니 지혜로운 군주라면 누구나 결행할 일입니다."

오나라 왕이 말했다.

"옳은 말이오. 하지만 나는 일찍이 월나라 왕을 회계산(會稽山)으로 몰아넣어 곤욕을 치르게 한 적이 있소. 그 일로 해서 월나라 왕은 절치부심(切齒腐心)해 나에게 보복할 기회만을 노리고 있소. 그러니 내가 월나라를 정벌할 때까지 기다려 주시오."

이에 자공이 말했다.

"월나라는 오나라만큼 강하지 않고, 오나라는 제나라만큼 강하지 않습니다. 왕께서 제나라를 놓아두고 월나라를 공격한다면 그동안 제나라는 노나라를 평정해 더 강해질 것입니다.

작은 월나라를 치고 강한 제나라를 두려워하는 것은 용맹스러운 군주가 할 일이 아닙니다. 용맹스러운 군주는 어려움을 회피하지 않고, 어진 사람은 곤란에 처한 자를 궁지로 몰아넣지 않고, 지혜로운 자는 때를 놓치지 않고, 왕도로 천하를 다스리는 자는 남의 나라의 후사를 끊지 않음으로써 의(義)를 세운다고 했습니다.

지금 월나라를 존속시키면 모든 제후들이 왕의 어진 면을 볼 것입니다. 하지만 노나라를 구원해 제나라를 징벌하고 다시 진(晉)나라를 굴복시킨다면, 천하의 제후들이 앞다투어 고개를 숙이고 오나라에 조회(朝會)하러 올 것입니다.

그렇게 되면 천하의 패권자가 되는 것입니다. 혹시라도 왕께서 월나라가 맘에 걸린다면 제가 월나라 왕을 만나 군대를 지원토록 설득하겠습니다. 그러면 월나라를 경계하지 않고도 제나라를 친다는 명분을 얻을 수 있습니다."

그 말을 들은 오나라 왕은 크게 기뻐하며 자공을 월나라로 보냈다.

월나라 왕 구천(句踐)은 친히 교외까지 마중 나와 자공을 맞이했다. 그리고 몸소 수레를 몰면서 말했다.

"여기는 오랑캐 나라인데 대부(大夫)께서 어인 일로 찾아오셨습니까?"

자공이 다음과 같이 말했다.

"저는 여기 오기 전에 오나라 왕에게 노나라를 구하고 제나라를 공격하라고 권했습니다. 그러나 오나라 왕은 그럴 뜻이 있으면서도 월나라가 걱정이 된다고 했습니다. 노나라를 돕는 일은 월나라를 정복하고 나서야 가능하다고 하였습니다. 이러니 오나라는 반드시 월나라를 공격할 것입니다. 만약에 남에게 보복할 뜻이 없으면서도 남에게 의심을 받는다면 이는 일을 서투르게 하는 것이고, 남에게 보복할 뜻이 있는데 남에게 알게 했다면 이는 일을 위태로운 지경으로 몰고 가는 것이며, 일을 미처 실행하기도 전에 발설되었다면 이는 일을 매우 위험스러운 지경으로 치닫게 하는 것입니다. 이 세 가지는 거사(擧事)를 잘못되게 하는 것이라 할 수 있습니다."

이에 월나라 왕 구천이 머리를 조아려 절하면서 다음과 같이 말했다.

"내가 이전에 힘을 헤아리지 않고 오나라와 싸움을 벌이다가 회계에서 큰 곤욕을 치렀습니다. 그때의 분통함이 골수에 사무쳐 밤낮으로 복수할 생각에 입술과 혀가 바싹바싹 타들어 가니, 오나라 왕과 싸워 죽는 것이 소원입니다. 그러니 제발 오나라 왕에게 복수할 수 있는 방법을 알려 주십시오."

자공이 대답했다.

"오나라 왕은 성품이 난폭해 신하들이 견디지 못하고, 잦은 전쟁으로 나라는 피폐해져 군사들이 더는 참지 못하는 지경입니다. 백성들은 왕을 원망하고 대신들은 안으로 동요를 일으키려 하고 있습니다.

그리고 충신 오자서는 충언하다가 죽임을 당했고, 태재(太宰) 백비가 나라 일을 주관하고 있습니다. 그는 임금의 잘못된 명령을 그대로 따르며 자신의 사리사욕을 채우기에 급급합니다. 이는 나라가 위태로워지고 있다는 것입니다.

만약 지금 왕께서 오나라에 응원군을 보내어 그 뜻에 맞추고, 귀중한 보물을 보내 그 환심을 사고, 자신을 낮추고 그를 높이면 오나라 왕은 반드시 제나라를 공격할 것입니다.

그리하여 오나라가 싸움에 지면 그것은 왕께서 얻는 복입니다. 설령 이기더라도 반드시 여세를 몰아 진(晉)나라를 공격하게 될 터인데, 그러면 제가 그때에 진나라 임금을 뵙고 함께 공격하도록 유세를 하겠습니다. 그리되면 오나라는 반드시 쇠약해질 겁니다. 오나라의 정예 병사들이 제나라와 진나라와의 싸움에서 거의 기진맥진하게 되었을 때, 그 틈을 타서 공격하신다면 왕께서는 반드시 오나라를 멸망시킬 수 있을 것입니다."

그 말에 월나라 왕은 크게 기뻐하며 그 제안을 따르기로 했다. 자공이 떠날 즈음에 월나라 왕은 황금과 검 한 자루, 좋은 창 두 자루를 선사했으나 자공은 그것을 받지 않고 오나라로 돌아갔다.

자공은 오나라 왕에게 다음과 같이 보고했다.

"신이 삼가 대왕의 말씀을 월나라 왕에게 전하니 그는 두려워 떨며 말했습니다. 어려서 부친을 잃어 제 분수도 모르고 오나라에 죄를 범했고, 더구나 싸움에서 패하여 회계산에 숨어 살며 몸은 욕되었고, 나라는 폐허가 되었으나 대왕의 은혜를 입어 다시 조상에게 제사를 받들 수 있게 되었으니, 죽어도 그 은혜를 잊을 수가 없다고 했습니다. 그런데 어찌 감히 오나라를 공격할 생각을 하겠습니까?"

닷새 뒤에 월나라에서 대부(大夫) 문종(文種)이 사신으로 왔는데, 그는 머리를 조아리며 다음과 같이 오나라 왕에게 아뢰었다.

"동해(東海) 구천의 사자(使者) 문종이 삼가 대왕께 문안을 올립니다. 지금 듣건대, 대왕께서는 천하의 대의(大義)를 위해 난폭한 제나라를 공격하여 주(周)나라 왕실을 편안하게 하신다고 하니, 저희 월나라에서는 나라 안의 병사 3천 명을 모두 동원하고, 월나라 왕이 스스로 선두에서 적의 화살과 돌을 받고자 합니다. 그리고 천한 저 또한 선대로부터 물려받은 갑옷과 무기를 받들어 대왕의 출정 명령을 기다리겠습니다."

오나라 왕이 크게 기뻐하며 자공에게 말했다.

"월나라 왕이 몸소 과인을 따라 제나라 정벌에 나서겠다고 하니, 허락해도 괜찮겠소?"

자공이 대답했다.

"안 됩니다. 남의 나라 군대를 모조리 동원하여 그 나라가 텅비게 하고, 또 그 왕으로 하여금 나서게 하는 것은 의롭지 않습니다. 대왕께서는 그가 보내는 예물과 응원군만을 허락하실 뿐, 다른 것은 사양하셔야 합니다."

이에 오나라 왕은 자공의 말을 좇아서 월나라 왕이 이 전쟁에 참가하는 것은 사양했다. 오나라 왕은 드디어 9개 군(郡)의 병사들을 동원해 제나라 정벌에 나섰다.

오나라가 출정하자 자공은 다시 진(晉)나라 왕을 찾아가 말했다.

"아뢰옵니다. 생각이 먼저 정해지지 않으면 갑작스러운 일에 잘 대처할 수가 없고, 군대가 잘 정비되어 있지 않으면 적의 침입을 이길 수가 없다고 했습니다. 지금 제나라와 오나라가 장차 싸울 것인데, 오나라가 패하면 월나라가 반드시 오나라를 공격할 것이고, 오나라가 이기면 반드시 그 여세를 몰아 진나라로 쳐들어올 것입니다."

그 말을 들은 진나라 왕은 크게 두려워하며 물었다.

"이 일을 어떻게 하면 좋겠소?"

자공이 대답했다.

"군대를 잘 정비하고 기다리십시오."

진나라 왕이 그렇게 하겠다고 말했다.

자공은 진나라를 떠나서 노나라로 돌아왔다. 그 무렵 오나라 왕은 애릉(艾陵)에서 제나라와 싸워 크게 이겼다. 적의 장군 일곱 명과 그 군사들을 사로잡았다. 그리고 그 여세를 몰아 진(晉)나라로 쳐들어갔다. 황지(黃池)에서 두 나라 군대가 격돌하였다. 처음에는 서로 힘을 다투는 듯했으나 이내 진나라가 기선을 잡아 크게 이겼다.

월나라 왕이 이 소식을 듣고는 강을 건너 오나라를 공격하러 떠났다. 도성(都城) 밖 10리쯤에 주둔해 있었다. 오나라 왕이 이 소식을 듣고서 급히 진나라와의 싸움을 그만두고 귀국하여 오호(五湖) 부근에서 월나라와 싸웠다. 세 번을 싸웠으나 결국 이기지 못하고, 월나라 군대에 의해 도성이 무너지고 말았다. 이어 월나라는 왕궁을 포위해 오나라 왕 부차를 죽이고, 재상인 백비(伯嚭)를 주살했다. 오나라를 격파한 지 3년 뒤에 월나라는 동방의 제후들 사이에서 강자로 떠올랐다.

이처럼 자공이 한 번 나서자 노나라는 존속되었고, 제나라는 혼란에 빠졌으며, 오나라는 멸망하고, 진나라는 강국이 되었으며, 월나라는 천하의 패권국가가 되었다. 자공이 한 번 뛰어다님으로써 나라 간의 형세 변화가 생겨 10년 사이에 다섯 나라에 각각 큰 변동을 겪었다.

또 자공은 물건 시세에 밝아 싸게 사서 비싸게 팔아 이익을 남기는 재주가 있었다. 그로 인해 재물이 넘쳤다. 그는 남의 장점을 잘 칭찬해 주기는 했으나 남의 잘못을 덮어 주지는 못했다. 노나라와 위(衛)나라에서 재상을 지냈으며 집 안에 천금(千金)을 쌓아 두고 결국 제나라에서 일생을 마쳤다.

자유

언언(言偃)은 자가 자유(子遊)이며 오(吳)나라 사람이다. 공자보다 마흔 다섯 살 아래다. 공자의 가르침을 받은 후에 노나라 무성(武城) 고을의 책임자가 되었다. 언젠가 공자가 무성을 지나다가 거리 이곳저곳에서 음악소리를 듣게 되었다. 공자가 미소를 지으며 말했다.

"닭을 잡는 데 소 잡는 칼을 쓸 필요가 있겠는가?"

그러자 자유가 대답했다.

"일전에 선생님께서 군자가 도를 배우면 남을 사랑하게 되고, 소인이 도를 배우면 남을 부리기가 쉽다고 하셨습니다."

이에 공자가 옆에 있던 다른 제자들을 향해 말했다.

"언언의 말이 옳다. 아까 내가 한 말은 농담이었다."

공자는 언언이 학문에 능통하다는 것을 인정하였다.

자하

복상(卜商)은 자가 자하(子夏)이다. 공자보다 마흔네 살 아래다.

자하가 공자에게 물었다.

"'얼굴은 웃음이 가득 차야 아름답고, 눈동자는 흑백이 선명해야 아름답도다. 이는 모두 흰 바탕에서 이루어지는 것이다.' 선생님, 이 시는 무슨 뜻입니까?"

공자가 대답했다.

"그림은 흰 바탕에 색을 칠한다는 뜻이다."

자하가 또 물었다.

"그러면 예(禮)가 나중이란 말입니까?"

공자가 말했다.

"자하와는 『시경』에 대해 이야기할 만하구나."

한번은 자공이 공자에게 물었다.

"사(師 자장)와 상(商 자하) 중 누가 더 낫습니까?"

공자가 대답했다.

"사는 지나친 면이 있고 상은 좀 미치지 못하는 면이 있다."

"그럼 사가 낫다는 말씀입니까?"

"아니다. 지나친 것과 미치지 못하는 것은 마찬가지다."

공자가 또 자하에게 말했다.

"너는 진정으로 도를 아는 선비가 되어야 한다. 명성이나 쫓는 소인 배가 되어서는 안 된다."

공자가 세상을 떠난 후에 자하는 서하에 살면서 학생들을 가르쳤다. 나중에 위(魏)나라 문후(文侯)가 그를 스승으로 모셨다. 후에 자하는 아들을 잃자 너무 서럽게 운 까닭에 그만 눈이 멀었다.

전손사

전손사(顓孫師)는 진(陳)나라 사람이다. 자는 자장(子張)이다. 공자보다 마흔여덟 살 아래다.

자장이 벼슬을 얻는 방법에 대해 묻자 공자가 대답했다.

"우선 사람들의 말을 많이 들어라. 그리고 그중에서 의심나는 것은 버려라. 그 나머지를 신중하게 말한다면 실수가 적을 것이다. 또 많이 보아라. 그리고 그중에서 의심나는 것은 버려라. 그 나머지를 조심스럽게 행동한다면 후회가 적을 것이다. 말에 허물이 적고 행동에 후회가 적다면 벼슬은 저절로 얻기 마련이다."

후에 자장이 공자를 따라다니다가 진(陳)나라와 채(蔡)나라 사이에서 어려움을 겪게 되었다. 자장이 물었다.

"자신이 믿는 것이 세상에서 잘 행해질 수 있도록 하는 방법은 무엇입니까?"

공자가 대답했다.

"말은 진실하고 믿음이 있으며, 행동은 조심하고 성실하면 비록 오랑캐의 땅에서라도 그 믿음을 행할 수 있을 것이다. 하지만 말이 거짓되어 믿음이 없고, 행동이 불량하고 산만하면 비록 자기 고향이라고 할지라도 행세할 수 없을 것이다. 서 있을 때에도 이 말을 생각하고, 수레에 오른 뒤에도 이 말을 떠올리면 자신의 생각대로 행하게 되는 것이다."

자장은 이 말을 잊지 않기 위하여 자기 허리띠에 적어 두었다.

어느 날, 자장이 공자에게 물었다.

"선비는 어떠해야 통달했다고 할 수 있습니까?"

공자가 되물었다.

"네가 말하는 그 통달이라는 것이 무엇이냐?"

자장이 대답했다.

"나라에서도 이름이 알려지고 가문에서도 이름이 알려지는 것입니다."

그러자 공자가 대답했다.

"그것은 명망이지 통달이 아니다. 무릇 통달한 사람은 성실하여 의를 좋아하고, 남의 말을 먼저 듣고, 표정을 먼저 살피며, 깊이 생각하고, 상대에게 자신을 낮춘다. 이렇게 하면 어디서나 통달하게 된다. 그러나 명망 있는 사람은 겉으로는 어진 척하면서 행동은 어긋나고, 그러면서도 그렇게 사는 것을 옳다고 여겨 조금도 의심하지 않는다. 이런 사람은 틀림없이 명망을 옳지 않은 방법으로 얻은 자이다."

증삼

증삼(曾參)은 남무성(南武城) 사람으로 자가 자여(子輿)이다. 공자보다 마흔여섯 살 아래다.

공자는 증삼이 지극히 효성스러운 것을 칭찬하여 『효경(孝經)』을 짓도록 가르쳤다. 그 뒤 증삼은 노나라에서 생을 마쳤다.

담대멸명

담대멸명(澹臺滅明)은 무성(武城)사람으로 자가 자우(子羽)이다. 공자보다 서른아홉 살 아래다.

그는 얼굴이 매우 못생겨서 공자는 그가 가르침을 받으러 왔을 때 좀 모자란 사람인 줄 알았다. 그러나 그가 가르침을 받고 돌아가서는 자신의 덕행을 쌓는 일에 힘쓰고, 길을 갈 때에도 절대로 지름길로 가지 않았으며, 공적인 일이 아니면 대부들을 찾아다니지 않았다.

그가 남쪽으로 내려가 장강(長江) 근처에 살았을 때 그를 따르는 제자가 3백 명이 넘었다. 물건을 주고받는 것과 벼슬에 나아가고 물러나는 도리를 이치에 맞게 가르쳤기 때문에 제후들 사이에서도 널리 알려졌다.

나중에 공자가 이 소문을 듣고 깊이 후회하며 말했다.

"나는 말 잘하는 것으로 사람을 판단했다가 자여에게 실수하였고, 외모로서 사람을 판단하였다가 자우에게 실수하였다."

복부제

복부제(宓不齊)는 자가 자천(子賤)이며 공자보다 서른 살이 아래다. 공자는 자천을 이렇게 평했다.

"군자로다! 그러나 노나라에 군자가 없었더라면 그가 어디서 군자의 도리를 배울 수 있었겠는가?"

자천이 선보(單父) 읍의 재상으로 있을 때 공자에게 말했다.

"이 나라에는 저보다 어진 이가 다섯 분이나 됩니다. 그분들이 저에게 나라를 어떻게 다스려야 하는지 가르쳐 주셨습니다."

이 말을 들은 공자가 말했다.

"참으로 아깝다! 자천이 다스리는 곳이 너무 작구나. 만약에 다스리는 곳이 좀 더 컸다면 그는 이상적인 정치를 실현할 수 있었을 텐데."

원헌

원헌(原憲)은 자가 자사(子思)이다. 어느 날 공자에게 물었다.

"수치스러운 것은 어떤 것입니까?"

공자가 대답했다.

"나라를 잘 다스려야 올바른 도리인데 하는 일 없이 녹을 받아먹고, 나라가 잘 다스려지지 않고 올바른 도가 행해지지 않고 있는데도 벼슬에 연연해 녹을 받아먹는 것이 수치니라."

이어 자사가 공자에게 물었다.

"남을 이기려 하지 않고, 자신의 공로를 자랑하지 않고, 남을 원망하지 않고, 탐욕을 부리지 않는다면 인자(仁者)라 할 수 있습니까?"

공자가 대답했다.

"그렇게 하는 일은 어려운 일이지만 그것이 어진 일인지는 모르겠다."

자사는 공자가 죽은 후에 세상을 등지고 시골에 가서 은거하였다.

어느 날 위(衛)나라의 재상으로 있던 자공이 네 필의 말이 끄는 마차를 타고 호위병과 함께 자사를 찾아왔다. 자사는 낡은 의복을 단정히 입고 맞이하였다. 자공이 그의 초라한 행색과 메마른 얼굴을 보고는 안타깝게 여겨 물었다.

"어쩌다 이리 병이 들었소?"

자사가 말했다.

"재물이 없는 것을 가난하다고 하고 도를 배웠으되 능히 실행하지 못하는 것을 병이 들었다고 말합니다. 저는 비록 가난하지만 병이 들지는 않았습니다."

자공이 이 말을 듣고는 몹시 부끄러워했다. 그리고 자사와 헤어진 뒤에도 평생토록 이날의 실수를 부끄럽게 여겼다.

공야장

공야장(公冶長)은 제(齊)나라 사람이다. 자는 자장(子張)이다. 공자는 공야장에 대해 이렇게 말했다.

"공야장은 사위 삼을 만한 자다. 일찍이 그가 옥에 갇힌 일이 있지만 그것은 그의 죄가 아니었다."

공자는 자신의 딸을 그에게 시집보냈다.

남궁괄

남궁괄(南宮括)의 자는 자용(子容)이다. 어느 날 공자에게 물었다.

"예(羿)는 활을 잘 쏘았고, 오(奡)는 땅에서도 배를 끌 수 있을 만큼 힘이 세었는데 모두 제 명대로 살지는 못했습니다. 하(夏)나라의 우(禹)왕과 주(周)나라의 후직(后稷)은 몸소 농사를 짓고 살았지만 천하를 차지했습니다. 이것은 무엇 때문입니까?"

공자는 아무런 대답도 하지 않았다. 자용이 나간 뒤에야 비로소 말했다.

"자용은 군자로다. 덕을 소중히 아는구나."

그리고 다음과 같이 평가했다.

"자용은 도가 지켜지는 나라에서는 크게 쓰일 자이다. 도가 없는 나라일지라도 형벌은 면할 것이다."

하루는 자용이 『시경』을 읽고 있었다.

"흰 옥에 난 흠은 갈아 없앨 수 있지만, 말(言)의 흠은 어찌할 수 없다."

이 대목을 몇 차례 반복하며 읽자 공자는 자신의 조카딸을 자용에게 시집보냈다.

공석애

공석애(公晳哀)는 자가 계차(季次)이다. 공자는 그를 이렇게 평했다.

"천하의 선비들은 도를 행하지 않더라도 대부분 왕과 제후 밑에서 벼슬살이를 하고 있는데, 오직 계차만은 지조를 지켜 남에게 벼슬살이한 적이 없다."

증점

증점(曾蒇)은 자가 석(晳)이다. 공자를 가까이 모시고 있었는데, 하루는 공자가 물었다.

"증점아, 네가 하고 싶은 것을 말해 보거라."

그러자 증점이 말했다.

"새로 지은 봄옷을 입고 젊은이 대여섯 명과 아이들 예닐곱 명을 데리고 기수(沂水)에서 목욕하고 무우(舞雩)의 대(臺) 밑에서 바람을 쐰 다음, 시를 읊고 돌아오고 싶습니다."

공자가 이 말을 듣고서 감탄하여 말했다.

"나도 너와 함께하고 싶구나!"

안무요

안무요(顔無繇)는 자가 노(路)이며 안회(顔回)의 아버지이다. 부자가 일찍이 각각 때를 달리하여 공자를 섬겼다.

아들 안회가 죽었을 때 안무요는 집이 가난하여 공자에게 청했다.

"선생님이 타시는 그 수레를 팔아 제 아들의 장례를 치르게 도와주십시오."

그러자 공자가 대답했다.

"재주가 있든 없든 모든 부모는 제 자식을 위하기 마련이다. 그러나 나는 내 아들 공리(孔鯉)가 죽었을 때 내관(內棺)만 쓰고 외곽(外槨)은 쓰지 못했다. 그때 내가 외곽을 마련하지 못한 것은 내가 대부였기에 수레 없이 걸어 다닐 수는 없기 때문이었다."

상구

상구(商瞿)는 노나라 사람이며 자는 자목(子木)이다. 공자보다 스물아홉 살이 아래다.

공자는 『역경(易經)』을 상구에게 전수했고, 상구는 그것을 초나라 사람 한비자홍(馯臂子弘)에게 전수하였다. 한비자홍은 강동(江東) 사람 교자용자(矯子庸疵)에게 전수하였으며, 교자용자는 연나라 사람 주자가수(周子家堅)에게 전수하였다. 주자가수는 순우(淳于) 사람 광자승우(光子乘羽)에게 전수하였고, 광자승우는 제나라 사람 전자장하(田子莊何)에게 전수하였다. 전자장하는 동무(東武) 사람 왕자중동(王子中同)에게 전수하였고, 왕자중동은 치천(蘆川) 사람 양하(楊何)에게 전수하였다. 양하는 한나라 무제 무렵에 『역경』에 능통하여 중대부(中大夫)에 임명되었다.

고시

고시(高柴)는 자가 자고(子羔)이다. 공자보다 서른 살이 아래다. 자고는 키가 무척 작아 오 척에도 못 미쳤다. 공자는 그를 어리석으면서도 강직한 자라고 여겼다.

하루는 다른 제자 자로가 비읍(費邑)의 재상으로 자고를 추천하자 공자가 안타까워하며 말했다.

"남의 자식을 해치려 하는구나!"

이 말에 자로가 되물었다.

"백성이 있고 사직이 있는 법인데 어찌 꼭 책 읽는 것만을 학문이라고 할 수 있겠습니까?"

그러자 공자가 꾸짖으며 말했다.

"그렇기 때문에 나는 말만 잘하는 자를 미워하는 것이다."

칠조개

칠조개(漆雕開)는 자가 자개(子開)이다. 하루는 공자가 칠조개에게 벼슬하라고 권하자 칠조개는 이렇게 대답했다.

"저는 아직 공부가 부족해서 벼슬할 자신이 없습니다."

이 말을 듣고 공자는 그가 도에 뜻을 두고 있음을 알고 기뻐하였다.

공백료

공백료(公伯繚)는 자가 자주(子周)이다. 언젠가 자주가 계손(季孫)에게 자로를 헐뜯었다. 이를 알게 된 자복경백(子服景伯)이 분개하여 공자에게 말했다.

"계손은 자주의 말에 속아 자로를 의심하고 있습니다. 자주 같은 놈은 제 힘으로도 사형에 처하여 저잣거리에 그 시체를 걸어 둘 수 있습니다."

그러자 공자가 다음과 같이 말했다.

"도가 행해지는 것은 천명이고 도가 행해지지 않는 것도 천명이다. 자주 같은 인물이 그 천명을 어찌할 수 있겠느냐? 내버려 두어라."

사마경

사마경(司馬耕)은 자가 자우(子牛)이다. 자우는 말이 많고 성질이 급했다. 한번은 공자에게 물었다.

"인(仁)이란 어떤 것입니까?"

공자가 대답했다.

"어진 자는 함부로 말을 하지 않는다."

그러자 자우가 다시 물었다.

"말을 함부로 하지 않는다면 그것만으로도 인(仁)이라 할 수 있습니까?"

공자가 대답했다.

"행하기도 어려운데 어찌 말을 함부로 할 수 있겠느냐?"

또 한번은 자우가 군자는 어떤 사람인가에 대해 물었다. 공자는 이렇게 대답했다.

"군자는 근심하지 않고 두려워하지 않는다."

그러자 자우가 다시 물었다.

"근심하지 않고 두려워하지 않는다면 그것만으로 군자라고 할 수 있습니까?"

공자가 대답했다.

"마음을 살펴서 부끄러울 것이 없다면 무엇을 근심하고 무엇을 두려워하겠느냐?"

번수

번수(樊須)는 자가 자지(子遲)이다. 공자보다 서른여섯 살이 아래다.

하루는 번수가 농사짓는 법을 배우고 싶다고 하자 공자는 이렇게 대답했다.

"나는 늙은 농부만 못하다."

그러자 다시 채소 가꾸는 법을 배우고 싶다고 하자 공자가 말했다.

"나는 채소 심는 노인만 못하다."

번수가 나가자 공자가 다음과 같이 말했다.

"번수는 소인이구나. 윗사람이 예를 좋아하면 백성은 감히 공경하지 않을 수 없고, 윗사람이 의를 좋아하면 백성은 감히 따르지 않을 수 없으며, 윗사람이 신의를 좋아하면 백성은 감히 성실하지 않을 수 없다. 이렇게 한다면 사방에서 백성들이 자식을 등에 업고 찾아올 텐데, 농사짓는 법을 배운다고 해도 그것을 어디에다 쓰겠는가?"

또 한번은 번수가 물었다.

"인(仁)이란 무엇입니까?"

공자가 대답했다.

"사람을 사랑하는 것이다."

"그러면 지(智)란 무엇입니까?"

공자가 대답했다.

"사람을 아는 것이다."

유약

　유약(有若)은 공자보다 마흔세 살이 아래다. 그는 다음과 같은 말을 남겼다.

　"예(禮)의 쓰임은 화목한 것을 가장 중요시하였다. 옛날 왕도에 있어서도 화목한 것을 아름답게 여겨, 크고 작은 일에 서로 화목하기를 우선하였다. 그렇다고 화목만 소중하게 여겨서는 도가 행해지지 않는 경우가 있으니, 이때는 예로써 조절해야 제대로 시행될 수 있는 것이다."

　"약속은 또 의에 바탕을 둬야 실행될 수 있는 것이다. 공손한 것도 예에 바탕을 둬야 치욕을 멀리 할 수 있는 것이다. 친한 사람을 잃어버리지 않고 오래 간직하는 사람은 존경받을 만하다."

　공자가 세상을 떠나자 제자들은 스승을 그리워하게 되었다. 마침 제자 중에 유약이 공자를 닮았다고 해서 그를 스승으로 추대하고 공자를 모시듯 하였다.

　어느 날 한 제자가 유약에게 물었다.

　"예전에 공자께서는 제가 외출을 하려 하면 우산을 가지고 나가라고 하셨는데, 얼마 지나지 않아 과연 비가 내렸습니다. '비가 올 줄 어떻게 아셨습니까?'라고 묻자 『시경』에 말하기를 달이 서쪽 필(畢)이라는 별에 걸려 있으면 큰비가 내린다고 말씀하셨습니다. 그 뒤 제가 유심히 살펴보니 어느 날은 달이 필(畢)에 걸렸는데 비가 내리지 않았습니다. 또 상구(商瞿)가 나이가 많도록 자식이 없어서 그 어머니가 새로 장가보내려 했습니다. 공자께서 마침 그를 제나라로 심부름 보내려고 하자 그의 어머니가 연기해 줄 것을 요청하였습니다. 이에 공자께서 '상구는 나이 사십이 된 후에 다섯 아들을 둘 것이오.'라고 말씀하셨는데 과연 그렇게 되었습니다. 제가 묻고자 하는 것은 공자 선생님께서 이걸 어떻게 아셨을까요?"

유약은 대답할 수 없어 가만히 앉아 있기만 했다. 그러자 다른 제자가 분연히 일어나 말했다.

"유약은 당장 그 자리에서 물러나시오. 그곳은 당신이 앉아 있을 자리가 아니오!"

공서적

공서적(公西赤)은 자가 자화(子華)이며 공자보다 마흔두 살이 아래다.

자화가 제나라로 심부름 가게 되었을 때 염유(冉有)가 자화 모친을 위해 먹을 양식을 청하였다. 이에 공자가 말했다.

"쌀 한 포를 주어라."

그러자 염유가 말했다.

"더 주면 안 되겠습니까?"

공자가 다시 말했다.

"그러면 그보다 더 많은 한 가마니를 주어라."

그런데 염유는 제멋대로 다섯 가마니를 보내 주었다. 이 사실을 알고 공자가 염유에게 말했다.

"자화가 제나라로 갈 때 살찐 말을 타고 좋은 가죽옷을 입었더구나. 내가 알기로 군자가 도와주는 것은 곤궁한 자이지 부자가 아니다."

무마시

무마시(巫馬施)는 자가 자기(子旗)이며 공자보다 서른 살 아래다. 노나라의 신하인 진사패(陳司敗)라는 자가 공자에게 물었다.

"노(魯)나라 소공(昭公)은 예를 압니까?"

공자가 대답했다.

"압니다."

진사패가 공자에게서 물러나와 무마시와 마주 앉아 이렇게 말했다.

"내가 듣기로 군자는 편을 들지 않는다고 하던데, 공자 같은 이도 편을 드는군요. 노나라 왕은 오나라 공주를 부인으로 맞아 맹자(孟子)라고 불렀습니다. 그것은 그녀의 원래 성이 희(姬)였고 노나라 왕도 성이 희(姬)였기에 서로가 동성임을 꺼려 그렇게 부른 것입니다. 그러니 그런 노나라 왕이 예를 안다면 천하에 예를 모르는 사람이 어디 있겠소?"

무마시가 이 말을 공자에게 전하니 공자가 말했다.

"나는 행복한 사람이다. 내가 잘못을 저지르면 다른 이들이 반드시 알려 주기 때문이다. 그러나 신하는 왕의 잘못을 다른 사람에게 말하지 않는 것이다. 그것을 숨기는 것이 예이다."

그 외 제자들

양전(梁鱣)은 자가 숙어(叔魚)이며 공자보다 스물아홉 살이 아래다.

안행(顔幸)은 자가 자류(子柳)이며 공자보다 마흔여섯 살이 아래다.

염유(冉孺)는 자가 자로(子魯)이며 공자보다 쉰 살이 아래다.

조휼(曹卹)은 자가 자순(子循)이며 공자보다 쉰 살이 아래다.

백건(伯虔)은 자가 자석(子析)이며 공자보다 쉰 살이 아래다.

공손룡(公孫龍)은 자가 자석(子石)이며 공자보다 쉰세 살이 아래다.

이상 서른다섯 명은 나이와 성명이 분명하고 공자에게 가르침을 받아 묻고 대답한 것이 글로 전해진다. 그러나 나머지 마흔두 명은 나이도 분명하지 않고 글도 전해지는 것이 없다.

태사공은 말한다.

"학자들 중에는 공자(孔子)의 70여 제자에 대해 말하는 사람이 많다. 그러나 칭찬하는 사람들은 실제보다 지나치고, 비방하는 사람들은 사실보다 더 나쁘게 평하는 경우가 있다. 그 어떤 경우든 내용을 바르게 알지 못하고 말한 것이다. 공자 제자들의 명부는 '공씨의 벽' 가운데서 나온 고문에 근거한 것으로 대체로 정확하리라. 나는 제자들의 이름과 글을 모두 『논어』에 있는 공자 제자들의 문답에 의거하여 엮었으며 의심나는 것은 싣지 않았다."

제8편

상군열전

商君者、衛之諸庶孽公子也、名鞅、姓公孫氏、其祖

本姬姓也。鞅少好刑名之學、事魏相公叔座為中庶

子。公叔座知其賢、未及進。會座病、魏惠王親往問

病、曰、公叔病有如不可諱、將奈社稷何。公叔座曰、座

之中庶子公孫鞅、年雖少、有奇才、願王舉國而聽

之。王嘿然。王且去、座屏人言曰、王即不聽用鞅、必

殺之、無令出境。王許諾而去。公叔座召鞅謝曰、今者

王問可以為相者、我言若、王色不許我。我方先君後

臣、因謂王即弗用鞅、當殺之。王許我。汝可疾去矣

> "공손앙은 위(衛)나라를 떠나 진(秦)나라로 가서 신임을 받았다. 재주가 뛰어나고 능력이 대단하여 고위관직에 이르렀다. 하지만 비록 출세는 했을지라도 그 하는 일이 악랄하여 최후가 비참했다. 사람은 그 살아온 자취대로 생을 마치는 법이다."

●

상군(商君)의 성은 공손(公孫)이고 이름은 앙(鞅)이다. 신분은 위(衛)나라 왕의 아들인 공자(公子) 출신이다. 젊어서 법가의 주류인 형명학(刑名學)을 숭상했고, 위나라 재상 공숙좌(公叔座)를 섬기며 벼슬에 입문했다.

공숙좌는 공손앙이 현명하다는 것을 누구보다 잘 알았다. 하지만 왕에게 천거하지는 않았다. 그런 와중에 공숙좌가 병석에 누워 위중하자 위(魏)나라 혜왕(惠王)이 직접 문병을 와서 물었다.

"그대가 위중하니 장차 이 나라를 누구에게 맡기는 것이 좋겠소?"

그러자 공숙좌가 대답했다.

"저의 가신인 공손앙은 비록 나이는 젊지만 재능이 뛰어납니다. 대왕께서는 그에게 나랏일을 맡기고 국정을 물으시면 좋을 듯합니다."

왕은 그 말을 묵묵히 듣기만 했다. 마음에 들지 않았던 것이다. 이내 별다른 말없이 자리에서 일어나려고 했다. 그러자 공숙좌가 주위 사람들을 물리치고 다시 아뢰었다.

"만약 대왕께서 공손앙을 기용하지 않으신다면, 반드시 그를 죽여 다른 나라로 가지 못하게 하셔야 합니다."

왕은 그 말대로 하겠노라고 고개를 끄덕이고는 자리를 떴다.

왕이 떠난 후 공숙좌는 곧바로 공손앙을 불러 말했다.

"오늘 대왕께서 나라의 인재를 찾기에 내가 자네를 추천했다. 그러나 대왕의 안색으로 보아 유감스럽게도 내 말을 받아들인 것 같지는 않다. 내게는 왕이 먼저고 신하가 나중인 까닭에, 대왕께서 자네를 중용하지 않으면 당연히 죽여야 한다고 말했다. 그러자 대왕은 그렇게 하시겠다고 했다. 그러니 너는 서둘러 떠나야 할 것 같다. 그렇지 않으면 붙잡히고 말 것이다."

이에 공손앙이 대답했다.

"대왕께서 재상의 말씀을 받아들이지 않고 저를 임용할 생각이 없는데, 또 어찌 재상의 말씀 따라 저를 죽이려 하겠습니까?"

그렇게 말하고는 나라를 떠나지 않았다.

혜왕이 궁궐에 돌아와서 신하들에게 말하였다.

"공숙좌가 병이 위중하니 슬프도다. 과인에게 나랏일을 맡을 인물로 공손앙을 추천하였는데 이는 심히 망령된 소리가 아닐 수 없다. 아마도 공숙좌가 제정신이 아닌 것 같다."

얼마 후 공숙좌가 죽었다. 그 무렵 강대국 진(秦)나라 효공(孝公)이 천하에 인재를 구하는 포고령을 내렸다. 그것은 선대의 위업을 계승 발전해 나가고자 하는 취지였다. 공손앙은 나약한 위나라보다는 강대한 진나라에서 자신의 포부를 펼치고 싶었다. 마침내 국경을 넘어 진(秦)나라로 들어갔다.

신하 경감(景監)의 주선으로 공손앙은 효공을 만나게 되었다. 효공에게 나라를 다스리는 일에 관해 오랜 시간 자신의 견해를 밝혔다. 하지만 효공은 꾸벅 졸기만 할 뿐 제대로 듣지 않았다. 공손앙이 물러나자 효공은 경감을 불러 꾸짖으며 말하였다.

"그대가 소개한 사람은 정신 나간 사람이다. 그런 자를 어떻게 임용할 수 있겠는가?"

경감이 돌아와 왕의 말을 전하니 공손앙이 대답했다.

"저는 대왕께 전설 속의 다섯 임금인 오제(五帝)가 나라를 다스린 이치와 계책을 진언했는데, 대왕께서는 그 뜻을 이해하지 못하신 모양이군요."

닷새 후, 경감은 효공에게 공손앙을 다시 한 번 만나 봐 달라고 간청하였다. 약속이 성사되어 공손앙은 효공을 다시 만났다. 이전보다 더 진지하고 성실하게 국사에 대한 이야기를 전했다. 그러나 공손앙이 물러 나오자 효공은 경감을 또 크게 꾸짖었다.

"도대체 그 자는 무슨 말을 하는지 모르겠다. 사람을 제대로 보고 소개해야 할 것 아닌가?"

경감이 질책받은 것을 사실대로 말하자 공손앙이 대답했다.

"저는 대왕께 우왕, 탕왕, 문왕, 무왕이 천하를 통일시킨 왕도(王道)의 이론과 방법을 진언하였는데 마음에 들지 않으신 모양입니다. 부디, 한 번 더 대왕을 만나게 해 주십시오."

경감은 내친김에 속는 셈치고 한 번 더 효공을 만나도록 주선하였다. 공손앙이 효공을 뵈었다. 그날은 진지하게 이야기를 마치고 물러 나왔다. 효공은 경감을 불러 말했다.

"그대가 소개한 사람은 괜찮소. 함께 이야기할 만합니다."

하지만 효공은 공손앙을 등용할 생각이 없었다. 경감이 돌아와 이 말을 전하자 공손앙이 대답했다.

"저는 대왕께 춘추시대 강국이었던 환공, 문공, 목공, 장왕, 양왕 등 오패(五覇)의 정치를 진언하였는데 그건 쓸 만하다고 여기신 모양입니다. 그러면 꼭 한 번 더 뵙도록 해 주십시오. 이제 대왕께 무슨 말을 해야 될지 알았습니다."

공손앙은 다시 효공을 뵈었다. 효공은 함께 이야기를 나누는데 너무 열중한 나머지 자신의 무릎이 앞으로 끌려가는 것도 몰랐다. 여러 날을 함께 국사에 관해 논의해도 싫증이 나지 않았다. 나중에 공손앙이 물러 나오자 경감이 물었다.

"그대는 무엇으로 우리 대왕의 마음을 사로잡았소? 대왕께서 이만저만 기뻐하시는 것이 아니라오."

공손앙이 대답했다.

"제가 대왕께 삼황오제의 도를 실행하면 하(夏), 은(殷), 주(周) 삼대(三代)에 비길 만한 태평성대를 누릴 것이라고 말씀드렸습니다. 그러자 대왕께서는 길고도 먼 책략은 기다릴 수 없다고 하셨소. 현명한 군주는 누구나 자신이 재위하고 있을 때 천하에 이름을 드러내려 하는 법이오. 어찌 답답하게 수십 년이나 기다린 후에 제왕의 대업을 성취할 수 있겠소. 때문에 제가 나라를 강하게 하는 방법을 아뢰었더니 대왕께서 기뻐하신 것뿐입니다. 하지만 하, 은, 주 시대의 덕행과 비교하기는 곤란합니다."

마침내 효공은 공손앙을 등용하였다. 하지만 공손앙이 제안한 나라의 법을 바꾸는 문제에 대해 효공은 확신이 서지 않았다. 신하들이 반대할 것을 염려한 탓이었다. 이에 공손앙이 말했다.

"확신 없는 행동은 공명이 따르지 않고, 확신 없는 일은 성공할 수 없습니다. 다른 사람보다 뛰어난 행동을 하는 자는 원래 세상 사람들로부터 비난을 받기 마련이며, 탁월한 식견을 가진 자는 언제나 오만하다는 소리를 듣기 마련입니다. 어리석은 자는 일이 성사되어도 알지 못하고 지혜로운 자는 일이 시작되기 전부터 알 수 있습니다. 백성이란 일의 시작은 도모할 수 없지만 일의 성공은 함께 즐길 수 있습니다. 높은 덕을 추구하는 자는 세속과 타협하지 않으며, 큰 공을 이룬 자는 일반인과 논의하지 않습니다. 그러므로 성인의 법도는 나라를 강하게 할 수 있으면 구습(舊習)을 따르지 않고, 백성을 이롭게 할 수 있다면 구례(舊禮)를 좇지 않는 것입니다."

이 말을 듣자 효공이 대답하였다.

"좋소. 그대 말을 따르리라."

그러자 신하 감룡(甘龍)이 반대하고 나섰다.

"그렇지 않습니다. 성인의 법도란 백성들의 풍속을 고치지 않고 교화하며, 지혜로운 자는 법을 고치지 않고 다스립니다. 그러니 현행법에 따라서 다스리면 관리는 관례에 익숙하고 백성들은 안심할 것입니다."

그 말을 듣고 공손앙이 말했다.

"감룡의 의견은 세속적인 생각입니다. 일반 사람들은 옛 풍속에 안주하고, 학자들은 배운 것에 빠져 있기 마련입니다. 이들은 법을 지킬 수는 있지만 법의 테두리를 벗어난 문제는 함께 논의할 수 없습니다. 하, 은, 주 시대는 예법과 제도가 각각 달랐지만 왕업을 성취했고, 춘추오

패는 법제가 같지 않았으나 모두 천하의 강자가 되었습니다. 지혜로운 자는 법을 만들고, 어리석은 자는 법에 통제를 받고, 현명한 자는 법을 고치고, 평범한 자는 법에 구속되는 것입니다."

그러자 신하 두지(杜摯)가 나서서 말하였다.

"백 배의 이익이 없다면 법을 고쳐서는 안 되고, 열 배의 효과가 없다면 함부로 그릇을 바꿔서는 안 됩니다. 옛 것을 본받으면 잘못이 없고, 옛 법을 따르면 나쁜 일이 있을 수 없습니다."

다시 공손앙이 말했다.

"세상을 다스리는 방법은 한 가지 길만 있는 것이 아닙니다. 그 나라가 평안하면 옛 법을 본받을 필요가 없습니다. 은(殷)나라 탕왕(湯王)과 주(周)나라 무왕(武王)은 옛 법을 따르지 않고도 패업을 이루었고, 하(夏)나라 걸왕(桀王)이나 은(殷)나라 주왕(紂王)은 옛 법을 바꾸지 않았지만 멸망했습니다. 그러므로 옛 법을 반대한다고 해서 비난받아서는 안 되며, 옛 법을 따른다고 해서 칭찬받을 것도 없습니다."

이에 효공이 결정하여 말하였다.

"알겠소이다. 그대 말을 따르리라."

그리하여 효공은 공손앙을 좌서장(左庶長)으로 삼아 새로운 법을 제정토록 하였다.

새로운 법에 따르면 열 집 또는 다섯 집을 하나로 묶어 서로 잘못을 감시하도록 하였다. 만약 어느 한 집이 죄를 지으면 다 똑같이 벌을 받게 했다. 행여 누군가 죄를 지은 것을 알고도 고발하지 않으면 허리를 자르는 형벌에 처했다. 그러나 고발한 자는 적의 머리를 벤 것과 같은 상을 주었고, 죄를 숨기는 자는 적에게 항복한 것과 똑같은 벌을 내렸다.

한 집에 성년인 남자가 두 명 이상 살면 부역과 납세를 두 배로 내야 했다. 군대에서 공을 세운 사람은 그 공의 크고 작음에 따라 벼슬을 받았고, 사사로이 싸움을 일삼는 자는 그 경중에 따라 벌을 받았다.

밭을 갈거나 길쌈을 본업으로 삼는 자들 중에 곡식이나 비단을 많이 바치는 사람에게는 부역과 부세를 면제해 주었다. 상공업에 종사하는 이들 중에 게으르거나 이익만을 추구하는 자는 모두 잡아들여 관청의 노비로 삼았다. 군주의 친척이라도 전쟁에서 싸운 공이 없으면 특권을 누릴 수 없었다. 신분, 작위, 봉록의 등급을 분명히 규정하고 각각 차등을 두어 토지와 집, 남녀 노비의 수, 의복의 종류와 형식을 달리하였다. 전쟁에서 공을 세운 사람은 영예를 누리지만, 공이 없는 사람은 설령 부유하다 하더라도 영예를 누릴 수 없었다.

이처럼 법령을 제정하였으나 백성들이 믿지 않을까 하는 우려에서 아직 포고하지 않았다. 그래서 사람의 키보다 세 배나 큰 나무를 남쪽 성문에 세워 놓고 이렇게 공고하였다.

"이 나무를 북문으로 옮겨 놓는 자에게 상금 10금(金)을 주겠다."

하지만 백성들은 그것을 이상히 여겨 아무도 나서지 않았다. 다시 내용을 바꿔 공고하였다.

"이 나무를 북문으로 옮겨 놓는 자에게 상금 50금을 주겠다."

그러자 어떤 자가 속는 셈치고 한번 해보자 하는 맘으로 나무를 북문으로 옮겨 놓았다. 그러자 생각지도 않게 즉시 관청에서 50금을 주었다. 이것이 소문이 나자 백성들은 나라가 속이지 않는다는 걸 분명히 알게 되었다. 그런 후에 새 법령을 공표하였다.

새로운 법이 시행된 지 일 년이 지나자 법의 부당함을 호소하는 백성이 천 명을 넘어섰다. 이때 마침 태자가 법을 위반했다. 그러자 공손앙은 이렇게 말했다.

"법이 제대로 시행되지 못하는 것은 위에서부터 지키지 않기 때문입니다."

하고는 법에 따라 태자를 처벌해야 한다고 했다. 하지만 왕의 뒤를 이을 태자를 처벌하기란 쉽지 않았다. 그래서 태자의 태부(太傅)인 공자 건(虔)에게 대신 벌을 내리고, 태자의 태사(太師)인 공손고(公孫賈)는 이마에 글자를 새겨 먹을 씌우는 형벌을 내렸다.

그 다음 날부터 진나라의 백성들은 모두 새로운 법령을 준수하게 되었다. 법령이 시행된 지 10년이 지나자 진나라의 백성들은 모두 만족해했다. 길에 떨어진 물건을 함부로 줍지 않았고, 산에 도적이 없었으며, 집집마다 살기가 풍족해졌다.

백성들은 애국심이 드높아 전쟁에 나서면 용감했고, 사사로운 싸움에는 서로 겁을 먹었다. 그래서 도시나 시골이나 잘 다스려졌다. 예전에 법령의 부당함을 말했던 백성들조차도 지금에 와서는 법령이 잘 된 것이라 말했다. 이들에 대해 공손앙은 이렇게 말했다.

"이랬다저랬다 하는 이런 자들이야말로 나라의 교화를 어지럽히는 자들이다."

하여 그들을 전부 변방 지역으로 강제 이주시켰다. 그 이후로 어느 누구도 새로운 법에 대해서 이러쿵저러쿵 말하는 이가 없었다.

이후 공손앙은 대량조(大良造)의 벼슬에 올랐다. 3년이 지나 함양(咸陽)

에 궁궐을 건축했으며, 도읍을 옹(雍)에서 함양으로 옮겼다. 그리고 율령을 반포해 결혼한 일반 백성은 형제가 한 집에 사는 것을 금지했다. 작은 향(鄕)과 읍(邑)과 촌락을 모아 현(縣)으로 삼았는데 모두 31개의 현이 생겼다. 그곳 책임자로 현령(縣令)이나 현승(縣丞)을 두었다. 또 농지의 둑길이나 경계를 터 버리고 경작하게 해 부세를 공평하게 부과하였고 도량형을 통일하였다.

이것을 실시한 지 4년 만에 태자가 또다시 법령을 위반했다. 이번에도 태자의 태부인 공자 건(虔)이 대신 형벌을 받았다. 하지만 코가 베어지는 끔찍한 벌이었다. 다시 법이 지켜지자 진나라는 부강해졌다. 이 무렵 주나라 천자가 선왕의 제사에 쓴 고기를 효공(孝公)에게 하사하니 여러 제후들이 모두 축하해 주었다.

이듬해 마릉(馬陵)에서 제(齊)나라는 위(魏)나라의 장군 방연(龐涓)을 죽이고, 태자 신(申)을 사로잡았다. 이 소식을 들은 공손앙이 효공에게 아뢰었다.

"우리 진나라와 위나라의 관계는 사람의 배나 가슴에 병이 난 것이라 비유할 수 있습니다. 위나라가 진나라를 병합하지 못하면 진나라가 위나라를 병합할 것입니다. 무엇 때문이겠습니까? 위나라는 험준한 산맥 서쪽에 도읍을 세웠고, 황하를 경계로 하고 독천산(獨擅山) 동쪽의 이로움을 독차지하고 있습니다. 유리하면 서쪽으로 진나라를 침략하고, 불리할 경우에는 동쪽으로 후퇴할 수 있습니다.

지금 진나라는 대왕의 현명함으로 강성해졌습니다. 그러나 위나라는 제나라에 대패해 제후들이 호시탐탐 모반을 노리고 있으니 이 기회에 우리가 그들을 정벌할 수 있을 겁니다. 위나라는 진나라의 공격을 감당하지 못하면 반드시 동쪽으로 옮겨갈 것입니다. 위나라가 동쪽으로 옮기면 진나라는 황하와 효산(崤山)의 요충지를 차지해 동쪽의 제후들을 제압할 수 있으니 이것은 곧 제왕의 위업을 이루는 길입니다."

효공은 그 말이 옳다고 여겨 공손앙을 장군으로 삼아 위나라를 정벌하게 하였다. 위나라에서는 공자 앙(卬)이 병사들을 이끌고 진나라의 공격에 맞섰다.

두 나라의 군대가 서로 대치하고 있을 때 공손앙이 공자 앙에게 편지를 보냈다.

"우리 둘은 본디 친숙한 사이였습니다. 비록 지금은 두 나라의 장수로 대적하고 있지만 어찌 서로 공격할 수 있겠습니까? 전쟁을 중지하고 우리 만나서 진나라와 위나라가 평안할 수 있는 맹서를 하고 즐겁게 술잔을 나눕시다."

위나라 공자가 그 말이 옳다고 여겨 약속한 대로 나가 공손앙을 만났다. 서로 싸우지 말고 잘해 보자고 맹서를 마친 후에 술을 마셨다. 그 틈에 미리 매복한 진나라 병사들이 위나라 공자를 덮쳐 사로잡았다. 이어 공손앙은 위나라를 공격해 크게 물리쳤다. 공손앙이 돌아오자 진나라 효공은 상(商) 지역의 15개 읍을 공로로 하사하였다. 이때부터 공손앙은 상군(商君) 또는 상앙이라 부르게 되었다.

제나라와 진나라의 공격으로 위나라 군대는 크게 줄었고 영토 또한 날이 갈수록 작아졌다. 이를 두려워한 혜왕은 화친을 목적으로 황하 서쪽 땅을 진나라에 바쳤다. 그리고 안읍을 떠나 대량(大梁)으로 천도했다. 도읍을 옮기고 나자 혜왕은 크게 탄식하였다.

"이전에 공숙좌의 말을 듣지 않은 것이 참으로 한스럽도다!"

상앙이 진나라 재상으로 10년을 자리하고 있자 왕의 종실과 친척들 중에 원망하는 자가 많았다. 하루는 조량(趙良)이라는 자가 찾아오자 상앙이 말했다.

"맹난고(孟蘭皐)의 소개로 이렇게 만나게 되었으니 우리 한번 잘 사귀 어 봅시다. 어떻습니까?"

조량이 대답했다.

"옛날 공자의 말에 현명한 자를 받드는 자는 번성하고 어리석은 자를 받드는 자는 몰락한다고 했습니다. 저는 불초한 자라 감히 청을 따를 수 없습니다. 또 제가 듣기로 앉아서는 안 될 지위에 있는 것을 탐위(貪 位)라 하고, 받아서는 안 될 명예를 탐명(貪名)이라고 했습니다. 제가 상 군의 청을 받아들인다면 저 또한 탐위하고 탐명하는 자가 될까 두려워 감히 받들지 못하겠습니다."

상앙이 물었다.

"그대는 내가 재상의 자리에 있는 것이 불만인 것 같습니다."

조량이 대답했다.

"다른 사람의 말에 귀 기울이는 것을 총(聰)이라 하고, 마음속으로 자 신을 살피는 것을 명(明)이라 하며, 자기 자신을 이기는 것을 강(强)이라 합니다. 순임금께서도 자신을 낮추면 더욱 높아진다고 하셨습니다. 그 러니 상군께서는 순임금의 도를 행하면 그만이지 저에게 물을 것이 뭐 가 있겠습니까?"

상앙이 말했다.

"원래 진나라는 융적(戎翟)의 풍습을 받아서 부자간의 구별 없이 한 집에 사는 풍습을 내가 고쳐 부자의 구별을 있게 했습니다. 또 큰 궁문을 세웠으니 국력이 노(魯)나라나 위(衛)나라만큼 된 것입니다. 그대는 진나라를 다스림에 있어 나와 오고대부(五羖大夫) 중 누가 더 현명하다고 생각합니까?"

조량이 대답했다.

"천 마리의 양가죽은 한 마리의 여우 겨드랑이 가죽만 못합니다. 천명이 아부하는 말은 한 명의 직언만도 못합니다. 주(周)나라 무왕(武王)은 신하들이 바른 직언으로 나라가 흥성했고, 은(殷)나라 주왕(紂王)은 신하들이 간언하지 못했기에 망했습니다. 상군께서 만약 무왕이 틀리지 않다고 여기신다면 제가 직언을 올려도 경청하시겠습니까?"

그러자 상앙이 말했다.

"이런 말이 있습니다. 겉으로 하는 말은 허황되지만 마음에서 우러나는 말은 진실하다. 쓴 말은 약이고 달콤한 말은 독이다. 그대가 종일토록 바른 말을 해 준다면 내게는 약이 될 겁니다. 내가 그대와 친하게 사귀려 하는데 그대는 어찌 사양하시는 겁니까?"

조량이 대답했다.

"그럼 말씀드리겠습니다. 오고대부는 형(荊) 땅의 보잘것없는 사람이었습니다. 진나라 목공(穆公)이 현명하다는 소문을 듣고 만나기를 원했지만 갈 여비가 없었습니다. 진나라 어느 객지에서 몸을 팔아 홑옷을 입은 채 소를 치고 있었습니다. 일 년 후 목공이 이를 알게 되어 소 치는 신분에 있던 오고대부를 신하들 윗자리에 오르게 했지만 진나라에서 감히 불만을 품은 자가 없었습니다. 재상의 자리에 앉은 지 6년이 되자 동쪽으로 정(鄭)나라를 합병하고, 세 번이나 진(晉)나라의 군주를 바꾸었고, 한 번은 재난에서 진(晉)나라를 구해 주기도 했습니다. 그러자 팔방의 오랑캐가 귀속되었고 주변 제후들이 목공에게 고개를 숙였습니다.

재상인 오고대부는 피곤해도 수레를 타면 결코 앉지 않았고, 햇볕이 뜨거워도 수레 덮개를 씌우지 않았습니다. 행차할 때에는 뒤따르는 수레를 거느리지 않고 무기를 가진 호위병도 없었습니다. 그런 까닭에 그의 공로와 명예는 나라 창고에 보존되어 그 덕행이 후세까지 전해지고 있습니다. 오고대부가 죽자 진나라의 남녀들이 모두 눈물을 흘렸으니 이것이 오고대부의 덕입니다.

그런데 상군께서 처음 진나라 왕을 만날 때 경감에게 부탁한 일은 명예롭다 할 수 없습니다. 또 재상이 되어서 백성의 안위를 중요하게 여기지 않았습니다. 그러니 거대한 궁궐을 세운 것은 공적이 될 만한 행위가 아닌 것입니다.

태자의 사(師)와 부(傅)를 벌하고 백성에게 가혹한 형벌을 내린 것은 다른 사람의 원한을 사고 자신에게 화를 불러들이는 일입니다. 형벌을 포고하자 백성들은 왕의 명령보다 상군의 명령을 더 깊고 신속하게 따랐습니다. 이제 또다시 권위를 세우고자 법을 바꾸고 있는데, 이는 백성을 교화하기 위한 것은 결코 아닌 것입니다.

상군께서는 스스로를 과인이라 칭하고 진나라의 귀공자들을 핍박하고 있습니다. 『시경』에 이르기를, '쥐에게 예의가 있는데 사람으로서 예의가 없도다. 사람으로서 예의가 없으면 어째서 일찍 죽지 않는가,'라고 했습니다. 이 시에서 보건데 예의 없는 자는 제 명대로 살 수 없는 것입니다.

상군께서는 축환(祝歡)을 사형에 처했고, 공손고에게는 이마에 글씨를 새겨 넣은 경형(黥刑)을 내렸고, 공자 건(虔)은 벌써 8년째 문을 닫고 나오지 않고 있습니다. 『시경』에 이르기를 인심을 얻는 자는 일어나고 인심을 잃은 자는 망한다고 했습니다. 상군께서 행한 일을 보건데 결코 인심을 얻을 행위는 아닙니다. 외출하실 때 뒤따르는 마차가 수십 대이고, 건장한 무사들이 호위하고 있으며, 창을 가진 자들이 수레 옆에 붙어 다닙니다. 『서경』에 이르기를 덕을 믿는 자는 번창하고 힘을 믿는 자는 망한다고 했습니다. 지금 상군의 모습은 아침이슬이 사라지는 것처럼 위태롭기만 합니다.

그런데도 아직 목숨을 늘려 장수하기를 원하십니까? 그렇다면 어째서 상군 땅 15개의 읍을 나라에 돌려주고 전원으로 돌아가 생활하지 않으시는 겁니까? 숨어 있는 현인을 세상에 나오도록 왕께 권하고, 노인을 봉양하고 고아를 돌보며 부모와 형을 공경하고 공로 있는 자에게 알맞은 지위를 주고 덕 있는 자를 존중하게 한다면 마음이 편해질 수 있을 겁니다. 그런데 아직도 부유함을 탐내고 정치를 전횡하고 백성들의 원한을 사고 계십니다.

만약 지금의 왕이 하루아침에 세상을 뜨면 진나라에서 상군을 잡으려는 이가 어찌 없다고 생각하십니까? 파멸은 한 순간의 일입니다."

그러나 상앙은 이 말을 귀담아 듣지 않았다.

이로부터 다섯 달 후, 효공이 죽고 태자(太子)가 왕위를 이었다. 그러자 공자 건의 무리가 상앙이 모반하려 한다고 밀고했다. 이에 병사들이 상앙을 잡으러 출병했다. 미리 정보를 들은 상앙은 급히 함곡관으로 도망쳤다. 저녁이 되자 그곳 여관에 묵으려고 하자, 상앙을 알아보지 못한 주인이 말했다.

"상앙이 정한 법에 신분증이 없는 자를 머물게 하면 손님과 연좌되어 벌을 받게 됩니다. 그러니 재워 줄 수가 없습니다."

이에 상앙이 한숨을 쉬며 말했다.

"아! 내가 만든 법의 폐해가 나에게까지 이르렀구나."

상앙은 바로 그곳을 떠나 위(魏)나라로 넘어갔다. 하지만 위나라 사람들은 상앙이 공자 앙을 속여 위나라 군을 격파시킨 것을 원망했기에 받아 주지 않았다. 상앙이 다른 나라로 가려 했으나 뜻대로 되지 않았다. 위나라 사람이 말했다.

"상군은 진(秦)나라의 역적이다. 우리가 그를 받아 줄 수 없다."

결국 상앙은 진나라로 다시 오게 되었다. 자신을 따르는 무리들을 이끌고 북쪽의 정(鄭)나라를 얻고자 공격했다. 이에 진나라에서 군사를 풀어 상앙을 정나라의 면지(黽池)에서 체포하였다.

진나라 왕이 모든 문무백관을 불러 모은 자리에서 말했다.

"그대들은 상앙처럼 모반하지 마라!"

하고는 상앙의 팔 다리 목을 각각 말에 묶어 온몸을 찢어서 죽이는 거열형(車裂刑)에 처했다. 이어 상앙의 일족 또한 모두 참수하여 몰살시켰다.

태사공은 말한다.

"상앙은 천성이 천박한 자이다. 그가 애초에 제왕의 도로써 효공에게 유세한 것을 살펴보면 허위였지 진심이 아니었다. 군주의 총애를 받는 경감에게 주선을 부탁하고, 등용된 후에는 공자 건(虔)을 핍박하고, 위나라의 장군 앙(卬)을 속이고, 조량(趙良)의 충고를 따르지 않은 것은 역시 상군이 얄팍한 인간임을 충분히 증명해 주는 것이다.

나는 일찍이 상군이 저술한 「개새(開塞)」, 「경전(耕戰)」 등을 읽었는데, 그 내용이 본인의 행적과 비슷했다. 상군이 결국 진나라에서 악명을 얻게 된 것은 그만한 이유가 있는 것이다."

제9편

소진열전

蘇秦者、東周雒陽人也。東事師於齊、而習之於鬼谷

先生。出遊數歲、大困而歸。兄弟嫂妹妻妾竊皆笑

之、曰周人之俗、治產業、力工商、逐什二以為務。

今子釋本而事口舌、

不亦宜乎。蘇秦聞之而慚、

自傷、乃閉室不出、出其書遍觀之。曰夫士業已屈

首受書而不能以取尊榮、雖多亦奚以為。於是得周

書陰符、伏而讀之。期年、以出揣摩、曰此可以說當

世之君矣。求說周顯王。顯王左右素習知蘇秦、皆少

之。弗信。乃西至秦。秦孝公卒。說惠王曰秦四塞之

"천하는 강한 진(秦)나라의 독점에 약한 여섯 나라가 흡수될 것인가, 아니면 약한 여섯 나라가 연합하여 강한 진나라를 견제할 것인가? 이때 소진은 여섯 나라 제후들을 설득하여 합종(合從)을 맹약함으로 강대국 진나라를 굴복시켰다."

•

소진

주(周)나라가 도읍을 장안에서 낙양으로 옮긴 이후를 동주(東周)시대라 한다. 소진(蘇秦)은 바로 동주 낙양(雒陽) 사람이다.

젊은 시절 동쪽 제(齊)나라로 가서 귀곡선생(鬼谷先生)에게 유세술를 배웠다. 그 뒤 벼슬을 얻기 위해 여러 나라에 유세를 떠났다. 하지만 그의 뜻을 받아들이는 군주가 없어 궁색한 차림으로 고향에 돌아와야 했다. 집안 식구들이 모두 조롱하듯이 말했다.

"주나라 풍습은 농업을 주로 하나 공업과 상업을 장려하여 모든 백성들은 자신의 하는 일에서 2할의 이익을 얻을 수 있다. 그런데 이런 본분을 버리고 전국을 돌아다니며 입놀림만 일삼았으니 가난한 처지로 돌아오는 것이 당연하지 않겠는가?"

이 말을 들은 소진은 너무 부끄러워 문을 걸어 잠그고 방에 틀어박혀 지냈다. 그리고 자신을 탓했다.

'사내대장부로 태어나 남에게 머리 숙여 가며 글을 배워 놓고, 벼슬도 못하고 영화도 못 누린다면 과연 배우는 것이 무슨 소용이겠는가?'

이때에 소진은 주나라 강태공의 병법서 『음부(陰符)』를 탐독했다. 1년쯤 지나자 사람의 마음을 헤아리는 비법을 터득하게 되었다.

"그래, 이 정도 비책이면 천하의 군주들을 설득할 수 있겠다!"

소진은 우선 주나라 현왕(顯王)을 만나 설득해 보려고 했다. 하지만 신하들이 소진을 대수롭지 않게 여겨 왕을 만나지 못했다. 결국 서쪽 진(秦)나라로 떠날 수밖에 없었다. 마침 진나라는 효공이 죽고 그의 아들 혜문왕(惠文王)이 즉위에 오른 무렵이었다. 소진이 혜문왕께 아뢰었다.

"진나라는 사방이 험준한 요새로 둘러싸여 있는 나라입니다. 동쪽으로는 함곡관(函谷關)과 황하(黃河)가 있고, 서쪽으로는 한중(漢中)이 있으며, 남쪽으로는 파군(巴郡)과 촉군(蜀郡)이 있으며, 북쪽으로는 대군(代郡)과 마읍(馬邑)이 있으니 하늘이 내려 준 땅이라 할 수 있습니다. 이런 유리함을 기반으로 군사들에게 병법을 가르친다면 대왕께서는 천하를 합병하여 황제에 오르실 수 있을 것입니다."

이에 혜문왕이 대답했다.

"새도 깃털이 자라야 하늘을 나는 것 아니겠소? 우리는 아직 국정이 정돈되지 않아 남의 나라를 합병할 힘이 없소."

이 당시 진나라는 상앙을 처형한 이후라 유세하는 선비들을 무척 싫어했다. 할 수 없이 소진은 발길을 돌려야 했다.

소진은 조(趙)나라를 찾아갔다. 그러나 조나라 임금의 아우이자 재상인 봉양군(奉陽君)이 소진을 탐탁지 않게 여겼다. 할 수 없이 연(燕)나라로 유세를 떠났다. 그곳에서 1년을 머무른 끝에 문후(文侯)을 뵙고 유세를 할 수 있었다.

"연나라 동쪽에는 조선(朝鮮)과 요동(遼東)이 있고, 북쪽으로는 임호(林胡)와 누번(樓煩)이 있으며, 서쪽으로는 운중(雲中)과 구원(九原)이 있고, 남쪽으로는 호타하(嘑沱河)와 역수(易水)가 있습니다. 연나라 땅은 사방 2천리, 무장한 병사는 수십만 명, 전쟁용 수레가 6백 대, 말이 6천 필이고 쌓아 놓은 식량은 몇 년을 견딜 수 있습니다. 더구나 남쪽 갈석(碣石)과 안문(雁門)은 물자가 풍부하고 북쪽으로는 대추와 밤이 풍성해 백성들은 밭을 갈지 않아도 넉넉하게 살 수 있으니 이것은 하늘이 내려 준 보고인 것입니다.

지금 천하에 평화로운 곳은 연나라뿐입니다. 연나라가 진나라의 침입을 당하지 않는 까닭을 왕께서는 혹시 아십니까? 그것은 조(趙)나라가 남쪽을 막아 주기 때문입니다. 조나라는 진나라와 다섯 번 싸워 세 번 이기고 두 번 졌습니다. 그 결과 두 나라는 지치고 황폐해져 지금 왕께서 편안하신 겁니다.

만약 진나라가 연나라를 치려면 운중(雲中)과 구원(九原)을 넘어 대군(代郡)과 상곡(上谷)을 거쳐 수천 리를 지나와야 합니다. 비록 진나라가 강대국이어서 연나라의 성을 빼앗을 수는 있지만, 그것을 지킬 방법이 없기에 진나라는 연나라를 쳐들어올 수 없는 것입니다.

그러나 조나라가 연나라를 쳐들어온다면 닷새도 못 되어 연나라 수도가 포위되고 말 것입니다. 진나라가 연나라를 치려면 천 리 밖에서 싸우게 되지만, 조나라가 연나라를 치려면 백리 안에서 싸운다고 할 수 있습니다. 따라서 왕께서는 백리 안의 근심거리를 생각하지 않고 천 리

밖을 중시한다면 이는 잘못된 계책입니다. 그러니 왕께서는 조나라와 좋은 관계를 맺으신다면 아무런 걱정이 없을 것입니다."

문후가 말했다.

"그대 말이 백 번 옳도다! 하지만 우리 연나라는 작은 나라다. 만약 그대가 연(燕), 한(韓), 위(魏), 조(趙), 초(楚), 제(齊) 여섯 나라가 힘을 합쳐 강한 진나라에 대항하자는 합종 계책으로 우리 연나라를 편안하게 할 수 있다면 나는 그대 말을 따르겠소."

이리하여 문후는 소진에게 수레, 말, 황금, 비단을 주어 조나라 왕을 설득하도록 사신으로 보냈다.

마침 봉양군이 죽고 없어 소진은 직접 조나라 왕 숙후(肅侯)를 만나 설득하게 되었다.

"천하의 모든 사람이 현명하신 대왕을 우러르고 찬양합니다. 소신 대왕께 어리석은 의견을 올릴까 합니다. 지금 백성들이 편히 살 수 있는 근본은 이웃 나라를 잘 선택하는 것에 달려 있습니다.

조나라의 땅은 사방 2천 리, 무장한 병사는 수십만 명, 전쟁용 수레는 천 대, 말은 만 필, 식량은 몇 년을 공급할 수 있을 만큼 풍부합니다. 서쪽으로 상산이 있고 남쪽으로 장하가 있으며 동쪽으로 청하가 있고 북쪽으로 약소국 연나라가 있습니다. 사실 진나라는 조나라의 국력이 강하다는 걸 알고 있기에 함부로 덤비지 못하는 상황입니다. 또 다른 이유라면 진나라가 조나라를 공격했을 때 주위의 한나라와 위나라가 그 빈틈을 타서 진나라로 쳐들어올까 두려워하기 때문입니다.

그러므로 한, 위는 조나라의 남쪽 방패인 셈입니다. 그러나 진나라가 한나라와 위나라를 점령하면 그때는 목표가 조나라에 이를 것입니다. 이것이 바로 소인이 걱정하는 바입니다.

옛날 요, 순, 우임금은 조그마한 땅도 없이 천하를 소유하였으며, 탕왕과 무왕은 선비는 겨우 3천, 수레는 300대, 병사는 겨우 3만 명이었지만 천자가 되었다고 합니다. 이것은 천하를 얻는 이치가 무엇인가를 분명히 아는 자가 천자에 오른다는 뜻입니다.

그래서 현명한 군주는 밖으로 적의 강함과 약함을 헤아리고, 안으로는 병사들의 뛰어나고 모자란 것을 헤아려 싸우지 않아도 이기고 지는 것을 아는 것입니다.

제가 천하의 지도를 놓고 살펴보니 6개국 제후들의 땅을 합치면 진나라보다 다섯 배나 크고, 병사들을 모두 모으면 진나라의 열 배가 넘습니다. 이는 여섯 나라가 하나로 힘을 합치면 반드시 진나라를 이길 수 있다는 것입니다.

그러나 왕께서 부득이 진나라를 섬긴다면 그건 신하 노릇을 하는 것이 됩니다. 남을 정복하는 것과 정복당하는 것, 남을 신하로 삼는 것과 신하 노릇하는 것이 어떻게 같을 수 있겠습니까?

지금 조정에서 연횡(連橫)을 주장하는 자들은 왕의 땅을 조금씩 진나라에 바치게 하여 결국 패망하게 만드는 사기꾼들입니다. 그로 인해 진나라를 천하의 우두머리로 만들려는 속셈입니다.

소신이 왕을 위해 계책을 세운다면, 여섯 나라가 진나라를 섬기기 위해 연횡하는 것보다, 서로 힘을 합쳐 진나라에 대항하는 합종이 확실히 더 낫습니다. 그러기 위해서는 지금 당장에 여섯 나라의 장수와 재상들이 모여 함께 맹세하는 자리가 마련되어야 합니다.

　그렇게만 되면, 만일 진나라가 6개 나라 중 어떤 나라를 공격한다고
했을 때, 제나라와 위나라와 연나라는 각기 정예부대를 보내 돕고, 초
나라와 한나라와 조나라는 진나라의 후방과 식량보급로를 공격해 끊
어 버리면 그만입니다.

　만일 합종을 맹서한 나라가 이 약속을 따르지 않는다면 남은 다섯
나라가 함께 공격해 보복을 해 주면 됩니다. 이렇게 여섯 나라가 진나
라에 맞서게 되면 아마도 진나라는 감히 성 밖을 나서지 못할 겁니다.
이와 같이 합종이 이루어지면 왕께서 원하시는 대망이 이루어질 것입
니다."

　말을 다 듣고 난 후 조나라 왕이 말했다.

　"나는 나이가 젊고 왕에 오른 지도 얼마 되지 않아 그 같은 외교 전
략을 들어본 적이 없소. 지금 그대가 천하를 보존하고 나라를 안정시
킬 좋은 계책이라 하니 나는 그대 말을 따르겠소."

　그리하여 조나라 왕은 소진에게 수레 백 대, 황금 2만 냥, 백옥 천 냥,
비단 천 필을 주어 합종을 맺도록 하였다.

　이 당시 주나라 천자가 문왕과 무왕의 제사를 지내고 남은 고기를
진나라 혜문왕(惠文王)에게 보냈다. 천자로부터 제사 음식을 받았다는
것은 그만큼 신임을 받는다는 의미였다. 이런 배경을 이용해 혜문왕은
위나라를 공격해 위나라 장수 용고(龍賈)를 사로잡고 조음(雕陰) 지역을
점령하여 다시 동쪽으로 진군하려 하였다.

　소진은 진나라의 공격이 조나라에 이르게 될 것을 두려워했다. 이때

동문수학한 장의(張儀)를 만나 그로 하여금 진나라의 실세가 되도록 충동질하였다. 그리고 자신은 한(韓)나라 선왕(宣王)을 만나 다음과 같이 설득하였다.

"한나라 북쪽 공읍(鞏邑)과 성고는 험준하고, 서쪽 의양과 상판(商阪)은 마치 요새 같습니다. 동쪽으로 유수(洧水)가 있고, 남쪽으로 형산(陘山)이 있습니다. 땅은 사방 9백 리요, 무장한 병사는 수십만 명, 천하의 강한 활과 모진 쇠뇌는 모두 한나라에서 생산됩니다. 특히 계자(谿子)나 소부(少府) 지역에서 생산되는 활은 6백보 밖까지도 쏠 수 있습니다. 또 발로 쇠뇌를 밟고 양손으로 기계를 잡아당기면 백 발이 넘게 잇달아 발사되는 무기도 있습니다.

한나라 병사들의 칼과 창은 땅에서 난 것과 물에서 난 모든 것을 벨 수 있고, 적의 튼튼한 갑옷이나 방패를 쪼갤 수도 있습니다. 군사들은 모두 용감하여 한 사람이 백 명의 적을 당해 낼 수 있습니다. 이런 강대한 한나라가 진나라를 섬겨 복종한다면 그것은 천하의 놀림감이 되는 일이니 이보다 더 큰 부끄러움은 없을 것입니다.

왕께서 만약 진나라를 섬긴다면 진나라는 우선 의양과 성고 지역의 땅을 달라고 할 것입니다. 그래서 그 땅을 바치면 얼마 후에 또 다른 땅을 요구할 것입니다. 그렇게 계속되면 나중에는 줄 땅이 없을 테고, 주지 않으면 진나라는 앞서 바친 공을 잊어버리고 보복을 하려 할 것입니다. 땅은 주고 나면 끝이 있지만 진나라의 탐욕은 끝이 없습니다.

결국 진나라를 모신다는 것이 원한만 사고 불행만 불러오는 격입니다. 싸워 보지도 않고 남에게 다 내어 준 꼴이 되는 것입니다. 속담에 차라리 닭의 부리가 될망정 소의 꼬리는 되지 말라는 말처럼, 지금 왕께서 진나라를 섬긴다면 소꼬리가 되는 것과 무엇이 다르겠습니까? 현명하신 왕께서 강한 군대를 갖고도 소꼬리라니, 이는 참으로 부끄러운 일이 아닐 수 없습니다."

이 말을 듣자 한나라 왕은 얼굴빛을 바꾸더니 팔을 걷어붙이고 눈을 부릅뜨고 칼을 어루만지는 것이었다. 하지만 이내 고개를 쳐들어 긴 한숨을 쉬면서 말했다.

"내가 아무리 어리석다고 해도 절대로 진나라를 섬길 수는 없소. 지금 그대가 나를 깨우쳤소. 내 그대 말에 따라 합종책을 따르겠소."

한나라에서 목적을 이룬 소진은 다시 위(魏)나라로 가서 양왕(襄王)을 설득하였다.

"대왕의 영토는 사방 천 리에 이릅니다. 마을과 농지가 밀집되어 있어 밤낮으로 수레와 말의 왕래가 끊이지 않습니다. 그것은 마치 삼군의 병사가 행군하는 것과 같습니다.

제가 가만 헤아려 보니 위나라의 국력은 진나라에 뒤지지 않습니다. 단지 연횡을 주장하는 자들이 왕을 위협해 진나라를 섬겨야 한다고 주장하고 있는데, 이는 진나라의 힘을 이용해 나라를 빼앗고자 하는 나쁜 자들입니다.

위나라는 강국이며 왕께서는 현명한 군주이십니다. 그런데도 만약 진나라를 섬긴다면 이는 부끄러운 일이라 여겨집니다. 월왕(越王) 구천(句踐)은 지친 병사 3천 명으로 오왕(吳王) 부차(夫差)를 간수(干遂)에서 사로잡았고, 주나라 무왕(武王)은 병사 3천 명과 전차 3백 대를 가지고 목야(牧野)에서 은나라 주왕(紂王)을 제압했습니다. 설마 그들이 병사의 수가 많아서 그리했겠습니까? 아닙니다. 그들은 단지 자신의 실력을 십분 발휘했을 뿐입니다.

지금 왕의 군사 역량은 정예 병사가 2십만, 일반 병사가 4십만, 잡역 부 십만, 전차 6백 대, 군마 5천 필이 있습니다. 이것은 월왕 구천과 주 무왕의 병력을 훨씬 뛰어넘는 것입니다.

그런데 지금 왕께서는 신하들의 말만 듣고 진나라를 섬기려고 하십 니다. 만일 진나라를 섬기게 되면 반드시 나라를 통째로 바쳐야 할 것 입니다. 이것은 군사를 써 보지도 못하고 하루아침에 망하는 꼴입니다.

신하들 중에서 진나라를 섬기라고 건의하는 자는 모두 간신입니다. 그들은 진나라와의 우의 관계를 존중할 뿐 그 후의 결과는 돌아보지 않는 자들입니다. 나라를 무너뜨려 개인적인 성취를 이루고자 할 뿐이 지 나라를 위하는 마음은 조금도 없는 자들입니다. 왕께서는 이 점을 분명히 살펴보시기 바랍니다.

『주서(周書)』에서 말하기를 '처음에 싹을 자르지 않아 무성해지면 어 떻게 하나? 작을 때 베지 않으면 장차 도끼를 써야 한다.'라고 하였습니 다. 미리 깊이 생각지 못하면 사후에 큰 화를 당하게 되는 것입니다.

조나라 왕께서 저를 보내신 것은 여섯 나라가 합종으로 친교를 맺어 힘을 합친다면 진나라를 걱정할 필요가 없다는 것을 알려드리기 위해 서입니다. 그러니 왕께서 현명한 결정을 하여 주시기 바랍니다."

이어 위나라 왕이 말했다.

"나는 지금껏 훌륭한 가르침을 받지 못했소. 지금 그대가 나를 깨닫 게 해 주었는데 무엇을 주저하겠는가. 그대 의견에 따르겠소."

소진은 이어서 동쪽 제(齊)나라로 가서 선왕(宣王)을 만났다.

"제나라는 남쪽으로 태산(泰山)이 있고, 동쪽으로 낭야산(琅邪山)이 있으며, 서쪽으로 청하(淸河)가 있고, 북쪽으로 발해가 있으니, 이는 천혜의 요새와도 같습니다. 국토는 사방 2천 리, 무장한 병사는 수십만 명, 비축한 식량은 산더미처럼 쌓여 있습니다. 병사들은 날카로운 칼과 좋은 활을 쓰고 전투할 때에는 우레처럼 빠르고 물러날 때에는 비바람처럼 재빨리 흩어집니다.

적이 쳐들어와 군사를 징집을 할 경우, 수도 임치(臨菑)에는 7만 호가 살고 있으니, 집집마다 남자 세 명이 있다고 가정하면 21만 명이나 됩니다. 먼 곳의 현이나 읍으로부터 병사를 징발할 필요도 없이 임치의 병사만으로도 충분합니다.

임치는 풍족하고 부유한 곳으로 백성들은 생황을 불고, 비파를 뜯고, 거문고를 타며, 아쟁을 켜고, 닭싸움과 개 경주를 즐기고, 윷놀이와 공치기를 즐깁니다. 도로는 수레바퀴가 서로 부딪치고 사람들의 어깨가 서로 부딪칠 만큼 복잡합니다. 집집마다 부유하여 사람들은 뜻이 높고 의기가 양양합니다. 더구나 왕께서 현명하시고 나라가 강대하니 천하의 누구도 감히 대항할 수 없는 나라입니다.

그런데 왕께서는 서쪽의 진나라를 받들어 모시려 합니다. 그것은 부끄러운 일이라 여겨집니다. 한나라와 위나라가 진나라를 겁내는 까닭은 변방이 맞닿아 있기 때문입니다. 전쟁이 나면 열흘 안에 승패가 정해집니다. 설령 한나라와 위나라가 합쳐 진나라를 이긴다 하더라도 자신의 병력은 절반 이상을 잃게 되어 더는 국경을 수비할 힘이 없게 됩니다. 만일 진다고 하면 그건 멸망하는 겁니다. 이것이 한나라와 위나라가 진나라의 신하가 되려는 이유입니다.

그러나 만일 진나라가 제나라를 공격한다면 사정이 다릅니다. 진나라는 한나라와 위나라 땅을 등지고 지나야 합니다. 그곳은 수레 두 대가 나란히 갈 수 없고 기마가 두 줄로 갈 수 없는 길입니다. 백 명이 지키면 천 명으로도 감히 지나가지 못하는 곳입니다. 진나라 군사들이 지나가면서도 자꾸 뒤를 돌아보는 것은 한나라와 위나라가 혹시 후방을 공격하지 않을까 염려 때문입니다. 진나라는 큰소리야 치겠지만 감히 전진하지 못하는 것입니다. 그것은 분명히 진나라가 강하다 하더라도 제나라를 마음대로 공격할 수 없음을 말해 주는 겁니다.

그런데 왕께서는 그런 상황을 생각해 보지도 않으시고 무작정 진나라를 섬기려 하시니 이는 신하들이 어리석고 잘못되었기 때문입니다. 왕께서 진나라를 섬기는 것은 아무런 명분이 없고 이익이 없습니다. 그러니 왕께서는 헤아려 주시기 바랍니다."

이어 제나라 왕이 말했다.

"나는 어리석은 사람이오. 제나라는 멀리 외진 곳이고 바다에 의지하고 있소. 길이 끊긴 동쪽 변두리 나라이기 때문에 지금까지 좋은 가르침을 듣지 못했소. 그런데 그대가 나를 깨우쳐 주었으니 그대의 의견에 따르리라."

이어 소진은 다시 서남쪽으로 가서 초(楚)나라 위왕(威王)을 만나 말했다.

"초나라는 천하의 강국이며 왕께서는 현명한 군주이십니다. 서쪽으로 검중(黔中)과 무군(巫郡)이 있고, 동쪽으로 하주(夏州)와 해양(海陽)이 있으며, 남쪽으로는 동정호(洞庭湖)와 창오(蒼梧)가 있으며, 북쪽으로는 형색(陘塞)과 순양(郇陽) 지역이 있습니다. 국토는 사방 5천 리이고 무장한 병사는 백만 명입니다. 전쟁용 수레가 1천 대이고 말은 만 필이며 식량은 10년을 견딜 수 있습니다. 이것은 천하의 패왕(霸王)이 될 수 있는 자산입니다. 초나라의 강성함과 왕의 현명함을 천하에 당할 자가 없습니다. 그런데 지금 왕께서 서쪽 진나라를 섬기려 하시니 삼가 아뢰고자 합니다.

지금 진나라가 아무리 강대하다고는 하나 진나라가 두려워하는 나라는 오직 초나라뿐입니다. 초나라가 강해지면 진나라는 약하기 마련입니다. 하지만 초나라 홀로 설 수만은 없는 것이 지금의 현실입니다. 진나라를 고립시킬 수 있는 가장 좋은 방법은 다른 다섯 나라와 합종하는 길입니다.

만약에 왕께서 합종을 원치 않으신다면 진나라는 그 틈을 이용해 군대를 일으켜 한쪽은 무관으로 침입해 오고, 다른 한쪽은 검중으로 침입해 들어와 초나라 수도 언영(鄢郢)을 일순간 혼란에 빠뜨리고 말 것입니다.

정치란 혼란스럽기 전에 다스려야 하고, 해로운 일이 생기기 전에 제거해야 한다고 들었습니다. 우환이 닥친 후에 근심해 봤자 아무런 소용이 없습니다. 그러므로 왕께서는 이 점을 깊이 헤아려 보시기 바랍니다.

만약 왕께서 제 의견에 동의하신다면 저는 다른 다섯 나라를 초나라로 불러 왕께 예물을 바치게 하고 각 나라의 운명을 왕과 함께 하여 병사를 훈련시키고 무기를 만들어 왕의 지휘에 따르게 하겠습니다.

제 계책을 따르신다면 초나라 궁정에는 음악과 미녀가 가득 찰 것이고, 훌륭한 말과 낙타가 마구간에 넘칠 것입니다. 이 합종이 성공하면 초나라는 천하의 황제라 칭해질 것이고, 만약 진나라를 섬기는 우를 범하시면 천하의 패권은 진나라가 쥐게 될 것입니다. 그것은 왕께서 오명을 뒤집어쓰시는 것이라 저로서는 만류하지 않을 수 없습니다.

진나라는 천하를 집어삼킬 야심을 품고 있습니다. 따라서 연횡을 주장하는 자들은 모두 각 나라의 토지를 빼앗아 진나라에 바치려 하고 있습니다. 그들은 군주의 땅을 진나라에 갖다 바치면서 오히려 진나라의 침입을 받았을 때는 자신의 군주를 돌보지 않을 것입니다. 진나라의 권세에 의지하여 국가를 배반하고 군주에게 불충하는 일로서 이보다 더한 것이 없을 것입니다.

만일 왕께서 합종에 동의해 주시면 각 나라는 토지를 나누어 초나라를 섬길 것이고, 연횡을 좇으시면 초나라는 진나라를 섬기는 대가로 국토를 떼어 진나라에 바쳐야 할 것입니다.

이 두 가지 책략 중 왕께서는 어느 쪽에 서시겠습니까? 저희 조나라 왕께서 저를 파견해 이 계책을 올려 명확한 공약을 받아오도록 하셨습니다. 모든 것은 왕께서 깨우치시는 데 달려 있습니다."

초나라 왕이 대답했다.

"우리나라는 서쪽으로 진나라와 국경을 접하고 있소. 나도 진나라는 천하를 거머쥘 야심을 품고 있다는 것을 아오. 그래서 그 이리와 호랑이 같은 진나라와 친하고 싶지 않소. 한나라와 위나라는 항상 진나라의 위협을 받고 있으므로 나는 그 두 나라와 큰일을 꾀할 수는 없소. 그런데 만일 그들과 천하의 일을 도모하려고 해도 그 신하들 중 반대하는 자들이 진나라에 알릴까 두렵소. 그리되면 일을 시작하기도 전에 우리 초나라는 위태로워질 것이오.

따라서 내 생각에는 초나라가 진나라에 맞서는 것은 감당할 수 없는 일이오. 조정의 신하들과 상의해도 기대할 만한 대책이 없소. 그래서 진나라만 생각하면 자리에 누워도 편하지 않고 음식을 먹어도 맛있는 줄 모르고, 마음은 늘 높이 걸어 놓은 깃발처럼 흔들려 의지할 곳이 없소. 지금 그대가 여섯 나라를 하나로 모아 진나라의 강대함에 대항하고자 한다면 나는 그대 의견에 따르겠소."

이렇게 하여 여섯 나라가 모두 합종에 동의하여 힘을 합치게 되었다. 당연히 소진은 그 일을 추진하는 수장이 되어 여섯 나라의 재상을 겸하게 되었다.

그 무렵에 소진의 위세는 대단하였다. 소진이 북쪽으로 조나라 왕에게 경위를 보고하러 가는 도중에 낙양을 지나게 되었다. 낙양은 주(周)나라 황실이 있는 곳이었다. 기마와 수레를 비롯하여 제후들마다 소진을 호위할 사자를 보내 주어 그 행렬이 왕의 행차에 견줄 만했다.

주(周)나라 황제 현왕(顯王)이 이런 보고를 받고 황실을 공격해 오는 것이 아닌가 하여 몹시 두려워하였다. 행렬이 지나는 길마다 군사를 시켜 청소하도록 하였고 교외까지 사자를 보내 맞이하게 하였다.

집으로 돌아온 소진은 가족들과 식사를 같이 하게 되었다. 형제와 형수와 처가 곁눈으로 자신을 바라만 볼 뿐 감히 고개를 들지 못하였다. 이에 소진이 웃으면서 형수에게 말하였다.

"어찌하여 전에는 제게 오만하더니 지금은 공손해지셨습니까?"

그러자 형수는 몸을 굽혀 얼굴을 땅에 대고 사죄하며 말하였다.

"그건 존귀한 몸이 되었고 재물이 많은 것을 보았기 때문입니다."

그 말을 듣자 소진은 길게 탄식하며 말했다.

"내가 가난할 때는 다들 업신여기더니, 이 몸이 부귀해지자 친척들이 모두 두려워하는구나. 하물며 일반인들이야 오죽하랴. 만일 내게 낙양 근방에 밭 두 이랑만 있었던들, 어찌 여섯 나라 재상의 인수(印綬)를 찰 수 있었겠는가?"

소진은 집안 친척들과 친구들에게 금을 나누어 주며 인사를 치렀다. 또한 이전에 연나라에 갈 때 어느 이에게 노잣돈 백 전(錢)을 빌린 일이 있었는데, 그에게 금 백 냥으로 갚았다. 그밖에 이전에 자신에게 은혜를 베풀어 준 이들에게는 후하게 보답하였다. 그런데 유독 한 사람만 보답을 받지 못하였는데 그가 스스로 찾아오자 소진이 말했다.

"내 결코 너를 잊지 않았다. 네가 나와 함께 연나라 역수(易水)에 갔을 때 너는 나를 버리고 떠나갔다. 그때 나는 매우 곤란한 처지라 너를 크게 원망하였다. 그래서 너에 대한 보답을 맨 뒤로 미룬 것이다. 이제 너에 대한 원망도 없으니 네게도 보답하겠다."

며칠 후 소진은 조나라로 돌아갔다. 여섯 나라와 합종 맹약을 맺고 돌아오자 조나라 왕은 소진을 무안군(武安君)으로 봉했다. 그리고 합종 맹약을 담은 서신을 가지고 진나라로 떠났다. 그로부터 15년간 진나라 군대는 감히 함곡관 밖을 넘보지 못하였다.

얼마 후, 진나라의 장군 서수(犀首)가 합종의 맹약을 깨뜨리려고 제나라와 위나라를 속여 함께 조나라를 공격했다. 그러자 조나라 왕이 소진을 꾸짖으며 책임을 추궁하였다. 이에 소진은 두려워하며 말했다.

"연나라로 가서 배신 행위를 한 제나라를 공격하자고 설득하겠습니다."

그러나 소진이 조나라를 떠나자 합종 맹약은 완전히 깨지고 말았다. 진(秦)나라 혜문왕은 자신의 딸을 연나라 태자에게 시집보냈다. 그해에 마침 연나라 문후(文侯)가 세상을 떠나자 태자가 왕위에 올라 이왕(易王)이 되었다. 하지만 제나라 선왕(宣王)이 국상 중인 연나라를 쳐서 성 열 개를 빼앗았다. 이에 이왕이 한탄하며 소진에게 말했다.

"돌아가신 제 부왕께서는 선생을 도와 여섯 나라가 합종을 맺게 하였소. 그런데 지금 제나라가 조나라를 공격하고, 이어 우리 연나라를 공격하였소. 지금 우리는 선생 때문에 천하의 웃음거리가 되고 말았으니, 이게 어찌된 일이오? 당장에 제나라에 빼앗긴 땅을 되찾게 해 주시오. 그렇지 않으면 나도 더는 그대를 믿을 수 없소."

소진이 겁을 잔뜩 먹은 채 대답하였다.

"왕을 위해서 빼앗긴 땅을 꼭 되찾아 오겠습니다."

소진이 제나라로 가서 왕을 만났다. 두 번 절하고 축하를 올리고, 이어 곧바로 자리에서 일어나 이번에는 조의를 표하였다. 그러자 제나라 왕이 이상히 여겨 말했다.

"무엇 때문에 축하하자마자 조의를 표하는 것이오?"

소진이 대답했다.

"굶주린 자가 사방에 널려 있는 오훼(烏喙)라는 풀을 먹지 않는 까닭은 그것으로 배를 채울 경우 독으로 죽기 때문입니다. 지금 연나라는 비록 약소하지만 진나라의 공주가 시집간 나라입니다. 왕께서는 고작 연나라의 성 열 개를 빼앗았을 뿐이지만, 그 행위는 이제 진나라의 원수가 된 것입니다.

만약 연나라가 앞장서고 강한 진나라가 그 뒤를 따라 제나라로 쳐들어온다면 왕께서는 어찌하시겠습니까? 그것은 아마도 굶주린 자가 오훼를 먹은 것과 다를 바가 없습니다. 그래서 축하 인사를 드리고 조의를 표한 것입니다."

그 말을 듣자 제나라 왕은 안색이 달라지며 말했다.

"그러면 이제 나는 어떻게 하면 좋겠소?"

소진이 말했다.

"일을 잘 처리하는 것이란 화를 복으로 바꾸고, 실패를 기회로 삼아 성공하도록 하는 것입니다. 왕께서 저의 계책을 들으신다면 먼저 연나라의 성 열 개를 돌려주십시오. 연나라는 이유 없이 성을 돌려받게 되면 틀림없이 좋아할 겁니다. 이는 원수를 없애고 반석 같은 든든한 친구를 얻는 것입니다. 이후 연나라가 제나라를 섬기게 되면 왕의 호령에 복종하지 않을 수 없을 것입니다. 이는 성 열 개로 신임을 얻는 것이니 천하를 지배하는 자의 대업에 이를 것입니다."

제나라 왕이 대답했다.

"좋소. 그대 말을 따르겠소."

그리고 빼앗은 성 열 개를 연나라에 돌려주었다.

그런데 그 무렵에 소진을 헐뜯는 자가 있었다. 그가 제나라 왕에게 말했다.

"소진은 여기저기 돌아다니며 나라를 팔아먹고, 이랬다저랬다 하는 자이니 장차 반란을 일으킬 것입니다."

소진은 그 소문을 듣고 누명을 쓸까 봐 연나라로 돌아왔다. 하지만 연나라 왕은 그에게 예전의 벼슬을 주지 않았다. 소진이 왕을 만나 말했다.

"저는 동주의 비천한 자였습니다. 공로도 없는데 선왕께서 관직을 주시어 조정에 몸을 담았습니다. 지난번 제가 왕을 위하여 제나라에 가서 성 열 개를 돌려받아 왔습니다. 이는 당연히 신임을 받을 일인데, 왕께서는 도리어 제게 관직을 주지 않으셨습니다. 틀림없이 어떤 간사한 자의 모함이 있었을 것이라 생각합니다.

제가 늙은 어머니를 버려두고 이 나라에 온 것은 본래 왕을 위해 이루고자 하는 일이 있기 때문입니다. 만일 증삼(曾參) 같은 효자, 백이(伯夷) 같은 청렴한 인물, 미생(尾生) 같은 신의 있는 인물이 왕을 섬긴다고 하면 어떠하시겠습니까?"

왕이 대답했다.

"매우 만족할 것이오."

그러자 소진이 말했다.

"증삼과 같은 효자는 도리에 어긋나지 않은 자이니 하룻밤도 부모 곁을 떠나지 않을 것입니다. 그런 인물이 어떻게 천 리 밖에 떨어진 연나라 왕을 섬길 수 있겠습니까? 백이처럼 청렴한 자는 무왕의 신하가 되는 것도 기뻐하지 않았고, 제후로 책봉되는 것도 원치 않았고 그냥 수양산 아래서 굶어 죽었습니다. 이런 인물이 천 리 밖으로 나가 진취적인 일을 추진할 수 있겠습니까? 또한 미생은 다리 밑에서 여인과 만나기로 약속했으나 그 여인이 오지 않자 물이 불어도 그 자리를 떠나지 않았고, 결국 다리 기둥을 껴안고 죽었습니다. 이런 인물을 어떻게 천 리 밖에 보내 제나라를 설득할 수 있겠습니까? 이렇게 생각하면 제가 공을 세우고도 모함을 받은 까닭은 충신이기 때문에 받는 죗값이라 생각됩니다."

연나라 왕이 말했다.

"어찌 충신이 죄를 지을 수 있겠소?"

소진이 대답했다.

"그렇지 않습니다. 어떤 이가 관리가 되어 멀리 떠나게 되었습니다. 그 틈을 타서 그의 부인이 다른 남자와 정을 통했습니다. 남편이 돌아올 때가 되자 부인의 정부가 걱정을 하게 됩니다. 그러자 부인이 말합니다. 걱정하지 마시오, 이미 독을 탄 술을 만들어 놓고 그를 기다리는 중입니다.

얼마 후 남편이 돌아오자 부인은 하인을 시켜 남편에게 술을 권하도록 합니다. 하인은 술에 독이 들었다고 말하고 싶지만 그러면 부인에게 내쫓길까 두렵고, 말을 안 하자니 주인을 죽이게 될까 두려웠습니다.

그래서 술을 들고 가다 일부러 넘어져 술병을 엎질렀습니다. 부인이 몹시 화를 내며 하인을 채찍으로 쉰 대나 때렸습니다. 하인은 주인을 살린 것을 다행으로 여기고, 그 집에서 쫓겨나지 않은 것을 다행으로 여기지만, 어찌되었든지 매 맞는 것만은 피하지 못했습니다. 어찌 충성스럽고 성실하다고 해서 죄가 없다고 하겠습니까? 저의 허물은 이와 비슷한 것입니다."

연나라 왕이 고개를 끄덕이며 말했다.

"그대는 다시 예전 벼슬에 오르시오."

이후 연나라 왕은 더욱더 소진을 예우하였다.

연나라 이왕(易王)의 모친은 선왕인 문후의 아내인데 소진과 몰래 정을 통하게 되었다. 이왕은 이 사실을 알고 있었지만 아무 말도 하지 않았다. 하지만 소진은 자신의 간통 행위가 발각될까 두려워 왕께 이렇게 말하였다.

"저를 제나라로 보내 주시면 가서 반드시 연나라의 지위를 높이겠습니다."

연나라 왕이 말했다.

"그대가 하고 싶은 대로 하십시오."

그러자 소진은 거짓으로 연나라에서 죄를 지은 것처럼 꾸며 제나라로 망명하였다. 제나라 선왕은 소진에게 벼슬을 내려 극진히 예우하였다. 선왕이 죽고 민왕(湣王)이 즉위하자 소진은 민왕을 설득하였다.

선왕을 후하게 장사 지내게 하여 효심을 높이게 하였고, 궁궐을 높게 짓고 정원을 넓게 하여 국력을 과시하도록 하였다. 그러나 이것은 사실 연나라를 위해 제나라를 황폐하게 만들려는 계책이었다.

제나라 신하 중에 왕의 총애를 두고 소진과 은밀히 다투는 자가 많아졌다. 그중 하나가 사람을 시켜 소진을 암살하려다 실패했다. 다행히 소진은 목숨은 건졌지만 크게 다쳤다. 왕은 범인을 찾도록 명했으나 아무리 해도 찾지 못했다. 소진은 눈앞에 죽음이 다가온 것을 알고 왕에게 말했다.

"제가 죽으면 저를 거열형으로 다스려 성에 있는 사람들에게 알려 주십시오. 소진이 연나라를 위해 제나라에서 반란을 일으킨 죄목이라 하시면 됩니다. 그러면 저를 죽이려던 자를 반드시 붙잡을 수 있을 겁니다."

얼마 후, 소진이 죽었다. 제나라 왕이 그 말대로 소진에게 거열형을 내렸더니 정말로 소진을 암살하려던 자가 당당하게 나타났다. 왕은 이내 그를 잡아 죽였다. 연나라에서 소진의 죽음을 듣고 다음과 같이 말했다.

"오호라, 제나라가 소진을 위해 복수한 방법이 참으로 심하도다!"

소대

이후 소진이 제나라를 황폐하게 만들려고 한 사실들이 속속 드러났다. 연나라는 제나라의 보복이 두려웠다.

소진에게는 소대(蘇代)와 소려(蘇厲) 두 동생이 있었다. 이 둘은 형의 성공을 보고 배워 학문에 정진한 후 유세에 나섰다. 소대는 형의 옛일을 계승하려고 연나라 왕을 찾아가 말했다.

"저는 동주에 사는 비천한 자입니다. 왕께서 의(義)를 높이 행하신다는 말을 듣고 섬기러 왔습니다. 제가 와서 신하들과 관리들을 보니 왕께서는 현명한 군주임이 틀림없습니다."

연나라 왕이 물었다.

"무엇을 보고 나를 현명한 군주라고 하는 것이오?"

소대가 대답했다.

"현명한 군주란 자신의 허물을 듣는 데 힘쓰고 자신의 칭찬을 멀리

하는 것이라 했습니다. 그래서 감히 왕의 허물을 말씀드리고자 합니다. 제나라와 조나라는 연나라의 원수이고 초나라와 위나라는 연나라의 동맹국입니다. 지금 왕께서 원수는 치지 못하고 동맹국을 치려 하고 있으니 이것은 분명 잘못된 계책입니다. 그런데 이러한 허물을 어느 신하도 말하지 않고 있으니 분명 모두가 충신이 아닌 것이 틀림없습니다."

연나라 왕이 말했다.

"제나라는 우리의 원수가 맞소. 마음이야 그들을 공격하고 싶지만 우리가 힘이 약해 근심할 따름이오. 그대가 제나라를 쳐서 이길 수만 있다면 나는 그대에게 이 나라를 맡기겠소."

이에 소대가 말했다.

"천하에 전쟁을 할 수 있는 나라가 일곱이 있습니다. 그중 연나라는 약소국이므로 혼자 싸울 수는 없습니다. 만일 연나라가 남쪽 초나라에 의지하면 초나라가 높아질 것이고, 서쪽 진나라에 의지하면 진나라가 높아질 것이고, 중원의 한나라와 위나라에 기대면 한나라와 위나라가 높아질 것입니다. 연나라가 의지한 나라들이 모두 위상이 높아지면 연나라도 따라서 위상이 높아질 것입니다.

지금 제나라는 나이 많은 군주가 혼자 모든 일을 처리합니다. 남쪽 초나라를 5년 동안 공격해 비축해둔 재물을 다 소비하였고, 서쪽으로 진나라를 3년간 포위해 병사들은 견딜 수 없을 정도로 지쳐 있습니다. 북쪽으로 연나라 군대를 섬멸시켰고, 남은 병력으로 송나라를 격파시켰습니다. 지금 힘이 고갈된 제나라에게서 취할 만한 것이 무엇이 있겠습니까? 바로 연속해서 싸우면 백성들이 피로해지고 오래도록 싸우면 병사들이 지친다는 것입니다."

연나라 왕이 말했다.

"제나라는 강이 둘러싸여 있고 산이 높아 천연 요새가 된다고 하는데, 정말 그러하오?"

소대가 대답했다.

"하늘이 돕지 않으면 아무리 요새라 하더라도 어찌 견고하게 지킬 수 있겠습니까? 백성이 피폐해졌는데 어찌 요새가 튼튼하다 할 수 있겠습니까? 예전에 제수 서쪽 지역 백성을 징병하지 않은 것은 조나라를 방비하기 위함이었고, 황하 이북에서 징병하지 않은 것은 연나라를 방비하기 위함이었습니다. 그런데 지금은 모두 징병하여 백성이 없으니 나라가 황폐해지고 말았습니다.

교만한 군주는 이익을 좋아하고 망하는 나라의 신하는 재물을 탐한다고 했습니다. 왕께서는 이 기회에 진실로 아끼는 아들을 많은 재물과 함께 제나라에 볼모로 보내십시오. 그러면 제나라는 연나라를 자기편으로 여길 것입니다. 그런 연후에 제나라가 방심한 틈을 노려 공격한다면 제나라를 쉽게 멸망시킬 수 있을 것입니다."

연나라 왕이 말했다.

"내가 그대를 만난 것은 아무래도 하늘의 뜻인 듯하오."

연나라는 왕의 아들을 제나라에 볼모로 보냈다. 소려가 모시고 가서는 제나라 왕을 뵙고자 했다. 제나라 왕은 이전에 소진에 대한 원망으로 소려를 가두려 했으나 연나라 왕의 아들이 이전 일을 사과하여 무사할 수 있었다.

연나라의 재상 자지(子之)는 야심이 있는 자였다. 소대를 제나라에 보내 인질로 가 있는 왕의 아들을 모시도록 하였다. 그리고 얼마 후 소대가 돌아와서 경과를 보고하였다. 이에 연나라 왕 쾌(噲)가 소대에게 물었다.

"제나라 왕은 천하의 우두머리가 될 수 있겠소?"

소대가 대답했다.

"될 수 없습니다."

연나라 왕이 말했다.

"어째서 그렇게 생각하오?"

소대가 대답했다.

"제나라 왕은 자신의 신하를 믿지 않습니다."

얼마 후 재상 자지가 난을 일으켜 왕위를 차지하였다. 이로 인해 연나라는 크게 혼란스러웠다. 이에 제나라가 그 틈을 노려 연나라를 쳐서 쾌와 자지를 모두 죽였다. 연나라에서 소왕(昭王)을 세웠으나 소대와 소려는 따르지 않고 제나라에 투항하여 후한 대우를 받았다.

소대가 송나라로 가기 위해 위(魏)나라를 지나자 위나라는 연나라의 부탁으로 소대를 붙잡았다. 그러자 제나라에서 사신을 보내 위나라 왕에게 말하였다.

"삼가 아뢰옵니다. 만약에 우리 제나라가 송나라를 빼앗아 진나라에 바친다고 하면 진나라에서는 받지 않습니다. 그것은 그 땅이 맘에 안 들어서가 아니라 제나라의 왕과 소대를 믿지 않기 때문입니다. 그런데 위나라와 제나라는 우호국인데 이 관계가 깨지면 우리는 더는 진나라를 속일 수 없습니다. 그러면 진나라와 제나라는 연합하게 될 것이고 이렇게 되면 위나라에 이로울 것이 없습니다. 그러니 소대를 돌려보내시어 진나라가 지금처럼 제나라를 의심하고 소대를 믿지 않게 하는 것이 위나라의 안위를 위해서는 훨씬 나은 방책입니다."

이에 위나라는 소대를 풀어 주었다.

소대가 송나라에 도착하자 극진하게 대접을 받았다. 그런데 뜻하지 않게 제나라가 연나라와 연합하여 송나라를 공격해 왔다. 송나라는 위급해졌다. 그러자 소대는 연나라 소왕에게 다음과 같은 편지를 써 보냈다.

"대국의 지위에 있는 연나라가 제나라에 자식을 인질로 보냈다는 것은 권위 없는 행위입니다. 더구나 제나라를 도와 송나라를 공격하는 일은 백성들을 피로하게 하고 국력을 소모하는 행위입니다.

왕께서 이와 같은 일을 하시는 것은 제나라의 공격을 피하기 위해서입니다. 그러나 제나라는 힘이 더욱 세어지면 연나라를 분명 노릴 것입니다. 그러면 연나라는 아무런 저항도 하지 못하고 나라를 빼앗기고 말 것입니다.

지금 진나라는 제나라를 궁지에 몰아넣을 수 있다면 국력이 다하여도 주저하지 않을 것입니다. 그런데 어찌 왕께서는 진나라를 설득하지 않으십니까?

연나라가 제나라를 추앙하는 것은 어떤 이익을 얻으려고 해서가 아닙니다. 바로 진나라를 믿지 못하기 때문입니다. 진나라 왕께 이야기하십시오. 진나라 왕의 아들 경량군과 고릉군을 연나라에 볼모로 보내면 연나라는 진나라를 믿게 될 것이라고 말입니다.

그리하여 진나라는 서제(西帝)가 되고 연나라는 북제(北帝)가 되고 조나라는 중제(中帝)가 되어 삼제가 서면 천하를 호령할 수 있습니다. 천하가 복종하면 왕께서는 한나라와 위나라를 시켜 제나라를 치게 하고, 송나라 땅을 돌려받으십시오. 그러면 연나라에 이익이 되는 일입니다.

만일 진나라가 연나라를 믿는다면 왕께서는 편안하고 이름이 높아지겠지만 만약 그렇지 못하면 위험해질 것입니다. 대체로 높고 편안한 것을 버리고 낮고 위험한 것을 선택하는 것은 총명한 군주가 할 일이 아닙니다."

연나라 소왕은 편지를 읽고 이렇게 말했다.

"선왕께서 일찍이 소진에게 은덕을 베풀었으나 자지의 난으로 소씨 형제가 연나라를 떠났다. 연나라가 제나라에 보복하려면 소씨 형제가 아니고서는 할 수 없도다."

이리하여 소왕은 소대를 불러들여 다시 후하게 대우하고, 제나라 공격을 상의하여 마침내 제나라를 쳐부수었다.

오랜 후에 진나라에서 연나라 왕을 초대했다. 연나라 왕이 가려고 하자 소대가 가로막으며 말했다.

"초나라는 지(枳) 땅을 얻어 나라가 망했고, 제나라는 송(宋) 땅을 얻어 나라가 망했습니다. 이유가 무엇이겠습니까? 전쟁에서 이긴 자들은 진나라의 적이기 때문입니다. 진나라는 천하를 의가 아닌 폭력으로 차지하였습니다. 그리고 폭력을 행할 때 먼저 경고를 보냈습니다. 초나라에는 이렇게 경고하였습니다.

'우리 군대가 장강을 따라 내려오면 닷새 만에 초나라 영도(郢都)에 이를 것이고, 다시 나흘이면 초나라 오저(五渚)에 도달할 것이다. 그러면 초나라에 아무리 지혜로운 자라도 막을 수 없고, 아무리 용맹한 자라도 대항할 수 없다.'

초나라 왕은 이 말이 두려워 17년간 진나라를 섬겼습니다. 또 한나라에는 이렇게 경고하였습니다.

'내가 군대를 일으키면 하루 만에 한나라의 통로인 태항산(太行山)을 차단할 수 있다. 만약 우리 군대가 평양(平陽)에 도달하면 이틀 만에 한나라 영토는 흔들릴 것이다. 또 닷새가 지나면 한나라는 무너질 것이다.'

한나라는 바로 상황을 인정하고 진나라를 섬겼습니다. 또 위나라에는 이렇게 경고했습니다.

'내가 군대를 일으키면 위나라 태원(太原) 땅은 한순간 무너질 것이다. 다시 진격하면 위나라의 수도 대량(大梁)은 없어질 것이다. 육지에서 공격하고 물길을 이용해 공격하면 위나라는 멸망할 것이다.'

위나라는 이와 같은 상황을 확실히 인정하고 진나라를 섬겼습니다. 하지만 진나라는 송나라를 공격할 때에는 혹시라도 제나라가 나설까 두려워하고 있었습니다. 그래서 미리 제나라에게 송나라를 처리해 달라고 부탁하며 이렇게 말했습니다.

'송나라는 무도한 나라입니다. 나를 닮은 나무인형을 만들어 그 얼굴에 화살을 쏜다고 합니다. 내가 직접 송나라를 치고자 하나 워낙 거리가 멀어 어쩔 수 없으니 만약 왕께서 송나라를 공격해 그 땅을 얻으신다면 나는 내가 얻은 것처럼 기뻐할 것입니다.'

그러나 나중에 진나라는 제나라가 송나라를 친 것을 핑계로 삼아 죄를 물었습니다. 진나라가 제나라를 공격하려고 할 때 다른 나라들이 구원하러 올까 두려워 진나라 왕은 제후들에게 이렇게 말하였습니다.

'제나라 왕은 나와 네 번 약속했지만 네 번 모두 나를 속였으며, 여러 제후들을 이끌고 우리 진나라를 치려고 한 것만도 세 차례나 됩니다. 제나라가 건재하면 진나라가 망하고 진나라가 건재하면 제나라가 망할 것입니다. 그러니 제나라를 치는 것은 어쩔 수 없는 일입니다.'

그런 후에 진나라는 제나라의 의양과 소곡을 탈취하고, 인읍(藺邑)과 이석(離石)을 점령하였습니다.

진나라가 위나라를 치려고 할 때 초나라가 염려되어 남양(南陽) 땅을 초나라에게 주며 이렇게 말했습니다.

'내 본 마음은 한나라와의 관계를 끊는 것입니다. 만일 초나라가 한나라를 점령한다면 마치 내가 점령한 것처럼 기뻐할 것입니다.'

하지만 후에 위나라가 굴복하고 진나라를 섬기게 되자, 진나라는 한나라를 점령한 초나라를 탓하며 그 죄를 물었습니다.

진나라가 위나라를 공격하다가 연나라와 조나라가 구원하러 올 것이 걱정되었습니다. 그래서 교동(膠東) 땅을 연나라에 주고, 제수 서쪽 지역 땅을 조나라에 주었습니다. 후에 위나라가 진나라를 섬기게 되자 위나라 장군 서수에게 조나라를 치게 하였습니다.

또 진나라가 조나라를 공격하다가 위나라가 구원하러 올 것이 염려되어 섭(葉)과 채(蔡)를 위나라에 맡겼습니다. 그런 뒤 조나라를 멸망시키자 위나라를 위협하고 그 땅을 되찾아 갔습니다.

이렇듯 진나라는 연나라를 꾸짖을 때는 교동을 빼앗은 것을 핑계로 삼았고, 조나라를 꾸짖을 때는 제수 서쪽 지역을 빼앗은 것을 핑계로 삼았고, 위나라를 꾸짖을 때에는 섭과 채를 빼앗은 것을 핑계로 삼았고, 초나라를 꾸짖을 때에는 맹액의 요새를 막은 것을 핑계로 삼았으며, 제나라를 꾸짖을 때는 송나라를 깨뜨린 것을 핑계로 삼았습니다. 이와 같이 진나라 왕의 움직임은 나는 새처럼 빨라 태후조차 막을 수 없었고, 총애하는 양후도 말릴 수 없었습니다.

용고(龍賈)와의 전투, 안문(雁門)에서의 전투, 봉릉(封陵)에서의 전투, 고상(高商) 전투, 조장(趙莊)과의 전투 등에서 진나라가 죽인 삼진 지역의 백성은 수백만 명이나 됩니다. 지금 살아 있는 자는 모두 죽은 자들의 고아와 과부들입니다. 이것이 바로 진나라가 만든 재앙입니다. 서하(西河) 밖, 상락(上雒)의 땅, 삼천(三川) 일대 등은 모두 진나라가 침략하여 빼앗은 곳입니다. 그럼에도 진나라에 간 연나라와 조나라의 유세가들은 모두 앞다투어 자기 나라의 군주에게 진나라를 섬겨야 한다고 설득합니다. 이것이 제가 가장 걱정하는 바입니다."

이에 연나라 소왕은 진나라로 가지 않았다. 소대는 연나라에서 중용되어 제후들과 합종의 약속을 맺으려고 하였다. 제후들 중에는 합종을 원하는 자, 원치 않는 자들이 있었지만 천하는 이 일로 인하여 소대에게 합종책을 맡기게 되었다. 소대와 소려는 제후들에게 그 명성을 드러내며 모두 타고난 수명을 다 누리고 죽었다.

태사공은 말한다.

"소진의 형제 세 사람은 모두 유세로 이름을 빛냈으며, 모두 권모술수와 언변이 뛰어났다. 나중에 소진이 제나라에서 역모 혐의를 받고 죽으니 천하 사람들이 모두 비웃고 그 술수를 천하게 여겼다. 그러나 세상에 퍼진 소진의 업적에는 서로 다른 주장이 많은데 그것은 다른 시대의 업적을 소진에게 덧붙였기 때문이다. 소진이 보통 사람의 집에서 태어나 여섯 나라를 연합시켜 합종을 맺게 한 것은 그 지혜가 뛰어난 것을 말해 준다. 그래서 나는 시대 순서에 따라 그의 경력과 업적을 서술하여 유독 소진만이 나쁜 평가를 받지 않도록 하였다."

제10편

장의열전

張儀者、魏人也。始嘗與蘇秦俱事鬼谷先生、學術、
蘇秦自以不及張儀。張儀已學遊說諸侯。嘗從楚相
飲、已而楚相亡璧、門下意張儀、曰儀貧無行、必此
盜相君之璧。共執張儀、掠笞數百、不服、醳之。其
妻曰、嘻、子毋讀書遊說、安得此辱乎。張儀謂其妻曰
視吾舌尚在不。其妻笑曰、舌在也。儀曰足矣。
蘇秦已說趙王而得相約從親、然恐秦之攻諸侯、敗約
後負、念莫可使用於秦者、乃使人微感張儀曰子始與
蘇秦善、今秦已當路、子何不往遊、以求通子之願。

"소진에 의해 여섯 나라가 합종 맹약을 맺었다. 그러나 장의(張儀)가 나타나 새로이 연횡을 주장하자 여섯 나라가 다시 흩어져 진나라를 섬기게 되었다. 이로써 장의는 진(秦)나라를 천하 강국으로 만들었다."

●

장의는 위(魏)나라 사람이다. 일찍이 소진과 함께 귀곡선생에게 유세술을 배웠다. 그때 장의는 실력이 뛰어나 소진은 그에 미치지 못했다. 학업을 마치고 장의는 벼슬을 얻기 위해 왕과 제후들을 찾아다니며 유세하였다.

하루는 초나라 재상을 찾아가 유세하던 도중 술을 얻어 마시게 되었다. 그런데 뜻하지 않게 재상이 아끼는 구슬이 사라진 것이었다. 초대받은 문객들은 모두 낯선 자인 장의를 의심하여 혐의를 두었다.

"저자는 차림새도 남루한 것이 행실이 좋아 보이지 않습니다. 분명 저자가 재상의 구슬을 훔쳤을 겁니다."

이어 장의를 붙잡아서 매질을 했지만, 장의는 결단코 자신은 아니라고 강하게 주장하여 간신히 풀려나왔다. 피투성이가 되어 집으로 돌아오자 아내가 말했다.

"당신이 글을 알지 못했고 유세 또한 다니지 않았다면 이런 봉변을 당하진 않았을 거 아닙니까?"

그러자 장의는 아내에게 물었다.

"내 혓바닥을 보시게. 아직도 붙어 있는가 없는가?"

장의의 아내가 어이없다는 듯이 말했다.

"여전히 붙어 있구려!"

장의가 기뻐하며 말했다.

"그러면 됐소. 걱정할 것 없소!"

그 무렵 조(趙)나라로 유세를 떠난 소진은 왕을 설득하여 합종을 약속받았다. 하지만 강한 진(秦)나라가 공격해 오면 합종의 맹약이 깨어질까 두려웠다. 진나라에 영향력을 행사할 사람을 떠올렸지만 딱히 적당한 사람이 없었다. 결국 장의에게 은밀히 부하를 보내 계략을 펼치기로 했다. 부하가 장의를 찾아가 말했다.

"선생께서는 애초에 소진과 좋은 사이 아니십니까. 지금 소진은 막강한 위치에 있습니다. 이 증표를 가지고 찾아가시면 분명 선생의 요청을 들어주실 겁니다."

얼마 후, 장의는 소진을 만나고자 조나라 궁궐에 가서 증표를 내밀었다. 장의가 찾아온 것을 알게 된 소진은 문지기에게 단단히 일렀다.

"장의를 허락 없이 들여보내지 마라. 아울러 어디 다른 곳으로 가지도 못하게 하라."

그렇게 며칠이 지나고서야 소진은 장의를 만나게 되었다. 자신은 윗자리에 앉고 장의는 아랫자리에 앉게 하였다. 음식도 하인들이 먹는 것을 내주었다. 이어 소진이 장의에게 말을 하는데 마치 꾸짖는 것 같았다.

"이전에 자네는 똑똑하지 않았는가? 어찌 이처럼 곤궁하고 수모를 겪는 처지가 되었나? 내가 왕께 자네를 천거하면 당장에 벼슬을 얻을 것일세. 하지만 내가 자네를 가만히 살펴보니 어디 쓸 만한 구석이 하나도 보이지 않네. 그만 돌아가게. 나를 너무 섭섭하다 여기지 말고."

소진의 도움으로 벼슬자리를 얻으리라 생각했던 장의는 도리어 모욕을 당하니 화가 몹시 치밀었다. 하지만 그 무렵에 자신을 알아주는 제후는 천하 어디에도 없었다. 단지 소진이 재상으로 있는 저 조나라를 곤경에 빠뜨릴 수 있는 나라는 오직 진나라뿐이라는 사실을 그 순간 깨닫게 되었다. 마침내 장의는 분함을 꾹 눌러 참고 진나라로 떠났다.

장의가 떠나자 소진은 부하를 불렀다.

"장의는 재주와 능력이 뛰어난 자일세. 지금은 요행히도 내가 먼저 출세했지만, 아마 나중에는 그가 나를 능가할 걸세. 앞으로 진나라의 실권은 분명 장의가 잡을 것이네. 지금 그가 빈털터리라, 행여 작은 이익에 눈을 돌려 큰 뜻을 이루지 못할까 걱정된다네. 내가 그에게 모욕을 준 것은 그에게 분발하라는 의미이니, 자네는 눈치 못 채게 장의를 따라다니며 그를 보살펴 주도록 하게."

하고는 수레를 내주고 넉넉히 자금을 주어 장의를 쫓아가도록 하였다. 장의가 진나라에 들어가기 전까지 먹고 자는 문제를 소진의 부하가 다 해결해 주었다. 드디어 장의가 진나라 궁궐로 들어가 혜문왕에게 여섯 나라의 제후들을 정벌할 책략에 대해 유세를 하였다. 왕은 그 말을 기쁘게 받아들여 장의에게 벼슬을 내렸다. 그 소식을 들은 소진의 부하가 이내 장의에게 작별을 고하였다. 그러자 장의가 말했다.

"그대의 도움으로 내가 이곳까지 오게 되었고 벼슬 또한 얻었소이다. 이제 그대에게 그 은혜를 보답하려고 하는데 어찌 떠난다고 하는 것이오?"

소진의 부하가 말했다.

"저는 선생을 모릅니다. 저를 보낸 분은 바로 소진입니다. 소진은 진나라가 조나라를 공격해 자신이 주장한 합종책이 깨질까 걱정하고 있습니다. 그래서 선생께서 진나라의 정권을 잡으시면 무언가 대책이 있지 않을까 싶어 지금껏 선생을 보살핀 것입니다. 이제 선생께서 등용되셨으니 소인은 할 일을 다한 것입니다."

그 말을 듣자 장의는 한탄하듯이 말했다.

"아, 이것은 분명히 내가 알고 있는 책략인데도 어찌 깨닫지 못했단 말인가! 나는 소진에게 미치지 못하오. 내가 어찌 조나라를 정벌할 계책을 세우겠소. 돌아가면 소진에게 고맙다고 전해 주시오. 소진이 살아 있는 한 나는 그에게 감히 무슨 짓을 할 수 없소이다."

그 뒤 장의는 소진의 예견대로 진나라의 재상에 올랐다. 재상에 올라 맨 먼저 한 일은 이전 자신을 혼낸 초나라 재상에게 훈계하는 격문(檄文)을 써서 보낸 것이었다.

"지난날 내가 그대의 집에서 술을 마실 때 나는 그대의 구슬을 훔치지 않았건만, 그대는 내가 범인이라면서 심하게 매질을 하였도다. 이제 그대는 나라를 잘 지키도록 하라. 내가 그대 나라를 한순간 훔칠 터이니 말이다."

그 무렵 진나라 혜문왕은 촉(蜀) 땅에 욕심이 있어 그곳을 치고자 했다. 하지만 군대가 촉 땅을 지나가기에 길이 험하고 좁았다. 더구나 군대가 출병하면 그 틈을 노려 한(韓)나라가 침범해 올 가능성이 있었다.

그래서 혜문왕은 먼저 한나라를 친 다음, 촉나라를 치려고 하니 형세가 불리하여 쉽게 결정을 내리지 못하고 있었다.

이때 재상 장의와 장군 사마조(司馬錯)가 이 안건으로 왕의 면전에서 논쟁을 벌였다. 사마조는 촉나라를 먼저 치자고 했고, 장의는 한나라를 먼저 치자고 했다. 그러자 혜문왕이 그 이유를 들어보자고 하였다.

장의가 먼저 말했다.

"한나라를 치기 전에 먼저 위, 초 두 나라와 우호관계를 맺어야 합니다. 그런 다음 군대를 삼천(三川)으로 보내 십곡(什谷)과 둔류(屯留)를 차단합니다. 위나라에게 남양(南陽)의 길목을 막게 하고, 초나라에게는 남정(南鄭)을 지키게 합니다. 그리고 한나라를 공격할 때는 주나라 황실을 섬기지 않은 죄를 물으시면 그만입니다.

촉은 서쪽 오랑캐 융적(戎翟)의 무리입니다. 그들을 친다는 것은 군사들에게는 너무 피로한 일이고 백성들에게는 너무 고달픈 일입니다. 손에 넣더라도 실리가 하나도 없는 땅입니다.

명분을 다투는 자는 조정에서 다투고 이익을 다투는 자는 저잣거리에서 다툰다고 했습니다. 지금 한나라가 그런 곳입니다. 그런데 이익이 되는 한나라를 버리고 실리도 없는 촉을 친다고 하면 이는 왕의 대업을 멀리하는 행위인 것입니다."

이어 사마조가 말했다.

"그렇지 않습니다. 나라를 부유하게 만들고자 하는 군주는 땅을 넓히고, 군대를 강성하게 만들고자 하는 임금은 자기 백성을 부유하게 만들고, 왕의 대업을 이루고자 하는 임금은 덕으로 정치를 편다고 했습니다.

지금 진나라의 국토는 좁고 백성들은 빈곤합니다. 대왕께서 백성들을 구제하시려면 우선 촉을 점령하는 일입니다. 그곳은 군대의 손실 없이 충분히 점령할 수 있는 땅입니다. 그렇게 된다면 나라의 영토는 넓어지고, 백성들은 먹고 사는 일이 저절로 생겨나게 됩니다.

촉을 빼앗는다고 해서 우리 진나라가 포악하거나 탐욕스러운 나라라고 비난할 자는 없습니다. 더구나 융적의 포악한 만행을 그치게 했다는 찬사를 듣게 될 것이니 이것은 명분과 실리를 동시에 얻는 일이기도 합니다. 어찌 이 좋은 기회를 대왕께서 놓치겠습니까."

혜문왕이 대답했다.

"좋소. 나는 사마조 장군의 의견에 따르겠소!"

드디어 군사를 일으켜 촉을 쳐서 점령하였다. 촉의 왕은 제후로 낮추고 진나라의 신하로 삼았다. 이로써 진나라는 더 강대해지고 부유해졌다.

진나라 혜문왕 10년, 장의는 왕의 아들 화(華)와 더불어 위나라 포양(蒲陽) 땅을 공격해 함락시켰다. 그러나 돌아와서는 그 땅을 도로 위나라에 돌려주자고 건의하였다. 그리고 왕의 또 다른 아들 요(繇)를 위나라에 볼모로 보내자고 하였다. 왕이 승낙하자 장의는 그대로 실행하고 위나라 왕을 찾아가 말했다.

"우리 대왕께서는 위나라를 매우 후하게 대우하고 있습니다. 그러니 위나라에서도 답례가 있어야 할 것이라 사료됩니다."

이에 위나라는 상군(上郡)과 소량(少梁) 두 곳을 진나라에 바쳐 예를 표했다. 장의는 이때 진나라의 재상을 사직하고 위나라의 재상이 되었다. 재상이 되어 가장 먼저 한 일은 진나라를 섬겨야 한다고 건의한 것이었다. 하지만 왕이 듣지 않았다. 이 소식을 들은 진나라 왕이 분개하여 위나라를 공격하여 곡옥(曲沃)과 평주(平周) 땅을 빼앗았다. 그리고 은밀하게 장의를 더욱 후하게 대우했다.

4년 후, 위나라 양왕(襄王)이 죽고 애왕(哀王)이 즉위했다. 장의는 다시 애왕을 설득해 진나라를 섬기자고 하였으나 역시 듣지 않았다. 이에 장의는 몰래 진나라에 통고하여 위나라를 치게 하였다. 진나라가 쳐들어오니 위나라는 크게 패하고 말았다. 그 이듬해 제나라가 쳐들어와 관진(觀津)에서 싸웠으나 위나라는 또다시 크게 패했다. 그 무렵 진나라가 한나라 신차(申差) 장군이 거느린 군대를 무찌르고 그 병사 8만 명을 모조리 죽이자 위나라는 물론 주변 제후들이 모두 두려워했다. 이에 장의가 애왕에게 말했다.

"위나라 국토는 사방 천 리가 못 되며 군사도 30만 명에 지나지 않습니다. 사방에 높은 산이나 큰 하천이 없어 평탄합니다. 2백여 리를 수레나 말을 몰고 달려도 힘들지 않습니다. 그런 관계로 주변 제후들이 언제나 공격해 올 수 있는 땅입니다.

위나라는 남쪽으로 초나라, 서쪽으로 한나라, 북쪽으로 조나라, 동쪽으로 제나라와 국경을 마주하고 있습니다. 사방 국경 수비만 보는 병사가 10만 명이 넘어서니 나라의 지세가 본래부터 전쟁터인 곳입니다.

제나라를 버려두면 제나라가 공격해 오고, 조나라를 버려두면 조나라가 공격해 옵니다. 한나라를 버려두면 한나라가 공격해 오고, 초나라를 버려두면 초나라가 공격해 옵니다. 이른바 사분오열 형세의 땅입니다.

위나라가 본래 합종을 맹약한 까닭은 나라를 부강하게 하고 백성을 편안하게 하려는 것이었습니다. 그러나 같은 부모에게서 난 형제도 재물을 가지고 다투는 일이 있는데, 하물며 동맹국끼리 그런 일이 없겠습니까. 더구나 거짓과 속임수로 이랬다저랬다 하는 소진의 계책을 믿으려고 했던 것부터가 잘못된 일이니, 합종이란 될 수 없는 일을 믿는 것과 마찬가지인 것입니다.

만약에 대왕께서 진나라를 섬기지 않으면 진나라는 군대를 동원해 협박할 것입니다. 그러면 조나라는 감히 위나라를 도울 수 없을 겁니다. 그러면 합종의 맹약이 끊어져 버릴 것입니다. 합종이 끊어지면 위나라는 위태로울 수밖에 없습니다. 한나라에 도움을 요청한다 해도 한나라는 진나라가 두려워 감히 도울 수 없게 됩니다. 그러면 위나라는 멸망할 수밖에 없습니다.

그러니 지금의 정세로는 진나라를 섬기는 것이 최상의 계책이옵니다. 그렇게 하시면 감히 초나라와 한나라는 위나라를 넘보지 못할 것입니다. 대왕께서는 베개를 편히 하고 주무실 수 있고 나라에는 아무런 근심이 없을 것입니다. 대왕께서는 거짓된 합종의 술수에 속지 마시고 저의 의견을 잘 살펴서 결정하십시오."

결국 애왕은 합종의 맹약을 배반하고 진나라에 화친을 청하게 되었다. 그러자 장의는 돌아와 다시 진나라의 재상에 올랐다.

3년 후, 위나라는 다시 진나라를 배신하고 합종책을 따랐다. 이에 진나라가 위나라의 곡옥 땅을 빼앗았다. 그러자 이듬해 위나라는 다시 진나라를 섬겼다.

진나라가 제나라와 초나라를 공격하려고 하자 두 나라가 합종을 맺었다. 이에 장의가 상황을 살피고자 초나라로 떠났다. 초(楚)나라 회왕(懷王)은 몸소 장의를 맞이하며 물었다.

"이 외지고 누추한 나라에 찾아와 주시니 영광입니다. 선생께서는 무엇을 가르쳐 주시려 오셨습니까?"

장의가 말했다.

"대왕께서는 진심으로 제 말을 들어주시기 바랍니다. 만약 초나라가 제나라와 합종 맹약을 끊는다면, 저는 상(商), 오(於) 일대의 땅 6백 리를 초나라에 바치겠습니다. 또한 진나라와 초나라는 서로 며느리를 맞이하고 딸을 시집보내어 영원히 형제의 나라가 되게 하겠습니다. 초나라를 위해 이보다 더 좋은 계책은 없을 것입니다."

초나라 왕은 땅 6백 리를 준다는 말에 매우 기뻐하며 허락하였다. 여러 신하들도 모두 그 말을 따랐다. 하지만 단 한 사람 진진(陳軫)만은 이는 불행한 일이라 반대하였다. 이에 초나라 왕이 화를 내며 말하였다.

"전쟁을 하지 않고 6백 리의 땅을 얻게 됐는데, 다른 신하들은 모두 축하하거늘 그대는 어째서 반대하는 것이오?"

진진이 대답하였다.

"그렇지 않습니다. 신이 보기에는 상과 오의 땅은 얻지도 못할 것이고, 도리어 제나라와 진나라가 힘을 합쳐 필시 초나라에 환난이 닥칠 것입니다."

그러자 초나라 왕이 다시 물었다.

"무슨 근거로 그렇게 말하는 것이오?"

진진이 대답했다.

"진나라가 초나라를 중시하는 이유는 제나라와 사이가 좋기 때문입니다. 이제 제나라와의 합종 맹약을 끊는다면 초나라는 고립되고 말 것입니다. 진나라가 어떻게 고립된 나라와 친교를 하며 상과 오의 땅 6백 리를 주겠습니까? 장의는 진나라에 도착하면 분명 대왕과의 약속을 저버릴 것입니다.

만약 제나라와 친교를 끊으면 곧바로 우환이 닥칠 것입니다. 그건 진나라와 제나라가 함께 쳐들어온다는 것입니다. 그러니 지금 대왕께서 취하실 수 있는 최선의 계책은 겉으로는 제나라와 절교하는 척하고, 실제로는 관계를 더욱 돈독히 하는 것입니다.

대왕께서 6백 리의 땅을 꼭 갖고자 하시면 장의에게 사람을 딸려 보내 실제로 땅을 받은 다음 제나라와 관계를 끊더라도 늦지 않습니다. 만일 땅을 주지 않는다면 우리는 이전처럼 제나라와 협력하면 그만인 것입니다."

그러나 초나라 왕은 이 말을 듣지 않았다.

"진진은 입 다물고 더는 아무 말 마시오. 과인이 땅을 얻는 것을 기다려 보기만 하시오."

초나라 회왕은 장의를 후하게 대접하여 모시고 드디어 제나라와의 맹약을 끊었다. 이어 초나라 장군 한 사람을 장의에게 딸려 보냈다. 장의는 진나라에 도착하자 거짓으로 수레를 잘못 잡아 떨어진 척하며 아프다는 핑계로 초나라 장군을 만나지 않았다. 초나라 왕이 그 소식을 듣고 말했다.

"제나라와의 절교가 부족하다고 여긴 모양이다."

하고는 초나라의 날랜 병사들을 제나라로 몰래 보내 제나라 왕을 욕보이게 하였다. 그러자 제나라의 왕이 몹시 화를 내면서 맹약할 때 나눠 가진 부절(符節)을 꺾어 버렸다. 그리고 진나라를 섬기고자 하니 이로써 진나라와 제나라 간의 수교가 이루어졌다. 이때다 싶어 장의가 초나라 장군을 불러 말했다.

"소신이 소유한 봉읍(奉邑) 6리를 초나라 대왕께 바치고자 합니다."

장군이 물었다.

"제가 들은 바로는 6백 리의 땅입니다. 6리라고는 들은 적이 없습니다."

사신이 분노하며 돌아가 그 사실을 알렸다. 초나라 왕은 몹시 화를 내며 군사를 일으켜 진나라를 치려고 하였다. 그러자 진진이 나서서 말했다.

"지금은 진나라를 치기보다는 우리 땅을 갈라 진나라에 뇌물로 주는 편이 낫습니다. 그래서 진나라와 합세해 제나라를 친다면 우리는 제나라 땅에서 보상을 받을 수 있습니다. 그렇게 하면 손해 없이 나라를 존속할 수 있습니다."

그러나 초나라 왕은 이번에도 진진의 말을 듣지 않았다.

결국 군사를 일으켜 장군 굴개로 하여금 진나라를 치게 하였다. 하지만 진나라는 제나라와 연합해서 공격해 왔다. 초나라 장군 굴개가 숨지고 병사 8만 명이 죽임을 당하고 말았다.

다시 초나라는 더 많은 군사를 일으켜 진나라를 공격하였다. 남전(藍田)에서 두 나라가 격전을 벌였으나 여기서도 초나라가 크게 패하고 말았다. 이에 초나라는 성 두 개를 할양하고 진나라와 화친을 맺었다.

이후 진나라가 초나라에게 검중(黔中)의 땅과 상과 오의 땅을 서로 바꾸자고 요구하였다. 이에 초나라 왕이 대답하였다.

"땅을 바꾸고 싶지는 않소. 장의만 보내 준다면 검중의 땅을 그냥 바치겠소."

진나라 혜문왕은 장의를 보내고 싶었지만 차마 말을 꺼내지 못했다. 이를 눈치 챈 장의가 말했다.

"제가 초나라에 가도록 허락해 주시옵소서."

혜문왕이 말했다.

"초나라 왕은 그대가 6백리의 땅을 주겠다고 한 약속을 저버린 것에 대해 몹시 화가 나 있는 것 같소. 이는 그대를 죽이려 하는 것이오."

장의가 대답했다.

"진나라는 강하고 초나라는 약합니다. 소신은 초나라 왕비 정수(鄭袖)를 모시고 있는 신하 근상(靳尚)과 사이가 좋습니다. 초나라 왕은 왕비의 말이라면 모두 들어줍니다. 신이 대왕의 부절을 받들고 사신으로 가는데 초나라가 감히 저를 죽일 수 있겠습니까? 설령 신이 죽는다고 해도 진나라가 검중의 땅을 얻는다면 그것은 신이 바라는 바입니다."

그래서 결국 장의는 초나라에 사신으로 갔다. 장의가 도착하자 초나라 회왕은 즉시 장의를 체포해 옥에 가두고 죽이려 했다. 장의에게 미리 연락을 받은 신하 근상이 왕비 정수에게 아뢰었다.

"장의가 곧 죽게 될 것 같습니다. 장의가 죽으면 왕비께서는 대왕께 천대받게 되리라는 것을 혹시 아십니까?"

왕비가 물었다.

"무슨 말씀이오?"

근상이 대답했다.

"진나라 왕은 장의를 몹시 아껴 분명 그를 감옥에서 꺼내려고 할 것입니다. 그래서 진나라의 미인과 노래 잘하는 여인을 초나라에 뇌물로 보낼 것입니다. 그러면 초나라 왕은 이를 존중할 수밖에 없어 진나라 여인을 존귀하게 여길 것입니다. 그렇게 된다면 왕비께서는 대왕께 배척당하는 것이 분명하지 않습니까. 그러니 차라리 왕께 말씀드려 장의를 석방하는 편이 낫습니다."

이에 왕비 정수는 밤낮으로 회왕에게 말했다.

"신하된 자는 누구나 자기 임금을 위해 힘을 다하는 것입니다. 지금 약속한 검중 땅을 진나라에 떼어 주지도 않았는데, 진나라가 장의를 보내 온 것은 왕을 지극히 존중하기 때문입니다. 그런데 왕께서 진나라에 답례도 하지 않고 장의를 죽인다면 진나라는 분명 매우 격노하여 초나라를 칠 것입니다. 제가 자식들과 함께 강남으로 옮겨가 진나라의 고기밥이 되는 일이 없도록 해 주십시오."

이에 회왕이 뉘우치고 장의를 풀어 주었다. 이때 장의는 친구 소진의 사망 소식을 듣게 되었다. 초나라를 떠나기 전에 장의가 초나라 왕을 설득하였다.

"진나라는 천하의 절반을 차지하고 있는 강대국입니다. 험준한 산과 황하가 둘러쳐져 있어 사방이 천연의 요새입니다. 용맹한 군사가 100만 명이 넘고, 병거(兵車)가 1천 승(乘)이며, 기마(騎馬)가 만 필(匹)이고, 군량은 산더미처럼 쌓여 있습니다. 그런 진나라에 끝까지 복종을 거부하는 나라는 반드시 먼저 멸망할 것입니다. 합종에 의탁하여 대항해 봤자 양떼들이 사나운 호랑이에게 덤비는 것과 같습니다. 지금 대왕께서는 호랑이 편이 되지 않고 양의 편이 되었습니다. 그러니 그것은 대왕의 잘못된 계책이라 사료됩니다.

군사력이 대등하지 못하면 싸우지 말고, 군량(軍糧)이 대등하지 못하면 지구전(持久戰)을 벌이지 말라고 했습니다. 합종을 주장하는 자들은 말을 과장되게 꾸며내서 이로운 것에 대해서만 말하고 해로운 점은 언급하지 않습니다. 때문에 막상 진나라의 공격을 받게 되면 어쩔 도리가 없는 것입니다. 삼가 대왕께서는 심사숙고하시기 바랍니다.

대왕께서는 일찍이 오(吳)나라와 싸울 적에 다섯 번 싸워서 세 번 이겼지만 전투에 나선 병사들을 모두 잃었고, 어렵게 얻은 성을 지키느라 군사들과 백성들은 고달프고 힘들었습니다. 소신이 듣기로는 공이 크면 위태로워지고, 백성은 고달프면 윗사람을 원망한다고 했습니다. 위태로운 가운데 강한 진나라의 마음을 거스르는 것은 대단히 위험한 일이라 사료됩니다.

서로를 튼튼하게 지켜 준다는 합종의 맹약을 주장한 이는 소진입니다. 허나 소진은 연(燕)나라의 재상이 되자 몰래 왕과 짜고 제나라를 친 뒤에 그 땅을 나누어 가지려 했습니다. 이 때문에 그는 연나라에서 죄를 지은 것처럼 꾸며 제나라로 달아났습니다. 그리고 제나라에서 재상을 지내다가 2년 뒤에 그 음모가 발각되어 저잣거리에서 거열형에 처해진 것입니다. 일개 사기꾼인 소진이 천하를 경영하고 제후들을 통일한다고 하는 것은 다 거짓입니다.

진나라와 초나라는 국경을 맞대고 있으니 실로 가깝게 지내야 할 사이입니다. 대왕께서 신의 진언을 받아들이신다면 진나라의 태자를 초나라에 볼모로 삼고, 초나라의 태자를 진나라에 볼모로 삼기를 간청드립니다. 또 진나라의 공주를 대왕의 첩으로 삼아 오래도록 형제의 나라가 되어 서로 싸우는 일이 없도록 해야 할 것입니다. 신이 생각하건대 이보다 더 좋은 계책은 없다고 여겨집니다."

초나라 회왕은 마침 검중 땅을 주기가 아까워 진나라를 섬기고자 하였다. 이에 장의가 초나라를 무사히 떠났다. 그러자 제나라에 사신으로 갔던 신하 굴원(屈原)이 막 돌아와서 왕께 아뢰었다.

"이전에 대왕께서는 장의에게 속아 장의가 오면 그를 잡아 삶아 죽일 거라고 말씀했습니다. 그런데 그를 풀어 주고 또다시 그의 간사한 말을 따르시려 하니 그건 결코 아니 될 일입니다."

그러자 회왕이 말했다.

"장의를 용서하고 검중 땅을 얻었다면 이는 큰 이득이 아니오? 약속을 저버릴 수는 없는 것이오."

마침내 초나라 왕은 진나라와 친교를 맺었다.

장의는 초나라를 떠나 한(韓)나라로 가서 왕을 뵙고 아뢰었다.

"한나라는 산악지대며 국토는 9백 리에 지나지 않습니다. 땅이 험악하여 백성들 대부분은 산지에 살며 생산하는 곡식은 콩 아니면 보리입니다. 한 해만 흉년이 들어도 백성들은 굶주리게 되는 처지라, 두 해를 견딜 군량미를 비축할 수가 없습니다. 군사는 모두 30만 명이고 그중에는 잡역부와 취사부도 포함되어 있습니다. 변방의 요새를 수비하는 자를 제외한다면 병력은 20만 명에 지나지 않을 것입니다.

그런 반면에 진나라는 중무장한 군사가 1백만 명을 넘고, 전차는 천 대에 달하며 기마는 만 필이나 됩니다. 만약 진나라와 한나라가 싸운다면 천근을 들어 올리는 장수가 어린아이와 싸우는 것과 같습니다. 이는 한나라가 아무리 요행을 써도 진나라를 이길 수 없다는 것입니다.

합종을 주장하는 소진의 감언이설에 현혹되어 서로 힘을 합치면 강성해지고 천하의 패자가 될 수 있다고 착각을 합니다. 이는 화를 만들어 놓고 복이 오기를 바라는 엉성한 계책으로 반드시 뼈아픈 후회를 초래할 것입니다.

지금 대왕께서 선택할 최상의 계책은 진나라를 섬기는 것입니다. 진나라가 원하는 것은 초나라를 약화시키는 것입니다. 그런데 초나라를 약화시킬 나라는 한나라가 적격입니다. 이는 한나라가 초나라보다 강하기 때문이 아니라 지세가 유리하기 때문입니다. 왕께서 진나라를 섬기고 초나라를 친다면 진나라 왕께서는 아주 기뻐하실 겁니다."

이에 한나라 임금은 장의의 계책에 따랐다. 장의가 돌아가 진나라에 그대로 전했다. 그러자 혜문왕은 장의에게 다섯 고을을 봉읍하고 그를 무신군(武信君)이라 불렀다.

장의는 다시 동쪽 제(齊)나라 민왕(湣王)을 만났다.

"제나라는 강대국으로 나라는 풍요롭고 백성들은 즐겁게 살고 있습니다. 그러나 대왕께 건의하는 자들은 나라의 장구한 이익은 돌보지 않고 허황된 합종만 주장하고 있습니다. 그들은 합종으로 모든 것이 해결된다고 믿는 황당한 자들입니다. 이전에 제나라와 노나라가 세 번 싸워서 노나라가 모두 이겼습니다. 하지만 노나라는 위태로워지더니 곧 멸망하고 말았습니다. 비록 전쟁에서 이겼지만 나라가 망하는 결과를 가져온 것입니다.

이는 무엇 때문이겠습니까? 제나라는 크고 노나라는 작기 때문입니다. 지금 진나라와 제나라는 마치 제나라와 노나라의 관계와 같습니다. 진나라가 조나라와 두 차례 싸웠는데 조나라가 두 번 이겼습니다. 게다가 파오(番吾)에서 두 번 더 싸워서 진나라를 격파했습니다. 그러나 그네 차례의 싸움 끝에 조나라는 수십만 군사를 잃고 파탄에 빠지고 말았습니다. 이것은 무엇 때문이겠습니까? 진나라는 강하고 조나라는 약하기 때문입니다.

지금 진나라와 초나라는 딸을 시집보내고 며느리를 맞이하면서 형제의 나라가 되었습니다. 또 한나라는 의양 땅을, 위나라는 하외 땅을 진나라에 바치고 섬기기로 하였습니다.

그런데 대왕께서는 진나라를 섬기지 않으십니다. 그것은 어느 날 갑자기 공격받게 된다는 것과 같은 뜻입니다. 그때는 진나라를 섬기려 해도 불가능할 것입니다. 그러므로 대왕께서는 이 점을 깊이 헤아려 주시기 바랍니다."

이에 제나라 왕이 말했다.

"우리 제나라는 외진 바닷가에 있어서 이제껏 진나라가 강한 줄 모르고 있었소이다."

하고는 장의의 의견을 따르기로 하였다.

장의는 제나라를 떠나 서쪽으로 가서 조(趙)나라 왕을 설득하였다.

"예전에 조나라가 천하의 강대국이었을 때 저희 진나라는 감히 함곡관 밖을 나오지 못했습니다. 이는 조나라의 군사력을 두려워했기 때문입니다. 하지만 진나라는 오랜 세월 원한을 품고 나라를 강하게 키워 왔습니다. 그래서 지금은 상황이 달라졌습니다. 그것은 대왕께서도 잘 아시는 바입니다.

지금까지 대왕께서는 소진을 믿어 합종을 신뢰해 왔습니다. 하지만 소진은 옳은 것을 그르다 하고 그른 것을 옳다고 하며 여섯 나라를 속인 것입니다. 결국 제나라에서 그 속임수가 드러나 거열형에 처해지고 말았습니다. 그러니 합종이 거짓된 것임이 명백히 드러났습니다.

더구나 제나라는 조나라와 깊은 우호관계를 유지하고 있었습니다. 그런데 제나라는 귀한 땅을 바쳐 진나라를 섬기고자 결정했습니다. 이것은 조나라의 입장으로서는 오른팔이 잘려져 나간 것과 같은 상황입니다. 그런데 오른팔이 잘리고도 조나라가 진나라와 싸우려 한다면 그것이 어찌 가능한 일이겠습니까?

진나라는 다른 세 개 나라와 연합하여 조나라를 공격하고, 점령한 땅은 넷으로 분할하여 나눌 생각입니다. 이것은 숨기지 않고 말씀드리는 것입니다. 그러니 대왕께서는 무력에 의한 정벌이 없도록 미리 처신하시는 것이 최상의 계책이라고 생각합니다."

이에 조나라 왕이 말했다.

"선왕 때에 내 아우 봉양군(奉陽君)이 마음대로 권세를 휘두른 적이 있소. 과인은 가르침을 받고 있던 터라 국가의 계책에는 참여하지 않았소. 선왕이 돌아가시고 과인은 어린 나이에 즉위하여 종묘제사를 받들었다오. 그로부터 어떻게 해야 할지 몰라 합종을 택한 것뿐이오. 이제 그 생각을 바꿔 지난날의 과오를 사죄하며 진나라를 섬기길 원하오. 그렇지 않아도 마침 수레를 타고 진나라로 떠나려고 할 참이었는데 이렇게 사신으로부터 명쾌한 가르침을 받게 되었으니 고마울 따름이오."

조나라가 진언을 받아들이자 장의는 바로 연(燕)나라로 떠났다.

연(燕)나라에 온 장의는 소왕(昭王)을 설득하였다.

"대왕께서는 조나라와 가장 가깝게 지내십니다. 옛날 조씨 조상인 조양자(趙襄子)는 자신의 손위 누이를 대(代)나라 임금에게 시집보냈습니다. 그리고 대나라를 탐내어 자신의 영토로 만들려 기회를 노렸습니다.

그래서 하루는 대나라 임금을 구주(句注) 지역으로 초대했습니다. 조양자는 먼저 대장장이에게 국을 담는 쇠그릇을 주문하였는데, 사람을 내리칠 수 있도록 자루를 좀 길게 만들라고 했습니다.

그리고 드디어 대나라 임금을 만나 술을 마시면서 몰래 체구가 건장한 요리사에게 명했습니다. '술자리가 흥이 오르거든 뜨거운 국을 올리는 척하면서 국그릇으로 대나라 왕을 때려 죽여라.' 술자리가 한창 흥겨울 무렵 요리사가 뜨거운 국을 올리는 척하면서 국그릇을 돌려 잡고 대나라 임금을 후려쳤습니다. 결국 대나라 임금은 머리 골이 방바닥에 흩어져 죽고 말았습니다. 조양자의 누이가 남편의 사망 소식을 듣고는 머리에 꽂은 비녀를 갈아서 자결하고 말았습니다. 이 때문에 '마계산(摩笄山)'이라는 이름이 전해지고 있습니다. 대나라 임금이 죽은 이야기는 세상 사람들이 모두 알고 있습니다.

조나라 왕이 포악하다는 것은 대왕께서도 잘 아실 것입니다. 조나라가 군사를 일으켜 두 차례나 연나라를 포위하였고 그때마다 대왕께서는 10개의 성을 내어 주고 사과하였습니다. 그런데 지금 그 강한 조나라 왕은 하간의 땅을 바치고 진나라를 섬기고 있는데 대왕께서는 아직 진나라를 섬기지 않고 계십니다.

진나라는 굳이 군사를 일으킬 필요가 없습니다. 말만 하면 조나라 군대로 하여금 연나라를 치게 할 수 있습니다. 그렇게 된다면 대왕의 수중에 남아 있을 땅이 없을 겁니다.

지금 대왕께서 진나라를 섬긴다면 진나라는 분명히 기뻐할 것이며 조나라가 함부로 군대를 움직이지 못하게 할 것입니다. 대왕께서는 이 점을 잘 헤아려 주시기 바랍니다."

연나라 왕이 말했다.

"과인은 미개한 벽지에 살고 있으니 생각이 너무도 부족하오. 다행히 그대가 가르쳐 주었으니 어찌 진나라를 섬기지 않겠는가. 변경의 5개 성을 진나라에 당장 바치겠소."

장의는 동의를 받고 돌아갔다. 그런데 그가 함양에 도착하기도 전에 진나라에서는 혜문왕이 죽고 무왕(武王)이 즉위하였다.

진나라 무왕은 태자 시절부터 장의를 달가워하지 않았다. 신하들이 그것을 알고는 왕을 따라 장의를 비방했다.

"장의는 말과 행동이 다른 자입니다. 이곳저곳에 진나라의 이름을 팔아 자신의 이익을 꾀하고 다녔을 뿐입니다. 만일 그를 다시 등용한다면 이는 천하의 웃음거리가 될 것입니다."

장의가 무왕으로부터 미움을 받는다는 소문이 퍼지자 다른 나라의 왕들 또한 장의를 외면했다. 이에 연횡에 대한 지지는 사라지고 다시 합종을 지지하게 되었다.

무왕 원년, 제나라의 사신이 와서 장의를 비난하기에 이르렀다. 이에 장의는 자신이 곧 죽게 될 것을 염려하여 무왕에게 다음과 같이 말했다.

"대왕께 아뢰옵니다. 만약에 동쪽에 큰 정변이 생기면 대왕께서는 많은 땅을 얻을 것입니다. 지금 제나라 왕이 저를 미워하여 죽이려 하니, 저는 위나라로 가고자 합니다. 그러면 제나라는 저를 죽이기 위해 위나라를 칠 것입니다. 두 나라가 싸우는 그 틈을 노려 대왕께서는 함곡관으로 들어가 주나라 황실을 위협하십시오. 그러면 주나라 황실은 죽음을 두려워하여 분명 황제를 인증하는 제기(祭器)를 내놓을 것입니다. 그러면 대왕께서는 천하의 토지와 호적을 살필 수 있고 모든 제후들을 호령하게 되실 겁니다. 이는 왕업을 이루는 일이십니다."

무왕이 듣고 보니 그럴듯하게 여겨 전쟁용 수레 30대를 갖추어 장의를 위나라로 보냈다. 과연 제나라는 군사를 일으켜 위나라를 공격하였다. 위나라 애왕(哀王)이 두려워하니 장의가 말했다.

"왕께서는 두려워 마십시오. 곧 제나라 공격을 멈추도록 조치하겠습니다."

장의는 자신의 부하 풍희(馮喜)를 제나라 왕께 보냈다. 풍희가 제나라 왕께 말했다.

"대왕께서는 장의를 몹시 미워하고 계십니다. 그러면서도 진나라보다 장의에게 더 의지하고 계십니다."

제나라 왕이 말했다.

"나는 장의가 미워 그를 죽이려는 것뿐이오. 어째서 내가 장의에게 의지한다는 것이오?"

풍희가 대답했다.

"그것이 바로 장의에게 의지하는 것입니다. 장의는 진나라를 떠나올 때 사실 진나라 무왕에게 이렇게 약속했습니다. 제나라가 위나라를 공격하는 틈을 타서 왕의 대업을 이룰 수 있을 것이라고 말입니다. 지금 대왕께서는 장의를 죽이고자 위나라를 공격하였으나 이는 안으로 나라를 피폐하게 만들고, 밖으로는 진나라에게 영토를 넓혀 주는 일이옵니다. 즉 장의로 하여금 진나라의 신임을 얻게 만드시는 겁니다. 그러니 대왕께서는 장의에게 의지하고 계시는 것이라 말씀드리는 것입니다."

그 말을 듣자 제나라 임금이 말했다.

"그대 말이 옳소!"

그리하여 당장에 공격을 멈추었다.

이후 장의는 위나라 재상이 된 지 1년 만에 위나라에서 생을 마쳤다.

진진

진진(陳軫)은 장의와 함께 진나라 혜문왕을 섬겼는데 서로 충성을 다투었다. 장의는 진진을 헐뜯어 왕에게 이렇게 말했다.

"진진이 많은 예물을 가지고 초나라 사신으로 가는 것은 외교를 위해서입니다. 그런데 초나라는 진나라를 가까이하지 않으면서 진진을 우대하는 것은 아무래도 수상합니다. 그것은 진나라를 위한 것이 아니고 진진 자신을 위한 것이기 때문입니다. 게다가 그는 굳이 초나라만을 가려고 합니다. 대왕께서는 어째서 진진에게 그 이유를 묻지 않으시는 겁니까?"

그러자 혜문왕이 진진에게 물었다.

"그대는 초나라 사신으로 가려 한다는데 그것이 사실이오?"

진진이 대답했다.

"예, 그렇습니다."

왕이 말했다.

"어허! 장의의 말이 사실이었구나."

그러자 진진이 말했다.

"장의뿐 아니라 길 가는 행인들도 모두 알고 있는 사실입니다. 옛날 오자서(伍子胥)는 임금에게 충성했기 때문에 천하의 제후들이 그를 신하를 삼으려 했습니다. 증삼(曾參)은 부모에게 효도했기에 온 천하가 그를 자식으로 삼으려 했습니다. 노비는 시장에 내놓기 전에 그 마을에서 팔리는 자가 좋은 노비입니다. 소박맞고 쫓겨난 여자가 그 마을에서 배필을 만나 결혼한다면 분명 좋은 아내감입니다. 지금 소신이 대왕께 충성하지 않는다면 초나라에서 어찌 저를 인정하겠습니까. 충성을 다해도 버림받기 쉬운데, 지금 소신이 초나라가 아니면 어디로 가겠습니까?"

혜문왕은 그 말을 옳다고 여겨 진진을 잘 대해 주었다.

그러나 이후 장의가 재상에 등용되자 진진은 초나라로 달아났다. 초나라에서 중용되지는 않았지만 사신으로 임용되어 진나라에 파견되었다. 진진은 가는 길에 위나라에 들러 서수(犀首) 벼슬에 있는 공손연(公孫衍)을 만나고자 했으나 그가 핑계를 대고 만나주지 않았다. 이에 진진이 말했다.

"나는 일 때문에 찾아왔는데 그대가 만나주지 않으니 떠나겠소. 이

제 두 번 다시 만날 수 없을 것이오."

그러자 서수가 마음을 돌려 진진을 만났다. 진진이 물었다.

"서수, 그대는 어째서 술만 그리 마시는 거요?"

서수가 대답했다.

"할 일이 없기 때문이오."

진진이 물었다.

"그렇다면 내가 일에 푹 빠지도록 해 드려도 되겠소?"

서수가 되물었다.

"어떻게 말이오?"

진진이 대답했다.

"위나라 재상 전수(田需)가 다른 나라들과 합종책을 맺으려 하지만 초나라 왕은 그를 의심하여 믿지 않고 있소. 그대는 위나라 왕에게 가서 이렇게 말하시오. '소신은 위나라에서는 아무 일 없이 지내지만, 연나라 조나라와는 오랜 교분이 있습니다. 두 나라에서 제게 왜 찾아오지 않느냐고 아우성입니다. 바라건대 그 두 나라에 갈 수 있도록 허락해 주십시오.' 그래서 만약 위나라 왕이 허락한다면 많은 수레를 요구하지 말고 30대 정도면 간다고 떠벌리시오."

서수가 왕을 찾아가 그대로 말하였다. 마침 조나라 연나라에서 온 유세객들이 그 말을 듣고 서둘러 고국으로 돌아가 왕께 서수에 대한 일을 알렸다. 일순간 서수는 조나라와 연나라에서 귀빈이 되었다. 더욱이 소문이 제나라에까지 퍼져 나중에 제, 연, 조 세 나라에서 재상의 직분을 맡아 신물이 나도록 일하게 되었다.

얼마 후, 진진은 진나라에 도착하였다. 그 무렵 주변 정세는 한나라와 위나라가 일 년이 넘도록 서로 싸우고 있었다. 진나라 혜문왕이 화해를 주선하고자 주위 신하들에게 물었다. 어떤 자는 주선하는 것이 낫다고 하고, 어떤 자는 하지 않는 것이 낫다고 했다. 왕이 망설이고 있는데 마침 진진이 도착한 것이었다. 진진에게 물었다.

"그대는 초나라에 가서도 과인을 생각하였소?"

진진이 대답했다.

"대왕께서는 월나라 사람 장석(莊舄)이라고 들어보셨습니까?"

혜왕이 대답했다.

"듣지 못했소."

진진이 이어 말했다.

"월나라 사람 장석은 초나라를 섬겨 벼슬이 집규(執珪)에까지 올랐습니다. 그런데 얼마 뒤에 병이 났습니다. 그때 초나라 왕이 신하들에게 물었습니다.

'장석은 월나라의 미천한 자였다가 지금은 존귀한 신분이 되어 부유해졌는데 아직도 월나라를 생각하고 있을까?'

그러자 시종관인 중사(中謝)가 대답했습니다.

'대체로 사람이 고향을 생각할 때는 병이 났을 때입니다. 그가 월나라를 생각한다면 월나라 말을 할 것이고 월나라를 생각하지 않는다면 초나라 말을 할 것입니다.'

왕이 사람을 시켜 가서 말을 들어보게 했더니 월나라 말을 하였다고 합니다. 지금 신은 버림받고 쫓겨서 초나라로 갔지만 어찌 진나라 말을 쓰지 않을 수 있겠습니까?"

혜문왕이 말했다.

"좋소. 지금 한나라와 위나라가 싸움을 벌인 지 한 해가 넘었는데 화해를 시켜야 할지 말아야 할지 과인은 결정을 내릴 수 없소. 그대가 계책을 내어 보시오."

그러자 진진이 다음과 같이 대답했다.

"대왕께서는 호랑이를 찔러 죽인 변장자(卞莊子)에 대해 들어보셨습니까? 호랑이 두 마리가 소를 잡아먹기 위해 기회를 노리고 있었습니다. 마침 변장자가 호랑이를 발견하고 그중 한 마리를 칼로 찌르려 했습니다. 그러자 여관에서 심부름 일을 하는 아이가 말리면서 말했습니다.

'저 호랑이 두 마리가 소를 잡아먹다가 맛이 좋으면 분명히 서로 다툴 것입니다. 서로 싸우게 되면 큰 놈은 상처를 입고 작은 놈은 죽을 것입니다. 그때 상처 입은 놈을 찔러 죽이면 한꺼번에 호랑이 두 마리를 잡았다는 명성을 얻을 것입니다.'

변장자도 옳다고 여겨 잠시 기다렸습니다. 조금 있으니 과연 두 호랑이가 무섭게 싸우는데 큰 놈은 상처를 입고 작은 놈은 죽고 말았습니다. 그 틈을 놓치지 않고 변장자가 상처 입은 놈을 칼로 찔러 죽이니 한 번에 호랑이 두 마리를 잡은 셈이 됐습니다.

지금 한나라와 위나라가 싸움을 벌인 지 한 해가 넘도록 해결이 나지 않았다면, 큰 나라는 타격을 입었을 것이고 작은 나라는 곧 멸망할 것입니다. 타격을 입은 나라를 친다면 한꺼번에 둘을 얻는 이득이 있을 것입니다. 이는 변장자가 호랑이를 찔러 죽인 것과 비슷한 일이라 사료됩니다. 신이 왕께 바치는 계책과 초나라 왕께 바치는 계책에 무슨 차이가 있겠습니까?"

혜문왕이 말했다.

"알겠소. 그대 말을 새겨듣겠소."

하고는 두 나라를 결국 화해시키지 않았다. 과연 큰 나라는 타격을 입었고 작은 나라는 멸망하였다. 이에 진나라가 상처 입은 큰 나라에 쳐들어가 대승하였다. 이 모든 것은 진진의 계책에서 나온 것이다.

서수

서수(犀首)는 위나라 음진(陰晉) 사람이다. 성은 공손(公孫)이고 이름은 연(衍)이다. 장의와는 사이가 좋지 않았다. 장의가 진나라를 위하여 위나라로 가서 재상이 되었다. 서수는 그것을 옳지 않은 일이라 여겨 사람을 시켜 한나라 태자 공숙에게 이렇게 전했다.

"장의는 진나라와 위나라를 연합하게 했습니다. 이제 위나라가 한나라의 남양을 치고, 진나라가 한나라의 삼천을 공격할 것입니다. 위나라 왕이 장의를 아끼는 것은 사실 한나라 땅을 얻고 싶어서입니다. 또 남양은 이미 위기에 놓여 있습니다. 대왕께서 제게 이 위급함을 맡겨 주시면 공을 세워 보답하겠습니다. 허락하신다면 소인이 진나라와 위나라의 연합을 끊어 보이겠습니다. 두 나라가 갈라지면 위나라는 진나라를 공격할 욕심으로 장의를 버릴 것이고, 이어 한나라와 한 편이 될 것입니다."

태자 공숙은 그 말대로 남양의 땅을 서수에게 맡겼다. 서수는 결국 계책대로 공을 세웠고 위나라의 재상이 되었다. 장의는 목숨이 위태로운 채 위나라를 떠났다.

진나라로 돌아온 장의는 다시 재상에 올랐다. 그 소식을 들은 서수는 형세가 불리함을 느꼈다. 마침 의거(義渠) 지역의 왕이 찾아오자 서수가 말했다.

"먼 곳에서 오시느라 고생하셨습니다. 제가 한 말씀 올리겠습니다. 중원의 여러 나라가 진나라를 치지 못하면 진나라는 의거 땅을 탐내어 침략할 것입니다. 하지만 여러 나라가 연합하여 진나라를 공격한다면 진나라는 서둘러 의거 땅에 사신을 보내 많은 예물을 바치면서 우호관계를 맺고자 할 것입니다."

얼마 후, 다섯 제후들이 진나라를 공격하였다. 이에 진진이 진나라 왕께 아뢰었다.

"의거의 왕은 오랑캐 가운데 현명한 군주입니다. 그에게 뇌물을 써서 마음을 달래는 것이 좋습니다."

진나라 왕이 대답했다.

"당장 그렇게 하시오!"

진진은 즉시 의거의 왕에게 비단 천 필과 여인 백 명을 예물로 보냈다. 의거의 왕이 여러 신하들을 모아 놓고 의논하였다.

"이것이 서수가 말하던 것인가?"

하고는 군사를 일으켜 진나라를 습격하여 크게 이겼다.

장의가 죽은 후에 서수는 진나라에 들어가 재상이 되었다. 그는 다섯 나라의 재상으로 활약하였다.

태사공은 말한다.

"춘추시대 강국이었던 진(晉)나라가 한(韓), 위(魏), 조(趙) 세 나라로 분리되어 이를 삼진(三晉)이라 부른다. 삼진에는 임기응변에 능한 유세가가 많았다. 진나라를 강하게 만든 이들 또한 모두 삼진 사람들이다. 장의가 꾸민 일은 소진보다 더 심했다. 그런데도 세상 사람들이 소진을 미워하는 것은, 그가 먼저 죽었기 때문이다. 장의가 그의 단점을 들추어 널리 퍼뜨렸고, 자신의 주장을 유리하게 소문내었기 때문이다. 하지만 이 두 사람은 실로 위험한 인물이라 아니할 수 없다."

樗里子甘茂列傳

제11편
저리자、감무열전

樗里子者、名疾、秦惠王之弟也、與惠王異母。母、韓女也。

樗里子滑稽多智、秦人號曰智囊。秦惠王八年、爵樗里子右更、使將而伐曲沃、盡出其人取其城、秦惠王二十五年、使樗里子為將伐趙、虜豹、拔藺、明年、助魏章攻楚、敗楚將屈丐、取漢中地。秦封樗里子、號為嚴君。

秦惠王卒、太子武王立、逐張儀、魏章、而以樗里子甘茂為左右丞相。秦使甘茂攻韓、拔宜陽。使樗里子以車百乘入周。周以卒迎之、意甚敬。楚王怒、

"지혜를 가지고 진나라를 강하게 만든 이는 저리자이다. 지략과 용맹함으로 진나라가 동쪽 땅을 차지하여 천하의 패권자가 되게 한 이는 감무이다."

●

저리자

저리자(樗里子)의 성은 영(嬴), 이름은 질(疾)이다. 진(秦)나라 혜문왕의 이복동생이다. 언변이 뛰어나고 지혜가 풍부하여 지혜 주머니란 뜻의 '지낭(智囊)'이라 불렸다.

혜문왕 8년, 저리자는 우경(右更)의 작위를 받고 장군이 되어 위나라 곡옥(曲沃)을 점령하였다. 이후 조나라 인(藺) 땅을 정복하고 적의 장수 장표(莊豹)를 사로잡았다. 이듬해에는 초나라를 쳐서 적의 장수 굴개(屈丐)를 격파하고 한중(漢中)을 차지했다. 저리자는 이 공로로 엄(嚴) 땅을 하사받고 엄군(嚴君)이라 칭했다.

혜문왕이 죽고 무왕이 즉위하였다. 무왕은 이전 대신인 장의와 위장을 내쫓고 저리자와 감무를 각각 좌승상(左丞相)과 우승상(右丞相)으로 삼았다. 감무는 이전에 한나라 의양(宜陽)을 함락시킨 공이 있었다.

한 번은 저리자가 수레 일백 대를 이끌고 주(周)나라 황실로 문안 인사를 갔다. 대규모 수레 행진이라 주나라 군사들이 공손하게 호위하며 높이 받들어 모셨다. 이 소식을 들은 초나라 왕이 크게 분노하며 따졌다.

"어찌하여 황실에서 하찮은 진나라 관리를 높이 받든단 말인가!"

이때 주나라 황실 출신의 유등(游騰)이라는 자가 초나라 왕께 아뢰었다.

"옛날 진(晉)나라 지백(知伯)이 오랑캐 나라인 구유(仇猶)를 공격할 때 길이 험난하여 병사들이 걷기가 힘들었습니다. 그래서 폭이 넓은 수레에 큰 종을 싣고 앞서 나가고 군대가 그 뒤를 따르게 하였습니다. 그러자 길이 넓어져 병사들이 걷기 편해졌습니다. 그 작은 책략으로 인하여 구유가 멸망했습니다. 물론 구유는 전쟁에 대비하지 않았기 때문이기도 합니다.

제(齊)나라 환공(桓公)이 채(蔡)나라를 칠 때, 초나라를 친다고 소문을 내고 실제로는 채나라를 공격했습니다. 지금 진나라는 호랑이같이 강대한 나라입니다. 진나라가 저리자에게 전쟁용 수레 백 대를 이끌고 주나라로 들어가게 했지만, 주나라에서는 구유와 채나라의 일을 거울삼아 경계하고 있습니다. 그러기 때문에 긴 창을 든 병사들을 앞세우고 강한 활을 가진 병사들을 뒤따르게 하여 저리자를 호위한 것입니다. 하지만 실제로는 호위가 아니라 그를 가둔 것입니다. 황실이라고 해서 어찌 나라의 운명을 걱정하지 않겠습니까? 대왕께서 심히 걱정하시니 알려드리는 것입니다."

초나라 왕은 이 말을 듣고 노여움을 풀었다.

진나라 무왕이 죽고 소왕(昭王)이 즉위하였다. 소왕은 위(魏)나라 옆의 작은 제후국인 위(衛)나라 포(浦) 땅을 얻고자 공격을 계획하였다. 소문을 들은 포의 태수가 그만 겁을 먹고 유세가로 이름을 날리고 있던 호연(胡衍)에게 구원을 요청했다. 호연이 저리자를 찾아가 말했다.

"귀공께서 포를 치는 것이 진나라를 위해서입니까, 아니면 위(魏)나라를 위해서입니까? 위(魏)나라를 위해서라면 좋습니다만, 진나라를 위해서라면 조금도 이로울 것이 없습니다. 사실 위(魏)나라가 존립할 수 있는 것은 포 땅이 있기 때문입니다. 지금 포를 친다면 포는 재앙을 피하기 위해 위(魏)나라를 따르고자 할 것입니다.

지난날 위(魏)나라가 서하의 밖을 진나라에 빼앗기고 지금껏 되찾지 못한 것은 군사력이 약하기 때문입니다. 그런데 위(衛)가 위(魏)에 합병된다면 위(魏)나라는 강대해질 것입니다. 그러면 서하의 밖을 틀림없이 되찾고자 군사를 출병시킬 것입니다. 만약 진나라의 이번 도발이 도리어 진나라를 위태롭게 하고 위(魏)나라를 이롭게 하는 것이라면 소왕은 반드시 귀공에게 벌을 내릴 것이 아니겠습니까?"

저리자가 물었다.

"내가 어떻게 하면 좋겠소?"

호연이 대답했다.

"우선 포 땅 공격을 중지하십시오. 대신 제가 포에 들어가 위(衛)나라 왕에게 저리자 공께서 덕을 베풀었다고 말하겠습니다."

저리자가 말했다.

"그럼, 그대 말대로 하겠소."

호연이 포 땅으로 들어가 태수에게 말했다.

"저리자는 포 땅이 약한 것을 알고 반드시 함락하겠다고 벼르고 있습니다. 제가 잘 말해서 공격하지 않도록 최선을 다하겠습니다."

포의 태수는 두려운 표정으로 호연에게 두 번이나 절을 하며 말했다.

"제발 그렇게만 해 주십시오."

하고는 금 3백 근을 바치면서 말을 이었다.

"진나라 군사가 반드시 물러가기만 하면 위(衛)나라 임금께 아뢰어 선생을 존귀한 자리에 오르도록 하겠습니다."

얼마 후 저리자가 포에서 군대를 철수하자, 호연은 위나라의 귀한 신분이 되었다.

소왕 7년, 저리자가 죽자 위하(渭河) 남쪽에 있는 궁궐 장대(章臺)에서 장사 지냈다. 죽기 전에 저리자는 이런 말을 남겼다.

"1백 년이 지난 다음, 내 무덤에는 천자의 궁전이 들어설 것이다."

저리자라는 이름은 음향(陰鄕) 저리(樗里)에 집이 있었던 탓에 세상 사람들이 그렇게 부른 것이다.

후에 한(漢)나라가 세워지자 장락궁(長樂宮)이 그의 무덤 동쪽에 위치하고, 미앙궁(未央宮)이 그 서쪽에 자리 잡았고, 무기고(武庫)가 그의 무덤 정면에 자리 잡았다. 그래서 진나라 속담에 "힘은 임비(任鄙), 지혜는 저리(樗里)"라는 말이 생겨났다.

감무

감무(甘茂)는 하채(下蔡) 사람이다. 하채의 사거선생(史擧先生)에게서 제자백가(諸子百家)의 학설을 배웠다. 장의의 소개로 진나라 혜문왕을 뵙게 되었는데, 왕은 그의 지략과 용맹함을 보고 기뻐하여 장수로 삼았다. 이후 장군 위장(魏章)을 도와 한중(漢中) 정벌에 나섰다.

혜문왕이 죽고 무왕이 즉위했다. 이때 촉(蜀)은 제후 휘(輝)가 집권하고 있었는데, 재상 진장(陳壯)이 반란을 일으켰다. 무왕은 감무를 시켜 반란을 평정하게 했다. 감무가 임무를 완수하고 돌아오자 그 공로로 좌승상이 되었고 저리자는 우승상에 올랐다. 무왕은 장의와 위장을 내쫓고 새로운 인물을 등용한 것이었다.

하루는 무왕이 감무에게 말했다.

"과인은 주나라 천자의 황실을 엿보는 것이 소원이오. 그렇게 된다면 죽더라도 후세에 이름은 남을 것이오."

이에 감무가 대답했다.

"그럼 먼저 대왕의 일을 방해하는 한(韓)나라를 제압해야 합니다. 제가 위(魏)나라에 가서 한(韓)나라를 치도록 약조를 맺겠습니다. 그 일에 적합한 인물로 상수(向壽)를 추천합니다. 부하로 삼아 같이 가도록 해주십시오."

왕이 그대로 실행하라 명하였다. 위나라에서 일을 마친 감무가 상수에게 말했다.

"자네는 지금 바로 돌아가서 대왕께 아뢰도록 하라. 위나라가 제의를 수락했지만 대왕께서는 한나라 공격을 철회하시는 것이 좋다고 말일세. 만약 대왕께서 그리한다고 하면 이는 모두 자네 공으로 삼겠네."

상수가 돌아와 그대로 왕께 전했다. 며칠 후 감무가 돌아오자 왕은 친히 식양(息壤) 지역까지 영접 나왔다. 그리고 어찌된 일인지 물었다.

"한(韓)나라를 공격하면 안 되는 무슨 까닭이라도 있는 것이오?"

감무가 대답했다.

"한나라 의양(宜陽)은 큰 고을입니다. 또 상당(上黨), 남양(南陽)에는 재물과 양식이 풍족히 비축되어 있습니다. 그러니 지금 천 리 먼 길에 있는 한나라를 공격한다는 것은 실로 위험한 일입니다.

옛날 노나라에 효자 증삼(曾參)이 비읍(費邑)에 살았습니다. 마침 동네에 증삼과 이름이 같은 이가 있었는데 그가 사람을 죽였습니다. 이웃의 누군가가 증삼의 어머니에게 '증삼이 사람을 죽였다.'고 말했습니다. 그러나 증삼의 어머니는 태연하게 베를 짜기만 할 뿐 아무런 변화가 없었습니다. 잠시 후, 또 한 사람이 찾아와서 '증삼이 사람을 죽였다.'고 말했습니다. 그래도 증삼의 어머니는 여전히 태연하게 베를 짜고만 있었습니다. 조금 뒤에 또 한 사람이 와서 '증삼이 사람을 죽였다.'고 말했습니다. 그러자 증삼의 어머니는 짜던 베틀에서 내려와 문을 열고 밖으로 달려 나왔습니다. 증삼의 어머니는 덜컥 겁이 난 것입니다. 자식에 대한 어머니의 믿음도 세 사람이나 같은 이야기를 전하면 의심하기 마련입니다.

지금 저에 대한 대왕의 신뢰가 증삼에 대한 어머니의 믿음만 못하실 겁니다. 또한 저를 의심하는 사람이 비단 세 사람뿐이 아닌지라 대왕께서 언제 저를 내칠까 염려스럽습니다.

지난날 장의는 서쪽으로 파(巴)와 촉(蜀)의 땅을 흡수하고, 북쪽으로 서하(西河) 밖의 땅을 개척했으며, 남쪽으로 상용(上庸)을 빼앗았습니다. 그러나 천하 사람들은 장의의 공이 크다고 말하지 않고 선왕(先王)을 현명하다고 했습니다.

위(魏)나라 문후(文侯)는 장군 악양(樂羊)으로 하여금 중산(中山)을 공격하게 해 3년 만에 함락시켰습니다. 악양이 개선해 논공행상(論功行賞)을 논할 적에, 문후는 한 상자나 되는 악양을 비난하는 상소문을 꺼내 보였습니다. 이에 악양은 재배(再拜)하고 머리를 조아리며 이렇게 말했습니다.

'중산을 함락시킨 것은 신의 공이 아니고 대왕의 힘이었습니다!'

지금 제가 그런 처지입니다. 때문에 저리자, 공손석(公孫奭) 두 사람이 한(韓)나라 공격을 가지고 시비한다면, 대왕께서는 필시 그 말을 먼저 받아들이게 될 것입니다. 그렇게 된다면 대왕께서는 위(魏)나라 왕과 약조를 어긴 것이 될 것이고, 저는 원망을 듣게 될 것입니다."

무왕이 말했다.

"과인은 한 번 결정한 일을 가지고 신하들의 이런저런 말을 결코 듣지 않겠소."

그리하여 감무에게 군사를 주어 한(韓)나라 의양을 공격하게 했다. 그러나 5개월이 지나도 의양은 함락되지 않았다. 저리자와 공손석이 과연 이 문제를 들고 나와 감무를 비방하였다. 이에 무왕이 옳다고 여겨 당장 싸움을 중지하고 감무를 소환하려 했다. 이에 감무가 왕께 아뢰었다.

"대왕께서는 식양(息壤)의 약속을 벌써 잊으셨나이까?"

왕이 말했다.

"아, 내가 깜빡 잊었소."

하고는 이전보다 더 많은 군사를 보내 의양을 공격하게 하였다. 마침내 감무는 6만 명의 적을 베고 의양을 함락시켰다. 한나라 양왕(襄王)은 사죄하고 진나라와 화친을 맺었다.

마침내 진나라 무왕은 그토록 소원하던 주나라에 이르렀다. 하지만 뜻하지 않게 죽음을 맞아 소원을 이루지 못했다.

무왕의 아우가 즉위하니 그가 바로 소왕(昭王)이다. 소왕의 어머니 선태후(宣太后)는 본래 초(楚)나라 사람이다. 초(楚)나라 회왕(懷王)은 지난번 진나라가 단양(丹陽)을 공격해 올 때 한(韓)나라에 도움을 요청했었다. 하지만 한나라가 이를 거절하자 원한을 품게 되었다. 이에 대한 보복으로 한나라의 옹지(雍氏)를 포위해 버렸다.

한나라는 급히 신하 공중치를 진나라로 보내 위급한 상황을 알렸다. 그러나 진나라에서는 소왕이 막 즉위했고, 또 태후가 초나라 출신이라 한나라를 도우려 하지 않았다. 이에 공중치가 감무를 찾아가 사정하자, 감무가 소왕에게 아뢰었다.

"한나라가 지금 초나라에 대항하고 있는 것은 진나라의 도움을 받을 수 있다고 믿기 때문입니다. 그런데 대왕께서 군사를 보내지 않으시면 한나라는 앞으로 진나라를 섬기지 않을 것입니다. 더구나 한나라의 공숙(公叔) 같은 이는 차라리 이럴 바에야 초나라와 화친하여 연합하는 것이 낫겠다고 여길지도 모릅니다.

만약 초나라와 한나라가 연합한다면 위(魏)나라도 같이 따를 것입니다. 그렇게 되면 진나라를 공격할 충분한 형세가 갖춰지게 되는 것입니다. 대왕께서는 갑자기 적의 공격을 받는 것과, 갑자기 적을 먼저 공격하는 것 중 어느 것이 더 유리하겠습니까?"

소왕이 대답했다.

"알겠소. 그대 말을 따르리라."

이에 군대를 보내 한나라를 구원하니, 초나라 군사가 즉시 물러갔다.

상수(向壽)는 선태후의 외족(外族)이며 어려서부터 소왕과 의좋게 자라온 탓에 일찍이 장군에 올랐다. 상수가 초나라에 사신으로 가자 초나라에서 후하게 대접하였다. 이어 상수가 한(韓)나라를 칠 계획을 의논하였다. 마침 이 소문을 듣게 된 한나라의 공중치가 급히 소대(蘇代)를 상수에게 보내 입장을 전하게 했다. 소대가 찾아와 말했다.

"나는 새도 급하면 수레를 뒤엎는다고 합니다. 공중치는 한나라를 진나라에 바치면 자신은 필시 제후에 봉해질 것이라 믿고 있는 상황인데, 지금 공께서는 한나라를 무력으로 깨뜨리려 하십니다. 물론 진나라와 초나라가 연합해 약한 한나라를 친다면 한나라는 반드시 멸망할 것입니다. 그러나 한나라가 그렇게 멸망한다면 공중치는 입장을 바꿀 것이 분명합니다. 그것은 직접 군사를 이끌고 진나라에 맞서는 것이지요. 공께서는 이 점을 잘 생각하십시오."

이에 상수가 대답했다.

"내가 초나라와 연합하려는 것은 한나라를 치려는 것이 아닙니다. 그것은 오해입니다. 그대는 공중치에게 잘 전해 주시오. 진나라와 한나라는 서로 연합하는 사이라고 말입니다."

이에 소대가 말했다.

"한 말씀 아뢰고자 합니다. 사람들이 말하기를 귀한 것을 귀하게 여기는 자는 귀하게 된다고 합니다. 진나라 왕이 상수 장군을 아끼는 것이 재상 공손석을 가까이하는 것만 못하고, 상수 장군의 지혜와 능력을 인정하는 것이 좌승상 감무만 못합니다. 그런데 지금 두 사람은 진나라의 국사(國事)에서 배제되어 있고, 오로지 장군께서만 대왕의 신임을 얻어 국사를 주관하는 것이 무엇 때문이겠습니까? 저 두 사람은 그렇게 할 수 있는 길을 잃어버렸기 때문입니다.

공손석은 한(韓)나라 편을 들었고, 감무는 위(魏)나라 편을 들었기 때문에 왕의 신임을 잃었던 것입니다. 지금 진나라와 초나라가 힘을 다투는데 장군께서 초나라 편을 들면 이는 공손석이나 감무와 같은 길을 걷는 것이 됩니다. 장군께서는 무엇을 가지고 그들과 다르다고 하겠습니까?

사람들은 모두 초나라는 변신에 뛰어나다고 합니다. 그런데도 장군께서는 극구 초나라를 믿으려 합니다. 차라리 장군께서는 초나라의 속임수에 대비하여 한나라와 친선을 유지하는 것이 장래를 위해 낫습니다. 그것이 바로 눈앞의 근심을 제거하는 일입니다.

만약 한나라를 공격한다면 우리는 공손석을 좇고, 감무에게 국정을 맡길 것입니다. 그러면 장군께서는 한나라의 적이 되는 것입니다. 그러니 삼가 깊이 헤아려 주시기 바랍니다."

이에 상수가 말했다.

"알았소. 나는 한나라와 협조하기를 간절히 원하오."

소대가 이어 말했다.

"감무는 이전에 빼앗은 무수(武遂) 땅을 반환하고 의양에서 사로잡은 한나라의 백성들을 돌려보내는 것으로 확약을 하였습니다. 장군께서는 지금 맨입으로 한나라의 마음을 얻고자 하시니 이해하기가 매우 어렵습니다."

상수가 말했다.

"그렇다면 어떻게 하는 것이 좋겠소?"

소대가 대답했다

"장군께서는 어째서 진나라의 위엄을 가지고 있으면서 한나라를 위해 영천(潁川) 땅을 초나라에게 요구하지 않습니까? 그곳은 한나라가 의지하는 땅입니다. 장군께서 그렇게 해 주신다면 진나라의 국법이 한나라에서 행해지고, 그 땅으로 인해서 한나라는 진나라의 은혜를 잊지 않을 것입니다.

감무는 위(魏)나라의 마음을 얻어 제나라를 취하려고 하고, 공손석은 한나라의 마음을 얻어 제나라를 취하려고 합니다. 이제 장군께서 의양을 취해 공을 세운 데다, 초나라와 한나라의 마음을 차례로 수습한다면 공손석과 감무는 더는 할 일이 없을 것입니다."

얼마 후, 소대의 말처럼 감무는 자신이 빼앗은 무수 땅을 다시 한나라에 돌려주자고 소왕에게 아뢰었다. 상수와 공손석이 반대했지만 소왕이 그 말을 따랐다. 이 일로 인해 감무는 여러 대신들로부터 비난의 상소를 받게 되었다. 그러자 감무가 두려워 위(魏)나라의 포판(蒲阪)을 공격하던 일을 중지하고 몰래 제나라로 도망쳐 버렸다.

마침 진나라 사신으로 떠나는 소대를 만나자 감무가 말했다.

"저는 진나라에 죄를 짓고 두려워 도망쳤지만 몸을 의탁할 곳이 없습니다. 제가 듣기로 가난한 여인과 부유한 여인이 함께 길쌈을 하는데, 가난한 여인이 말하기를 '나는 초를 살 돈이 없습니다. 그런데 다행이도 그대의 촛불에는 빛이 남아 있으니, 저에게 그 빛을 나누어 주십시오. 그대의 밝음을 덜지 않고서도 한 사람이 편익을 얻을 수 있습니다.'라는 고사가 있습니다. 지금 저는 곤궁한 처지입니다. 마침 공께서 진나라에 사신으로 가시는 길이시니, 진나라에 남은 저의 처자(妻子)를 광명(光明)으로 구제해 주십시오."

소대가 허락하고 진나라로 떠났다. 그리고 진나라 왕을 설득했다.

"감무는 비상한 인물입니다. 그는 진나라에 있는 동안 여러 대에 걸쳐 중용되었습니다. 효(崤)의 요새로부터 귀곡(鬼谷)에 이르는 진나라 모든 지형의 생김생김을 훤히 꿰뚫고 있습니다. 그가 만일 제나라를 설득시켜 한나라, 위나라와 맹약을 맺게 한 후에 거꾸로 진나라를 친다면 진나라는 결코 이롭지 않을 것입니다."

진나라 왕이 물었다.

"그러면 어떻게 하면 좋겠소?"

이에 소대가 대답했다.

"대왕께서는 많은 예물을 보내고 봉록(俸祿)을 후하게 해 그를 맞아들이는 편이 낫습니다. 그가 오게 되거든 즉시 그를 귀곡에 유폐시키고 종신토록 나오지 못하게 하십시오."

진나라 왕이 말했다.

"그대 말대로 하리라."

진나라 왕은 즉시 감무에게 상경(上卿)의 벼슬을 주고 재상의 인(印)을 보내 그를 진나라로 돌아오게 하였다. 하지만 감무는 의심을 품고 결코 가지 않았다.

소대가 돌아와 제(齊)나라 민왕(湣王)에게 감무에 관해 말했다.

"감무는 유능한 사람입니다. 지금 진나라가 그에게 상경의 벼슬을 주고 재상으로 삼아 데려가려 했으나 감무는 대왕께서 내려 주신 은덕 때문에 사양하고 귀국하지 않았습니다. 대왕께서는 헤아려 주시기 바랍니다."

"알겠소."

제나라 왕은 즉시 감무에게 상경의 벼슬을 주고 제나라에 머물게 했다. 그러자 진나라에서도 제나라에 뒤질세라 곧 바로 감무를 복권(復權)시켜 주었다.

제나라가 감무를 초나라에 사신으로 보냈다. 이때 초(楚)나라 회왕(懷王)은 진나라와 새로 혼인관계를 맺어 친선을 맺고 있었다. 진나라에서는 감무가 초나라에 있다는 말을 듣고 사람을 보내 초나라 왕에게 말했다.

"감무를 진나라로 보내 주십시오."

초나라 왕은 이 일을 처리하기 위해 신하 범연(范蜎)에게 물었다.

"과인이 진나라에 재상을 추천하려는데 누가 좋겠소?"

범연이 대답했다.

"신은 그러한 인물을 알 만한 식견이 없습니다."

이에 초나라 왕이 말했다.

"과인은 감무를 재상으로 추천하고자 하는데 괜찮겠소?"

범연이 대답했다.

"안 됩니다. 그의 스승 사거(史擧)는 크게는 임금을 섬기지 않았고, 작게는 제 집안을 돌보지 않았습니다. 벼슬을 하지 않고도 원만하게 살면서 이름을 세상에 알렸습니다. 감무가 그를 섬기고 배웠습니다. 그로 인해 혜문왕과 무왕을 잘 섬겼고 열 가지의 벼슬을 역임했으나 허물을 만든 적이 없습니다.

감무는 진정 현명한 사람입니다. 그러나 진나라의 재상으로 추천하는 것은 안 됩니다. 진나라에 현명하고 유능한 자가 재상이 된다면 우리 초나라에 이익이 될 것이 없기 때문입니다.

왕께서는 예전에 소활(召滑)을 월(越)나라에 추천하신 적이 있습니다. 그런데 월나라가 어지러워지자, 왕께서는 월나라의 강동(江東) 땅을 쉽게 빼앗지 않았습니까. 월나라에는 이런 계책을 쓰시면서 왜 진나라에는 그렇게 하지 않으시는 겁니까.

대왕께서 만약 진나라에 재상을 추천하고자 한다면 상수가 가장 적임자입니다. 상수는 진나라 왕과 가깝습니다. 어려서는 서로 옷을 바꿔 입는 사이였고, 성장해서는 수레를 함께 타고 다니며 일을 처리했습니다. 상수를 진나라의 재상이 되게 하십시오. 그렇게 하는 것이 우리 초나라에 이익이 될 것입니다."

초나라 왕은 상수를 진나라 재상으로 추천하였다. 진나라가 상수를 재상으로 삼으니, 감무는 결국 진나라로 다시 들어가지 못하고 위나라에서 생을 마감하고 말았다.

감라

감무가 죽은 후, 손자인 감라(甘羅)가 일찍부터 진나라의 재상 문신후(文信侯) 여불위(呂不韋)를 섬겼다. 여불위는 자신의 수하 중 한 명인 장당(張唐)을 연나라의 재상이 되게 하고, 이후 연나라와 연합해 조나라 하간(河間)의 땅을 빼앗고자 했다. 장당이 여불위에게 말했다.

"저는 일찍이 소왕(昭王)의 명을 받들어 조나라를 공격한 적이 있습니다. 그때 조나라가 저를 원망하여 현상금 1백 리 땅을 내걸었습니다. 지금 제가 연나라 재상에 임명되어 떠나야 하는데 그러려면 반드시 조나라를 거쳐야 합니다. 소신은 행여 체포될까 두려워 감히 갈 수가 없습니다."

문신후 여불위는 상당히 불쾌했지만 더 강요할 수는 없었다. 이때 옆에서 시중을 들던 젊은 감라가 말했다.

"문신후께서는 무엇 때문에 그리도 불쾌한 얼굴을 하고 계십니까?"

그러자 문신후가 말하였다.

"연나라가 태자 단을 볼모로 보내왔기에, 내가 장당에게 연나라에 가서 재상이 되었으면 했건만 그는 가려고 하지를 않는구나."

감라가 대답했다.

"소인이 그를 가도록 하겠습니다."

그러자 문신후가 꾸짖으며 말했다.

"이놈아! 내가 직접 말해도 듣지 않는데, 젊은 네가 어떻게 그를 보낼 수 있단 말이냐?"

감라가 대답했다.

"항탁(項槖)은 태어나서 일곱 살 때에 공자(孔子)의 스승이 되었습니다. 문신후께서는 소인을 시험해 보실 일이지 어떻게 휘몰아 꾸짖기만 하십니까."

이어 감라가 장당을 찾아가 말했다.

"귀공은 무안군(武安君) 백기와 비교하여 누가 더 공이 크다고 생각하십니까?"

장당이 말했다.

"무안군은 남쪽으로 강한 초나라를 꺾었고, 북쪽으로는 연나라와 조나라를 제압했으며, 싸우면 이기고 공격하면 탈취하기를 거듭한 분이오. 그가 쳐부수고 함락시킨 성이 이루 헤아릴 수 없을 정도요. 나의 공을 어찌 그런 무안군에 비교하겠소."

이에 감라가 물었다.

"응후(應侯) 범수가 진나라의 국사(國事)를 제멋대로 주물렀다고 하는데, 지금 문신후 여불위와 비교한다면 누가 더 심하다고 생각합니까?"

장당이 대답했다

"응후의 권세는 감히 문신후에 미치지 못하오."

감라가 물었다.

"귀공은 응후가 권력을 전횡함이 문신후에 미치지 못한다는 것을 확실히 알고 있습니까?"

장당이 대답했다.

"확실히 알고 있소."

감라가 말했다.

"응후가 조나라를 치려고 했을 때, 무안군은 이를 어렵게 여겨 주저했습니다. 이 때문에 무안군은 함양(咸陽)에서 7리 떨어진 두우(杜郵)에 이르러 왕으로부터 사약을 받고 죽었습니다. 이제 문신후께서 몸소 귀공에게 연나라의 재상이 되기를 청했는데도 귀공은 가지 않으려 하십니다. 저는 귀공께서 언제 어디서 죽음을 맞이할지 알 수가 없으니 서글플 따름입니다."

장당이 말했다.

"젊은 그대의 말을 듣고 보니 내가 생각을 잘못했소. 내 바로 출발하겠소."

장당은 이렇게 하여 떠날 준비를 하였다. 떠나기까지는 아직 시일이 남아 있었다. 감라가 문신후 여불위에게 말했다.

"소인에게 수레 5대만 빌려 주십시오. 장당을 위해 먼저 조나라에 가서 알리고자 합니다."

문신후가 궁중에 들어가는 길에 시황제에게 아뢰었다.

"감무의 손자 감라는 나이가 어리기는 하나 명문가(名門家)의 자손으로 제후들이 모두 그에 대해 잘 알고 있습니다. 이번에 장당이 병을 핑계 삼아 연나라에 가지 않으려는 것을 감라가 설득해 떠나도록 했습니다. 지금 먼저 조나라에 가서 알려 줄 것이 있다고 하니 그를 보내도록 허락해 주십시오."

시황제가 감라를 불러 그를 조나라에 사신으로 보냈다. 조(趙)나라 양왕(襄王)은 멀리까지 나와 감라를 영접했다. 감라가 조나라 왕에게 물었다.

"대왕께서는 연나라의 태자 단이 진나라에 볼모로 있다는 소문을 들으셨는지요?"

조나라 왕이 말했다.

"들었소이다."

감라가 재차 물었다.

"장당이 연나라의 재상으로 간다는 말은 들으셨는지요?"

조나라 왕이 대답했다.

"들었소."

이에 감라가 말했다.

"연나라의 태자 단이 진나라에 볼모로 간 것은 연나라가 진나라를 속이지 않는다는 뜻이고, 장당이 연나라에 재상으로 가는 것은 진나라가 연나라를 속이지 않는다는 의미입니다. 두 나라가 서로 속이지 않는 것은 다른 이유가 없습니다. 이후 조나라를 쳐서 하간의 땅을 확장하자는 것입니다. 그럴 바에야 대왕께서 다른 5개의 성을 떼어 제게 주시는 것이 차라리 낫습니다. 그렇게 하신다면 우리 진나라는 연나라의 태자 단을 돌려보내고 조나라와 연합해 이후 연나라를 치게 하겠습니다."

조나라 왕은 즉석에서 직접 5개의 성을 떼어 주었다. 이후 진나라는 연나라의 태자를 돌려보냈다. 이어 조나라는 연나라를 쳐서 상곡(上谷)의 30개 성을 빼앗고 그 가운데 11개 성을 진나라에 바쳤다.

감라가 큰 계책을 성공하고 돌아오자 진나라 왕은 그를 상경(上卿)에 임명하고 예전 감무가 소유했던 전답과 저택을 다시 그에게 하사했다.

태사공은 말한다.

"저리자(樗里子)는 진(秦)나라 임금과 형제 사이였으므로 중용되는 것은 사실 당연한 것이다. 그러나 진나라 사람들이 그의 지혜를 칭송했기 때문에, 그의 사적에 대해 비교적 많이 실은 편이다. 감무(甘茂)는 하채(下蔡)의 미천한 집안 출신으로 제후들에게 이름을 떨치고 강대한 제나라와 초나라에서 중용되었다. 감라(甘羅)는 나이는 어리지만 한 가지 기묘한 술책을 내어서 명성을 후세에 남겼다. 독행(篤行)의 군자는 아닐지라도 전국시대의 책사(策士)라고는 하겠다. 진나라가 강성해질 무렵 천하에는 더욱 권모와 술수가 횡행했다."

제12편 양후열전

穰侯魏冉者，秦昭王母宣太后弟也。其先楚人，姓羋氏。秦武王卒、無子、立其弟為昭王。昭王母故號為羋八子、及昭王即位、羋八子號為宣太後。宣太後非武王母。號曰文後，先武王死。宣太後二弟，弟曰穰侯，姓魏氏，名冉同父弟曰羋戎、為華陽君。而昭王同母弟曰高陵君、涇陽君。而魏冉最賢、自惠王、武王時任職用事。武王卒，諸弟爭立、唯魏冉力為能立昭王。昭王即位、以冉為將軍，衛咸陽。誅季君之亂，而逐武王後出之魏、昭王

"황하와 화산을 장악하고 대량을 포위하여 서쪽의 제후들로 하여금
진나라를 떠받들게 한 것은 양후 위염의 공로이다."

●

진(秦)나라 무왕이 죽자 계승할 자식이 없어 동생을 왕으로 세웠는데
그가 바로 소왕(昭王)이다. 양후(穰侯) 위염(魏冉)은 소왕(昭王)의 모친 선태
후(宣太侯)의 동생이다. 선태후에게는 두 동생이 있었다. 첫째는 아버지
가 다른 위염이다. 둘째는 아버지는 같고 어머니는 다른 미융(羋戎), 즉
화양군(華陽君)이다. 그리고 소왕에게는 어머니가 같고 아버지가 다른 동
생으로 고릉군(高陵君), 경양군(涇陽君)이 있었다. 위염은 왕실 내에서 가
장 현명해 혜문왕과 무왕 시절부터 관직에 올라 국정에 참여하였다.

무왕이 세상을 떠났을 때 그의 여러 동생들이 왕위쟁탈전을 벌였다.
하지만 위염의 도움을 얻은 소왕이 왕위에 등극하였다. 그런 까닭에 소
왕은 위염을 수도 함양(咸陽)을 수비하는 장군으로 임명했다.

이후 위염은 계군(季君)의 난을 평정했고, 무왕의 여인들을 축출했으
며, 또한 반란에 가담한 무왕의 자식들을 모두 죽여 그 위세가 대단하
였다. 그 무렵 소왕은 아직 어려서 선태후가 섭정을 했고, 위염이 국정
을 주도하였다.

소왕 7년, 저리자(樗里子)가 죽고 경양군을 제(齊)나라에 볼모로 보냈다. 이 무렵 조(趙)나라 사람 누완(樓緩)이 진나라 승상(丞相)이 되었는데, 조나라에는 별로 도움이 되지 못했다. 이에 조나라는 위염을 재상으로 추천하고자 구액(仇液)을 진나라에 사신으로 보냈다.

구액이 진나라로 떠나려 할 때, 그의 집을 자주 찾는 송공(宋公)이라는 자가 다음과 같이 말했다.

"진나라가 그대의 말을 들어주지 않는다면, 재상 누완은 반드시 그대를 원망하게 될 것입니다. 그러니 왕을 만나면 이렇게 말하십시오.

'저는 위염을 승상에 앉히는 일에 대해 진나라가 서두르지 말 것을 요청하러 왔습니다.'

그러면 분명 진나라 왕은 그대의 말을 들어주지 않을 것입니다. 하지만 이것은 원래 의도대로 이루어지지 않더라도 누완에게는 덕을 베푸는 것이 되고, 일이 이루어진다면 위염이 그대에게 틀림없이 고마움을 표시하게 될 것입니다."

구액이 그의 말을 따랐다. 그러자 진나라 소왕은 급히 누완을 면직시키고 위염을 재상에 앉혔다. 위염은 재상에 오르자 자신을 반대했던 여례(呂禮)를 죽이고자 했으나, 여례는 이미 제나라로 도망간 후였다.

소왕 14년, 위염은 백기(白起)를 천거해 상수(向壽)를 대신해서 군대를 이끌게 하였다. 백기는 한(韓)나라와 위(魏)나라를 공격해 이궐(伊闕)에서 적군 24만 명을 참수하고 위나라 장수 공손희(公孫喜)를 포로로 잡았다. 이듬해에 초나라의 완(宛)과 섭(葉)을 빼앗았다.

얼마 후 위염이 병을 핑계로 재상에서 물러날 것을 청하자, 왕은 수촉(壽燭)을 재상에 앉혔다. 이듬해에 수촉이 면직되고 다시 위염이 재상에 올랐다. 이때 위염을 양(穰) 땅의 제후로 봉하고 양후(穰侯)라 불렀다.

4년 후, 양후는 군대를 이끌고 위(魏)나라를 공격했다. 위나라는 항복하고 하동(河東) 땅 사방 백리를 헌납했다. 또 위나라의 하내(河內)를 점령해 크고 작은 성 60여 개를 빼앗았다.

소왕 19년. 진나라는 서제(西帝)라고 칭하고 제나라는 동제(東帝)라고 칭했다. 그러나 얼마 후 두 나라는 칭호를 제(帝)에서 왕(王)으로 되돌렸다. 이 무렵 제나라로 도망간 여례가 다시 진나라로 돌아왔다.

6년 뒤 위염은 재상에서 물러났다. 2년 뒤에 다시 재상에 올랐다. 백기가 초나라의 수도 영(郢)을 점령하자 그곳을 남군(南郡)으로 편입하였다. 이 공로로 백기는 무안군(武安君)으로 봉해졌다. 백기는 위염을 잘 따랐고 둘은 서로 잘 맞았다. 이때에 양후의 재산은 왕실보다 더 부유했다.

소왕 32년, 양후 위염이 군대를 이끌고 위(魏)나라 도성인 대량(大梁)을 포위했다. 이때 위나라 대부(大夫) 수고(須賈)가 양후에게 서신을 보내 설득했다.

"일전에 나는 우리 위나라 왕에게 다음과 같이 이야기했습니다. 옛날 양나라 혜왕(惠王)이 삼량(三梁) 전투에서 승리하고 조나라의 도읍 한단(邯鄲)을 점령했습니다. 하지만 조나라는 끝끝내 나라를 잃지 않고 한단을 되찾았습니다. 또 제나라가 위(衛)나라 도읍인 초구(楚丘)를 빼앗았을 때도 위나라는 끝끝내 땅을 잃지 않았고 마침내 초구를 회복했습니다. 이는 위나라와 조나라가 그 어려움 속에서도 영토를 소중히 여겼기 때문입니다.

이에 반해서 송(宋)나라와 중산국(中山國)은 적이 침략해 오면 땅을 떼 주어 나라도 그에 따라서 망해 버렸습니다. 따라서 위나라와 조나라는 본받을 만하고 송나라와 중산국은 경계 삼을 만하다고 생각합니다.

지금 진나라는 포악하여 상호 선린(善隣)을 모릅니다. 우리 위나라 땅을 모두 빼앗으려 합니다. 포연 장군이 패하자 8개 현(縣)을 빼앗아 갔는데, 그 땅을 다 접수하기도 전에 또 군대를 출동시켰습니다. 그러니 진나라에 어찌 만족이라는 것이 있겠습니까?

지금 왕께서 위급하다고 여겨 합종을 맹약한 초나라와 조나라를 배신하고 진나라를 섬긴다면 초나라와 조나라는 분노하여 왕을 버리고 진나라를 다투어 섬길 것입니다. 진나라에서는 또한 그들을 먼저 받아들일 것입니다. 그래서 진나라가 그들 군대와 연합해 우리를 공격한다면, 우리 위나라는 반드시 망하고 말 것입니다. 원컨대 왕께서는 절대로 진나라와 화평을 맺지 마십시오. 그것은 결국 진나라에 속는 일입니다.

양후 장군께서는 이 이야기를 한번 깊이 생각해 보시기 바랍니다. 『주서(周書)』에 이르기를 '천명(天命)은 변하지 않는 것이 아니다.'라고 했는데, 이는 요행을 따라서는 안 된다는 말입니다. 전에 포연을 물리치고 8개의 현을 빼앗았던 것은 장군의 군대가 훌륭해서도 아니고, 계략이 뛰어나서도 아니며, 단지 운이 좋았기 때문이었습니다.

지금 대량을 포위하고 있는데, 장군께서는 행운은 불변하다고 생각하지만 지혜로운 자라면 그렇게 여기지 않습니다. 위나라에서는 모든 현에서 정예 병사들을 징집해 대량을 수비하고 있습니다. 족히 30만 병력은 될 것입니다. 30만 병력이 죽음을 무릅쓰고 지키고 있으니 탕왕

(湯王)과 무왕(武王)이 다시 살아온다고 해도 쉽게 함락시키지 못할 것입니다. 게다가 초나라와 조나라의 구원 군대를 가볍게 여기고 위나라와 싸우고자 하는 것은 하늘과 땅이 생긴 이래로 이제껏 없었던 무모한 싸움입니다. 그건 진나라가 이기지 못할 싸움입니다. 그렇게 된다면 진나라 군대는 피폐해질 것이고, 장군 또한 이전에 세웠던 공로들이 모두 물거품이 되고 말 것입니다.

장군께서는 땅을 얻기 위해 꼭 무력을 쓰고자 하십니다. 만약 장군께서 땅을 할양받겠다고 제의한다면 위나라는 곧 응할 것입니다. 옛 진(晉)나라의 땅을 차지하고 싶으면 위나라는 알아서 강(絳), 안(安) 땅을 바칠 것입니다. 또 옛 송(宋)나라의 땅을 차지하고 싶다면 위나라는 스스로 선보(單父) 땅을 바칠 것입니다. 진나라 병사를 하나도 잃지 않고 천하를 호령할 수 있는데 어찌 무력을 행하려 하십니까? 장군께서는 이 점을 널리 헤아려 위험천만한 일을 행하지 않기를 바랍니다.”

서신을 다 읽고 난 양후 위염이 대답했다.

“군대를 철수하라!”

이내 대량(大梁)의 포위를 풀고 말았다.

이듬해 위나라가 제나라와 합종하자 양후 위염이 위나라를 공격했다. 위나라 장수 포연(暴鳶)은 패하여 달아났고, 위나라 병사 4만 명은 참수당했으며 3개 현을 빼앗겼다. 이 공로로 양후는 더 많은 영토를 하사받았다.

다음 해, 양후는 장군 백기(白起)와 함께 다시 조나라, 위나라, 한나라를 공격하였고 화양(華陽)에서 망묘(芒卯)를 격파하고 10만 명을 참수했다. 위나라의 권(卷), 채양(蔡陽), 장사(長社) 및 조나라의 관진(觀津)을 빼앗았다.

그리고 조나라에게 관진을 되돌려 주면서, 그 대가로 조나라로 하여금 제나라를 공격하게 했다. 제(齊)나라 양왕(襄王)은 두려워 소대(蘇代)를 양후에게 보내 잘 협상하도록 했다. 소대가 양후에게 말했다.

"소문에 의하면 진나라가 장차 조나라에 군사 4만을 보내 제나라를 공격할 것이라고 합니다. 그러나 저는 제나라 왕에게 결코 그런 일은 없을 것이라고 말했습니다.

왜 제가 이렇게 말했겠습니까? 삼진(三晉), 즉 한, 위, 조 세 나라가 일치단결하면 진나라에게는 큰 적이 됩니다. 그런데 지금 조나라에게 병력을 더해 주어 제나라를 공격하는 것은 조나라를 살찌우는 어리석은 일입니다. 조나라가 커지면 그것은 진나라에게 큰 부담이 되는 일입니다. 이것이 첫 번째 이유입니다.

진나라의 모사(謀士)꾼들은 이렇게 말합니다. 삼진과 초나라가 연합해서 제나라를 공격하면 반드시 망할 것이다. 하지만 삼진과 초나라라고 해서 어찌 피해가 없겠습니까? 이것이 두 번째 이유입니다.

진나라가 병력을 조금 출동시키면 삼진과 초나라는 믿지 않을 것이고, 많이 출동시키면 삼진과 초나라는 진나라에 제압당할 것을 두려워합니다. 그리고 무엇보다 제나라가 두려워하여 삼진과 초나라와 합종을 맺을 것입니다. 이것이 세 번째 이유입니다.

진나라가 제나라 땅을 분할해 가지는 것으로써 삼진과 초나라를 유혹한다면, 그들은 분할 받은 땅에 군대를 진주시켜 진나라는 오히려 그들에게 공격을 받게 될 것입니다. 이것이 네 번째 이유입니다.

이 계책들은 모두 삼진과 초나라가 진나라를 이용해서 제나라의 땅을 빼앗고, 제나라를 이용해서 진나라의 땅을 빼앗는 꼴이 됩니다. 이는 삼진과 초나라가 얼마나 지혜롭고 진나라와 제나라는 얼마나 어리석은 일입니까? 이것이 다섯 번째 이유입니다.

그러므로 진나라는 위나라에서 안읍(安邑)을 할양받으면 아무런 근심이 없을 것입니다. 만일 진나라가 안읍을 소유한다면 한(韓)나라는 상당(上黨)을 자진하여 바칠 것입니다. 이렇게 천하의 중원을 차지하게 되면 군대를 출정시킬 까닭이 어디 있겠습니까?

그래서 저는 진나라 왕은 현명하고 양후는 지략이 뛰어나니 조나라에 군사 4만을 보내 제나라를 공격하는 일은 없을 것이라고 확신하는 바입니다."

편지를 다 읽고 난 양후는 군대를 이끌고 귀국해 버렸다.

소왕 36년, 양후 위염이 객경(客卿)인 조(竈)와 의논해 제나라를 공격해서 강(剛), 수(壽) 두 읍을 빼앗아 자신의 영토로 삼으려 하였다. 이때 장록(張祿) 선생이라 칭하는 위나라 사람 범수(范雎)가 소왕을 만나 양후를 비난하였다.

"양후가 제 욕심을 채우려 제나라를 치는 것은 너무도 무모한 일입니다."

이에 소왕이 범수를 비범하게 여겨 등용하였다.

범수는 선태후(宣太后)의 정치 횡포와, 양후가 권력을 제멋대로 휘두른 일, 경양군(涇陽軍)과 고릉군(高陵軍) 등이 왕실보다 더 부유한 것 등에 대해서 왕께 소상히 아뢰었다.

이에 소왕은 깨닫는 바가 있어 양후를 파면시키고, 경양군 등 일족 모두를 수도 함양(咸陽)을 떠나 함곡관(函谷關) 너머 살게 하였다. 이때 양후가 떠날 때 짐수레가 1천 승(乘)이 넘었다. 양후는 자신의 영토인 도읍(陶邑)에서 죽었으며 그곳에 묻혔다. 그가 죽고 얼마 뒤 진나라에서 모든 재산을 회수하였다.

태사공은 말한다.

"양후(穰侯)는 진나라 소왕의 외삼촌이다. 진나라가 동쪽으로 영토를 확장해 제후들의 세력을 약화시켰고, 일찍이 제(帝)라고 칭하면서 천하 사람들에게 서쪽을 향해 머리를 숙이게 했던 것은 모두 양후의 공적이다. 그러나 그의 부귀가 절정에 이르렀을 때, 범수라는 한 사내가 끼어들어 말 한마디를 함으로써 실권(失權)해 울분 속에서 죽었으니, 왕족도 이러거늘 진나라 사람이 아니면서 진나라에 들어와 벼슬하던 객경(客卿)들에 대해서는 말할 것이 뭐 있겠는가!"

卷七十三。白起王翦列傳

제13편

백기, 왕전 열전

白起者、郿人也。善用兵、事秦昭王。昭王十三年、而白起為左庶長、將而擊韓之新城。是歲、穰侯相秦、舉任鄙以為漢中守。其明年、白起為左更、攻韓、魏於伊闕、斬首二十四萬、又虜其將公孫喜、拔五城。起遷為國尉。涉河取韓安邑以東、到乾河。明年、白起為大良造。攻魏、拔之、取城小大六十一。明年、起與客卿錯攻垣城、拔之。後五年、白起攻趙、拔光狼城。後七年、白起攻楚、拔鄢、鄧五城。其明年、攻楚、拔郢、燒夷陵、遂東

"백기는 싸우면 이기는 전국시대 최고의 장군이었다. 초나라를 함락시키고 조나라 45만 대군을 무찌른 명장이다. 하지만 포로로 잡힌 조나라 병사 40만 명을 흙구덩이에 묻어 생매장한 것은 인간적으로 너무나 큰 죄악이었다.

왕전(王翦)은 여섯 나라를 멸망시키는 공을 세웠다. 하지만 천하에 덕을 세우는 것을 알지 못하여 구차히 권력에 영합해 일신의 안일을 위해 살다가 죽었을 뿐이다."

•

백기

백기(白起)는 청년기까지 전혀 알려진 기록이 없다. 미(郿) 지역 사람이며 용병술(用兵術)이 뛰어나 진(秦)나라 소왕(昭王) 때 등용되었다.

소왕 13년, 양후(穰侯) 위염((魏冉))이 재상이 되자 전쟁에서 공을 세울 수 있는 자로 백기를 발탁해 좌서장(左庶長)으로 삼았다. 좌서장이란 군을 지휘할 수 있는 위치로 공로가 없는 자를 발탁한다는 것은 아주 파격적인 일이었다. 그것은 위염의 입장에서 보면 재상으로서 자신의 능력을 펼쳐 보일 일대 계기였다.

위염은 그 무렵 진나라 장군인 향수(向壽)를 대장군으로 삼고 백기에게는 따로 군대를 주어 한(韓)나라의 신성(新城)을 공격하게 했다. 백기를 향수에게 배속시키면 백기가 세운 공은 모두 향수의 것이 되지만, 백기가 따로 군대를 이끌어 공을 세우면 그것은 백기의 공이었다. 즉 백기의 공은 바로 양후 위염의 공인 셈이었다.

백기는 즉각 위염의 뜻을 알아챘다. 그 기대에 부응하여 한나라 신성을 공격하여 점령하였다. 반면에 향수는 한나라 수도를 점령했다. 하지만 위염은 백기의 공을 더 높이 평가하여 이듬해 백기를 장군으로 삼았다.

이전에 상앙이 새로 법을 만들어 작위를 20등급으로 구분해 법으로 규정하였다. 1급부터 4급까지는 병사의 직급이다. 1급 공사(公士), 2급 상조(上造), 3급 잠뇨(簪褭), 4급 불경(不更). 5급에서 8급까지는 부대장이다. 5급 대부(大夫), 6급 관대부(官大夫), 7급 공대부(公大夫), 8급 공승(公乘). 9급부터는 장군이다. 9급 오대부(五大夫), 10급 좌서장(左庶長), 11급 우서장(右庶長), 12급 좌경(左更), 13급 중경(中更), 14급 우경(右更), 15급 소량조(少良造). 16급 대량조(大良造), 17급 사거서장(駟車庶長), 18급 대서장(大庶長), 19급 관내후(關內侯), 20급 열후(列侯).

이듬해 백기는 좌경(左更)으로 진급하여 이궐(伊闕)에서 한, 위(魏) 두 나라 연합군을 공격해 24만 명을 참수하고, 위나라 장수 공손희(公孫喜)를 포로로 잡았으며, 5개의 성을 함락시켰다. 이 공로로 백기는 총사령관의 직위인 국위(國尉)에 올랐다. 이어 황하를 건너 한나라 안읍(安邑)에서 동쪽으로 간하(乾河)에 이르는 땅을 빼앗았다.

이 공로로 백기는 대량조(大良造)에 올랐다. 그의 출세는 눈부셨고 백기 휘하의 병사들은 싸우면 무조건 이긴다는 자신감과 용기가 충만했다. 위나라를 함락시켜 크고 작은 성 61개를 빼앗았다. 이듬해 원성(垣

城)을 공격해서 함락시켰다. 5년 뒤에 조(趙)나라를 공격해서 광랑성(光狼城)을 점령하였다. 양후 위염은 자신이 발탁한 백기의 공로로 인해 그 실력이 천하에 알려졌다. 감히 양후를 깔보는 자가 없었다.

7년 뒤, 초(楚)나라가 진나라를 치고자 합종을 추진했다. 양후 위염은 이 기회를 노려 백기에게 초나라를 멸망시키도록 명했다. 하수 이북 지역에서 막 전쟁을 마치고 귀국길에 오르던 백기는 뜻밖의 명령을 받고 당황했다. 하지만 어쩔 수 없었다. 자신을 발탁해 준 재상의 뜻을 따라야 했다. 즉각 병력을 이동시켜 하수를 건넜다. 그리고 초나라 군대와 싸워 그 실력을 발휘했다.

백기는 기발한 방법으로 초나라의 수비 전술을 격파했다. 그것은 한수에서 물을 끌어들여 초나라 성 안으로 쏟아붓는 것이었다. 거대한 성곽이 물바다가 되어 빠져 죽은 초나라 군사들이 수만 명에 이르렀다.

이어 초나라 왕을 사로잡으려 수도로 향했다. 백기의 군대는 파죽지세였다. 초나라 수도를 지키는 병사들은 백기의 군대를 보자마자 겁을 먹고 달아나기 일쑤였다. 이 소식을 들은 초나라 경양왕은 수도 언영(鄢郢)을 떠나 동쪽 진(陳)으로 도망쳤다. 진나라는 점령한 초나라 수도를 남군(南郡)으로 삼았다. 이 공로로 백기는 무안군(武安君)에 봉해졌다. 초나라의 백만 대군을 수만 병력으로 대승한 이 일에 대해 백기는 다음과 같이 말했다.

"초나라 왕은 나라가 큰 것만 믿고 국정을 게을리하였다. 신하들은 서로 시기하고 아첨하는 소인배들이 전권을 쥐고 있어 충신은 하나도 없었다. 그러니 민심 또한 떠난 상태였다. 더구나 성벽은 낡고 수리하지도 않았다. 충신은 없고 수비하는 병사들이 없으니 내가 이끈 군대가 도착하자 모두들 도망가기 바빴다. 그때 나의 병사들은 오로지 공을 세우고자 사기가 충천한 반면에 초나라 군대는 그 어떤 투지도 없었다. 그렇기 때문에 내가 공을 세울 수 있었던 것이다."

이듬해 재상 양후는 다시 백기에게 명했다.

"자, 이제 위(魏)나라를 치도록 하시오!"

그 무렵 위나라는 우호국인 조나라와 협력하여 한나라를 공격하고 있었다. 한나라에서 급히 진나라로 사신을 보내 구원을 요청하였다. 이에 재상 양후는 백기를 보내 화양 전투에서 대승을 거두었다. 적의 장수 망묘(芒卯)는 도주하였고, 세 명의 장수를 사로잡았으며, 위와 조나라 병사 13만 명을 참수하였다. 또 조나라 장수 가언(賈偃)과 싸워서는 그의 병졸 2만 명을 황하에 수장시켰다. 위나라 왕은 나라가 멸망할까 두려워 급히 남양의 땅을 바치고 화친을 청했다.

이후 백기는 휴식을 취하며 다음 전쟁을 준비하고 있었다. 하지만 이 무렵 최고위직에 대한 인사이동이 있었다. 범수라는 자가 소왕을 설득해 재상 위염의 실패한 일들을 낱낱이 고해바쳤다. 그로 인해 왕의 신임을 얻어 등용된 것이었다. 얼마 후 소왕은 범수를 재상에 임명하였다. 이제 진나라의 권력은 범수의 손에 달려 있는 셈이었다. 양후 위염은 작은 나라의 왕으로 임명되었다. 그가 수도를 떠날 때 짐을 실은 수레가 1천 대가 넘을 정도로 부유했다.

정책은 바로 바뀌었다. 위염이 재상일 적에는 한나라 위나라 조나라를 치고자 했으나 범수는 먼 나라와는 친교를 맺고 가까운 나라를 치고자 했다. 백기는 범수의 명을 받아 드디어 출정했다. 한나라를 공격해서 경성을 함락시키고 적군 5만을 목 베었다. 이로 인해 한나라 왕은 상당(上黨) 지역을 진나라에 바쳐 화친을 청하였다. 하지만 상당군 백성들은 오래전부터 진나라에 대한 나쁜 감정이 있어 왕의 결정에 반대하였다. 이에 상당 군수(郡守) 풍정(馮亭)이 백성들과 상의하였다.

"이제 우리는 한나라 도성으로 가는 길이 끊어졌다. 한나라는 더는 우리를 보호할 수 없는 처지이다. 이런 상황에서 진(秦)나라 군대가 쳐들어오는 날이면 우리는 멸망하고 말 것이다. 그러니 그 전에 우리 상당군 전체가 조나라에 귀순하는 것이 좋을 듯하다. 만약 조나라에서 우리를 받아들인다면, 진나라는 분노하여 분명히 조나라를 공격할 것이다. 그리고 조나라가 공격을 받게 되면 반드시 한나라가 응원군으로 오게 될 것이니 한, 조 두 나라가 하나로 뭉치면 진나라가 감히 당해낼 수 없을 것이다."

풍정이 조나라 효성왕(趙孝成王)에게 사람을 보내 통지하였다. 조나라 왕은 평양군(平陽君), 평원군(平原君)과 함께 이 일을 논의하게 되었다. 평양군이 말했다.

"상당을 받지 않는 것이 좋습니다. 받아들인다면 이득보다 재앙이 클 것입니다."

이어 평원군이 말했다.

"아무런 조건 없이 한 군(郡)을 얻게 되는 것이니 받아들이는 것이 좋겠습니다."

결국 조나라는 이를 받아들이고 염파 장군으로 하여금 상당을 지키도록 하였다.

조나라가 상당을 차지한 사실을 알자 진나라 소왕은 격노했다. 본래 재상 범수는 한나라의 뿌리가 마르면 줄기가 쓰러질 것이라고 말했다.

그러나 그 줄기가 진나라가 아닌 조나라로 쓰러져 가지에 달린 과실을 빼앗기고 만 것이었다.

범수는 좌서장 왕흘을 상당으로 파견해 조나라를 공격도록 하였다. 이때 조나라는 염파(廉頗)를 장수로 삼아 대항하였다. 하지만 왕흘이 조나라 군대를 격파하고 성 2개를 빼앗았고 4명의 장수를 포로로 잡았다.

그러자 조나라는 성벽을 더욱 견고히 지키며 진나라 공격에 대비했다. 진나라에서 여러 차례 싸움을 걸었으나 염파의 조나라 군대는 성밖을 나오지 않았다. 왕흘과 염파의 이 싸움은 장기전으로 돌입했다. 이에 범수가 계략을 짜게 되었다. 적의 장군을 바꾸기로 한 것이었다. 범수는 조나라에 간첩을 보내 민심을 이간질시켰다.

"진나라가 두려워하는 것은 마복군(馬服君)의 아들인 조괄(趙括)이 장수가 되는 것이다. 지금의 염파는 겁쟁이라 곧 항복할 것이다."

조나라 왕은 염파가 성을 굳건히 지키기만 하는 것에 분노하던 차에 이 같은 소문이 들리자 별 수 없었다. 염파를 교체하고 조괄을 발탁하였다. 그 무렵 중병으로 누워 있던 신하 인상여가 그 소문을 듣고 왕께 상소를 올렸다.

"대왕께서는 주변의 말만 듣고 조괄을 장군으로 발탁하신 것 같은데, 사실 그는 융통성이 전혀 없는 자입니다. 그의 부친 조사(趙奢)가 남긴 병법서를 읽기만 했지 그걸 응용하는 법을 전혀 모르는 자입니다."

이어 조괄의 모친이 상소를 올렸다.

"내 아들 괄을 절대 장군으로 삼아서는 아니 됩니다. 내 남편 조사가 살아 있을 때 음식을 나누는 자가 수십 명이었고 친구는 수백 명이었습니다. 왕의 선물과 귀족들에게서 받은 선물은 하나도 남김없이 병사들에게 나누어 주었습니다. 왕의 출전 명령을 받으면 조사는 그날부터 집을 떠났습니다. 그런데 내 아들 괄은 군대의 높은 자리에 올라도 군관들이 누구 하나 우러러 보지 않습니다. 게다가 괄은 왕께서 하사하신 것들을 자신의 집에 쌓아 두고 집에 오면 매일 재산이 늘어난 것에 대해 신경을 씁니다. 아비와 아들이 이처럼 마음가짐이 다릅니다. 부디 괄을 전장에 내보내지 마십시오."

하지만 조나라 효성왕은 곧 염파를 문책하고 조괄을 새로운 장군으로 임명했다. 그러자 조괄의 모친이 왕께 아뢰었다.

"대왕께서 괄을 전쟁에 내보내신다면 후에 어떠한 일이 있어도 제 자식의 죄에 저를 연루시키지 마시기 바랍니다."

효성왕은 저렇게 실력 있는 아들을 믿지 못하는 어머니가 어리석다고 생각하고 대답했다.

"그렇게 하겠다."

조괄이 장군이 되었다는 소문을 듣자 진나라는 은밀히 무안군(武安君) 백기(白起)를 상장군(上將軍)으로, 왕흘을 그의 부장(副將)으로 삼고 군영에는 비밀로 부쳤다. 만일 이러한 사실을 누설하는 병사가 있다면 바로 참수하겠다고 엄명을 내렸다.

조괄은 도착하자 바로 군 내부에 배치를 달리하였다. 이어 45만 명의 대군을 출병시켜 10만 명뿐인 진나라 군대를 공격하도록 명했다. 그러자 백기는 이 상황을 파악하고 치밀한 작전을 세워 두었다. 거짓으로 패한 척하며 달아났다. 이미 두 곳에 복병을 배치해 습격 준비를 마친 상태였다. 조나라 군대가 계속 추격해 와 진나라 성에 이르렀다. 성은 견고하여 조나라 군사가 함부로 오를 수 없었다.

이때 진나라의 복병 2만 5천 명이 조나라 군대의 후방을 차단했다. 또 진나라의 기병(騎兵) 5천 명이 진영 사이로 뚫고 들어와 조나라의 군대를 양분하였다. 이어 남은 부대가 조나라 군대의 식량 보급로를 끊어버렸다.

조나라는 전세가 불리해지자 보루를 쌓아 굳게 지키며 구원병을 기다렸다. 진나라는 15세 이상 되는 남자들을 전원 징발해 장평(長平)으로 보내 조나라의 구원병과 식량이 들어가지 못하게 막았다.

그렇게 한 달이 지나자 조나라 군사들은 굶주려 서로를 잡아먹는 지경에 이르렀다. 여러 차례 탈출하고자 시도했지만 성공하지 못했다. 마침내 조괄이 정예 병사들을 이끌고 나아가 싸웠지만 그 자신은 진나라 군사에 의해 사살되고 군대는 대패하였다.

조괄이 죽자 그의 병사 40만 명이 백기에게 투항하였다. 백기는 이 상황에 이르러서 심사숙고하며 말했다.

"예전에 진나라가 상당을 함락시켰을 때 그곳 사람들은 진나라 백성이 되는 것을 원하지 않고 조나라로 귀순했다. 지금의 조나라 병사들도 장차 마음이 바뀔 것이니 모두 죽이지 않으면 안 된다. 이들은 난을 일으킬 위험한 자들이다."

이에 백기가 포로들을 모두 구덩이에 매장해 죽이고, 단지 어린아이 240명만을 돌려보냈다. 이로써 전후(前後) 합쳐 참수되고 포로가 된 사람이 무려 45만 명에 달하니 조나라 사람들은 모두 두려워 떨었다.

조나라를 멸망시킬 호기가 왔다고 판단한 백기는 군사를 둘로 나누어 공격을 명했다. 조나라 왕은 위급함을 느껴 신하 소대(蘇代)를 진나

라 재상 범수에게 보냈다. 많은 재물을 전해 주면서 범수를 설득하도록
했다.

소대가 재상 범수에게 물었다.

"무안군 백기가 조괄(趙括)을 죽였습니까?"

범수가 대답했다.

"그렇소이다."

다시 소대가 물었다.

"곧 조나라를 멸망시킬 작정입니까?"

범수가 대답했다.

"그렇소이다."

그러자 소대가 말했다.

"조나라가 망하면 진나라 왕은 천하의 제왕이 될 것이고 무안군 백
기는 삼공(三公)에 오를 것입니다. 백기는 진나라를 위해 싸워 70여 개
의 성을 빼앗았습니다. 남쪽으로는 언(鄢), 영(郢), 한중(漢中)을 평정했고,
북쪽으로는 조괄의 군대를 격파했으니, 비록 주공(周公), 소공(召公), 여망
(呂望)의 공훈일지라도 이보다 더하지는 못할 것입니다.

이제 진나라 왕이 천하의 제왕이 되고 백기가 삼공(三公)에 오르면 재
상께서는 그 아랫자리에서 섬기는 자가 되실 텐데 그렇게 하실 수 있으
십니까? 아마 좀처럼 뜻대로 되지 않을 것입니다. 진나라가 일찍이 한
나라를 공격해 형구(邢丘)를 포위하고 상당(上黨)을 곤경에 처하게 했는
데, 상당의 백성들은 오히려 조나라를 택했습니다. 천하 사람들이 진나
라 백성이 되기를 원하지 않은 지가 이미 오래되었습니다.

지금 조나라가 망하면 조나라의 북쪽 사람들은 연(燕)나라로, 동쪽

사람들은 제(齊)나라로, 남쪽 사람들은 한과 위나라로 돌아갈 것입니다. 그러면 재상께서 얻는 백성들은 얼마 되지 않을 것입니다. 그럴 바에야 차라리 한나라 조나라에게 땅을 일부 할양받는 것으로 하고 더는 백기가 공을 세우지 못하도록 하시는 것이 재상께서 지금의 자리를 굳게 지키시는 길입니다. 삼가 헤아려 주시길 바라옵니다."

소대의 이야기를 듣고 난 후 범수는 즉각 진나라 소왕에게 아뢰었다.

"진나라 병사들은 지금 지쳐 있습니다. 만약에 한나라와 조나라가 땅을 떼어 바치고 화친을 맺도록 한다면 우리 병사들이 잠시 쉴 수가 있을 것입니다."

소왕이 이를 승낙하자 한나라는 원옹(垣雍), 조나라는 여섯 개의 성을 바치고 화친을 맺었다. 이리하여 정월에 모두 군대를 철수시켰다. 후에 백기가 갑자기 화친을 맺게 된 내막을 알게 되자 재상 범수와 사이가 크게 틀어졌다.

그해 9월, 조나라 수도 한단을 다시 공격하는데 백기는 병이 들어 나서지 못했다. 대신 오대부(五大夫) 왕릉(王陵)을 장군으로 삼아 출정시켰다. 하지만 유리한 상황이 아니었다. 후방 지원군이 도착하기도 전에 왕릉은 크게 패하고 말았다. 백기가 병에서 조금 나아지자 왕릉 대신 백기를 장군으로 삼으려 했다. 그러나 백기는 다음과 같이 말하며 극구 사양했다.

"한단은 참으로 공격하기 어려운 곳입니다. 다른 나라 군대가 언제나 조나라를 도우러 달려옵니다. 그들이 그런 까닭은 우리 진나라를 깊이 원망하기 때문입니다. 또한 우리가 멀리 한단을 공격한다면 나라가 텅 비게 됩니다. 이 틈을 노려 조나라와 그 연합 군대가 기습해 오면 우리는 크게 패하고 말 것입니다. 그러니 한단 공격을 멈추시는 것이 현명한 일이옵니다."

소왕은 이 말을 듣지 않고 백기에게 무조건 출정할 것을 명령했다. 그러나 백기는 응하지 않았다. 재상 범수를 시켜 다시 한 번 출정하도록 했으나 끝내 사양하고 병을 핑계 대고 자리에 누워 버렸다.

왕은 어쩔 수 없이 왕흘(王齕)을 장군으로 삼아 한단 공격을 명했으나 함락시키지 못했다. 그 틈을 노려 초나라 춘신군(春申君)과 위나라 신릉군(信陵君)이 수십만의 병력을 이끌고 진나라를 공격해 왔다. 그로 인해 진나라는 막대한 피해를 입었다. 그러자 무안군 백기가 탄식하며 말했다.

"왕께서 내 계책을 듣지 않으시더니, 지금 이것이 무슨 꼴이란 말인가?"

왕이 이 말을 듣고 노하였다. 백기에게 다시 출정을 강요했으나 병이 중하다고 하며 응하지 않았다. 왕은 화가 치밀어 백기를 무안군에서 파면하고 일개 병사로 격하시켰다. 그리고 외딴 시골로 유배를 떠나도록 했다.

그러나 백기는 병 때문에 바로 떠나지 못하고 얼마를 더 체류했다. 이 무렵 조나라와 연합국의 공격이 치열해지면서 진나라 군대는 패배를 거듭했다. 위급한 상황을 알리는 사자들이 매일 함양으로 달려왔다. 진나라 왕은 계속되는 패배 소식에 더욱 화가 나서 그 분풀이로 백기 (白起)를 함양 밖으로 몰아냈다.

백기가 함양 서문(西門)에서 10리쯤 떨어진 두우(杜郵)에 이르렀을 때, 왕은 군신들과 백기에 관해서 상의하였다. 그러자 신하들 중 누군가 말했다.

"백기는 함양을 떠날 때 대왕을 원망하였습니다!"

그러자 왕은 더는 참지 못하고 사자에게 칼을 내려 백기에게 전해 주도록 했다. 유배지로 떠나는 백기가 사자로부터 칼을 받아 들고 탄식하며 말했다.

"내가 하늘에 무슨 죄가 있어서 이런 지경에 이르렀는가?"

잠시 말을 못 하고 주저하였다.

"아, 그래. 나는 죽어 마땅하다. 장평 전투에서 조나라 병사 40만 명이 항복했거늘, 내가 그들을 속여 구덩이에 생매장하지 않았던가. 그러니 내가 죽지 않는다면 누가 죽어야 한단 말인가?"

그리고 백기는 칼로 스스로 목숨을 끊었다. 이때가 진나라 소왕 50년 11월이었다. 비록 백기가 죽었으나 죄를 지은 것이 아니어서 진나라 사람들은 그를 불쌍히 여겨 마을에서 제를 지내 그의 영혼을 위로해 주었다.

왕전

왕전(王翦)은 주나라 영왕의 후손이다. 부친이 진나라 빈양(頻陽)으로 이주하여 그곳에서 낳고 자랐다. 어려서부터 병법을 좋아했으며 진나라 왕 정(政)이 천하를 통일해 진시황(秦始皇)이라 칭하기 이전에 벼슬에 올랐다.

진왕 정이 노애(嫪毐)의 난을 평정하고 승상 여불위를 물러나게 한 후, 천하를 통일하고자 군대를 일으켰다. 그 무렵 주나라는 오래전 멸망했고 초나라와 한나라는 쇠퇴한 상황이었다. 단지 조나라만이 최후의 합종책으로 4개 나라와 연합하여 진나라를 위협했다.

진왕 정은 조나라를 멸망시키기 위해 원정군을 출정시켰다. 왕전을 대장군, 환기(桓齮)를 부장, 양단화(楊端和)를 좌장으로 삼았다. 왕전은 환기에게 조나라 남쪽 업(鄴) 땅을 공략하게 하고, 자신은 군대를 이끌고 알여(閼與)와 요양 지역을 치고자 했다. 이전에 알여에서 패한 적이 있기 때문에 이곳을 빼앗는 것은 특별한 의미가 있었다.

전투에 앞서 왕전은 모든 군대에 다음과 같은 훈령을 내렸다.

"나라의 녹을 먹는 자로서 전쟁에서 공이 없는 자는 본국으로 돌려보낸다. 돌아가는 자를 대신해 본국에서 용감한 자를 보충받으리라."

이는 군사와 장교들을 긴장하게 하고 사기를 북돋는 전술이었다. 난공불락의 알여 땅이 왕전의 공격 명령에 허무하게 무너졌다. 이 기세를 몰아 왕전은 조나라 9개 성을 빼앗았다.

다시 일 년 후, 진왕 정은 이번에는 환기를 대장으로 삼아 조나라를 공격하여 적장 호첩을 죽이고 병사 10만을 참수하고 왕으로부터 항복을 받아 내는 큰 공을 세웠다. 진나라는 조나라 영토를 모두 평정하여 군(郡)으로 삼았다.

이듬해 연(燕)나라 태자 단(丹)이 자객 형가(荊軻)를 보내 진왕 정을 살해하려다 미수에 그친 사건이 발생했다. 이에 진왕은 왕전을 보내 연나라를 공격하게 했다. 왕전은 단숨에 승리하는 계책을 쓰지 않고 적의 전력을 소모시켜 스스로 무너지게 하는 병법을 사용했다.

그 무렵 진나라 장군 중에 이신(李信)이라는 젊은 자가 있었다. 그는 수천 명의 병사를 이끌고 연나라 태자 단(丹)을 추격했다. 태자 단이 연수(衍水)가에서 숨어 있을 때 이신이 연나라 왕에게 서한을 보냈다.

"진나라가 연나라를 추격하는 것은 태자 단 때문입니다. 왕께서는 태자의 목을 진나라에 바치면 진나라 군대는 곧 철수할 것입니다."

연나라 왕이 슬프고 괴로운 일이지만 나라를 존속하기 위해서 어쩔 수없이 자객을 보내 태자의 목을 베게 하였다. 그리고 이신 장군에게 그 목을 바치면서 화친을 청하였다. 하지만 진나라는 약속을 어기고 이후 연나라를 공격해 왕을 사로잡아 멸망시켰다.

이후 진왕 정은 젊은 장군 이신을 총애하게 되었다. 어느 날 이신을 불러 말했다.

"초나라 땅을 빼앗고자 하는데, 그대 생각에는 얼마의 병력이면 충분하겠소?"

이신이 대답하였다.

"20만이면 충분합니다."

이번에는 똑같은 질문을 노장군인 왕전에게 물었다.

"왕 장군 생각에는 얼마의 병력이면 초나라를 빼앗을 수 있겠소?"

왕전이 대답했다.

"60만 대군이 아니면 결코 안 됩니다."

진왕 정이 말했다.

"왕 장군은 늙어서 이젠 겁쟁이가 됐구려. 이신은 용맹하고 과감하니 이번 일은 그에게 맡기리라."

하여 이신으로 하여금 몽염(蒙恬)과 함께 20만 병력을 이끌고서 초나라를 공격하게 했다. 왕전은 자신의 의견이 받아들여지지 않자 병을 핑계 대고 조정에 나오지 않았다. 얼마 후 직위에서 물러나 고향인 빈양으로 내려갔다.

한편, 이신은 초나라 평여(平興)를 공격하고 몽염은 초나라 침(寢)을 공격해 크게 이겼다. 또 언영(鄢郢)을 공격해 함락시켰다. 성보(城父)에서 이신과 몽염의 두 군대가 모이기로 약정하였다. 초나라 군대는 저력이 숨어 있었다. 이신의 군대가 이동하자 3일 밤낮을 뒤쫓아 갔다. 이젠 적 따위는 없다고 생각한 이신은 경계를 게을리하고 앞으로만 나아갔다. 성보에서 진나라 두 군대가 모이자 초나라는 그날 밤 기습 공격을 감행했다. 놀란 진나라 군대는 도위 7명이 전사하고 병사들은 뿔뿔이 흩어졌다. 결국 이신의 군대는 크게 패하여 허둥지둥 도망치고 말았다.

패전 소식을 접한 진왕 정은 크게 노하고 말았다. 직접 왕전의 시골 집까지 찾아가 깊이 사과하고 당부를 했다.

"내가 왕 장군을 몰라보고 젊은 이신을 믿었더니 우리 진나라를 욕되게 하고 말았소. 지금 초나라가 날마다 우리 진나라 쪽으로 다가온다고 하니 장군은 비록 몸이 불편하더라도 과인을 버리지 마시오!"

그러자 왕전이 말했다.

"이 몸은 병들고 정신 또한 맑지 못하니 대왕께서는 다른 유능한 장군을 찾아 쓰십시오."

이에 진왕 정이 다시 사과하며 말했다.

"이전 일은 나의 불찰이오. 더는 나의 청을 거절하지 마시오."

그러자 왕전이 대답하였다.

"폐하께서 부득이 신을 쓰시겠다고 한다면 60만 대군이 아니면 안 되옵니다."

진왕 정이 말했다.

"장군 말대로 하겠소."

그렇게 해서 드디어 왕전이 60만 대군을 거느리고 초나라를 공격하러 출정하게 되었다. 출정하는 날, 진왕 정은 몸소 파상(灞上)까지 전송 나왔다. 군대가 막 전쟁터로 떠나려고 할 즈음에 왕전이 왕에게 한 가지 요청하였다.

"폐하, 저는 한적한 시골에 비옥한 전답과 정원이 딸린 저택이 있으면 그만입니다. 제 청을 꼭 들어주십시오."

진왕 정이 대답했다.

"장군은 어찌 그런 가난을 걱정하시오."

왕전이 말했다.

"폐하의 장군들 중에는 이전에 공을 세워도 지금껏 후(侯)에 봉해진 자가 없습니다. 그런데 폐하께서 저를 총애하시니 이 기회에 시골에 집을 얻어 자손 대대로 물려주고자 하는 것입니다."

진왕 정은 이 말을 듣고 크게 웃었다. 장군의 욕심이 너무도 소박하였기 때문이었다. 왕전은 대군을 이끌고 함곡관에 이를 때까지 사자를 다섯 번이나 보내 비옥한 전답과 정원이 딸린 저택을 왕께 거듭 요청했다. 그러자 왕전의 부하 중 하나가 말했다.

"장군께서 왕께 요청하시는 것이 너무 심한 것 같습니다."

그러자 왕전이 말했다.

"그렇지 않다. 왕은 성품이 거칠고 남을 신임하지 않는 사람이다. 지금 진나라 군대 모두가 내 손에 맡겨졌는데, 내가 비옥한 전답과 정원이 딸린 저택을 청하지 않고 그저 왕을 위해 명을 바치겠다는 결의를 보여 준다면, 왕과 대신들 모두가 분명 나를 의심할 것이 아니겠느냐?"

이때 초나라에서는 왕전이 더 많은 군대를 이끌고 쳐들어온다는 소식에 전 병력을 동원해 수비 태세에 나섰다. 그러나 뜻밖에도 왕전은 초나라에 이르러 성채를 견고히 하며 수비만 할 뿐 싸우려 하지 않았다. 초나라 군대가 수차례 싸움을 걸어왔으나 왕전은 끝내 성에서 나오지 않았다.

"초나라 군대가 아무리 쳐들어와도 출격할 생각을 말라. 진지를 굳게 지키기만 하면 된다."

왕전은 병사들에게 날마다 휴식을 주고, 목욕하게 하고, 좋은 음식을 먹게 하고, 자신 또한 병사들과 함께 먹고 마시고 즐겼다. 얼마 동안 이렇게 지내다가 왕전이 부하를 시켜 병사들의 동태를 관찰하게 하였다.

"그래, 병사들은 뭘 하면서 놀고 있던가?"

부하가 대답했다.

"다들 투석(投石)과 장애물 넘기를 하고 있습니다."

왕전이 말했다.

"됐다. 그 정도면 전쟁에 쓸 수 있겠다."

그때 초나라에서 진나라를 떠보기 위해 병사들을 이끌고 동쪽으로 탐색 나왔다. 진나라가 모르는 척하며 있자 초나라 부대가 의욕을 상실하고 그냥 돌아가려 했다. 왕전이 이 틈을 타서 전 병력에게 추격을 명했다. 기(蘄) 남쪽에 이르러서 초나라 장군 항연(項燕)을 죽이니 초나라 병사들은 일대 혼란에 휩싸여 뿔뿔이 달아났다. 왕전은 이 승세를 타고 초나라 성읍(城邑)들을 공격해 모두 점령하였다.

1년 뒤, 초나라 왕 부추(負芻)를 사로잡았고, 결국 초나라의 모든 영토를 평정해 군현(郡縣)으로 삼았다. 이 기회를 이용해서 남쪽 백월(百越)도 정복했다. 이로써 진왕 정은 마침내 천하를 모두 평정하고 드디어 진시황제에 올랐다.

후에 진시황 2세(二世) 때, 진승(陳勝)이 진나라에 반기를 들자 왕전의 손자 왕리(王離)를 토벌군의 장수로 삼았다. 이를 두고서 어떤 자가 말했다.

"왕리는 명장의 후예이니 반역은 필히 평정될 것이다."

하지만 또 다른 자가 말했다

"그렇지 않다. 3대째 장군을 잇는 집안은 반드시 패한다. 왜냐하면 조부와 부친 대에 전쟁을 구실로 사람을 살해한 재앙을 받기 때문이다. 왕리가 바로 3대째의 장군이다."

과연 왕리가 거록(鉅鹿)성을 포위한 지 얼마 되지 않아서, 항우(項羽)가 진나라 군대를 격파하고 왕리를 사로잡았다. 항우는 이전에 왕전에게 죽임을 당한 항연의 손자이다.

태사공은 말한다.

"한 자는 긴 것이지만 상대적으로 더 긴 것과 비교했을 때에는 짧고, 한 치는 짧은 것이지만 상대적으로 더 짧은 것과 비교했을 때에는 길다. 백기(白起)는 적의 정황을 헤아려 능란한 임기응변과 계략이 무궁무진하여 이름을 천하에 떨쳤다. 그러나 범수와의 갈등에서 생긴 자기의 환란은 구제하지 못했다.

왕전(王翦)은 진나라의 장군이 되어 여섯 나라를 멸망시켰으나 천하에 덕을 세우고 근본을 굳건히 하는 것은 알지 못했다. 구차히 영합해서 일신의 안일만을 위해 살다가 죽었다. 그러니 그의 손자 왕리(王離)가 항우(項羽)에게 포로가 된 것이 마땅하지 아니한가? 백기와 왕전에게는 각각 이런 단점이 있었던 것이다."

제14편

맹자、순자 열전

卷七十四。〔一〕孟子荀卿列傳

及吏公曰、餘讀孟子書、至梁惠王問何以利吾國、未嘗

不廢書而歎也。曰嗟乎、利誠亂之始也。夫子罕言

利者、常防其原也。故曰放於利而行、多怨。

子〔　〕利之〔　〕何〔　〕哉。

孟軻〔　〕業〔　〕門。道既通、遊事齊

宣王〔　〕宣王不能用。適梁、梁惠王不果所言、則見

以為迂遠而闊於事情。當是之時、秦用商君、富國彊

兵楚、魏用吳起、戰勝弱敵、齊威王、宣王用孫子、田

忌之徒、而諸侯東面朝齊。天下方務於合從連〔　〕

"맹자는 공자의 인의(仁義)를 강조했고 왕도정치(王道政治)를 말했으며, 민의에 의한 정치적 혁명을 긍정하였다. 사람의 천성은 선하며, 이 착한 본성을 지키고 가다듬는 것이 도덕적 책무라는 성선설(性善説)을 주장하기도 했다. 순자는 맹자의 성선설을 비판하여 성악설(性惡説)을 주장하였다. 예(禮)를 강조하여 유학 사상의 발달에 큰 영향을 미쳤다."

●

맹자

맹자의 이름은 가(軻)이고 추(騶)나라 사람이다. 그래서 맹가(孟軻), 혹은 맹추(孟騶)라 칭하기도 한다. 공자의 손자인 자사(子思)의 제자에게서 유학을 배웠다. 학문에 통달하자 제(齊)나라 선왕(宣王)에게 유세를 펼쳤으나 벼슬을 얻지 못했다. 이후 양(梁)나라로 가서 혜왕에게 유세했으나 역시 신뢰를 얻지 못했다. 혜왕은 맹자의 말은 현실 상황과 맞지 않는다고 생각했다.

다음은 『맹자』 「양혜왕(梁惠王)」 편에 기록되어 있는 이야기이다.

제나라 선왕(宣王)이 맹자에게 물었다.

"탕임금이 걸임금을 쫓아내고 무왕이 주왕을 정벌했다는데, 그런 일이 정말로 있었습니까?"

맹자가 대답했다.

"그런 일이 있었습니다."

선왕이 다시 물었다.

"신하된 자가 자신의 임금을 살해해도 괜찮은 겁니까?"

맹자가 대답했다.

"인(仁)을 해치는 자를 흉포하다고 하고, 의(義)를 해치는 자를 잔악하다고 합니다. 흉포하고 잔악한 자는 못난 백성에 지나지 않습니다. 못난 백성인 주왕을 죽인 것이지 임금을 살해했다는 말은 듣지 못했습니다."

그 무렵 천하는 합종(合縱)과 연횡(連衡)이 대세였고, 적을 공격하고 정벌하는 것이 현명한 일이라 여겼다. 그런 시절에 맹자는 덕으로 천하를 다스려 태평했던 요임금과 순임금 그리고 하, 은, 주 시대를 이야기하니 관심을 갖는 나라가 하나도 없었다. 결국 벼슬을 포기하고 제자 만장(萬章)과 함께 『시경(詩經)』, 『서경(書經)』을 순서에 따라 편집하고, 공자의 뜻을 저술해 『맹자』 7편을 펴냈다.

맹자는 인의를 실천하는 왕도정치를 꿈꾸었다. 「공손추」 편에 다음과 같이 기록되어 있다.

"힘으로 인(仁)을 가장하는 것은 패도(覇道)이다. 천하의 패도가 되려면 반드시 강하고 큰 나라여야 한다. 덕으로 인(仁)을 행하는 것은 왕도(王道)이다. 왕도를 행하려면 강하거나 큰 나라일 필요가 없다. 힘으로 남을 복종시킨다고 그 마음까지 복종시킬 수는 없다. 그가 복종하는 것은 단지 힘이 모자라기 때문이다. 하지만 덕으로 남을 복종시킨다면 그것은 마음속으로부터 기뻐서 참으로 복종하는 것이다."

당시 제나라에는 맹자를 포함해 세 사람의 추자(騶子)가 있었다. 제일 먼저 추기(騶忌)는 거문고를 연주하며 유세를 펼쳐 위왕(威王)에게 벼슬을 얻었다. 이후 국정에 참여하여 재상에까지 올랐다. 그는 맹자보다 앞선 시대 사람이었다.

그 다음은 추연(騶衍)으로 맹자보다 후대 사람이다. 그는 많은 땅을 가진 제후일수록 사치와 탐욕이 도를 넘어 덕을 숭상할 수 없다고 보고 제후는 스스로 정제하는 데 힘써야 한다고 강조했다. 또한 그는 현실과 동떨어진 음양의 조화와 소멸에 대해 10만여 자에 걸쳐 글을 남겼다.

그 내용은 작은 사물에서 점차 추론을 확대해 무한대까지 이르러 종잡을 수 없는 것들이었다. 한편으로는 각 시대의 흥망성쇠와 길흉을 기록하였고 다른 한편으로는 천지가 생기기 전의 멀고 깊고 신비한, 감히 생각할 수 없는 곳까지 이르렀다. 또 중국의 명산, 큰 강, 깊은 계곡, 들짐승과 날짐승, 물과 뭍에서 생장하는 동물 중 진귀한 것들을 묘사했다.

그리고 유가에서 말하는 중국이란 천하를 81개로 나누었을 때 어느한 부분인 적현신주(赤縣神州)라고 명명했다. 적현신주 안에는 9개의 주(州)가 있는데 하(夏)나라 우왕(禹王)이 정리한 9주(九州)가 바로 이것이다. 거기에는 작은 바다가 9주를 두르고 있고 큰 바다가 밖을 두르고 있는데, 그것이 하늘과 땅의 끝이다.

추연의 사상은 모두 이와 같이 기이한 것을 적었지만 그 요점은 반드시 인의와 절약, 근검 그리고 군신, 상하, 육친(六親) 사이의 일로 귀착되어 있다. 왕공대인(王公大人)이 처음 그의 학설을 들었을 때 깜짝 놀라 감화되지만, 그 뒤에 생각해 보니 도무지 실행할 수 없는 것들이었다.

그렇다 하더라도 추연은 이 학설로 제나라에서 존중받았다. 그가 양나라에 갔는데 혜왕이 멀리까지 나와 영접해 예로써 대우했다. 그가 조(趙)나라에 갔을 때 평원군(平原君)은 예를 다하여 경의를 표했다. 연(燕)나라에 가니 소왕(昭王)이 친히 길을 인도했고, 자리에서 내려 앉아 가르침 받기를 청했다. 소왕은 추연을 위해 갈석궁(碣石宮)을 건축해 머무르게 하면서 스승으로 섬겼다. 이때 추연은 「주운(主運)」 편을 지었다.

그는 황당하고 종잡을 수 없는 이론으로 제후들에게 존경받고 예우받았으나, 공자는 진(陳)과 채(蔡)에서 굶주림을 당하고, 맹자는 제나라와 양나라에서 곤란을 겪었으니 어찌 이런 일이 있을 수 있겠는가?

주(周)나라 무왕(武王)이 폭군 주왕(紂王)을 정벌하고 왕위에 올랐지만, 백이(伯夷)는 굶주리면서도 끝내 주나라의 곡식을 먹지 않았다. 위(衛)나라 영공(靈公)이 군대와 전쟁에 관한 일을 물었을 때 공자는 대답하지 않았다. 양나라 혜왕이 조나라를 치고자 할 때 맹자는 옛날 주나라의 대왕(大王)이 백성의 피해를 줄이기 위해 빈(邠)을 버리고 떠난 것을 칭찬하며 이야기해 주었다. 이러한 것들이 어찌 세속에 아첨하고 구차하게 영합하려는 것이겠는가!

어떤 사람이 말하였다.

"이윤(伊尹)은 먼저 요리사가 되어 솥을 짊어지고 은나라 탕왕(湯王)을 격려했다. 백리해(百里奚)는 소 치는 농부로 있다가 진(秦)나라 목공(穆公)에게 등용되어 나라를 부흥시켰다. 이는 먼저 상대방의 뜻에 영합한 이후에 그를 대도(大道)로 인도한 것이다. 추연의 말이 비록 과장되고 허무맹랑하기는 했지만, 그 역시 백리해가 소를 먹인 것이나 이윤이 솥을 짊어진 것과 같은 뜻이 있지 않았겠는가!"

추연을 비롯하여 제나라의 직하선생(稷下先生), 즉 순우곤(淳于髡) 그리고 신도(愼到), 환연(環淵), 접자(接子), 전병(田騈), 추석(騶奭) 같은 이들은 국가의 혼란을 다스리는 법을 글로 지어 등용되기를 원하였다. 하지만 어찌 이들을 다 논할 수 있겠는가?

순우곤

순우곤(淳于髡)은 제나라 사람이다. 견문이 넓고 기억력이 뛰어났으나 학문에 주된 바탕은 없었다. 초기에 임금의 잘못을 지적할 때면 마치 안영(晏嬰)의 충직함을 보는 것같이 두려움이 없었지만, 차츰 임금의 말이라면 모두 옳다 하고 눈치 보기에 급급한 자로 변했다.

어느 신하의 소개로 순우곤이 양나라 혜왕을 만났을 때였다. 혜왕이 좌우의 신하들을 모두 물리치고 독대하며 마주 앉았으나 순우곤은 끝내 아무 말이 없었다. 혜왕이 이를 이상하게 여겨 소개한 신하를 꾸짖으며 말했다.

"그대가 소개한 순우곤이 관중(管仲), 안영을 훨씬 뛰어넘는다고 해서 만나 봤더니 얻은 것이 아무것도 없다. 이는 과인이 부족한 탓인가, 아니면 무슨 까닭이 있는 것인가?"

신하가 그 말을 전하니 순우곤이 이렇게 말했다.

"제가 전에 왕을 뵈었을 때 왕은 문밖에 매어 둔 말을 쳐다보느라 정신이 팔려 있었습니다. 후에 다시 왕을 뵈오니 이번에는 음악 소리에 정신이 팔려 있었습니다. 때문에 제가 침묵했던 것입니다."

신하가 그 말을 세세하게 전하니 왕이 매우 놀라며 말했다.

"아! 순우곤 선생은 참으로 성인이도다! 전에 왔을 때에는 마침 어떤 이가 좋은 말을 과인에게 바쳤는데, 미처 그 말을 보기도 전에 선생이 도착했던 까닭이고, 후에 다시 왔을 때에는 어떤 이가 노래 잘하는 사람을 소개했는데, 마침 노래를 들어 보기도 전에 선생이 도착했던 까닭이다. 또 과인이 비록 신하들을 물리쳐 순우곤 선생과 독대를 하기는 했으나 과인의 마음은 다른 곳에 있었다. 아, 그래서 선생께서 침묵했던 것이구나!"

그 후에 순우곤이 왕을 뵙고 한 번 이야기하니, 왕은 3일 밤낮을 들으면서도 지루한 줄을 몰랐다. 이에 혜왕이 공경과 재상의 지위로 그를 대우하려고 했으나 순우곤은 사양하고 물러갔다. 순우곤을 전송하는 자리에서 혜왕은 4마리의 말이 끄는 수레를 하사하고, 비단과 옥과 황금을 가득 선물하였다. 하지만 순우곤은 죽을 때까지 벼슬을 하지 않았다.

순자

순자(荀子)는 조(趙)나라 사람이다. 성은 순(荀)이고 이름은 황(況)이다. 그리고 자(字)는 경(卿)이다. 순자(荀子) 또는 순경(荀卿)이라 불린다. 맹자의 성선설(性善説)에 대하여 성악설(性惡説)을 주장했다. 국가의 질서는 천자, 제후, 사대부, 관리, 백성이 직분에 따라 일을 하고 각각 그 직분에 만족하는 군거화일(群居和一)을 주장했고 예의(禮義)를 그 수단으로 제기했다. 즉 예의란 인재를 뽑거나 직분을 구분하는 기준이었다.

나이 50세에 제나라에 와서 배운 것을 유세하기 시작했다. 그 무렵 제나라 사람들이 칭송하는 말이 있었다.

"글로써 하늘을 말하는 자는 추연이고, 용을 새기는 자는 추석이며, 곡식을 익히는 자는 순우곤이다."

하지만 추연의 학술은 현실과 동떨어져 사변적이었고, 추석(騶奭) 역시 문장은 좋았으나 시행하기는 어려운 학설이었다. 전병의 학설을 따르는 자들도 다 죽어 제나라 양왕(襄王) 때에는 순자가 가장 높은 스승이었다. 순자는 열대부의 우두머리인 제주(祭酒)에 세 차례나 올랐다.

순자는 관념적 사상가가 아니라 실천적 사상가였다. 이때 중국을 지배해온 정치적 이념인 유교 사상이 크게 바뀌었다. 순자는 이렇게 말했다.

"듣지 않는 것보다 듣는 것이 낫다. 듣는 것보다 보는 것이 낫다. 보는 것보다 아는 것이 낫다. 아는 것보다 행하는 것이 낫다. 학문은 그것을 행했을 때 그치는 것이다."

하지만 누군가 순자를 모함하는 일이 생겼다. 그러자 순자는 즉시 초나라로 떠났다. 그곳 춘신군(春申君)이 순자를 난릉(蘭陵)의 현령으로 삼았다. 이때 진(秦)나라 재상에까지 오른 이사(李斯)가 순경에게서 배웠다. 춘신군이 죽자 순자 또한 면직되었다. 하지만 난릉에서 거처를 정해 살았다.

순자는 당시 시대상을 이렇게 비판했다.

"망할 국가에는 우둔한 군주가 있기 마련이다. 우둔한 군주란 대도(大道)를 멀리하고 무속에 미혹되며, 길흉의 징조를 따른다. 망할 국가에는 유생들은 비속한 일을 추종하고, 황당한 변론을 좋아하여 풍속을 어지럽힌다."

순자는 유가(儒家), 묵가(墨家), 도가(道家)가 행한 성취와 실패를 고찰하고 차례로 정리해 수만 자의 저작들을 남기고 난릉에서 죽었다.

조나라에는 공손룡(公孫龍)이 있었는데 그는 견백동이(堅白同異)라는 궤변을 주장했다. 이를테면, 단단하고 흰 돌은 눈으로 보아서는 그것이 흰 것임을 알 수 있으나 만져 보지 않고는 그것이 단단한 것인 줄 알지 못한다. 그러니 단단하고 흰 돌은 동일(同一)한 물건(物件)이 아니라는 주장이다. 이는 궤변으로 是(시)를 非(비)라 하고, 非(비)를 是(시)라 하고, 同(동)을 異(이)라 하고, 異(이)를 同(동)이라고 우겨 대는 변론이다.

묵자(墨子)의 성은 묵(墨), 이름은 적(翟). 묵가(墨家)의 시조다. 유가(儒家)를 배웠으나 무차별적 박애와 겸애(兼愛)를 설파하고 전국시대에 습관적인 전쟁을 단호히 반대하는 평화론을 주장하여 유가와 견줄 만한 학파를 이루었다. 송(宋)나라의 대부를 지냈으며 병법에 있어 방어 전술에 능한 장수이기도 했다.

초나라가 중원의 패권을 차지한 후에 작은 영토의 송나라를 치고자 했다. 그 무렵 초나라에는 도끼 쓰는 재주가 남달리 뛰어난 공수반(公輪般)이라는 자가 있었다. 사람들은 감히 그와 겨룰 엄두를 내지 못했다. 그래서 공수반 앞에서 도끼 쓰는 재주를 자랑하는 자는 자신의 능력이 하찮은 줄을 모른다는 의미로 반문농부(班門弄斧)라는 말이 풍자되었다.

초나라 혜왕의 명에 따라 공수반은 성을 공격하는 데 쓰는 공성(攻城)

도구를 만들었다. 이는 사다리가 있는 수레 비슷한 것으로 높이 올리면 하늘에 떠 있는 구름에 닿는다고 하여 운제(雲梯)라고도 불렀다. 혜왕은 송나라를 치기 위해 공수반에게 서두를 것을 명했다.

이 소식을 들은 묵자는 발바닥이 부르트고 피가 나도록 열흘 밤낮으로 달려가 초나라 혜왕에게 전쟁 반대를 호소했다.

"초나라는 사방 5천 리나 되며 물자가 풍부하고 땅도 비옥합니다. 그러나 송나라는 겨우 5백리밖에 되지 않고 물자도 부족하고 땅도 척박합니다. 대왕께서는 화려한 수레가 수도 없이 많은데 남의 헌 수레를 훔칠 필요가 뭐가 있겠습니까? 수를 놓은 비단이 헤아릴 수 없이 많은데 남의 헌 베적삼을 훔쳐서 무얼 하시겠습니까?"

혜왕은 그 말이 일리가 있다고 생각했지만 송나라를 공격하고자 하는 결심을 포기하지 않았다. 그러자 묵자가 단호히 나서며 말했다.

"공수반이 만든 운제를 쓰시면 이길 것이라 생각하시는 것 같은데, 그럼 한번 실험해 보시지요. 제게 공격해 보십시오. 제가 막을 테니 말입니다."

묵자가 땅을 둘러놓고 성을 삼고 공수반이 공격하도록 했다. 아홉 번이나 공격 방법을 바꾸었지만 묵자가 다 막아냈다. 그걸 본 혜왕이 묵자가 있는 한 송나라를 이길 수 없다고 판단하여 공격을 포기했다.

묵자는 천하에 이익이 되는 것이라면 북돋우고 천하에 해가 되는 것이라면 없애는 것을 정치의 원칙으로 삼았다. 그는 인재를 등용할 때 농민이나 수공업자도 유능한 자라면 관리로 채용해서 쓰는 상현(尙賢)을 주장했다. 또한, 경제에 있어 백성들에게 해가 되는 재화와 노동력의 과소비를 금지하는 절용(節用)을 강조했다. 군주가 자신의 이익만을 추구하는 약탈이나 살상이나 전쟁을 반대했고 도리어 타인을 사랑하고 서로 함께 이익을 높이는 비공(非攻)과 겸애(兼愛)를 주장했다.

묵자는 그 무렵 백성들의 고통을 세 가지로 정리하였다. 첫째가 굶주린 자가 먹을 것을 얻지 못하는 것. 둘째가 추운 자가 옷을 얻지 못하는 것. 셋째가 수고하는 자가 휴식을 얻지 못하는 것. 이 세 가지가 백성들의 커다란 환란이었다. 백성을 구제할 수 있는 자는 군주뿐이었다. 그러니 군주는 백성을 사랑함에 단순히 측은지심(惻隱之心)을 갖는 것만이 아니라 반드시 굶주린 자에게 먹을 것을 주어야 하고, 추운 자에게 옷을 주어야 하며, 노동이나 부역으로 지친 자는 쉬게 해 주어야 한다. 이것은 군주만이 실질적인 재력과 권력을 지니고 있는 자라고 보았기 때문이다.

어떤 사람은 묵자를 공자(孔子)와 같은 시대 사람이라고 하고, 어떤 사람은 공자보다 뒤에 살았던 사람이라고도 한다.

태사공(太史公)은 말한다.

"나는 맹자(孟子)를 읽다가 양(梁)나라 혜왕(惠王)이 '어떻게 하면 우리나라를 이롭게 할 수 있겠습니까?'라고 질문한 구절에 이르면 그만 책을 덮고 탄식하지 않을 수 없었다. 아, 이롭다는 것이야말로 참으로 혼란의 시작이로다!

공자(孔子)는 이롭다는 것에 대해 말을 아끼면서도 '이익을 따라 행동하면 원망(怨望)이 많다.'고 말한 것은 혼란의 근원을 예방하고자 함이었다. 천자(天子)로부터 일반 백성에 이르기까지 이익을 좇아서 생긴 병폐가 어찌 서로 다르겠는가!"

제15편 맹상군 열전

卷七十五。

孟嘗君列傳

孟嘗君名文，姓田氏。文之父曰靖郭君田嬰。田嬰者，齊宣王少子而齊宣王庶弟也。田嬰自威王時任職用事，與成侯鄒忌及田忌將而救韓伐魏。成侯與田忌爭寵，成侯賣田忌。田忌懼，襲齊之邊邑，不勝，亡走。會威王卒，宣王立，知成侯賣田忌，乃復召田忌以為將。宣王二年，田忌與孫臏，田嬰俱伐魏，敗之馬陵，虜魏太子申而殺魏將龐涓。宣王七年，田嬰使於韓、魏，魏服於齊。嬰與韓昭侯、魏惠王會齊宣王東阿南，盟而去。明年，復與梁惠王會甄。

"맹상군은 제나라의 왕족으로 전국시대 사공자(四公子) 중 한 명이다. 진(秦), 제(齊), 위(魏)나라의 재상을 역임하였으며, 천하의 인재들이 그에게 몰려드니 그 명성이 실로 대단하였다."

●

맹상군(孟嘗君)의 성은 전(田), 이름은 문(文)이다. 부친은 제(齊)나라 선왕(宣王) 때 장군으로 활약한 전영(田嬰)이다. 전영에게는 여자가 여럿 있었다. 그로 인해 아들이 40명이나 되었다. 그중 전문의 어머니는 출신이 천한 첩이었다. 게다가 전문이 태어난 날은 공교롭게도 민간에서 상서롭지 못한 날이라는 5월 5일이었다. 그 이유로 아버지 전영은 아이를 갖다 버리라 하였다. 그러나 전문의 어머니가 그 말을 어기고 몰래 아이를 키웠다.

전문이 장성하자 어머니를 따라 아버지 전영을 찾아갔다. 전영은 뜻하지 않은 사실에 노하여 전문의 어머니를 크게 야단쳤다.

"내가 그때 아이를 버리라 하지 않았느냐? 그런데 감히 아이를 키운 것은 무슨 까닭이냐?"

그러자 어린 전문이 어머니를 대신하여 머리를 조아리며 말했다.

"도대체 저를 버리라 하신 까닭이 무엇이옵니까?"

전영이 대답했다.

"5월 5일에 태어난 아이는 키가 문설주 높이와 같아지면 장차 그 부모에게 이롭지 않다는 조상들의 말씀 때문이다."

전문이 이어 물었다.

"사람이 태어나면 그 운명은 하늘이 정합니까, 아니면 문설주가 정합니까?"

전영이 대답하지 못했다. 전문이 다시 물었다.

"운명은 하늘에서 받는 것인데 무엇을 걱정할 것이며, 또 설령 문설주에서 운명을 받는다고 하더라도 그 높이를 계속 올리면 누가 그 높이를 따라 키가 클 수 있겠습니까."

전영이 말했다.

"그만해라."

얼마 후 아버지 전영이 한가한 틈을 타서 전문이 물었다.

"아들의 아들은 무엇이라고 합니까?"

전영이 대답했다.

"손자라고 한다."

전문이 다시 물었다.

"손자의 손자는 무엇이라고 합니까?"

전영이 대답했다.

"현손(玄孫)이라고 한다."

전문이 물었다.

"그럼, 현손의 현손을 무엇이라고 합니까?"

전영이 말했다.

"그건 알 수 없다."

그러자 전문이 말했다.

"아버님께서는 제나라의 재상을 역임하셨고 세 분의 왕을 섬기셨습니다. 그 수고로 만금의 부를 쌓을 수 있었지만 아버님 휘하에는 어째 현명한 부하가 한 명도 없는 것입니까? 제가 듣기에 장수의 집안에는 반드시 장수가 나고, 재상의 집안에는 반드시 재상이 난다고 했습니다. 지금 아버님을 섬기는 여인들은 화려하고 비싼 옷을 입고 다니지만, 아버님을 찾아오는 선비들은 바지 하나도 얻어 입지 못하고 있습니다. 아버님을 모시는 하인과 첩들은 쌀밥과 고기반찬을 배불리 먹고 함부로 남기지만, 아버님을 찾아오는 선비들은 술 한 잔도 얻어먹지 못하고 있습니다. 창고에 저장한 물품과 양식은 남아돌아 알지도 못하는 자들에게 함부로 나눠 주고 있습니다. 그것은 나라 재정을 손상하는 일이 아니겠습니까. 저는 아무리 생각하여도 이런 일들이 이상할 따름입니다."

전영이 가만히 말을 들어 보니 아들 전문이 생각하는 것이 참으로 총명하기 그지없었다. 이날 이후로 전문에게 집안일을 돌보게 했고 손님 접대를 맡도록 했다. 전문은 집안에 찾아오는 손님들을 예를 다하여 모셨다. 그러자 소문이 알려졌고 점점 손님이 늘어났다. 이후 그 명성은 주변 나라에까지 알려지게 되었다.

그런 가운데 전영의 친구들과 제후와 여러 대신들이 전문을 상속자로 삼으라고 추천하기에 이르렀다. 전영이 고심한 후에 그대로 따랐다. 후에 전영이 죽으니 시호를 정곽군(靖郭君)이라 했다. 전문이 그 뒤를 이어 설 땅의 영주가 되니, 이가 바로 맹상군(孟嘗君)이다.

맹상군은 언제나 찾아오는 빈객들을 후하게 대접하였다. 귀하고 천하고를 따지지 않았다. 누구든 자신과 동등하게 대우했다. 그 소문을 듣고 천하의 선비들이 모여 들자 식객이 어느덧 수천 명에 이르렀다.

맹상군은 손님과 담소를 나눌 때에는 병풍 뒤에 항상 시종을 두었다. 그 시종은 맹상군이 손님에게 살고 있는 곳을 물으면 그 주소를 기록했다. 대화가 끝나고 손님이 돌아가면 맹상군은 사람을 시켜 그 집에 예물을 전해 주었다.

한번은 맹상군이 손님과 저녁밥을 함께 먹고 있을 때였다. 손님이 갑자기 자리에서 일어나 버럭 화를 내는 것이었다.

"어떻게 같은 밥상에서 주인과 손님의 밥이 다르단 말이오?"

그러자 맹상군이 일어나 자신의 밥그릇을 손님 것과 비교해 보이니 똑같았다. 손님은 자신의 오류가 너무 부끄러워 크게 사죄하고 서둘러 도망갔다. 이 소문이 알려지자 선비들이 맹상군을 숭모하여 더 많이 찾아왔다. 또한 맹상군이 찾아오는 모든 이에게 잘 대우하자, 손님들은 누구나 맹상군과 친하다고 자부하게 되었다.

그 무렵 진(秦)나라 소왕(昭王)은 제나라에 아들 경양군(涇陽君)을 볼모로 보냈다. 소왕이 맹상군의 소문을 듣고 진나라에 초청하였다. 이에 맹상군이 아무 거리낌 없이 진나라에 가려하자 친한 빈객들이 모두 가지 말 것을 당부했다. 하지만 맹상군은 그 말을 듣지 않았다. 그러자 빈객 중 한 사람인 소대(蘇代)가 나서서 말했다.

"오늘 아침 제가 길가에서 나무 인형과 흙 인형이 말하는 것을 들었습니다. 나무 인형이 먼저 말했습니다.

'하늘에서 비가 오면 그대는 장차 무너질 것이오.'

그러자 흙 인형이 대답했습니다.

'나는 흙에서 태어났으니 무너져도 흙으로 돌아갈 뿐이오. 그러나 만약 하늘에서 큰비가 오면 그대는 떠내려가 어느 곳에서 멈추는지 알지 못할 것이오.'

지금 진나라는 탐욕이 가득 찬 나라입니다. 그런데 맹상군께서는 초청을 받으셨다고 무작정 가고자 하시니, 만약 다시 돌아오지 못하면 흙 인형의 비웃음을 면치 못할 것입니다."

그러자 맹상군은 고개를 끄덕이며 가지 않았다.

제(齊)나라 민왕(湣王) 25년, 진나라에서 또다시 맹상군을 초청하였다. 이번에는 빈객들과 논의 끝에 진나라로 떠났다. 소왕이 맹상군과 대화를 나누어 보니 참으로 현명하고 지혜로운 자라는 느낌을 받았다. 맹상군이 물러간 후에 소왕이 신하들에게 물었다.

"맹상군을 재상으로 삼으면 어떻겠느냐?"

그러자 신하 중 한 사람이 나서서 말했다.

"맹상군은 제나라의 왕족입니다. 만약 그를 진나라의 재상으로 삼는다면, 그는 반드시 제나라를 먼저 생각하고 진나라를 나중에 생각할 것입니다. 그렇게 되면 진나라는 위태로워질 것입니다."

소왕은 그 말에 고개를 끄덕이며 이내 생각을 접었다. 그러자 신하 중 누군가 나서서 말했다.

"지금 맹상군의 현명함은 언제고 우리 진나라에 위협이 될 수 있습니다. 하오니 그를 그냥 돌려보내지 마시고 잡아 죽이는 것이 옳은 일이라 하겠습니다."

이 사실을 전해들은 맹상군은 급히 사람을 시켜 소왕이 총애하는 첩에게 귀국할 수 있도록 도움을 요청했다. 그러자 소왕의 첩이 대답했다.

"제가 왕께 아뢰어 무사히 귀국할 수 있도록 할 테니, 그 답례로 맹상군이 가져왔다는 흰여우 가죽옷을 제게 주십시오."

그 말을 전해들은 맹상군은 난감하기 짝이 없었다. 하루 전에만 해도 맹상군에게는 흰여우 가죽옷이 하나 있었는데 값이 천금이나 나가고 천하에 둘도 없는 것이었다. 하지만 진나라 소왕에게 이미 예물로 바쳐 수중에 없기 때문이었다. 함께 온 수행원들과 해결책을 논의했으나 아무도 대답하지 못했다.

그때 가장 말석에 앉아 있던, 맹상군을 만나기 전에 개 짖는 소리를 내어 도둑질을 했던 자가 말했다.

"소인이 흰여우 가죽옷을 훔쳐 오겠습니다."

그는 그날 밤 개 짖는 소리를 교묘히 내어 진나라 궁중 창고에 몰래 들어갔다. 그리고 흰여우 가죽옷을 훔쳐 가지고 나왔다. 맹상군이 그를 칭찬하고는 서둘러 부하를 시켜 흰여우 가죽옷을 소왕의 첩에게 갖다 주도록 했다.

그러자 그날 밤 첩이 이부자리에서 소왕에게 맹상군을 그냥 놓아주라고 간청하였다. 소왕은 첩의 말대로 맹상군을 놓아주라 하였다. 이에 맹상군은 수행원들과 서둘러 궁을 빠져나왔다. 그리고 우선 출입증의 이름과 성을 바꾸고 말을 타고 달려 국경으로 향했다. 한밤중이 돼서야 국경인 함곡관(函谷關)에 도착했다.

그 시각에 마침 소왕은 맹상군을 풀어 준 것을 크게 후회하고 있었다. 그래서 다시 잡아들이라고 신하들에게 명한 후였다. 진나라 군사들이 말을 타고 급히 쫓아오고 있었다. 그런데 함곡관은 닭이 울어야 성문을 여는 것이 규정이었다. 닫힌 성문 앞에서 맹상군은 두렵고 초조했다. 금세라도 진나라 군사들이 추격해 올 것만 같았다. 그때 수행원 중 하나가 교묘하게 닭 울음소리를 내자 다른 닭들이 일제히 따라 울었다. 그러자 한밤중임에도 성문이 열렸다. 맹상군과 그 일행은 무사히 빠져나가게 되었다. 잠시 후 추격해 오는 진나라 군사들이 보였지만 그들은 빈손으로 돌아갈 수밖에 없었다.

맹상군이 처음 진나라 사절단을 구성할 때, 개 짖는 소리와 닭 울음소리를 내는 이 두 사람을 포함시켰다. 그러자 다른 사절단 일행들이 모두 수치스럽게 생각했었다. 하지만 정작 곤란을 겪었을 때 이 두 사람의 도움으로 살아 돌아올 수 있었으니, 모두 이 두 사람에게 경의를 표하였다.

고국으로 돌아가기 전에 맹상군은 조(趙)나라 땅을 지나고 있었다. 그곳 사람들이 맹상군이 현명하다는 소문을 듣고 얼굴이라도 한번 보고자 몰려나왔다. 하지만 모두들 깔깔대며 조롱하듯 말했다.

"키도 크고 늠름하다고 생각했는데, 이제 보니 작고 못난 사람이구만!"

그 소리를 듣자 맹상군은 화가 났다. 조롱과 수치를 이기지 못하고 수행원들에게 명했다.

"저놈들에게 당장 칼 맛을 보여 주도록 하라!"

그렇게 하여 그 마을 사람 수백 명을 칼로 베어 죽이고 제나라로 돌아갔다.

그 무렵 제나라 민왕은 맹상군을 진나라로 보낸 것을 크게 후회하고 있었다. 다행히 맹상군이 무사히 돌아오자 서둘러 재상으로 삼았다. 재상에 오른 맹상군은 진나라의 무례함을 잊지 않고 있었다. 마침 한나라 위나라와 동맹을 맺어 초나라 공격을 마치고 그 기세를 몰아 진나라를 치려고 하였다. 그러기 위해서는 더 많은 병력과 물자가 필요했기에 서주(西周)로 옮긴 주나라 황실을 찾아가 군사와 식량을 빌리려 했다. 그러자 소대가 나서서 말했다.

"제나라가 한나라 위나라와 연합해 초나라를 공격하여 북쪽 완(宛)과 섭(葉) 땅을 빼앗았습니다. 하지만 그건 도리어 한나라와 위나라를 강하게 했을 뿐입니다. 그런데 지금 다시 진나라를 공격한다는 것은 그 두 나라를 더 이롭게 하는 일입니다. 한나라와 위나라가 남쪽 초나라에 대한 근심이 없고, 서쪽 진나라에 대한 걱정이 없다면, 그건 오히려 우리 제나라를 위태롭게 하는 일입니다. 그러니 오히려 진나라와 깊이 협력하시는 것이 현명한 일이십니다. 따라서 주나라 황실에 군사와 식량을 빌리려는 계획은 취소해 주십시오.

그리고 함곡관에 도착하시거든 진나라를 치지는 않을 것이니 진나라는 초나라 회왕(懷王)을 풀어 주어 화친하기를 바란다고 말하십시오. 이렇게 하시면 진나라는 어쩔 수 없이 받아들일 겁니다. 그래서 초나라 회왕이 풀려나면 그는 반드시 제나라에 고마워할 것입니다. 이후로 진나라가 크게 번성하지 않는 한 서쪽의 세 나라는 모두 제나라를 귀하게 여길 것입니다."

맹상군이 대답했다.

"좋소, 그대 말대로 행하리라!"

이로 인해 진나라는 억류하고 있던 초나라 회왕을 돌려보낼 수밖에 없었다.

맹상군이 제나라 재상이 되고 나서 자신의 봉읍인 설 땅의 세금 거두는 일을 위자(魏子)라는 이에게 맡겼다. 하지만 위자는 세 차례나 설 땅을 다녀왔으면서도 한 푼의 세금을 가져오지 않았다. 맹상군이 그를 불러 물었다.

"세금을 정말로 한 푼도 거두지 못한 것이오?"

위자가 대답했다.

"세금을 거두기는 했으나 도중에 어진 이를 만나 그에게 다 주었습니다."

맹상군이 너무도 어처구니가 없어 화를 내며 당장에 위자를 물러나게 했다.

그리고 몇 년이 흘렀다. 누군가 맹상군을 헐뜯는 상소를 올렸다. 그 내용이 너무도 어이가 없었다.

"맹상군이 반란을 일으키려 한다!"

이 상소를 읽은 민왕은 맹상군을 의심하게 되었다. 왕의 행동이 달라진 것을 알게 된 맹상군은 그만 달아나고 말았다. 며칠 후 어떤 자가 궁궐 앞에서 민왕에게 상소를 올렸다.

"맹상군은 결코 반란을 일으킬 인물이 아닙니다. 그건 소인이 죽음으로 맹세할 수 있습니다."

하고는 궁궐 앞에서 맹상군의 결백을 증명해 보인다며 칼로 자신의 목을 찔러 자결하고 말았다. 그는 맹상군이 전혀 모르는 자였다. 나중에 알고 보니 이전에 위자가 만나 거둔 세금을 다 주었다는 그 어진 이였다.

민왕이 이에 놀라 맹상군의 행적을 다시 철저히 조사해 보니 자결한 자의 말이 맞았다. 민왕이 이전 일을 사과하며 다시 맹상군에게 재상을 맡아 달라고 하였다. 하지만 맹상군은 병을 구실 삼아 거절하였다.

그 뒤 진나라 출신인 여례(呂禮)가 재상에 올랐다. 하지만 소대가 그의 의견에 늘 반박을 했다. 그러자 여례는 소대를 핍박하기 시작했다. 소대가 이 사실을 맹상군에게 일러바쳤다.

"이전에 주나라 왕실 출신인 주최(周最)는 우리 제나라에서 신임을 얻었습니다. 하지만 간신 친불(親弗)의 말을 들은 민왕이 그를 쫓아내고 여례를 재상으로 삼았습니다. 이는 진(秦)나라와 관계를 개선하고자 하는 의도였습니다. 제나라가 진나라와 연합한다면 분명 친불과 여례는 중용될 것입니다. 그러나 이 두 사람이 중용되면 맹상군께서는 설 자리가 없게 됩니다. 그러니 당장 군사를 이끌고 북쪽 조나라를 돕도록 하십시오. 그러면 진나라가 형세의 변화를 느껴 제나라보다는 다른 나라와 화친하게 될 것입니다. 그렇게 되면 맹상군께서는 주최를 불러들여 후하게 대우해 주십시오. 그를 위해 왕의 신임을 회복시켜 준다면 제나라에 대한 주변 제후들의 불신을 떨쳐 버릴 수 있을 겁니다. 이는 나라의 불행을 미연에 방지하는 계책입니다. 그렇게 해서 제나라가 진나라와 관계를 맺지 않으면, 제후들은 모두 제나라로 모일 것입니다. 그러면 간신 친불이는 반드시 달아나고 말 것입니다. 그런 상황이 되면 민왕이 과연 누구와 국정을 논의하겠습니까?"

맹상군이 소대의 계책을 따르자 여례가 맹상군을 해치려 하였다. 이에 두려움을 느낀 맹상군이 진나라 재상 위염(魏冉)에게 다음과 같은 편지를 보냈다.

"진(秦)나라는 여례를 앞세워 제나라와 관계 개선을 도모한다고 하는데, 이는 사실 제나라를 빼앗으려 하는 것이 아닙니까? 만약 여례가 성공한다면 틀림없이 진나라에 중용될 것입니다. 그러면 재상께서는 절대 자리를 지킬 수 없을 것입니다. 진나라가 제나라와 관계 개선을 하게 되면 여례가 두 나라의 재상을 겸하게 될 것이기 때문입니다. 그렇게 되면 세상 사람들은 재상께서 여례를 귀하게 만들었다고 모두 비웃고 말 것입니다. 그런데다가 나라를 빼앗긴 제나라 백성들은 재상을 분명 원수로 여겨 복수하고자 할 것입니다.

그러니 재상께서는 제나라와 관계 개선보다는 제나라를 공격하는 것이 차라리 낫습니다. 제나라를 점령하면 분명 진나라 왕은 재상에게 제나라를 맡길 것입니다. 하지만 제나라를 점령하지 못하면 여례가 등용되고 재상께서는 위태로워질 것입니다."

이 말에 따라 위염이 진나라 소왕에게 건의해 제나라를 공격하자 여례가 황급히 달아나고 말았다.

이후 제나라 민왕은 송(宋)나라 땅을 얻고자 했다. 그리고 맹상군을 제거하려 했다. 맹상군이 그 소문을 듣고 두려워 위(魏)나라로 도망갔다. 위(魏)나라 소왕(昭王)은 맹상군을 재상으로 삼았다. 이어 진(秦)나라, 조나라, 연(燕)나라와 함께 제나라를 쳐서 무너뜨렸다. 민왕은 거(莒) 땅으로 도망쳐서 거기서 죽었다.

제나라에서 양왕(襄王)이 즉위하자 맹상군은 중립을 지켰다. 그러나 양왕은 맹상군을 두려워해 그와 화친하였다. 그리고 얼마 후 맹상군이 죽었다. 맹상군이라는 시호는 이때 받은 것이다. 나중에 맹상군의 여러 아들이 설 땅의 제후 자리를 놓고 서로 다투었다. 하지만 그 틈을 노려 위나라가 쳐들어와 멸망시켰다.

　한번은 풍환(馮驩)이라는 자가 맹상군이 빈객을 좋아한다는 말을 듣고 남루한 차림으로 찾아왔다. 맹상군이 그에게 물었다.

　"선생은 먼 길에서 오셨는데, 나에게 무엇을 가르쳐 주시겠습니까?"

　풍환이 말했다.

　"귀공께서 선비를 좋아한다는 말을 듣고 가난한 이 몸을 의지하려고 왔습니다."

　맹상군이 그렇게 하라고 허락하였다. 풍환이 빈객으로 머문 지 10일이 지나서 맹상군이 빈객을 담당하는 집사에게 물었다.

　"그 손님은 무엇을 하고 있는가?"

　집사가 대답했다.

　"풍환은 가지고 있는 것이라고는 칼 한 자루가 전부인 가난한 자입니다. 그 칼자루도 아주 낡고 보잘것없는 것입니다. 그런데 매일 그 칼을 두드리며 노래하기를 '칼아! 돌아가자. 식사에 생선 반찬이 없구나.'라고 투정만 합니다."

　그러자 맹상군이 그를 좋은 방으로 옮기게 하고 식사에도 생선 반찬을 놓게 했다. 5일 뒤에 다시 집사에게 물으니 집사가 대답했다.

　"풍환은 여전히 칼을 두드리며 노래만 합니다. '칼아! 돌아가자. 나가려고 해도 수레가 없구나.'라고 불평뿐입니다."

　맹상군이 그를 크고 좋은 방으로 옮기게 하고, 외출할 수 있는 수레를 타게 하였다. 그리고 5일 뒤에 다시 물으니 집사가 대답했다.

　"풍환은 또 칼을 두드리며 노래만 합니다. '칼아! 돌아가자. 집이 없구나.'라고 불평만 해대고 있습니다."

그러자 맹상군이 언짢아했다. 그 후 1년이 지나도록 풍환은 말을 하지 않았다. 맹상군은 그때 제나라의 재상이 되어 설 땅에 만호(萬戶)를 봉읍으로 받았다. 그의 식객은 3천 명에 이르러 그 봉읍의 세금으로는 식객들을 대접하기에는 부족했다. 그래서 사람을 시켜 설 땅의 백성들에게 돈을 대부해 주어 이자를 받는 것으로 비용을 충당하고자 했다.

1년이 지나자 돈을 빌려 간 많은 사람들이 이자를 제때 내지 못했다. 그러자 맹상군이 집사들에게 물었다.

"누가 빌려준 돈을 회수해 올 수 있겠는가?"

그때 식객 집사가 대답했다.

"큰 방에 묵고 있는 풍환이 다른 재주는 없으나 말을 잘하여 제격인 줄 압니다."

맹상군이 풍환을 불러 그 일을 청했다.

"선생께서 책임지고 빌려 준 돈을 거두어 주기를 원합니다."

풍환이 대답했다.

"알겠습니다."

풍환이 설 땅에 도착해 이자 10만 전을 거두었다. 그리고 그 돈으로 많은 술과 고기를 준비해 돈을 빌려 간 사람을 다 모았다. 이자를 낸 사람도 오고, 이자를 낼 수 없는 사람도 오게 했다. 술자리가 한창 무르익었을 때 이자를 낼 수 있는 사람에게는 기한을 다시 정해 주고, 너무 가난해 이자조차 낼 수 없는 사람에게는 돈 빌린 증서를 받아서 불태워 버렸다. 풍환이 사람들에게 말했다.

"맹상군께서 돈을 빌려 준 까닭은 가난한 여러분들이 본업(本業)에 충실하도록 돕기 위해서입니다. 제가 이자를 받는 까닭은 맹상군께서 빈객들을 대접할 비용이 없기 때문입니다. 이제 형편이 되는 사람은 기한을 정해 주었고, 가난한 사람은 증서를 태워 없앴으니 마음껏 편안하게 음식과 술을 드시기 바랍니다. 그리고 결코 맹상군의 덕행을 잊지 마십시오."

그러자 모든 사람들이 일어나서 풍환에게 두 번 절했다.

맹상군은 대부증서를 불태웠다는 소식을 듣고 노하여 풍환을 불렀다. 풍환이 도착하자 맹상군이 말했다.

"지금은 수입도 적은데 백성들은 오히려 이자조차 내지 않고 있습니다. 그래서 선생에게 그것을 책임지고 거두게 한 것입니다. 그런데 듣자니 선생은 이자를 받아 그것으로 많은 고기와 술을 사서 백성들에게 나누어 주고 오히려 대부증서를 불태웠다고 하니 그게 사실입니까?"

풍환이 말했다.

"그렇습니다. 고기와 술을 갖추지 않으면 사람들을 다 모을 수가 없고, 이자를 낼 수 있는 사람과 어려운 사람을 알 수가 없습니다. 여유가 있는 사람에게는 기한을 정해 주어야 합니다. 그러나 여유가 없는 사람에게는 독촉해도 이자만 늘어날 것이고 그러다가 마음이 급해지면 달아날 것입니다. 만약 독촉해서 받을 수 없다면 위로는 맹상군께서 이익만을 좋아해 백성들을 사랑하지 않는다고 할 것이고, 아래로는 백성들에게 맹산군이 빚을 독촉한다는 말을 듣게 될 것입니다. 이것은 명성을 드러내는 것이 아닙니다. 빚 증서를 불태운 것은 받을 수 없는 계산을 버린 것입니다. 그로 인해 설 땅의 가난한 백성들이 맹상군을 흠모하게 되니 이는 명성을 드러내는 일입니다. 그런데 어째서 그것을 나쁘게 의

심하시는 것입니까?"

그 말을 듣자 맹상군은 손뼉을 치면서 옳다 하고 도리어 풍환에게 감사를 표했다.

맹상군의 명성이 높아지자 그를 시기하는 많은 상소들이 올라왔다. 제나라 민왕은 근거 없는 상소에 현혹되어 그만 맹상군을 재상의 자리에서 쫓아냈다. 그러자 맹상군을 찾아오던 그 많은 빈객들이 발길을 끊었다. 이에 맹상군이 깊이 절망하였다. 이때 풍환이 나서서 맹상군에게 말했다.

"저에게 진나라에 갈 수 있는 수레를 빌려주십시오. 그러면 반드시 제나라에 중용되어 이전 봉읍보다 더 많은 것을 얻도록 해 드리겠습니다."

맹상군이 바로 수레와 여비를 준비해 주었다. 풍환이 진나라로 가서 왕을 만나 말했다.

"천하의 선비들이 진나라에 오는 것은 진나라를 강하게 하고 제나라를 약하게 하려는 계책입니다. 그러나 제나라에 오는 사람은 제나라를 강하게 하고 진나라를 약하게 하려는 자들입니다. 이 두 나라가 지금은 양립해 있지만 천하의 패자는 둘이 될 수는 결코 없는 것입니다."

이에 진나라 왕이 물었다.

"어떻게 해야 진나라가 천하를 제패하겠소?"

풍환이 대답했다.

"왕께서는 제나라가 맹상군을 파면시킨 것을 잘 알고 계실 겁니다. 제나라를 강한 나라로 만든 사람은 맹상군입니다. 지금 제나라 왕이 비방을 듣고 맹상군을 파면시켰으니 맹상군은 원망하는 마음이 있어 반드시 제나라를 배반할 것입니다. 그가 제나라를 배반하고 진나라에 들어오면 제나라의 실정을 진나라에 모두 다 이야기할 것이며, 그러면 대왕께서는 제나라를 얻을 수 있는 계책을 듣게 될 것이고 따라서 천하의 패자가 될 것입니다. 그러니 대왕께서는 급히 사자를 시켜 예물을 싣고 가서 은밀히 맹상군을 맞이하십시오. 만약 제나라가 이를 알고 다시 맹상군을 등용한다면 천하의 패자는 알 수 없을 것입니다. 그러니 시기를 놓치지 마십시오."

그 말을 듣고 진나라 왕이 크게 기뻐하였다. 곧바로 사신 편으로 수레 10승(乘)과 황금을 가득 보내 맹상군을 맞이하게 했다. 이어 풍환은 서둘러 진나라를 떠나 사신보다 먼저 제나라에 도착해 왕에게 말했다.

"천하의 선비들이 제나라를 찾는 것은 제나라를 강하게 하고 진나라를 약하게 하려는 계책입니다. 무릇 제나라와 진나라는 서로 다투는 나라로 진나라가 강하면 제나라는 약하게 되고 제나라가 강하면 진나라가 약하게 됩니다. 그러나 두 나라 모두 천하의 패권자가 될 수는 없습니다. 지금 진나라에서 사자를 보내 맹상군을 모셔 가려 한다고 합니다. 맹상군이 가지 않으면 그만이지만, 만약 가게 되면 진나라의 재상이 되어 천하의 패권을 거머쥐게 될 것입니다. 이는 제나라에 위험한 일입니다. 왕께서는 진나라의 사자가 도착하기 전에 먼저 맹상군을 다시 등용하시는 것이 옳은 줄 아뢰옵니다. 그러면 맹상군은 기뻐하며 다시 받을 것입니다. 강한 진나라를 어찌 더 강하게 할 수 있겠습니까? 왕께서는 서둘러 진나라의 책략을 끊어야만 합니다."

제나라 왕이 대답했다.

"듣고 보니 옳은 말이오. 그리 하겠소."

왕은 사람을 시켜 국경 주변을 살펴보게 했다. 진나라 사신의 수레가 제나라의 국경으로 들어오려 한다고 보고하자 왕이 황급히 맹상군을 불렀다. 재상의 지위를 회복시켰고, 옛 봉읍의 땅에 천 호를 더해 주었다. 진나라의 사자는 맹상군이 다시 제나라의 재상이 되었다는 말을 듣고 수레를 되돌려 돌아갔다.

맹상군이 다시 재상에 올랐다는 소식에 빈객들이 다시 찾아왔다. 그러자 맹상군은 크게 탄식하며 말했다.

"내가 빈객들에게 대접할 때 소홀함이 없었던 것은 풍환 선생께서도 아는 바입니다. 그러나 그들은 내가 파직되는 것을 보고 나를 저버린 자들입니다. 이제 내가 다시 그 지위를 얻었지만, 식객들은 무슨 면목으로 나를 찾아온단 말입니까? 만약 다시 나를 보러 오는 자가 있다면 내 반드시 그 얼굴에 침을 뱉고 말 것입니다."

그 말을 들은 풍환이 말고삐를 메어 놓고 수레에서 내려와 절을 했다. 그러자 맹상군이 물었다.

"선생이 식객들을 대신해서 사과하시는 것입니까?"

풍환이 대답했다.

"식객들을 대신해서 사과하는 것이 아닙니다. 맹상군께서 말을 실수하셨기 때문입니다. 무릇 사물에는 반드시 그렇게 되는 결과가 있고, 일에는 당연히 그렇게 되는 도리가 있습니다. 그것을 아십니까?"

맹상군이 대답했다.

"나는 어리석어 선생이 말하는 바를 알지 못하겠습니다."

그러자 풍환이 말했다.

"살아 있는 것이 반드시 죽는다는 것은 사물의 필연적 결과입니다. 부유하고 귀하면 친구가 많고, 가난하고 천하면 친구가 적은 것은 일의 당연한 이치입니다. 맹상군께서는 아침에 시장에 모이는 사람들을 혹시 보셨습니까? 날이 밝으면 어깨를 비비고 다투며 시장으로 들어가는데, 날이 저문 뒤에는 사람들이 어깨를 늘어뜨리며 시장을 돌아보지 않습니다. 이것은 아침을 좋아하고 저녁을 미워하는 것이 아니라, 기대하는 것이 시장 안에 없기 때문입니다. 그러니 맹상군께서는 지위를 잃었을 때 빈객들이 다 떠나간 것을 굳이 원망할 필요가 없습니다. 이전 일은 그런가 보다 하고 그냥 예전처럼 빈객들을 잘 대우하시면 되는 것입니다."

이에 맹상군이 두 번 절하며 대답했다.

"삼가 그 말씀대로 따르겠습니다."

태사공은 말한다.

"내가 일찍이 설(薛) 땅을 지난 적이 있는데, 그 마을은 대체로 흉포한 젊은이들이 많아 추(鄒)나라나 노(魯)나라와는 달랐다. 그 까닭을 물으니 '맹상군(孟嘗君)이 천하의 협객과 무뢰배를 불러 모아 설 땅에 들어온 자가 대략 6만여 호(戶)에 이르렀다.'고 했다. 세상에 전하는 말에 의하면 맹상군은 손님이 찾아오는 것을 스스로 즐거워했다고 하는데, 그 이름이 헛된 것만은 아니었다."

제16편

평원군, 우경 열전

平原君趙勝者、趙之諸公子也。〔諸子中勝最賢、喜

賓客，賓客蓋至者數千人。平原君相趙惠文王及孝成

王、三去相、三複位，封於東武城。平原君家樓臨

民家。〔民家有躄者、槃散行汲。平原君美人居樓上、

臨〕之而明笑之。〔明日、躄者至平原君門、請曰臣聞

君之嘉士、士不遠千里而至者、以君能貴士而賤妾

也。臣不幸有罷癃之病，而君之後宮臨而笑臣。臣願

得笑臣者頭。平原君笑應曰諾。躄者去。平原君笑曰

観此豎子，乃欲以一笑之故殺

> "평원군은 전국시대 사공자(四公子) 중 한 명이다. 재능과 지혜가 뛰어나 세 차례나 조(趙)나라 재상에 오른 자이다. 특히 사람을 좋아해 찾아오는 식객이 3천 명을 넘었다고 한다."

●

평원군

평원군(平原君)의 성은 조(趙), 이름은 승(勝)이다. 조(趙)나라 혜문왕(惠文王)의 동생이다. 형제 중에서 가장 현명했고, 손님 접대를 잘해 찾아오는 이가 수천 명이나 되었다.

평원군의 집은 마을이 내려다보이는 높은 곳에 있었다. 그 마을에 절름발이가 살았다. 그가 물을 길어 절룩거리며 걸어오는 모습을 평원군의 애첩이 누각에서 내려다보다가 그만 우스워 크게 웃었다.

다음 날 그 절름발이가 평원군을 찾아와 말했다.

"저는 귀공께서 선비를 좋아한다고 들었습니다. 선비들이 천 리를 멀다 않고 찾아오는 것은 귀공께서 선비를 귀하게 여기고 첩을 천하게 여길 줄 알기 때문입니다. 저는 불행히도 다리를 절고 등이 굽은 처지입니다. 어제 귀공의 첩이 저를 내려다보고 비웃었습니다. 원컨대 저를 비웃은 그 여자의 머리를 베어 주십시오."

평원군이 그 말을 하찮게 듣고 대답했다.

"약속하겠소."

절름발이가 돌아가자 평원군이 크게 웃으며 말했다.

"내 애첩이 한 번 비웃은 것을 가지고 죽이라고 하니, 저놈은 참으로 어이없는 놈이구나!"

평원군은 약속과 달리 애첩을 죽이지 않았다.

그 뒤 일 년 정도 지나자 절반 이상의 빈객들이 평원군을 떠났다. 이를 이상하게 여긴 평원군이 빈객들에게 물었다.

"내가 여러분들을 대접할 때 소홀하지 않았는데 어째서 떠나는 것이요?"

그러자 빈객 중 한 사람이 대답했다.

"일전에 귀공께서 절름발이와 한 약속을 지키지 않았기 때문입니다. 그래서 선비들은 귀공께서는 여색(女色)만 좋아하고 선비는 천하게 여긴다고 생각해 떠나는 것입니다."

그 말을 듣자 평원군은 깨달은 바가 있어 서둘러 애첩의 목을 베었다. 그리고 그 목을 절름발이에게 보여 주며 정중히 사과했다. 그 후에 선비들이 다시 모여들었다. 이 무렵 조(趙)나라에는 평원군, 제(齊)나라에는 맹상군(孟嘗君), 위(魏)나라에는 신릉군(信陵君), 초(楚)나라에는 춘신군(春申君)이 있어서 서로 경쟁하며 천하의 선비들을 대접하였다.

진(秦)나라가 조나라의 수도 한단(邯鄲)을 포위하자, 왕은 평원군을 시켜 초나라에 구원을 요청도록 하였다. 이에 평원군이 대답했다.

"초나라와 평화롭게 담판을 짓고 오도록 하겠습니다. 행여 그럴 수 없다면 피를 마시더라도 반드시 맹약을 맺고 오겠습니다. 같이 갈 일행들은 제 식객과 문하에서 기량과 무예가 뛰어난 자들로 뽑겠습니다."

그렇게 하여 19명을 뽑았으나 미처 한 명을 채우지 못했다. 그때 식객 중에 모수(毛遂)라는 자가 앞에 나와 스스로 추천하며 말했다.

"초나라 사절단에 한 명이 부족하다고 들었습니다. 귀공께서는 저를 데려가 주십시오."

평원군이 물었다.

"선생은 나의 문하에 계신 지 얼마나 되셨습니까?"

모수가 대답했다.

"3년 되었습니다."

평원군이 말했다.

"무릇 실력 있는 선비라면 주머니 속에 있는 송곳과도 같아서 당장에 그 끝이 금세 드러나 보이는 것입니다. 그런데 3년 동안 선생에 대한 말을 내가 들어본 적이 없으니, 이는 선생께서 뛰어난 면이 없기 때문이 아닙니까? 그러니 선생을 데려갈 수 없습니다."

그러자 모수가 말했다.

"저는 오늘에서야 귀공의 주머니에 넣어 달라는 말을 하는 겁니다. 제가 일찍이 그 주머니 속에 있었다면 벌써 자루까지 드러나고 말았을 겁니다."

그 말을 듣자 평원군은 기쁘게 웃으며 모수를 데려가기로 하였다. 하지만 일행 중 대부분은 모수를 하찮게 여겼다.

평원군이 초나라 왕과 합종에 관해 논의하며 구원 병력을 요청하였는데, 회의가 이른 아침에 시작하여 한낮이 되도록 확답을 얻지 못했다. 그 모습을 답답하게 여긴 모수가 갑자기 단상 위로 뛰어들었다. 한 손에 칼을 쥐고 또 한 손으로는 초나라 왕의 멱살을 움켜잡으며 말했다.

"된다, 안 된다 한 마디면 될 것을 어찌 이토록 시간을 끄시는 것입니까?"

그러자 초나라 왕이 두려워 떨며 평원군에게 물었다.

"이자는 누구입니까?"

평원군이 대답했다.

"저의 부하입니다"

그러자 초나라 왕이 꾸짖으며 말했다.

"네 이놈! 당장 칼을 내려놓지 못하겠느냐? 내가 너의 주인과 함께 이야기하고 있는데 어딜 함부로 나서느냐?"

그러자 모수가 멱살을 더욱 세게 쥐며 칼을 만지면서 말했다.

"왕께서는 지금 이 자리에 초나라 사람이 많다고 생각하시는 모양입니다. 그러나 왕의 목숨은 이제 저의 손에 달려 있습니다. 제가 감히 한 말씀만 올리겠습니다.

지금 초나라 땅은 사방 5천 리이고, 무기를 가진 군사가 1백만 명입니다. 이런 초나라를 이길 나라는 천하에 없습니다. 그런 초나라가 진나라의 하찮은 장군 백기(白起)와 한 번 싸워 언영(鄢郢)을 빼앗기고, 두 번 싸워 이릉(夷陵)이 불타고, 세 번 싸워 나라가 위태로울 정도가 되었습니다. 천하에 이보다 더한 수치는 없을 겁니다. 그런데 왕께서는 이걸 깨닫지 못하고 계십니다. 지금 합종을 논의하는 것은 초나라를 위한 것이지 우리 조나라를 위한 것이 아닙니다. 왕께서는 서둘러 결정해 주십시오. 그렇지 않으면 이 칼이 무슨 불행을 만들지 저 또한 알 수 없습니다."

초나라 왕이 떨리는 목소리로 말했다.

"그 말이 맞소. 당장에 합종을 맺고 조나라에 군대를 파견하겠소."

모수가 재차 물었다.

"그럼 합종과 파병은 결정된 것이지요?"

초나라 왕이 대답했다.

"그렇소. 결정됐소."

이어 모수가 초나라 신하들에게 요청했다.

"닭과 개와 말의 피를 가지고 오시오!"

신하들이 가져온 피를 쟁반에 받쳐 들고, 모수는 무릎을 꿇은 채 초나라 왕에게 올리면서 말했다.

"왕께서 먼저 피를 마셔 합종의 맹약을 결정하십시오. 그 다음은 우리 주인이 마시겠습니다."

그렇게 하여 마침내 합종의 맹약이 결정되었다. 모수의 신속하고도 과감한 결정에 일행 모두는 감탄을 금치 못했다. 평원군이 돌아와 모수에게 말했다.

"지금껏 내가 고른 선비는 누구도 천하의 인재가 아닌 적이 없었소. 그런데 나는 하마터면 모수 선생을 알아보지 못할 뻔했소. 선생의 그 세 치 혀는 백만 군사보다도 강하오."

이후 평원군은 모수를 상객(上客)으로 모셨다.

평원군이 돌아가자, 초나라는 춘신군을 장군으로 삼아 군대를 이끌고 조나라를 구원하게 하였다. 위나라의 신릉군 또한 조나라를 도우러 출정했다. 그러나 이들이 도착하기 전에 진나라가 한단을 포위하니 조나라는 금방이라도 무너질 기세였다. 그때 궁궐 관리인의 아들인 이동(李同)이라는 용감한 젊은이가 평원군을 찾아와 물었다.

"귀공께서는 조나라가 망하는 것이 걱정되지 않습니까?"

평원군이 대답했다.

"조나라가 망하면 나도 포로가 될 텐데 어째서 걱정되지 않겠는가?"

이동이 말했다.

"한단의 백성들은 땔감이 없어서 사람의 뼈를 태우고, 먹을 것이 없어서 자식을 서로 바꾸어 먹고 있으니 실로 위급하기 그지없습니다. 그런데 귀공께서는 후궁이 1백 명을 헤아리고, 하인들도 무늬 있는 비단옷을 입고, 쌀밥과 고기반찬이 넘쳐 난다고 소문을 들었습니다. 백성들은 나무를 깎아 창과 화살을 만드는데 귀공께서는 아무런 근심 없이 이전처럼 풍족하게 지내고 계십니다. 만약 진(秦)나라가 조나라를 무너뜨린다면 귀공께서 어찌 지금처럼 풍족할 수 있겠습니까? 그런 불행에 앞서 귀공께서 진실로 가진 것을 베풀어 주신다면 곤궁하고 위태로운 백성들과 군사들은 깊이 감격할 것입니다."

이에 평원군이 그 말을 좇아 행하니 죽음을 각오한 군사 3천 명을 얻게 되었다. 이동이 그 3천 명을 이끌고 진나라에 대항하니 진나라 군사가 30리나 물러섰다. 때마침 초나라와 위나라의 구원군도 도착하니 진나라 군대는 완전히 물러났다. 하지만 용감한 젊은이 이동이 그 와중에 전사했기 때문에 조나라에서는 궁궐 관리인인 그 아비에게 공로를 하사하여 이후(李侯)라 봉했다.

진나라가 물러서자 위나라 신릉군은 이렇게 말했다.

"조나라가 보존하게 된 것은 모두 평원군 때문이다."

그 말을 조나라의 신하 우경(虞卿)이 듣고는 비상한 계책이 떠올라 왕께 찾아가 아뢰었다.

"나라의 위급함을 구한 평원군에게 봉읍을 더해 줄 것을 요청드립니다. 대왕께서는 평원군의 공을 잊지 마십시오."

이 말을 전해들은 공손룡(公孫龍)이 밤에 서둘러 평원군을 찾아왔다.

"제가 들으니 우경이 귀공을 위해서 봉읍을 더 청하였다고 하는데, 정말 그런 일이 있습니까?"

평원군이 대답했다.

"그렇소."

공손룡이 말했다.

"그것은 정말 옳지 않은 일입니다. 왕께서 귀공을 재상으로 삼은 것은 그만한 지혜와 재능을 가진 사람이 조나라에 없어서가 아닙니다. 귀공에게 동무 지역을 하사하여 그곳의 제후로 삼은 것은 귀공에게만 공이 있고 다른 사람은 공이 없기 때문이 아닙니다. 그것은 단지 귀공께서 왕의 동생이기 때문입니다.

귀공께서는 재상의 인장을 받을 때에도 무능하다고 사양하지 않았고, 땅을 하사받고도 공이 없다고 말하지 않은 것은, 그 역시 스스로 왕의 동생이라고 여겼기 때문입니다. 이제 한단을 보존한 공로를 가지고 봉읍을 청하는 것은 지난번은 동생으로서 땅을 하사받고, 이번에는 백성으로서 공로를 계산하신 것입니다. 때문에 이것은 정말 옳지 않은 일입니다.

그 이유는 이렇습니다. 신하 우경은 양다리를 걸치고 있는데, 그는 일이 성사되면 봉읍을 주선했다는 이유로 귀공에게 보수를 요구할 것이고, 성사되지 않더라도 봉읍을 청한 것을 미끼로 삼아 귀공에게 호감을 얻을 것입니다. 그러니 결코 그의 말을 듣지 마십시오."

평원군이 이 말을 따라 마침내 우경의 말을 듣지 않았다.

이후 평원군은 조나라 효성왕(孝成王) 15년에 죽었다. 자손들이 대를 잇다가 조나라의 멸망과 함께 후대가 끊겼다.

평원군은 처음에는 공손룡을 후하게 대우했다. 또한 그의 견백동이(堅白同異) 괴변을 아주 좋아했다. 그러나 나중에 추연(鄒衍)이 조나라에 들어오자, 그의 대도(大道)에 관한 말을 듣고 귀가 뜨여 이후 공손룡을 멀리했다.

우경

우경(虞卿)은 벼슬을 얻고자 여러 나라에 유세를 다녔다. 짚신을 신고 삿갓을 쓴 초라한 차림으로 조나라 효성왕을 어렵게 뵙게 되었다. 기이한 논리를 말하여 효성왕으로부터 신임을 얻어 황금을 하사받았다. 효성왕은 우경을 두 번 만나고는 그의 비상한 재주에 매료되어 상경(上卿)의 벼슬을 내렸다. 이 때문에 우경(虞卿)이라 불렀다.

진(秦)나라와 조나라가 장평(長平)에서 싸웠으나 조나라가 패했다. 조나라 왕이 누창(樓昌)과 우경을 불러서 말하였다.

"우리 군이 패하다니 너무도 억울하도다. 나는 진나라에 반드시 보복하고자 한다. 그대들 생각은 어떠한가?"

누창이 말했다.

"진나라와 전쟁을 계속하는 것은 우리 조나라에 결코 도움이 되지 않습니다. 사신을 보내 화친을 요청하는 것이 사직을 보존하는 길이옵니다."

이어 우경이 말했다.

"누창이 화친을 말하는 것은 조나라가 또다시 패한다고 여기기 때문입니다. 지금 화친을 결정하는 것은 우리가 아니라 진나라에 달려 있습니다. 왕께서 판단하실 때 진나라가 조나라를 무너뜨릴 것이라 생각하십니까, 아니면 그렇지 않다고 생각하십니까?"

왕이 말하였다.

"진나라는 조나라를 무너뜨릴 것이다."

우경이 말했다.

"그러면 왕께서는 먼저 초나라와 위나라를 끌어들이십시오. 사신 편으로 귀중한 보물을 보내면 두 나라는 우리와 합종맹약을 맺을 겁니다. 그러면 진나라는 조, 초, 위 세 나라의 연합 세력을 두려워할 것입니다. 이와 같이 한 후에 진나라를 공격하면 충분히 이길 수 있습니다."

그러나 조나라 왕은 이 말을 듣지 않고 화친을 목적으로 정주(鄭朱)를 사신으로 진나라에 들여보냈다. 그리고 우경을 불러 말했다.

"과인이 평원군의 동생인 평양군과 상의하여 진나라와 강화하기로 했소. 그래서 사신을 보냈는데 그대 생각은 어떠한가?"

우경이 대답했다.

"지금 천하의 사절들이 진나라의 승리를 축하하기 위해 모여 있습니다. 사신으로 간 정주는 신분이 높은 분이니 진나라는 정중히 대우하고 조나라의 강화사절이라고 천하에 알릴 것입니다. 그러면 초나라와 위나라는 조나라가 진나라와 강화하려는 것을 알고 이후에는 우리가 구원을 요청해도 결코 오지 않을 것입니다. 조나라를 돕는 나라가 하나도 없다는 것을 알게 되면 진나라는 조나라와 강화조약을 무효로 할 것이 뻔합니다."

진나라는 과연 정주를 정중히 대우하였다. 전쟁 승리 축하객들에게 드러내 놓고 진나라와 강화를 맺기 위해 왔다고 소개하였다. 얼마 후 진나라가 조나라를 공격하자 어떤 나라도 돕지 않았다. 마침내 한단이 포위되어 나라가 위태롭게 되자 천하의 웃음거리가 되었다.

조나라가 항복하자 진나라는 한단의 포위를 풀었다. 이어 조나라 왕은 신하의 예를 갖추고 진나라 조정으로 들어갔다. 앞으로 진나라를 섬기기로 약속하고 6개의 현(縣)을 떼어 주어 강화를 맺었다.

그 무렵에 우경이 왕에게 물었다.

"진나라가 지쳐서 조나라를 남겨 두었겠습니까? 아니면 대왕을 믿어서 공격을 그만두었겠습니까?"

왕이 대답했다.

"진나라는 아마 지쳐서 돌아갔을 것이오."

우경이 말했다.

"진나라가 공격하다가 지쳐서 돌아갔는데, 대왕께서는 어찌하여 진나라가 힘으로 취할 수 없는 6개 현을 그냥 주려고 하십니까. 이것은 진나라를 흥하게 하는 것이고 우리 조나라는 망하게 하는 일입니다. 다음에 진나라가 다시 공격해 오면 그때는 어느 땅을 떼어 주실 작정이십니까?"

왕이 이 말을 듣고 신하 조학을 불러 의논했다. 그러자 조학이 말했다.

"우경이 진나라에 대해 얼마나 알겠습니까? 진나라가 내년에 다시 공격해 온다면 그때는 대왕께서 다른 땅을 떼어 주어 강화하면 되지 않습니까? 그러나 작은 땅을 떼어 주어서는 아니 되옵니다."

왕이 말했다.

"그러면 미리 땅을 떼어 줄 테니, 내년에 진나라가 다시 공격하지 않게 할 수 있는가?"

조학이 대답했다.

"그것은 감히 신이 할 수 있는 일이 아닙니다. 지금 진나라가 화친을 했는데도 대왕을 공격하는 것은 대왕께서 진나라를 섬기는 것이 한나라나 위나라만 못하기 때문입니다. 내년에 진나라의 공격을 받게 되면 그것 또한 마찬가지입니다. 그러니 한나라 위나라보다 더 넓은 땅을 떼어 주시면 내년에는 진나라의 공격을 피할 수 있을 것입니다."

왕이 이 말을 우경에게 전하고 의견을 물었다. 우경이 말했다.

"조학의 말처럼 땅을 떼어 주고 진나라와 화친하면 진나라가 조나라를 다시 공격하지 않는다는 무슨 확증이라도 있습니까? 그건 장담할 수 없습니다. 그러니 6개의 성을 떼어 주는 것이 무슨 유익함이 있겠습니까? 내년에 다시 공격해 오면 또 다른 땅을 떼어 주고 강화를 해야 할 것입니다.

진나라가 아무리 공격을 잘한다 해도 6개의 현을 쉽게 취할 수는 없습니다. 조나라가 비록 잘 지킬 수는 없다고 해도 6개의 성까지 잃지는 않을 것입니다. 지금 진나라 군사들은 지쳐서 돌아갔습니다. 우리는 이 6개의 성을 다른 나라에 나누어 주고 그들과 협력하여 지친 진나라를 공격한다면 6개의 성보다 더 많은 땅을 진나라에서 얻을 수 있습니다. 6개의 성을 다른 나라에 나눠 주고 진나라에게서 보상을 받는다면 오히려 그것이 이익입니다.

조학은 매년 6개의 성을 진나라에 바치면 다 된다고 하는데 그렇게 되면 다 잃게 될 것입니다. 내년에 진나라가 다시 땅을 떼어 줄 것을 요구한다면 대왕께서는 그렇게 하시겠습니까? 만약 주지 않으면 진나라는 바로 쳐들어올 것입니다. 만약 그것을 준다고 하더라도 그때는 줄 만한 땅이 없습니다.

옛말에 '강한 자는 공격을 잘하고 약한 자는 제대로 지키지 못한다.'라고 했습니다. 이제 앉아서 진나라의 요구를 듣는다면 이는 진나라를 강하게 하고 조나라를 망하게 하는 것입니다. 그들의 계책은 한 번에 그치지 않을 것입니다. 대왕의 땅은 다 없어져도 진나라의 요구는 끝이 없을 것입니다. 이는 끝이 있는 땅으로 끝이 없는 요구에 응한다면 그 결과는 멸망뿐입니다."

이에 조나라 왕이 결정짓지 못하고 있자, 누완이 진나라에서 돌아왔다. 조나라 왕이 물었다.

"진나라에 땅을 떼어 주는 것이 좋겠소, 아니면 주지 않는 것이 좋겠소?"

누완이 말했다.

"그것은 신이 알 수 있는 것이 아닙니다."

그러자 왕이 다시 물었다.

"비록 그렇다고 할지라도 그대의 의견을 말해 보시오."

누완이 말했다.

"대왕께서는 공보문백(公甫文伯)의 어머니에 대해서 들어보셨습니까? 공보문백이 노(魯)나라에서 벼슬을 하다가 병들어 죽자 그의 죽음을 슬퍼한 여자 두 명이 규방에서 자살한 일이 있습니다. 그러나 문백의 어머니는 아들의 사망 소식에 울지 않았습니다. 그러자 유모가 물었습니다. 자식이 죽었는데도 어째서 울지 않습니까? 그러자 그 어머니가 말하기를 '공자(孔子)는 현인인데 노나라에서 쫓겨났을 때 내 자식이 공자를 따라가지 않았습니다. 이제 자식이 죽으니 그를 위해 따라 죽은 여자가 2명이나 되니, 이는 덕이 있는 자에게는 박하고 여자에게는 후하게 대했을 것입니다. 그래서 울지 않는 것입니다.'라고 했습니다. 그러면 이런 말이 어머니 입에서 나오면 그 어미가 어진 어머니이겠습니까? 만약 아내의 입에서 이런 말이 나왔다면 질투심 많은 여자라고 손가락질 받았을 것입니다. 제가 6개 성을 진나라에 주지 말라 하면 그건 좋은 계책이 아니고, 주라고 말하면 그건 진나라를 위한다고 여길 것입니다. 이것이 두려워 신은 감히 말할 수 없습니다. 그러나 신이 대왕을 위해 계책을 말한다면 주는 것이 좋습니다."

왕이 말했다.

"알겠소."

그러자 우경이 왕 앞에 나와 말했다.

"누완의 말은 조나라를 위한 것이 아닙니다. 대왕께서는 절대로 땅을 주지 마십시오!"

그러자 누완이 다시 왕에게 말했다.

"그렇지 않습니다. 우경은 하나만 알고 둘은 알지 못합니다. 지금 진나라와 조나라가 전쟁을 하니 천하가 다 좋아하는 것은 무슨 까닭입니까? 그들은 이제 조나라가 약해지면 언제라도 쳐들어갈 수 있다고 생각하기 때문입니다. 진나라의 전쟁 승리 축하를 위해 천하의 사신들이 이미 다 진나라에 모여 있습니다. 우리도 빨리 땅을 떼어 주고 진나라와 화친을 맺어야 합니다. 그렇지 않으면 모든 나라가 우리 조나라를 넘볼 것입니다. 그러면 조나라가 망하고 마는데 그때 무슨 도모를 하시겠습니까? 그런 까닭에 우경은 하나만 알고 둘은 모르는 것입니다. 대왕께서는 속히 결정하시고 다시는 의논하지 마시기 바랍니다."

우경이 그 말을 듣고 왕께 말했다.

"누완이 하는 일은 위험한 일입니다. 그건 조나라의 약점을 천하에 보여 주는 것입니다. 진나라가 6개의 성을 요구하고 있다면 차라리 그 6개의 성을 제나라에 뇌물로 주십시오. 제나라는 진나라와 깊은 원수 사이입니다. 제나라 왕이 6개의 성을 얻으면 우리 조나라와 힘을 합쳐 서쪽으로 진나라를 공격할 것입니다. 제나라는 대왕의 제안에 분명 흔쾌히 따를 것입니다. 이렇게 한다면 대왕께서는 제나라에 뇌물을 주고 진나라에서 보상받을 수 있는 것입니다. 이러면 천하의 제후들이 대왕의 능력을 높이 평가하게 될 것입니다.

이런 상황이 되면 진나라는 눈치를 채고 많은 뇌물로 가지고와 우리 조나라와 화친을 하고자 할 것입니다. 그때 강화를 승낙하시면 한나라와 위나라가 그 소식을 듣고 반드시 대왕을 귀중히 여길 것입니다. 그렇게 되면 대왕께서는 한 번에 세 나라와 화친을 맺게 되고 진나라와는 지위를 바꾸게 되는 것입니다."

조나라 왕이 말했다.

"그 말을 따르겠소."

조나라 왕은 곧 우경을 제나라에 사신으로 보냈다. 이 소식을 듣자 누완은 자신의 목숨이 위태로운 것을 알고 황급히 조나라를 떠나 버렸다. 우경은 제나라 왕을 만나 함께 진나라를 칠 것을 도모하였다. 우경이 확약을 맺고 돌아오자 조나라 왕은 성 하나를 하사하여 공로를 치하하였다.

얼마 후 위나라가 합종을 요청해 왔다. 조나라 효성왕은 이를 논의하기 위해 우경을 불렀다. 우경은 조정으로 가는 길에 평원군을 예방하여 조언을 구했다. 평원군은 다음과 같이 말했다.

"모쪼록 대왕께 합종하는 것이 좋겠다고 말씀드려 주십시오."

우경이 조정에 들어오자 왕이 말했다.

"위나라가 합종을 요청했소."

우경이 말했다.

"그건 위나라가 잘못한 것입니다."

왕이 말했다.

"과인은 아직 허락하지 않았소."

우경이 말했다.

"그건 대왕께서 잘못하신 것입니다."

왕이 말했다.

"위나라가 합종을 청하자 그대는 위나라가 잘못했다고 하고, 과인이 아직 허락하지 않았다고 했을 때도 또 과인이 잘못했다고 하는데, 그렇다면 결국 합종이 옳지 않다는 것인가?"

우경이 대답했다.

"신이 알기로는 작은 나라와 큰 나라가 함께 일을 할 때, 만약 승리하면 큰 나라가 이익을 받고, 패하면 작은 나라가 손실을 입는다고 했습니다. 위나라는 손실을 입을 것을 청하였고, 또한 대왕께서는 큰 나라인데도 그 이익을 사양했습니다. 때문에 신은 대왕께서 잘못하셨고 위나라도 역시 잘못했다고 말한 것입니다. 신의 소견으로는 합종이 적당하겠습니다."

왕이 말했다.

"알겠소."

그리고 위나라와 합종의 맹약을 체결했다.

이후 우경은 뜻하지 않게 벼슬에서 떠나 저술하며 일생을 마쳤다. 위로는 『춘추(春秋)』에서 뽑고 아래로는 현실에서 고찰한 것을 기록해 「절의(節義)」, 「칭호(稱號)」, 「췌마(揣摩)」, 「정모(政謀)」 등 모두 8편을 지었다. 이로써 국가의 이해득실을 풍자했는데 세상에서는 그것을 전해 『우씨춘추(虞氏春秋)』라 불렀다.

태사공은 말한다.

"평원군(平原君)은 혼란한 시대에 새가 하늘 높이 나는 것처럼 재주가 뛰어난 인물이었다. 그러나 그는 이익이라고 하는 것은 지혜를 어둡게 만든다는 의미를 알지 못했다. 그러니 나라를 다스리는 커다란 도리를 보지 못했던 것이다. 평원군은 장평(張平)전투에서 조나라 군사 40만여 명이 산 채로 매장당한 일에 대해 결코 자유롭지 못한 신분이었다. 그것은 조나라가 멸망한 중요한 계기였던 것이다.

사태를 헤아리고 상황을 판단하는 것에 있어 우경(虞卿)만큼 정확한 자는 없었다. 인생 후반에 위제(魏齊)로 인해 대량에서 고통을 받기는 했지만, 오히려 그런 고통하에 저술에 몰두하여 후세에 자신의 이름을 드러내게 되었다."

제17편 신릉군열전

魏公子無忌者、魏昭王少子而魏安釐王異母弟也。

昭王薨、安釐王即位、封公子為信陵君。是時範睢亡

魏相秦、以怨魏齊故、秦兵圍大梁、破魏華陽下軍、

走芒卯。

公子

公子

士無賢不肖皆謙而禮交之、不敢

以其富貴驕士。士以此方數千里爭往歸之、致食客

三千人。當是時、諸侯以公子賢、多客、不敢加兵謀

魏十餘年。

公子與魏王博、而北境傳舉烽、言趙寇至、且入界。

"신릉군은 전국시대 사공자(四公子) 중 한 명이다. 부귀한 신분으로 가난하고 천한 자들과 어울렸고, 똑똑하고 현명함에도 어리석고 미진한 자들에게 겸허히 고개를 숙인 자는 오로지 신릉군뿐이었다."

●

전국시대에 공자(公子)라 하면 왕의 아들을 뜻한다. 신릉군은 위(魏)나라 소왕(昭王)의 막내아들로 태어났다. 이름은 무기(無忌)이다. 소왕이 죽고 이복형인 안리왕(安釐王)이 즉위하자, 무기는 신릉 지역에 봉해져 신릉군(信陵君)이라 부르게 되었다.

신릉군은 선비를 존중했다. 어느 선비를 막론하고 겸손하게 예를 갖추어 맞이했다. 자신이 부귀하다고 해서 선비들에게 교만하게 굴지 않았다. 때문에 사방 몇천 리에서 선비들이 앞을 다투어 모여드니 식객이 3천 명에 이르렀다. 당시 주변 나라들은 신릉군이 어질고 따르는 무리가 많아 감히 위나라를 침범할 생각을 하지 못했다.

하지만 그 무렵 범수(范雎)가 위나라를 도망쳐 진(秦)나라에 가서 재상이 되었다. 그는 위나라 재상 위제(魏齊)를 원수로 여겼기 때문에 화양(華陽)에서 진을 치고 있는 위나라 군사들을 공격하여 전멸시켰다. 왕은 이 패전 소식에 걱정이 이만저만 아니었다.

하루는 왕이 신릉군과 바둑을 두고 있을 때 북쪽 변경에서 전쟁 소식이 전해졌다.

"조(趙)나라가 군사를 이끌고 지금 막 국경을 넘으려 합니다."

왕은 바둑 두는 것을 멈추고 급히 대책 마련을 위해 신하들을 소집하려고 했다. 그러자 신릉군이 왕을 말리며 말했다.

"조나라 왕은 그저 사냥을 하고 있을 뿐이지 우리 위나라를 침범하려는 것은 아닙니다. 그러니 마저 바둑을 두시지요."

하지만 왕은 두려운 마음에 바둑 둘 마음이 없었다. 잠시 후에 다시 북쪽으로부터 보고가 올라왔다.

"조나라 왕은 사냥을 할 따름이지 침범하려는 것이 아니라고 하옵니다."

위나라 왕이 의아해하며 신릉군에게 물었다.

"자네는 그것을 어떻게 알게 되었는가?"

신릉군이 대답했다.

"신의 식객 중에 조나라 왕의 은밀한 일까지 정탐할 수 있는 자가 있어서, 그가 매번 보고하는 것으로 알 수 있었습니다."

그 후로 왕은 신릉군의 현명함과 유능함을 두려워해 감히 국정을 맡기려 하지 않았다.

그 무렵에 후영(侯嬴)이라는 자가 있었는데 성품이 바르고 의로운 자였다. 늦은 나이에 오랑캐들이 출입하는 대량 성문의 책임자에 올랐다. 신릉군이 그에 대한 소문을 듣고 사람을 시켜 후한 예물을 보냈다. 그러나 후영은 이렇게 대답했다.

"비록 성문을 지키며 곤고하게 사는 처지이지만, 몸을 닦고 행실을 깨끗이 보존한 지가 수십 년 되었습니다. 하오니 주시는 이 예물을 받을 수 없습니다."

그러나 신릉군은 후영의 인간 됨됨이를 높이 칭찬하여 그를 위해 연회를 열기로 하고 많은 빈객들을 초청하였다. 게다가 마차를 타고 자신이 직접 후영을 맞이하러 갔다. 신릉군이 직접 찾아온다는 말을 듣자 후영은 더는 거절할 수 없어 낡은 의복과 의관을 단정히 입고 수레에 올랐다. 신릉군이 공손히 인사하자 후영이 한 가지 부탁을 하였다.

"소인에게는 시장 도살장에서 일하는 친구가 하나 있는데, 그를 만나고 갔으면 합니다."

신릉군이 쾌히 동의하고 수레를 끌고 시장으로 들어갔다. 후영은 마차에서 내려 친구 주해(朱亥)를 만나 일부러 오랫동안 서서 이야기하였다. 그리고 곁눈질로 신릉군을 관찰했다. 신릉군은 온화한 표정 그대로였다. 지겨워하거나 서두르는 표정이 하나도 없었다. 지나가는 시장 사람들은 신릉군이 말고삐를 쥐고 누군가를 기다리는 것을 의아하게 생각했을 따름이었다. 하지만 신릉군을 호위하는 자들은 속으로 후영을 건방진 자라고 욕하고 있었다.

그 시각 신릉군의 집에는 연회에 초청받은 고위 인사들이 찾아와 입장을 기다리고 있었다. 이윽고 후영이 친구와 헤어져서 수레에 올랐다. 서둘러 연회장에 도착한 후 신릉군이 후영을 상석에 앉게 하고 내외 귀빈에게 소개하니 모두들 놀라는 표정이었다.

"아니, 신릉군께서 저런 문지기와 사귄단 말인가?"

술자리가 무르익자 신릉군이 일어나 후영에게 장수를 기원하는 술잔을 올렸다. 이에 후영이 대답하였다.

"저는 하찮은 문지기입니다. 그런데 신릉군께서 친히 수레를 몰아주시고, 많은 귀빈들이 앉아 있는 자리에서 저를 맞이해 주셨습니다. 오는 길에 원래는 친구를 방문하지 않아도 되지만 신릉군께서는 특별히 거기까지 들리셨습니다. 제가 친구를 만나 오래도록 마차를 세워 두었는데도 신릉군께서는 더욱 공손하셨습니다. 시장 사람들이 모두 신릉군은 낮은 자들에게도 몸을 숙이는 분이라며 덕행을 칭찬했습니다."

이후 후영은 신릉군의 상객(上客)이 되었다.

하루는 후영이 말했다.

"소인의 친구 주해는 비록 백정이지만 현명하고 의로운 자입니다. 세상 사람들은 그를 알지 못합니다. 그런 까닭에 그는 그저 도살장에 숨어 사는 것입니다."

신릉군이 그 말을 듣고 주해에게 여러 차례 만나고자 청했지만, 주해는 답장조차 없었다. 신릉군은 이를 이상하게 생각했다.

안리왕 20년, 진(秦)나라 소왕(昭王)은 장평(長平)에 주둔한 조나라의 군사를 물리치고 이어 조나라의 수도 한단(邯鄲)을 포위했다. 조나라 혜문왕(趙惠文王)의 아우인 평원군(平原君)의 부인이 마침 신릉군의 누이였다. 그런 이유로 조나라는 여러 차례 위나라에 구원을 요청했다. 이에 위나라에서 장군 진비(晉鄙)로 하여금 군사 10만 명을 이끌고 조나라를 구하도록 했다. 이 소식을 들은 진나라 소왕이 위나라에 사신을 보내 협박하였다.

"나는 조나라를 공격해 짧은 시간에 항복을 받을 것이다. 그런데 만약에 조나라를 돕는 자가 있다면 군사를 옮겨 그를 먼저 칠 것이다."

위나라 왕이 이를 두려워해 사람을 시켜 진비의 진격을 멈추게 하고 업(鄴) 땅에 머무르게 했다. 이는 명목상으로는 조나라를 구한다고 하면서, 실제로는 양다리를 걸치는 태도였다. 그러자 위급한 평원군이 신릉군에게 호소하였다.

"제가 그대 누이와 혼인한 것은 그대는 의리 있는 사람이라 다른 사람의 곤란함을 보면 구해 줄 수 있다고 여겼기 때문입니다. 지금 한단이 진나라에 의해서 무너지기 직전인데 위나라 구원병이 오지 않으니 이것이 어찌된 일입니까? 조나라가 멸망하면 그대 누이 또한 불쌍한 처지가 된다는 것을 모르십니까? 어찌 그대 누이를 가엾게 여기지 않는 것입니까?"

신릉군이 이에 초조함을 느껴 왕께 조나라를 구해 줄 것을 요청하였다. 하지만 왕은 진나라를 두려워해 끝내 거절하고 말았다. 결국 신릉군은 조나라를 망하게 내버려둘 수 없다고 판단하여 자신의 부하들을 동원하였다. 수레 1백여 대를 준비하여 진나라에 맞서 싸워 죽기를 각오하였다.

신릉군이 떠나려 할 때 후영을 만났다. 하지만 후영은 단지 작별인사만 할뿐이었다.

"부디 힘껏 싸우십시오. 이 늙은이는 그저……."

그렇게 헤어지고 몇 리를 가다 보니 신릉군은 공연히 마음이 불쾌해지는 것을 느꼈다.

'내가 후영에게 부족함 없이 대접한 것은 천하가 다 아는 일인데, 이제 내가 죽으러 가는데도 후영은 고작 인사뿐이니.'

도무지 까닭을 알 수 없어 신릉군은 다시 마차를 돌려 후영에게 왔다. 그리고 섭섭함을 말했다. 이에 후영이 웃으며 대답했다.

"다시 돌아오실 줄 알고 있었습니다. 신릉군께서 선비를 좋아하신다는 명성은 천하가 다 알고 있습니다. 그러나 곤경에 빠진 조나라를 구하기 위해 아무 대책도 없이 진나라와 싸우고자 하시니, 이는 비유하자면 굶주린 호랑이에게 고기를 던져 주는 것과 같습니다. 그것이 무슨 효과가 있겠습니까?"

그러자 신릉군이 좋은 계책을 물었다. 후영이 주위 사람들을 물리치고 은밀히 말했다.

"제가 들으니 업 땅에 머물러 있는 진비(晉鄙) 장군의 군대 통솔 명령서가 왕의 침실 안에 있다고 합니다. 왕의 침실 안까지 출입할 수 있는 자는 가장 총애받는 여희(如姬)입니다. 그녀가 힘을 쓴다면 왕의 명령서를 훔칠 수 있을 것입니다. 그런데 이전에 여희의 부친이 누군가에게 피살되어 그녀가 3년 동안이나 한을 품었고, 그 원수를 아무리 해도 찾을 수가 없었습니다. 그때 여희가 신릉군께 찾아와 울며 사정하자, 신릉군께서 부하를 시켜 그 원수의 목을 베어 여희에게 바친 적이 있지 않습니까? 지금 여희에게 도움을 청한다면 여희는 반드시 허락할 것입니다. 그녀를 통해 몰래 병부를 얻으면 진비의 군대를 통솔할 수 있습니다. 그리하여 조나라를 구하고, 진나라 군대를 물리친다면 그것은 천하를 위해 큰일을 이룬 것과 같은 것입니다."

그 말에 따라 신릉군은 여희에게 도움을 청했다. 여희는 과연 왕의 병부를 훔쳐서 신릉군에게 넘겨주었다. 신릉군이 그걸 가지고 업 땅으로 떠나려고 하자 후영이 말했다.

"장수가 전쟁터에 있을 때에는 임금의 명령도 받지 않을 수가 있는데 그것은 국익을 위한 것입니다. 만일 병부를 맞추어도 진비가 군사를 내어 주지 않고 다시 왕에게 청한다면 사태는 분명 위급해질 것입니다. 그때를 대비해서 저의 친구 주해를 데리고 가십시오. 그는 힘이 장사입니다. 병부를 맞추어서 진비가 순순히 군사를 내주면 다행이고, 만약 듣지 않는다면 주해로 하여금 그를 처치하도록 하십시오."

그러자 신릉군이 감격하여 울먹거렸다. 이에 후영이 물었다.

"죽음이 두려워서 그러십니까? 어째서 우시는 것입니까?"

신릉군이 대답했다.

"진비는 용맹스러운 노장으로 아마 내 말을 듣지 않을 것이오. 그러면 그를 죽여야 하는 까닭에 우는 것이지 어찌 죽음을 두려워하겠소."

그리고 신릉군은 주해에게 들러 같이 갈 것을 요청했다. 그러자 주해가 웃으며 말했다.

"저는 시장에서 짐승을 잡는 백정입니다. 이전에 여러 차례 찾아오라고 하셨지만 답례하지 않은 것은 작은 예의를 가지고 인사드리는 것은 아무 소용이 없기 때문이었습니다. 이제 위급한 때를 만나셨으니 지금이야말로 제가 신릉군을 위해 목숨을 바칠 때입니다."

그렇게 주해는 신릉군과 함께 길을 나섰다. 그리고 후영과 작별인사를 나누었다. 후영이 말했다.

"저도 마땅히 따라나서야 하지만 이 몸은 늙어서 갈 수가 없습니다. 대신 저는 신릉군께서 진비의 군영에 도착하시는 날, 북쪽을 향해 죽음으로써 은혜에 보답하겠습니다."

마침내 신릉군 일행이 업 땅으로 떠났다.

업(鄴)에 도착하자 신릉군은 위나라 왕의 명령이라며 병부를 보여 주고 병권을 인수하려 했다. 진비가 자신의 병부와 맞춰 보고 나서도 의

심하며 물었다.

"지금 제가 10만의 대군을 거느리고 국경에 주둔하고 있는데 이는 국가의 중대한 임무입니다. 그런데 호위부대도 없이 찾아와 저를 대신하려고 하는데 어찌 된 것입니까?"

진비가 도무지 병권을 내놓으려 하지 않자, 옆에 있던 주해가 소매에서 40근이나 되는 철추(鐵椎)를 꺼내서 진비를 때려 죽였다. 그렇게 하여 신릉군은 진비의 군대를 통솔하게 되었다. 그리고 곧바로 모든 군사를 향해 군령을 내렸다.

"아비와 자식이 함께 군대에 온 자는 아비가 돌아가고, 형과 아우가 함께 온 자는 형이 돌아가고, 독자(獨子)로서 형제가 없는 자는 돌아가 부모를 봉양하라!"

군대를 정렬하고 나니 8만 명이었다. 신릉군은 사기가 오른 군대를 이끌고 마침내 진나라를 공격했다. 진나라 군대는 기습공격에 놀라 포위를 풀고 후퇴하고 말았다. 이렇게 하여 한단을 구하고 조나라를 보존하게 되었다. 그러자 조나라 왕과 평원군이 몸소 국경까지 나와 신릉군을 맞이했다. 조나라 왕이 감격하여 두 번 절하며 말했다.

"예로부터 현인들은 많았지만 아직 귀공 같은 분은 없었습니다."

이후 평원군은 감히 자신을 신릉군(信陵君)과 비교하지 않았다. 한편 후영은 신릉군이 진비의 군대에 이르렀을 때 자신은 늙고 능력이 다함을 알고 북쪽을 향해 스스로 목숨을 끊었다.

나중에 위나라 왕은 신릉군이 병부를 훔치고 진비를 죽인 것에 분노하였다. 이 소식을 들은 신릉군은 장수들과 군사들은 위나라로 돌아가게 하고, 자신은 부하들과 함께 조나라에 머물렀다.

조나라 효성왕은 나라를 보존하게 된 것에 감격해 5개의 성을 신릉군에게 봉읍으로 주려고 하였다. 그러자 그 말을 들은 신릉군은 얼굴에 교만함이 가득 차 있었다. 부하 중에 어떤 자가 신릉군에게 말했다.

"일에는 잊어야 하는 것과 잊지 말아야 하는 것이 있습니다. 무릇 남이 베푼 은덕은 잊지 말아야 하며, 남에게 베푼 은덕은 잊어야 하는 것입니다. 또 위나라 왕을 속이고 진비의 군사를 빼앗아 조나라를 구한 것은 조나라의 입장에서는 공이 있지만, 위나라의 입장에서 보면 처벌을 받아야 할 일입니다. 그런데 지금 신릉군께서는 스스로 교만해져 공이 있다고 여기시니 그건 군자가 취할 태도가 아닙니다."

그 말을 들은 신릉군은 부끄러워 어찌할 바를 몰랐다. 조나라 왕이 자신만 다니는 서쪽 계단을 오르도록 권하자, 신릉군은 사양하고 동쪽 신하들의 계단으로 올랐다. 그리고 자신은 위나라를 저버렸으므로 조나라에도 공이 없다고 했다. 하지만 조나라 왕은 고마움의 표시로 연회를 베풀고 다시 5개의 성을 봉읍으로 내리겠다고 했다. 그러나 신릉군은 정중히 사양했다.

이후 조나라 왕은 호(鄗) 땅을 신릉군에게 주었다. 위나라도 이후 태도를 바꿔 다시 신릉군을 모시려 했다. 그러나 신릉군은 여전히 조나라에 머물렀다.

조나라에는 은둔하며 사는 두 명의 처사(處士)가 있었다. 모공(毛公)이라는 자는 도박하는 무리들 속에 숨어 있고, 설공(薛公)이라는 자는 술집에 숨어 있었다. 신릉군이 이들을 만나보고자 했으나 쉽게 만날 수 없었다. 그리하여 직접 그들이 있는 곳을 찾아갔다.

평원군이 그 소문을 듣고 부인에게 말했다.

"당신 오빠는 둘도 없는 인물이라고 들었는데, 지금 알고 보니 도박하는 자와 술 파는 자와 사귄다고 합니다. 이는 망령된 처신이 아니겠소?"

부인이 그 말을 오빠인 신릉군에게 전하자, 신릉군이 말했다.

"나는 평원군이 현명한 자라고 알고 있다. 그래서 위나라 왕을 속이고 조나라를 구한 것이다. 그런데 평원군은 친구를 사귐에 있어 겉모습이 화려한 자를 좋아하는 것 같구나. 그래서는 어떻게 선비를 알아보는 안목이 있겠는가? 내가 대량에 있을 때부터 그 두 명의 처사는 현인이라 소문이 난 자들로 그래서 내가 만나게 된 것이다. 그런데 평원군이 이런 일을 부끄럽게 여긴다고 하니 나와 더불어 사귀기에는 부족한 인물이구나."

하면서 짐을 챙겨 조나라를 떠나려고 했다. 부인이 이 사실을 평원군에게 전해 주었다. 그러자 평원군이 달려와 관을 벗어 사죄하며 더 머물도록 요청했다. 이 일이 알려지자 평원군 문하에 있는 식객 절반가량이 신릉군에게로 옮겨 왔다. 또한 천하의 많은 선비들이 신릉군에게 몰려들었다.

신릉군이 10년 동안 조나라에 머물러 있었는데, 진(秦)나라에서는 이 틈에 위나라를 공격했다. 위나라 왕은 나라가 멸망할까 두려워 은밀히 신릉군에게 사신을 보냈다. 그러나 신릉군은 왕이 여전히 자신을 노여워하고 있는 것을 두려워하여 자신의 부하와 식객들에게 엄중히 말했다.

"누구라도 감히 위나라 왕의 사신을 내게 안내하는 자는 칼이 용서치 않으리라!

그 무렵 신릉군의 식객들은 대부분 위나라를 떠나 조나라에 온 사람들이어서 감히 나서는 자가 없었다. 그러나 모공과 설공 두 사람이 나서 신릉군에게 말했다.

"조나라가 신릉군을 귀중하게 여기는 까닭은 위나라가 있기 때문입니다. 지금 진나라가 위나라를 공격해 위급한데도 신릉군께서는 아무 걱정도 하지 않으십니다. 만약 진나라가 위나라를 무너뜨리고 선왕의 종묘를 허물어뜨린다면 장차 무슨 면목으로 천하에 서시려고 그러십니까?"

이 말이 끝나기도 전에 신릉군의 안색이 변했다. 급히 수레를 몰아 위나라로 돌아갔다. 위나라 왕이 신릉군을 보자 기뻐 눈물을 흘리며 상장군으로 삼았다.

위나라 안리왕 30년, 신릉군은 주변 제후들에게 사신을 보내 자신의 상장군 등극을 알렸다. 제후들이 그 소식을 듣고 각자 군사를 파견해 위나라를 도왔다. 상장군 신릉군이 다섯 나라의 군사를 이끌고 황하(黃河) 이남 지역에서 진나라 군사를 공격해 물리쳤다. 이 승세를 몰아 다시 진나라 함곡관(函谷關)에 이르니 감히 진나라 군사들이 나오지 못했다.

이 일로 신릉군의 위세는 천하에 알려졌다. 이때에 식객들이 여러 가지 병법을 올리자 신릉군이 거기에 이름을 붙여 주었다. 세상 사람들은 이 책을 『위공자병법(魏公子兵法)』이라 불렀다.

신릉군의 등장으로 수세에 몰린 진나라 왕은 계책을 세웠다. 죽은 진비 장군의 부하들을 황금으로 매수하여 신릉군을 비방하도록 했다.

"신릉군은 왕을 속이고 도망쳐 조나라에 10년간이나 있었는데도 위나라의 장군이 되었다. 이제는 제후들과 장군들까지도 모두 그에게 속해 있어 왕을 우습게 여기고 있다. 신릉군 역시 이때를 이용해서 왕이 되려고 하며, 위나라 신하들은 그 위세를 두려워하여 어쩔 수 없이 왕으로 세우는 데 협력하고 있다."

그리고 진나라는 다시 첩자를 보내 여러 곳을 다니며 모사를 꾸몄다.

"신릉군이 왕위에 올랐다고요? 그건 정말 축하할 일입니다."

이런 소문을 위나라 곳곳에 퍼뜨렸다. 그러자 처음에는 믿지 않았던 안리왕도 날마다 듣게 되자 마음이 바뀌었다. 결국 믿지 않을 수 없었다. 당장에 신릉군을 상장군에서 해임하고 다른 이를 임명했다.

자리에서 물러난 신릉군은 이후 병을 핑계로 조정에 나가지 않았다. 찾아오는 빈객들과 매일 술을 마시며 여자와 가까이하며 지냈다. 그리고 4년 후, 마침내 신릉군은 술병으로 죽었다. 그 해에 위나라 안리왕도 죽었다.

신릉군이 죽었다는 소식을 들은 진나라는 몽오 장군을 시켜 위나라를 공격해 20여 성을 빼앗았다. 그리고 그곳에 동군(東郡)을 설치했다. 그 뒤로 진나라는 조금씩 위나라를 잠식해 18년 만에 위나라 왕을 사로잡고 도읍 대량을 파괴했다. 이로서 위나라는 사라지고 말았다.

한나라 고조(高祖) 유방이 어렸을 때, 여러 차례 위공자 신릉군이 현명하다는 소문을 들었다. 그래서 황제에 즉위한 뒤에 대량을 지날 때면 항상 신릉군을 위해 제사를 올렸다. 고조 12년에는 반란군 경포(黥布)

를 공격하고 돌아오면서 신릉군을 위해 매년 4계절마다 제사 지내도록 건물을 크게 확장하여 주었다.

　태사공은 말한다.

　"내가 대량(大梁)의 옛터를 지나면서 오랑캐가 출입하는 이문(夷門)을 찾아보았다. 이문이라는 곳은 성의 동문이었다. 천하의 다른 공자들도 선비를 좋아했지만 신릉군(信陵君)만은 세속에 숨어 있는 선비들과 접촉했고, 아랫사람들과 사귀는 것을 부끄러워하지 않았다. 그가 제후들 가운데 으뜸이었다는 것은 헛소문이 아니었다. 한나라 고조(高祖)는 매번 대량을 지날 때마다 신릉군의 제사를 받드는 것을 잊지 않았다."

卷七十八。春申君列傳

○

제18편

춘신군 열전

春申君者、楚人也、名歇、姓黃氏。遊學博聞事楚

頃襄王。頃襄王以歇為辯、使於秦。秦昭王使白起

韓、魏、敗之於華陽、禽魏將芒卯、韓、魏服而事

秦。方令白起與韓、魏共伐楚、未行、而楚使

黃歇適至於秦、聞秦之計。當是之時、秦已前使白起

攻楚、取巫、黔中之郡、拔鄢郢、東至竟陵、楚頃襄

王東徙治於陳縣。黃歇見楚懷王之為秦所誘而入朝

遂見欺、留死於秦。頃襄王、其子也、秦輕之、恐壹

舉兵而滅楚。歇乃上書說秦昭王曰

"춘신군은 전국시대 사공자(四公子) 중 한 명이다. 언변이 뛰어나 강한 진나라의 공격으로부터 초나라를 구하였고, 죽음을 무릅쓴 지혜로 진나라에 볼모로 잡혀 있는 태자를 귀국시켜 왕위에 오르게 하였다."

•

춘신군(春申君)은 초(楚)나라 사람이다. 성은 황(黃)이며 이름은 헐(歇)이다. 여러 나라를 두루 다녀 견문이 넓었고, 또한 언변이 뛰어나 초(楚)나라 경양왕(頃襄王)이 총애하였다.

그 무렵 강대국인 진나라 소왕(昭王)은 장군 백기(白起)로 하여금 한(韓)나라와 위(魏)나라를 공격하게 하여 두 나라를 굴복시켰다. 이어 초나라를 공격해 무군(巫郡)과 검중군(黔中郡)을 탈취하고, 언영(鄢郢)을 빼앗았으며, 동쪽으로는 경릉(竟陵)까지 공격해 들어갔다. 이로 인해 초나라는 도읍을 동쪽 진현(陳縣)으로 옮겨야 했다.

하지만 진나라가 다시 쳐들어오려 하자 경양왕은 나라가 망할 것 같아 무척 두려웠다. 게다가 이전에 부친인 회왕(懷王)이 진나라에 들어갔다가 속임수에 걸려 사망한 일이 있어 자신이 진나라에 들어가기를 꺼려했다. 그런 와중에 묘책이라고는 춘신군 황헐을 급히 사신으로 보내 진나라를 설득하는 방법밖에 없었다.

황헐이 진나라 소왕을 만나 다음과 같이 말했다.

"지금 대왕께서 초나라와 전쟁을 하시는 것은 마치 두 마리의 호랑이가 서로 싸우는 것과 같습니다. 누가 이기더라도 상처가 클 수밖에 없습니다. 그 싸우는 틈을 타서 이익을 얻는 것은 힘 약한 개들입니다. 그러니 두 나라는 전쟁보다는 친선을 유지하는 것이 낫습니다.

대왕께서 한나라 재상으로 성교(盛橋)를 추천해 보내셨는데, 성교는 그가 관할하던 한나라 토지를 진나라에 바쳤습니다. 이것은 군대를 일으키지 않고, 백 리의 토지를 얻은 것이니 대왕은 실로 유능한 분이십니다. 또 위(魏)나라를 침공해 대량(大梁)의 입구를 막고, 하내(河內)를 공략해 연(燕), 산조(酸棗), 허(虛), 도(桃)를 얻었습니다. 이리하여 위나라는 감히 대항할 생각을 하지 못하게 되었으니, 실로 대왕의 공덕은 크고도 크다 하겠습니다.

또 군사들을 쉬게 하였다가 2년 후에 다시 군대를 일으켜 위나라를 완전히 굴복시켰고, 제나라의 허리 부분을 빼앗고, 조(趙)나라의 등뼈 부분을 끊어 버리셨습니다. 주변 나라들이 여섯 차례에 걸쳐 군대를 연합하였으나 진나라를 이기지 못했습니다. 이로 보아 대왕의 위력은 실로 엄청나다 할 수 있습니다.

대왕께서 만약 지금 가지고 계신 공적과 명망을 유지하신다면 아마 천하의 패왕이라 칭송받으실 것입니다. 하지만 강한 것만 믿고 전쟁을 계속한다고 하면 후환이 없다고 감히 말할 수 없을 겁니다.

『시경(詩經)』에 이르기를 '처음이 없는 사람은 없으나, 끝을 잘 맺는 사람은 드물다.'라고 했고, 『역경(易經)』에는 '여우가 물을 건너다 끝내는 꼬리를 적신다.'라고 했습니다. 이것은 모두 시작은 쉽지만 결과가 어렵다는 것을 말한 것입니다.

옛날에 지씨(智氏)는 조(趙)나라를 점령하는 이익만을 내다보았지 유차 (楡次)에서 화를 당할 줄은 예측하지 못했고, 오(吳)나라는 제나라를 침 공하는 것이 좋은 줄만 알았지 간수(干隧)에서의 참패를 예상하지 못했 습니다. 이 두 나라는 공격하여 얻은 것은 있지만, 그 얻은 이익이 뒤에 우환으로 바뀔 줄은 예상하지 못했던 것입니다.

오나라 왕은 월(越)나라를 믿고서 제나라를 격파한 후 되돌아오다 삼 저포(三渚浦)에서 월나라 왕에게 생포당했습니다. 지씨는 한(韓)나라와 위 (魏)나라를 믿고서 조나라를 공격했습니다. 진양성(晉陽城)을 포위해 승 리를 눈앞에 두었을 때, 한나라와 위나라가 그를 배반해 지씨는 착대 (鑿臺) 아래에서 살해당했습니다.

지금 대왕께서는 초나라를 멸망시키고자 할 뿐이지, 초나라가 망하 면 한나라와 위나라가 강대해진다는 사실을 잊고 계십니다. 대왕께서 는 한나라와 위나라를 믿으시는데 그것은 그 두 나라가 말을 공손히 하기 때문입니다. 하지만 그 두 나라가 실상 진나라를 속이려 하는 것 이 아닌가, 소인은 염려스럽습니다.

왜냐하면 오랫동안 한나라와 위나라는 진나라에 원한을 품고 있었 습니다. 10대에 이르기까지 부모와 형제와 자식들이 진나라에 죽음을 당하며 살아왔습니다. 국토는 황폐해졌고 사직은 파괴당했고 종묘는 무너졌습니다. 백성들은 삶을 영위할 수 없어 뿔뿔이 흩어져 여기저기 떠돌다가 노예나 첩이 된 사람이 가득합니다. 그러므로 한나라와 위나 라는 멸망하지 않는 한 언제고 진나라에 보복을 벼르고 있는 상황입니 다. 그러니 장차 그것이 진나라의 후환이 될 것은 틀림없는 사실이 아 니겠습니까. 그런데 대왕께서는 그들을 의지하여 초나라를 공격하려

하시니 이 어찌 잘못된 일이 아니겠습니까?"

황헐은 잠시 숨을 고르며 다시 말을 이었다.

"대왕께서 초나라를 공격하신다면 어디서 출병하실 겁니까? 한나라와 위나라에게 길을 빌리겠습니까? 그렇게 되면, 군대를 출병시킨 그날부터 대왕께서는 되돌아오지 못할 것을 걱정하셔야 합니다. 이것은 곧한나라와 위나라를 돕는 것이기 때문입니다. 만약 한나라와 위나라에게 길을 빌리지 않는다면 우선 초나라 수수(隨水) 땅을 공격하셔야 하는데, 수수는 큰 하천과 산림계곡이어서 농사를 지을 수 없는 곳입니다. 그곳을 점령하신다고 하더라도 토지를 얻었다고 할 수 없습니다. 그렇게 되면 초나라를 공격했다는 이름만 얻을 뿐 실질적인 이익은 하나도 없는 것입니다.

또 만약 대왕께서 초나라를 공격하게 되면 주변의 한, 위, 제, 조 네나라가 연합하여 대왕에게 대항할 것입니다. 위나라는 출병해 진나라가 차지한 옛 송(宋)나라의 토지를 공격하게 될 것입니다. 또 제나라는 남진해 진나라의 사수(泗水) 유역을 공격하게 될 것입니다. 이곳은 모두 사통팔달의 평원으로 비옥하고 풍요로운 땅인데, 결국 전쟁으로 인해 제나라와 위나라만이 이득을 얻는 꼴인 것입니다.

지금 대왕께서는 광대한 국토와 많은 백성과 강력한 군대를 가지고 계십니다. 그런데 그것으로 초나라와 원수 관계를 만들고 한나라와 위나라를 강하게 만드는 것은 실책이 아니고 무엇이겠습니까. 소인이 생각하건대, 대왕께서는 초나라와 친선하여 한과 위 두 대국을 작은 제후국으로 만들고, 제와 조를 연합하지 못하게 하면 향후 이 네 나라를 쉽게 손에 넣을 수 있을 겁니다."

이에 소왕이 대답했다.

"듣고 보니 그대 말이 옳은 듯하오."

소왕은 곧 백기의 출병을 제지하고 초나라와 동맹국이 될 것을 서약했다.

얼마 후 초나라는 태자 완(完)과 춘신군을 진나라에 볼모로 보냈다. 그리고 몇 년이 흘렀다. 어느 날 초나라 경양왕이 위중하다는 소식을 들었다. 하지만 태자 완은 볼모로 잡혀 있어 돌아갈 수 없었다. 이때 춘신군이 진나라 재상 응후(應侯) 범수를 찾아갔다. 마침 응후는 태자와 사이가 좋은 편이었다. 춘신군이 물었다.

"재상께서는 정말로 태자 완과 사이가 좋습니까?"

응후가 대답했다.

"그렇소."

춘신군이 말했다.

"지금 초나라 왕이 병에 걸렸는데 아마 회복하지 못할 것 같다고 합니다. 그러니 볼모로 와 있는 초나라 태자를 돌려보내는 것이 좋을 것 같습니다. 태자가 돌아가 왕위를 잇게 되면, 그는 반드시 진나라를 소중히 섬길 것이며, 재상의 은혜를 잊지 않게 될 것입니다. 이렇게 되면 두 나라의 관계가 더욱 가까워지는 것이 아니겠습니까.

그러나 만약 태자가 돌아가지 못하면 그때는 지위도 벼슬도 없는 처지가 될 것입니다. 초나라에 다른 이가 왕위에 오르면 새로 태자를 세울 것이고 그러면 진나라를 섬기지 않을 것입니다. 동맹국을 잃는 것은 좋은 계책이 아닙니다. 그러니 재상께서는 이 일을 심사숙고해 주시기 바랍니다."

응후가 곧바로 진나라 왕께 아뢰었다. 이에 진나라 왕이 대답했다.

"초나라 태자의 스승을 먼저 보내고, 그가 초나라 왕의 병세를 살피고 돌아온 다음에 다시 대책을 의논하자."

하지만 시기를 놓칠 수 없는 때라 춘신군은 한 가지 계책을 세워 태자에게 말했다.

"진나라가 태자를 억류하려는 것은 그만한 이익을 얻으려는 것입니다. 그러나 지금 태자께서는 진나라에 이익을 줄 만한 힘이 없습니다. 더구나 초나라에는 양문군(陽文君)의 두 아들이 건재하고 있습니다. 왕께서 만약 숨을 거두시고, 태자께서 귀국하지 않는다면 그들 중 하나가 왕위를 계승할 것이 틀림없습니다. 그러면 태자께서는 종묘의 제사를 받들 수 없게 될 것입니다. 그렇게 돼서는 안 될 것입니다. 마침 초나라 사신이 와 있으니 그들과 함께 빠져나가는 방법밖에 없습니다. 제가 여기 머물면서 죽음으로 뒤처리를 감당할 것이니 태자께서는 속히 서두르시기 바랍니다."

이에 태자는 초나라 사신의 마부로 변장해서 진나라의 국경 함곡관을 무사히 빠져나갔다. 그동안 춘신군은 태자가 병이 났다는 핑계로 진나라 관리들의 방문을 사절했다. 이윽고 태자가 멀리 달아나서 더는 진나라 병사가 추격할 수 없게 됐을 때, 춘신군은 진나라 소왕에게 나아가 아뢰었다.

"초나라 태자 완은 함곡관을 멀리 벗어났습니다. 태자를 달아나게 한 것은 저의 죄이니 죽어 마땅합니다. 청컨대 죽음을 내려 주십시오."

이에 진나라 소왕이 크게 노해 스스로 목숨을 끊으라고 했다. 이때 재상 응후가 나서서 말했다.

"춘신군은 신하된 자로서 목숨을 바쳐 자신의 군주를 섬겼습니다. 태자가 왕위에 오르게 되면 반드시 춘신군을 등용할 것입니다. 그러므로 옳고 그름을 가리지 마시고 춘신군을 돌려보내어 초나라와 친선을 유지하는 것이 좋을 것이옵니다."

소왕이 그리 하라 명했다.

춘신군이 초나라로 돌아온 지 3개월이 지나자 경양왕이 죽고, 태자 완(完)이 왕위를 계승했다. 그가 곧 고열왕(考烈王)이다. 고열왕은 춘신군을 재상에 등용하고 회수 이북 지역의 12현을 봉토로 주었다. 춘신군이란 말은 이때 얻은 것이다.

고열왕 8년, 춘신군은 북쪽 노(魯)나라를 공격해 멸망시키고, 순자를 난릉(蘭陵) 현령으로 임명했다. 이때부터 초나라는 다시 강성해지기 시작했다.

얼마 후, 춘신군이 자신의 봉읍 지역에 관해 왕에게 아뢰었다.

"제게 주신 회수 이북 지역은 제나라와 국경이 맞닿아 있어서 사태가 시급할 때가 많습니다. 하오니 그 지역은 군(郡)에서 직접 관할하는 것이 편리하고 옳은 줄 압니다."

하고는 자신의 봉읍인 회수 이북 12현을 왕에게 다시 바치고, 그 대신 강동(江東) 땅을 요청하였다. 고열왕이 이를 허락했다. 이에 춘신군은 오허(吳墟) 지역에 성을 쌓고 그곳을 자신의 봉읍으로 삼았다.

춘신군이 초나라의 재상이었을 당시, 제나라에는 맹상군(孟嘗君), 조나라에는 평원군(平原君), 위나라에는 신릉군(信陵君)이 있었다. 이들은 앞을 다투어 선비들을 대접하고 모시는 데 서로 경쟁했다. 그 빈객들의 역량을 이용해 나라의 정치를 돕고 자신들의 권력을 굳혀 나갔다.

한 번은 조나라 평원군이 사신 일행을 보내왔다. 춘신군은 그들을 귀빈 숙소에 머물게 했다. 이때 조나라 사신들은 머리에는 대모잠(玳瑁簪)을 꽂고 칼집에는 여러 구슬로 장식하고 있었는데, 이것은 초나라 사람들에게 자랑하려고 한 것이었다. 당시 춘신군의 문객은 3천 명이 넘었는데, 그중 귀빈 숙소에 머무는 빈객들은 모두 구슬로 장식된 신발을 신고 있었다. 이것을 본 조나라 사신들은 오히려 부끄러워 숙소에서 나오지 못했다.

고열왕 22년, 모든 나라들이 진나라의 공격을 두려워하고 있었다. 이에 서로 연합해서 진나라에 대항하기로 했다. 초나라 왕이 합종책(合縱策)의 맹주가 되고, 춘신군이 모든 일을 맡기로 했다. 그러나 연합군이 함곡관에 도착했을 때, 진나라의 공격을 받고 그만 패배해 모두 흩어졌다. 고열왕은 그 책임을 물어 춘신군을 책망했다. 이 일로 인해 고열왕과 춘신군의 사이가 멀어졌다.

이 무렵 관진(觀津) 출신의 주영(朱英)이라는 자가 춘신군에게 말했다.

"사람들은 모두 초나라는 본래 강했으나 춘신군이 국정을 담당하고서 약해졌다고 말합니다. 그러나 저는 그렇게 생각하지 않습니다. 선왕이 살아 계셨을 때 진나라와 20년 동안 친선을 유지해서 진나라는 초나라를 공격하지 않았습니다. 무엇 때문이겠습니까? 진나라는 면애(黽隘)의 요새를 넘어서 초나라를 공격한다는 것이 불편했기 때문이며, 또한 서주와 동주에게 길을 빌려야 했으며, 한나라와 위나라를 등지고서 초나라를 공격하는 것이 불가능했기 때문입니다.

그러나 지금은 그렇지 않습니다. 위나라는 곧 멸망할 것이기에 허와 언릉 땅을 진나라에 할양할 것입니다. 그렇게 되면 진나라 국경에서 초나라 도읍까지 겨우 160리밖에 되지 않습니다. 하오니 춘신군께서는 진나라가 다시 초나라를 쳐들어올 때를 대비하셔야 합니다."

이 의견을 춘신군이 왕께 아뢰자 도읍을 수춘(壽春)으로 천도했다. 얼마 후 진나라는 위나라를 점령하고 그곳을 동군으로 삼았다.

고열왕에게는 아들이 없었다. 춘신군은 이 일을 걱정해 아들을 낳을 만한 여자를 물색해 왕에게 바쳤다. 하지만 왕은 끝내 자식이 없었다.

그런 와중에 조(趙)나라 사람 이원(李園)이 미모가 뛰어난 자신의 여동생을 왕에게 바치려고 했으나, 왕이 아이를 가질 수 없다는 말을 듣고서 고민하였다. 이원은 먼저 춘신군을 모시기로 하고 그의 집사가 되었다. 그리고 얼마 후에 휴가를 요청해 고향에 다녀온다고 하면서 고의로 휴가 기간을 넘겨 돌아왔다. 춘신군이 그에게 늦은 이유를 묻자 이원이 대답했다.

"제나라의 사신이 와서 제 누이를 데려가려고 했습니다. 그래서 그들과 술자리를 같이하다 그만 늦어지고 말았습니다."

이에 춘신군이 물었다.

"혹시 동생이 폐백을 받았소?"

이원이 대답했다.

"아직 받지 않았습니다."

춘신군이 물었다.

"내가 동생을 만나 볼 수 있겠소?"

이원이 대답했다.

"예."

이렇게 해서 이원은 누이를 자연스럽게 춘신군에게 바쳤다. 이후 춘신군의 사랑을 받아 아이를 임신하게 되었다. 이원은 누이가 임신한 것을 알고서 바로 계략을 모의했다. 춘신군에게 다음과 같이 말했다.

"초나라 왕은 친형제 이상으로 춘신군을 아끼고 있습니다. 그런 까닭에 20년이나 재상의 자리에 앉을 수 있었습니다. 소인이 듣자 하니 왕께는 아직 아들이 없다고 합니다. 만약 왕이 돌아가시고 그 형제들이 왕위에 오르면 모든 것이 바뀔 것입니다. 아마 그들은 오래도록 권력을 가졌던 춘신군에게 결코 우호적이지는 않을 것입니다. 그건 곧 재앙이 미칠 수 있다는 의미입니다.

그런데 마침 제 누이가 춘신군의 아이를 임신하게 되었습니다. 이 사실은 우리 둘밖에는 모릅니다. 제가 춘신군의 은덕을 받게 된 것이 얼마 되지 않습니다만, 만약 춘신군의 높은 지위를 빌려서 제 누이를 초나라 왕에게 바친다면 왕은 반드시 그녀를 총애하실 것입니다. 그리고 하늘이 도와 사내아이를 낳게 되면, 곧 춘신군의 아들이 왕이 되는 것입니다. 그렇게 되면 초나라는 몽땅 춘신군 손아귀에 넣게 되는 것이 아니겠습니까. 왕이 돌아가신 후에 춘신군에게 뜻하지 않은 재앙이 닥치는 것을 생각할 때 어느 쪽이 더 좋겠습니까?"

춘신군은 잠시 생각하더니 고개를 끄덕였다. 곧 이원의 누이를 왕에게 천거했다. 그러자 뜻밖에도 왕이 그녀를 불러들여 아껴 주었고, 드디어 사내아이를 낳게 되었다. 그를 태자에 봉하자 이원의 누이는 곧 왕후가 되었다. 이원 또한 왕이 귀하게 여겨 정치에 관여하게 하였다.

이날 이후 이원은 춘신군이 비밀을 누설할까 두려웠다. 그래서 비밀리에 결사대를 조직해 춘신군을 살해하고자 했다. 그러나 이미 많은 사람이 말을 안 했을 뿐이지 이 비밀을 알고 있었다.

춘신군이 재상이 된 지 25년째 되는 해, 고열왕이 병이 났다. 춘신군의 빈객인 주영이 말했다.

"인생은 바라지도 않은 행운이 올 수도 있고, 바라지도 않은 불행이 올 수도 있습니다. 지금 재상께서는 언제 돌아가실지 모르는 임금을 섬기고 계신데, 어떤 경우에든 불행을 막을 수 있는 인재를 구해야 하지 않겠습니까?"

춘신군이 물었다.

"바라지도 않았는데 찾아오는 행운이란 어떤 것이오?"

주영이 대답했다.

"재상께서는 한 자리에 20여 년을 지냈지만 비록 명목상으로는 재상이지 실제로는 초나라 왕이나 다름없습니다. 지금 왕은 머잖아 돌아가실 겁니다. 그러면 재상께서 어린 임금을 보좌하고 그를 대신하여 국정을 맡게 될 것입니다. 나중에 왕이 장성하면 정권을 그에게 돌려주면 그만입니다. 하지만 그렇지 않고 스스로 왕이 되어 초나라를 다스릴 수도 있습니다. 이것이 곧 바라지도 않았던 행운이 찾아온다고 하는 것입니다."

춘신군이 물었다.

"그러면 바라지도 않은 재앙이 찾아온다는 것은 어떤 것이오?"

주영이 대답했다.

"이원은 재상이 존재하는 한 권력을 잡을 수 없기 때문에 재상을 원수로 여기고 있습니다. 벌써 오래전부터 결사대를 조직해 재상을 죽이려 하는 자입니다. 초나라 왕이 돌아가시면, 이원은 반드시 먼저 권력을 잡고자 궁궐에 진입해 재상을 죽여 영원히 입을 봉하려 할 것입니다. 이것이 곧 바라지도 않은 재앙이 찾아온다는 것입니다."

춘신군이 물었다.

"그러면 불행을 막을 수 있는 인재란 누구를 말하는 것이요?"

주영이 대답했다.

"저를 낭중(郎中)에 임명해 주십시오. 초나라 왕이 세상을 떠나면, 이원이 궁궐로 진입할 때, 그때 제가 재상을 위해서 이원을 죽이겠습니다. 이것이 곧 불행을 막을 수 있는 인재라는 것입니다."

춘신군이 말했다.

"그만두시오. 이원은 연약하고 무능한 자요. 내가 그와 매우 친한데, 그가 어찌 그런 일을 할 수 있겠소!"

춘신군이 의견을 받아들이지 않자 주영은 행여 자신에게 재앙이 미칠까 두려워 밤에 도주해 버렸다.

이로부터 17일 후, 고열왕이 죽었다. 이원은 과연 가장 먼저 궁궐에 진입해 결사대를 출입문에 매복시켜 두었다. 춘신군이 황급히 성문을 들어서자, 결사대들이 그를 찔러 죽이고 머리를 잘라 성문 밖에 내걸었다. 이어 군사를 파견해 춘신군 일가를 모조리 몰살시켰다.

이후 이원의 누이가 낳은 아들, 곧 춘신군의 사랑을 받아 임신하게 된 그 아들이 왕위에 오르니 곧 초나라 유왕(幽王)이다.

태사공은 말한다.

"내가 초나라에 가서 춘신군(春申君)의 옛 성을 구경했는데 궁실이 자못 웅장하고 화려했다. 처음에 춘신군이 진나라 소왕(昭王)을 설득하고, 죽음을 무릅쓰고 초나라 태자를 귀국시킨 것은 그 얼마나 뛰어난 지혜였던가! 그러나 후에 이원(李園)에게 당한 것은 늙어 판단이 흐려졌기 때문이리라. 속담에 '마땅히 결단을 내려야 할 때, 결단을 못 내리면 도리어 화를 입게 된다.'라고 했는데, 춘신군이 주영(朱英)의 진언을 받아들이지 않은 것이 바로 그것이다."

제19편 범수、채택열전

范雎者、魏人也、字叔。遊說諸侯、欲事魏王、家貧

無以自資、乃先事魏中大夫須賈。

須賈為魏昭王使於齊、範雎從。留數月、未得報。

齊襄王聞雎辯口、乃使人賜雎金十斤及牛酒、雎辭謝不

敢受。須賈知之、大怒、以為雎持魏國陰事告齊、故

得此饋、令雎受其牛酒、還其金。既歸、心怒雎、以

告魏相。魏相、魏之諸公子、曰魏齊。魏齊大怒、使

舍人笞擊雎。折脅摺齒。雎詳死、即卷以簀、置廁

中。賓客飲者醉、更溺雎、故僇辱以懲後、令無妄言

"범수(范雎)는 젊어서 치욕을 당했으나 이를 참아 내고 진나라 재상에 올랐다. 재상에 오른 후에는 유능한 자를 발견하여 그에게 자연스럽게 자리를 양보하였다. 실로 처세와 혜안이 뛰어난 자라 아니할 수 없다."

●

범수

범수는 위(魏)나라 사람이다. 집안이 가난했으나 어려서부터 언변이 뛰어났다. 왕께 유세하여 벼슬을 하고자 했으나 받아들여지지 않았다. 별수 없이 위나라 중대부(中大夫) 수고(須賈)를 섬기면서 그의 부하로 일하게 되었다.

한번은 수고가 왕의 명을 받들어 제(齊)나라에 사신으로 가게 됐다. 이때 범수가 일행에 포함되어 수고의 시중을 들었다. 수고가 몇 개월을 제나라에 머물며 회담했으나 확답을 얻지 못했다.

그 사이에 제나라 양왕(襄王)은 사신 일행 중 범수라는 자가 변론이 능하다는 말을 누군가로부터 들었다. 그 재능을 보고자 신하를 시켜 황금과 술과 고기를 하사하였다. 하지만 범수는 분에 넘치는 일이라 거절하고 받지 않았다. 그런데 이 사실을 며칠 후 수고가 알게 되었다. 수고는 범수를 불러 화를 크게 내며 호통을 쳤다.

"네놈이 위나라 기밀을 몰래 제공하지 않고서야, 어찌 제나라 왕이 그런 예물을 너 같은 놈에게 주겠느냐?"

얼마 후, 위나라로 돌아온 수고는 재상 위제(魏齊)에게 이 사실을 보고했다. 위제는 마침 연회를 열고 있었는데, 그 보고를 받자 크게 노하였다.

"나라 기밀을 팔아먹지 않고서야 어찌 그런 일이 있을 수 있겠는가? 당장에 범수라는 자를 잡아들여 처벌하라!"

생각지도 않게 귀국하자마자 관리들에게 끌려간 범수는 모질게 매질을 당했다. 갈비뼈와 이빨이 부러지고 의식을 잃을 정도였다. 범수가 축 늘어지자 관리들은 대자리에 몸을 둘둘 말아서 변소 입구에 내다 버렸다.

재상 위제가 연회에 참석한 귀빈들에게 말했다.

"빈객들께서는 오줌이 마려우시면 저 대자리에 갈겨도 좋습니다. 함부로 국가의 비밀을 누설하게 되면 저런 모욕을 당할 것이라는 것을 보여 주기 위해서입니다."

그러자 술 취한 빈객들이 번갈아 범수의 몸에 오줌을 갈겼다. 그로 인해 정신을 차린 범수가 근처에 있는 관리에게 사정하며 말했다.

"나를 밖으로 내보내 준다면, 내 반드시 그대에게 후하게 사례하겠소."

그러자 관리가 위제에게 말했다.

"이놈이 죽은 게 확실합니다. 썩기 전에 서둘러 시체를 내다 버려야겠습니다."

그러자 위제도 술에 취해서 무의식중에 대답했다.

"그렇게 하라."

그리하여 범수는 죽음 직전에 빠져나올 수 있었다. 잠시 후에 위제가 시체를 확인하지 못한 것을 후회하여 관리에게 범수의 시체를 다시 가져오라 했으나 그때는 이미 달아난 뒤였다.

범수는 우연히 정안평(鄭安平)이라는 자를 만나 자신의 처지와 상황을 이야기하였다. 그러자 그가 범수를 숨겨 주고 돌봐 주었다. 이때 범수는 이름을 장록(張祿)으로 개명하였다.

이 무렵, 진나라 소왕의 사신으로 왕계(王稽)라는 자가 위나라에 와 있었다. 정안평은 포졸 신분이었는데 마침 왕계의 시중을 들게 되었다. 어느 날 왕계가 임무를 마치고 진나라로 돌아가게 되자 정안평에게 물었다.

"혹시 나를 따라 진나라에 가서 일할 만한 인재를 알고 있는가?"

정안평이 대답했다.

"저의 마을에 장록 선생이라고 계신데, 천하의 대사를 논할 만한 뛰어난 인재이십니다. 하지만 그분은 낮에는 함부로 돌아다닐 수 없는 처지입니다."

이에 왕계가 말했다.

"그러면 밤에 자네가 모시고 오게나."

그날 밤, 정안평이 장록을 데리고 함께 왕계를 만났다. 왕계는 이야기를 다 나누기도 전에 장록이 뛰어난 자임을 한눈에 알게 되었다. 이어 은밀히 말했다.

"장록 선생께서는 제가 떠나는 날 삼정(三亭) 남쪽에서 기다려 주십시오."

며칠 후, 왕계는 수레를 타고 위나라를 떠나 약속한 장소에서 장록을 태우고 진(秦)나라로 들어갔다. 변경 지역 호(湖) 땅에 이르렀을 때, 앞쪽에 규모가 큰 수레와 기마대가 다가오는 것이 보였다. 장록이 물었다.

"저기 앞에 오는 사람은 누구입니까?"

왕계가 대답했다.

"진나라 재상 양후(穰侯) 위염이 마침 호 땅을 순시하는 중입니다."

장록이 말했다.

"제가 듣기로는 재상 양후는 진나라의 권력을 모두 쥐고 있어 다른 나라의 유세객이 국내에 들어오는 것을 싫어한다고 합니다. 혹시 그가 저를 해칠지 모르니 차라리 잠시 수레 안에 숨는 것이 좋겠습니다."

잠시 후, 양후가 다가와서 수레를 멈추고 왕계에게 수고의 말을 전하며 물었다.

"관동(關東)에 무슨 변화가 있었습니까?"

왕계가 대답했다.

"없었습니다."

양후가 다시 말했다.

"사신으로 가서 혹시라도 유세하는 자를 데리고 오지는 않았겠지요? 유세하는 놈들은 정말 쓸모도 없고 단지 나라의 혼란만 초래할 뿐이니 명심하시오."

왕계는 대답했다.

"감히 그럴 리가 있겠습니까."

그리고 둘은 헤어져 각자의 길을 가게 되었다.

이어 숨어 있던 장록이 나와서 말했다.

"제가 듣기로는 재상 양후는 굉장히 지혜로운 사람이라 철저하다고 하던데, 어찌 이처럼 일 처리를 대충하는지 모르겠습니다. 방금 수레 안을 쳐다보며 의심을 가진 눈치였는데 실상 조사하는 것을 잊은 듯합니다."

그리고 장록은 수레에서 내리며 말했다.

"양후 위염은 오늘 대충 처리한 이 일을 나중에 크게 후회할 것입니다."

하고는 멀리 달아나 숨었다. 그러자 과연 양후는 철저한 사람이었다. 잠시 후 기마병을 보내와 왕계의 수레를 수색하는 것이었다. 하지만 이상할 것이 없었기 때문에 그냥 돌아갔다. 마침내 장록은 왕계와 함께 진나라 함양(咸陽)으로 무사히 들어가게 되었다.

왕계가 사신으로 갔다 온 일을 진나라 왕에게 보고하였다. 그러면서 장록에 대한 이야기도 같이 아뢰었다.

"위나라에 장록 선생이라고 있는데 언변이 아주 뛰어난 분입니다. 그는 계란을 쌓아 놓은 것처럼 위급한 상황에도 자신의 정책을 들으면 무사할 수 있다고 합니다. 그의 글을 다 전달할 수가 없어 제가 직접 모시고 왔습니다. 대왕께서 한번 만나보시지요."

하지만 진나라 왕은 장록을 특별하게 여기지 않았다. 그 무렵 진나라는 초나라를 공격해 언양(鄢郢) 땅을 점령하였고 제나라를 공격해 크게 호령하던 때였다. 여러 차례 국사에 혼란한 일이 있었지만 그것은 모두 똑똑하다는 유세객들의 어지러운 계책을 따랐기 때문이었다. 그런 이유로 진나라 왕은 유세객이라면 무척 싫어하고 있던 때였다. 그래도 왕계가 사신의 임무를 잘 마친 공로로 모셔 온 장록에게는 평범한 거처와 식사를 제공해 주라고 허락하였다. 그렇게 1년이 흘렀다.

양후(穰侯)와 화양군(華陽君)은 진나라 소왕의 어머니인 선태후(宣太后)의 동생이었고, 경양군(涇陽君)과 고릉군(高陵君)은 선태후의 아들로 소왕의 동생들이었다. 양후는 재상이 되었고, 3명은 모두 차례로 장군이 되었다. 특히 선태후가 총애한 양후는 재산이 날로 늘어나 왕실을 능가할 정도였다.

그런 와중에 양후가 제나라의 강읍(綱邑)과 수읍(壽邑)을 공격해 자신의 영토로 삼고자 했다. 이에 범수, 즉 개명한 장록이 진나라 소왕에게 상소를 올렸다.

"현명한 군주가 나라를 다스리면 공이 있는 사람은 반드시 상을 받고, 능력이 있는 사람은 반드시 관직을 얻는다고 했습니다. 공로가 큰 사람은 봉록이 후하고, 능력이 있어 백성을 잘 다스리는 사람은 관직이 높다고 하였습니다. 재능이 있는 사람은 언제고 그 재능이 드러나기 마련이지만, 무능한 사람은 그럴 수 없어 감히 관직에 오를 수 없는 것입니다.

하지만 어리석은 군주는 총애하는 자에게만 상을 주고, 미워하는 자에게는 벌을 준다고 하였는데, 현명한 군주라면 마땅히 그렇지 않을 것입니다. 옛날 주(周)나라에는 지액(砥砨)이, 송(宋)나라에는 결록(結綠)이, 양(梁)나라에는 현려(縣藜)가, 초(楚)나라에는 화박(和朴)이 귀중한 보석이었습니다. 이 네 개는 모두 흙 속에서 나온 것으로, 처음에는 옥을 다듬는 장인들조차도 하찮게 여겨 내버렸던 돌이었습니다. 그러나 이후에 알고 보니 뛰어난 돌로써 지금은 모두 천하의 이름난 보물이 되었습니다.

작은 나라를 부유하게 하는 인재는 나라 안에서 찾지만, 큰 나라를 부강하게 하는 인재는 천하에서 찾는다고 들었습니다. 또한 뛰어난 의사는 병자의 생과 사를 알 수 있고, 훌륭한 군주는 일의 성패를 알 수 있다고 했습니다. 이러한 격언은 순(舜)임금과 우(禹)임금이 다시 태어난다고 하더라도 이치는 같을 것입니다. 그러니 대왕께서는 제 말이 이익이 된다고 생각하시면 즉시 그것을 실행하고, 해가 된다고 생각하시면 즉시 버리십시오.

생각건대 대왕께서 지금껏 저를 부르지 않은 것은 제가 어리석다고 여기신 것입니까? 아니면 저를 소개시켜 준 왕계의 지위가 비천해서 그런 것입니까? 이 두 가지가 아니라면 대왕을 뵐 수 있는 영광을 주시기 바랍니다. 만약 소인이 드리는 말씀에 한 마디라도 쓸모없는 것이 있다면 죽음이라도 달게 받겠습니다."

소왕이 이 글을 읽고는 크게 기뻐하여, 곧 왕계에게 사과하고 의전 마차를 보내 장록을 불러오게 했다.

장록이 왕을 알현하러 궁궐에 들어왔는데, 통로를 알지 못하여 후궁들만 왕래하는 곳을 지나가게 되었다. 이때 마침 소왕이 후궁에 와 있는 까닭에 환관이 크게 노하여 장록을 내몰면서 말했다.

"대왕께서 행차하셨다. 어서 나가거라!"

이때 장록이 시치미를 떼고 함부로 지껄이듯 말했다.

"진나라에 무슨 왕이 있느냐? 진나라에는 단지 태후와 양후가 있을 뿐이다."

이는 의도적으로 왕을 진노하게 하려고 한 생각이었다. 마침 소왕이 장록과 환관이 다투는 소리를 들었다. 이어 장록을 불러 물었다.

"과인이 선생을 일찍이 불렀어야 하는데, 아침저녁으로 태후에게 문안을 드리고 일이 바빠 지금에서야 만나게 되었소. 잘 가르쳐 주시기 바랍니다."

그러자 장록은 두 손을 저어 사양했다. 주변 신하들이 그걸 보고는 모두 얼굴빛이 변하였다. 이에 왕은 신하들을 모두 물리치고 아무도 없는 가운데 무릎을 꿇고 정중히 요청하였다.

"선생께서는 과인에게 어떤 가르침을 주시겠소?"

이에 장록이 "예, 예."라고만 말했다.

잠시 후에 진나라 왕이 다시 무릎을 꿇고서 청하였다.

"선생께서는 과인에게 어떤 가르침을 주시겠소?"

이번에도 장록은 "예, 예."라고만 말했다.

다시 진나라 왕이 세 번째 무릎을 꿇고서 말했다.

"선생께서는 과인에게 가르침을 주시지 않으려는 것이오?"

그러자 장록이 말했다.

"감히 그럴 리가 있겠습니까? 제가 듣기로 옛날 여상(呂尙) 강태공이 문왕(文王)을 만났을 때, 그는 단지 일 없는 늙은이로 위수(渭水)가에서 고기를 잡고 있었을 뿐입니다. 두 사람의 신분 차이는 컸지만 이야기를 주고받은 결과 문왕은 감복해 여상을 곧 태사(太師)에 임명하고서 수레에 태워 함께 돌아오게 되었습니다. 그것은 여상의 말뜻이 통했기 때문입니다. 그리하여 문왕은 여상에게서 힘을 얻어 마침내 천하를 통일했습니다. 만약 처음에 문왕이 여상을 멀리하고서 이야기를 나누지 않았더라면 주나라는 천하를 통일할 기회를 얻지 못했을 것이며, 문왕과 무왕의 왕업(王業)도 없었을 것입니다.

저는 이방인으로 대왕과는 소원한 관계입니다. 제가 말하려고 하는 것은 모두 대왕의 잘못을 바로잡으려는 것뿐이며, 또한 대왕과 가까운 이들에 관한 이야기입니다. 저는 대왕의 속마음을 잘 모르겠습니다. 그래서 대왕께서 세 차례나 저에게 요청하셨는데, 제가 감히 대답을 드리지 못한 이유입니다.

제가 무엇을 두려워해서 말씀드리지 않은 것이 아닙니다. 저는 오늘 앞에서 이렇게 말하면, 내일 뒤에서 처형당할 수 있다는 것도 알고 있습니다. 그리고 저는 도피할 생각도 없습니다. 단지 대왕께서 진정으로 저의 의견을 받아들이신다면, 처형당하는 것도 두려워하지 않을 것이고, 쫓겨나는 것도 걱정하지 않을 것입니다.

오제(五帝)와 같은 성인도 죽었고, 삼왕(三王)과 같은 어진 분도 죽었고, 오패(五覇)와 같은 패권자도 죽었고, 오획(烏獲)이나 임비(任鄙)와 같은 장사도 죽었고, 성형(成荊), 맹분(孟賁), 왕경기(王慶忌), 하육(夏育) 같은 용맹스러운 이들도 결국 죽었습니다. 죽는다는 것은 사람으로서는 피할 수 없는 것입니다. 반드시 그렇게 될 몸이니 차라리 저의 소견이 조금이라도 진나라에 도움이 될 수 있다면, 그야말로 소인이 바라는 최대의 소망인 것입니다. 이런데 소신이 또 무엇을 두려워하겠습니까?

오자서(伍子胥)는 자루 속에 숨어서 초나라를 탈출했습니다. 밤에는 걷고 낮에는 숨으며 능수(陵水)에 도착했으나 먹을 것이 없었습니다. 오나라 시장에서 무릎으로 땅을 기고 머리를 조아리면서, 옷을 벗어 몸을 드러내고 배를 두드리고 피리를 불며 구걸하며 살았습니다. 하지만 마침내 오나라를 일으키고 합려(闔閭)를 패왕이 되게 했습니다.

만약 제가 오자서나 기자처럼 미치광이로 꾸민다고 해도 대왕을 도울 수만 있다면 그것만으로도 제게는 영광이니 무슨 부끄러움이 있겠습니까. 그러면 제가 진언을 올릴 터이니 대왕께서는 들으시고 틀리다고 생각하시면 제 목을 베어도 좋습니다. 단지 두려운 것은 제 목숨이 아니라, 충성을 결의해도 죽는다는 것을 천하의 선비들이 알게 되면 모두들 입을 닫고 발을 싸맨 채 아무도 진나라로 오지 않을까 하는 것입니다.

그러면 말씀드리겠습니다. 지금 대왕께서는 위로는 태후의 위엄을 두려워하고, 아래로는 간신들의 아첨에 미혹되고, 언제나 궁궐 깊은 곳에 거주하시면서 시종들의 보호에서 벗어나지 못하고 계십니다. 주변의 이런 미혹에 사로잡혀 간악한 신하를 가려내지 못하신다면, 결과적으로 나라가 망하고 대왕께서는 홀로 고립되고 만다는 것입니다. 이것이 곧 제가 두려워하는 것이지, 사실을 말해서 죽임을 당하고 쫓겨나는 것을 두려워하는 것이 아닙니다."

진나라 왕이 무릎을 꿇은 채 말했다.

"선생께서는 무슨 말씀을 그렇게 하시오? 그대가 욕됨을 무릅쓰고 여기까지 온 것은 하늘이 그대를 통해 종묘사직을 보존케 하라는 것이오. 일이 크든 작든 위로는 태후에 관한 일로부터 아래로는 대신들에 관한 일까지 선생께서는 전부 과인에게 말해 주시오."

이 말에 장록이 절을 하자, 진나라 왕도 답례하였다.

그런 후에 장록이 말했다.

"대왕의 나라는 사방의 요새가 견고합니다. 북쪽에는 감천(甘泉)과 곡구(谷口)가 있고, 남쪽에는 경수(涇水)와 위수(渭水)가 있고, 오른쪽에는 농산(隴山)과 촉산(蜀山)이 있고, 왼쪽에는 함곡관(函谷關)과 판(阪)이 있습니다. 그리고 용맹스러운 병사 1백만과 전차 1천 승(乘)이 있습니다. 백성들은 사사로운 다툼에는 겁을 먹지만, 나라를 위한 전쟁에서는 누구나 용감합니다. 대왕께서는 이처럼 튼튼한 요새와 용맹한 병사와 충분한 백성을 가지고 계시니, 천하 대업은 실행하면 바로 이루어질 수 있습니다.

그러나 많은 신하들은 자신의 직위를 제대로 알지 못하고, 15년 동안 함곡관을 닫고 감히 군사를 일으킬 생각조차 못했습니다. 이것은 곧 재상 양후가 개인의 사욕만 부렸지 진나라를 위해서 충성을 다하지 않은 것이고, 대왕께서는 그 잘못된 것을 헤아리지 않았기 때문입니다."

진나라 왕이 말했다.

"과인의 잘못된 것에 대해서 듣고 싶소."

그러나 좌우에 숨어서 몰래 엿듣는 신하가 매우 많았다. 장록은 이를 두려워해 국내 문제에 대해서는 감히 말하지 못하고, 나라 밖의 이야기를 하면서 진나라 왕의 태도를 살폈다.

"양후가 한나라와 위나라를 넘어 제나라의 강(綱), 수(壽) 지역을 공격하려는 계책은 좋다고 할 수 없습니다. 적은 병력을 가지고는 제나라를 공격할 수 없습니다. 그렇다고 대규모의 병력을 출동시키면 진나라에 손실이 크기 때문입니다.

대왕께서는 소규모로 출동하고 모자라는 병력은 한나라와 위나라의 군사로 보충하라고 하시지만, 그것 또한 합리적인 방법이 아닙니다. 지금 동맹국인 제나라와 사이가 안 좋다고 해서 다른 나라의 국경까지 넘어 그들을 공격하는 것이 과연 옳은 일이냐 하는 것입니다. 그것이 진나라에 이익이 되느냐 하는 것입니다. 아무래도 양후의 계획은 부족하고 허술한 점이 많습니다.

옛날 제나라 민왕(潛王)이 초나라 사방 1천여 리의 땅을 얻고자 공격한 적이 있습니다. 그러나 전쟁에 이기고도 제나라는 결국 한 평의 땅도 얻지 못하였습니다. 그것은 천하의 형세를 몰랐기 때문입니다. 제나라는 그 전쟁으로 지치고 말았습니다. 이를 알게 된 주변 나라들이 침략해 오자 제나라는 대패했습니다. 이때 제나라 백성 모두가 왕을 비난했고, 신하들은 모두 '누가 초나라 공격을 세운 것인가.' 하고 물었습니다. 이에 왕은 신하인 문자(文子)가 세운 계획이라고 대답했습니다. 이에 대신들이 모두 들고 일어나 문자를 축출했습니다.

사실 제나라가 참패를 당한 이유는 초나라를 공격하는 틈을 타서 한나라와 위나라가 강대해졌기 때문입니다. 즉 병기를 적에게 빌려 주고 식량을 도적에게 보태 주는 꼴이 된 것입니다.

따라서 대왕께서는 멀리 떨어진 나라와는 우호관계를 맺고, 근접한 국가를 공격하시는 것이 최고의 계책입니다. 이렇게 하시면 1촌(寸)의 땅을 얻으면 곧 그것이 대왕의 1촌 땅이 되는 것이고, 1척(尺)의 땅을 얻으면 곧 그것이 대왕의 1척 땅이 되는 것입니다. 그런데 지금 인접한 국가는 방치하고 멀리 원정을 가려고 하시니, 이는 크게 잘못된 일이 아니겠습니까?

옛날 중산(中山)국은 토지가 사방 5백리였는데, 가까이 있는 조(趙)나라가 그곳을 단독으로 차지했습니다. 천하의 어느 나라도 이를 방해하지 못했습니다. 지금 한나라와 위나라가 중원 지역에 위치해, 천하의 중심을 차지하고 있습니다. 대왕께서 만약 천하제일이 되시려면, 반드시 중원 지역을 장악하고 이후 초나라와 조나라를 제압하셔야 합니다.

즉, 초나라가 강해지면 조나라를 내 편으로 만들고, 조나라가 강해지면 초나라를 내 편으로 만들어야 합니다. 두 나라가 모두 내 편이 되면 자연히 제나라는 진나라를 두려워할 것입니다. 그러면 풍부한 재물을 바치고 진나라를 섬길 것입니다. 또 제나라가 내 편이 되면 한나라와 위나라는 자연히 손아귀에 넣을 수 있게 되는 것입니다."

진나라 소왕이 물었다.

"과인이 오래전부터 위나라와 친하게 지내려고 했으나, 위나라는 변화가 많은 나라여서 그렇지 못했소. 위나라와 친하게 지내려면 어떻게 하면 되겠소?"

장록이 대답했다.

"대왕께서 먼저 겸손한 언사와 풍부한 예물로써 그들을 존중하십시오. 그래도 안 되면 땅을 떼어서 그들에게 뇌물로 주십시오. 그래도 안 된다면 그때서야 군사를 일으켜 그들을 공격하십시오."

진나라 왕이 말했다.

"선생의 가르침을 잘 들었소."

이어 장록을 객경(客卿)에 임명하고 군사에 관한 상담역으로 삼았다. 얼마 후에는 장록의 정책을 받아들여 위나라를 공격하여 회읍(懷邑)을 빼앗았고, 2년 후에는 형구(邢丘)를 함락시켰다.

얼마 후 장록이 다시 진나라 왕에게 말했다.

"진나라와 한나라 접경 지역은 마치 수를 놓은 것과 같이 복잡합니다. 진나라 안으로 들어와 있는 한나라 땅이 마치 나무에 벌레가 붙은 것 같고, 사람 몸속에 병이 있는 것과 같습니다. 천하에 진나라의 적으로 한나라보다 더한 나라가 없을 것입니다. 그러므로 대왕께서는 한나라를 우호국으로 해 두는 것이 좋겠습니다."

소왕이 물었다.

"과인이 본래 한나라를 내 편으로 두고 싶었는데 한나라가 말을 듣지 않소. 어떻게 하는 것이 좋겠소?"

장록이 대답했다.

"한나라가 어떻게 말을 듣지 않을 수 있겠습니까? 대왕께서 군대를 동원해 동쪽으로 형양(滎陽)을 공격하면 한나라의 공읍(鞏邑)과 성고(成皐)의 길이 막힐 것입니다. 북쪽으로 태행산(太行山)의 험로를 차단해 버리면 상당(上黨)의 군대가 남하하지 못하게 됩니다. 다시 말해서 대왕께서 형양을 점령하시면 한나라는 그 즉시 나라가 삼분됩니다. 이렇게 되면 나라가 망하게 될 텐데 어찌 말을 듣지 않겠습니까? 한나라가 대왕을 따르게 되면 천하의 패권을 차지할 계획을 세워 볼 만합니다."

진나라 소왕이 대답했다.

"알겠소!"

왕은 즉시 한나라에 친선 사절단을 파견하였다.

장록은 날이 갈수록 왕과 가까워졌다. 그렇게 몇 년이 지났다. 하루는 기회를 엿보아 왕에게 진언하였다.

"소인이 산동에 있을 때, 제나라에는 단지 맹상군 전문(田文)이 있을 뿐 제나라 왕이 있다고는 듣지 못했습니다. 또 진나라에는 태후(太后), 양후(穰侯), 화양군(華陽君), 고릉군(高陵君), 경양군(涇陽君)이 있을 뿐이지 진나라에 왕이 존재한다고 듣지 못했습니다. 대체로 나라 일을 마음대로 할 수 있는 자, 사람에게 이익과 해를 줄 수 있는 권력을 가진 자, 사람을 살리고 죽이는 위력을 가지고 있는 자를 왕이라고 합니다.

그런데 지금 태후는 대왕을 상관치 않고 제멋대로 행동하고, 양후는 외국에 사신으로 다녀와도 대왕께 아뢰거나 보고하지도 않습니다. 화양군과 경양군도 자기들 마음대로 백성들을 죽이고도 왕을 두려워하지 않고 있습니다. 또 고릉군은 국가 정책과 관리임용에 대해 대왕께 아뢰지도 않고 자기 마음대로 하고 있습니다. 이와 같은 상황에서 어찌 국가가 위태롭지 않을 수 있겠습니까? 대왕께서 이들 네 사람의 아랫자리에 계시는데 어찌 왕이라 할 수 있겠습니까? 어찌 명령이 제대로 나갈 수 있겠습니까?

현명한 군주는 대내적으로는 자신의 위신을 공고히 하고, 대외적으로는 자신의 권력을 엄중히 한다고 들었습니다. 지금 양후는 왕의 권한을 가로채서 마음대로 사신을 보내고, 제후들을 다루고, 함부로 사람들에게 봉읍을 내리고, 전쟁을 벌이는 등 권력을 독점하고 있습니다. 전쟁에서 이기면 그 이익을 자기의 봉읍으로 만들고, 패하게 되면 백성들을 원망하고 그 원인을 나라에 돌리고 있습니다.

옛 시(詩)에 '나무에 열매가 너무 많으면 가지를 상하게 할 수 있고, 가지가 상하면 나무의 정기를 해친다. 도읍이 너무 크면 나라가 위태롭고 신하가 높으면 임금은 낮아진다.'라고 했습니다. 최저(崔杼)와 요치(淖齒)가 제나라를 장악하자, 최저는 제나라 장공(莊公)을 화살로 쏘아 죽였고, 요치는 제나라 민왕(湣王)을 종묘 대들보에 매달아 죽였습니다. 이태(李兌)가 조나라를 장악하자 주부(主父)를 사구(沙丘)에 가두어서 1백일 만에 굶겨 죽였습니다.

지금 진(秦)나라는 태후와 양후가 정권을 잡고 있고, 고릉군, 화양군, 경양군이 그들을 보좌하고 있어서 언젠가는 그들이 왕을 제거할 것입니다. 이들은 요치, 이태와 같은 무리인 것입니다. 하(夏), 상(商), 주(周) 삼대의 왕조가 차례로 망한 까닭은 군주가 국가의 대권을 신임하는 신하들에게 주어 버리고, 자신은 술과 사냥에 몰두하고 조정을 돌보지 않은 데 있습니다. 대권을 쥔 신하들은 개인의 영화만 추구한 것을 군주가 모르고 있었기 때문에 결국 나라가 망했던 것입니다.

지금 진나라에는 지방 수령을 비롯하여 조정 대신들, 심지어는 대왕의 좌우의 시종에 이르기까지 재상 양후의 측근이 아닌 자가 없습니다. 소인이 보는 바로는 대왕께서는 지금 조정에서 완전히 고립되어 있습니다. 소인이 두려워하는 것은 만세(萬世) 후에 진나라를 통치하는 자가 대왕의 자손이 아닐 수도 있다는 점입니다."

진나라 소왕은 이 말을 듣고서 매우 두려워하는 표정으로 말했다.

"듣고 보니 옳은 말이오."

이후 태후를 폐출시키고, 양후, 고릉군, 화양군, 경양군을 함곡관 밖으로 내쫓았다. 그리고 장록, 즉 범수를 진나라 재상에 임명했다. 그때 양후가 쫓겨 그의 도읍으로 돌아가는데 짐을 실어 갈 수레가 1천 대를 넘었다. 함곡관 관리가 그 짐을 조사했더니 보물과 진귀한 물건들이 왕실보다 더 많았다.

진나라 소왕 41년, 장록을 응(應) 땅에 봉하고, 응후(應侯)라고 불렀다. 범수가 진나라의 재상이 되었지만, 장록(張祿)이라 불렀기 때문에 위(魏) 나라에서는 알지 못하였다. 범수는 이미 죽은 지 오래인 것으로 알고 있을 뿐이었다.

마침 진나라가 위나라를 공격하려는 때였다. 위나라는 그 소식을 들고 수고(須賈)를 진나라에 사신으로 파견했다. 범수가 이 사실을 전해 듣고는 사신이 묵는 빈관(賓館)으로 몰래 찾아갔다. 자신의 신분을 감추고 다 헤진 옷을 입은 채였다. 수고는 범수를 보자 그만 놀라며 말았다.

"범수, 그동안 어찌 지냈는가?"

범수가 대답했다.

"잘 지냈습니다."

이에 수고가 웃으면서 물었다.

"그래, 진나라에 와서 유세를 하고 있는가?"

범수가 대답했다.

"아닙니다. 저는 이전에 위나라 재상 위제에게 죽임을 당할 뻔했습니다. 요행히 이곳으로 도망쳐 왔는데 어찌 감히 유세를 하고 다니겠습니까."

수고가 물었다.

"그래, 지금 무슨 일을 하나?"

범수가 대답했다.

"진나라 사람에게 고용되어 일합니다."

수고가 그를 불쌍히 여겨 자리에 앉혀 술과 밥을 대접하면서 말했다.

"자네가 이토록 고생을 하고 있다는 말인가?"

하면서 한 벌의 두터운 명주 솜옷을 주면서 말했다.

"자네, 혹시 진나라의 재상 장록을 아는가? 왕의 총애를 받고 있어서, 천하의 모든 일들이 그에 의해서 결정된다고 들었네. 지금 내가 이곳에 온 것도 재상의 손에 성패가 달려 있다네. 혹시 재상과 친한 사람이 누구인지 아는가?"

범수가 대답했다.

"저의 주인이 그를 잘 알고 있습니다. 그래서 저도 한 번 뵌 적이 있습니다. 한번 주인에게 부탁해서 재상을 만나 보도록 해 드리겠습니다."

그러자 수고가 말했다.

"그리고 말인데, 내 수레가 부러졌고 말은 병들어 당장에 누구를 만나러 나설 수 없는 처지라네."

범수가 말했다.

"저의 주인에게 말해서 좋은 수레를 빌려 보도록 하겠습니다."

범수가 돌아가서는 곧바로 네 필의 말이 끄는 수레를 끌고 왔다. 정중히 수고를 태우고 직접 수레를 몰아 진나라 재상의 저택으로 들어갔다. 그러자 저택 안에 있던 사람들이 범수를 보고는 모두 피해 숨어 버렸다. 수고는 그것을 이상하게 생각했다. 재상의 저택에 도착하자 범수가 말했다.

"잠시 기다리시지요. 제가 먼저 들어가서 재상에게 알리겠습니다."

수고가 입구에서 한참을 기다려도 범수가 나오지 않았다. 초조한 마음에 가까이 있는 문지기에게 물었다.

"조금 전 범수라는 자가 들어가 나오지 않았는데 무슨 까닭이오?"

문지기가 대답했다.

"여기에는 범수라는 이름을 가진 자가 없습니다."

수고가 다시 물었다.

"방금 나와 함께 수레에서 내려 안으로 들어간 그 사람 말입니다."

문지기가 대답했다.

"그분은 진나라의 장록 재상이십니다."

그 말에 수고는 크게 놀라며 자기가 속았다는 것을 깨달았다. 바로 옷을 벗어 몸을 드러내고 무릎을 꿇고 앞으로 나아가 문지기를 통해서 잘못을 빌었다.

이때 범수는 화려하고 훌륭한 장막 속에 앉아서 아주 많은 시종들을 데리고 나와 수고를 접견했다. 수고는 머리를 조아리고 사죄하기에 급급했다.

"제가 사람 보는 눈이 없었습니다. 이렇게 출세했으리라고는 꿈에도 생각지 못했습니다. 저를 삶아 죽여도 할 말이 없습니다. 행여 저를 용서해 주신다면 미천한 고국으로 돌아가게 허락해 주십시오. 그저 너그러우신 처분만을 바랄 뿐입니다."

이어 범수가 물었다.

"너의 죄가 얼마나 되는지 아느냐?"

수고가 대답했다.

"저의 머리카락을 다 뽑아 세어도 모자랄 만큼 많습니다."

범수가 말했다.

"너의 죄목은 세 가지다. 나의 조상의 묘는 위(魏)나라에 안장되어 있어 나는 위나라를 배반할 생각이 없었다. 그런데 네놈이 이전에 내가 제나라와 내통해 위나라의 기밀을 팔아넘기려 한다고 위제(魏齊) 앞에서 나를 모함했으니 이것이 너의 첫 번째 죄목이다. 위제가 나를 매질하고 변소 안에 버렸는데 네가 저지하지 않았음이 두 번째 죄목이다. 또 위제의 빈객들이 술에 취해 번갈아가며 나의 몸에 방뇨했는데 너는 모르는 척했다. 이것이 너의 세 번째 죄목이다. 그러나 오늘 너를 죽이지 않는 까닭은 한 벌의 두터운 명주 솜옷을 나에게 주며 옛 정을 못 잊어 하는 그 태도 때문이다. 그래서 너를 용서하는 것이다."

범수는 그렇게 수고를 풀어 주었다. 그리고 궁궐에 들어가 소왕에게 위나라의 상황을 보고하였다. 그러자 위나라 사신을 접견하지 않고 돌려보내기로 결정했다.

수고가 범수에게 하직 인사를 하려고 찾아왔을 때, 범수는 크게 잔치를 벌이고 있었다. 각국의 사신들을 모두 초대하여 웅장하게 꾸며진 대청에서 많은 술과 안주를 내놓았다. 수고에게 들어오라 하고는 대청 아래 여물을 담은 구유 앞에 앉게 하였다. 두 명의 관원이 수고에게 억지로 여물을 먹이면서 지난 잘못을 꾸짖으며 말했다.

"가서 위나라 왕에게 전해라. 즉시 위나라 재상 위제의 머리를 가져와라. 그렇지 않으면, 대량성(大梁城)을 허물고 위나라를 몰살시키겠다."

수고가 돌아와서 이 일을 위제에게 이야기했다. 위제는 두려워 조나라로 도망가서 평원군(平原君) 집에 숨었다.

어느 날 왕계(王稽)가 재상 범수를 찾아와 말했다.

"지금 예측할 수 없는 일 세 가지와 어떻게 할 수 없는 일 세 가지가 있습니다. 예측하지 못할 일 첫 번째가 대왕께서 언제 돌아가실지 모른다는 것이며, 두 번째가 재상께서 언제 갑자기 세상을 떠나실지 모른다는 것이며, 세 번째는 제가 언제 구렁에 빠져 죽을지 모른다는 것입니다.

어떻게 할 수 없는 일 첫 번째는 대왕께서 돌아가시게 된다면 재상께서는 일찍이 저를 추천하지 않으신 것을 후회해 봐야 어쩔 수 없는 일입니다. 두 번째는 만약 재상께서 갑자기 세상을 떠나시게 될 경우 일찍이 저를 임용하지 않으신 것에 대해서 후회해 봐야 그때는 어쩔 수 없는 일입니다. 세 번째는 만약 제가 갑자기 구렁에 빠져 죽는다면 재상께서 저를 도와주지 않으신 것에 대해 후회해 봐야 역시 어쩔 수 없는 일입니다."

범수는 이 말을 불쾌하게 느껴졌지만 조정에 나아가 소왕에게 아뢰었다.

"왕계의 충성심이 아니었다면 누가 저를 진나라에 데려올 수 있었겠습니까? 또한 대왕의 현명하신 성덕이 아니었다면 제가 어찌 이런 지위에 오를 수 있었겠습니까. 지금 저는 재상에 이르렀고 작위는 열후(列侯)에 들었는데, 저를 추천한 왕계의 관직은 아직도 문서관리인인 알자(謁者)에 불과합니다. 이것은 저를 진나라로 데리고 온 왕계의 본뜻이 아닐 줄로 압니다."

그러자 소왕이 왕계를 불러서 그를 하동(河東) 군수(郡守)로 임명했다. 그러나 왕계는 부임한 지 3년이 지나도록 조정에 지역 현황에 대한 보고를 하지 않았다.

범수가 이번에는 정안평(鄭安平)을 추천하자 소왕은 그를 장군(將軍)에 임명했다. 이후 범수는 자신이 가난할 때 신세를 진 사람들에게 일일이 재산을 풀어 보답했다. 한 끼의 식사에 대한 은혜에도 반드시 보답했고, 한 번 노려본 원한에도 반드시 보복했다.

한편 위제가 조나라 평원군의 집에 숨어 있다는 보고를 들은 소왕은 대신 범수의 원수를 갚아 주려고 한 통의 편지를 평원군에게 보냈다.

"나는 오래전부터 귀공이 정의로운 사람이란 말을 들었소. 서로 신분을 뛰어넘어 평등하게 사귀고 싶으니 술자리나 같이 합시다. 아무 때나 찾아 주시오."

평원군은 진나라의 보복이 두려워 억지로 소왕을 만나러 갔다. 술자리에서 소왕이 말했다.

"옛날 주(周)나라 문왕(文王)은 여상(呂尙)을 얻어 그를 태공(太公)으로 임명하였습니다. 제(齊)나라 환공(桓公)은 관중을 얻어 그를 중부(仲父)로 삼았습니다. 나는 지금 범수 선생을 숙부(叔父)로 여기고 있습니다. 그런데 범수 선생의 원수가 당신 집에 숨어 있으니, 지금 사람을 보내 그의 목을 베어 오도록 하시지오. 그렇게 하지 않으면 나는 당신을 돌려보내지 않겠소."

평원군이 침착하게 대답했다.

"높은 자리에 있을 때 벗을 사귀는 것은 천한 몸이 되었을 때 도움을 받으려는 생각 때문입니다. 부유한 몸으로 친구를 사귀는 것은 가난하게 되었을 때 도움을 받기 위해서입니다. 위제는 나의 친구입니다. 설령 그가 내 집에 있다고 해도 내어 줄 수가 없는데, 더구나 지금 그는 내 집에 있지도 않습니다."

그러자 소왕이 조나라 왕에게 서신을 보냈다.

"지금 대왕의 동생인 평원군이 진나라에 와 있습니다. 그런데 진나라의 재상 범수의 원수인 위제가 평원군의 집에 숨어 있다고 합니다. 대왕께서는 신속히 사람을 보내어 위제의 목을 베어 보내십시오. 만약 그렇게 하지 않으면 내가 곧 조나라를 침공할 것이며, 또 평원군을 내보내지 않을 것이오."

서신을 받은 조나라 효성왕(孝成王)은 바로 병사를 파견해 평원군의 집을 포위했다. 사태가 긴박하게 된 것을 안 위제는 밤을 틈타 도주해 조나라의 재상 우경(虞卿)에게 몸을 의탁하고자 청했다. 그러나 우경은 조나라 왕이 끝까지 진나라를 설득하지 못할 것으로 알고, 차라리 재상 직을 벗어버리고 위제와 함께 도망쳤다.

우경은 의지할 만한 제후들을 생각해 보았으나 마땅히 찾아갈 곳이 없었다. 신릉군(信陵君)을 찾아가 도움을 청하고자 했다. 하지만 신릉군은 진나라가 두려워 만나주지 않았다. 단지 부하들에게 상황을 물었다.

"우경은 어떤 사람이냐?"

이때 후영(侯嬴)이 나서며 대답했다.

"사람은 원래 자신을 알기란 힘든 일이지만, 남을 아는 것도 쉬운 일은 아닙니다. 우경은 짚신을 신고 초라한 모습으로 조나라 왕을 만났는데, 조나라 왕은 처음 보는 그에게 한 쌍의 백옥(白玉)과 2천 냥의 황금을 주었고, 두 번째 만났을 때는 그를 상경(上卿)에 임명했고, 세 번째 만났을 때는 그를 재상에 임용하고 만호의 봉읍을 내렸습니다. 그 당시는 천하가 다투어 그를 알려고 했습니다. 위제가 위급함을 당해 우경을 찾아갔을 때, 우경은 높은 관직과 많은 봉록을 중히 여기지 않고 재상과 만호의 직위를 버리고 위제와 함께 도망쳐 이곳으로 찾아온 것입니다. 그는 신릉군께서 남의 곤궁함을 중히 여긴다는 소문을 듣고 의지하려고 온 것입니다."

이 말을 듣자 신릉군은 매우 부끄러워하며 손수 마차를 몰고 그들을 영접하러 나갔다. 그러나 위제는 신릉군이 난색을 표시하고 만나주지 않은 것에 대해 한탄하며 스스로 목숨을 끊은 뒤였다.

조나라 왕이 이 소식을 듣고서 위제의 목을 잘라 진나라에 보내자,

소왕은 비로소 평원군을 조나라로 돌려보냈다.

5년 후, 소왕은 재상 범수의 계책을 받아들여 첩자를 보내 조나라를 속였다. 조나라는 염파(廉頗) 장군 대신에 마복군(馬服君)의 아들 조괄을 장군에 임명했다. 진나라 군대는 장평(長平)에서 조나라 군대를 대파하고 수도 한단(邯鄲)을 포위했다.

이 무렵 범수는 무안군(武安君) 백기(白起)와 원수 관계가 되자, 그를 모함해 죽였다. 그리고 정안평을 장군으로 추천해 그로 하여금 조나라를 공격하게 했다. 그런데 정안평이 도리어 조나라 군사에게 포위당해 사태가 위급해지자 2만 명의 사병을 이끌고 그만 조나라에 투항하고 말았다.

이 때문에 범수는 멍석을 깔고 그 위에 앉아서 왕의 처벌을 기다렸다. 원래 진나라 법률에 따르면 사람을 추천했을 경우, 추천받은 사람이 죄를 범하게 되면 추천한 사람도 그와 똑같은 처벌을 받게 되어 있었다. 이렇게 본다면 범수의 죄는 삼족(三族)이 멸하는 중죄에 해당되는 것이었다.

그러나 진나라 소왕은 전국에 포고령을 내렸다.

"감히 정안평의 사건을 말하는 자가 있으면, 정안평과 같은 죄로 다스리겠다."

그리고 범수에게는 평상시보다 더 많은 예물을 하사해 위로하였다.

2년 후, 이번에는 왕계(王稽)가 하동 군수로 있으면서 주변 제후들과 내통하다가 법에 저촉되어 사형당했다. 이러한 일들로 인해 범수는 날로 마음이 불안하기만 했다.

어느 날 소왕이 조정에 앉아 한숨을 쉬자, 범수가 앞으로 나아가 아뢰었다.

"신이 듣기로 '국왕이 근심하면 신하는 욕을 당해야 하고, 국왕이 치욕을 당하면 신하는 응당 죽어야 마땅하다.'고 했습니다. 오늘 대왕께서 조정에서 근심스러운 모습을 보이셨는데, 이는 신이 부족한 탓이오니 저에게 벌을 내려 주십시오!"

소왕이 말했다.

"지금 무안군 백기는 이미 죽었고 정안평은 적에게 투항해 버렸으니 나라 안에 뛰어난 장군이 없소. 밖에는 수많은 적들이 도사리고 있는데 말이오? 그래서 과인이 근심하는 것이오."

범수는 그 말에 송구스러워 몸 둘 바를 몰랐다. 그 무렵 채택(蔡澤)이라는 자가 진나라에 나타났다.

채택

채택(蔡沢)은 연(燕)나라 사람이다. 어려서부터 학문을 좋아하여 배운 것이 많았다. 하지만 벼슬을 얻기 위해 여러 나라를 돌아다니며 유세했지만 뜻을 이루지 못했다. 실의에 빠졌을 무렵, 당거(唐擧)라는 자가 관상을 잘 본다는 소문을 듣고 찾아가 물었다.

"선생께서 이태(李兌)의 관상을 봤을 때, 백일 이내에 나라의 권력을 움켜쥘 상이라고 말씀하셨다는데 그것이 사실입니까?"

당거가 대답했다.

"그렇소."

채택이 이어 말했다.

"그렇다면 저의 관상은 어떻습니까?"

당거가 채택을 위아래로 자세히 들여다보더니 웃으면서 말했다.

"선생은 코가 납작하고, 이마는 툭 튀어나왔고, 어깨는 구부정하고, 다리는 활처럼 휘었습니다. 유명한 관상쟁이라도 성인의 관상은 봐도 모른다고 하는데, 아마도 선생을 두고 하는 말인 것 같소."

채택은 그 말이 자기를 비웃는다고 생각하고 다시 물었다.

"내가 알고 싶은 것은 수명이오. 그러니 그것을 말해 주시오."

당거가 말했다.

"선생은 앞으로 43년 더 살 수 있소."

그러자 채택은 웃으면서 감사의 뜻을 표하고 일어났다. 그리고 마차에 올라타며 혼자 중얼거리는 듯이 마부에게 말했다.

"내가 임금이 하사한 황금 인장을 품고 다니며 부귀한 생활을 할 수 있다면 43년만으로도 충분한 것이지!"

이후 조나라로 가서 유세했으나 쫓겨났고, 위나라로 갔으나 도중에 강도를 만나 가진 것을 다 빼앗기고 말았다. 그런데 우연히 거리에 떠도는 소문을 듣게 되었다.

"진나라의 정안평이 조나라에 투항하였고 왕계가 커다란 죄를 지어 사형당했다. 그들을 추천한 재상 범수가 지금 불안에 떨고 있다."

채택은 곧바로 서쪽 진나라로 떠났다. 범수가 사는 동네에 이르자 사람들을 시켜 이곳저곳에 소문을 퍼뜨렸다.

"연나라의 채택은 천하의 뛰어난 달변가이다. 그가 소왕을 만나기만

하면 재상 범수는 궁지에 빠지고 결국은 재상 직위도 빼앗기고 말 것이다."

범수가 이 소문을 듣고서 혼자 생각했다.

'내가 오래전부터 오제(五帝)와 삼왕(三王)과 백가(百家)의 학설을 배워 여러 유세객들의 교묘한 말들을 모두 물리쳤다. 그런데 채택이라는 자가 어찌 나를 곤란하게 하고 나의 직위를 빼앗는단 말인가?'

범수는 사람을 시켜 채택을 불러오도록 했다. 채택은 들어와 가볍게 읍(揖)만 했다. 그 태도를 보자 범수는 처음부터 기분이 좋지 않았다. 오만한 그의 태도를 보고는 꾸짖으며 말했다.

"그대가 재상이 된다고 큰소리치고 다녔다는데 이것이 사실인가?"

채택이 대답했다.

"그렇습니다."

범수가 다시 물었다.

"어떻게 재상이 된다는 것인지 그 이야기부터 한번 들어보세."

채택이 대답했다.

"아직도 그 이유를 모르신다는 말씀입니까? 계절은 자신의 할 일을 마치면 물러갑니다. 당연한 이치 아니겠습니까? 천하의 선비라면 누구나 신체 건강하고 눈 귀 밝고 지혜로운 자가 되는 것이 소원이지요. 그렇지 않습니까?"

범수가 대답했다.

"그건 당연한 말이 아닌가?"

채택이 이어 말했다.

"임금이 인(仁)을 근본으로 삼아 원칙대로 법을 집행하고, 덕을 베푼다면 천하에 왕도를 실현할 수 있습니다. 그런 임금은 백성들이 존경하고 흠모하기 마련입니다. 따라서 유세객이라면 누구나 그런 임금을 섬기고자 하는 것 아니겠습니까?"

범수가 대답했다.

"그 또한 당연한 말이 아닌가?"

채택이 말했다.

"부귀영화와 천수를 누리고 명성이 세세연년 끊이지 않는다면 이는 곧 하늘의 도를 실천하고 덕을 베푼 결과가 아니겠습니까? 상서로운 일이란 이런 것을 말하는 것이 아니고 무엇이겠습니까?"

범수가 대답했다.

"맞는 말이네."

이어 채택이 물었다.

"진나라의 상군(商君), 초나라의 오기(吳起), 월나라의 대부(大夫) 종(種) 같은 이들은 선비라면 누구나 숭상하는 인물이라 할 수 있겠습니까?"

범수는 이 질문이 자신을 설득하고자 하는 논리라고 여기고 이내 반대 논리를 세워 말했다.

"상군 공손앙(公孫鞅)은 진나라 효공(孝公)을 섬기면서 끝까지 충성을 다한 자가 아닌가. 법령을 만들어 사악함을 근절시켰고, 상과 벌을 제대로 실시해 세상을 바로잡았고, 공을 세우고자 친구를 속여서까지 위(魏)나라 공자 앙(卬)을 사로잡았고, 적군을 대파해 천 리의 영토를 개척하지 않았는가. 그로 인해 나라는 안정되고 백성들은 편안하게 되었으니 어찌 숭상할 만한 자가 아니겠는가.

오기는 초나라 도왕(悼王)을 섬기면서 사익이 공익을 해치지 못하게 하였고, 간사한 자들이 충신의 직언을 막지 못하게 하였고, 의를 행하는 것이라면 몸을 피하지 않았고, 나라를 부강하게 만드는 일이라면 어떤 어려움도 두려워하지 않았으니 선비들이 따르는 것이 당연한 것이 아닌가.

대부 종은 월나라 왕 구천을 섬겼는데, 어떤 곤경에서도 충성을 다하였고, 공을 세워도 자신을 드러내지 않았고, 재물과 관직을 탐하지도 않았고, 장차 나라가 망하려는 순간에도 목숨을 걸고 자신의 직무를 지켰으니 어찌 숭상할 만한 자가 아니겠는가.

이 세 사람은 절의의 표준이요, 충절의 모범이라 하겠네. 따라서 선비는 본래 자기 몸을 죽여 이름을 남기는 것이며, 살아서 치욕을 당하느니 죽어서 영광을 택하는 것이고, 정의를 위해서는 죽음도 사양하지 않는 법이네. 어찌 이 세 사람이 선비들이 숭상하는 이가 될 수 있냐고 함부로 묻는 것인가?"

채택이 말했다.

"덕이 있는 임금 아래 현명한 신하가 있다면 이는 천하의 큰 복입니다. 현명한 군주 아래 정직한 신하가 있다면 이는 나라의 복입니다. 자애로운 아버지 밑에 효성스러운 아들이 있거나, 신실한 남편 아래 정숙한 아내가 있다면 이는 가정의 복입니다.

그런데 신하 비간(比干)은 충성스러웠지만 은(殷)나라를 보존하지 못했고, 오자서는 지혜로웠지만 오(吳)나라를 보전하지 못했고, 진(晉)나라 헌공 때 태자 신생(申生)은 효성스러웠지만 헌공이 아끼는 여희의 모함을 받아 스스로 목숨을 끊었습니다. 이후 진(晉)나라는 크게 어지러워졌습니다. 이처럼 충신과 효자가 있어도 나라가 망하고 집안이 어지러워지는 것은 무슨 까닭이겠습니까? 임금과 아비가 현명하지 못했기 때문입니다. 천하 사람들은 이런 임금과 아비를 욕하고 신하와 아들을 가엾게 여기는 것입니다. 상군, 오기, 대부 종은 신하로서는 훌륭했으나, 그들의 임금은 그렇지 못했습니다. 사람들은 이 세 사람을 칭찬하지만 좋은 세상을 만나지 못하고 죽은 것은 결코 부러워하지 않습니다.

만약 죽은 뒤에 명성을 얻는 것이라면 미자(微子)는 현명하다고 할 수 없고, 공자(孔子)는 성인일 수 없으며, 관중(管仲) 또한 대단하다고 할 수 없습니다. 누구나 공을 세우고 명성을 얻는 것이 가장 훌륭한 것이고, 공을 세우고 명성을 얻지 못하는 것이 그 다음이고, 공을 세우고도 치욕을 얻는 것이 가장 아래입니다."

범수가 이 말을 듣자 채택을 칭찬했다. 채택은 인정을 받자 계속 말을 이었다.

"상군, 오기, 대부 종이 신하된 자로서 충성을 다해 공을 세운 것은 선비라면 누구나 부러워할 일입니다. 굉요(閎夭)가 주(周)나라 문왕(文王)을 섬기고, 주공(周公)이 주나라 성왕(成王)을 보좌한 것이 어찌 충성스러운 것이 아니겠습니까? 그러면 상군, 오기, 대부 종 세 사람과 굉요, 주공을 비교하자면 어느 쪽이 선비들이 바라는 바입니까?"

범수가 대답했다.

"상군, 오기, 대부 종은 그들과 비교할 바가 못 되지."

채택이 말했다.

"그렇다면 재상께서 모시는 임금이 현명하여 충신들을 신임하고, 오랜 신하를 극진히 대접하고, 지혜롭고 의로운 선비를 찾으며, 공을 세운 신하를 저버리지 않는다고 하면, 진나라 효공, 초나라 도왕, 월나라 구천과 비교하여 어느 쪽이 낫습니까?"

범수가 잠시 주저하며 대답했다.

"그건 어려운 질문이네."

채택이 말했다.

"지금 재상께서 섬기는 대왕을 이 세 왕과 비교한다면 충신을 신임한 다고 할 수 없습니다. 그러면 재상께서 나라를 안정시키고 영토를 넓히 고 백성을 부유하게 하여 그 명성이 만 리 밖에서도 알려졌는데 과연 상군, 오기, 대부 종과 비교하여 어떻습니까?"

범수가 대답했다.

"어찌 내가 그들과 비교가 될 수 있겠는가. 나는 비교도 안 되네."

이에 채택이 말했다.

"지금 재상께서 섬기는 대왕은 이 세 왕과 비교해 미치지 못하시고, 재상께서는 이 세 신하에 미치지 못합니다. 그런데 재상의 지위는 높고 재산은 부유하기가 이들 세 사람보다 월등합니다. 만약 재상께서 자리 에서 물러나지 않고 그대로 계신다면, 아마 곧 닥칠 화와 근심은 이 세 사람보다 더욱 심하지 않을까 두렵습니다.

태양은 높이 솟았다가도 곧 서쪽으로 기울고, 달도 차면 곧 기운다고 했습니다. 누구나 정점에 이르면 곧 쇠락합니다. 이것은 천지만물의 보 편적 법칙입니다. 나아가고 물러나고, 굽히고 펴는 것을 아는 것이 도리 입니다. 도가 있으면 나아가고 도가 없으면 숨는 것이 당연한 이치입니 다. 정당하지 않은 부귀는 뜬구름인 것입니다.

지금 재상께서는 원수도 이미 다 갚았고, 은혜도 이미 다 보답했습니 다. 마음먹은 바도 이미 다 실현했습니다. 그런데도 다가오는 변화에 적응할 수 있는 대책을 세우지 않고 계십니다.

물총새, 따오기, 코뿔소, 코끼리는 사는 곳이 그다지 안전하지는 않지만 그런대로 천수를 누립니다. 그 가운데 잡혀 죽는 것들은 탐욕에 끌리기 때문입니다. 소진(蘇秦)과 지백(智伯)의 재주는 치욕을 피하고 죽음을 멀리하기에 충분했습니다. 그러나 그들이 죽은 이유는 탐욕을 멈추지 않았기 때문입니다.

그래서 옛 성인은 예법을 제정해 욕심을 절제하게 하고, 백성에게 세금을 걷는 것도 일정한 한도를 두었으며, 백성을 부리는 데에도 그 한가한 때를 고르도록 제한을 두었던 것입니다. 그런 까닭에 생각은 지나치지 않았고, 행동은 교만하지 않았으며, 항상 이 원칙을 벗어나지 않았습니다. 그러므로 천하 사람들이 이를 본받은 것입니다.

옛날 제(齊)나라 환공(桓公)이 아홉 차례나 제후들과 연합하여 천하를 평정했으나 규구(葵丘)의 만남에서 자만을 과시하자 모두 등을 돌렸습니다. 오왕(吳王) 부차(夫差)의 군대는 천하무적이었는데, 그 강함을 자랑삼아 제후들을 업신여기고 제나라와 진(晉)나라를 누르려다가 결국 자신은 피살당하고 나라는 망하고 말았습니다.

하육(夏育)과 태사교(太史噭)는 한 번 고함을 치면 삼군(三軍)을 놀라게 하는 용사였으나, 자신들은 되레 하찮은 사람의 손에 죽었습니다. 이들이 화를 입은 것은 모두가 공이 정점에 이르렀는데도 자신을 되돌아보지 않고, 도리가 합당한 것인지 따져 보지 않고 탐욕을 자초해서입니다. 상군(商君)은 진(秦)나라 효공(孝公)을 위해 법령을 정비해 사악함을 막고, 상벌을 시행하고, 도량형을 통일하고, 백성들의 생활을 안정시키고 풍속을 바로잡았습니다. 또한 농업을 장려하고 식량을 비축하여 군사들을 훈련시켰습니다. 전쟁을 하고 나면 땅을 확장했고, 전쟁이 없을 때에는 나라가 부강해졌습니다. 이리하여 진나라가 천하무적이 되는 공을 세웠으나 결국 그의 인생은 거열형이라는 능지처참을 당하고 말았습니다.

초나라의 국토는 사방 수천 리에 이르고, 무장한 군사는 1백만 명에 이르는 큰 나라입니다. 진나라 장군 백기(白起)는 첫 번째 전쟁에서 초나라의 언(鄢)과 영(郢) 땅을 함락시키고 이릉(夷陵)을 불살랐습니다. 두 번째 전쟁에서 촉(蜀)나라와 한중(漢中)을 점령했습니다. 세 번째 전쟁에서 조나라 40만여 명의 병사들을 장평성(長平城) 아래에서 전부 생매장했는데, 흐르는 피가 강을 이루었고 울부짖는 소리가 천지를 진동시켰습니다. 이어 한단(邯鄲)을 포위하여 진(秦)나라가 대업을 이루는 기초를 세웠습니다. 이때부터 모든 나라가 진나라에 굴복하고 감히 싸우려 들지 못했습니다. 이는 백기의 위세 때문이었습니다. 그러나 백기는 70여 개의 성을 정복하는 큰 공을 세웠지만, 끝내 어명을 받고 두우(杜郵)에서 자살해야 했습니다.

오기(吳起)는 초나라 도왕(悼王)을 위해서 법령을 제정했고, 왕권을 강화해 무능한 신하를 파면하고, 남쪽으로 양월(楊越)을 수복하고 북쪽으로 진(陳)나라와 채(蔡)나라를 통합했습니다. 당파를 금지하여 나라를 안정시켰고 백성을 편하게 하여 사방 제후들을 복종시켰습니다. 이러한 공을 이루었지만 오기는 끝내 능지처참을 당하고 말았습니다.

대부 종은 월나라 왕 구천을 위해 망하는 나라를 다시 살렸고, 치욕을 영예로 바꾸었고, 황무지를 개간하고 새로운 고을을 건설하고, 토지를 개간해 곡식을 심었고, 나라를 강하게 하여 부차(夫差)에게 받은 원수를 갚았습니다. 그로 인해 월나라를 천하제일의 나라로 만들었습니다. 그의 공은 너무도 뚜렷했지만 끝내 구천에게 버림을 받고 죽임을 당했습니다.

이 네 사람은 큰 공을 이루고도 물러날 때에 물러나지 못했기 때문에 이런 화를 당한 것입니다. 펼 줄만 알고 굽힐 줄 모르고, 앞으로 나갈 줄만 알고 돌아설 줄 몰랐던 것입니다.

지금 재상께서는 천하 각국으로 하여금 모두 진나라를 두려워하게 만들었습니다. 진나라가 바라는 바는 성취되었고, 재상의 공로는 이미 절정에 달했습니다. 이러한 상황에서 자리에서 물러나지 않는다면 곧 상군, 백기, 오기, 대부 종과 같은 처지가 될 것입니다.

물로 거울을 삼는 자는 자신의 얼굴을 볼 수 있고, 사람을 거울로 삼는 자는 자신의 길흉을 알 수 있다고 합니다. 또 공을 이룬 곳에서는 오래 머물지 말라고 했습니다. 위에 언급한 네 사람이 재앙을 입었는데, 왜 재상께서 그것을 이어받으시려는 겁니까? 다른 어진 자에게 자리를 물려주고 한가롭게 풍류나 즐기며 살아야 하지 않겠습니까?

만약 그렇게 하신다면 백이(伯夷), 숙제(叔齊)와 같이 고결한 명성을 들으며 오랫동안 응후의 작위를 누릴 것이고, 허유(許由)나 연릉(延陵)의 계자(季子)처럼 겸양하다는 칭찬을 받을 것이고, 왕자 교(王子喬)와 적송자(赤松子)처럼 장수를 누릴 것입니다.

주역에 높이 올라간 용은 뉘우칠 날이 있다고 했습니다. 이것은 오르기만 하고 내릴 줄을 모르고, 뻗을 줄만 알고 굽힐 줄을 모르며, 나아가는 것만 알고 돌아설 줄 모르는 사람을 비유해서 말한 것입니다. 재상께서는 깊이 생각하시기를 바랍니다."

말을 다 듣고서 범수가 대답했다.

"옳은 말이네. 욕심을 그칠 줄 모르면 얻은 것을 잃게 되고, 만족할 줄 모르면 그 가진 것조차 잃는다는 말을 나도 알고 있네. 다행히 그대가 내게 가르침을 주었으니 참으로 고마운 일이네."

범수는 이날로부터 채택을 귀빈으로 대우했다.

며칠 뒤 범수가 조정에 들어가 소왕에게 아뢰었다.

"산동에서 온 채택이라는 자가 있습니다. 언변이 뛰어나고 삼황오제의 일에 밝고 세속의 변화에 통달하여 진나라 정무를 맡기기에 충분합니다. 지금까지 신이 많은 사람을 만났지만 그만한 자가 없었습니다. 저 또한 그에 미치지 못합니다. 대왕께서는 그를 만나보시기 바랍니다. 신이 무례를 무릅쓰고 간언을 올리는 바입니다."

진나라 소왕이 채택을 만나 이야기를 나누고 보니 매우 만족하여 그를 객경에 임명했다. 범수는 이 기회에 병을 핑계로 재상의 인수를 반납했다. 소왕이 계속 맡도록 했으나 범수는 병이 심하다며 사양했다.

이렇게 해서 범수 응후는 재상의 자리에서 물러나게 되었다. 소왕은 채택으로부터 새로운 계책을 듣고 만족하여 그를 재상에 임명했다.

채택이 진나라 재상이 된 지 몇 달 뒤 누군가 그를 모함했다. 채택은 죽임을 당할까 두려워 병을 구실로 재상의 인수를 반납했다. 소왕은 그를 강성군에 봉했다. 채택은 진나라에 10년 넘게 머물면서 소왕, 효문왕, 장양왕, 그리고 마지막에 진시황을 섬겼다.

태사공은 말한다.

"한비자는 옷소매가 길어야 춤을 잘 추고, 밑천이 많아야 장사를 잘 할 수 있다고 했다. 믿을 만한 말이다. 범수와 채택은 사람들이 말하는 '대단한 변론가'였다. 그럼에도 여러 나라를 유세하면서 기회를 못 잡은 것은 계략과 전술이 모자라서가 아니라 유세한 나라들이 약하고 작았기 때문이다. 두 사람이 두루 다닌 끝에 진나라에 머무르면서 잇따라 재상이란 높은 벼슬로 천하에 이름을 떨친 것은 그들의 능력이 남보다 강한 반면 타인의 능력이 그들보다 약했기 때문이다. 그러나 이 둘보다 못한 자라도 우연히 때를 만나는 경우도 있고, 이들 둘보다 잘난 자라도 뜻을 이루지 못하는 경우가 헤아릴 수 없이 많다. 그러나 이 두 사람도 한 시절 곤궁한 처지에 빠지지 않았던들 어찌 성공할 수 있었겠는가?"

卷八十。樂毅列傳

樂毅者，其先祖曰樂羊。樂羊為魏文侯將、伐取中山、魏文侯封樂羊以靈壽。樂羊死、葬於靈壽、其後子孫因家焉。中山復國、至趙武靈王時復滅中山、而樂氏後有樂毅。

樂毅賢、好兵、趙人舉之。及武靈王有沙丘之亂而去趙適魏。聞燕昭王以子之之亂而齊大敗燕、燕昭王怨齊、未嘗一日而忘報齊也。燕國小辟遠、力不能制、於是屈身下士先禮郭隗以招賢者。樂毅於是為魏昭王使於燕、燕王以客禮待之。樂毅辭讓、遂委質為臣、燕昭王以為亞卿、久之。

제20편
악의열전

"약한 연나라는 제나라로부터 늘 치욕을 당해야 했다. 하지만 악의의 지혜로 주변 5개 나라와 연합하여 제나라를 물리치게 되었다. 이로써 선대의 치욕을 깨끗이 씻을 수 있었다."

●

악의(樂毅)의 조상은 위(魏)나라 문후(文侯) 수하의 장군인 악양(樂羊)이다. 중산(中山)을 점령한 공이 있어 중산 영수(靈壽) 땅을 봉읍으로 받았고 그의 후손들이 그곳에 정착하게 되었다. 이후 악씨(樂氏) 후손 중에 악의가 태어났다.

악의는 젊어서 병법에 능해 조(趙)나라 무령왕(武靈王) 때에 벼슬을 추천받았다. 하지만 무령왕이 장남 장(章)을 제쳐 두고 다른 아들 하(何)에게 왕위를 물려주었다. 그리고 자신은 사구(沙丘)의 궁에 머물며 주부(主父)라 칭했다. 얼마 후 장남 장이 궁으로 쳐들어가 아버지 주부를 위협했다. 그러자 다른 형제인 공자 성(成)과 이태가 궁을 포위하여 장남 장을 죽이고 반란을 진압했다. 하지만 무령왕은 3개월 동안 갇힌 탓에 굶어 죽었다. 이 사구의 난으로 악의는 등용되지 못하고 위(魏)나라에 가서야 벼슬을 얻었다.

그 무렵 연(燕)나라 또한 자지(子之)의 난으로 나라가 혼란에 휩싸였다. 그 틈에 제(齊)나라가 쳐들어와 맞서 싸웠으나 연나라는 크게 패하는 수모를 당했다. 연나라 왕은 이후 제나라에 대한 복수의 기회를 노렸다. 그러나 연나라는 제나라를 제압할 힘이 없었다. 왕은 곽외(郭隗)를 등용하여 나라를 부강하게 할 인재를 모집하도록 하였다.

이때 마침 악의가 위나라 사신으로 연나라에 오게 되었다. 연나라에서 자신을 크게 예우하자 악의는 위나라를 버리고 연나라 신하가 되었다. 아경(亞卿)이라는 높은 벼슬에 임명되었던 것이다.

제(齊)나라 민왕(湣王)은 세력이 강대해 남쪽으로는 초(楚)나라를 굴복시켰고 서쪽으로는 삼진(三晉)인 한, 위, 조 세 나라를 무너뜨렸다. 이어 진(秦)나라를 공격하고, 송(宋)나라를 격파해 영토를 1천여 리나 넓혔다. 그러자 주변 제후들이 모두 진나라를 멀리하고 제나라와 가까이하였다. 민왕은 이를 계기로 점점 교만해지기 시작했다. 포악한 정치를 일삼자 백성들의 불만이 커지기 시작했다. 이런 소문을 들은 연나라 왕이 악의에게 제나라 정벌에 대해 물었다. 그러자 악의가 대답했다.

"제나라는 천하의 강국입니다. 땅이 넓고 인구가 많아 연나라 혼자 힘으로 공격하기가 쉽지 않습니다. 대왕께서 기필코 제나라를 정벌하고자 하신다면 조나라, 초나라, 위나라와 힘을 합치는 수밖에 없습니다."

그 말에 따라 연나라 왕은 악의를 조나라에 사신으로 보내 협정을 맺게 하였고, 다른 이들을 초나라와 위나라에 보내 연합을 주선하게 하였다. 특히 조나라를 통해서 진나라로 하여금 제나라를 공격하는 것이 유리하다는 것을 설득하도록 했다. 마침 모두들 제나라의 횡포가 위험하다고 생각하여 연나라와 힘을 합쳐 정벌하는 데 동의하였다.

악의가 돌아와 상황을 보고하자, 연나라 왕은 악의를 상장군으로 삼고 모든 군사를 동원하였다. 또한 조나라 왕은 악의를 상국으로 삼았다. 악의는 조, 초, 한, 위, 연 다섯 나라의 군대를 통솔하여 제수(濟水) 서쪽에서 제나라를 쳐서 크게 이겼다. 이후 연나라 군대만을 이끌고 제나라 도읍 임치(臨菑)까지 쳐들어갔다.

제나라 민왕은 거(莒) 땅으로 달아나 그곳 성을 지키고 있었다. 악의의 군대가 쫓아가 공격했으나 제나라는 성을 굳게 닫고 대항하지 않았다. 할 수 없이 악의는 임치에서 얻은 전리품을 가지고 귀국하였다. 연나라 왕은 매우 기뻐하여 병사들을 위로하고 상을 내렸다. 악의를 창국(昌國)에 봉해 창국군(昌國君)으로 삼고 제나라 각 성을 점령토록 명했다.

악의는 5년 만에 제나라 70여 성을 함락시켜 모두 연나라로 귀속시켰다. 그러나 거(莒)와 즉묵(卽墨) 땅만은 아직 정복하지 못했다. 때마침 연나라 왕이 죽고 그 아들이 왕위에 오르니 혜왕이었다. 하지만 혜왕은 태자로 있을 때부터 악의를 달갑지 않게 생각했었다. 제나라 사람 전단(田單)이 이런 상황을 알아채고 연나라에 첩자를 보내 악의를 모함하는 말을 퍼뜨렸다.

"제나라에서 아직 항복하지 않은 성은 두 개뿐이다. 그런데 악의가 이 두 곳을 점령하지 않는 것은 혜왕과 사이가 좋지 않기 때문이며, 스스로 제나라 왕이 되려는 계획 때문이다. 지금 제나라가 걱정하는 것은 연나라가 행여 다른 장수를 보낼까 하는 것이다."

혜왕이 이 소문을 보고받고는 당장에 악의를 소환하였다. 그리고 장군 기겁(騎劫)을 대신 보냈다. 악의는 이 사실을 알고는 죽음이 두려워 조나라에 투항했다. 조나라는 악의를 예우하여 관진(觀津)에 봉하고 망제군(望諸君)이라고 불렀다.

이후 제나라 장수 전단(田單)은 즉묵 성에서 연나라 장수 기겁(騎劫)

과 싸워 크게 이겼다. 이어 각지에서 연나라 군대를 몰아내고 제나라의 모든 성들을 수복하였다. 제나라 왕은 거(筥) 땅에서 임치로 다시 돌아왔다.

연나라 혜왕은 나중에야 잘못된 판단임을 알고 후회했다. 그러면서도 악의가 조나라에 투항한 것을 원망했고, 행여 악의가 연나라를 공격할까 두려워했다. 이에 혜왕은 조나라에 사신을 보내 악의에게 편지를 전하게 하였다.

"선왕께서는 일찍이 장군을 신임하여 중책을 주어 나라를 맡겼소. 장군은 이에 부응하여 오랜 원수인 제나라를 무찔러 천하를 모두 놀라게 하였소. 그러니 과인이 어찌 단 하루라도 장군의 공을 잊겠소. 그때 장군을 소환한 것은 오랫동안 전쟁으로 고생한 공로를 위로하기 위해 잠시 쉬게 하려고 했던 것뿐이오. 그런데 장군은 오해하여 우리 연나라를 버리고 조나라로 가버렸소. 선왕께서 장군을 예우한 뜻을 어찌 그렇게 조금도 생각하지 않는단 말이오?"

그러자 악의가 답장을 보냈다.

"신이 왕명을 받들지 못하고 조나라로 도망친 것은 선왕의 은혜에 누를 끼칠까 두려웠기 때문입니다. 대왕께서 사신을 보내 사과의 뜻을 보내셨지만 신은 아직도 두렵습니다. 대왕의 좌우 신하들이 선왕께서 신을 총애하신 까닭을 잘못 이해하고 있고, 또 신이 대왕을 섬기는 뜻을 왜곡하고 있는 까닭입니다. 그래서 감히 글로써 아뢰옵니다.

현명한 군주는 가까운 측근이라고 해서 함부로 벼슬을 주거나 상을 내리지 않습니다. 나라를 위해 공이 있는 자에게 상을 주고, 능력 있는 자에게 벼슬을 내리는 것입니다. 그런 점에서 선왕께서는 탁월한 식견으로 인재를 등용하셨던 까닭에 신이 위나라의 신분으로 연나라 조정에 들어갈 수 있었습니다.

선왕께서 신에게 여러 신하들을 통솔하는 아경(亞卿)에 임용하셨습니다. 신은 자신의 능력도 제대로 모르면서 그저 명령에 따라 행하면 큰 허물이 없을 것이라 생각하여 사양하지 못하였습니다. 그때 선왕께서는 제나라에 깊은 원한을 품고 있었고, 약한 연나라임에도 불구하고 제나라를 치는 것이 소원이셨습니다. 그래서 신이 그 일을 도모하여 먼저 조나라와 동맹을 맺고 다른 나라들과도 연합을 승낙받았습니다. 그것은 함께 공격하면 제나라를 충분히 격파할 수 있다고 믿었기 때문입니다.

연합 군대를 이끌고 제나라를 공격하자 선왕의 영명하심 덕분에 크게 이겼습니다. 제나라 왕은 거(莒)로 달아나 겨우 목숨만 건졌던 것이옵니다. 그때 제나라의 보옥과 수레, 무기, 진기한 것들은 모조리 연나라에 보냈습니다. 오패(五覇) 이래로 오늘에 이르기까지 그 공이 선왕을 따를 사람은 없사옵니다. 선왕께서는 만족하시어 땅을 떼어 신을 제후로 봉하셨습니다. 신은 제 능력도 모르면서 허물이 없을 것이라고 생각해 명을 받은 것이옵니다.

현명한 군주가 공을 세우면 이는 역사에 남게 되고, 지혜로운 자가 공을 세우면 이는 후손이 칭송을 듣게 된다고 했습니다. 선왕께서는 제나라에 대한 원수를 갚고 치욕을 씻었습니다. 8백년에 걸쳐 쌓아 둔 보물도 빼앗아 왔습니다. 선왕의 가르침으로 법령이 바르게 됐고 그 은혜가 백성에게 이른 것은 후세의 교훈이 될 수 있을 것입니다.

일을 잘 꾸민다고 해서 일을 잘하는 것이 아니고, 시작을 잘하는 자라고 반드시 끝까지 잘하는 것은 아니라고 했습니다. 옛날 오자서(伍子胥)의 의견이 오나라 왕 합려(闔閭)에게 받아들여져 오나라 족적(足迹)이 멀리까지 전해지게 되었습니다. 그러나 왕의 아들 부차(夫差)는 오자서가 옳지 않다고 여겨 그에게 칼을 내려 죽게 했고 시체를 말가죽으로 만든 자루에 넣어 양자강에 버렸습니다. 부차는 오자서의 의견에 따르면 공을 세울 수 있다는 것을 깨닫지 못했기 때문입니다. 그리고 오자서 또한 두 군주의 도량이 같지 않다는 것을 일찍 알아차리지 못했기 때문에, 죽음에 이르도록 자기주장을 고치지 않았던 것입니다.

신은 선왕의 명성을 손상시키는 것을 가장 두려워하여 연나라를 버리고 조나라로 도망한 것입니다. 행여 그 죄를 면하려고 선왕이 계셨던 연나라를 공격한다는 것은 있을 수 없는 일입니다.

군자는 사람과 관계를 끊더라도 그 사람의 나쁜 점을 말하지 않고, 충신은 나라를 떠나도 군주에게 허물을 돌리지 않는다고 했습니다. 신은 비록 영리하지 못하지만 오랫동안 군자의 가르침을 받아왔습니다. 다만 대왕을 모시는 자들이 신의 행동을 제대로 살피지 못할까 두려워 감히 글로써 아뢰오니, 바라옵건대 대왕께서는 제 뜻을 헤아려 주시기 바랍니다.”

편지를 다 읽은 혜왕은 깨달은 바가 있어 악의의 아들 악간(樂間)을 창국군(昌國君)으로 봉했다. 이에 악의는 다시 연나라와 왕래하게 되었다. 이후 악의는 조나라에서 세상을 떠났다.

- 30년 후, 연나라 왕이 신하 율복(栗腹)의 계책을 빌려 조나라를 공격

하려 했다. 그 일에 관해 신하들에게 의견을 묻자 악간이 대답했다.

"조나라는 사방의 적들과 자주 싸워 온 나라입니다. 그 백성들은 싸움에 익숙하므로 조나라를 치는 것은 유리한 계책이 아닙니다."

그러나 연나라 왕은 그 말을 듣지 않고 조나라를 공격했다. 이에 조나라는 장군 염파(廉頗)를 보내어 대항하게 했다. 염파는 연나라 군대를 크게 무찌르고 장군 율복과 악승(樂乘)을 사로잡았다. 이때 악승이라는 자가 악간과 같은 집안사람이라, 악간은 죽음이 두려워 조나라로 달아났다. 나중에 조나라가 연나라를 공격하여 크게 이겼다. 연나라는 많은 땅을 떼어 주고 화친을 맺어야 했다.

그때서야 연나라 왕은 악간의 의견을 듣지 않은 것을 후회하여 그에게 글을 보냈다.

"은(殷)나라 주왕(紂王) 때, 기자(箕子)는 자신의 의견이 받아들여지지 않았지만 계속 간하여 자신의 말을 들어주기를 바랐소. 상용(商容) 또한 주왕이 마음을 바꾸기를 바라면서 간언했지만 치욕을 당하기만 할 뿐이었소. 민심이 이탈되고 감옥에 갇힌 죄수들이 탈옥하는 혼란한 상황에 이르러서야 기자와 상용은 조정을 떠나 은거했던 것이오. 때문에 주왕은 흉포하다는 허물을 뒤집어썼지만, 기자와 상용은 충신이란 이름을 잃지 않은 것이오. 무슨 까닭이겠소? 그들은 끝까지 나라를 위한 마음을 다했기 때문이오.

지금 과인은 어리석기는 하지만 주왕과 같이 포악하지는 않소. 연나라 백성들은 비록 혼란한 상태에 있기는 하지만, 그래도 은(殷)나라 백성들처럼 심하지는 않소. 한 집안에서 할 말이 있을 때 서로 다하지 못하고 이웃집에 일러바치는 것은 무슨 일이오? 그대가 기자나 상용처럼 끝까지 간하지 않은 것과 조나라로 달아나 버린 행동은 자랑할 것이 아니라고 여겨지오."

그러나 악간은 연나라의 보복을 두려워해 끝내 조나라를 떠나지 못했다.

한편 포로로 잡힌 장군 악승은 이후 조나라에 투항해 무양군(武襄君)에 봉해졌다. 얼마 후 조나라의 악승과 염파가 연나라를 공격했다. 그러자 연나라가 두려워 화친을 청해 왔다.

5년 후 조나라 양왕(襄王)이 즉위하여 악승을 염파 대신 상장군으로 임명했다. 이에 염파가 불복해 악승을 죽이고자 했다. 악승은 이를 알고 달아났다. 염파 역시 분란의 책임으로 위나라로 도망하였다. 그로부터 16년 뒤에 진(秦)나라가 조나라를 멸망시켰다.

오랜 후 한나라 유방이 황제가 되어 조나라의 옛 땅을 지나며 신하들에게 물었다.

"악의의 자손 중에 지금 살아 있는 자가 있는가?"

신하가 말했다.

"손자 악숙(樂叔)이라는 자가 있사옵니다."

그러자 유방은 악숙을 불러 악경(樂卿)에 봉하고 화성군(華成君)이라고 불렀다. 그밖에 악씨 집안사람으로 악하공(樂瑕公), 악신공(樂臣公) 등이 있었는데, 조나라가 진나라에 멸망할 무렵 이들은 제나라로 망명했다. 악신공은 황제(黃帝)와 노자(老子)의 학설에 정통해 제나라에서 훌륭한 스승이라 칭송받았다.

태사공은 말한다.

"일찍이 제나라의 괴통(蒯通)과 주보언(主父偃)은 악의(樂毅)가 연나라 왕에게 올린 편지를 읽을 때마다 책을 덮고 울지 않은 적이 없다고 한다. 악신공은 황제와 노자의 학문을 배웠다. 그의 직계 스승은 하상장인(河上丈人)이란 사람인데 어디 출신인지 확실하지 않다.

하상장인은 안기생(安期生)을 가르치고, 안기생은 모흡공(毛翕公)을 가르쳤고, 모흡공은 악하공을 가르쳤고, 악하공은 악신공을 가르쳤다. 악신공은 갑공(蓋公)을 가르쳤고, 갑공은 제나라의 고밀(高密)과 교서(膠西)에서 가르치며 조상국(曹相國)의 스승이 되었다."

제21편 염파, 인상여 열전

廉頗者、趙之良將也。趙惠文王十六年、廉頗為趙將、

伐齊、大破之、取陽晉、拜為上卿、以勇氣聞於諸

侯。藺相如者、趙人也。為趙宦者令繆賢舍人。

趙惠文王時、得楚和氏璧。秦昭王聞之、使人遺趙王

書、願以十五城請易璧。趙王與大將軍廉頗諸大臣謀

欲予秦、秦城恐不可得、徒見欺、欲勿予、即患秦兵之

來。計未定、求人可使報秦者、未得。宦者令繆賢曰

臣舍人藺相如可使。王問、何以知之。対曰、臣嘗有

罪、竊計欲亡走燕、臣舍人相如止臣、曰、君何以知

"염파는 조(趙)나라의 백전노장이다. 전쟁에 임해서는 적에게 죽음을 무릅쓰고 대항한 용장(勇將)이었다. 인상여는 책략과 지혜가 누구보다 뛰어났다. 또한 유창한 달변으로 정승 지위에 올랐다. 하지만 자신을 낮추는 겸손함으로 그 명성을 천하에 알렸다."

●

염파(廉頗)는 조나라 혜문왕(惠文王) 때 장군이다. 강한 제(齊)나라를 공격해 양진(陽晋) 땅을 빼앗았다. 이 공로로 상경(上卿)에 제수되었고, 그 용맹함이 천하에 알려졌다. 인상여(藺相如) 역시 조나라 사람으로 최고 환관인 무현(繆賢)의 가신(家臣)이었다.

어느 날 혜문왕은 초(楚)나라의 변화(卞和)라는 자가 발견한 천하의 보옥 화씨벽(和氏璧)을 얻게 되었다. 진(秦)나라 소왕(昭王)이 이 소식을 듣고는 조나라에 사신을 보냈다.

"저희 대왕께서 진(秦)나라의 15개 성과 화씨벽을 바꾸기 원하십니다."

혜문왕은 대장군 염파와 여러 대신들을 모아 놓고 이 문제를 상의하였다. 화씨벽을 주자니 진나라로부터 성을 받지 못하면 사기당하는 것이고, 화씨벽을 안 주자니 강대국인 진나라의 침입이 걱정되고, 결정을 내리기 쉽지 않았다. 게다가 진나라에 보낼 마땅한 인물을 찾지 못하고 있었다. 이때 환관 무현이 나서서 말했다.

"신의 가신(家臣)인 인상여를 보내 주십시오."

혜문왕이 물었다.

"그가 어떤 자인가?"

무현이 대답했다.

"신이 이전에 대왕께 죄를 짓고 몰래 연(燕)나라로 도망가려 했을 때, 인상여가 제게 어떻게 연나라 왕을 알게 되었냐고 물었습니다. 그래서 제가 예전에 대왕을 모시고 국경 부근에서 연나라 왕을 만난 적이 있는데, 그때 연나라 왕이 가만히 내 손을 잡고서 친구가 되자고 말한 적이 있어 그 인연이라고 했습니다.

그러자 인상여가 이렇게 말했습니다. 조나라는 강하고 연나라는 약합니다. 연나라 왕이 교제하려고 한 것은 나리께서 조나라 왕의 총애를 받고 있기 때문입니다. 그런데 지금 조나라를 버리고 연나라로 가신다면, 연나라는 조나라가 무서워 분명 나리를 받아들이지 않을 것입니다. 뿐만 아니라 나리를 포박해 조나라로 돌려보낼 것입니다. 그럴 바에야 차라리 조나라 왕께 나아가 죄를 청하면 요행히 용서받을지도 모릅니다. 그때 제가 그의 말을 따랐더니 대왕께서 은혜를 베푸시어 저를 용서하셨습니다. 인상여는 용맹하고 지략이 뛰어난 자라 사신으로 보내기에 충분합니다."

이에 왕이 인상여를 불렀다.

"진나라에서 15개의 성과 이 화씨벽을 바꾸자고 하는데, 그대 생각에는 주어야 하는가 말아야 하는가?"

인상여가 대답했다.

"진나라는 강하고 조나라는 약하므로 화씨벽을 주어야 합니다."

그러자 왕이 물었다.

"그런데 그들이 화씨벽을 받고서 우리에게 성을 주지 않으면 어떻게 하겠는가?"

인상여가 대답했다.

"진나라가 15개 성과 바꾸는 조건으로 화씨벽을 달라고 했는데, 이를 조나라가 받아들이지 않는다면 잘못은 조나라에 있습니다. 또한 조나라가 화씨벽을 주었는데 진나라가 성을 주지 않는다면, 이것은 진나라에 잘못이 있습니다. 이 두 가지를 비교해 볼 때, 차라리 요구조건을 들어주어 잘못의 책임을 진나라가 지도록 하는 것이 낫습니다."

왕이 다시 물었다.

"그러면 그대가 그 일을 맡을 수 있겠는가?"

인상여가 대답했다.

"만약 대왕께서 보낼 사람이 없다면, 제가 화씨벽을 가지고 사신으로 가겠습니다. 진나라가 약속대로 15개의 성을 주면 화씨벽을 주고 오겠지만, 그렇지 않으면 화씨벽을 그대로 가지고 돌아오겠습니다."

그러자 왕은 인상여에게 화씨벽을 주어 진나라로 파견하였다.

진나라 왕은 궁궐 안 높은 누대에 앉아 인상여를 맞이했다. 인상여는 예를 갖춰 진나라 왕에게 화씨벽을 바쳤다. 진나라 왕이 매우 기뻐하며 좌우 비빈들과 신하들에게 차례차례 보여 주자 모두들 왕을 송축하는 만세를 외쳤다. 그 순간 인상여는 진나라 왕이 성을 줄 생각이 전혀 없음을 알아채고 왕 앞으로 나아가 말했다.

"이 화씨벽에도 흠이 하나 있으니, 지금 대왕께 그것을 보여 드리겠습니다."

그 말에 왕이 화씨벽을 내주었다. 인상여는 그걸 받아 쥐고는 물러나 기둥에 기대어 섰다. 그리고 침착하고도 엄중하게 말했다.

"대왕께서 이 화씨벽을 15개 성과 바꾸자고 했을 때 저희 조나라에서는 모두들 거짓말이라고 했습니다. 그래서 화씨벽을 주지 말자고 결론지었습니다. 그러나 저는 일반 백성들도 사귐에 있어 서로 속이지 않는데, 하물며 큰 나라끼리 교제에서 그럴 수는 없다고 했습니다. 그리고 화씨벽 하나로 인해 강한 진나라의 비위를 거스를 수는 없는 일이라고 말했습니다. 그러자 조나라 왕은 닷새간 목욕재계를 하신 후, 제게 화씨벽을 받들게 하고 서신과 함께 저를 진나라에 보냈습니다. 왜 그랬겠습니까? 이는 대국을 존중하기 때문입니다. 그런데 오늘 제가 도착하자 대왕께서는 별궁에서 매우 오만한 자세로 사신을 대하셨습니다. 또한 화씨벽을 건네받자 비빈들에게 보여 주며 고의로 저를 조롱하셨습니다. 저는 그 순간 대왕께서 화씨벽을 얻은 대가로 조나라에 15개 성을 줄 마음이 없다는 것을 알아챘습니다. 그래서 꾀를 내어 흠이 있다고 하고 이를 되받은 것입니다. 만일 대왕께서 저를 죽이고 이 보옥을 손에 넣고자 하신다면, 저는 이 화씨벽을 기둥에 부딪쳐 산산 조각낼 것입니다."

인상여가 금세라도 화씨벽을 기둥에 내치려 하자, 진나라 왕은 구슬이 깨질까 조마조마하여 잘못을 사과하고 노여움을 풀도록 했다. 이어 신하들에게 지도를 가져오게 한 다음, 손가락으로 15개의 성을 가리키며 조나라에 넘겨주라고 명했다. 그러나 인상여는 그것 또한 왕의 거짓된 의도며 실제로는 성을 얻지 못할 것임을 알고는 이렇게 말했다.

"화씨벽은 온 천하가 인정하는 보물입니다. 하지만 조나라 왕께서는 진나라의 무력이 두려워 바치지 않을 수 없었던 겁니다. 조나라 왕께서는 이 화씨벽을 보낼 때 닷새간 재계를 하셨으니 대왕께서도 닷새간 재계를 하시고, 대궐 뜰에서 아홉 명의 예관이 손님을 맞이하는 구빈(九賓)의 예를 행하셔야만 제가 이 화씨벽을 바칠 수 있습니다."

진나라 왕은 도저히 화씨벽을 강탈할 수 없다고 판단하였다. 그래서 자신도 5일간 목욕재계하겠노라 하고는 인상여를 광성전(廣成傳)이라는 영빈관에 머물도록 했다. 인상여는 진나라 왕이 목욕재계를 할지라도 결국은 약속을 저버릴 것이라 판단했다. 그래서 비밀리에 수행원 한 명에게 허름한 옷을 입게 하여 화씨벽을 품에 숨겨 조나라로 몰래 돌려보냈다.

진나라 왕이 닷새 동안 목욕재계를 한 후, 구빈의 예를 대궐 뜰에서 행하고 조나라 사신 인상여를 맞이했다. 그러자 인상여가 진나라 왕에게 말했다.

"진나라에는 목공(繆公) 이래로 20여 명의 군주가 있었지만, 지금껏 약속을 지킨 분은 없었습니다. 저 또한 대왕께 속는 것이 두려워 이미 사람을 시켜 화씨벽을 조나라로 돌려보냈습니다. 아뢰옵건대 진나라는 강하고 조나라는 약합니다. 강한 진나라가 성 15개를 떼어 조나라에 주게 되면, 조나라가 어찌 감히 화씨벽을 내놓지 않겠습니까? 저는 대왕을 속인 죄로 죽어 마땅하오니 가마솥에 삶아 죽이십시오. 다만 대왕께서는 이번 일을 계기로 모든 나라에 신뢰를 보여 주시기 바랄 뿐입니다."

그 말에 왕은 어이없어하는 표정이었다. 하지만 일부 신하들은 끌어내려 죽이자고 하였다. 그러자 진나라 왕이 말했다.

"지금 인상여를 죽이면 화씨벽은 절대로 손에 넣지 못할 것이다. 오히려 진나라와 조나라 사이의 우호만 끊어질 뿐이다. 차라리 인상여를 후하게 대접해 조나라로 돌려보내는 것이 나을 것이다. 조나라 왕이 어찌 구슬 하나 때문에 우리 진나라를 속이겠는가?"

이리하여 진나라는 인상여를 귀빈으로 대접하고 정중히 예를 다해 조나라로 돌려보냈다.

인상여가 귀국하자 조나라 왕은 그를 상대부(上大夫)에 임명했다. 사신으로 가서 모욕을 당하지 않고 현명하게 그 책임을 다한 공로였다. 진나라는 물론 성을 내주지 않았고, 조나라 역시 끝내 화씨벽을 진나라에 주지 않았다.

그 후 진나라는 조나라를 공격해 석성(石城)을 함락시켰고, 이듬해 또 다시 공격해 조나라 병사 2만 명을 몰살시켰다.

이후 진나라는 서하(西河) 남쪽 민지(澠池)에서 평화적인 회담을 하자고 조나라에 사신을 보냈다. 조나라 왕은 두려워 가고 싶지 않았다. 그러나 염파와 인상여가 상의한 끝에 말했다.

"대왕께서 가시지 않으면, 조나라는 비겁하다는 소리를 듣게 될 것입니다."

결국 조나라 왕이 가게 되었다. 인상여가 왕을 수행하고, 염파는 국경까지 호위했다. 염파는 전송을 마치며 왕에게 말했다.

"대왕의 이번 행차는 거리로 볼 때 한 달이 넘지 않을 겁니다. 만약 30일이 지나도 돌아오시지 않는다면 태자를 왕위에 오르도록 허락하여 주십시오. 그래서 진나라의 헛된 야망을 끊고자 합니다."

왕이 슬픈 마음으로 이를 허락하고 떠났다. 마침내 민지에서 진나라 왕과 회합했다. 술자리가 한창 무르익자 진나라 왕이 말했다.

"조나라 왕께서 음악을 좋아한다는 말을 들었습니다. 거문고를 한번 연주해 보시지요."

이에 조나라 왕이 거문고를 타자, 진나라의 기록관인 어사(御史)가 앞으로 나와 이 상황을 세세히 기록했다.

"모년 모월 모일에, 진나라 왕은 조나라 왕을 만나 술을 마시며 조나라 왕에게 거문고를 타게 했다."

그러자 인상여가 급히 한걸음 나와 진나라 왕에게 말했다.

"대왕께서 음악에 능하다고 들었습니다. 악기를 올릴 테니 함께 즐길 수 있도록 연주해 주십시오."

그러자 진나라 왕은 노여워하며 승낙하지 않았다. 인상여가 악기를 바치며 무릎을 꿇고 진나라 왕에게 청했다. 그래도 진나라 왕이 거부하자 인상여가 바짝 다가가 협박하며 말했다.

"대왕과 저의 거리는 불과 몇 걸음밖에 되지 않습니다. 끝까지 안 하시겠다면 피를 뿌리는 수밖에 없습니다. 이래도 안 하시겠습니까?"

이 말에 뒤에 있던 진나라 신하들이 인상여를 죽이려 했다. 그러자 인상여가 눈을 부릅뜨고 꾸짖었다.

"한 놈이라도 발을 떼는 자가 있으면 너희 왕은 죽음을 면치 못할 것이다!"

그러자 모두 뒤로 물러났다. 진나라 왕은 두려워 마지못해 악기를 한번 두드렸다. 그러자 인상여가 조나라의 어사를 불러 기록하게 했다.

"모년 모월 모일, 진나라 왕이 조나라 왕을 위해서 악기를 연주했다."

잠시 후 진나라의 신하가 조롱하듯이 말했다.

"조나라의 성 15개를 바쳐 진나라 왕의 장수를 축원해 주시오!"

그러자 인상여가 바로 응수했다.

"진나라 도읍 함양(咸陽)을 바쳐서 조나라 왕을 축복해 주시오!"

이렇게 되자, 연회가 다 끝날 때까지 진나라 왕은 조나라 왕을 제압할 수 없었다. 조나라 역시 많은 병사를 배치해 진나라에 대비하고 있었으므로, 진나라는 함부로 무력을 쓸 수 없었다.

무사히 회합을 마치고 돌아온 조나라 왕은 인상여의 공을 인정해 그를 상경(上卿)에 임명했다. 이것은 염파보다 높은 벼슬이었다. 염파가 이에 불만을 품고 측근들에게 말했다.

"나는 조나라 장군으로서 누구보다 전쟁에서 큰 공을 세웠다. 그런데 인상여는 겨우 입과 혀를 놀렸을 뿐인데 나보다 지위가 높다니, 게다가 그는 본래 천한 출신이 아닌가. 내 부끄러워 도저히 그의 밑에 있을 수 없다. 인상여를 만나기만 하면 내 기어코 모욕을 주고 말리라."

이 말을 전해들은 인상여는 될 수 있으면 염파를 만나지 않으려고 했다. 조회 때 염파가 참석한다고 하면 언제나 병을 핑계로 나가지 않았다. 이는 염파와 다투기 싫었기 때문이었다. 또한 외출을 했다가 멀리 염파가 보이면 수레에서 내려 숨곤 했다. 그러자 인상여의 측근들이 말했다.

"저희는 가족을 모두 버리고 상경 어른을 모시고 있습니다. 이는 어르신의 높은 의로움 때문입니다. 그런데 상경의 직책으로 염파 장군을 두려워해 숨어 다니십니다. 이는 보통 사람에게도 부끄러운 일인데 하물며 장군이나 대신들에게는 어떻겠습니까? 그래서 저희들은 이만 하직

하고 물러나고자 합니다."

그러자 인상여가 그들을 만류하며 말했다.

"그대들은 염파 장군과 진나라 왕 중 누가 더 무섭다고 생각하오?"

측근들이 말했다.

"염파 장군을 감히 진나라 왕에 비할 수 있겠습니까?"

인상여가 말했다.

"나는 진나라 왕의 위세에도 불구하고 그를 꾸짖고 그의 신하들을 부끄럽게 만들었다. 내가 아무리 어리석기로 염파 장군을 두려워하겠는가. 그러나 지금 나라 사정을 살펴보면, 강한 진나라가 우리 조나라를 공격하지 못하는 것은 오직 우리 두 사람이 있기 때문이다. 만일 우리 두 호랑이가 다투게 되면, 둘 다 무사할 수 없을 것이다. 내가 이렇게 염파 장군을 피해 다니는 것은 나라의 위급함을 먼저 생각하고, 개인적인 감정은 뒤로 돌리기 때문이다."

이 말을 나중에 전해들은 염파는 부끄러워 어찌할 줄 몰랐다. 어깨를 드러내고 가시나무 채찍을 등에 지고서, 인상여의 대문 앞에 이르러 사죄했다.

"제가 비천해서 상경께서 이토록 너그러우신 줄 몰랐습니다."

이리하여 두 사람은 마침내 화해를 하고 죽음을 같이하기로 한 문경지교(刎頸之交)의 약속을 맺었다.

그 해에 염파는 동쪽 제나라를 공격해 크게 격파했다. 이어 제나라 기(幾) 지역과 위(魏)나라 방릉(防陵), 안양(安陽) 지역을 함락시켰다.

조사(趙奢)는 조(趙)나라의 전답에 관한 조세 징수를 담당하는 관리였다. 한번은 왕족인 평원군이 세금을 내지 않는 것이었다. 이에 조사는 법에 따라 평원군 집에서 일을 보는 책임자 9명을 사형에 처해 버렸다. 이 사실을 알고 평원군이 진노하여 조사를 죽이려 했다. 그러자 조사가 다음과 같이 평원군을 설득하였다.

"군(君)께서는 조나라의 왕족이자 귀공자이십니다. 그런데 군의 집에서 나라에 바치는 조세의 의무를 받들지 않고 있습니다. 이는 국법을 흔드는 행위이고 국법이 지켜지지 않으면 나라가 위태로워집니다. 나라가 위태로우면 사방 제후들이 침범해 올 것이고 그러면 조나라는 망하고 맙니다. 그렇게 된다면 군께서 지금 같은 부를 누릴 수 있겠습니까? 군같이 귀하신 분이 공무를 받들고 법대로 행하시면 나라가 강해지고 튼튼해질 것입니다. 그러면 군께서는 대왕의 친족이시니 천하에 누가 가벼이 대할 수 있겠습니까?"

이 말을 들은 평원군은 조사가 현명한 자라고 판단하여 그를 꾸짖기보다 도리어 왕께 추천하였다. 왕이 그를 등용해 세금 관장의 일을 맡기니 나라의 세금이 매우 공평하게 처리되었다.

그 무렵 진(秦)나라가 조나라의 연여 지역을 점령하고 군대를 주둔시키고 있었다. 왕이 염파 장군을 불러 물었다.

"연여 땅을 되찾을 수 있겠소?"

염파가 대답했다.

"그곳까지 길은 멀고 험하여 되찾기 어렵습니다."

이번에 왕은 악승(樂乘)을 불러 물었다. 그러나 염파와 같은 대답이었다. 이번에는 조사를 불러 물었다. 조사가 대답했다.

"그곳까지 길은 멀고 험하며 좁은 곳입니다. 그곳에서 싸운다는 것은 마치 쥐 두 마리가 쥐구멍 속에서 싸우는 것과 같으므로 결국 용감한 자가 이길 것입니다."

왕은 조사를 장군으로 삼아 연여 땅을 되찾도록 했다. 군대가 한단(邯鄲)을 떠나 30리쯤 왔을 때, 조사는 전 병사를 향해 명령을 내렸다.

"군대를 지휘함에 있어 이러니저러니 간하는 자가 있으면 사형에 처할 것이다."

진나라 군사는 연여 무안(武安) 서쪽에서 큰 북을 두드리고 함성을 질러 대며 출전 준비를 하고 있었다. 그 기세가 대단하여 주변 기왓장이 모두 흔들릴 정도였다. 이때 조나라의 척후병(斥候兵) 한 명이 조사에게 건의를 올렸다.

"서둘러 진격하면 무안성을 점령할 수 있습니다."

조사는 그 자리에서 척후병의 목을 베어 버렸다. 그리고 진군하지 않고 보루를 단단하게 쌓아 28일 동안 머물 뿐이었다. 진나라의 첩자가 그 상황을 살피고는 돌아가 보고하였다. 진나라 장군은 이에 기뻐하며 말했다.

"그놈들이 진군도 하지 않고 그저 방어벽만 쌓고 있으니, 연여는 분명 조나라 땅이 아니다. 하하하."

조사는 이어 군사들에게 갑옷을 벗으라고 명하고 가벼운 옷차림으로 진나라 진지를 향해서 진군시키니, 1박 2일 만에 도착하였다. 그리고 활 잘 쏘는 병사들을 연여 주변에 진을 치게 했다. 그리고 그곳에다 보루를 쌓았다.

이 소식을 듣고 진나라 군사들이 무장하여 쳐들어왔다. 이때 조나라 군사 중에 허력(許歷)이라는 자가 계책이 있다고 하자 조사가 그를 불렀다. 허력이 말했다.

"진나라 군사들은 우리의 상황을 모르고 맹렬한 기세로 쳐들어올 것입니다. 장군께서는 병력을 집중해 진지를 두텁게 하고 적을 기다리셔야 합니다. 그렇지 않으면 반드시 패할 것입니다."

조사가 대답했다.

"그대의 건의를 받아들이겠다."

허력이 말했다.

"간하는 자는 사형에 처한다고 하셨으니 저를 죽여 주십시오."

그러자 조사가 말했다.

"그 일은 나중에 한단에 가서 처리하겠다."

이에 허력이 또 간할 일이 있다고 청했다.

"북산(北山) 정상을 먼저 점령하는 쪽이 이번 싸움에서 이기고, 나중에 도착하는 쪽은 질 것입니다."

조사가 이 말을 받아들여 만 명의 군사를 급히 풀어 북산으로 가도록 했다. 뒤늦게 진나라 병사가 달려왔지만 이미 조사의 군대가 점령한 후였다. 이어 조사가 전 병력을 풀어 진나라 군대를 공격했다. 진나라 군대는 그 기세를 당하지 못하고 뿔뿔이 흩어져 달아났다. 조사는 마침내 연여 지역을 되찾아 돌아왔다.

이에 조나라 혜문왕은 조사를 마복군(馬服君)에 봉하고, 허력을 국위(國尉)에 임명했다. 이렇게 해서 조사는 염파, 인상여와 같은 지위에 오르게 되었다.

4년 후, 혜문왕이 세상을 떠나고 그의 아들이 왕위를 이으니 효성왕

(孝成王)이다. 효성왕 7년, 조나라는 장평(長平)에서 다시 진나라와 대치하게 되었다. 이때 조사는 이미 세상을 떠났고, 인상여는 병에 걸려 위독한 처지였다. 조나라는 염파 장군으로 하여금 진나라를 공격하게 했다. 그러나 조나라 군대는 몇 차례 싸움에서 지고 나자 방어벽만 튼튼히 할 뿐 대항하지 않았다. 진나라가 몇 차례나 싸움을 걸어도 염파는 끝내 응하지 않았다.

이때 효성왕은 진나라 간첩이 퍼뜨린 소문을 듣게 되었다.

"염파의 군대는 금방 무너지고 말 것이다. 지금 진나라가 걱정하고 있는 것은 조사의 아들 조괄(趙括)이 장군이 되면 결코 이길 수 없다는 것이다."

왕은 즉시 염파를 직위해제하고 조괄을 장군으로 삼았다. 그러자 인상여가 나서며 말했다.

"대왕께서는 명성만을 믿고 조괄을 기용하시려 하는데 그것은 거문고의 괘를 풀로 붙인 채 연주하는 것과 같습니다. 조괄은 그의 부친이 남긴 병법서(兵法書)을 읽었을 뿐이지 군대를 통솔하는 융통성이나 변화에 대처할 줄은 전혀 모르는 자입니다."

그러나 조나라 왕은 이 말을 듣지 않고, 결국 조괄을 장군으로 임명했다.

조괄은 어려서부터 병법을 배웠기에 군사에 관해서는 자신과 대적할 사람이 없다고 스스로 생각했다. 하지만 일찍이 그의 부친인 조사가 조괄과 병법에 관해 논의할 때 조괄은 재주는 뛰어나지만 장군감은 아니라고 하였다. 조사의 아내가 그 까닭을 묻자 다음과 같이 대답했다.

"전쟁이란 목숨을 거는 일이오. 그런데 저놈은 전쟁을 너무 쉽게 말하고 있소. 조나라가 괄을 장군으로 삼지 않으면 다행이지만, 만약 그를 장군으로 삼았다가는 분명 망할 것이오."

조괄의 모친은 아들이 장군에 임명되자 즉각 안 된다면 상소를 올렸다. 그러자 왕이 무슨 까닭이냐고 묻자 모친이 대답했다.

"예전에 괄의 부친은 대장군이었습니다. 대장군은 대왕께서 내리신 상은 모조리 병사들과 휘하 부하들에게 나누어 주었으며, 출정 명령을 받은 날부터는 일절 집안일을 생각하지 않았습니다. 그러나 제 아들 괄은 하루아침에 장군이 되어 동쪽을 향해 앉아 부하들의 문안을 받게 되었지만, 그를 존경해 우러러보는 자는 단 한 사람도 없습니다. 또한 그는 대왕께서 내리신 하사금이나 상은 모두 집안에 쌓아 두고 날마다 좋은 땅을 사들이는 데 혈안이 되어 있습니다. 그런데 대왕께서는 어찌하여 괄을 그의 부친과 같다고 생각하시는지요? 아비와 자식이 마음쓰는 것이 이렇게 다르니, 청컨대 대왕께서는 제 아들을 장군으로 보내지 말아 주십시오!"

이에 왕이 대답했다.

"괄의 모친은 더는 아무 말 마시오. 과인은 이미 결정을 했소."

그러자 괄의 모친이 물었다.

"대왕께서 끝내 제 아들을 보내시겠다면, 만약 그 아이가 책임을 감당하지 못한다 할지라도, 소첩은 자식의 죄에 연루되지 않도록 해 주십시오!"

왕이 그렇게 하겠다고 승낙했다.

조괄은 장군에 부임하자 바로 군령을 바꾸고, 지휘 장교들을 모두 교체했다. 진나라 장군 백기가 이 소식을 듣고 계책을 세웠다. 일부러 기병부대를 보내 적에게 쫓기는 척하라고 했다. 이에 조나라는 진나라를 약하게 보고 방비를 게을리하게 되었다. 그 틈에 후방에서 조나라 군사의 식량 보급로를 차단하였다. 그렇게 40여 일이 지나자 조나라 군사들은 굶주리기 시작했다.

조괄이 급히 보급로를 되찾기 위해 정예 부대를 이끌고 진나라 군대를 향해 돌진하였다. 하지만 조괄은 제대로 싸워 보지도 못하고 진나라 군사가 쏜 화살에 맞아 숨지고 말았다. 이로 인해 조나라 군대는 크게 패하고 수십만 명이 사로잡혔다. 그러나 백기는 그들을 모두 산 채로 구덩이에 묻어 죽였다. 조나라는 전후 싸움에서 약 45만 명의 군사를 잃은 셈이었다.

이듬해 진나라 군대가 마침내 조나라의 도읍 한단을 포위했다. 1년 동안 위험에 처했지만 초나라와 위나라의 구원으로 가까스로 포위망을 풀 수 있었다.

한편 조괄의 어머니는 왕으로부터 약속을 받았기에 그 패배한 죄에서 죽음을 모면했다.

한단이 진나라의 포위로부터 풀린 지 5년 후, 이번에는 연나라가 기회를 틈타 쳐들어왔다. 이는 연나라 신하 율복(栗腹)의 계략에 의한 것이었다.

"조나라 장정들은 장평에서 다 죽었고, 그들의 어린 자식들은 아직 장성하지 않았습니다. 이런 기회를 놓칠 수는 없습니다."

조나라는 즉각 염파를 장군으로 임명해 대항하게 했다. 염파는 호

(鄗) 지역에서 맞서 싸워 크게 무찔렀다. 이어 율복을 죽이고 도리어 연나라를 포위하게 되었다. 연나라는 성 5개를 떼어 주고 화친을 요청했다. 조나라가 이를 받아들여 그곳에 염파를 상국(相國)으로 임명했다.

이전에 염파가 면직되어 권력을 잃었을 때, 알고 지내던 모든 빈객들이 떠나갔었다. 그런데 다시 장군에 등용되자 빈객들이 찾아왔다. 이에 염파가 빈객들에게 소리쳤다.

"객들은 모두 돌아가라!"

그러자 누군가 나서서 이렇게 말했다.

"장군은 어찌 그리도 생각이 둔하십니까? 지금 사람들은 이익을 좇아 살고 있습니다. 장군께서 권세가 있으면 사람들이 따르고, 권세가 없으면 떠나가는 것입니다. 이는 당연한 이치인데, 어찌 그리 섭섭하다고 원망하시는 겁니까?"

조나라 효성왕이 세상을 떠나자 그의 아들이 즉위했다. 도양왕(悼襄王)이다. 그는 염파 대신 악승을 장군에 임명했다. 염파가 이를 참지 못하고 격노하여 악승을 공격하자 악승이 달아났다. 염파도 분란의 책임을 지고 결국은 위나라 대량(大梁)으로 달아났다.

염파가 오랫동안 위나라에 머물렀으나 등용되지 못했다. 그런데 조나라는 진나라에게 계속 시달림을 당하고 있던 터라 다시 염파를 기용하고자 했다. 염파 역시 다시 등용되고 싶어 했다.

조나라 왕은 사신을 보내 염파가 아직 건재한가 알아보도록 했다. 그러자 오래도록 염파와 원수지간인 곽개(郭開) 장군이 사신에게 뇌물을 주어 염파를 모함하도록 했다.

조나라 사신이 염파를 만났다. 염파는 사신 앞에서 밥 한 말과 고기 열 근을 먹었고, 갑옷을 입고 말에 뛰어오르며 아직도 자신이 건재함을 보여 주었다. 그러나 조나라 사신은 돌아와 왕에게 달리 보고했다.

"염파 장군은 늙었음에도 식사를 잘했습니다. 그러나 같이 앉아 있는 동안에 자주 변을 보러 가셨습니다."

이 말을 듣고 왕은 염파를 부르지 않았다.

한편 염파가 위나라에 있다는 말을 들은 초나라에서 몰래 사신을 보내 염파를 맞아들였다. 장군의 지위를 주었으나 염파는 몇 개월 동안 아무런 공을 세우지 못했다. 도리어 늘 중얼거리는 이상한 버릇이 생겼다.

"나는 조나라를 위해 싸우고 싶다!"

결국 염파는 초나라 수춘(壽春)에서 생을 마쳤다.

이목(李牧)은 조나라 북쪽 국경을 지키는 장수였다. 흉노(匈奴)의 침입을 막는 것이 그의 주된 임무였다. 하지만 이목은 병사들에게 날마다 고기를 먹이고 활 쏘고 말 타는 연습을 시켰다. 특히 정예용사들을 후하게 대접했다. 하루는 이목이 부하들에게 명령했다.

"만약 흉노가 쳐들어올 경우 재빨리 백성들의 가축을 거두어라. 그리고 신속하게 성으로 들어와 봉화를 올리고 지키기만 해라. 만일 흉노와 맞서거나 사로잡는 자가 있다면 사형에 처할 것이다."

그 명령에 따라 흉노가 침입해 오면 병사들은 재빨리 성 안으로 들어와 수비만 하였다. 결코 싸우려 하지 않았다. 그렇게 몇 해가 지나자 흉노가 쳐들어와도 백성들에게는 아무런 손해가 없었다. 그러나 흉노들은 이목을 겁쟁이라 놀렸다. 조나라 군사들 역시 이목을 겁 많은 장군이라 여겼다. 이러한 소문이 조정에 전해지자 왕은 제대로 대처하라며 이목을 질책했다. 하지만 이목은 예전 그대로 처신했다. 그러자 왕이 노하여 그를 불러들이고, 다른 사람을 대신 장군으로 임명했다.

그로부터 1년 후, 이번에는 흉노가 쳐들어올 때마다 변경의 조나라 군사들은 나가서 싸웠다. 그런데 이상하게 싸울 때마다 잃는 것이 많고 손해가 컸다. 더는 변경에서는 농사와 목축을 할 수 없게 되었다. 이에 왕은 다시 이목을 불렀다. 그러나 이목은 병을 핑계로 굳게 사양했다.

왕이 억지로 그에게 다시 변경을 책임지게 했다. 그러자 이목이 말했다.

"대왕께서 굳이 저를 등용하신다면 예전에 했던 그대로 하게 해 주십시오. 그러면 명령을 받들겠습니다."

왕이 이를 허락했다.

이목이 다시 변방에 이르자 이전과 같은 군령을 내렸다. 흉노는 예전처럼 쳐들어왔지만 아무런 이익을 얻을 수 없었다. 그러면서 이목을 겁쟁이라 여겼다.

몇 년 후, 변방의 조나라 군사들은 오래도록 후한 대접만 받았지 실제 전쟁을 해 보지 않아 모두들 한번 싸워 보기를 바랐다. 이에 이목은 튼튼한 전쟁용 수레 1천3백 대와 말 1만 3천 마리를 준비시켰다. 용사 5만 명과 강한 활을 쏘는 병사 10만 명을 선발해 훈련을 시켰다. 그리고 많은 가축들을 놓아먹이고, 백성들은 들판을 자유로이 활보하게 하였다.

마침 정탐하는 흉노 부대가 쳐들어왔다. 이목은 거짓으로 패해 달아나는 척했다. 흉노의 왕 선우(單于)가 이 소식을 듣고 대군을 이끌고 쳐들어왔다. 이목은 이미 그에 대비해 기병을 좌우 양쪽으로 펼쳐 흉노를 공격했다. 이목은 흉노 기병 10만여 명을 죽이는 대승을 거두었다. 이어 담람(襜襤) 부족을 없애고, 동호(東胡)를 쳐부수고, 임호(林胡)를 항복시키기에 이르렀다. 선우는 달아났고, 그 뒤 10년 동안 흉노는 조나라 국경 근처에 얼씬도 하지 못했다.

조나라 천(遷) 왕 7년, 진(秦)나라의 장군 왕전이 쳐들어왔다. 조나라에서는 이목과 사마상(司馬尙)을 시켜 대항하게 했다. 이때 왕전이 이간책을 썼다. 조나라 왕이 총애하는 신하인 곽개에게 뇌물을 주어 이목과 사마상이 반란을 꾀하고 있다는 말을 퍼뜨리도록 하였다.

조나라 왕은 곽개의 말을 믿고 이목을 장군에서 해임했다. 그러나 이목이 그 명령에 따르지 않았다. 왕은 즉시 군사를 보내 이목을 체포해 죽였다. 그리고 사마상마저 해임했다.

그 소식을 들은 왕전은 신속하게 조나라를 공격했다. 조나라 왕과 장군 등이 모두 사로잡혔다. 결국 조나라는 멸망하고 말았다.

태사공은 말한다.

"자신이 죽을 것을 알게 되면 반드시 용기가 생기기 마련이다. 이는 죽음 자체가 어려운 것이 아니라, 죽음에 대처하는 것이 어려운 것이기 때문이다. 인상여(藺相如)가 화씨벽을 받쳐 들고 진나라 왕을 노려보며 꾸짖었을 때, 그는 자신이 죽으면 그만이라는 것을 알고 있었다. 그러나 많은 선비들은 두려움에 처하고 위기를 맞게 되면 감히 행동하지 않으려 한다. 인상여는 그 용기를 떨쳐 나라의 위신을 세웠고,

고국으로 돌아와서는 염파(廉頗)에게 위엄을 양보하니, 그 명성이 오래 빛났던 것이다. 참으로 지혜와 용기 두 가지를 갖춘 인물이라 말할 수 있다."

제22편
전단열전

卷八十二。田單列傳

田單者，齊諸田疏屬也。湣王時，單為臨菑市掾，不
見知。及燕使樂毅伐破齊，齊湣王出奔，已而保莒
城。燕師長驅平齊，而田單走安平，令其宗人盡斷其
車軸末而傅鐵籠。已而燕軍攻安平，城壞，齊人走，
爭塗，以轊折車敗，為燕所虜，唯田單宗人以鐵籠故得
脫，東保即墨。燕既盡降齊城，唯獨莒、即墨不下。

燕軍聞齊王在莒，並兵攻之。淖齒既殺湣王於莒，因
堅守，距燕軍，數年不下。燕引兵東圍即墨，即墨大
夫出與戰，敗死。城中相與推田單，曰安平之戰，田

> "연나라의 공격으로 제나라는 70여 개 성읍(城邑)이 한꺼번에 함락되는
> 전무후무한 국란을 겪게 되었다. 그러나 전단 장군의 신묘한 작전으로
> 도리어 연나라 군사를 크게 무찔러 나라를 구했다. 전단은 가히 제(齊)
> 나라의 명장이라 할 만하다."

●

전단(田單)은 제나라 민왕(湣王) 때 임치 지역에서 아전으로 일했다. 연
나라 악의 장군의 공격으로 제나라 군대가 패배하자 민왕은 외곽에 있
는 거성(莒城)으로 도망쳤다. 이때 전단은 식구들과 안평으로 피신했다.
하지만 그곳 또한 안심할 곳이 아니어서 전단은 집안 식구들에게 혹시
모르니 수레바퀴 축을 쇠로 튼튼하게 씌워 놓으라고 말했다.

얼마 후 연나라가 다시 진격해 안평을 함락시켰다. 제나라 사람들은
모두 길을 다투어 달아났지만 대부분 수레바퀴가 부셔지는 바람에 연
나라의 포로로 잡히고 말았다. 그러나 전단의 식구들은 수레바퀴를
쇠로 잘 싸두었기 때문에 동쪽 즉묵(卽墨) 땅으로 무사히 피난할 수 있
었다.

이제 연나라의 공격으로부터 유일하게 함락되지 않은 곳은 거(莒)와
즉묵 두 지역뿐이었다. 연나라는 재차 제나라 민왕이 있는 거성을 공격
했다. 그러나 이때는 거성의 상황이 달라져 있었다. 얼마 전 민왕이 너

무도 다급하여 회북(淮北) 땅을 모두 초나라에 주기로 하고 구원을 요청했었다. 초나라 장군 요치(淖齒)가 군대를 이끌고 거 땅에 도착하고 보니 이미 제나라는 크게 패한 상태였다. 요치는 도와주어도 아무런 이득이 없다고 판단하여 연나라와 몰래 내통하였다. 그리고 작전을 구실로 민왕과 그 신하들을 꾀어내어 모두 포박하고 말았다. 민왕은 허리가 묶인 채 대들보에 매달려 3일 만에 굶어죽고 말았다. 이를 분하게 여긴 민왕의 신하 왕손가(王孫賈)가 제나라 멸망을 축하하는 잔치를 열고 있는 요치를 기습해 때려죽이고 재차 거성을 점령한 상황에서 연나라에 대항하였다.

연나라는 이어 군대를 보내 즉묵을 포위하였다. 즉묵에는 태자 법장이 임치 사람으로 변장해 낙향해 있는 옛 대신 집에 숨어 있었다. 즉묵의 대부들은 연나라에 맞서 싸우다가 모두 목숨을 잃고 말았다. 그러자 성 안의 백성들이 더는 의지할 관리가 없자 전단을 추대하여 장수로 삼았다.

"전단은 안평 지역이 침입받기 전에 수레바퀴 축을 쇠로 싸 두는 지혜로운 자로 분명 우리를 잘 이끌 것이다."

전단은 그렇게 장수가 되어 연나라에 대항하여 즉묵을 지켰다. 얼마 뒤, 연나라 소왕이 죽고 혜왕이 즉위하였다. 마침 혜왕과 장군 악의는 사이가 좋지 못했다. 전단은 이 사실을 알고 연나라에 첩자를 보내 거짓 소문을 퍼뜨렸다.

"제나라 민왕이 세상을 떠났건만 악의는 아직도 두 곳의 성을 함락시키지 못하고 있다. 이는 악의가 제나라 토벌을 명분으로 자신이 제나라의 왕이 되려고 하는 것이다. 지금 악의가 공격을 늦추고 있는 것은 제나라 사람들이 자신을 따르기만을 기다리고 있는 중이다. 제나라 사람들은 행여 악의 대신에 다른 장군이 오면 그때는 남은 두 곳마저 쑥대밭이 될까 그걸 걱정하고 있을 뿐이다."

혜왕이 이 소문을 듣고 즉각 악의를 해임하고 대신 기겁(騎劫)을 장군으로 임명했다. 악의는 이 결정에 반발해 조나라로 귀순했고, 악의를 따르던 병사들은 장군이 경질된 것에 대해 모두 분개하고 있었다.

한편 전단은 즉묵성에 있는 백성들에게 식사 때마다 반드시 뜰에 음식을 차려놓고 조상에게 제사 지내도록 명령했다. 그러자 날아다니던 새들이 모두 성 안으로 내려와 차려놓은 음식을 먹어 치웠다. 연나라 병사들이 그 소문을 듣고 모두 괴이하게 여겼다. 전단이 그걸 계략의 기회로 삼았다.

"이는 신이 강림하셔서 내게 가르침을 주시려는 것이다."

그리고 백성들을 향해 말했다.

"이제 신께서 내려오셔서 나의 스승이 되실 것이다."

그때 군졸 하나가 나와 장난삼아 물었다.

"저 같은 자도 스승이 될 수 있을까요?"

하고는 몸을 돌려 달아났다. 전단이 그를 불러오게 하고는 동쪽을 향해 앉게 했다. 그리고 그를 스승으로 받들려고 하였다. 그러자 그 군졸이 말했다.

"소인이 장군을 속였습니다. 사실 저는 아무런 능력이 없습니다."

전단이 엄한 표정을 지으며 말했다.

"너는 아무 말도 하지 마라."

하고는 그를 스승으로 모셨다. 이후 군령을 내릴 때마다 언제나 신이 내린 명령이라고 말했다. 그리고 첩자를 풀어 연나라 진영에 이렇게 소문을 냈다.

"연나라 군사들은 포로가 된 우리 제나라 병사들의 코를 베고, 또한 그들을 앞세워 우리와 싸우게 하려 한다. 나는 그들의 잔인함에 즉묵성이 멸망될까 두려울 뿐이다."

연나라 군대가 이 말을 듣고 그대로 행했다. 포로가 된 제나라 병사들이 모두 코가 베이는 형벌을 받았다는 말에 제나라 백성들은 모두 분개했다. 성을 굳게 지키면서 혹시라도 자신이 포로가 될까 모두 두려워했다. 이어 전단은 첩자를 풀어 또 다른 소문을 퍼뜨렸다.

"나는 연나라 병사들이 성 밖 우리 조상들의 무덤을 파헤칠까 그것이 두렵도다."

그러자 연나라 병사들이 말 그대로 행했다. 무덤을 모두 파헤쳐 시체들을 불살라 버렸다. 즉묵 사람들이 성 위에서 이 일을 바라보면서 모두들 눈물을 흘리며 당장에라도 달려가 싸우고자 하였다. 그 분노는 나날이 커져 갔다.

전단은 이제 병사들이 싸울 자세가 되었음을 알았다. 자신이 손수 삽을 들고 병사들과 똑같이 일을 했고, 자신의 가족들을 군대에 편입시켰으며, 식사도 병사들과 똑같이 먹었다. 그리고 얼마 후 무장한 병사들은 숨겨 두고 노약자와 부녀자들만 성 위에 오르게 했다. 이어 사신을 보내 연나라에 항복을 약속했다. 이 소식을 들은 연나라 군사들이 모두 만세를 외쳤다.

이전에 전단은 미리 한 가지 계략을 꾸며 놓고 있었다. 백성들에게서 거둔 돈 2만 냥을 즉묵의 한 부자에게 주어 연나라 장수에게 보냈다.

그리고 다음과 같이 말하게 하였다.

"즉묵이 항복하게 되면 저희 가족들은 포로로 삼지 말고 편안히 살게 해 주십시오."

연나라 장수는 크게 기뻐하며 뇌물을 받고 그렇게 하기로 약속했다. 이 일로 인해 연나라 군대는 기강이 헤이해진 상황이었다.

전단은 밤을 틈타 성 안에 소 1천여 마리를 모아 놓고 붉은 비단에 오색 용무늬를 그려 넣은 옷을 입혔다. 또한 쇠뿔에 칼을 묶고, 소꼬리에 갈대를 길게 매달아 기름을 붓고 그 끝에 불을 붙였다. 그리고 성 밖으로 내보냈다. 이어 정예병사 5천여 명이 그 뒤를 따르게 했다.

꼬리가 뜨거워진 소는 성이 나서 연나라 진영으로 무섭게 달려갔다. 한밤중에 소 떼를 본 연나라 군사들은 크게 놀랐다. 소꼬리에 붙은 횃불은 눈이 부시게 밝았는데 자세히 살펴보니 모두 용의 모습을 하고 있었다. 그들은 달려드는 소뿔에 받히는 대로 모두 죽거나 쓰러졌다. 더구나 뒤이어 병사 5천 명이 돌진해 오면서 쓰러진 연나라 병사들을 모두 찔러 죽였다. 연나라 병사들은 혼란에 빠져 어쩔 줄을 몰랐다. 게다가 성 안에서 북을 치고, 구리 그릇을 두들기고, 함성을 질러대는 소리가 천지를 뒤덮어 연나라 병사들은 놀라 달아나기 바빴다. 그 틈에 제나라 병사들이 연나라 장군 기겁을 살해했다. 그 기세를 몰아 도망가는 연나라 병사를 제나라 군사들이 추격하면서 이전에 빼앗겼던 성을 하나씩 되찾았다. 되찾은 지역은 모두 전단을 섬기게 되었다. 날마다 병사가 불어났고 결국은 빼앗겼던 제나라의 70여 성을 모두 되찾았다.

그 무렵 제나라 신하들이 민왕의 아들인 법장(法章)을 수소문하기 시작했다. 그때 법장은 즉묵의 태사교(太史嬓)라는 옛 대신의 집에서 신분을 감추고 정원 관리하는 일을 하고 있었다. 태사교의 딸이 그를 불쌍히 여겨 늘 후하게 대접했다. 나중에 법장이 자신의 신분을 밝히자 그녀는 법장과 정을 통하게 되었다. 신하들이 즉묵에 있던 태자를 거성으로 모셔와 왕으로 옹립하니 이가 바로 양왕(襄王)이다. 태사교의 딸은 마침내 왕후가 되었다. 그녀가 바로 군왕후(君王后)이다. 양왕은 나라를 구한 전단의 공로를 인정하여 안평군(安平君)에 봉했다.

연나라가 처음 제나라를 침입했을 때 획읍(畫邑)의 왕촉(王蠋)이라는 자가 어질다는 소문이 있었다. 연나라 장군이 병사들에게 명령했다.

"획읍 주변 30리 안으로 들어가지 마라."

그리고 곧바로 사람을 보내 왕촉을 달랬다.

"제나라의 많은 사람이 그대의 어진 것을 높이 평가하고 있소. 나는 그대를 장수로 삼고 만호를 봉읍으로 주겠소."

그러나 왕촉은 한사코 거절하였다. 그러자 연나라 장군이 말했다.

"그대가 내 말을 듣지 않는다면 나는 삼군을 이끌고 획읍을 도살할 것이오."

왕촉이 말했다.

"충신은 두 임금을 섬기지 않고, 열녀는 두 남편을 섬기지 않소. 나는 제나라 왕이 내 말을 듣지 않았기 때문에 벼슬을 그만두고 밭을 일구고 사는 중이오. 제나라는 이미 망했는데 내가 어찌 보존할 수 있겠소. 그런데 지금 장군께서 나를 무력으로 위협하시니, 내가 당신의 장수가 된다는 것은, 걸왕(桀王)을 도와 포악한 일을 일삼는 것과 무엇이 다르겠소? 살아서 의로운 일을 못할 바에야 차라리 가마솥에 삶아져 죽는 편이 나을 것이오."

그러고는 나뭇가지에 목을 매고는 스스로 힘껏 죄어 목숨을 끊었다. 난리를 피해 달아나던 제나라의 대부들이 이 소식을 듣고 탄식하며 말했다.

"왕촉은 벼슬도 없는 평민에 불과한데도 정의를 알아 끝내 연나라를 섬기지 않았다. 하물며 나라의 녹을 먹는 우리들 중에 누가 그만한 자가 있겠는가?"

제나라 대부들이 그 울분으로 나라를 되찾고자 거(莒) 땅으로 달려가 민왕의 아들 법장을 양왕(襄王)으로 세웠던 것이다.

태사공은 말한다.

"전쟁은 정공법으로 싸우다가도 예측 못할 기이한 전법을 써야 승리하는 것이다. 기이한 병법은 무궁무진하다. 그러나 병법은 한 가지가 늘이기는 것이 아니라 정공법과 계책이 서로 우위를 다투며 순환하는 것이다.

병법은 처음에는 처녀처럼 얌전하여 문을 열어 두고도 적을 안심하게 하는 것이고, 그런 이후에 날래게 공격하여 그때는 적이 방비를 하려 해도 손쓸 여지가 없게 하는 것이다. 이는 전단이 사용한 병법을 두고 하는 말이다."

魯仲連者、齊人也。好奇偉俶儻之畫策、而不肯仕宦

任職。好特高節。遊於趙。

趙孝成王時而秦王使白起破趙長平之軍前後四十餘

萬。

제23편
노중련, 추양 열전

秦圍邯鄲。趙王恐、諸侯之救兵莫敢擊

畏秦、止於蕩陰不

進。魏王使客將軍新垣衍間入邯鄲、因平原君謂趙王

曰秦所為急圍趙者、前與齊湣王爭彊為帝、已而複帰

帝。今齊(湣王)已益弱、方今唯秦雄天下、此非必貪邯

鄲。其意欲複求為帝。趙誠發使尊秦昭王為帝、秦必

"글로써 적의 장수를 굴복시킨 노중련은 참으로 대의가 있는 자이다. 기발하고 장쾌하고 초탈한 책략을 구사했으니 어느 곳이고 그의 설득이 통하지 않는 곳이 없었다. 강직하고 지조 있는 선비 추양 또한 본받을 자이다."

•

노중련

노중련(魯仲連)은 제(齊)나라 사람이다. 기이하고 뛰어난 책략을 가졌으나 자유인으로 살기 좋아해 평생 벼슬에 나서지 않았다.

그가 조(趙)나라를 유람할 때, 진나라 백기 장군이 장평(長平) 전투에서 조나라 군사 40만 명을 전멸시켰고 이어 도읍 한단(邯鄲)을 포위하고 있었다. 조나라 효성왕(孝成王)은 급히 주변 나라에 구원병을 요청했지만 다들 진나라를 무서워하여 파병하지 못했다.

위(魏)나라 안리왕(安釐王)이 조나라를 돕기 위해 구원군을 파병했다. 하지만 진나라 밀사가 곧바로 위나라를 방문하자 파병군은 탕음(蕩陰) 지역에서 멈추고는 더는 진군하지 않았다. 안리왕은 이때 장군(將軍) 신원연(新垣衍)을 몰래 평원군에게 보내 한 가지 제안을 하였다.

"진나라가 조나라를 포위한 까닭이 무엇이겠습니까? 예전에 진나라가 제나라와 싸워 이겨 스스로 제왕(帝王)이라 칭했습니다. 그러다가 얼마 후 그 칭호를 사용하지 않았습니다. 지금 진나라는 천하제일이라 다시 제왕의 칭호를 얻고자 하고 있습니다. 그러니 조나라 왕께서는 진나라에 사신을 보내 소왕(昭王)을 제왕이라 높여 준다면 틀림없이 진나라는 군대를 철수할 것입니다."

그러나 그 건의를 듣고 평원군은 주저하며 결정을 내리지 못하고 있었다. 마침 평원군 집에 거하고 있던 노중련이 물었다.

"나라가 위급한 상황인데 어떻게 하실 생각이십니까?"

평원군이 말했다.

"내가 감히 어떻게 말하겠소. 이전에 군사 40만을 잃고, 지금은 도읍 한단이 포위당해 꼼짝 못하지 않소. 위나라 왕이 진나라를 높여 제왕이라 부르라고 하는데 내 감히 뭐라고 할 수 있겠소?"

그러자 노중련이 말했다.

"평원군께서는 현명하다고 생각했는데 지금은 아니라는 걸 알았습니다. 신원연이 지금 어디 있습니까? 제가 꾸짖어 돌려보내겠습니다."

평원군이 신원연을 찾아가 말했다.

"노중련 선생께서 이곳에 와 계십니다. 내가 그분을 소개할 테니 한번 만나 보시지요."

신원연이 대답했다.

"노중련 선생은 지조 높은 선비라고 들었습니다. 허나 나는 위나라의 사신으로 해야 할 일이 있어 만날 수가 없습니다."

평원군이 다시 말했다.

"사신께서 이곳에 계시다고 이미 말해 버렸습니다."

그러자 신원연은 노중련을 만날 수밖에 없었다. 신원연이 먼저 말했다.

"포위된 이 성 사람들은 모두 평원군에게 바라는 것이 있습니다. 그런데 지금 선생을 뵈오니 평원군에게 아무것도 바라는 것이 없는 것 같군요. 무슨 이유로 포위된 이 성을 떠나지 않는 겁니까?"

노중련이 말했다.

"세상 사람들은 주(周)나라 포초(鮑焦)가 자신만을 위하고, 스스로 성질을 못 이겨 죽었다고 말하는데 그건 틀린 말입니다. 포초는 깨끗함을 지키기 위해 은둔하며 지냈습니다. 스스로 밭을 갈고 우물을 파서 마시고 아내가 짠 베옷이 아니면 입지 않았습니다. 자공(子貢)이 그에게 임금도 인정하지 않고 나라도 인정하지 않는 자가 어찌 이익을 받을 수 있냐고 하자, 포초가 대답했습니다. 청렴한 선비는 나아감을 신중히 하고 물러섬을 가벼이 하며, 어진 선비는 쉽게 부끄러워하고 죽음을 가벼이 합니다. 그 말을 하고는 이내 나무를 껴안은 채 서서 죽었습니다. 이것이 무슨 말이겠습니까? 진나라는 예와 의를 무시하고 전쟁의 공로만을 숭상하는 나라입니다. 권모술수로 군사를 부리고, 그 백성들을 노예처럼 다루고 있습니다. 그런 진나라가 천하 제왕이 되어 정치를 편다면 나는 차라리 동해 바다에 빠져 죽는 게 낫지, 차마 그의 백성이 될 수는 없습니다. 제가 장군을 만난 까닭은 그렇게 되지 않도록 조나라를 도와주기 위해서입니다."

신원연이 말했다.

"선생께서 어떻게 조나라를 돕는다는 말씀이신지요?"

노중련이 대답했다.

"제나라와 초나라는 원래부터 조나라를 도왔습니다. 그러니 나는 위나라와 연나라가 조나라를 돕도록 하겠습니다."

신원연이 말했다.

"연나라에 대해서는 선생의 말을 믿지요. 허나 위나라를 말씀하신다면, 제가 위나라 사람입니다. 어떻게 위나라가 조나라를 돕도록 하실수 있습니까?"

노중련이 대답했다.

"위나라는 진나라가 제왕이 될 경우에 그 해악을 모르고 있습니다. 그 해악을 알게 된다면 분명 조나라를 돕게 될 것입니다."

신원연이 말했다.

"그 해악이 무엇입니까?"

노중련이 대답했다.

"옛날 제나라 위왕이 천자에 대한 예를 지키려 주(周)나라 황실에 조회를 가곤 했습니다. 일 년 후, 천자가 돌아가셨습니다. 그런데 제나라가 다른 제후국보다 늦게 문상을 왔습니다. 그러자 천자의 아들이 분노하며 위왕을 꾸짖었습니다. 천지가 무너지고 새로운 천자가 풀 위에서잠을 자고 있는데 제나라가 이제야 나타나다니 목을 베야 마땅하다. 이 말을 들은 위왕이 격분하여 그만 대꾸하고 말았습니다. '뭐라고, 이종년의 자식이!' 주나라는 결국 천하의 웃음거리가 되고 말았습니다. 위왕은 더는 황실의 요구를 견딜 수 없었기 때문입니다. 하지만 천자로서는 요구하는 것이 당연한 것이니 하나도 이상할 것이 없는 것이죠."

신원연이 말했다.

"선생은 저기 일하는 하인들이 보이십니까? 저 열 명의 하인이 주인이 시키는 대로 따르고 있습니다. 그러면 저 하인들은 힘이 약하고 지혜가 부족해서일까요? 아닙니다. 저들이 따르는 것은 주인을 두려워하기 때문입니다."

이에 노중련이 물었다.

"어허! 그럼 위나라가 진나라의 하인과 같다는 말씀입니까?"

신원연이 대답했다.

"그렇습니다."

노중련이 말했다.

"그렇다면 내가 진나라 왕에게 위나라 왕을 삶아 죽이게 할까요?"

신원연은 불쾌한 표정을 지으며 말했다.

"말씀이 지나치십니다. 선생이 무슨 수로 위나라 왕을 삶아 죽이게 한다는 말입니까?"

노중련이 말했다.

"할 수 있습니다. 옛날 구후(九侯)와 악후(鄂侯)와 주(周)나라 문왕(文王)은 은(殷)나라 주왕(紂王)의 삼공이었습니다. 구후에게는 예쁜 딸이 있어 주왕에게 바쳤습니다. 그런데 주왕은 그녀가 못생겼다면서 구후를 소금에 절여 죽였습니다. 악후가 이를 강하게 말리며 변론하자 이번에는 악후를 포 떠서 죽였습니다. 주 문왕이 이 소식을 듣고 탄식하자 이번에는 문왕을 유리 감옥에 백일 동안 가두고 죽이려 했습니다.

지금 위나라 왕과 진나라 왕은 같은 지위인데 어찌 제왕이라고 칭하겠습니까? 결국 소금에 절여지고 포 뜨이는 신세가 되려 하십니까? 제나라 민왕이 노나라에 가려 할 때 말채찍을 들고 수행하던 이유자(夷維子)가 노나라 관리에게 물었습니다. 우리 왕을 어떻게 대접하겠소? 노나라 사람이 대답하기를 양과 돼지 열 마리를 잡는 십태뢰(十太牢)의 예절로 대접하겠습니다. 그러자 이유자가 말했습니다. 우리 군주는 천자이니, 천자께서 순행하면 제후들은 자기 궁궐을 내주고, 성문과 창고 열쇠를 맡기고, 대청 밑에서 천자의 수라를 준비해 올리고, 식사가 끝나면 정사를 듣는 것이오. 그대들은 어떤 예절에 근거하여 우리 군주를 대접하려는 것이오? 그러자 노나라 관리가 그만 문을 닫아걸고 민왕의 입국을 허락하지 않았습니다.

민왕은 노나라로 갈 수 없게 되자 설(薛)나라로 가려 했습니다. 그런데 그곳을 지나려면 추(鄒)를 지나야 하는데 마침 추나라 왕이 돌아가셨기에 민왕은 조의를 표해야 했습니다. 이유자가 추나라에 전했습니다. 천자께서 조문을 하게 되시면 상주는 관을 뒤로 하여 북쪽을 향하고, 자리를 남쪽으로 만들어 천자께서 조문하도록 해야 하오. 그러자 추나라 신하들이 그 말을 듣고는 그렇게 해야 한다면 우리는 차라리 죽는 것이 낫겠다고 말했습니다. 민왕은 끝내 추나라를 지날 수 없었습니다. 그처럼 천자의 요구를 받아들인다는 것은 어려운 일인 것입니다.

지금 진나라나 위나라는 모두 큰 나라입니다. 각각 왕이라 부르지요. 그런 위나라가 진나라가 조나라와 한 번 싸우는 걸 보고는 겁에 질려 진나라를 제왕으로 섬긴다고 하면 이는 스스로 하인이나 첩만도 못하게 여기는 것입니다.

만약 진나라가 제왕이 된다면 다른 제후국들의 신하를 마음대로 갈아치울 겁니다. 못마땅한 자들은 내쫓고 좋아하는 자들로 채울 것입니다. 또한 진나라의 요사스러운 여자들을 다른 제후들에게 시집보낼 것이고, 그러면 위나라 궁정에서도 이런 여자를 보게 될 것입니다. 그렇게 되면 위나라 왕은 편할 수 있을까요? 장군 또한 지금 같은 총애와 신임을 받을 수 있겠습니까?"

그 말을 듣자 신원연은 두 번 절하고 사과했다.

"지금에서야 선생이 천하제일의 선비라는 것을 알았습니다. 저는 서둘러 돌아가 다시는 진나라를 제왕으로 섬기자는 말을 하지 않겠습니다."

신원연이 돌아간 후에 때마침 위나라 신릉군이 조나라를 구원하기 위해서 진비(晉鄙)의 군사를 이끌고 공격해 오자 진나라 군대는 마침내 퇴각하고 말았다.

이렇게 위기를 모면하게 되자 조나라 왕은 노중련에게 봉읍을 하사하고자 했다. 하지만 노중련은 세 번이나 사양하며 끝내 받지 않았다. 그러자 평원군은 노중련을 위해 주연을 마련했다. 술이 한창 올랐을 때 평원군이 노중련에게 다가가 천금을 바치며 복을 빌었다. 노중련은 그것 역시 거절했다. 그리고 웃으며 말했다.

"천하에 선비가 귀한 까닭은 다른 사람의 걱정을 덜어 주고, 재난을 해결해 주면서도 보상을 바라지 않기 때문입니다. 보상을 받는 것은 장사치들이 하는 짓입니다. 저는 차마 그렇게는 할 수 없습니다."

노중련은 자리에서 일어나 평원군에게 인사를 하고 조나라를 떠났다. 그리고 평생토록 다시는 만나지 않았다.

20년 후, 연나라의 장군이 제나라의 요성(聊城)을 공격해 함락시켰다. 그런데 누군가 장군의 공을 시기하여 중상모략하는 상소를 올렸다. 이 소식을 듣자 장군은 귀국하면 처형당할 것이 두려워 요성에 그대로 머물러 있었다.

제나라의 전단(田單) 장군이 1년 동안 요성을 공격했지만 많은 병사들만 잃을 뿐이었다. 그때 노중련이 글을 써서 화살 끝에 매달아 성 안에 있는 연나라 장군에게 쏘아 보냈다.

"지혜로운 자는 시기를 거슬러 이로움을 놓치지 않고, 용맹한 자는 죽음을 겁내 이름을 더럽히지 않으며, 충신은 자기를 우선하여 군주를 뒤로하지 않는다고 하였소. 지금 장군은 중상모략을 받아 그 분노로 연나라 왕을 버렸으니 이는 충성심이라 할 수 없소. 만약 요성을 잃고 죽게 된다면 장군의 위엄은 바닥에 떨어질 것이니 이는 올바른 용기가 아니오. 그리고 이대로 있다가 전쟁의 공훈이 사라지고 명성을 잃게 된다면 이 또한 지혜로운 행동이 아니오.

천하의 모든 군주는 이 세 가지를 잘못한 자를 결코 신하로 쓰지 않았소. 지혜로운 자는 망설이지 않고, 용감한 자는 죽음을 두려워하지 않소. 지금 장군은 생사와 영욕과 귀천의 갈림길에 있소. 기회는 두 번 다시 오지 않으니 부디 속된 사람처럼 처신하지 마시오.

지금 초나라와 위나라 군대가 제나라의 남양과 평륙을 공격했지만 아무런 이득이 없어 물러나고 말았소. 이제 제나라는 모든 군사를 동원해 장군이 지키고 있는 요성을 공략할 것이오. 지난 일 년 동안은 요성을 사수했지만 이제는 그렇지 못할 것이오.

장군이 섬겼던 연나라는 율복이 10만 대군을 이끌고 원정에 나서 다섯 번이나 패했소. 그 결과 천하의 웃음거리가 되고 말았소. 나라는 피폐해지고 재난은 잦아서 백성들이 하나둘 떠나고 있소.

지금 장군께서 온전하게 군대를 이끌고 고국으로 돌아가면 연나라 왕이 기뻐할 것이오. 또 몸이 성해 돌아가면 백성들이 부모를 만난 듯 기뻐할 것이고, 친구들과 친지들은 칭찬할 것이고, 마침내 그 업적을 천하가 다 알게 될 것이오. 위로는 왕을 돕고, 아래로는 신하와 백성들에게 귀감을 보이니 이처럼 좋은 일이 어디 있겠소.

만약 그런 마음이 없다면 연나라를 버리고 제나라로 오는 것은 어떻겠소? 그러면 제나라에서 봉읍을 정해 줄 것이오. 그러면 대대손손 부를 누릴 것이니 이 또한 좋은 방법이 아니겠소? 이 두 가지 중에 장군은 깊이 생각하여 하나를 선택하기 바라오.

작은 예절에 얽매이는 자는 이름을 날릴 수 없고, 작은 치욕을 견디지 못하는 자는 큰 공을 세울 수 없다고 했소.

옛날 관중은 활을 쏘아 제나라 환공(桓公)의 허리띠를 맞혔으니 이는 실로 살인행위인 것이오. 또 관중은 자신이 섬기던 공자 규(糾)와 함께 죽지 않고 비겁하게도 살아남았소. 한때는 오라에 묶여 수갑과 차꼬를 차는 치욕을 겪기도 했소. 세상 어느 임금도 이런 신하를 쓰려 하지 않을 것이오. 그러나 관중은 옥에 갇혀 있는 것보다 천하를 바로 잡지 못한 것을 부끄러워했고, 공자 규를 위해서 죽지 않은 것보다 제나라에 위엄을 떨치지 못한 것을 부끄러워했소. 하지만 관중은 용서를 받고 등용되어 이후 환공을 천하제일의 권력자로 만들어 그 명성을 드높였소.

또한 조말은 노나라 장군이 되어 제나라와 세 번 싸워 다 패했고 땅을 사방 5백 리나 빼앗겼소. 그때 조말이 조급하게 생각해 자살을 했더라면 영원히 오명을 벗을 수 없었을 것이오. 그러나 조말은 치욕에 빠지지 않고 돌아와 다시 계책을 논의했소. 제나라 환공이 노나라 장공과 회합하는 기회를 틈타 조말은 칼 한 자루에 의지한 채 연단 위로 뛰어 올라 환공의 심장을 겨누었소. 그때 조말은 안색도 변하지 않았고 말투 역시 엄중했었소. 싸움에서 패해 잃었던 땅을 조말은 그렇게 단숨에 되찾아 그 명성이 천하에 알려지게 되었소.

이 두 사람은 공명을 세우지 못하고 죽는 것은 지혜로운 일이 아니라고 생각했던 것이오. 그러기에 그들의 업적은 오래도록 전해지는 것이오. 이제 장군은 현명하게 판단하여 이 두 사람 중 하나를 선택하시오."

연나라 장군은 이 편지를 읽고 사흘 동안 울었다. 그러나 여러 생각을 했지만 결정을 내리지 못했다. 연나라에 돌아가고자 해도 왕과 사이가 틀어져 살해될까 두려웠고, 또 제나라에 항복하고자 해도 제나라 사람들을 너무 많이 죽여 욕을 당할까 두려웠다. 그는 탄식하며 말했다.

"아, 다른 사람에게 죽느니 차라리 내 손에 죽자!"

결국 현명한 판단을 하지 못하고 끝내 자살하고 말았다.

이에 전단 장군이 쳐들어가 연나라 병사들을 무찔러 요성을 되찾았다. 전단은 돌아와 노중련의 공을 아뢰고 벼슬을 줄 것을 왕께 청했다. 그러나 노중련은 이미 사라져 어느 바닷가를 거닐고 있었다.

"부귀하면서 남에게 눌려 사느니, 차라리 빈천한 대로 자유롭게 살리라!"

추양

추양(鄒陽)은 본래 제(齊)나라 사람이다. 한나라의 제후국인 양(梁)나라에 들어와 효왕(孝王)을 섬겼다. 그런데 양승(羊勝)과 일부 신하들이 추양을 시기하여 중상모략을 하게 됐다. 효왕은 그 모략을 그대로 믿었다. 크게 노하여 추양을 가두고 죽이려 하였다. 뜻하지 않은 불행을 맞게 된 추양은 결국 옥중서신을 써서 효왕에게 올리게 되었다.

"충성된 자는 정당한 대우를 받고, 진실한 자는 의심을 받지 않는다고 들었습니다. 저 또한 그런 줄 알고 있었습니다. 그러나 그것은 헛된 말이었습니다. 저는 대왕께 충심으로 아뢰었지만, 대왕 좌우의 신하들에게 의심을 받아 옥에 갇힌 신세가 되었습니다.

어처구니없는 중상모략으로 비간(比干)은 가슴이 찢기고, 오자서(伍子胥)는 말가죽 주머니에 넣어져 강물에 던져졌다고 합니다. 저는 처음에 그 말을 믿지 않았지만 지금은 그것이 사실이라는 것을 알게 되었습니다.

오래도록 만나도 마음을 모르는 자가 있는가 하면, 우연히 길에서 만나 잠깐 이야기를 나누었을 뿐인데 마음이 통하는 자가 있습니다. 무슨 차이겠습니까? 상대방의 마음을 아느냐 모르느냐 그 차이 아니겠습니까.

옛날 진나라에서 연나라로 도망간 번오기(樊於期)는 형가에게 자신의 머리를 내주며 진나라 왕을 죽이려던 태자 단의 계획에 쓰라고 했습니다. 또 왕사(王奢)는 제나라에 대항하여 성에 올라 스스로 목숨을 끊는 애국심을 보여 위나라를 구했습니다. 왕사와 번오기가 목숨을 바친 것은 연나라와 위나라에 깊은 인연이 있었던 것이 아닙니다. 왕의 치세와 인품이 자신들에게 맞았고, 또 자신들의 의로움을 왕이 알아주었기 때문입니다.

소진(蘇秦)이 연나라 재상이 되자 주변 사람들이 중상모략을 하게 되었습니다. 하지만 왕은 칼을 만지며 소진을 비방한 자를 꾸짖었습니다. 도리어 소진을 더욱 우대했습니다. 백규가 위나라를 위해 중산에서 공을 세우자 어떤 이가 백규를 비방했습니다. 하지만 왕은 오히려 백규를 더욱 존중했습니다. 무슨 이유이겠습니까? 임금과 신하가 서로 마음을 열고 믿었기 때문입니다. 근거 없는 말에 서로가 조금도 흔들리지 않았던 것입니다.

여자는 예쁘든 안 예쁘든 궁궐에 들어가면 질투를 받게 되고, 선비는 현명하든 불초하든 조정에 들어가면 시기를 받기 마련입니다. 옛날 사마희(司馬喜)는 송나라에서 다리가 잘리는 형벌을 받았지만 중산(中山)에서 마침내 재상이 되었습니다. 또한 범수(范雎)는 위나라에서 갈비뼈가 부러지고 이가 분질러졌으나 진나라에서 재상이 되었습니다.

백리해(百里奚)는 길에서 걸식을 하고 있었으나 진나라 목공(穆公)은 그에게 국정을 맡겼습니다. 영척(寧戚)은 소 먹이는 일을 하고 있었으나 제나라 환공(桓公)은 그에게 나라를 맡겼습니다. 이들이 조정 대신들의 추천으로 등용된 것이겠습니까? 아닙니다. 왕과 마음이 일치했기 때문입니다. 마음이 일치하면 누구도 그 사이를 갈라놓을 수 없는 것입니다.

옛날 노나라는 계손(季孫)의 말을 듣고 공자(孔子)를 내쫓았고, 송나라는 자한(子罕)의 꾐에 빠져 묵적(墨翟)을 가두었습니다. 공자와 묵적은 뛰어난 달변가였지만 중상모략을 벗어날 수는 없었습니다. 이는 무슨 이유이겠습니까? 여러 사람의 입은 무쇠라도 녹일 수 있고, 계속되는 중상모략은 뼈라도 녹일 수 있는 것입니다.

진나라는 오랑캐 출신인 유여(由余)를 등용하여 천하를 제패했고, 제나라는 월나라 사람 몽(蒙)을 기용해 위왕(威王)과 선왕(宣王)의 위엄을 천하에 떨쳤습니다. 이 두 나라는 한쪽에 치우친 말에 얽매이지 않았습니다. 공정하게 듣고 두루 살펴서 국정을 운영했습니다. 그래서 후세에 그 명성을 남겼던 것입니다.

또 진(晉)나라 문공(文公)과 제나라 환공은 자신의 원수를 등용해 천하를 바로잡았던 것입니다. 어떻게 해서 가능했겠습니까? 이것은 빈말로서 얻은 것이 아닙니다. 자비와 인정으로 사람을 감동시켰기 때문입니다.

진(秦)나라는 상앙(商鞅)의 병법을 써서 천하제일의 강국이 되었습니다. 하지만 상앙은 거열형에 처해지는 비극을 맞이했습니다. 월나라는 대부 종(種)의 지략을 이용해 오나라를 멸하고 천하의 패권자가 되었습니다. 하지만 대부 종을 죽이고 말았습니다. 그래서 손숙오(孫叔敖)는 벼슬에서 물러나는 것을 도리어 기뻐하였고, 자중(子仲) 역시 삼공(三公)의 직책을 사양하고 남의 집 정원사로 일하였습니다.

밤길에 명월주와 야광주를 들고 가는 자를 보면 칼을 잡고 노려보지 않을 자가 없다는 말이 무슨 뜻이겠습니까? 갑자기 눈앞에 보물이 나타났기 때문입니다. 구불구불 꼬인 나무뿌리일지라도 왕의 식탁 그릇이 되는 것은 무슨 이유이겠습니까? 좌우 대신들이 먼저 일을 꾸미기 때문입니다. 밤길에 눈앞에 나타난 보물은 원한만 맺을 뿐 고맙게 생각할 것은 아닙니다. 하지만 마르거나 썩은 나무라도 추천만 받으면 등용되는 것입니다.

진시황은 형가의 감언이설을 믿었다가 몰래 감추어 둔 그의 비수에 찔릴 뻔했습니다. 이와 달리 주나라 문왕은 위수에서 사냥을 하다가 여상(呂尙)을 수레에 싣고 돌아와 그의 도움으로 천하의 왕이 되었습니다. 이렇게 다른 차이가 나는 것은 무엇이겠습니까? 바로 왕이 어느 한쪽에 국한되지 않고 밝고 넓게 관찰했기 때문입니다.

의관을 바르게 하고 조정에 들어온 자는 눈앞의 이익 때문에 의로움을 더럽히지 않으며, 욕심 때문에 명성을 더럽히지 않는다고 했습니다. 증자(曾子)는 어머니를 이긴다는 승모(勝母)라는 고을에 들어서지 않았고, 묵자(墨子)는 주왕이 지은 음탕한 노래 제목인 조가(朝歌)라는 마을에서 수레를 돌렸다고 합니다.

그런데 오늘날 임금들은 권력으로 선비들을 눌러 두렵게 하고 있습니다. 그래서 임금들은 일부러 얼굴을 부드럽게 하고 아첨을 좋아하는 선비를 곁에 두고자 합니다. 이렇게 된다면 충성심과 신의를 가진 선비들이 어찌 숨어 있던 굴속에서 나올 수 있겠습니까?"

효왕이 서신을 다 읽고는 추양을 풀어 주고 상객으로 삼았다.

태사공은 말한다.

"노중련은 추구하는 것이 당시 대의에 부합되지 않았다. 그러나 벼슬도 없이 호탕하게 자신의 뜻을 드러내고, 글을 통해 무력을 물리친 것은 대단한 일이다. 추양의 글은 공손하지 않으나 사물을 비유해 하나씩 폭넓게 실례를 든 것은 감동적이고 비장하기까지 하다. 따라서 나는 이런 이유로 이들을 열전에 실었다."

제24편

굴원・가생열전

屈原者、名平、楚之同姓也。為楚懷王左徒。博聞彊

志明於治亂、嫺於辭令。入則與王圖議國事、以出

號令出則接遇賓客、應對諸侯。王其任之。

上官大夫與之同列、爭寵而心害其能。懷王使屈原造

為憲令、屈平屬草稿未定。上官大夫見而欲奪之、屈

平不與、因讒之曰、王使屈平為令、眾莫不知、每一令

出、平伐其功、（曰）以為非我莫能為也。王怒而疏屈

平。

屈平疾王聽之不聰也、

讒諂之蔽明也、邪曲之害公也、

"왕이 한쪽 말만 듣게 되면 판단이 흐려진다. 사악함이 공명정대함을 가로막는 것은 바로 군주가 아첨에 길들여져 있기 때문이다."

•

굴원

굴원(屈原)은 초(楚)나라 왕실의 후손으로 이름은 평(平)이다. 배운 바가 많았고 특히 시와 문사(文辭)에 뛰어났다. 왕의 신임을 한 몸에 받아 왕의 비서인 좌도(左徒)를 역임했다.

그 무렵 상관대부(上官大夫)는 굴원과 같은 지위였다. 하지만 왕의 총애를 받는 데에는 굴원에 미치지 못했다. 마침 초나라 회왕(懷王)이 굴원에게 법령 제정이라는 큰일을 맡겼다. 상관대부가 그 소식을 듣고 자신이 배제된 것을 섭섭해하며 굴원을 시기하게 되었다.

하루는 굴원을 찾아가 일은 잘 되고 있냐며 초안을 한 번 보여 달라고 하였다. 이제 작업을 시작하는 때라 초안이 아직 준비되지 않았다면서 굴원은 정중히 거절하였다. 상관대부는 그 말이 자신을 무시하는 처사라 여겼다. 그만 굴원을 중상모략하여 왕께 참소하게 되었다.

"대왕께서 굴원에게 법령을 만들도록 하신 것은 누구나 다 아는 일입니다. 그런데 굴원은 법령 하나 만들 때마다 자신이 아니면 누구도 만들 수 없다고 스스로 자랑을 일삼고 있습니다."

그 말에 회왕은 상황을 살피지도 않고 그만 분노하고 말았다. 당장 굴원에게 명하여 그 일을 중단하라고 일렀다. 그리고 조정에서 멀리 떨어져 있게 하였다.

굴원은 왕이 한쪽 말만 듣고 판단하는 것을 보고, 참소와 아첨이 군주의 판단을 가로막고, 사악함이 공명정대함을 해치는 것을 애통하게 여겼다. 이때 깊은 시름에 잠겨 「이소(離騷)」를 지었다.

'이소'란 근심을 만난다는 뜻이다. 하늘은 사람의 시작이며 부모는 사람의 근본이다. 사람이 궁지에 몰리거나 질병으로 인해 참담해지면 부모를 찾게 되고, 견딜 수 없고 곤궁해지면 하늘을 찾기 마련이다. 충성을 다하여 임금을 섬겼지만 참소하는 자의 이간질로 비방을 받고, 신의를 지켰으나 의심을 받는다면 어찌 하늘을 원망하지 않을 수 있겠는가?

본디 이런 원망으로부터 지어진 것이 바로 「이소」이다. 『시경』「국풍(國風)」 편은 사랑을 노래하지만 음란하지 않고, 「소아(小雅)」 편은 원망과 비난이 담겼으나 절도가 있다. 하지만 「이소」는 이 두 가지 장점을 모두 가지고 있으니 당대에 뛰어난 작품이라 아니할 수 없다.

그 내용을 보면 위로는 오제(五帝)의 한 사람인 제곡(帝嚳)을 칭송하고 아래로는 제(齊)나라 환공(桓公)을 이야기하고 그 중간에는 탕왕(湯王)과 무왕(武王)을 통해 세상을 풍자하였다. 숭고한 도덕성과 혼란을 다스린 많은 사례들을 언급하였다. 문장은 간결하고 미묘하며, 내용은 자세하고 뜻은 고결하며 행동은 겸손했다. 문장에서는 작은 것을 비유했지만 뜻하는 바는 매우 컸다. 사소한 예라도 그것이 의미하는 바는 심원했다. 그러나 굴원의 그 의지는 깨끗하고 행동은 겸손했으나 죽을 때까지

고국에서 받아들여지지 않았다.

굴원이 관직에서 쫓겨난 뒤, 진나라는 제나라를 정벌하려 했다. 마침 제나라가 초나라와 합종을 맺고 있었으므로 진나라 혜문왕은 걱정이 되었다. 그러자 장의가 나서서 책략을 이야기하자 그에게 많은 예물을 주어 초나라 사신으로 보냈다.

장의가 초나라 왕에게 말했다.

"우리 진나라는 제나라를 몹시 미워하고 있습니다. 그런데 초나라는 제나라와 합종을 맺고 있습니다. 만일 초나라가 제나라와의 관계를 끊는다면 우리 진나라는 상(商)과 오(於) 지역의 땅 6백 리를 대왕께 바치겠습니다."

초나라 회왕은 장의의 이 말에 욕심이 생겨 단숨에 제나라와 단교하고 말았다. 그리고 진나라로 사신을 보내 약속한 땅을 받아오도록 했다. 그러나 장의는 교활한 자라 다른 말을 하는 것이었다.

"나는 6리를 준다고 약속했지 6백 리는 결코 말한 바가 없소!"

초나라 사신이 노하여 돌아와 그대로 보고했다. 회왕은 격노하여 대군을 일으켜 진나라로 쳐들어갔다. 하지만 진나라는 강대국이라 초나라는 제대로 싸워 보지도 못하고 크게 패하고 말았다. 병사 8만 명을 잃었고, 장수 굴개가 사로잡혔고 도리어 초나라 한중 땅을 빼앗겼다.

이에 회왕이 더욱 분하게 여겨 나라 안의 모든 군대를 총동원해 진나라로 쳐들어가 남전(藍田)에서 크게 전투를 벌였다. 그러나 이틈을 노려 서쪽 위나라가 초나라를 습격해 등(鄧) 지역까지 쳐들어왔다. 초나라는 놀라며 급히 진나라에서 군대를 철수해야만 했다.

이듬해 진나라가 한중 땅을 돌려주면서 초나라와 화친을 맺으려 하였다. 초나라 회왕이 말했다.

"나는 땅을 돌려받고 싶지 않소. 단지 진나라의 장의만 보내 주면 그 것으로 만족하오."

장의가 그 소식을 듣고 말했다.

"저 한 사람으로 한중 땅을 대신할 수 있다면 저를 초나라로 보내 주십시오."

장의는 떠나기 전에 초나라의 권세 높은 신하 근상에게 많은 예물을 보냈다. 그리고 회왕의 애첩인 정수에게 자신을 풀어 줄 것을 전하도록 하였다. 장의가 초나라에 들어왔지만 회왕은 결국 정수의 말을 듣고 장의를 풀어 주게 되었다.

이때 굴원은 제나라 사신으로 갔다가 막 돌아와 회왕에게 보고하며 말했다.

"어째서 장의를 죽이지 않았습니까?"

그때서야 회왕이 후회하며 장의를 쫓아가 죽이라고 명했다. 하지만 이미 국경을 넘어 돌아간 후였다.

한번은 진나라 소왕이 서로 화합하자고 초나라 회왕을 초대하였다. 초나라 회왕이 가려고 하자 굴원이 나서서 말렸다.

"진나라는 호랑이나 이리와 같은 나라이니 믿어서는 안 됩니다. 가시지 않는 것이 좋습니다."

그러나 회왕의 아들 자란(子蘭)이 갈 것을 권하자 왕은 진나라로 떠났다. 무관(武關)에 들어서자 진나라 복병들이 회왕을 사로잡아 억류시켰다. 초나라 땅을 바칠 것을 요구하자 회왕은 분노하여 허락하지 않았다. 결국 회왕은 진나라에 억류되어 그곳에서 죽었다.

이어 큰아들이 즉위하여 경양왕(頃襄王)이 되었고 작은 아들 자란은 영윤(令尹)이 되었다. 그즈음에 초나라 사람들은 아버지를 진나라에 가도록 권유한 자란을 모두 비난하고 있었다.

굴원은 비록 멀리 내쫓긴 몸이었으나 그래도 회왕에 대한 미련이 남아서 초나라로 돌아갈 것을 기대했다. 그리고 한편으로는 왕이 옳고 그른 것을 깨닫게 되면 분명히 달라질 것으로 여겼다. 그러나 끝내 그 희망은 이루어지지 않았다.

회왕은 판단이 어두워 안으로는 애첩 정수에게 미혹되었고 밖으로는 진나라 장의에게 속았으며, 충신을 구분할 줄 몰라 굴원을 멀리하고 만 것이다. 그로 인해 수많은 병사들을 잃었고, 여섯 개 현을 빼앗겼고, 왕 스스로 진나라에서 객사하여 천하의 웃음거리가 되고 말았다. 이는 사람을 제대로 알아보지 못했기 때문에 생긴 재앙인 것이다. 『역경』에서 다음과 같이 말한다.

"우물물이 마시기에 충분히 맑은 데도 마시지 못하고 목마르다 하니 가엾도다. 왕이 명철하다면 그 백성들이 모두 시원하게 마실 수 있거늘, 어찌 그것을 모른단 말인가?"

이후 굴원은 머리를 풀어헤치고 강가를 거닐면서 시를 읊었다. 안색은 초췌했고 외모는 야위었다. 어떤 어부가 그를 보고 말했다.

"그대는 삼려대부(三閭大夫) 굴원 선생이 아니옵니까? 무슨 까닭으로 이곳까지 이르렀습니까?"

굴원이 대답했다.

"혼탁한 세상에 모든 사람이 다 취해 있으나 나 홀로 깨어 있다오. 그래서 추방당한 것이오."

어부가 물었다.

"성인(聖人)이란 물질에 구속받지 않고도 세속의 변화에 따를 수 있는 자입니다. 세상이 혼탁하다면 왜 그 흐름에 따라 물결을 타지 않으시는 겁니까? 모든 사람이 다 취해 있다면 왜 술을 마셔서 함께 취하지 않으시는 겁니까? 어찌하여 미련한 자존심을 움켜쥐고 추방을 자초하신 겁니까?"

굴원이 대답했다.

"깨끗이 머리를 감은 자는 반드시 관을 털어서 쓰고, 새로 목욕한 자는 반드시 옷을 털어 입는다고 했습니다. 어느 누가 자신의 깨끗한 몸에 더러운 때를 묻히려 하겠습니까? 차라리 강물에 몸을 던져 물고기 밥이 되는 것이 낫지, 어찌 그 깨끗한 몸으로 속세의 더러운 티끌을 뒤집어쓰겠습니까?"

그리고 「회사(懷沙)」라는 문장을 지으니 이러하였다.

화사한 초여름 숲이 무성하구나.
상심한 마음에 물을 따라 와 보니 남쪽이로다.
멀리 바라보니 아득하고 고요하기가 그지없도다.
가슴에 맺힌 한은 풀길이 없고,
그 설움 어루만지며 옛일을 돌아본다네.

모난 나무를 둥글게 깎으려 하니 될 법한 일인가.

본래 법도를 따라야 하는 법.

아무리 마음을 추잡하게 바꾸려 해도 본래 법도는 여전하다네.

솜씨 좋은 장인이 아니면 누가 바르게 다듬겠는가.

봉황은 새장 속에 갇혀 있고, 닭과 꿩은 하늘을 날아다니니

흰 것을 검다 하고, 위를 아래라 하네.

옥과 돌을 뒤섞어 하나의 저울로 재는구나.

그렇다고 한들 더러움이 어찌 깨끗함을 알겠는가.

짐이 가득 들었으니 수렁에 빠진 수레 건질 수가 없구나.

아름다운 옥을 움켜쥐고 있어도

주변에 사람이 없으니 보여 줄 자가 없도다.

개들은 떼로 짖는 것이 당연하다.

준걸을 비방하고 호걸을 의심하는 자들은 개만도 못한 자들이다.

재능은 감추면 아무도 알아주는 이가 없고,

인의(仁義)는 나날이 넉넉해져도 요임금 순임금을 만날 수가 없구나.

날이 어둑해져 슬픔에 잠기니 내 죽음을 바라본다네.

천하에 뛰어난 말 감정사 백락(伯樂)이 죽고 없으니

이제 누가 천리마를 가려 주겠는가.

운명이란 제각기 정해져 있기 마련,

이제 그 무엇이 두려운가.

세상 군자들에게 고하노니

나는 어떠한들 분명 내 지조를 잃고 싶지 않도다.

글을 짓고 난 후에 굴원은 바위를 안고 마침내 멱라강에 몸을 던져 죽었다. 그 후 송옥(宋玉), 당륵(唐勒), 경차(景差) 같은 이들이 글을 잘 지어 세상에 칭찬을 받았다. 하지만 이들은 단지 굴원의 글을 모방하여 벼슬을 얻고자 했을 뿐이지 왕께 진심으로 세상의 어지러움을 간언하는 자는 없었다. 초나라는 날로 쇠약해져 수십 년 뒤에 결국 진나라에 의해서 멸망하고 말았다.

굴원이 죽고 100년이 지난 후, 한(漢)나라의 가생(賈生)이라는 자가 장사왕(長沙王)의 태부(太傅)가 되어 상수를 지나다가 굴원을 애도하며 글을 지어 바쳤다.

가생

가생(賈生)은 낙양(洛陽) 사람으로 이름은 의(誼)이다. 어려서부터 시와 문장을 잘 지어 명성이 알려졌다. 그 무렵 하남(河南) 태수(太守) 오공(吳公)이 가생에 대한 소문을 듣고 불러들여 매우 아꼈다. 나중에 효문제(孝文帝)에게 추천하자 가생은 박사(博士)에 임명됐다. 이때 나이 스무 살로 박사 중 최연소자였다. 하지만 왕의 물음에 대해 나이 많은 박사들이 대답하지 못하는 것을 가생은 거침없이 대답하였다. 효문제(孝文帝)는 이를 흡족하게 여겨 1년 만에 가생을 태중대부(太中大夫)로 승진시켰다.

한나라가 개국해서 효문제에 이르기까지 20년 동안 천하가 태평하였다. 가생은 이러한 때에 마땅히 역법(曆法)을 개정하고 복색(服色)을 바꾸며, 제도를 재정비하고 관직 명칭을 새로 정립하고 예악(禮樂)을 부흥시켜야 한다고 생각했다. 그래서 의례와 법률에 관한 전반적인 개정을 작성하였는데, 색깔은 황색을 숭상하고, 숫자는 5를 기준으로 삼았으며, 관직명을 정립해 이전 진나라의 법제를 완전히 바꾸려 하였다.

그러나 효문제가 결재를 미루었다. 단지 오래된 여러 율령과 제후들에 대한 봉읍 처리에 대한 것만 개정하였다. 이로 인해 효문제는 가생을 공경(公卿)의 직위에 임명하려고 하였다. 그러자 강후(絳侯), 관영(灌嬰), 동양후(東陽侯), 풍경(馮敬) 등 가생을 시기하는 무리들이 반대하며 참소하였다.

"가생은 나이도 어리고 학문도 미숙한 자인데 제멋대로 권력을 휘둘러 모든 일을 문란하게 하고 있습니다."

이 말을 귀담아 들은 효문제는 가생을 멀리하였다. 그의 책략과 개혁에 관한 일을 일절 수용하지 않았으며 나중에는 장사왕의 태부로 내려보냈다.

가생은 하직하고 길을 나서는데, 장사(長沙) 지역이 지형이 낮고 습기가 높다는 말을 듣고 자신의 명이 길지 않을 것이라 생각하였다. 더구나 좌천되어 가는 곳이라 기분이 그다지 좋지 않았다. 상수를 건널 무렵, 가생은 다음과 같이 글을 지어 굴원을 애도했다.

"나는 좌천되어 장사의 관리로 떠난다네. 얼핏 들으니 굴원 선생께서는 스스로 멱라강에 몸을 던졌다고 하는데 삼가 애도를 표하는 바이오. 법도가 통하지 않는 세상이라 몸을 던지셨구려. 아, 슬프도다. 불운한 때를 만남이여. 봉황이 엎드려 숨으니 올빼미가 날개를 치는구나. 어리석은 이가 존귀하고 아첨하는 이들이 뜻을 얻는구나. 현자와 성인과 바른 이들은 좌절하니, 아, 할 말이 없구나. 솔을 버리고 호박을 보배로 여기고, 지친 소에 멍에를 씌우고, 절름발이 나귀를 결말로 삼고, 준마는 소금 수레를 끄는구나. 머리에 쓸 관을 신발로 삼으니 어찌 오래 갈 수 있겠는가.

나라가 나를 알아주지 않으니 우울한 이 맘 누가 위로해 주겠는가. 봉황새는 훨훨 날아갔네. 깊은 연못 속의 용은 깊숙이 잠겨 스스로 제 몸을 소중히 하네. 어찌 개미와 지렁이 같은 이들과 같이 어울리겠는가. 성인의 덕을 숭상하여 탁한 세상을 멀리하고 스스로 숨네. 준마도 고삐를 매어 놓으면 어찌 개와 양과 다르다고 할 수 있겠는가? 어지러운 세상을 머뭇거리다가 재앙을 입은 것은 또한 선생의 허물이로다. 천하를 둘러보고 어진 임금을 도울 것이지 어찌 이 나라만 고집하셨는가. 봉황새는 천길 높이 날아가 밝은 덕이 빛나는 것을 보면 내려오고 험준한 징조를 보면 멀리 날아간다네. 개천에 어찌 배를 삼킬 만한 물고기가 있겠는가. 그런데 어찌 강과 호수의 큰 물고기가 땅강아지와 개미에게 제압당하고 마는 건가.”

장사왕의 태부가 된 지 3년, 하루는 가생의 집에 부엉이가 날아와 방석 가장자리에 앉았다. 초나라에서는 부엉이를 복(鵬)이라 불렀다. 가생은 자신의 목숨이 길지 않을 것이라 생각하여 글을 지어 위안을 삼았다.

“정묘년 4월 초여름 경자일(庚子日)이 저물 무렵, 부엉이가 나의 집에 날아와 방석 가장자리에 앉았다. 이상하기는 했으나 그 모습이 한가롭고 그 까닭이 야릇했다. 점을 쳐보니 길흉을 일러준다. ‘들새가 방으로 들어오니 주인이 장차 나갈 것이다.’ 부엉이에게 나는 어디로 가겠느냐고 길흉과 그 시기를 물었다. 부엉이가 탄식하며 머리를 들고 날갯죽지를 펼치도다. 입으로 말을 할 수 없으니 마음으로 답을 청하도다.

만물은 변하고 흐름은 쉬지 않네. 매일 반복하더라도 이전과 또 다른 것이라네. 그것이 심오하고 무궁한 이치이니 어찌 말로 표현할 수 있겠는가? 화(禍)란 복이 기대고 있는 것이고 복은 화가 숨어 있는 바로다. 근심과 기쁨이 하나에 몰려 있고 길흉이 한 곳에 있도다. 강대한 오나라 부차도 패하고 말았고 월나라 구차는 천한 곳에 기거했지만 세상을 제패했도다. 이사는 유세 끝에 성공했으나 결국 거열형을 당해 죽었다. 부열(傳說)은 죄수였지만 재상이 되었구나.

화와 복이 함께 있는 것은 꼬아진 새끼줄과 어떻게 다른가? 운명은 말로 할 수 없는 것이니 누가 그 끝을 알겠는가? 물은 격해지면 사납고 화살이 격해지면 멀리 날아가도다. 구름이 피어올라 비를 내리고 서로 엇섞이며 도는구나. 조화옹(造化翁)이 물건을 만들 듯이 끝을 볼 수 없다네.

천하는 예측할 수 있으나 도는 꾸밀 수 없고 수명이 길고 짧음이 있으나 어찌 그때를 알 수 있으리오? 천지가 생성 소멸하지만 그 궁극의 끝이란 없는 것이라네. 홀연히 사람이 되었다고 삶에 연연할 필요가 있는가? 다시 사물로 태어난다 해도 또 무엇이 걱정이랴.

무지한 자는 이기적이고 남을 천시하는 자는 독선적이다. 통달한 사람은 넓게 보고 차별을 두지 않지만 탐욕스러운 자는 재물로 인해서 죽고 열사는 명예를 위해 죽는 법. 권세를 과시하는 자는 권세에 죽고 평범한 자는 삶에만 매달리네. 궁색한 자는 명리에 얽매어 분주하고, 군자는 흔들리지 않아 한결같다네.

어리석은 인간은 세속에 묶이어 자기를 속박하고 후덕한 자는 현실을 초연하고 도(道)와 더불어 살아간다네. 미혹에 빠진 자는 애증이 가득하고, 진실한 자는 담백하다네. 육신은 운명에 내맡겨 구덩이에 머무르면 그만이네. 삶은 물 위에 뜬 것과 같고 죽음이란 오랜 휴식과 같은 것. 심연의 잔잔함같이 담담하고 매이지 않은 배처럼 살 일이다. 살아도 집착하지 말고 빈 마음을 가지고 살아라. 덕이 있는 자는 마음에 거리낌이 없고 천명을 따라 사니 근심이 없도다. 그러니 하찮은 가시덤불이야 어찌 걱정거리가 되겠는가?"

1년 후, 가생은 소환되어 효문제를 알현했다. 이때 효문제는 신의 강림을 받고서 궁전 한가운데 앉아 있었다. 귀신에 대해서 가생에게 물었다. 그러자 가생이 그 이치에 대해 설명하였다. 밤이 깊도록 효문제는 가생의 이야기를 귀담아 들었다. 이윽고 효문제가 말했다.

"내가 그대보다 낫다고 여겼는데, 이제 보니 그대에게 미치지 못하는구려."

얼마 후 효문제는 가생을 양나라 회왕의 태부로 삼았다. 회왕은 효문제의 막내아들로서 독서를 좋아하여 가생을 스승으로 삼았다.

이어 효문제는 회남(淮南) 여왕(厲王)의 네 아들을 모두 열후에 봉했다. 이에 가생이 나라의 우환이 일어날 것이라며 간언했다. 이 외에도 가생은 제후들이 여러 땅을 마음대로 차지하는 것은 법에 어긋난 일이므로 원상 복귀해야 한다고 주장했다. 그러나 효문제는 받아들이지 않았다.

몇 년 후, 회왕이 말을 타다가 떨어져 죽었다. 그를 이을 후사가 없어 가생은 태부로서 책임을 다하지 못했음을 자학하여 1년 동안 애도하다가 또한 생을 다하고 말았다.

가생이 죽었을 때 그의 나이 33세였다. 효문제가 죽고 효무제가 즉위해 가생의 손자 두 명을 등용해 군수에 오르게 했다. 가가(賈嘉)는 그중 학문을 좋아해 가업을 이었다. 그는 효소제에 이르러 구경(九卿)의 대열에 올랐다.

　태사공은 말한다.

　"나는 굴원의 「이소(離騷)」, 「천문(天問)」, 「초혼(招魂)」, 「애영(哀郢)」을 읽고 슬퍼하지 않을 수 없었다. 그리고 장사(長沙)에 와서 멱라강을 바라보자 저절로 눈물이 떨구어졌다. 굴원의 인간됨에 대해 오래도록 상념에 잠겼다.

　가생이 굴원을 애도한 글을 읽고 그 재능으로 다른 제후에게 유세했더라면 받아들이지 않았을 리가 없었을 것이다. 그가 왜 스스로 그 지경에 이르게 되었는지 의문스럽다. 그러나 그의 글 「복조부(鵩鳥賦)」를 읽고는 삶과 죽음, 인간의 성패를 개의치 않음을 보게 되어 이전에 가졌던 생각을 흔쾌히 버리게 되었다."

제25편 여불위열전

呂不韋者，陽翟大賈人也。往來販賤賣貴，家累千金。

秦昭王四十年，太子死。其四十二年，以其次子安國君為太子。安國君有子二十餘人。安國君有所甚愛姬，立以為正夫人，號曰華陽夫人。華陽夫人無子。安國君中男名子楚，子楚母曰夏姬，毋愛。子楚為秦質子於趙。秦數攻趙，趙不甚禮子楚。子楚，秦諸庶孽孫，質於諸侯，車乘進用不饒，居處困，不得意。呂不韋賈邯鄲，見而憐之，曰此奇貨可

"명성은 하늘 높은 줄 모르고 뻗어 갔지만 인생에 있어 실속 없는 자가 바로 여불위였다."

●

여불위(呂不韋)는 양책(陽翟) 지역의 상인 출신이다. 여러 지방을 다니면서 물건을 싸게 사서 비싸게 팔아 천금의 재산을 모았다.

진(秦)나라 소왕(昭王) 40년, 태자가 죽자 둘째 아들 안국군(安國君)을 태자로 삼았다. 그 무렵 안국군에게는 아들이 20명이 넘었고 여러 첩이 있었다. 그중 자신이 가장 아끼는 희(姬)라는 첩을 정부인에 세우고 화양부인(華陽夫人)이라 불렀다. 하지만 화양부인에게는 아직 아들이 없었다.

안국군의 둘째 아들은 자초(子楚)였다. 자초의 생모는 하희(夏姬)로 그녀는 안국군의 사랑을 받지 못했다. 자초는 일찍이 볼모로 조(趙)나라에 가 있었다. 하지만 이전에 진나라가 여러 차례 조나라를 공격했기 때문에 자초는 그다지 예우를 받지 못했다. 게다가 자초는 진나라의 후원을 받지 못해 생활이 곤궁하였고 늘 의기소침하며 지냈다.

우연히 여불위가 한단(邯鄲)에 물건을 사러 갔다가 자초의 처지를 듣고는 측은함을 느끼게 되었다. 그러면서도 굉장한 물건을 발견했다고 재빠른 계산을 하였다.

"자초는 진귀한 재화이다. 참으로 사둘 만하다."

이에 자초에게 다가가 말했다.

"제가 당신을 크게 일으켜 드리겠습니다."

그러자 자초가 웃으면서 말했다.

"우선 그대가 크게 이루고 나서야 나를 도울 수 있는 것 아니오?"

여불위가 대답했다.

"잘 이해 못 하시는군요. 저는 당신이 크게 일어남에 따라 커질 수 있습니다."

자초가 그 말뜻을 깨닫고 자리를 권했다. 여불위가 말했다.

"진나라 소왕은 이미 늙었고, 당신의 부친 안국군은 태자에 올랐습니다. 제가 듣기로 안국군이 총애하는 화양부인에게서는 아직 아들이 없으나 여전히 후사를 내세울 수 있는 분입니다. 당신은 20명의 형제 중에 둘째며 오랫동안 조나라에 볼모로 와 있는 처지입니다. 만약 대왕이 돌아가시고 안국군이 왕위에 오르면 당신의 맏형과 여러 형제들은 아침저녁으로 태자가 되려고 싸울 것입니다. 그러나 불행하게도 당신은 그 싸움조차 할 수 없는 처지입니다."

자초가 말했다.

"그렇군요. 어찌하면 좋겠습니까?"

여불위가 말했다.

"당신은 지금 가난하여 부모에게 헌신할 수도 없고 이곳 빈객들과 교제할 방도도 없습니다. 하지만 제가 진나라에 가면 안국군과 화양부인을 높이 섬겨 당신을 태자로 정하도록 할 자신이 있습니다."

자초가 이에 머리를 숙여 경의를 표하며 말했다.

"반드시 그렇게 해 주신다면 진나라에 돌아가 그대와 부귀를 나누도록 하겠소."

여불위는 우선 오백 금으로 진기한 패물을 구입해 진나라로 가지고 갔다. 화양부인의 언니를 만나 가져온 패물 모두를 화양부인에게 바친다고 하였다. 그러면서 자초의 말을 전하였다.

"자초는 화양부인을 하늘같이 여기십니다. 밤낮으로 태자 안국군과 부인을 흠모해 눈물을 흘리십니다."

화양부인의 언니가 그 말을 전하자 화양부인은 매우 기뻐하였다. 여불위는 다시 언니를 통해 화양부인을 설득하기에 이르렀다.

"미모로 사람을 섬기는 자는 미모가 사라지면 사랑도 사라진다고 합니다. 지금 화양부인께서 태자를 가까이하고 대단한 총애를 받고 계시나 유감스럽게도 아들이 없습니다. 지금으로서 가장 좋은 방법은 일찌감치 여러 아들들 중에서 유능하고 효성스러운 자를 후사로 삼는 것입니다. 이는 왕에게 존중받고 왕이 죽은 후에는 아들이 왕에 오를 것이니 결코 권세를 잃지 않을 것입니다. 영화를 누릴 때 터전을 세워 놓지 않으면, 곧 미모가 사라지고 사랑이 식은 후에는 한 마디 말을 하고 싶어도 할 수 없게 됩니다. 지금 자초는 현명하게도 자신이 차남이라 스스로 태자가 될 수 없음을 알고 있습니다. 그의 생모도 사랑을 받지 못하는 처지임을 분명히 알고 있습니다. 그러니 자진해서 화양부인을 어머니로 여겨 애착을 갖는 것입니다. 화양부인께서는 이 시기에 자초를 후사로 삼으시면 평생토록 진나라에서 존경을 받게 될 것입니다."

화양부인이 그 말을 전해 듣고 옳다고 여겼다. 태자가 한가한 틈을 타서 완곡한 말투로 말했다.

"조나라에 볼모로 가 있는 자초가 매우 현명해 그곳을 왕래하는 사람들이 모두 그를 칭찬하고 있답니다."

그리고 화양부인은 눈물을 흘리며 말을 이었다.

"소첩은 후궁보다 훨씬 나은 처지지만 불행히도 아들이 없습니다. 자초를 후사로 세워 소첩이 몸을 맡길 수 있기를 바라옵니다."

안국군이 그것을 허락하고 부인에게 옥부(玉符)를 새겨 주어 그를 후사로 삼겠다고 약속했다. 이로 인해 자초에게 넉넉하게 물품을 보내었고 여불위에게 그를 잘 보살피도록 요청하였다. 이로써 자초의 명성이 제후들에게 알려지게 되었다.

한편 여불위는 한단 시내에 많은 첩을 두고 있었다. 그중 절세미인이며 춤을 잘 추는 여자와 살고 있었다. 그런데 그녀가 임신한 것을 알게 되었다. 그런 가운데 자초는 여불위 집에서 술을 마시다가 그녀를 보고 그만 마음을 빼앗기고 말았다. 여불위에게 정중하게 그녀를 달라고 말했다. 순간 여불위는 화가 났다. 하지만 자초를 통해 큰 재화를 얻으려는 계략을 상기하며 공손히 그녀를 바쳤다. 그녀는 임신한 몸을 숨기고 자초와 살게 되었다. 그리고 만삭이 되어 아들을 낳았다. 자초는 아들의 이름을 정(政)이라 짓고 마침내 그녀를 아내로 맞이했다.

진나라 소왕 50년, 장군 왕의(王齮)를 시켜 조나라 한단을 포위하게 하였다. 전세가 위급함을 깨달은 조나라에서는 자초를 죽이려 하였다. 이에 자초는 여불위와 공모해 금 6백 근으로 관리를 매수하여 진나라 진영으로 도망쳤다. 이리하여 마침내 귀국할 수 있었다. 조나라에서는 미처 피하지 못한 자초의 부인과 아들을 죽이려고 했으나 부인이 부호의 딸인지라 목숨을 구할 수 있었다.

진나라 소왕은 즉위 56년 만에 세상을 떠나고 태자 안국군이 왕위에 올랐다. 화양부인은 왕후가 되었고 자초는 꿈에 그리던 태자로 지명되었다. 이에 조나라에서는 자초의 부인과 아들을 받들어 진나라로 돌려보냈다.

안국군은 불행히도 즉위한 지 1년 만에 죽었다. 시호는 효문왕(孝文王)이었다. 이어 태자인 자초가 왕위에 올랐다. 이가 바로 장양왕(莊襄王)이다. 장양왕이 모친으로 섬겼던 화양부인은 화양태후가 되었고, 생모 하희는 하태후가 되어 존중받았다. 장양왕 원년, 여불위를 승상(丞相)으로 삼고 문신후(文信侯)에 봉했다. 식읍으로 하남 지역 낙양(雒陽) 땅 10만 호를 내렸다.

장양왕은 즉위 3년 만에 죽고 태자 정(政)이 어린 나이에 왕위에 올랐다. 여불위를 존중해 상국(相國)으로 삼고 중부(仲父)라 불렀다. 왕의 모친인 태후는 남몰래 여불위와 정을 통했다. 이때 여불위 집에는 하인이 만 명을 넘을 정도로 권세와 부가 대단했다.

이 무렵 위나라에 신릉군, 초나라의 춘신군, 조나라의 평원군, 제나라의 맹상군이 있었는데 이들은 모두 선비를 존중해 빈객 맞기를 경쟁하고 있었다. 여불위는 진나라가 강대국으로서 그렇게 못하는 것을 부끄럽게 여겨 이후 선비들을 초대해 후하게 대접하여 식객이 3천 명에 달했다.

또 이 시기에는 변사(辯士)들이 많았는데 순경(荀卿) 같은 이들이 글을 지어 천하에 유포하였다. 여불위가 이를 따라 식객들에게 각자 식견을 쓰게 해 이를 팔람(八覽), 육론(六論), 십이기(十二紀)로 모았는데 모두 20

만 자나 되었다. 이 글에는 천지만물의 고금에 관한 일을 모두 갖추었다고 여겨 스스로 『여씨춘추(呂氏春秋)』라 이름 지었다. 그것을 함양 성문에 걸어 두고 천하의 어느 선비든지 이 책에 한 글자라도 가감할 수 있는 자에게는 천금을 주겠다고 널리 알렸다.

왕위에 오른 정은 이후 천하를 통일하고 시황제(始皇帝)라 칭하였다. 그러나 그 무렵에도 모친인 태후는 여불위와 음행을 그치지 않았다. 여불위는 계속되는 관계가 화가 될까 두려워 고민스러웠다. 결국 모사를 꾸며 음경이 큰 노애(嫪毐)라는 자를 자신의 가신으로 삼았다. 그리고 때때로 음탕한 음악을 연주하면서 노애로 하여금 그의 음경에 오동나무 수레바퀴를 달아서 걷게 하였다. 이것으로 태후를 유인하자, 태후가 과연 노애를 얻으려고 하였다. 여불위는 순순히 노애를 바쳤다. 그리고 얼마 후에 사람을 시켜 노애가 음탕한 죄를 짓고 있다고 고발하도록 했다. 태후가 이 소식을 듣고 노애를 잃을까 걱정하며 여불위를 찾아갔다. 여불위가 말했다.

"태후께서 노애의 죄를 조작할 수 있으면 그를 궁중에 거하도록 하겠습니다."

이에 태후가 형벌을 주관하는 관리에게 뇌물을 주어 노애의 죄를 없앴다. 그리고 노애를 총애하여 수염과 눈썹을 뽑아 내시로 위장하여 자신의 시중을 들게 하였다. 하지만 여러 차례 밀애를 나눈 까닭에 태후는 결국 임신하고 말았다. 이 사실이 알려질까 두려워 태후는 점을 쳐서 궁궐에서 멀리 떨어져 살아야 한다고 진시황을 속였다. 진시황이 허락하자 태후는 옹(雍) 땅으로 이주하였다.

그곳에서 노애는 태후를 따랐다. 그리고 그곳의 많은 일들이 노애에 의해 결정되었다. 사람들에게 후하게 상을 내려 가신이 수천 명이었으며 벼슬을 얻기 위해 노애의 빈객이 된 자가 천여 명에 이르렀다.

진시황 7년, 장양왕의 모친인 하태후가 죽었다. 효문왕의 왕후 화양부인은 수릉에 합장되었다. 하태후는 홀로 두원에 묻히기 전에 말했다.

"동쪽으로는 나의 아들 장양왕을 바라보고, 서쪽으로는 나의 남편 효문왕을 바라본다. 백 년 뒤에 주변에는 만 호의 읍이 생길 것이다."

진시황 9년, 어떤 자가 노애를 고발하였다.

"노애는 내시가 아니었습니다. 태후와 간통해 아들 둘을 낳아 숨겨 놓았습니다. 게다가 시황제가 죽으면 아들을 후사로 삼자고 태후와 모의를 하고 있습니다."

진시황이 관리를 파견해 몰래 조사하여 이 사실을 모두 밝혀내었다. 이 사건에 상국 여불위도 관련되었음을 알게 되었다. 어머니를 뵙고자 하는 순행을 명목으로 군대를 이끌고 가서 9월에 노애의 삼족을 모두 참수하였다. 태후가 낳은 두 아들도 죽였으며 태후는 옹 땅 외진 곳으로 추방하였다. 노애를 따랐던 이들의 재산을 몰수하고 이들을 변경인 촉 땅으로 추방하였다. 시황제는 여불위까지 제거하려 했으나 그가 선왕을 받든 공로가 크고 선비들 중에 그를 위해 유세하는 자가 많아서 차마 법대로 처단하지 못했다.

진시황 10년 상국 여불위를 파면하였다. 그러자 제나라 사람 모초(茅焦)가 시황제를 설득하여 태후를 옹 땅에서 불러들여 함양으로 돌아오게 하였고 여불위의 하남 땅을 봉읍으로 내주었다.

1년 후, 각 나라의 수많은 선비들이 여불위를 찾아오자 시황제는 반란이라도 일어날까 두려워 여불위에게 서신을 보냈다.

"그대가 진나라에 무슨 공로가 있기에 진나라가 그대에게 하남을 봉읍하고 10만 호를 식읍으로 주었겠는가? 그대가 진나라와 무슨 친족관계가 있기에 중부라고 불리었는가? 그대는 지금 당장 가족과 함께 촉 땅으로 옮겨 살아라."

여불위는 진시황이 압박해 오자 참수될까 두려웠다. 이에 더는 어쩌지 못하고 독주를 마시고 생을 마감하였다. 시황제는 여불위가 죽자 촉 땅으로 추방시킨 이들을 모두 돌아오게 하였다.

진시황 19년, 모친인 태후가 죽자 시호를 제태후(帝太后)라고 했으며 장양왕과 함께 채양에 합장하였다.

태사공은 말한다.

"여불위는 문신후(文信侯)의 칭호를 받으며 하인인 노애까지 존귀하게 만들었다. 그러나 어떤 이가 노애를 고발했는데 노애도 그 소문을 들었다. 진시황은 신하들을 통해서 증거를 확보하려고 아직 포고하지 않고 있었다. 진시황이 태후와 노애가 있는 옹 땅으로 가서 제사를 지내는데 노애는 고발된 일로 화를 당할까 두려워 무리들과 음모를 꾸몄다. 태후를 꾀어 황제의 옥새를 이용하여 군사를 뽑아 기년궁에서 반란을 일으켰다. 진시황이 군관을 보내 노애를 공격했고 노애는 패배해 달아났다. 군대가 끝까지 쫓아가 호치 지역에서 노애의 목을 베었고 그의 일족들을 멸했다. 그리고 여불위도 이 사건에 연루되어 배척당했다. 공자(孔子)가 말한 바 있는 명성만 있고 실속은 없는 자가 바로 여불위가 아니겠는가?"

卷八十六。刺客列傳

제26편

자객열전

曹沫者、魯人也、以勇力事魯莊公。莊公好力。曹沫

為魯將、與齊戰、三敗北。魯莊公懼、乃獻遂邑之地

以和。猶復以為將。

齊桓公許與魯會於柯而盟。桓公與莊公既盟於壇上、

曹沫執匕首劫齊桓公、桓公左右莫敢動、而問曰子將

何欲。曹沫曰齊強魯弱、而大國侵魯亦甚矣。今魯城

壞即壓齊境、君其圖之。桓公乃許盡歸魯之侵地。

已言、曹沫投其匕首、下壇、北面就群臣之位、顏色

不變、辭令如故。桓公怒、欲倍其約。管仲曰、不可。

> "자객(刺客)이란 무술이 뛰어나거나 의협심이 강한 자로서, 남의 사주를
> 받고 어떤 음모에 가담하여 사람을 해치는 자를 말한다."

•

조말

조말(曹沫)은 노(魯)나라 사람이다. 젊어서 힘이 세고 용맹하여 노나라 장공(莊公)에게 발탁되었다. 이후 장군이 되어 제나라와 싸웠는데 세 번이나 패해 도망하였다. 그로 인해 장공은 나라의 존폐 위기를 느껴 수읍(遂邑) 땅을 제나라에 바치고 화친을 요청했다.

그래도 장공은 조말을 신뢰했는지 다시 불러 장군의 직책에 앉혔다. 이때 조말은 자신이 면목 없음을 알고 반드시 공을 세워 군주의 신뢰에 보답하고자 굳게 다짐했다.

노나라 장공이 가(柯) 지역에서 제나라 환공과 만나 화친을 맺으려 할 때였다. 단상 위에서 장공이 수읍 땅을 바친다는 맹약서를 쓰고 있었고, 환공은 물끄러미 그걸 바라보고 있었다.

그런데 갑자기 장공을 호위하기 위해 따라나섰던 조말이 단상 위로 뛰어올랐다. 한 손으로 환공의 멱살을 움켜쥐고 다른 한 손으로 비수를 들이대며 위협하는 것이었다. 눈 깜짝할 사이에 벌어진 일이라 좌우

의 어느 누구도 감히 막을 수 없었다. 환공이 두려움에 떨며 말했다.

"내게 무엇을 요구하는 것이냐?"

조말이 말했다.

"제나라는 강하고 노나라는 약합니다. 그런데 어찌 노나라를 이토록 가혹하게 침범하는 것입니까? 대왕의 목숨은 이제 제 손에 달려 있습니다. 지금껏 빼앗은 노나라 땅을 모두 돌려주겠다고 맹약서를 써 주십시오. 그렇지 않으면 이 칼이 용서치 않을 겁니다."

환공이 벌벌 떨며 그 자리에서 즉시 빼앗은 노나라 땅을 모두 돌려주겠다고 써서 주었다. 그러자 그 맹약서를 받아 든 조말이 비수를 거두었다. 그리고 장공을 모시고 단상에서 천천히 내려와 신하의 자리에 앉았다. 조금도 안색의 변화가 없었다. 늠름하고 침착했다.

제나라로 돌아온 환공은 분을 참지 못했다. 이내 서약서는 무효라고 선언하고 다시 군사를 일으켜 노나라를 공격하도록 명령했다. 그러자 재상인 관중(管仲)이 나서서 말했다.

"아니 되옵니다! 대왕께서는 천하의 패권자이십니다. 천하의 강자라고 하면 신망이 있어야 합니다. 비록 서약이 협박으로 맺어졌다고 하더라도 약속이니 지켜야 합니다. 만약 약속을 어기시면 지금까지 대왕을 따르던 많은 제후들이 떠나갈 것이고, 약속을 지키시면 지금껏 대왕을 따르지 않았던 많은 제후들이 그 신망을 믿고 섬기고자 찾아올 것입니다. 이는 곧 주는 것이 얻는 것이라는 정치의 정석입니다."

그 말에 따라 결국 환공은 빼앗은 노나라 땅을 모두 돌려주고 더는 공격하지 않았다. 조말은 목숨을 걸고 뛰어든 자객 행위로 인해 이전에 세 번 싸워 잃었던 땅을 모두 돌려받은 셈이었다. 비로소 장공의 신뢰에 보답하게 되었던 것이다.

전제

조말 사건 이후 167년이 지나 오(吳)나라에서 전제(專諸)의 사건이 일어났다. 그 무렵 초나라 사람 오자서가 국경을 넘어 오나라로 망명해왔다. 자신의 아버지와 형이 초나라 왕에게 무고하게 죽임을 당한 것에 대해 오자서는 언젠가 반드시 복수하겠다며 칼을 갈고 있었다. 그 일념으로 오나라 왕을 뵙고자 했다. 그러던 중에 드디어 기회를 만나 왕을 알현하였다.

"지금 초나라는 간신들이 판치고 왕은 주색에 빠져 나라가 아주 혼란한 상황입니다. 이럴 때 쳐들어가면 분명 크게 이겨 많은 땅을 차지할 것입니다."

많은 땅이라는 말에 오나라 왕은 큰 관심을 보였다. 그런데 뜻밖에도 공자 광(光)이 나서서 반대 의견을 말했다.

"오자서가 초나라를 치자고 하는 것은 자기 부친과 형이 초나라에 죽임을 당하였기에 개인의 복수를 하고자 하는 것이지, 결코 오나라를 위한 것이 아닙니다. 대왕께서는 깊이 살펴 주시옵소서."

왕은 이 말을 듣자 이내 초나라 공격을 단념하고 말았다. 그 순간 오자서는 한 가지 깨닫는 것이 있었다.

'왕보다 저 공자 광이 어쩌면 더 영향력 있는 인물일지 모른다.'

공자 광의 부친은 오나라 왕 제번(諸樊)이었다. 제번에게는 동생이 셋 있는데 여채(餘祭), 이말(夷昧), 계자찰(季子札)이다. 제번은 태자를 세우지 않고 동생들이 차례대로 왕위를 이어 가장 현명한 계자찰에게 나라를 맡기고자 했다.

제번이 죽자 여채가 왕위를 이었고, 여채가 죽자 이말이 왕위를 이었다. 이말이 죽자 마땅히 계자찰이 왕위를 이어야 함에도 그는 거절하고 변경으로 도망갔다. 할 수 없이 신하들이 이말의 아들 요(僚)를 왕으로 세웠다.

이 일에 대해 공자 광은 크게 불만을 갖게 되었다.

"형제의 순서대로 한다면 당연히 계자찰이 왕위를 이어야 한다. 그러나 형제의 아들을 왕으로 세워야 한다면 나야말로 적자이니, 당연히 내가 임금이 되어야 한다."

이후 오자서는 공자 광을 가까이 대하고 깊이 사귀게 되었다. 사귀고 보니 공자 광은 인품과 실력과 포부가 대단한 자였다. 단순히 출세 정도가 아니라 큰 야망을 갖고 있다는 걸 알게 되었다.

'공자 광은 역모를 꾸며 왕이 되고자 하는 자이다. 그러니 지금 그에게 나라 밖의 문제에 관해 설득할 때가 아니다.'

오자서는 공자 광에게 당장 필요한 것은 목숨을 걸고 함께 일할 사람이라는 것을 알았다. 그래서 자신이 오나라에 와서 만난 젊은 검객 전제를 공자 광에게 추천했다.

"언제고 중요한 일에 쓰일 검객 한 명을 소개해 드리겠습니다."

전제는 오나라 당읍(堂邑) 사람이다. 검술이 뛰어나고 성품이 온유하며 부모 섬기기에 지극정성을 다하는 자로 소문난 자였다. 그 무렵 공자 광은 은밀히 지혜롭고 용감한 부하들을 모으고 있었는데 그런 가운데 전제를 얻게 되자 크게 기뻐하며 귀하게 여겼다.

얼마 후, 초나라 평왕이 죽었다. 국상을 틈타 오나라 왕은 두 아우 갑여(蓋餘)와 촉용(屬庸)을 장군으로 삼아 초나라를 공격하게 하였다. 그리고 변경 지역인 연릉(延陵) 성주로 나가 있는 계자찰을 진나라에 보내 주변 나라의 동향을 살피게 했다. 그런데 뜻밖에도 초나라 군대가 오나라 군대의 퇴로를 차단하였다. 왕의 두 아우는 단단히 포위되어 돌아갈 수 없는 처지가 되었다.

이 보고를 받게 되자 공자 광은 급히 자신의 심복들을 불러 모았다.

"드디어 때가 왔도다. 기회가 왔는데 구하지 않으면 무엇을 얻을 수 있겠는가? 이제 내가 왕위에 오를 차례이다. 만약 계자찰이 오더라도 나를 폐하지 못할 것이다."

그러자 전제가 나서서 말했다.

"지금 왕의 두 아우가 퇴로가 막혀 국내로 돌아오지 못하는 상황이니 이는 절호의 기회입니다. 오나라는 밖으로 초나라에게 곤경을 당하고 안으로는 충직한 신하가 하나도 없는 상황입니다. 그러니 이 거사는 누구도 막을 수 없을 것입니다. 비록 왕의 모친은 늙고, 아들은 어리다 해도 별 수 없습니다. 이 기회에 왕을 죽여야 합니다."

공자 광이 고개를 끄덕이며 말했다.

"내 생각이 곧 그대의 생각이오."

며칠 후, 공자 광이 왕을 위해 연회를 열었다. 자신의 병사들을 무장시켜 집 주변과 지하에 숨겨 놓았다. 왕은 미리 호위 병사들을 공자 광의 집에 보내 진을 치게 한 후에 나타났다. 연회석 좌우에는 모두 왕의 친척들이 칼을 차고 왕을 호위하였다. 누구라도 함부로 왕께 가까이 갔다가는 당장에 목이 베이고 말 것 같은 분위기였다.

술자리가 무르익자 공자 광은 잠시 화장실에 다녀오겠다며 자리에서 일어섰다. 그리고 요리사로 분장한 전제에게 신호를 보냈다.

"왕께 맛있는 생선요리를 올리도록 하라!"

전제가 생선요리를 들고 연회석으로 조심스럽게 들어갔다. 호위무사들과 왕의 친척들이 무서운 눈빛으로 노려보고 있었다. 전제가 생선요리를 왕 앞에 천천히 내려놓았다. 요리가 상에 닿는 순간, 전제는 재빨리 생선을 찢어 그 속에 숨긴 비수를 꺼내 들고 일격에 왕을 찔렀다. 왕은 소리 한번 질러보지 못하고 그 자리에서 바로 숨지고 말았다.

그러자 좌우에 있던 왕의 수행원들이 모두 칼을 뽑아 들고 전제를 내리쳐 죽였다. 연회장은 한순간에 혼란에 빠지고 말았다. 곧이어 매복시켜 두었던 공자 광의 군사들이 뛰쳐나와 왕의 추종자들을 모조리 쳐 죽였다.

이로서 공자 광이 왕위에 오르니 그가 바로 합려(闔閭)이다. 합려는 오자서(伍子胥)를 재상(宰相)으로 삼고, 『손자병법』의 저자인 손무를 장군으로 삼아 나라의 기틀을 완성했다. 하지만 무엇보다도 가장 먼저 한 일은 자객 전제에 대한 공로를 잊지 못해 그의 아들을 상경으로 삼았다는 것이다.

예양

이후 70년이 지나 예양(豫讓) 사건이 생겼다. 예양은 진(晉)나라 사람이다. 귀족인 범씨(范氏)와 중항씨(中行氏)를 섬겼으나 크게 중용되지 못했다. 그 무렵 지백이란 자가 세력이 강성하여 범씨와 중항씨를 모두 점령하고 말았다. 이에 예양은 곧바로 마음을 바꿔 지백(智伯)을 섬겼다. 지백은 예양의 능력을 인정하여 남달리 존중하고 귀하게 여겼다.

하지만 평소 지백에게 괴롭힘을 당하고 살던 조양자(趙襄子)가 원한을 품고 복수하고자 했다. 마침 같이 괴롭힘을 받던 주변의 한씨, 위씨와 은밀히 연합해 지백을 공격하였다. 지백은 기습 공격에 목숨을 잃고 그 세력들은 단숨에 무너지고 말았다.

이어 조양자는 지백의 일가친척과 가신과 하인 모두를 죽였다. 그리고 지백의 땅을 셋으로 나누어 가졌다. 조양자는 그렇게 하고도 지백에 대한 원한이 안 풀려 지백의 두개골에 옻칠을 하여 음식 버리는 통으로 사용하였다.

한편, 예양은 조양자의 공격을 피해 산으로 달아나 홀로 탄식하며 울부짖었다.

"아, 여자는 사랑하는 이를 위해 화장을 하고 선비는 자기를 알아주는 이를 위하여 목숨을 바친다고 하지 않았던가. 지백이야말로 나를 알아준 이다. 내 기필코 그 원수를 갚아 보답하리라. 그래야 죽어서 내가 부끄럽지 않을 것이다."

이후 예양은 기회를 노리던 중에, 궁궐에서 일하는 인부를 구한다는 말을 듣게 되었다. 자신의 이름을 바꾸고, 외모와 차림새를 거지처럼 꾸몄다. 그리고 궁궐 인부로 들어갔다. 몸에 교묘히 비수를 품고서 기회를 틈타 조양자를 만나면 찔러 죽이고자 했다.

며칠이 지나자 예양은 드디어 조양자를 발견하게 되었다. 그런데 조양자는 지나가는 도중에 궁궐 담에서 흙칠하는 인부들을 쳐다보더니 무언가 섬뜩한 느낌이 들었다. 기분이 몹시 안 좋아 인부들을 모두 잡아다 심문하게 했다. 호위 무사들이 그들의 몸을 조사해 보니 예양의 품에서 칼이 하나 나왔다. 즉각 예양을 포박하고 꿇어앉히며 말했다.

"네 이놈! 어찌해서 칼을 품고 이곳에 들어왔느냐?"

예양이 대답했다.

"지백을 위해 원수를 갚으려 했소!"

그러자 좌우에 있던 무사들이 칼을 뽑아 예양을 죽이려 했다. 그 순간 조양자가 나서며 말했다.

"그만두어라! 지백은 죽어 자손조차 없는데, 그의 옛 신하가 대신 원수를 갚겠다고 하니, 이자는 의인이다. 풀어 주어라!"

예양은 조양자를 죽이지 못한 것을 분통하게 여기며 궁궐에서 쫓겨나왔다.

얼마 후, 예양은 다시 조양자를 죽이기 위해 행색을 거지 차림으로 꾸미고 목소리마저 바꾸었다. 시장에서 구걸하며 지내도 아무도 자신을 알아보지 못했다. 심지어 시장을 지나가던 예양의 아내까지도 알아보지 못했다.

그렇게 자신을 잊고 사는 중에 한번은 우연히 친구를 만나게 되었다. 친구는 한눈에 예양을 알아보았다.

"자네는 예양이 아닌가?"

"맞네. 날세."

그러자 친구가 울먹이며 말했다.

"자네의 재능으로 조양자를 섬기면 크게 쓰임을 받을 것이 아닌가.

그런 후에 원수를 갚고자 하면 쉽게 이룰 것을 왜 이렇게 자신을 학대하며 사는 건가? 왜 그렇게 어렵게 해야 하는 건가?"

예양이 말했다.

"자네 말처럼 지금 내가 하는 일은 지극히 어려운 일이네. 그러나 내가 이렇게 행하는 까닭은 남의 신하가 되어서 두 마음을 품고 주인을 섬길 수는 없기 때문이라네. 어찌 부끄럽게 세상을 산다는 말인가."

하고는 뒤도 안 돌아보고 친구 곁을 떠났다.

얼마 후 예양은 조양자가 자주 지나다니는 다리 밑에 숨어 있었다. 외출하고 돌아오던 조양자가 다리 부근에 이르자, 돌연 말이 크게 놀라는 것이었다. 조양자는 황급히 말에서 내려 부하들에게 명령했다.

"틀림없이 어딘가에 수상한 자가 숨어 있을 것이다. 샅샅이 찾아봐라!"

군사를 풀어 구석구석 살펴보니 과연 다리 밑에 예양이 숨어 있었다. 군사들이 예양을 꽁꽁 묶어 조양자 앞으로 끌고 왔다. 이에 조양자가 꾸짖었다.

"네놈은 일전에 그 예양이 아니냐? 너는 일찍이 범씨와 중항씨를 섬기지 않았느냐? 지백이 그들을 전부 멸했을 때 너는 그들을 위해 복수를 행하지 않고 도리어 지백의 신하가 되었다. 그리고 이제는 지백도 죽었다. 그런데 어찌 너 혼자만 이토록 끈질기게 원수를 갚으려 하는 것이냐?"

예양이 대답했다.

"내가 범씨와 중항씨를 섬겼을 때 그들은 나를 하인으로 부렸다. 그래서 나 또한 그들을 하인 대접 받은 것으로 보답했을 뿐이다. 그러나 지백은 나를 최고의 자리인 국사(國士)로 대우하였고 그래서 나 또한 그에게 국사로서 보답하려는 것이다."

그 말에 조양자가 감탄하여 말했다.

"아아, 예양이여! 네가 그 정도면 지백을 위해 충절과 절개를 다한 것이다. 하지만 나는 네놈을 더는 용서할 수가 없구나. 죽을 각오나 하라."

그 말과 함께 병사들이 예양을 포위했다. 그러자 예양이 말했다.

"현명한 군주는 의로움을 거절하지 않고, 충신은 절개를 위해 죽음을 불사한다고 했다. 지난번 나를 풀어 주었을 때 사람들이 조양자 그대를 참으로 어질다고 칭송했다. 오늘 나는 죽어 마땅하지만 한 가지 바라는 것이 있다. 그대의 옷을 하나 얻어 그것을 칼로 쳐서 대신 원수를 갚고자 한다. 그러면 내 죽어도 한이 없겠다."

조양자가 예양의 의기를 칭찬하여 사람을 시켜 자기 옷을 한 벌 가져다주도록 했다. 이에 예양이 옷을 받더니 칼을 빌려 세 번이나 그 옷을 내리치는 것이었다. 이어 슬픈 목소리로 외쳤다.

"내, 이제야 지하에 잠든 지백에게 보답할 수 있겠다!"

그러고는 이내 칼로 자신의 목을 쳐서 자결하고 말았다.

예양이 죽었다는 소식을 들은 조나라의 선비들은 모두 슬피 울었다.

섭정

이후 40년이 지나 한(韓)나라 지(軹) 땅에서 섭정(攝政)의 사건이 일어났다. 섭정은 위나라 사람이다. 어느 검술의 달인에게서 쾌속검법을 배워 무술이 뛰어났다고 전해진다.

검술을 배운 후 고향에 돌아왔는데 뜻하지 않은 사건에 휘말려 사람을 죽이게 되었다. 그로 인해 마을 사람들의 보복이 두려워 한밤중에 어머니와 누이를 데리고 제(齊)나라로 도망쳤다. 그곳에서 백정 일을 하며 숨어 살았다. 그리고 제법 세월이 흘렀다.

그 무렵, 한(韓)나라 출신인 엄중자(嚴仲子)가 애후(哀侯)의 총애를 받게 되었다. 그로 인해 날이 갈수록 지위가 높아지자 재상 협루(俠累)가 크게 시기하였다. 더구나 애후 앞에서 엄중자가 협루의 실정을 강하게 비판하는 일이 생겼다. 이에 모멸감을 느낀 협루는 은밀히 엄중자를 죽이고자 하였다.

어느 날 엄중자가 집에 돌아가는 길에 협루의 부하로부터 공격을 받았다. 다행히 목숨을 건졌지만 또다시 공격해 올까 두려워 한나라를 떠나 멀리 도망쳤다. 여러 지방을 돌아다니면서 재상 협루를 죽여 줄 자객을 수소문하고 있었다. 제나라에 이르자 어떤 노인이 말했다.

"그런 일이라면 이곳에서 백정 일을 하는 섭정이라는 자가 있습니다. 그에게 한번 부탁해 보시지요. 그는 이 일대에서 용감하다고 소문이 난 자입니다."

엄중자가 물었다.

"그는 어떤 사람입니까?"

노인이 대답했다.

"이 근방 수십 리에서 섭정을 모르는 사람이 없습니다. 그는 불의를 보면 참지 못하고 약한 자들을 도와주는 대협객이지요. 이곳의 건달들도 관청은 우습게 알아도 섭정만 보면 고양이 앞에 쥐처럼 오들오들 떤다오."

엄중자가 그 말을 듣고 곧바로 섭정을 찾아가 만났다. 인사를 나누고 안면을 익힌 후에 자주 왕래를 하게 되었다. 종종 술자리도 같이 하고 심지어 섭정의 어머니에게 술을 올리기도 했다.

한번은 술자리가 무르익을 무렵, 엄중자가 황금을 꺼내 섭정의 어머니에게 바치며 장수를 기원했다. 섭정은 너무 과한 예물이라 이상하게 여겨 극구 거절했다. 하지만 엄중자는 굳이 전해 주려 고집을 꺾지 않았다. 이에 섭정이 물었다.

"저의 어머니께서는 연세가 드셨지만 그래도 건강하신 편입니다. 제 형편은 비록 가난하지만, 제가 백정 일을 하면 조석으로 맛있는 음식을 어머니께 드릴 수 있습니다. 그러니 선비께서 주시는 이 예물은 감히 받을 수 없습니다. 혹시 제게 무슨 부탁을 하시려 그러시는 건 아니십니까?"

이에 엄중자가 주위 사람들을 물리친 뒤 섭정에게 말했다.

"사실 그대에게 부탁할 일이 하나 있소. 내게는 원수가 하나 있는데, 그 원수를 갚아 줄 사람을 찾아 이곳까지 오게 된 것이오. 그런데 이곳에서 당신 이름을 들었소. 이 황금을 드리는 것은 우리가 친하게 사귀어 보고자 하는 것이고, 그대의 어머니에게 유용하게 쓰기를 바라는 것이지 꼭 내 부탁을 들어달라는 뜻은 아니니 부디 거절하지 마시오."

이에 섭정이 말했다.

"제가 천한 일을 하면서도 이곳을 떠나지 못하는 것은 늙으신 어머니와 누이를 봉양하기 위해서입니다. 어머니가 세상에 살아 계신 동안에는 감히 제 몸을 다른 곳에 허락할 수 없습니다."

엄중자가 아무리 권해도 섭정은 끝내 황금을 받지 않았다. 그날 밤

둘은 손님과 주인의 예를 다하고 거나하게 취해 헤어졌다. 이후 둘은 친분 관계를 계속 유지했다.

몇 년 뒤에 섭정의 어머니가 세상을 떠났다. 장례를 마치고 상복을 벗은 후 섭정이 말했다.

"아, 나는 시장바닥에서 가축이나 도살하는 천한 백정으로 살았다. 그런데 엄중자는 상경(卿相)의 직책에 있는 분인데, 그런 분이 천 리 길도 마다 않고 나를 찾아와 사귀었다. 더구나 내 비록 받지는 않았지만 내게 황금을 주면서 어머니의 장수를 축원하였으니 그것은 나를 깊이 알아주었기 때문이다. 이제 내 어찌 가만히 있겠는가? 이전에는 노모가 계시다는 핑계로 그의 부탁을 사양했지만 지금부터는 나를 알아주는 이를 위해 살 것이다."

그리하여 마침내 복양으로 가서 엄중자를 만났다.

"일전에 선비께서 청하신 것을 허락하지 않은 것은 어머니가 살아 계셨기 때문이었습니다. 이제 어머니가 천수를 누리고 돌아가셨으니 선비님의 말을 듣고자 합니다. 말씀해 주십시오. 원수를 갚아야 할 자가 누구입니까? 제가 그 일을 맡겠습니다."

그러자 엄중자가 가슴에 맺힌 한을 털어놓으며 설명하였다.

"나의 원수는 한나라 재상 협루요. 그는 임금의 숙부라 항상 경호가 엄중하다오. 사람을 시켜 그를 찔러 죽이려 해도 도무지 다가갈 수 없어 성공하지 못했소. 지금 그대가 이 일을 맡겠다고 하니 고맙구려. 속히 필요한 말과 수레 그리고 사람을 준비해 주겠소."

섭정이 말했다.

"죽이고자 하는 이가 임금의 친족이라면 이런 형세에서는 사람을 많이 써서는 안 될 것 같습니다. 사람이 많아 만약 생포되는 자가 생기면 그의 입에서 비밀이 누설될 것이고 그러다 보면 배후 실체를 금방 알 수 있을 것입니다."

섭정은 수레와 말과 사람들을 모두 사양하고 홀로 길을 떠났다. 품에 칼을 숨기고 한나라에 이르렀다. 여기저기 수소문해서 협루의 거처를 알아냈다. 지방 관부를 찾아가 보니 마침 재상 협루가 관부 당상에 앉아 있었다. 좌우로 무기를 들고 그를 호위하는 자가 아주 많았다. 섭정이 숨을 길게 들이쉬고는, 호위하는 군사들이 긴장을 푸는 순간을 기다렸다가 날렵하게 관부로 뛰어올랐다.

그리고 단칼에 협루를 베어 죽였다. 한 순간 관부는 큰 혼란에 빠졌다. 이어 섭정은 고함을 치며 공격해 오는 부하 수십 명을 차례로 쳐죽였다. 이내 기운이 다하고 숨이 차오르자 스스로 자신의 얼굴 가죽을 벗기고, 코와 귀와 눈을 도려내고, 배를 갈라 숨을 거두었다.

한(韓)나라 관청에서 섭정의 시체를 거리에 드러내 놓고 그의 신원을 알고자 했으나 아무도 아는 이가 없었다. 그래서 이번에는 재상 협루를 죽인 자가 누구인지 말해 주는 자에게는 천금을 주겠다고 상금을 내걸었다. 역시 아무도 아는 자가 없었다.

한편 천 리 떨어진 곳에 사는 섭정의 누나 섭영((聶榮)이 이 소문을 듣고 슬피 울며 말했다.

"그는 아마 내 동생일 것이다. 아, 엄중자 그분께서 끝내 내 동생을 알아주었구나."

하고는 바로 시체가 놓인 거리로 찾아갔다. 과연 죽은 자는 섭정이었다. 그녀는 시체 위에 엎드려 통곡하며 말했다.

"이 사람은 심정리에 살던 섭정이라는 자입니다."

그러자 지나가는 사람들이 말했다.

"이 자는 재상을 살해한 자로 왕께서 그 이름을 알고자 내걸었는데, 부인은 어찌 감히 안다고 하는 것이오?"

그녀가 말했다.

"그 말은 저도 들었습니다. 섭정이 시장 바닥에 몸을 던지고 살았던 것은 노모와 시집 못 간 저 때문이었습니다. 그러나 어머니가 천수를 누리시고 저 또한 시집을 가고 나자, 섭정은 한 시절 귀한 선비를 만나게 되었는데, 선비는 내 동생을 깊이 알아주었습니다. 사람은 본디 자신을 알아주는 이를 위해서 목숨을 바친다고 하지 않았습니까. 섭정은 선비가 자신을 알아주는 것에 대해 늘 기뻐했습니다. 섭정이 이처럼 자신의 얼굴을 훼손하고 죽은 것은 누나인 내가 살아있어 혹시라도 폐를 끼칠까 염려했기 때문입니다. 그러나 어찌 저에게 닥칠 죽음이 두려워 장한 동생을 모르는 척할 수 있겠습니까?"

섭영의 말에 주변 한나라 사람들이 크게 놀랐다. 이윽고 그녀가 하늘을 향해 동생 이름을 큰 소리로 세 번 외치고는 스스로 목숨을 끊고 그 옆에 누웠다. 한나라 사람들이 이 소문을 듣고 말했다.

"섭정만이 대단한 것이 아니라 그의 누이 역시 대단하다. 천 리를 달려와 동생과 나란히 누워 죽을 것을 알았더라면 섭정이 감히 엄중자를 따랐겠는가? 엄중자 또한 사람을 보는 안목이 있어서 용감한 자를 얻어 원수를 갚은 것이다."

형가

220년 후, 진(秦)나라에 형가(荊軻)의 사건이 있었다. 형가(荊軻)는 위나라 사람이다. 학문을 좋아했고 검술에 뛰어났다. 젊은 시절에 위나라 원군(元君)을 찾아가 벼슬하고자 했으나 등용되지 못했다.

이후 출세를 접고 전국을 유랑하며 지냈다. 그러던 도중 유차(榆次) 지역에서 갑섭(蓋聶)이라는 자를 만나 사귀게 되었다. 어느 날 자연스럽게 검술에 대해 이야기하는 도중에 갑섭이 자신의 의견에 반대하는 형가에게 눈을 부라리며 화를 내는 것이었다. 형가는 그만 자리를 뜨고 말았다. 옆에 있던 다른 이가 형가를 부르려 했지만 갑섭이 말했다.

"그놈은 겁을 먹고 도망갔을 거요."

같이 있던 자가 긴가민가하여 나가 보니 정말로 형가는 수레를 타고 멀리 떠난 뒤였다.

얼마 후 형가는 한단 지역에서 노구천(魯句踐)이라는 자와 친하게 지냈다. 하루는 장기를 두는 도중에, 노구천이 장기 길을 틀리게 가는 것이었다. 형가가 그건 틀렸다고 말하자 노구천이 화를 내며 금방이라도 싸울 태세였다. 그러자 형가는 아무 말 없이 자리에서 일어났다. 그 후로 다시 노구천을 만나지 않았다.

그 뒤 연나라로 갔다. 그곳 한 시장에서 개장수를 하는 고점리(高漸離)라는 자를 알게 되었다. 그런데 고점리는 비파 타는 재주가 아주 뛰어났다. 둘은 자주 어울리며 술을 마셨는데, 술이 얼큰해지면 고점리가 비파를 타고 거기에 맞춰 형가가 빼어난 목소리로 노래를 불렀다. 그렇게 서로 즐겁고 슬픈 일을 나누면서 아주 친하게 지냈다.

형가는 틈이 나면 책 읽기와 검술 익히는 것을 게을리하지 않았다. 그런 도중에 전광(田光) 선생이라는 학문이 높은 선비가 근방에 산다는 말을 듣고 찾아갔다.

"배우고자 청하오니 제자로 받아 주십시오."

낯선 사내였지만 인물 됨됨이가 바른 것을 보고 전광 선생은 형가를 제자로 받아들였다. 그날부터 형가는 누구보다 성실했고 열심히 학문을 배웠다. 전광 선생 역시 그의 열정에 탄복하여 어느 제자보다 잘 대우하였다.

그 무렵 연나라 태자 단(丹)이 진나라에 볼모로 가 있다가 도망쳐 왔다. 진나라 왕 정(政)은 조나라에서 태어나 그곳에서 유년을 보냈는데, 그때 조나라에 볼모로 가 있던 태자 단과 아주 의좋은 사이였다. 이후 정은 진나라 왕에 오르고 태자 단은 다시 진나라에 볼모로 가는 처지가 되었다. 하지만 진나라 왕은 태자 단을 하찮게 여겨 굴욕적인 대우를 하였다. 그것을 참지 못하고 태자 단이 밤에 몰래 도망쳐 귀국한 것이었다. 귀국한 이후로 태자는 진나라에 보복할 생각이었으나 나라가 약소해 어쩔 수 없는 상황이었다.

그때 진나라는 천하 강대국이었다. 주변 나라를 하나둘 멸망시키고 급기야는 연나라를 공격할 것이라는 소문이 나돌았다. 왕과 신하와 백성들이 모두 두려워 떨고 있었다. 이때 태자 단이 사부인 국무(鞠武)에게 나라를 구할 방법이 없냐고 물었다. 그러자 국무가 대답했다.

"진나라는 지금 병사들은 많고 식량과 무기와 장비 또한 넉넉하여 천하를 위협하기에 충분합니다. 그런 진나라를 막을 방도란 참으로 고민스럽습니다."

태자 단이 재촉하며 다시 말했다.

"어서 말해 주시오. 어떻게 하면 좋겠소?"

국무가 대답했다.

"지금으로서는 뭐라 말할 형편이 못 되옵니다. 책략을 찾아보도록 하겠습니다. 시간을 주시기 바랍니다."

그런데 얼마 뒤, 진나라 장군 번오기(樊於期)가 죄를 짓고 연나라로 망명해 왔다. 이때 태자 단이 그를 받아들였다. 그러자 국무가 간청하며 말했다.

"아니 됩니다. 지금 진나라가 연나라에 원한을 쌓고 있다는 사실만으로도 가슴이 서늘해지는 판국에, 하물며 번오기 장군이 연나라에 망명해 왔다는 소문을 듣는다면 어찌 되겠습니까? 이는 호랑이가 다니는 길목에 고기를 던져 놓는 것과 같은 이치입니다. 화를 벗어날 수도 대책을 세울 수도 없는 지경이 됩니다. 태자께서는 서둘러 번오기 장군을 흉노로 보내야 합니다. 그래야 진나라의 트집에 말려들지 않게 됩니다."

그러자 태자가 말했다.

"번오기 장군은 천하에 몸 둘 곳이 없어 나를 찾아왔는데 내가 어찌 진나라의 협박이 두려워 그를 버리겠소. 더구나 그를 흉노로 보내다니 그건 예의가 아니오. 국무는 다시 고려해 보시오."

국무가 이어 말했다.

"위험한 일을 하면서 안전하기를 바라고, 재앙을 만들면서 복을 구하려고 한다면 스스로 원한만 남길 뿐입니다. 친구 한 명과 교제하기 위해 나라의 위급함을 생각지 않는다면 이는 서둘러 재앙을 불러오는 격입니다. 지금 진나라가 연나라를 치는 것은 기러기 깃털 하나를 화로 위에 놓아 태우는 것처럼 손쉬운 일입니다. 태자께서 진정으로 나라를 구할 지혜를 얻고자 하시면 전광 선생을 만나 보시는 것은 어떠십니까?"

태자가 말했다.

"전광이 누구요? 속히 그를 불러 주시오."

국무가 나가서 전광 선생을 뵙고 태자께서 국사를 논하고 싶다고 전했다. 그러자 전광이 따라 나섰다.

태자가 전광을 맞이하며 자리를 권했다. 전광이 자리에 앉자 태자가 말했다.

"백성들은 잘 모르겠지만 사실 지금 연나라는 아주 위급한 상황이오. 그러니 이 난국을 헤쳐 나갈 가르침을 주시기 바랍니다."

그러자 전광이 말했다.

"준마는 기운이 왕성할 때 하루에 천 리도 달립니다. 하지만 노쇠하면 둔한 말에게도 뒤쳐집니다. 소인은 이미 정력이 다하였습니다. 저보다는 형가라는 뛰어난 인재가 있습니다. 그를 만나 보시기 바랍니다."

그러자 태가가 말했다.

"그럼 당장 그를 만나게 해 주시오."

전광 선생이 곧바로 자리에서 일어나자 태자가 문까지 배웅하며 말했다.

"오늘 내가 말한 것은 국가의 비밀이니 절대로 누구에게 누설하지 마시오."

전광이 웃으면서 고개를 숙이고 대답했다.

"알겠습니다."

전광 선생이 돌아와 형가에게 말했다.

"나는 늙고 쇠락했네. 그래서 내가 태자에게 자네를 추천했다네. 내일이라도 당장 가서 태자를 만나 나라를 구할 방도를 잘 말하게나."

형가가 대답했다.

"삼가 말씀대로 따르겠습니다."

전광이 말했다.

"나이 들어 남에게 덕을 베푸는 자는 의심을 받지 않는 법이라네. 그런데 태자께서 내게 입조심하라고 하셨으니, 이는 태자가 나를 의심한 것이네. 가서 태자를 만나거든 전광은 이미 죽었으니 비밀을 누설하지 못할 것이라 전해 주게."

그 말을 마치고 그날 저녁 전광은 숨을 거두고 말았다. 장례를 마치고 형가가 태자를 찾아가서 전광 선생의 죽음을 전했다. 이에 태자가 애도를 표하며 말했다.

"내가 입조심을 당부한 것은 큰일을 이루고자 함이었소. 그러니 이해해 주시오. 지금 천하의 모든 나라가 힘을 합해도 진나라를 당해 낼 수 없는 실정이오. 그래서 나는 진나라에 자객을 보내 뜻을 이루고자 하오. 진나라 왕을 위협해서라도 빼앗긴 땅을 모두 돌려받을 것이요. 만약 그렇게 할 수 없다면 그때는 진나라 왕을 죽이는 방법 밖에 없소. 오늘 내가 그대를 만난 것은 하늘이 우리 연나라를 버리지 않았다는 증거요. 그대의 재주와 용맹을 들어 알고 있소. 그러니 이 일을 그대가 맡아 주시오."

형가가 잠시 망설이며 말했다.

"이는 커다란 임무입니다. 저는 어리석고 재주가 없어 그 일을 맡기에 부족합니다."

그러자 태자가 다시 강하게 요청하였다. 그제야 형가가 수락하였다. 그리하여 형가를 상경(上卿)으로 삼고 귀빈 숙소에 머물게 했다. 날마다 풍족하게 대접하였다.

하지만 여러 날이 지나도 형가는 진나라로 떠날 채비를 하지 않았다. 갈 뜻이 없어 보였다. 그 무렵에 진나라 장군 왕전이 조나라를 쳐부수고 조나라 왕을 사로잡아 모든 영토를 점령하였다. 다시 북쪽으로 진격해 연나라 국경까지 이르렀다. 이에 태자 단이 두려워 형가에게 말했다.

"진나라 군대가 조만간 국경을 넘어오면, 내 오래도록 그대를 모시고 싶어도 그럴 수가 없소."

이에 형가가 말했다.

"지금 제가 믿을 만한 물증도 없이 진나라에 가 봐야 왕을 만날 수 없습니다. 그런데 번오기 장군의 목에 황금 1천 근과 1만 호의 식읍이 걸려 있습니다. 만일 번오기 장군의 목과 연나라의 비밀지도를 가지고 간다면 진나라 왕은 반드시 저를 만나고자 할 것입니다. 그러면 태자께서 원하신 바를 이룰 수 있을 것입니다."

그러자 태자가 말했다.

"번오기 장군은 곤궁에 처해 내게 몸을 맡겼소. 그런데 내 개인적 욕심으로 그를 죽이는 것은 차마 하지 못할 일이요. 그대는 다른 방도를 찾아보시오."

태자의 뜻을 알게 된 형가는 할 수 없었다. 그래서 자신이 직접 번오기 장군을 찾아가 설득하기로 했다.

"진나라가 장군을 이처럼 참혹하게 대할 줄은 몰랐습니다. 부모와 집안이 모두 몰살되었으니 말입니다. 지금 소문에는 장군의 목에 황금 천근과 만 호의 식읍이 내걸렸다고 합니다. 장차 이를 어찌하시렵니까?"

이에 번오기가 하늘을 향해 머리를 쳐들고 길게 탄식하더니 눈물을 흘리며 말했다.

"생각할수록 골수에 사무치니 어찌해야 할지를 모르겠습니다."

형가가 말했다.

"만약 연나라의 근심을 없애고 장군의 원수를 갚을 방법이 있다면 어찌시겠습니까?"

번오기가 다가와 말했다.

"제가 어떻게 하면 되겠습니까?"

형가가 말했다.

"장군의 목을 진나라 왕께 바치고자 합니다. 그러면 진나라 왕이 기뻐해 저를 만날 것입니다. 그때 제가 왼손으로 그의 소매를 잡고 오른손으로 그의 가슴을 찌를 셈입니다. 그러면 장군의 원수를 갚고 연나라의 모욕도 씻을 수 있을 겁니다. 어떻게 생각하십니까?"

번오기가 한쪽 옷소매를 걷어 어깨를 드러내며 말했다.

"내가 밤낮으로 이를 갈며 가슴 태우던 일이었는데, 이제 비로소 가르침을 받게 되었습니다."

하고는 자신의 칼로 스스로 목을 찔러 죽었다.

태자가 이 소식을 듣고 달려와 시체에 엎드려 통곡하였다. 그러나 어쩔 수 없는 일이었다. 태자는 곧 번오기의 목을 상자에 넣어 봉하라 명했다. 그리고 천하에서 가장 예리하다는 조나라 서부인(徐夫人)의 비수에 독약을 묻혀 연나라 비밀지도 안쪽에 숨겨 넣었다.

그 무렵 연나라에는 진무양(秦舞陽)이라는 용사가 있었다. 열세 살에 살인을 했을 정도로 난폭하고 무서워 사람들이 감히 그의 눈을 쳐다보지 못했다. 태자는 그를 형가의 수행원으로 따라가도록 했다.

그런데 행장이 다 꾸려졌는데 형가는 출발할 생각을 하지 않았다. 혹시 마음이 변한 건 아닌가 하고 태자가 의심을 하였다.

"시간이 많지 않으니, 선생께서는 속히 마차에 오르시오. 다른 뜻이 있다면 진무양을 먼저 보내도록 하겠소."

이에 형가가 화를 내며 말했다.

"진무양을 보내서 무얼 한단 말입니까? 그놈은 한 번 가면 돌아오지 못할 것입니다. 하물며 비수 한 자루를 가지고 무슨 일이 벌어질지 모르는 와중이 아닙니까? 제가 함께 갈 벗을 기다리는 중이었는데, 태자께서 이토록 서두르시니, 그럼 그냥 떠나도록 하겠습니다."

형가가 마침내 태자에게 작별을 고하고 진나라로 출발하였다. 역수 강변에 이르자 친구 고점리가 와서 기다리고 있었다. 그곳에서 제사를 올리자 고점리가 비파를 타고 형가가 화답의 노래를 불렀다. 그 소리가 너무도 장렬하고 구슬퍼 구경 나온 사람들이 모두 울었다.

바람 소리 쓸쓸하고
강물은 차갑구나
사내대장부가 큰 뜻을 세워 떠나니
한 번 가면
이제 다시 돌아오지 못하리라.

제사를 마치고 형가는 다시 수레를 타고 떠났는데 끝내 뒤를 돌아보지 않았다.

드디어 진나라에 도착했다. 형가는 진시황이 총애하는 신하 몽가(蒙嘉)를 찾아가 천금이나 되는 예물을 바치고 왕을 뵙고자 했다. 그러자 몽가가 궁궐에 들어가 진시황에게 아뢰었다.

"연나라 왕이 대왕의 위엄을 존중하여 사신을 보내왔습니다. 사신 편으로 역적 번오기의 목을 베어 왔고, 연나라 비밀지도도 함께 밀봉해 가져왔다고 합니다. 증정 의식을 거행하고 대왕을 뵙게 되면 자초지종을 아뢰고 바친다고 하오니 대왕께서는 명령을 내려 주십시오."

진나라 왕이 이를 듣고 매우 기뻐하였다. 예복을 갖춰 입고 함양궁에서 연나라 사신을 맞이하였다. 형가가 번오기의 목이 든 함을 받들고, 진무양이 비밀지도가 든 상자를 받들어 앞으로 나아갔다. 어전 계단 밑에 이르렀을 때 진무양의 안색이 겁에 질려 덜덜 떨었다. 좌우 신하들이 그를 이상하게 여기자 형가가 앞으로 나아가 말했다.

"북방에서 천하게 살던 자라 천자를 뵈오니 두려워 떠는 것입니다. 대왕께서는 이 자의 무례를 용서하여 주시고 사신의 임무를 마치게 해 주십시오."

진나라 왕이 말했다.

"저자가 가지고 있는 지도를 가져오라."

형가가 앞으로 나가 바치자 왕이 지도를 펼쳤다. 지도가 다 펼쳐지는 순간 비수가 보였다. 그 틈을 놓치지 않고 형가가 뛰어들어 왼손으로 왕의 옷소매를 붙잡고 오른손으로 비수를 쥐어 힘껏 찔렀다. 그러나 미처 비수가 몸에 닿기도 전에 왕이 놀라서 몸을 당겨 일어서자 옷소매만 잘려 나갔다. 황급히 왕이 칼을 뽑으려 했으나, 칼이 길어 쉽게 뽑히지 못했다. 이에 형가가 다시 잡으려 하자, 진시황은 기둥을 돌아 달아났다. 갑작스러운 상황이라 주위 신하와 장수들도 어찌할 바를 몰랐다.

진나라 법에 따르면 어전에서 왕을 모시는 신하들은 조그만 무기라도 몸에 지닐 수 없었다. 게다가 왕을 호위하는 낭중(郎中)들은 무기를 가지고 늘어서 있지만 왕이 부르지 않으면 단상 위로 오를 수 없었다.

왕은 너무도 다급해 낭중들을 부를 틈도 없었던 것이다. 형가가 진시황을 쫓아가자, 진시황은 기둥을 돌기만 할 뿐 어떻게 할지를 몰랐다. 이에 신하들이 소리쳤다.

"폐하, 칼을 등에 지고 뽑으십시오!"

형가가 다시 달려들자 왕의 의료를 맡은 시의(侍醫) 하무저(夏無且)가 들고 있던 약주머니를 형가에게 내던졌다. 그러자 형가가 그만 넘어지고 말았다. 왕이 다가와 칼을 뽑아 형가를 내리쳤다. 형가의 왼쪽 다리가 끊어졌다. 쓰러진 형가는 마지막 힘을 다해 왕을 향해 비수를 던졌다. 아쉽게도 맞추지 못하고 기둥에 떨어졌다. 그 틈에 다시 왕이 칼로 내리치니 형가는 여덟 군데나 베어졌다. 그 순간 형가는 스스로 거사가 실패했음을 알고 기둥에 기대어 크게 소리쳤다.

"네놈을 죽일 수 있었는데, 나는 태자의 계획대로 네놈을 사로잡아 약속을 받아 내려 했기 때문에 거사가 실패한 것이다."

그 말이 끝나기도 전에 신하들이 몰려가 형가를 때려죽였다.

이 일에 대해 진나라 왕은 오래도록 기분이 나빴다. 그러나 위급함을 벗어났으니 공을 논하여 상벌을 내렸다. 특히 하무저에게 황금을 내리면서 말했다.

"그대가 나를 위해 약주머니를 던졌도다!"

진나라 왕은 곧바로 군사를 동원하여 연나라를 치게 했다. 열 달 만에 계성(薊城)이 함락됐다. 연나라 왕과 태자는 후퇴하여 동쪽으로 달아났다. 그러자 진나라 이신(李信) 장군이 급히 추격해 오며 한 통의 서신을 전했다.

"진나라가 왕을 추격하는 이유는 태자 단 때문입니다. 지금 왕께서 태자 단을 죽여 제게 바친다면 진나라 왕은 노여움을 풀고 용서할 것입니다. 그렇게 하면 연나라의 사직(社稷)은 존속될 것입니다."

태자 단이 연수(衍水) 부근에 몸을 숨기고 있을 때, 연나라 왕은 사자를 보내 태자 단의 목을 베었다. 그리고 곧바로 진나라에 바쳤다. 그러나 진나라는 공격을 멈추지 않고 마침내 연나라를 멸망시키고 왕을 사로잡았다. 그리고 태자 단과 형가를 따랐던 자들을 모두 잡아 죽이고자 했으나 이미 달아나 잡을 수 없었다.

이듬해 진나라는 천하를 통일하고 황제라는 칭호를 사용했다. 그가 바로 진시황이다.

한편 형가의 친구 고점리는 관군의 추격에서 도망하여 이름을 바꾸고 송자(宋子)라는 어느 부잣집에 머슴으로 있었다. 하루는 주인이 연회를 열어 어느 손님이 비파를 타고 있었다. 그 소리를 들은 고점리가 일하는 도중에 저도 모르게 중얼거렸다.

"저 사람은 느린 곡조는 잘하는구나. 아니, 틀렸어. 빠른 곡조는 그렇게 하는 것이 아니지."

마침 지나가던 오래된 하인이 그 모습을 보고는 이상하게 여겨 주인에게 알렸다.

"새로 온 저 하인은 비파를 아는지 손님이 연주할 때면 잘했다, 잘못했다고 혼자 중얼거립니다."

이에 주인이 고점리를 불러 비파를 타게 하였다. 고점리가 사양할까 했으나 주인의 명이라 어쩔 수 없었다. 자리에 앉아 비파를 타기 시작했다. 손님들이 그 연주를 듣자 모두 감탄하여 기쁘게 술을 따라 주었다. 그 순간 고점리는 느끼는 바가 있었다.

'이렇게 숨어 살아봐야 두려움과 빈곤 속에서 인생이 끝나고 말 것이다.'

고점리는 잠시 방에 들어가 좋은 옷으로 차려입고 다시 나타났다. 자리에 있던 이들이 모두 놀라 예를 갖추며 고점리를 상객으로 모셨다. 이에 고점리는 다시 비파를 탔고 노래를 불렀다. 그 슬프고 아름다운 연주에 같이 있던 손님들이 모두 눈물을 흘렸다.

소문이 퍼지자 고점리를 모셔 가는 이들이 많았다. 이후 왕실에 알려지자 진시황이 고점리를 불렀다. 그의 연주를 들어보니 솜씨가 정말 대단했다. 그러자 누군가 말했다.

"저자는 형가의 친구입니다."

그 말에 진시황은 고점리의 두 눈을 멀게 만들었다. 대신 궁궐에서만 비파를 타게 했다. 진시황은 그의 연주를 들을 때마다 칭찬을 아끼지 않았다. 그렇게 해서 고점리는 진시황과 조금씩 가까워지게 되었다.

하루는 비파 속에 단단한 쇠를 감추어 두고 진시황 곁에 앉았다. 비파를 타다가 한순간 무거운 비파를 휘둘러 진시황을 향해 내리쳤다. 그러나 눈이 먼 상태라 제대로 맞추지 못했다. 진시황은 그 자리에서 고점리를 칼로 베어 죽였다. 이후 진시황은 죽을 때까지 평생토록 왕실

밖 사람은 결코 가까이 두지 않았다.

후에 장기를 같이 두었던 노구천은 형가가 진시황을 칼로 찔러 죽이려 했다는 소문을 듣고 혼자 중얼거렸다.

"아, 내가 이전에 그를 너무 몰랐도다. 그때 내가 그에게 화를 냈을 때 그는 나를 사람으로 보지 않았을 것이다!"

태사공은 말한다.

"형가에 관한 이야기 가운데 태자 단을 위해서 하늘에서 곡식이 내리고 말의 머리에서 뿔이 돋아난다는 말은 과장된 것이다. 또 형가가 진시황을 찔러 상처를 입혔다고 하는 것도 거짓이다. 하무저와 교류했던 이들은 자세히 알고 있는데 그들이 나에게 말한 바 있다.

여기 조말부터 형가에 이르는 다섯 자객들은 그 의협심이 성공하기도 하고 실패하기도 했다. 그러나 그들의 목적은 분명했고 자신들의 뜻을 욕되게 하지 않았으니 그들의 이름이 후세에 전해지는 것이 어찌 잘못된 일이겠는가?"

李斯者，楚上蔡人也。年少時，為郡小吏，見吏舍廁中鼠食不潔，近人犬數驚恐之。斯入倉，觀倉中鼠，食積粟，居大廡之下，不見人犬之憂。於是李斯乃歎曰：「人之賢不肖譬如鼠矣，在所自處耳。」

제27편 이사열전

乃從荀卿學帝王之術。學已成，度楚王不足事，而六國皆弱，無可為建功者，欲西入秦。辭於荀卿曰：斯聞得時無怠，今萬乘方爭時，遊者主事。今秦王欲吞天下，稱帝而治，此布衣馳騖之時而遊說者之秋也。處

"진시황이 천하통일의 대업을 이룬 것은 전적으로 이사의 지략과 정책 때문이다. 이사는 술수는 좋았으나 사욕을 위해서 의리를 잊으니 인품은 바르지 못하였다. 또 진시황이 죽고 환관 조고의 모함에 빠져 자신의 일생을 망치기도 했다. 하지만 이사의 모략과 계책은 수천 년이 지난 지금까지도 회자되니 어찌 큰 인물이 아니겠는가."

●

이사(李斯)는 초(楚)나라 상채(上蔡) 사람이다. 젊은 시절 지방의 말단 관리로 근무했을 때 일이다. 하루는 관청 변소에서 오물을 먹는 쥐를 보게 되었다. 사람 발자국 소리가 나고 개 짖는 소리가 들리자 쥐는 불안에 떨며 안절부절 어쩔 줄을 몰랐다. 또 하루는 곡물 창고에서 곡식을 훔쳐 먹는 쥐를 보게 되었다. 넓은 창고 안에 살아서 그런지 쥐는 사람이 가까이 다가가도 무서워하거나 도망가지 않았다. 그 순간 이사는 한 가지 깨달음을 얻었다.

"아, 사람이 잘나고 못난 것이 쥐와 같구나. 인생은 자신이 처한 곳에 달려 있을 뿐이다."

이후 순자(荀子)에게서 제왕의 통치술을 배워 유세에 나섰다. 초나라 왕은 섬길 만한 인물이 못 되고, 다른 여섯 나라들은 약소하여 공을 세울 것이 없다고 생각하여 대국 진나라로 떠났다.

떠나기 전에 이사는 스승인 순자에게 하직 인사를 올렸다.

"때를 얻으면 놓치지 말아야 한다고 들었습니다. 지금 진나라가 천하를 점령해 황제라고 칭하고 있습니다. 이는 유세하는 자로서 다시없는 좋은 기회입니다. 비천한 자가 자신의 포부를 실행하지 못하는 것은 새나 짐승이 먹이를 보고도 사람이 있어서 억지로 참는 꼴입니다. 그러니 비천함보다 더 큰 부끄러움이 없습니다. 비천하면 세상을 비관하고 핑계를 대며 자신의 진심조차 알 수 없습니다. 이에 저는 출세를 위해 진나라로 가서 유세하려 합니다."

진나라에 도착하니 마침 장양왕이 죽었다. 이사는 재상 여불위(呂不韋)의 가신으로 들어갔다. 여불위는 이사를 현명하게 여겨 시위관(侍衛官)에 임명했다. 이로 인해 왕을 만날 기회를 얻어 자신의 식견을 말할 수 있었다.

"뜻이 없는 자는 찾아온 기회도 놓치지만, 큰 뜻이 있는 자는 없는 기회도 만들어 얻습니다. 옛날 진나라 목공(穆公)이 천하의 패권자였음에도 동쪽 여섯 나라를 끝까지 함락시키지 못한 것은 무슨 이유겠습니까? 쇠퇴해 가는 주나라 왕실을 여섯 나라가 번갈아 받들어 명분을 얻었던 탓입니다. 하지만 지금은 효공(孝公) 이래로 제후들을 통제하여 온 것이 벌써 여섯 대에 이어지고 있습니다. 이제 진나라는 천하를 통일할 수 있습니다. 이것은 만년 만에 찾아오는 기회인 것입니다. 지금 게을리하시면 기회를 잃고 말 것이니, 대왕께서는 속히 서둘러 주십시오."

진나라 왕은 타당하다고 받아들여 이사를 궁궐 사무처의 책임자인 장사(長史)로 임명했다. 이에 이사는 천하통일의 계책을 하나씩 추진하였다. 우선 주변 나라의 신하들 가운데 뇌물을 좋아하는 자들은 후하게 뇌물을 주어 진나라 편으로 만들었다. 하지만 똑똑하고 청렴하고 의로운 신하들은 첩자를 파견하여 왕과 신하 사이를 이간질시켰고 자리에서 물러나게 되면 은밀히 자객을 보내 암살하였다. 이 계책은 많은 성과를 걷어 진나라 왕은 이사를 객경(客卿)으로 삼았다.

그 무렵, 한(韓)나라에서 온 정국(鄭國)이라는 자가 논밭에 물을 쉽게 댈 수 있는 운하를 만들고자 했다. 모든 신하들이 귀가 솔깃했지만 그것은 진나라를 교란시키기 위한 하나의 술수로 밝혀졌다. 이에 왕실과 조정이 들고 일어나 왕께 아뢰었다.

"요즘 진나라를 섬기러 왔다는 대부분의 유세객들이 실상 진나라를 이간질하려는 첩자들입니다. 그러니 이번 기회에 모든 유세객들을 축출해 주시옵소서!"

그 축출 대상 명단에 이사가 포함되어 있었다. 이사는 즉각 상소를 올렸다.

"지금 조정에서 유세객들을 축출하자고 하는데 그건 잘못된 일입니다. 옛날 목공께서 인재를 구하고자 서쪽 융(戎)에서 유여(由余)를 데려오고, 동쪽 완(宛)에서 백리해(百里奚)를 얻었으며, 송(宋)나라에서 건숙(蹇叔)을 맞이했고, 진(晉)나라에서 비표(丕豹)와 공손지(公孫支)를 불러들였습니다. 이들은 진나라에서 태어나지 않았지만 목공께서 등용하여 마침내 20여 개 나라를 하나로 통합하고 서융까지 제패하는 큰일을 이루었습니다.

효공께서는 상앙(商鞅)의 변법을 채용해 나쁜 풍속을 개선했고, 이로 인해 백성들이 풍족해졌고 나라가 부강해졌습니다. 그러니 백성들은 기꺼이 부역을 담당하고 제후들은 몸소 복종하였습니다. 이어 초나라 위나라를 제압하여 천 리 영토를 얻어 지금까지 강대국으로서 평화를 누리는 것입니다.

혜왕(惠王)께서는 장의(張儀)의 계략을 채용해 삼천의 땅을 빼앗고, 파와 촉을 통합하고, 상군을 얻고, 한중을 점령했으며, 성고의 비옥한 땅을 할양받아 마침내 제후들의 합종책을 깨뜨려 모두 진나라를 섬기게 하였습니다. 그 공로가 지금까지 이어오고 있습니다.

소왕(昭王)께서는 범수를 얻어서 양후를 폐위시키고, 화양군을 축출하여 왕실을 강화시켰습니다. 신하들이 강해지는 것을 막고, 제후들이 번성하는 것을 눌러 황제의 대업을 이루도록 만들었습니다.

이 네 임금들은 모두 유세객들을 등용하여 공로를 세우게 한 것입니다. 그런데 무슨 이유로 유세객들이 진나라를 이간질한다고 여기시는 것인지 소인은 알 수가 없습니다. 만약에 다른 나라 사람이라고 인재를 멀리하고 등용하지 않는다며 나라의 부귀와 이익을 누가 가져올 것이며, 진나라의 지금과 같은 명성을 언제까지 이어갈 수 있겠습니까?

지금 대왕께서는 곤강(昆崗)의 옥을 가지고 계시고, 수씨(隨氏)와 화씨(和氏)의 벽옥(璧玉)도 보유하시며, 명월주(明月珠)를 차고, 태아(太阿)의 명검을 갖고 계십니다. 천하 명마인 섬리마(纖離馬)를 타고 귀한 영타(靈鼉)의 북까지 가지고 계십니다. 이것들은 진나라에서 나는 것이 아닌데 대왕께서는 좋아하십니다. 무슨 까닭이겠습니까?

만약 진나라에서 나는 것만 갖도록 허용하신다면 야광주(夜光珠)로 조정을 장식할 수 없고, 코뿔소의 뿔이나 코끼리 상아로 노리개를 만들 수 없을 겁니다. 정(鄭)나라와 위(衛)나라의 미녀들로 후궁을 채울 수 없으며, 결제(駃騠)와 같은 준마로 마구간을 채울 수 없을 겁니다. 강남의 금과 주석도 쓸 수 없으며, 서촉(西蜀)의 단청(丹靑)으로 칠할 수도 없을 겁니다. 귀와 눈을 즐겁게 하는 후궁들과 희첩들이 모두 진나라 것으로 몸치장을 한다면 완주(宛珠)의 비녀, 부기(傅璣)의 귀고리, 아호(阿縞)의 의복, 금수(錦繡)의 장식들도 보지 못할 것입니다. 우아하고 아름다운 조나라의 미녀들도 왕의 곁에 없을 겁니다.

항아리와 장구를 치면서 어야디야 노래를 불러 귀를 즐겁게 하는 것이 진나라의 음악입니다. 정(鄭), 위(衛), 상간(桑間), 소(昭), 우(虞), 무(武), 상(象) 등은 다른 나라 음악입니다. 진나라 것이 아닌 이 음악을 받아들인 까닭이 무엇입니까? 그것은 마음이 기쁘고 적합하기 때문입니다.

그러나 사람을 얻는 것은 그렇지 않습니다. 사람됨이 옳은지 그른지도 묻지 않고, 굽었는지 곧은지도 따지지 않고, 단지 진나라 사람이 아니라는 이유로 돌려보낸다면, 여색과 주옥과 음악은 소중히 여기고 인재는 경시하는 것이 됩니다.

땅이 넓으면 곡식이 많고, 나라가 크면 백성이 많고, 군대가 강하면 병사가 용감하다고 합니다. 태산(泰山)은 한 줌의 흙도 양보하지 않기에 그 높이를 이룰 수 있는 것이고, 하해(河海)는 작은 물줄기도 가리지 않으므로 그 깊이를 이룰 수 있는 것입니다. 성왕들이 자신의 덕을 천하에 밝힐 수 있었던 것은 찾아오는 백성들을 물리치지 않았기 때문입니다. 그래서 국토는 사방으로 구분이 없었고, 다른 나라 백성이라고 차별을 하지 않았습니다. 이것이 오제(五帝) 삼왕(三王)에게 적이 없었던 이유입니다.

그런데 지금 천하의 인재들을 진나라에 들어오지 못하게 하면 그들은 분명코 다른 제후를 도와 나라를 키울 것입니다. 이는 결국 다른 나라에 인재를 몰아주는 것이 아니고 무엇이겠습니까.

진나라 밖에서 생산된 물건 중에 보배로운 것이 많고, 진나라 밖에서 태어난 인재들 중에 충성된 자가 많습니다. 지금 빈객들을 축출해 적에게 보태 주면 진나라는 텅 비게 됩니다. 그 틈을 노려 적들이 쳐들어오면 나라는 누가 지키고 그 위기는 누가 해결할 것입니까?"

이 말에 깊이 감동된 진나라 왕은 즉시 유세객에 대한 축출을 취소하였다. 이어 이사를 형벌 책임자인 정위(廷尉)에 임명하였다.

20년 후, 이사는 승상에 올랐다. 진나라는 천하를 통일하였고 황제라 칭했다. 모든 군과 현의 성벽을 허물고 무기들은 녹여 다시는 쓰지 않는다고 하였다. 한 치의 땅도 신하에게 봉읍으로 주는 일이 없었고, 황제의 후손을 왕으로 내세우지도 않았고, 공신들을 제후로 삼지도 않았다. 이것은 후일에 반란의 요소를 없애기 위함이었다.

진시황 34년, 함양궁(咸陽宮)에서 연회가 베풀어졌다. 박사(博士), 복야(僕射), 주청신(周青臣) 등이 시황제의 위엄과 덕망을 칭송했다. 이어 제나라 출신 순우월(淳于越)이 앞으로 나와 시황제에게 간언을 올렸다.

"예전 은나라 주나라가 천년 동안 통치할 수 있었던 것은 자식과 형제와 공신에게 봉읍을 할애했기 때문입니다. 지금 폐하께서는 천하를 소유하고 계시지만, 폐하의 자제들은 보통사람에 지나지 않습니다. 또 주위에 폐하를 보필할 신하가 없으니 갑자기 반란이라도 생기면 어떻게 나라를 구하겠습니까? 옛것을 버리고 잘 됐다는 말은 들은 바가 없습니다. 지금 주청신 등이 저렇게 아첨을 늘어놓아 폐하의 판단을 흐리게 하고 있습니다. 속히 저 간사한 자들을 멀리하시고 충언하는 자들을 가까이 두서야 합니다."

진시황이 이 의견을 승상 이사에게 검토하도록 하였다. 이사는 순우월의 간언이 황당한 것이라 여겨 바로 상소를 올렸다.

"옛날 천하가 어지러운 시절에는 아무도 통일할 생각을 하지 못했습니다. 제후들이 여기저기 깃발을 들고 일어나는 것을 당연하게 여겼습니다. 또한 사람들은 말할 때마다 옛것을 끌어들여 지금의 것을 비난했습니다. 심지어 옛것만이 옳다 하고 지금의 것은 모두 부정했습니다.

그러나 지금 폐하께서는 천하를 통일하셨습니다. 천하의 옳고 그름을 분별할 수 있는 분은 오직 폐하 한 분뿐이십니다. 그런데 일부 신하들이 옛것을 비유 삼아 조정의 법제를 비방하고 있습니다. 심하게는 비방하는 것을 명예로 여기거나 고상하다고 여기며 추종자를 이끄는 자들도 있습니다. 만일 이러한 것을 금지하지 않는다면 위로는 폐하의 위엄이 떨어지게 되고 아래로는 당파가 형성되어 혼란에 빠질 것입니다.

이런 혼란을 가져오는 요인은 바로 『시경(詩經)』, 『서경(書經)』 같은 문학과 그리고 여러 제자백가의 저서들에서 생기는 것이니 천하의 서적과 책들을 모두 폐기할 것을 간청드립니다. 폐기령을 내리시면 한 달 이내에 모든 서적은 불태울 것이고 이후에도 책을 소유하고 있는 자는 이마에 먹물을 들여 죄인임을 표시하고, 4년 동안 새벽부터 일어나 성을 쌓는 일을 시키면 합당한 줄 압니다.

단지, 폐기할 수 없는 책은 의약서와 점술서와 농림에 관한 책들입니다. 이후로 만일 배우고자 하는 이들은 관리를 지낸 이들을 스승으로 삼으면 아무런 문제가 없을 겁니다."

진시황은 이 의견을 받아들여 모든 서적을 폐기하는 분서갱유(焚書坑

儒)를 단행했다. 또한 천하의 누구도 옛것을 들먹이며 현재를 비방하지 못하도록 하였다. 법률과 제도를 만드는 일은 모두 시황제 때에 처음 생겼다. 또한 문자를 통일시켰다. 전국 여러 곳에 황제의 별장을 지었고 이듬해에 순방에 나섰다. 사방의 오랑캐를 물리쳤는데 이는 모두 이사의 책략으로 이루어졌다.

하루는 삼천군의 군수로 나가 있는 이사의 장남 이유가 휴가를 얻어 함양 집으로 돌아왔다. 이사는 그 기쁨으로 잔치를 베풀었다. 연회 자리에 고위 관료들이 모두 참석해 이사에게 축수를 빌었다. 대문 앞과 뜰에는 수레 수천 대가 주차되어 있었다.

연회 석상에서 이사는 길게 한숨을 내쉬며 탄식하듯 말했다.

"아, 나는 순자에게서 사물이 지나치게 많아지는 것을 경계해야 한다고 들었다. 나의 아들들은 모두 진나라 공주에게 장가들었고 딸들은 모두 진나라의 공자들에게 시집갔다. 나는 본래 평민으로 태어나 시골 마을에서 자랐다. 폐하께서 나의 부족함을 알지 못하시고 넘치는 성은을 내려 지금에 이르렀다. 천하의 신하 중에 나보다 윗자리에 있는 자가 없고, 부귀도 분수에 넘쳐 셀 수가 없도다. 만물이 극에 달하면 쇠퇴하거늘 내가 어디서 멈추어야 할지를 모르겠구나."

진시황 37년, 황제가 회계산을 순행하다 해안을 따라 북상하여 낭야(琅邪)에 이르렀다. 이때 승상 이사와 환관의 책임자인 중거부령(中車府令) 조고가 수행했다. 진시황에게는 20명의 아들이 있었는데 장남 부소는 솔직하고 간언을 잘해 상군(上郡)을 감독하도록 내보냈다. 몽염이 그 부대의 장군이었다. 막내 호애(胡亥)는 총애를 받아 이번 동행에 유일하게 따라나섰다.

그해 7월, 진시황이 사구(沙丘)에 이르러 병이 악화되었다. 조고에게 장남 앞으로 편지를 써 보내게 했다.

"군대는 몽염에게 맡기고 함양에 와서 나의 장례를 맞아라."

조고가 편지를 봉하고 떠날 사신에게 넘겨주기 전에 그만 진시황이 죽고 말았다. 이 사실은 막내아들 호애, 승상 이사, 환관 조고, 그리고 가까이 모시는 환관 대여섯 명만이 알고 있었다. 그 밖의 누구도 알지 못했다. 특히 이사가 정식 태자가 책봉되지 않았음을 감안하여 비밀에 부치도록 했다. 시신을 양쪽 창문이 달린 튼튼한 수레인 온량거(輼輬車)에 넣어 두고 예전처럼 황제의 업무를 이어갔다. 온량거 안에서 황제를 대신해 조고가 여러 가지 국사를 대신 결제한 것이었다.

조고가 편지를 손에 쥐고 은밀히 호애에게 말했다.

"황제께서 돌아가셨지만 누구를 황제로 봉한다는 조서를 남기지 않으셨습니다. 단지, 장남에게 보내는 한 통의 편지만 있을 뿐입니다. 이제 편지가 가고 장남이 오면 곧 황제로 즉위하게 됩니다. 그때가 되면 호애 공자께서는 한 치의 땅도 가질 수 없을 터인데 어찌하시겠습니까?"

호애가 대답하였다.

"당연하지요. 현명한 군주는 신하를 잘 알고, 현명한 아버지는 자식을 잘 압니다. 아버지께서 지금껏 행하신 일에 대해 제가 무슨 말을 하겠습니까?"

조고가 말했다.

"그렇지 않습니다. 이제 천하의 대권을 잡느냐 마느냐는 막내 공자와 저와 승상에게 달려 있습니다. 깊이 생각해 보시기 바랍니다. 남을 신하로 부리는 것과 남의 신하가 되는 것이 어찌 같다고 할 수 있겠습니까?"

호애가 말했다.

"형을 막고 아우가 나서는 것은 불의이며, 아버지의 조서를 받들지 않는 것은 불효이고, 능력도 없으면서 남의 공로에 의지하는 것은 무능함이오. 이 세 가지는 거스르는 일이라 천하 누구도 따르지 않을 것이고 결국은 자신마저 위태롭게 될 것이오. 자신을 잃고서 어찌 조상의 제사를 받들 수 있단 말이오."

조고가 말했다.

"탕왕과 무왕은 각기 자신의 임금을 죽였지만 천하가 그들을 불충하다고 하지 않았습니다. 도리어 의롭다고 칭송했습니다. 위나라 임금이 자신의 아버지를 죽였지만 백성들은 도리어 현명하고 덕망 있는 군주라 찬양했습니다. 공자(孔子)마저도 그 사건을 불효라고 하지 않았습니다. 큰일을 행할 때는 작은 일에 얽매일 필요가 없고, 큰 덕이 있는 사람은 큰일을 사양하지 않습니다. 그러므로 작은 일을 돌아보다 큰일을 잊으면 나중에 후회하고 위태롭게 됩니다. 이 일은 우리 손 안에 있으니 분명 성공합니다. 그러니 서둘러 결단을 내리십시오. 한시가 촉박합니다."

이에 호애가 깊이 숨을 내쉬며 말했다.

"아직 황제가 승하한 것도 알리지 않았는데, 이 일에 대해 승상의 동의를 얻을 수 있겠소?"

조고가 말했다.

"때가 때인 만큼 서두르셔야 합니다. 말을 타고 달려도 늦어질까 걱정입니다."

호애는 조고의 말에 고개를 끄덕였다. 조고가 말했다.

"이 일은 승상 이사와 의논하지 않으면 결코 성공할 수 없습니다. 제가 승상과 의논하여 결정하겠습니다."

그리고 조고가 이사를 찾아가 말했다.

"황제께서 돌아가시면서 장남에게 편지를 남기셨습니다. 그 내용인즉 함양에서 장사를 지내고 맏아들을 후사로 삼도록 하였습니다. 그런데 편지는 발송하지 않았고 지금 황제의 죽음을 아는 사람은 아무도 없습니다. 편지와 옥새는 지금 호애가 가지고 있습니다. 태자를 정하는 일은 이제 승상의 입에 달려 있습니다. 어떻게 하시겠습니까?"

이사가 말했다.

"어찌 나라를 망하게 하려는 것이오! 이 일은 신하된 자가 논의할 것이 못되오."

조고가 말했다.

"승상께서는 능력 면에서 몽염 장군과 비교해 누가 더 낫다고 생각하십니까? 또 공로 면에서 몽염 장군보다 누가 더 높다고 생각하십니까? 계책에서 몽염과 비교해 누가 더 성공할 수 있습니까? 황제의 큰아들에게 신임을 받는 면에서 몽염과 비교해 누가 더 많다고 생각하십니까?"

이사가 대답했다.

"나는 모두 몽염보다 못하오. 어찌 그런 말을 하는 것이오?"

조고가 말했다.

"저는 하찮은 환관이지만 조정에 들어와 일을 한 지도 20년이 넘었습니다. 승상이나 공신 가운데 2대를 잇는 자를 보지 못했습니다. 모두 형벌을 받아 망하고 죽고 말았습니다. 황제의 20명 아들 모두를 승상께서는 잘 알고 계십니다. 맏아들은 강직하고 용맹스러운 분이라 즉위하면 분명 몽염을 등용해 승상으로 삼을 것입니다. 그러면 지금 승상께서는 고향으로 돌아가야 할 것입니다. 하지만 무사히 돌아갈 것이라고 아무도 장담할 수 없습니다.

제가 막내아들 호애를 오랫동안 가르쳤지만 아직 잘못한 일을 보지 못했습니다. 인자하시고 재물을 멀리 하시고 인재를 중히 여기시는 분입니다. 말씨 또한 겸손하시고 예의를 다해 사람을 대하시는 분입니다. 저는 이런 분이 황제의 자리에 올라야 한다고 생각합니다. 승상께서는 어찌 생각하십니까?"

이사가 말했다.

"그대는 그대의 자리로 돌아가오. 나는 조칙을 받들어 하늘의 명에 따를 것이오. 어찌 우리가 황제를 결정한단 말이오?"

조고가 대답했다.

"편안 것을 위험으로 돌릴 수 있고, 위험한 것을 편안하게 할 수 있습니다. 편안하고 위험한 것을 구분하지 못한다면 어찌 승상으로서 존중을 받으시겠습니까?"

이사가 말했다.

"나는 평범한 자였으나 시황제께 발탁되어 높은 지위와 많은 봉록을 받았소. 장차 나라의 존망이 내게 맡겨졌는데 어찌 이 뜻을 저버린단 말이오? 충신은 섬기는 군주를 위해 죽음을 피하지 않고, 효자는 부모를 섬기는 데 부지런히 힘쓰고, 신하된 자는 각기 본분을 지킬 뿐이오. 그대는 나를 죄짓게 하지 마시오!"

조고가 말했다.

"끝을 보면 시작을 알고 지향하는 바를 알면 귀착될 것을 안다고 했습니다. 이제 천하의 대권은 호애에게 달렸으니 저는 승상의 마음을 알고 싶습니다. 어찌 판단이 이리도 더디십니까?"

이사가 말했다.

"옛날 진(晉)나라는 태자를 교체했다가 세 임금이 평안하지 못했고, 제나라 환공은 왕의 자리를 다투다가 형제들을 살육했으며, 은나라 주왕은 간언하는 자의 말을 듣지 않다가 사직을 위태롭게 하였소. 이 몸이 어찌 모반을 꾸밀 수 있겠소?"

조고가 말했다.

"위아래가 같고 안과 밖이 일치하면 오랜 세월 권력을 지속할 수 있습니다. 저의 계획을 수락하신다면 오래도록 봉후를 누리실 것이고 대대로 추앙받는 인물이 될 것입니다. 하지만 만약 이 일을 포기하게 되면 재앙이 자손에까지 미쳐 화가 클 것입니다. 분명 목숨을 버리는 불행한 사태로 이어질 것입니다. 하오니 승상께서는 이 일을 어떻게 처신하시겠습니까?"

이사가 하늘을 우러러 눈물을 흘리며 말했다.

"어지러운 세상을 만나 죽을 수도 없으니. 아, 도대체 이 목숨을 어디에다 맡긴단 말인가!"

결국 이사는 조고의 계획을 수락하고 말았다. 조고는 호애에게 그 사실을 보고했다.

"제가 호애 공자를 추대하자고 승상에게 전하자 승상께서 동의하셨습니다."

이렇게 하여 막내 공자 호애와 승상 이사와 환관 조고가 공모하여 진시황의 조서를 거짓으로 꾸몄다. 승상은 조서에 따라 호애를 태자의 자리에 오르게 하였다. 또한 맏아들 부소에게 보내려는 편지를 고쳐 적었다.

"큰아들 부소 보거라.

네가 장군 몽염과 함께 수십만 대군을 이끌고 변경에 주둔한 지가 벌써 10여 년이 지났다. 그런데 어찌 한 치 앞도 나아가지 못하고 병력만 소모하고 있단 말이냐. 게다가 작은 공로도 없으면서 여러 차례 상소를 올려 짐의 일을 비방하고, 돌아와 태자가 될 수 없는 것을 원망한다는 말을 들으니 참으로 괘씸하구나. 그 불효하고 불충한 죄로 칼을 내리니 부소는 스스로 자결하라!

장군 몽염 또한 부소와 함께 있었으니 당연히 그의 잘못을 알았을 것이다. 그러면서도 잘못을 바로잡지 못하고 동조했으니 신하된 자로서 충성을 다하지 못한 것이다. 이에 몽염 또한 스스로 자결하라!

이후 군대는 부장(副將) 왕리(王離)에게 위임한다."

그리고 편지에 황제의 옥새로 직인하고 호애의 심복을 사신으로 삼아 부소에게 보냈다. 부소가 편지를 뜯어보고는 울면서 내실에 들어가 자결하려고 했다. 이때 장군 몽염이 만류하였다.

"폐하께서는 궁 밖에 계시고 아직 태자를 책봉하지 않으셨습니다. 제게 변방을 지키라고 30만 대군을 주셨으며 이 군대를 감독하라며 공자께서 오신 것입니다. 이는 천하에 막중한 임무입니다. 그런데 지금 한 사람의 사신이 왔다고 자살을 하신다면 그 진위를 어떻게 알겠습니까?

한 번 간청하시고 그 다음에 자살해도 늦지 않습니다."

그러나 사신이 자살을 거듭 재촉했다. 부소는 성품이 어진 자라 주저할 수 없었다.

"아버지께서 자식에게 죽음을 내렸는데 어찌 다시 용서를 빈단 말이오?"

하고는 이내 스스로 목숨을 끊었다. 하지만 몽염은 죽으려 하지 않자 사신은 곧 옥리에게 넘겨서 그를 양주(陽周)에 감금하였다.

사신이 돌아와 실행한 것을 보고하자 모두 기뻐하였다. 호애 일행은 바로 함양으로 돌아와 진시황의 죽음을 발표하였다. 그리고 호애는 곧바로 진시황 2세로 즉위하였다. 환관 조고는 비서실장 격인 낭중령(郎中令)이 되어 궁중의 권력을 쥐었다.

하루는 진시황 2세가 조고를 불러 상의했다.

"사람이 살아 있는 시간은 여섯 마리 준마가 끄는 수레가 문틈으로 한 순간 지나가는 것과 같다고 했소. 나는 이제 천하를 얻었으니 좋은 것을 보고 즐기고 느끼고 싶소. 그리고 나라를 안정시키고 백성들을 기쁘게 해 오래도록 천하를 소유하다 천수를 다해 죽고 싶소. 그렇게 하려면 무슨 좋은 방법이 없겠소?"

조고가 대답했다.

"그것은 현명한 군주만이 누릴 수 있지 어리석은 군주는 그럴 수 없습니다. 제가 참형을 무릅쓰고 감히 아뢰겠습니다. 지난 번 사구(沙丘)에서의 논의를 여러 공자들과 대신들이 의심하고 있습니다. 공자들은 모두 폐하의 형들이고 대신들은 시황제께서 등용했던 인물입니다. 그들은 폐하를 못마땅하게 여겨 복종하려 들지 않습니다. 소인은 혹시나 그들이 변란을 일으킬까 두렵습니다. 그리고 몽염 장군이 죽었다고 하나 그 아우 몽의(蒙毅)가 군대를 이끌고 변방에 머물고 있습니다. 저는 이 모든 것이 두려워 날마다 전전긍긍하고 있습니다. 그러니 폐하께서 어찌 인생의 즐거움을 누릴 수 있겠습니까?"

진시황 2세가 걱정하며 말했다.

"그럼, 일을 어찌하면 좋겠소?"

조고가 대답했다.

"법을 엄하게 하고 형벌을 가혹하게 해야 합니다. 만일 황제의 명을 거역한 자는 즉각 처단하고 그 일가족 역시 구속해야 합니다. 무엇보다 전임 황제 때의 대신들을 처벌하시고 형제들은 멀리 내쫓으셔야 합니다. 그리고 폐하께서 신망하는 자를 가까이 두셔야 합니다. 이렇게 하시면 해로운 것은 제거되고 간사한 책략은 방지될 것입니다. 신하들은 폐하의 두터운 은덕을 입어 충성을 다할 것입니다. 그러면 폐하께서는 베개를 높이 하고 마음껏 원하는 것을 즐길 수 있을 겁니다. 이보다 더 좋은 계책은 없는 줄로 아옵니다."

진시황 2세는 조고의 말이 옳다고 여겨 즉각 법률을 바꾸었다. 그리고 대신들과 형제들 중에 죄를 지으면 조고에게 맡겨 처리하도록 하였다. 이렇게 하여 장군 몽의가 죽었고, 공자 12명이 시장 바닥에서 죽었다. 공주 10명도 사지가 찢겨 죽었다. 이들과 연루된 자 또한 헤아릴 수 없이 많았다.

진시황 2세의 형인 공자 고(高)는 도망가려다가 남은 가족이 구속되는 것을 두려워해 상소를 올렸다.

"선제(先帝)께서 살아 계셨을 때, 제가 궁궐에 들어가면 언제나 좋은 음식과 수레와 의복을 하사하셨습니다. 저는 선제를 따라 죽었어야 하는데 그러지 못했으니 자식으로서 불효이고 신하된 자로 불충입니다. 불충한 자는 감히 세상을 나설 수 없으니 이제 저는 선제를 따라 죽고자 합니다. 선제가 계신 여산 기슭에 묻히기만을 바랄 뿐입니다. 폐하께서는 부디 저를 가엾게 여겨 주시옵소서."

진시황 2세가 상소를 읽고 조고에게 말했다.

"이 글을 보니 다들 급하긴 급한 모양이오."

조고가 말했다.

"신하된 자들이 당장 죽음을 걱정하기에 바쁘니 무슨 모반을 꾀할 수 있겠습니까?"

진시황 2세는 상소대로 죽음을 허락하고 10만 전을 하사하여 장사지내게 했다.

이후 법령과 형벌이 더욱더 가혹해졌다. 그런 와중에 황실은 끊임없이 아방궁을 짓고 도로를 넓혔고 백성들은 세금이 가중되고 부역이 늘어나 불평이 높아 갔다. 그런 와중에 역모를 꾸미는 자가 생겨났다.

이전 초나라 변방 수비병인 진승(陳勝)과 오광(吳廣)이 반란을 일으켰다. 반란군은 민심을 얻어 갈수록 그 세력이 강해졌다. 승상 이사가 여러 번 황제의 실정에 대해 간언을 올렸지만 황제는 듣지 않고 도리어 이사를 문책하였다.

"내 한비자에게 들은 바가 있소. 요임금이 천하를 차지했을 때 마루 높이는 석 자였고 서까래는 통나무를 깎지 않았으며 지붕은 억새풀로 덮어 비록 주막이라 해도 이보다 검소하지 않았을 것이라 했소.

또 겨울에는 사슴가죽으로 옷을 지어 입고, 여름에는 칡으로 베옷을 지어 입었으며 거친 밥에 명아주와 콩잎으로 끓인 국을 질그릇에 담아 먹었소. 문지기의 음식도 이보다 검소하지 않았을 것이라 했소.

우임금은 용문산(龍門山)을 뚫어 대하까지 통하게 했고, 구하를 소통시켰으며 제방을 쌓고 물길을 트느라 다리의 털이 다 없어졌소. 손바닥과 발바닥에는 못이 박히고 얼굴은 새카맣게 그을렸소. 그러다 결국 화계산에 묻혔는데, 노예의 노동도 이보다 잔혹하지 않았을 것이라 했소.

그렇다면 천하를 소유한 까닭이 육신과 정신을 힘들게 하고 몸은 주막에 묵고, 음식은 문지기의 밥을 먹고, 일은 노예처럼 하기 위함이란 말인가? 이것은 못난 군주가 힘쓸 바이지 현명한 군주가 할 바가 아니라고 했소.

현명한 군주는 천하를 소유하면 자신에게 맞도록 해야 하는 것이오. 그러면서 천하를 안정시키고 백성을 편안하게 하는 것이라 했소. 그런데 제 몸조차 이롭게 못 하면서 어찌 천하를 다스릴 수 있겠소.'

이사의 아들 유(由)는 삼천군의 군수였다. 반란을 일으킨 오광 등이 삼천군을 지나가자 막을 수가 없었다. 후에 장한(章邯) 장군이 반란군을 축출하자 이사는 삼천군과 관련된 심문을 여러 번 받게 되었다.

"삼공(三公)의 직위에 있으면서 어찌 도적들이 이처럼 날뛰도록 했단 말이오?"

문책을 받자 이사는 어쩔 줄을 몰랐다. 황제에게 용서를 구하고자 상소를 올렸다.

"군주와 신하의 직분이 의롭고 분명해지면 백성은 군주를 따르지 않을 수가 없습니다. 천하를 통제하는 것은 군주 한 분뿐이기 때문입니다. 신불해는 천하를 소유하고도 제 마음대로 하지 못한다면 천하가 자신을 얽매는 차꼬와 수갑이라고 했습니다. 이것은 신하를 질책하지 못하면 군주가 괴로움을 당한다는 것입니다. 요임금과 순임금은 스스로 질곡을 당한 것이라 하더라도, 군주가 천하를 자기 맘대로 부리지 못한다면 무슨 존귀함이 있겠습니까? 이것은 군주가 신하를 질책하지 않기 때문에 오는 과오입니다.

자애로운 어머니에게는 집안을 망치는 아들이 나와도, 엄한 집안에는 방자한 하인이 없다고 한비자가 말했습니다. 이는 잘못을 하면 반드시 벌을 주기 때문입니다.

옛날 상군(商君)의 법에 의하면 길가에 쓰레기를 함부로 버리면 벌을 내렸습니다. 쓰레기를 버리는 행위는 가벼운 것이지만 그 형벌은 엄중했습니다. 군주는 가벼운 죄에도 혹독하게 질책하는데 하물며 큰 죄는 말할 것도 없었습니다. 그러므로 백성들은 감히 죄를 지려 하지 않았습니다.

평범한 백성들이 하찮은 비단 한 조각이라도 몰래 가지려 하지 않으면, 도적은 황금 2천 냥을 보고도 훔쳐 가지 않는다고 한비자가 말했습니다. 평범한 자들이 하찮은 이익을 가볍게 여겨서가 아니라, 도적이 욕심이 적어서가 아니라, 훔치면 반드시 손목이 잘리는 형벌을 알기 때문입니다. 따라서 형벌이 없으면 하찮은 것도 훔치게 되는 것입니다.

군주의 지위를 유지하기 위해서는 신하들을 질책하고 죄를 따져 물어 벌을 내리는 것입니다. 그것이 존귀한 것이고 그런 까닭에 백성들이 죄를 짓지 못하는 것입니다.

검소하고 절약하고 어질고 의로운 자가 조정에 서면 방자한 쾌락이 사라지고, 도리에 맞는 간언을 하는 신하가 군주 곁에 있으면 방만한 의견들이 없어지고, 열사와 절개를 지킨 자들의 행위가 알려지면 음탕한 풍속이 자취를 감춥니다. 그런 까닭에 이 세 부류의 인물을 멀리하는 군주라면 신하를 철저히 질책할 수 있어야 존귀해지는 것입니다.

훌륭한 군주는 홀로 결정하며 그래야 신하에게 권력이 옮겨가지 않는 것입니다. 왕도란 현명한 군주라야 시행할 수 있는 것입니다. 군주가 올바로 질책하면 간사한 신하가 사라집니다. 간사한 신하가 없으니 천하가 평안해지고, 천하가 평안해지니 나라가 부유해지고, 나라가 부유해지니 군주가 더욱 존귀해지는 것입니다.

어찌 이런 군주 밑에서 모반이 있을 수 있겠습니까? 현명하신 황제께서 헤아리신다면 신불해와 한비자가 다시 태어난다 해도 더 보탤 것이 없을 것입니다."

상소를 읽은 진시황 2세는 기뻐했다. 이후 신하에 대한 처벌이 더욱 엄격해졌다. 그러다 보니 백성들에게 많은 세금을 걷는 자를 유능한 관리라고 여겼다. 그 후 거리에 다니는 사람 절반이 형벌을 받았을 정도였고, 길거리에 사형당한 시신들이 여기저기 즐비했다. 그러니 형벌을 내려 사람을 많이 죽인 자가 충신이라 여길 정도였다. 이런 상황을 진시황 2세는 도리어 자화자찬하기에 이르렀다.

"이는 짐이 질책을 잘하기 때문이도다!"

조고(趙高)는 낭중령(郎中令)에 오르자 개인적으로 원한이 있는 자들을 함부로 죽이거나 가두어 버렸다. 조정 대신들이 자신을 나쁘게 말할까 봐 두려워 항상 황제를 미리 설득시켜 두었다.

"천자가 존귀한 까닭은 신하들은 천자의 음성만 들을 뿐이고 용안은 뵐 수 없기 때문입니다. 그래서 칭호도 사물이 제 모습을 나타내기 전의 상태인 짐(朕)이라 부르는 것입니다. 폐하께서는 젊으시니 모든 일에 능통할 수는 없습니다. 지금 조정에 앉아서 신하를 질책하시거나 등용하실 때에 행여 옳지 않은 것이 있으면 대신들에게 단점을 보이는 것이니, 그러면 황제의 신명함이 약해집니다. 당분간 궁궐 깊숙한 곳에서 팔짱을 끼고 편히 계십시오. 안건이 생기면 담당 신하와 의논해 결정하시면 됩니다. 그러면 대신들이 감히 황제의 신명함을 의심하지 못할 것입니다. 또한 천하의 백성들은 폐하의 신명함을 듣고는 모두 훌륭한 군자라 칭송할 것입니다."

진시황 2세가 이를 받아들여 궁궐 깊숙한 곳에 머물렀다. 이때 조고가 황제를 모시는 위세로 국사의 중요 안건들을 모두 결정했다. 조고의 권력 횡포가 극에 달했음은 당연한 일이었다.

이런 상황을 못마땅하게 여긴 이사가 황제를 뵙고자 했다. 그러자 조고가 먼저 이사를 찾아왔다.

"함곡관 동쪽에 도적들이 많다고 합니다. 그런데 폐하께서는 아방궁을 짓거나, 개나 말을 모으는 데 빠져 계십니다. 제가 간언하려고 하나 직위가 미천합니다. 이런 일이야말로 승상께서 하실 일인데 어찌 간언하지 않으십니까?"

이사가 대답했다.

"지금 폐하께서 조정에 나오지 않으시고 궁궐 깊숙한 곳에 머물러 계시니 간언을 드리려 해도 알현할 기회가 없소."

조고가 말했다.

"진실로 간언하시려 한다면 승상께만 폐하의 한가한 시간을 알려드리겠습니다."

진시황 2세가 연회를 즐기며 미녀들과 함께 있을 무렵, 조고는 사람을 시켜 이사에게 전했다.

"지금 폐하께서 한가하니 와서 말씀을 올리십시오."

이사가 궁문에 이르러 황제를 뵙기를 청하였으나 거절당했다. 세 번이나 거듭 요청하자 황제가 버럭 화를 내며 말했다.

"내가 한가할 때는 승상은 오지 않았소. 그런데 지금 연회를 즐기려고 하는데 문득 찾아와 아뢰려고 한다니, 감히 황제를 얕잡아 보는 것이오?"

그러자 조고가 나서며 말했다.

"폐하, 그리하시면 위험하십니다. 저 사구(沙丘)의 음모에 승상도 관여했습니다. 폐하께서는 황제에 오르셨지만 승상은 더 높아지지 않았습니다. 승상의 의도는 땅이라도 나누어 가져 왕이 되려는 것입니다. 그리고 또한 폐하께서 묻지 않으시기에 말씀드리지 못한 것이 있습니다. 승상의 장남이 삼천군 군수로 있을 때 역적 진승 등이 이웃 고을에 살고 있었습니다. 도적들이 삼천군을 지나다녀도 군수가 잡지 않았습니다. 저는 도적과 군수 사이에 무슨 문서라도 오고 간 것이 아닌가 생각하지만 아직 사실 여부를 확인하지 못해 감히 아뢰지 못했습니다. 더구나 승상은 궁 밖에서 폐하보다 권세가 더 대단한 것이 사실입니다."

진시황 2세는 고개를 끄덕였다. 그리고 승상보다는 먼저 삼천군 군수와 역적들이 내통한 상황을 철저히 조사하도록 하였다. 이사는 이러한 움직임을 알았지만 황제는 감천궁에 있으면서 유희를 즐기고 연극을 구경하고 있어 뵐 수가 없었다. 그래서 상소를 올려 조고의 단점을 지적하고 말았다.

"신하와 군주 사이에 알력이 생기면 나라가 위태로워집니다. 아내와 남편 사이에 알력이 생기면 집안이 위험해집니다. 지금 폐하를 모시고 있는 대신 중에 폐하만큼 권세를 가지고 있는 자가 있으니 이는 매우 부당한 일입니다.

지난날 송(宋)나라 재상인 자한(子罕)이 법을 집행할 때 권력을 남용하여 결국 자신의 임금을 위협했습니다. 제나라의 신하 전상은 가장 높은 직위에 오르자 여러 신하들을 끌어들여 결국 간공(簡公)을 시해하고 제나라를 차지했습니다.

지금 조고는 사악한 뜻을 품고 반역을 행하려 하고 있습니다. 이는 자한이나 전상과 같은 자입니다. 폐하께서 지금 그에 대한 대책을 세우지 않으시면 변란이 일어날까 심히 두렵습니다."

진시황 2세가 말했다.

"무슨 말씀이오? 조고는 환관이오. 그는 제멋대로 행하지 않았고, 마음을 바꾸지도 않았소. 행실이 맑고 거짓이 없어 지금의 지위에 오른 것이오. 충성으로 승진한 것이고 신의로써 자신을 지키는 자요. 그를 의심하다니, 무슨 이유요? 나는 백성을 다스리기에 능숙하지 않고, 그대는 늙었으니 판단이 어둡고, 그래서 짐이 조고에게 국사를 맡기지 않으면 누구에게 맡긴단 말이오? 그는 민심을 바로 알고 위로는 짐의 뜻을 정확히 아는 자이니 결코 그를 의심하지 마시오."

이사가 말했다.

"그렇지 않습니다. 조고는 미천한 출신이라 도리에 밝지 못하고, 탐욕은 끝이 없어 권력은 무소불위합니다. 그래서 위험한 자라고 한 것입니다."

황제는 승상 이사가 혹시라도 조고를 죽이지 않을까 염려되어 이날의 일을 조고에게 알려줬다. 그러자 조고가 말했다.

"승상의 걱정거리는 국사가 아니라 오직 이 조고뿐입니다. 제가 죽으면 승상은 곧 전상과 같은 반역을 행하려 할 것입니다."

황제가 그 말을 듣고는 신하들에게 명했다.

"당장 이사를 체포하여 낭중령 조고에게 조사받도록 하라!"

이사는 바로 붙잡혀 와 조고의 심문을 받아야 했다. 감옥에 갇힌 이사는 하늘을 우러러 보며 탄식했다.

"아, 슬프도다! 도리를 모르는 군주에게 무슨 계책을 말할 수 있겠는가. 옛날 하나라 걸왕은 관용봉(關龍逢)을 죽였고, 은나라 주왕은 왕자 비간(比干)을 죽였으며, 오나라 부차는 오자서를 죽였다. 이 세 신하가 어찌 충성을 바치지 않았겠는가? 그럼에도 죽음을 모면하지 못했는데, 그것은 군주가 도리를 몰랐기 때문이다.

지금 나는 그들보다 못하고 진시황 2세의 무도함은 걸왕, 주왕, 부차보다 심하니 내가 죽는 것은 당연하도다. 장차 이 나라가 어찌 어지럽지 않겠는가?

형제를 살육하고 즉위했고, 충신을 죽이고 미천한 자를 귀하게 여기고, 아방궁을 지어 백성들을 수탈하고, 이 모든 폐단을 내가 직언하지 않은 것이 아니라 군주가 나의 말을 듣지 않았을 뿐이다.

훌륭한 임금은 음식에도 절제가 있고, 수레나 물건에도 정해진 것이 있고, 궁궐을 지어도 한도가 있는 것이다. 어떠한 경우에도 백성에게 보탬이 되지 않는 것은 철저히 금하였다. 그래서 오래도록 평안하게 다스릴 수 있었던 것이다.

황제는 지금 어긋난 행위를 하고도 그 허물을 알지 못하고, 충신을 죽이면서 그 재앙을 생각지 못하고, 백성들에게 거둔 세금을 조금도 아끼지 않는다. 이 세 가지 못된 일로 곧 만천하의 백성들이 황제에게 등을 돌릴 것이다.

조정은 사악한 자들이 차지하고 있건만 황제는 알지 못한다. 그러니 조고를 마치 국사로 삼아 국정을 맡기고 있지 않은가. 반드시 도적들이 이 궁궐에 쳐들어와서 쑥대밭을 만들고 말 것이다."

진시황 2세가 이사를 처벌하도록 했다. 이사와 아들 유는 반란죄로 구속되었고, 그의 일가 친족, 가신, 빈객들도 모조리 공범으로 잡혀 들어갔다. 조고는 이사를 심문하면서 1천 번이나 매질하고 고문하여 결국 이사는 고통을 견디지 못하고 허위로 자백하고 말았다.

그러면서도 이사가 자살하지 않은 이유는 공로가 있었고, 실제 모반할 마음이 없었고, 황제에게 진정서를 올릴 경우 용서해 줄 것이라는 믿음 때문이었다. 그리하여 옥중에서 최후의 상소를 올리게 되었다.

"신이 승상을 지낸 지 30년이 되었습니다. 진나라의 영토가 1천 리를 넘지 못하고 병력도 몇십만 명에 지나지 않았을 때, 신은 변변치 않은 재주로 부름을 받아 법령과 군대와 정치와 교육을 정비하였습니다. 나라가 부강해지자 공신들을 존중해 직위와 봉록을 충분히 내리도록 했고, 주변 여섯 나라를 통합하여 진나라를 황제의 나라로 세웠습니다.

이것이 저의 첫 번째 죄입니다.

더욱 약진하여 북쪽으로 호(胡)와 맥(貉)을 쫓아내고, 남쪽으로 백월을 평정해 진나라의 강성함을 보여 주었습니다. 이것이 저의 두 번째 죄입니다. 대신들을 존중해 군주와 신하 사이를 친밀하게 한 것이 저의 세 번째 죄입니다. 사직을 세우고 종묘를 구축해 황제의 현명함을 밝혔습니다. 이것이 저의 네 번째 죄입니다. 도량형을 통일하고 천하에 널리 알려 진나라의 명성을 수립한 것이 저의 다섯 번째 죄입니다.

수레가 달릴 수 있는 도로를 닦아 황제가 지방을 의기양양 다니도록 한 것이 저의 여섯 번째 죄입니다. 또한 형벌을 낮추고 백성들의 세금을 덜어 주어 모든 백성들이 황제의 은혜를 잊지 못하도록 한 것이 일곱 번째 죄입니다.

이제 신하된 자로서 죄를 지었으니 죽어 마땅하오나, 폐하께서 저의 능력을 다하게 하시어 지금까지 오게 되었으니 삼가 굽어 살펴 주시옵소서!"

이 글이 올라오자 조고는 당장 폐기하라고 명했다.

"죄수가 어찌 폐하께 글을 올린단 말인가?"

조고는 몰래 자신의 부하를 관리로 변장시켜 이사를 심문하게 하였다. 이사가 자백을 번복하면 매질을 했고, 결국 허위 자백을 하지 않으면 안 되게 만들었다. 나중에 궁궐 관리가 정식으로 심문했는데 이사는 더는 진실을 말하지 못하고 허위 자백을 그대로 발설하고 말았다. 끝내 자신의 무고함을 밝히지 못했다. 결국 죄가 확실해지자 진시황 2세는 기뻐하며 말했다.

"조고, 그대가 아니었다면 내가 승상에게 속을 뻔했소!"

이어 삼천군 군수인 아들 유를 조사하려고 병사를 파견했으나, 반란군 항량에게 이미 목숨을 잃은 뒤였다. 결국 승상 이사는 모반죄로 함양의 시장 바닥에서 허리가 잘리는 사형을 받게 되었다. 죽기 전에 함께 투옥됐던 둘째 아들을 돌아보며 말했다.

"내가 너와 함께 고향에 내려가 토끼 사냥을 하려고 했는데, 이젠 어쩔 수가 없구나!"

마침내 부자는 서로 끌어안고 울음을 터뜨렸다. 그렇게 이사는 생을 마쳤다. 그리고 그의 일가 삼족이 또한 모두 죽임을 당하고 말았다.

이사가 죽고, 진시황 2세는 조고를 예우해 중승상(中丞相)으로 삼았다. 국정에 관한 모든 일은 조고에게 보고되고 조고에 의해 결정되었다.

어느 날 조고는 자신의 권한이 얼마나 대단한지 알고 싶었다. 조정 대신들이 모두 있는 가운데 황제에게 사슴을 바치면서 말이라고 했다. 그러자 황제가 물었다.

"말이라니? 이것은 사슴이 아니오?"

그러자 신하들이 모두 대답했다.

"말이옵니다!"

진시황 2세가 놀라면서 뭔가 이상하다고 여겨 태복(太卜)을 불러 점을 치게 했다.

"폐하께서 종묘제사를 지낼 때 정하고 금하는 것이 분명치 않아서 이 지경에 이르렀습니다. 재계하시고 많은 덕을 쌓으셔야 합니다."

이 말에 따라 진시황 2세는 몸과 마음을 재계한다고 하면서 상림원에 들어가 매일 사냥이나 하면서 지냈다.

하루는 어떤 이가 상림원에 들어왔다가 진시황 2세가 쏜 화살에 맞아 죽었다. 조고가 그 소식을 듣고는 사위 염락을 시켜 관현에 사건을 고발하도록 했다.

"누군가 사람을 죽여 상림원에 옮겨 놓았다!"

조고가 황제에게 말했다.

"아무런 이유 없이 사람을 죽이는 것은 천자라도 하늘이 금하는 것입니다. 이제 하늘은 제사를 받지 않을 것이고 도리어 재앙을 내릴 겁니다. 그러니 폐하께서는 궁궐에서 멀리 떨어진 곳에 가서 재앙을 물리치는 기도를 올리셔야 합니다."

진시황 2세가 고개를 끄덕이며 멀리 망이궁(望夷宮)으로 나가 살았다.

사흘 후, 조고는 궁궐 경비대에게 위조한 조칙을 내려 보냈다. 경비대는 모두 흰 옷을 입고 무장한 채 궁으로 들어오게 했다. 그리고 진시황 2세에게는 산동의 도적떼가 쳐들어왔다고 알렸다.

진시황 2세가 궁궐 높은 곳에서 바라보니 정말 흰 옷을 입은 도적떼가 무수히 많았다. 두렵고 무서웠다. 이 틈을 타 조고가 진시황 2세를 위협했다.

"이제 스스로 목숨을 끊도록 하라!"

진시황 2세는 그렇게 생을 다하고 말았다.

이어 조고는 옥새를 손에 넣고 황제의 복장을 갖춰 입었다. 그런데 좌우 백관들이 아무도 따르려 하지 않았다. 황제의 자리에 오르려 했지만 세 번이나 계단이 무너져 오르지 못했다. 그 순간 조고는 깨달았다.

'아, 하늘이 나를 돕지 않는구나!'

조고는 재빨리 시황제의 손자인 자영(子嬰)을 불러 옥새를 넘겨주었다.

자영이 즉위하면서 조고를 두려워해 병을 핑계 삼아 정사를 돌보지 않았다. 그러면서 몰래 환관 한담(韓談)과 그의 아들과 함께 조고를 살해할 모의를 꾸몄다.

마침 조고가 문병을 청해 오자 불러들였다. 방으로 들어오는 조고를 옆에 있던 한담이 칼로 찔러 죽였다. 이어서 조고의 삼족을 신속히 잡아들여 모두 참수하고 말았다.

석 달 후, 유방의 군사가 함양에 이르렀다. 어느 누구도 감히 대항하지 못했다. 그 순간 자영은 신하들이 모두 자신을 배반한 것을 알고 처자와 더불어 옥새를 목에 걸고서 유방에게 항복하였다. 유방이 그를 관리에게 넘겼으나 항우가 와서 자영의 목을 베었다. 이리하여 마침내 진나라는 무너지고 말았다.

태사공은 말한다.

"이사는 미천한 출신이었으나 진시황을 보필해 황제의 대업을 이루고, 삼공의 지위에 올랐다. 하지만 그는 육예(六藝)의 근본을 알면서도 정치는 공명정대하지 못했다. 지위와 재물이 있었으면서도 황제에게 아첨하고 영합하며 구차하게 살았다. 형벌을 혹독하게 제정하고 조고의 간사한 말을 듣고서도 적자를 폐하고 서자를 즉위시켰다. 제후들이 반란을 일으킨 뒤에 직언을 하려 했지만 이미 때가 늦었다.

사람들은 이사가 극진하게 충성을 다했는데도 사형을 당한 줄 알지만 그 본말을 살펴보면 세속의 공론과는 다르다. 그렇지 않았더라면 이사의 공적도 주공이나 소공과 어깨를 나란히 겨룰 만하였을 것이다."

제28편

몽염열전

蒙恬者，其先齊人也。恬大父蒙驁，自齊事秦昭王，官至上卿。秦莊襄王元年、蒙驁為秦將、伐韓、取成皋、滎陽，作置三川郡。二年，蒙驁攻趙，取三十七城。始皇三年，蒙驁攻韓，取十三城。五年，蒙驁攻魏，取二十城，作置東郡。始皇七年，蒙驁卒。

驁子曰武，武子曰恬。恬嘗書獄典文學。始皇二十三年，蒙武為秦裨將軍，與王翦攻楚，大破之、殺項燕。二十四年，蒙武攻楚，虜楚王。蒙恬弟毅。

"진나라가 천하를 통일했을 때 전쟁의 상처는 가라앉지 않았다. 몽염은 이름 있는 장수로서 백성의 궁핍함을 구제하고, 노인과 고아와 과부를 돌보며, 백성들이 안정되고 평화롭게 일할 수 있도록 정책을 제시해야 함에도 도리어 시황제의 야심에 영합하려 만리장성이라는 대공사를 일으켜 백성을 수탈했다. 사람이 악랄하니 결국 자신도 죽임을 당하는 것이 당연한 일이 아니겠는가?"

●

몽염(蒙恬)의 조상은 본래 제(齊)나라 사람이다. 조부인 몽오가 진나라로 와서 소왕을 섬겨 상경(上卿) 벼슬에 올랐고, 장양왕 원년에는 장군이 되어 한나라를 공격하여 성고와 형양 땅을 빼앗아 삼천군을 설치하는 공로를 세웠다. 이듬해 조나라를 공격해 37개의 성을 빼앗았고, 진시황 3년에는 한나라를 공격해 다시 13개 성을 빼앗았다. 진시황 5년에는 위나라를 쳐서 20개의 성을 빼앗고 동군을 설치했다. 몽오는 진시황 7년에 죽었다.

몽오의 아들은 무(武)이고 무의 아들이 바로 몽염이다. 몽무는 시황제 23년에 장군이 되어 왕전과 함께 초나라를 공격하여 적의 장수 항연을 죽이고 크게 이겼다. 24년에는 초나라 왕을 사로잡았다. 몽무에게는 아들이 둘 있었는데 몽염과 몽의(蒙毅)다.

몽염은 일찍이 형법을 배워 재판과 소송에 관한 일을 맡았다. 진시황

26년, 집안 대대로 이어진 전통에 따라 진나라 장군이 되었다. 제나라를 공격해 크게 이기고 행정장관인 내사(內史)에 임명되었다.

진나라가 천하를 통일한 후에는 군사 30만 명을 이끌고 북으로 가서 융적(戎狄)을 쫓아 버리고 하남을 차지하여 장성을 쌓았다. 그 성의 길이가 임조에서 요동까지 만여 리나 되었다. 그리고 다시 황하를 건너 양산 북쪽으로 올라갔다. 10년 동안 국경 밖 상군(上郡)을 근거지로 활동하였고, 그 위세가 흉노 땅에 널리 알려졌다.

진시황은 몽씨 일족을 매우 총애했다. 몽염에게는 군사와 국방을 맡겼고, 동생인 몽의는 가까이 두어 정책 참모인 상경의 벼슬을 주었다. 그 무렵의 조정의 어느 장군이고 재상이고 감히 몽씨 형제들과 다투려 하지 않았다.

조고는 본래 조나라 왕실의 먼 일족이었다. 어머니가 형벌을 받아 집안이 비천해졌다. 그로 인해 조고와 그의 형제는 모두 태어나자마자 거세되어 환관이 되었다. 조고는 환관이 된 후에 성실했으며 또한 형법에 능통했다. 진시황이 이를 알고 막내 공자 호애(胡亥)에게 법령과 판결을 가르치도록 하였다. 이때 조고는 황제의 수레를 책임지는 중거부령(中車府令)에 올랐다.

한번은 조고가 큰 죄를 짓게 되었다. 진시황은 법에 따라 처리하라고 몽의에게 명했다. 몽의는 조고의 죄는 사형에 해당되므로 환관의 명부에서 삭제해야 한다고 건의했다. 하지만 진시황은 조고가 업무 처리에 뛰어나다는 것을 알고 사면하여 관직을 회복시켜 주었다.

이후 진시황이 천하를 순시하기 위해 몽염에게 구원에서 감천까지 길을 뚫게 하였다. 몽염이 백성들을 동원해 산을 깎고 골짜기를 메운 것이 1천8백리나 되었다.

진시황 37년 겨울, 황제가 길을 나서 회계(會稽)를 거쳐 북쪽 낭야(琅邪)로 향했다. 도중에 황제가 병이 나자 몽의를 함양으로 돌려보내 산천의 신들에게 황제의 쾌유를 비는 제사를 올리도록 하였다. 하지만 황제는 사구 땅에 이르러 그만 숨지고 말았다.

황제를 가까이 모시고 있던 승상 이사와 막내 공자 호애와 중거부령 조고만이 이 사실을 알았다. 다른 신하들은 조고가 황제의 죽음을 숨겼으므로 알 수 없었다. 이때 조고는 승상 이사를 설득하여 막내 공자 호애를 황제로 추대하기로 하였다.

이어 조고는 장남인 공자 부소와 국경을 지키는 몽염 장군에게 죄를 뒤집어 씌워 스스로 자결하도록 했다. 몽염이 만류했지만 부소는 끝내 자결하고 말았다. 몽염은 명령을 의심하여 다시 명을 내려 달라고 청하자, 사신은 몽염의 직위를 해제하고 옥에 가두고 다른 장군을 후임으로 임명하였다.

호애는 처음에는 승상 이사의 가신들을 호위군으로 삼았다. 부소가 이미 죽었다는 보고를 받자 호애는 즉시 몽염을 풀어 주라고 명했다. 그러나 조고는 몽염이 다시 권력을 잡으면 자신이 불리해질 것을 깨닫고 두려워했다. 특히 이전에 자신에게 사형을 내렸던 몽의에게 보복을 하고자 벼르고 있었다. 몽의가 돌아오자 조고는 호애에게 다음과 같은 계략을 말했다.

"시황제께서는 막내이신 호애 공자를 언제나 현명하다고 여기셨고 태자로 세우려 하셨습니다. 그런데 몽의는 호애 공자를 결사반대하고 있습니다. 이는 황제가 되실 분에게 불충한 짓이며 선제인 진시황을 미혹하는 일입니다. 그런 자는 국가의 안위를 위하여 참수하는 것이 옳은 줄로 아뢰옵니다."

호애는 이 말을 듣자 당장 몽의를 옥에 가두도록 했다. 앞서 형인 몽염은 양주의 옥에 갇힌 상태였다.

시황제의 운구가 함양에 도착해 장례를 끝내자 호애는 드디어 황제의 자리에 올랐다. 조고가 가까이 모시면서 밤낮으로 몽씨 두 형제를 헐뜯어 말했다. 그러자 시황제의 손자인 자영이 황제 앞에 나와 간언하였다.

"예전에 조나라 왕이 어진 신하 이목(李牧)을 죽이고 간신 안추(顔聚)를 등용했고, 연나라 희왕(喜王)은 형가(荊軻)의 계책에 넘어가 진나라와의 약속을 저버렸으며, 제나라 건왕(建王)은 이전 충신들을 죽이고 간신 후승(后勝)의 건의를 받아들였다고 합니다. 이 세 임금은 결국 나라를 잃고 자신까지 죽음에 이르렀습니다. 지금 몽씨 형제는 진나라의 대신이며 지략가입니다. 그런데 폐하께서는 하루아침에 이들을 없애려 하십니다. 이는 있을 수 없는 일입니다. 한 가지 생각으로 나라를 다스릴 수 없고, 군주 한 사람의 지혜로 자리를 보존할 수 없는 것입니다. 충신을 죽이고 간신을 세우면 이는 모든 신하들을 불신하게 만들고 전쟁을 치르는 군사들의 마음을 불안하게 만드는 것이니 삼가 통촉하여 주시옵소서."

그러나 황제에 오른 호애는 이 말을 듣지 않았다. 어사(御史) 곡궁(曲宮)을 보내 몽의에게 명령을 전하게 했다.

"선제께서 나를 태자로 세우려는 일을 그대는 비난했고 반대했다. 조정 대신들 모두 그대를 불충하다고 여겨 그 죄를 일족과 함께 다스려야 한다고 주장한다. 하지만 나는 이전의 그대의 공로를 생각해 차마 그렇게는 할 수 없다. 그러니 그대에게만 죽음을 내리노니, 명을 받들어 스스로 자결하라."

몽의가 대답했다.

"제가 선제의 뜻을 몰랐다고 하시는데, 저는 젊어서 벼슬할 때부터 선제께서 승하하실 때까지 총애를 입어 누구보다 선제의 뜻을 알았다고 말할 수 있습니다. 제가 황제께서 막내 공자로 계실 때 그 능력을 몰랐다고 하시는데, 선제를 따라 천하를 순시하는 걸 보고 어느 공자들보다 능력이 뛰어나다고 의심해 본 적이 없습니다. 선제께서 몇 년 동안 생각한 태자 즉위를 신이 어찌 감히 간할 수 있겠습니까? 말을 꾸며 죽음을 피하려는 것이 아니라, 선제의 명예에 누를 끼친 것이 부끄러워서 올리는 말씀입니다. 원컨대 어사께서는 깊이 생각하시어 저를 정당한 죄명으로 죽게 해 주십시오. 공을 세우는 것이 귀중한 도리이지 형벌을 받아 죽음을 당하는 것이 도리가 아니지 않습니까?

옛날 진나라 목공은 세 사람의 어진 신하를 죽이고 백리해에게도 죽음을 내렸지만 모두 합당한 죄가 아니었습니다. 그래서 더럽다는 뜻의 목(穆)이라는 시호를 받은 것입니다. 소양왕은 백기를 죽였고, 초나라 평왕은 오사를 죽였고, 오나라 왕 부차는 오자서를 죽였습니다. 이 네 임금은 모두 커다란 실수를 범했으니 그래서 천하가 그들을 비난하고 나쁜 임금으로 알려지게 되었습니다. 그러므로 도리를 가지고 다스리는 자는 죄 없는 자를 죽이지 않고, 무고한 자에게는 벌을 주지 않는다고 했습니다. 원컨대 어사께서는 유념하여 주시옵소서!"

그러나 어사는 황제의 뜻을 알고 있었으므로 결국 몽의를 죽이고 말았다.

황제는 이번에는 어사를 양주로 보내 몽염에게 전하게 하였다.

"그대는 잘못이 많다. 그리고 아우인 몽의가 큰 죄를 범했기에 연루될 수밖에 없다. 그러니 스스로 자결하라."

몽염이 말했다.

"저의 집안은 3대에 걸쳐 진나라에 공을 쌓아 왔습니다. 비록 죄수의 몸으로 옥에 갇혀 있기는 하지만 저는 30만 대군을 거느렸던 장군입니다. 그 세력이 진나라를 배반하기에 충분합니다. 그러나 제가 죽을 것을 알면서도 의리를 지키는 것은 조상에게 욕되지 않고 선제의 은덕을 잊지 않기 때문입니다.

옛날 주나라 성왕이 어려서 즉위하여 강보를 떠나지 못했지만, 작은아버지 단이 성왕을 업고 조정에 나가 일을 처리해 마침내 천하를 평정하였습니다. 성왕이 병에 걸려 위독하게 되자, 단은 자신의 손톱을 잘라 황하에 던지며 기도하기를, '왕께서 아직 아무것도 모르셔서 제가 모든 일을 처리하였습니다. 만약에 죄가 있다면 제가 그 벌을 받겠습니다.'라고 말했습니다. 그리고 단은 이를 적어서 기록물로 남겨 두었습니다.

성왕이 자라서 나라를 다스리게 되자 어떤 간신이 말했습니다. 단이 반란을 일으키려 한 지가 오래입니다. 왕께서 대비하지 않으시면 반드시 큰일을 치를 것입니다. 그 말을 듣자 왕은 크게 노하였고 단은 초나라로 달아났습니다. 나중에 성왕이 기록물을 열어 보다가 단이 황하에 손톱을 던진 글을 읽어 보고는 그만 눈물을 흘리고 말았습니다. 단이 반란을 일으키려 한다고 상소한 자를 당장에 참수하고 단을 다시 불러들였습니다.

『주서(周書)』에 이르기를 큰일은 몇 번이고 살펴보라고 했습니다. 삼경(三卿)에 자문을 구하고 오대부(五大夫)에게 의견을 구하라고 했습니다. 신의 집안은 대대로 두 마음을 가진 적이 없습니다. 상황이 여기까지 이르렀으나, 이는 틀림없이 황제를 능욕하려는 간신의 계략입니다.

무릇 성왕은 잘못했으나 다시 바로잡았기에 끝내 창성하였고, 걸왕은 관용봉을 죽이고, 주왕은 비간을 죽이고도 뉘우치지 않아 끝내 나라가 망했습니다. 그러니 잘못은 바로잡아야 하고, 간언은 깨달아야 하고, 큰일은 여러 곳에 자문을 구하는 것이 성왕(聖王)의 도리인 것입니다.

제가 허물을 피하려는 것이 아니라 간언을 드리고 죽고자 할 따름입니다. 원컨대 폐하께서는 만백성을 위하여 도리를 따르도록 하시옵소서!"

어사가 말했다.

"신은 명령을 받고 형을 집행할 따름입니다. 장군의 말을 감히 전할 수는 없습니다."

이에 몽염이 길게 한숨을 짓고 말했다.

"내가 하늘에 무슨 죄를 지었기에 잘못도 없이 죽어야 한단 말인가?"

그러고는 하늘을 우러러보며 천천히 말했다.

"나의 죄는 참으로 죽어 마땅하오. 임조에서 요동에 이르기까지 만여 리나 성을 쌓으면서 수많은 지맥을 끊어 놓지 않았던가. 이것이 죄라면 나의 죄이다."

하고는 끝내 약을 삼키고 자결하였다.

　태사공은 말한다.

"나는 북쪽 변경 지방에 갔다가 지름길로 돌아온 적이 있다. 길을 가면서 몽염이 진나라를 위해 쌓은 장성의 요새를 보니 산을 깎아내리고 골짜기를 메워 길을 통하게 했는데, 이것은 참으로 백성들의 노고를 가벼이 여긴 것이다.

　진나라가 천하를 통일했을 때 전쟁의 상처는 가라앉지 않았다. 그런데 몽염은 이름 있는 장수로서 백성의 궁핍함을 구제하고, 노인과 고아와 과부를 돌보며, 백성들이 안정되고 평화롭게 일할 수 있도록 간언하지 않고, 도리어 시황제의 야심에 영합하려 공사를 일으켰다. 그러니 그들 형제가 죽임을 당한 것이 또한 당연한 일이 아니겠는가? 어찌 지맥을 끊은 탓으로 돌리려 하는가?"

卷八十九。張耳陳餘列傳

제29편
장이, 진여열전

張耳者、大梁人也。其少時、及魏公子毋忌為客。張耳嘗亡命遊外黃。外黃富人女甚美、嫁庸奴、亡其夫、去抵父客。父客素知張耳、乃謂女曰必欲求賢夫、女聽、乃卒為請決、嫁之張耳。張耳是時脫身游、女家厚奉給張耳、張耳以故致千里客。乃宦魏為外黃令。名由此益賢。陳餘者、亦大梁人也、好儒術。數遊趙苦陘。富人公乘氏以其女妻之、亦知陳餘非庸人也。餘年少、父事張耳、兩人相與為刎頸交。

"문경지교(刎頸之交)를 맺은 두 사람이 결국 권력과 이익 앞에서 갈라서고 말다니, 참으로 인생이 무상하도다."

●

장이(張耳)는 위나라 대량(大梁) 출신이다. 젊은 시절 위공자 무기(毋忌), 즉 신릉군을 섬겼다. 어느 날 뜻하지 않게 죄를 짓게 되어 외황(外黃)이라는 시골로 달아났다. 평소 사교성이 좋았던 장이는 그곳에서 사람들을 사귀며 지냈다. 시골 선비들이 모두 장이를 비범한 자라 여기며 좋아했다.

외황에는 큰 부자가 살았는데 마침 그 집 딸이 시집을 갔다가 도망쳐 왔다. 그런데 그 딸의 미모가 아름답기로 소문이 자자했다. 하지만 남편이 보잘것없어 시댁에서 도망쳐 올 정도로 남자 보는 눈이 대단히 높았다.

평소 그 집을 자주 드나드는 부자의 친구가 있었는데 그는 장이와 아주 친한 자였다. 또한 장이를 훌륭한 인물이라고 여기고 있었다. 그래서 하루는 부잣집 딸에게 장이를 소개해 주었다.

"네가 훌륭한 남편을 얻고자 한다면 장이를 한번 만나 보도록 해라."

부잣집 딸은 장이를 만나 보고는 한눈에 반해 남편으로 섬겼다. 장이는 부잣집 아내 덕분에 지역의 명사들을 사귈 수 있었고 천 리 먼

곳에 사는 친구도 부를 수 있게 되었다. 그 무렵 평민이었던 유방이 여러 차례 찾아오기도 했고 여러 달 동안 머문 적도 있었다. 장이는 그렇게 사람과 교제하면서 명성이 차츰 알려지게 되었다. 나중에는 아내의 도움으로 위나라에서 관직을 얻어 외황의 현령이 되기도 하였다.

진여(陳餘) 또한 위나라 사람이다. 그는 어려서부터 학문을 좋아하여 유가의 학술에 능통했다. 한번은 조나라 고형(苦陘) 지역에 학문을 배우러 갔었다. 마침 그곳 부자인 공승(公乘) 씨가 진여를 비범하게 여겨 사위로 삼았다.

진여 또한 아내 덕분에 생활이 넉넉하여 명사들과 교제하게 되었다. 그 무렵 장이가 명성이 있다고 하여 찾아가 인사를 나누었다. 이야기를 나누고 보니 마음과 뜻이 맞아 마치 진여는 장이를 아버지처럼 섬기게 되었다. 그리고 둘은 문경지교(刎頸之交)의 우의를 나눌 정도로 각별한 사이로 발전하였다.

하지만 진(秦)나라가 위나라를 멸망시키자 장이와 진여는 불안한 신분이 되었다. 둘 다 아내를 친정으로 보냈다. 그리고 이름을 바꾸고 함께 진(陳) 지역으로 도망갔다. 그리고 그곳에서 이전 신분을 숨기고 문지기 노릇을 하면서 살아갔다.

한편 진나라에서 조서를 내려 장이와 진여가 위나라의 명사라는 소문을 듣고 이 둘을 찾았다. 장이에게는 1천 금, 진여에게는 5백 금의 현상금이 내걸렸다. 두 사람은 오히려 문지기의 신분을 이용해 태연히 마을 안에 이 조서를 내걸었다.

하루는 이 둘이 같은 조가 되어 성문을 지키고 있었다. 그런데 갑자기 관리가 찾아와 진여에게 잘못이 있다며 무작정 매질을 하는 것이었다. 그것은 사실 진여가 관리에게 뇌물을 바치지 않았기 때문에 보복을 받은 것이었다.

"네놈은 이전의 잘못을 알고 있겠지? 지금 그것을 벌주는 것이다."

진여가 매를 맞다가 참지 못하고 막 관리에게 반항하려고 했다. 그 순간 장이가 진여의 발을 꽉 붙잡아 꼼짝 못하게 했다. 그로 인해 진여는 순순히 매를 맞을 수밖에 없었다. 잠시 후 관리는 분이 풀렸는지 이내 자리를 떠났다. 장이가 급히 진여를 부축하고 뽕나무 아래로 데려갔다. 다친 곳이 없나 살펴보더니 무사한 것을 보고는 이내 진여를 크게 꾸짖었다.

"네놈이 지방 관리의 손에 무참하게 죽고 싶어서 그러는 게냐? 어찌 그런 작은 치욕을 참지 못하는가? 큰 뜻이 있는 자는 작은 모욕에 분노해서는 안 되는 법이다."

진여가 아무 말도 못 하고 곧 수긍하고 말았다.

그 무렵 진승(陳勝)은 기(蘄) 지역에서 반란을 일으켜 진(陳)에까지 이르렀다. 그 수하의 병사가 수만 명에 달했다. 장이와 진여가 소문을 듣고 진승을 뵙고자 청하였다. 그러자 진승이 말했다.

"두 분이 위나라 전역에 현상수배된 것을 보고 알고 있었습니다. 이렇게 명망 있는 두 분을 뵙게 돼서 참으로 기쁩니다."

마침 진승을 따르는 많은 호걸들과 원로들이 진승을 왕에 오르도록 설득하고 있는 중이었다.

"장군께서는 농민 봉기를 통해 저 포악한 진나라를 멸하고 쓰러진 초나라를 다시 일으켜 세우셨으니 그 공적이 왕이 되기에 충분합니다. 원컨대 왕위에 오르셔서 천하를 다스려 주시옵소서."

진승이 장이에게 물었다.

"내가 왕위에 오르는 것에 대해 어떻게 생각하시오?"

장이가 대답했다.

"저 포악한 진나라가 초나라의 사직을 없앴으며, 후세를 끊어 버렸고, 백성의 재물을 모두 약탈했습니다. 지금 장군께서 천하를 위해 죽음을 무릅쓰고 진나라를 물리치고 계십니다. 그런데 만약 왕위에 오르신다면 그것은 천하에 욕심을 내보이는 것입니다. 그렇게 되면 지금껏 따르던 자들이 모두 떠나고 말 것입니다. 원컨대 장군께서는 왕위에 오르는 걸 미루시고 먼저 옛날 서쪽 여섯 나라에 후계자를 세우십시오. 그러면 장군께서는 천하 각지에 같은 편을 두게 되는 것이고 같은 편이 많으면 진나라를 쉽게 멸망시킬 수 있을 것입니다. 그런 후에 천하의 제후들을 호령하는 황제의 자리에 오르시는 것이 좋을 듯하옵니다. 하오니 이 작은 진(陳) 땅의 왕이 되시는 것은 부디 거절하시옵소서."

그러나 진승은 이 말을 듣지 않고 진왕(陳王)이 되는 것을 허락했다. 장이와 진여가 물러나면서 이야기를 나누었다. 먼저 진여가 말했다.

"진승은 왕이 되고 싶어 안달인 사람입니다. 우리가 맞장구쳐 주길 바랐던 것이지요."

장이가 말했다.

"나도 알고 있네. 그래도 우리의 뜻은 하늘이 듣고 땅이 듣고 있네. 우리는 후세가 쓰는 역사를 두려워해야 하네."

얼마 후 진승이 왕위에 올랐다. 그러자 진여가 아뢰었다.

"대왕께서는 함곡관(函谷關)에 들어가는 데 힘을 쓰시느라 아직 하북의 땅을 거두지 못하셨습니다. 제가 옛 조나라 지역을 유람한 적이 있어서 그곳의 호걸들과 지형에 대해 잘 알고 있으니, 대왕께서 기병을 거느리고 공략하시면 충분히 점령할 수 있습니다."

진승이 무신(武臣)을 장군으로 삼고, 소소(邵騷)를 호위군으로 삼고, 장이와 진여를 좌우 교위(校尉)로 삼아 3천 명의 병사와 더불어 옛 조나라 땅을 공략하라고 출병을 명했다. 무신 일행은 황하를 건너 북쪽으로 치고 올라갔다. 그때마다 진여는 성을 지키는 관리들에게 무력에 앞서 먼저 설득하여 항복하도록 했다.

"진(秦)나라가 천하를 잔혹하게 다스린 지가 수십 년이 되었습니다. 북쪽으로 만리장성을 쌓는 고된 노역과, 남쪽으로 오령(五嶺)을 수비하는 힘든 노고로 백성들은 피폐해지고 군비는 바닥이 났습니다. 그 위에 가혹한 법과 잔인한 형벌로 백성을 억누르는 까닭에 천하에 어느 누구도 편히 살 수가 없었습니다. 이러한 때에 진왕(陳王)께서 앞장 서 일어나니 사방 2천 리에 호응하지 않는 자가 없습니다. 사람들이 모두 스스로 일어나 자신들의 원한을 갚고 원수를 공격하기에 이르렀습니다. 현의 수령을 죽이고, 군의 태수를 죽였습니다. 이제 세력을 확장하여 오광(吳廣)과 주문(周文)으로 하여금 1백만의 군사를 거느리고 진나라를 공격하게 되었습니다. 이러한 때에 공로를 이루지 못하면 감히 호걸이라 할 수 없을 겁니다. 한번 생각해 보십시오. 진나라에 대해 괴로움을 느낀 지가 오래되지 않았습니까? 이제 포악한 군주를 공격해 부모의 원한을 갚고, 공을 세워 땅을 하사받는 일은 성을 지키는 관리라면 가장 좋은 기회인 것입니다."

성을 지키는 관리들이 이 말에 모두 수긍하여 진승의 군대에 합류하였다. 그 수가 며칠 사이에 수만 명에 이르렀다. 무신은 계속 진격하여 북쪽 10개 성을 함락시켰다. 이 공로로 이후 무신을 무신군(武信君)이라 칭했다.

이어 무신군은 군대를 이끌고 동북쪽 범양(范陽)을 향해 진격하였다. 그때 범양 사람 괴통(蒯通)이 범양 태수를 찾아가 말하였다.

"태수께서 곧 돌아가시게 되었다는 말을 듣고 조문하러 왔습니다. 그러나 이 괴통을 만나 살아나신 것을 축하드립니다."

범양 태수가 말했다.

"그게 무슨 괴이한 말이오? 무엇 때문에 나를 조문하고, 내가 다시 살아난다는 거요?"

괴통이 말했다.

"태수께서 이 자리에 앉은 지가 10년이 되었습니다. 진나라는 그동안 부모를 죽이고, 자식을 고아로 만들고, 아내를 과부로 만들어 백성들의 원망이 헤아릴 수 없을 정도입니다. 그렇지만 여리고 순한 백성들이 태수를 죽이지 못하는 것은 진나라의 법이 가혹하기 때문입니다. 그런데 지금 천하는 혼란스러워 더는 진나라의 법이 실행되고 있지 않습니다. 그렇다면 자식을 잃은 아버지와 아버지를 잃은 자식들이 태수에게 원한을 갚고자 할 것입니다. 이것이 제가 조문하는 까닭입니다.

이제 곧 반란군의 주역인 무신군의 군대가 이곳에 도달할 것입니다. 만약 태수께서 이곳 범양성을 굳게 지키려 한다면 군사들이 앞을 다투어 태수를 죽이고 무신군에게 항복할 것입니다. 그렇지 않고 태수께서 무신군을 만나 보려 하신다면 재앙을 복으로 돌릴 수가 있으니 이는 곧 다시 살아난다는 뜻입니다. 지금이 바로 그때입니다."

범양 태수는 주저하지 않고 바로 무신군을 만나고자 하였다. 이에 괴통이 무신군을 찾아가 말했다.

"장군께서는 힘들게 싸움을 벌여 성을 함락시키는데 그것은 올바른 방법이 아니라고 생각합니다. 제가 싸우지 않고 성을 점령할 수 있는 계책을 건의하고자 합니다. 그것은 바로 격문을 각 성에 포고하는 것입니다. 그러면 싸움 없이 북쪽의 모든 성을 평정할 수 있습니다."

무신군이 물었다.

"그게 무슨 말인가?"

괴통이 대답했다.

"지금 범양 태수는 병사들에게 싸울 준비를 하라고 하지만 사실 겁이 많아 죽음을 두려워하고 있습니다. 재물과 벼슬이 아까워 감히 죽을 수가 없는 것이지요. 그래서 그는 누구보다 먼저 항복을 하고자 합니다. 그러나 장군께서 이전에 10개 성을 함락시킬 때 그곳 관리들을 무참히 죽인 것을 알고 선뜻 나서지 못하고 있습니다. 또한 범양의 의로운 젊은이들이 비록 태수를 죽이더라도 장군께는 항거할 것이 분명합니다. 만약 장군께서 범양 태수를 반란군 점령지의 새로운 제후로 봉하신다는 증명을 해 주시면 태수는 바로 항복할 것입니다. 또한 젊은이들도 감히 태수를 해치지 못하고 장군께 대항하지도 않을 것입니다.

그리고 이후에 범양 태수를 화려한 장식을 한 붉은 수레에 태워 각 성을 달리게 하십시오. 모든 성의 제후들이 그 모습을 보면 따라서 항복하고 말 것입니다. 이것이 바로 격문을 포고함으로 천하를 평정하는 방법입니다."

무신군이 이 계략을 좇아 괴통에게 제후의 증명을 주어 범양 태수에

게 하사하도록 했다. 그러자 그 소문이 번져 싸우지 않고 항복한 성이
30개나 되었다.

그 무렵 반란군 장수 주장(周章)의 군대가 함곡관에 이르렀다가 진나
라에 패했다. 또 여러 반란군 장수들이 공을 세웠지만 진승의 책략에
넘어가 무고죄로 죽임을 당했다는 소문이 무성했다. 장이와 진여는 앞
으로의 일을 논의했다. 진여는 진승을 믿을 수 없어서 떠나고자 했다.

"이렇게 된 이상 차라리 진승을 떠나 무신군을 조나라 왕으로 세우
는 것이 낫지 않겠소?"

장이는 대답하지 않았다. 그것은 무신군의 처자와 장이의 아들이 진
승 밑에 인질로 있는데, 만일 진승을 배신한다면 당장에 인질을 살해
할 것이 분명하기 때문이었다.

진여가 다시 설득했다.

"우리가 돌아가 봐야 진승에게 주살되고 말 것이오. 시간이 없소. 결
단이 늦으면 목이 베이고 말 것이오."

이에 장이가 무신군을 찾아가 설득하였다.

"진승은 왕위에 올랐지만 이전 여섯 나라에 후사를 다시 세우지 않
았습니다. 장군께서 지금 3천 명의 군사로써 옛 조나라의 수십 성을
항복받았습니다. 그러나 이곳을 지키려면 왕위에 오르지 않고서는 어
려운 일입니다. 게다가 진승은 측근들을 모함하고 무고하게 죽인다고
하니 돌아가신다면 화를 면키 어려울 것입니다. 차라리 왕위에 오르는
것이 현명한 일입니다. 정 원치 않으신다면 조나라의 후손을 세워도
좋습니다. 장군께서는 이 기회를 결코 놓치지 마십시오. 시간이 촉박
하옵니다."

무신군이 이 말을 듣고 조나라 왕에 올랐다. 이어 진여를 대장군, 장이를 우승상, 소소를 좌승상으로 삼았다.

진승이 이 사실을 알고는 크게 노했다. 무신군의 집안과 일가친척을 모두 옥에 가두고 군대를 출동하여 조나라를 공격하도록 명했다. 그때 재상인 방군(房君)이 나서서 간언하였다.

"진나라가 아직 망하지도 않았는데 반군 출신의 무신과 그 수하인 자들을 죽인다면, 이는 또 다른 진나라가 생기는 것과 같습니다. 그보다는 차라리 그들을 축하해 주고 그들로 하여금 빨리 군대를 이끌고 서쪽 진나라를 치게 하는 것이 좋을 듯하옵니다."

진승이 이 말에 동의하여 옥에 가둔 무신군의 집안과 일가친척들을 모두 궁중에 옮겨와 살게 했다. 또한 장이의 아들 오(敖)를 성도군(成都君)에 봉했다. 그리고 사절단을 보내 새로운 조나라 왕의 등극을 축하하였다. 사절단은 무신군에게 서둘러 군대를 일으켜 진나라를 공격하도록 제안하였다. 그러자 장이와 진여가 왕에 오른 무신군에게 말했다.

"우리가 진나라를 멸하고 나면 진승은 반드시 우리를 공격할 것입니다. 그러니 대왕께서는 군사를 진나라 쪽으로 움직이지 마시고, 북쪽의 연(燕)과 대(代) 그리고 남쪽의 하내(河內) 지역을 거두어 영토를 넓히시기 바랍니다. 우리 조나라가 이 지역들을 차지하게 되면 진승이 감히 조나라를 공격하지 못할 것입니다."

조나라 왕은 이 말이 옳다고 여겨 장수 한광(韓廣)으로 하여금 연(燕)을 공략하게 하였고, 장수 이량(李良)에게는 상산을 공격하게 하였으며, 장수 장염(張黶)에게는 상당을 공격하게 하였다.

그러나 한광이 연나라 지역에 이르자 사람들이 모두 한광을 추대해 연나라 왕으로 세웠다. 이 소식을 들은 조나라 왕 무신군은 분노하여 장이와 진여를 데리고 연나라 변경을 공격하려 나섰다. 그런데 한밤중에 무신군이 밖에 나갔다가 도리어 연나라 병사들에게 사로잡히고 말았다. 연나라는 즉각 조나라에 통보하였다.

"조나라 땅 절반을 주면 너희 왕을 돌려보내 주겠다."

조나라는 협상을 위해 연나라에 사신을 보냈다. 그러나 연나라는 협상을 거부했다. 사신을 죽이고 땅을 재차 요구했다. 사신을 여러 번 보내도 똑같았다. 장이와 진여는 걱정이 깊었다. 병사들 또한 그걸 알고 있었다. 그때 허드렛일을 하는 병사 하나가 같은 막사의 동료들에게 말했다.

"내가 연나라를 설득해 조나라 왕을 수레에 싣고서 돌아오겠다."

그러자 동료들이 모두 비웃으며 말하였다.

"사신으로 간 사람이 열 명이나 되지만 가는 즉시 모두 죽임을 당하였다. 그런데 일개 병사인 네가 어찌 왕을 구해 올 수 있단 말인가?"

병사는 연나라 성벽으로 달려갔다. 마침 연나라 장군이 성벽 위에 있는 것을 보고 소리쳤다.

"장군께서는 이 소인이 무엇을 원하는지 아십니까?"

연나라 장군이 대답했다.

"너는 조나라 왕을 구하려고 하는 것이다."

병사가 말했다.

"장군께서는 장이와 진여가 어떤 사람인지 알고 계십니까?"

연나라 장군이 말했다.

"그분들은 현인이다."

병사가 다시 말했다.

"그분들이 무엇을 원하는지 아십니까?"

연나라 장군이 대답했다.

"그들도 왕을 구하려고 하겠지."

이에 조나라 병사가 웃으며 말했다.

"장군께서는 알지 못합니다. 이전에 무신군과 장이와 진여는 말채찍만 흔들어도 조나라의 수십 개 성이 항복했습니다. 하지만 장이와 진여는 제각기 왕이 되고자 하는 사람들이지 무신군 아래서 재상을 지내는 것으로 만족할 사람이 아닙니다. 세 사람은 처음에 약속하기를 점령한 지역을 삼등분하여 각기 왕이 될 수가 없었기에 나이의 고하를 따져 무신군을 먼저 왕위에 즉위시켜 조나라의 민심을 사로잡고자 했던 것입니다. 이제 조나라는 모두 복종하였으며 장이와 진여 이 두 사람도 곧 왕이 되고자 하지만 아직 기회가 오지 않았을 뿐입니다. 그런데 지금 연나라가 조나라 왕을 감금하고 계시니 이 두 사람은 명목상으로 왕을 구하고자 하지만 사실은 연나라가 그를 죽이기를 바라고 있습니다. 그렇게 되면 이 두 사람이 조나라를 양분하여 각기 왕이 될 것입니다. 대체로 하나의 조나라도 연나라를 우습게 여기는데, 하물며 두 명의 현명한 왕이 서로 합심하여 연나라를 질책한다면 연나라는 하루아침에 망하고 말 것입니다."

연나라 장군이 그 말을 왕께 아뢰자 서둘러 조나라 왕을 풀어 주었다. 그러자 병사는 대기하고 있던 마차에 조나라 왕 무신군을 모시고 귀국하였다.

이후 조나라는 이량(李良)을 장군으로 삼아 상산을 평정하게 했다. 이량이 임무를 마치고 돌아오자 이번에는 태원을 점령하도록 했다. 그러나 이량의 군대가 석읍에 이르자 진나라 군대가 가로막고 있어 더는 전진할 수 없었다. 그때 진나라 진영에서 시황제 2세의 사신이라고 속여 이량에게 서신을 보내왔다.

"이량 그대는 일찍이 나를 섬기어 존귀함과 총애를 누렸다. 지금이라도 늦지 않았으니 조나라를 배반하고 진나라에 복귀한다면 모든 죄를 용서하고 다시 귀하게 등용하겠노라."

이량은 편지를 읽고 나니 의심이 들었다. 그래서 병력 증원을 요청하기 위해 조나라로 돌아갔다. 그런데 한단에 도착하기 전에 마침 연회를 마친 조나라 왕의 누이가 기병 백여 명의 호위를 받으며 지나가는 것을 발견하게 되었다. 이량은 그것이 왕의 행차인 줄 알고 서둘러 길옆으로 비켜서 엎드려 절하였다. 왕의 누이는 술에 취해 그가 이량 장군인 줄도 모르고 기병을 시켜 인사에 대해 답례를 하였다.

"갸륵한 장수로다. 그 행실이 바르니 이에 칭찬할 따름이다."

행렬이 지나가자 자리에서 일어난 이량은 갑자기 부하들 보기가 부끄러웠다. 그러자 옆에 있던 부관 한 사람이 치를 떨며 말했다.

"천하의 영웅호걸이 모두 진나라에 반기를 들고 있으니 능력 있는 자는 먼저 왕이 되는 것입니다. 지금 조나라 왕은 본래 장군의 부하가 아니었습니까? 더구나 왕의 누이조차 장군을 보고도 수레에서 내리지 않고 능멸하고 지나가니, 제가 당장에 쫓아가서 죽여 버리겠습니다."

이량은 화가 나서 말리지 않았다. 부하가 달려가 조나라 왕의 누이를 살해하고 말았다. 그리고 군사를 거느리고 조나라 도읍 한단을 습격했다. 조나라 왕과 장군 소소가 이량 군사들의 칼에 맞아 죽었다. 장이와 진여는 다행히 도망쳐 목숨을 구했다. 나중에 돌아와 흩어진 병사들을 모으니 수만 명이 되었다. 병사 중에 누군가 말했다.

"두 분께서는 이제 조나라를 다스릴 자격이 없습니다. 그러니 조나라의 후손을 왕으로 세우고 신의를 가지고 돕는 것이 합당한 처사라고 생각됩니다."

이에 조헐(趙歇)을 왕으로 옹립하고 신도(信都)에 도읍을 정했다. 그러자 그곳으로 이량이 다시 공격해 왔다. 진여가 출병하여 이량의 군대를 무찔렀다. 이량은 도망하여 진나라 장한(章邯)에게 몸을 의탁하였다.

얼마 후, 장한이 군대를 이끌고 조나라로 쳐들어왔다. 그 기세가 대단하여 장이는 대적하지 못하고 왕 조헐을 모시고 거록성(巨鹿城)으로 도망쳤지만 왕리(王離)에게 다시 포위당하고 말았다. 마침 왕리의 군대는 군량이 넉넉해 군사들이 기세가 올라 거록성을 맹렬히 공격하였다. 하지만 장이가 이끄는 조나라 군대는 군량이 거의 바닥이 난 상태라 아주 절박한 상황이었다. 이에 장이가 거록성 북쪽에 있는 진여에게 사람을 보내 응원군과 군량을 요청하였다. 하지만 진여는 병력이 없어서 응원군을 보내 줄 수 없다고 회신하였다.

점점 위기 상황이 절망으로 치닫게 되자 장이는 결국 진여에게 노하고 말았다. 부하인 장염과 진택을 진여에게 보내 심하게 책망하도록 하였다.

"그대와 나는 문경지교를 맺은 사이요. 지금 내가 왕을 모시고 있는데 죽을 지경에 빠져 있소. 그대는 수만 명의 군사를 가지고 있으면서도 나를 구원하려 하지 않으니 그리고도 어찌 의리가 있단 말이오? 만일 그대가 조금이라도 신의가 남아 있다면 지금이라도 당장 죽고자 하는 맘으로 군사를 이끌고 달려올 것이오."

그러자 진여가 장염과 진택에게 말했다.

"내가 군대를 이끌고 나아가 봤자 그건 군사만 잃을 뿐이지 결코 조나라를 구원할 수는 없습니다. 내가 지금 싸우지 않는 것은 나중에 왕과 장이를 위해 복수하려는 것입니다. 그런데 만일 함께 죽고자 한다면 이는 굶주린 호랑이에게 고기를 던져 주는 것과 같으니 무슨 이득이 있겠습니까?"

장염과 진택이 말했다.

"사태가 급박하니 함께 죽음으로 신의를 세우는 것이 우선이지 어찌 이후의 일을 생각한단 말입니까?"

진여가 말했다.

"그러면 좋소. 그대들의 말을 따르겠소."

하고는 장염과 진택에게 각각 군사 오천 명을 주어 진나라와 싸우게 하였다. 싸움이 붙기도 전에 장염과 진택 그리고 휘하 군사들은 모두 몰살당하고 말았다.

이젠 조나라가 살아날 길이 조금도 없었다. 그런데 마침 항우의 군대가 진나라 장한의 길목을 차단하니 왕리의 식량보급로가 연계되어 끊기고 말았다. 이어 항우가 군대를 이끌고 하수를 건너 마침내 장한의 군대를 모두 무찔렀다. 그러자 조나라는 거록성의 포위에서 자동으로 풀려났다. 결국 장이를 구원한 것은 초나라 항우의 힘이었다.

거록성을 나온 장이는 항우에게 답례 인사를 했다. 그리고 진여를 만나 구원하러 오지 않은 것을 책망하고 장염과 진택의 행방을 물었다. 이에 진여가 화를 내며 말했다.

"그들은 죽기를 각오하고 나가 싸워야 한다고 해서 내가 각각 오천 군사를 내주었소. 하지만 싸워 보지도 못하고 진나라에 모두 몰살되고 말았소."

장이는 그 말을 믿지 못하고 진여가 죽였다고 생각하여 다시 그들이 어디 있냐고 물었다. 그러자 진여가 대답했다.

"재상께서 저를 이리도 책망할 줄은 몰랐소. 차라리 이 직책을 그만 두는 것이 좋겠소. 나는 자리에 연연하는 사람이 절대 아니외다."
하고는 장군의 인수를 풀어 장이에게 넘겨주었다. 장이 또한 뜻밖의 반응에 놀라서 받지 않으려 했는데, 진여가 일어나 나가 버렸다. 그때 장이의 부하가 나서서 말했다.

"하늘이 주신 것을 받지 않으면 도리어 화를 입는다고 했습니다. 진여 장군이 내려놓으셨으니 이제 재상께서는 서둘러 받도록 하십시오."

장이가 그 말을 듣고는 장군의 인수를 차고 군사를 거두었다. 진여는 급히 그곳을 나와 이후 친한 부하 수백 명과 함께 하수의 물가에서 낚시를 즐기며 생활했다. 이 일로 인해 장이와 진여 사이가 크게 벌어졌다.

조헐은 조나라로 돌아와 다시 왕에 올랐다. 장이는 항우를 따라 함곡관으로 들어갔다. 항우가 공로 있는 제후들을 왕으로 세웠는데 장이를 추천하는 사람들이 많았다. 이에 조나라를 나누어 장이를 상산왕으로 삼고 신도 지역을 다스리게 하였다. 그리고 신도의 지명을 양국(襄國)으로 바꾸었다.

그 가운데 함곡관에 따라 들어온 진여의 사람들이 항우에게 말했다.

"진여 또한 장이와 똑같이 공이 있는 사람입니다."

항우가 말했다.

"내가 함곡관으로 오는데 진여가 따르지 않았다. 허나 그가 공이 있는 자라니 남피 지역 세 현을 다스리는 제후로 삼겠다."

이 결정으로 진여는 제후에 올랐다.

"내가 장이와 공로가 같은데 어찌 장이는 왕이 되고 나는 제후에 머문다는 말인가?"

항우의 처우에 대하여 진여는 그만 분노하고 말았다. 또한 조헐은 영토의 일부를 떼어 주고, 작은 대(代) 지역으로 옮겨 갔으니 결국 장이만이 혜택을 본 것이었다.

이 무렵 제나라 왕 전영(田榮)이 항우에 반기를 들자, 진여가 부하 하열을 전영에게 보내 말했다.

"항우는 다스림이 공평치 못한 자입니다. 자신의 장수들은 모두 좋은 땅에 왕으로 봉해 주고 이전의 왕들은 모두 나쁜 땅으로 옮겨가게 했습니다. 심지어 조나라 왕도 대 땅으로 옮겨 간 상태입니다. 원컨대 제게 군대를 빌려 주신다면 제가 거하고 있는 남피의 땅을 기반으로 대왕의 나라를 보호하도록 하겠습니다."

전영이 그 말을 믿고 진여에게 군대를 파견하여 주었다. 진여가 그 군대를 이끌고 장이를 급습했다. 장이는 놀라서 싸워 보지도 못하고 패해 달아났는데 마땅히 의탁할 곳을 찾지 못했다.

"아, 내가 한나라 유방과 친분이 있었지만 항우가 나를 먼저 알아주어 왕으로 세워 주었으니 초나라로 가련다."

그때 신하 감공이 나서서 말했다.

"유방이 함곡관에 들어갔을 때 다섯 개의 별이 동정(東井)에 모여 들었습니다. 동정에 먼저 이르는 사람이 천하를 차지하게 될 것입니다. 초나라가 비록 강하다고 해도 나중에는 분명 한나라에 귀속될 것입니다."

이 말을 듣자 장이는 유방이 있는 한나라로 몸을 의탁하였다. 유방은 장이를 보자 후하게 대우해 주었다.

장이를 패배시킨 진여는 조나라 땅을 모두 차지하고 대 땅에 거하는 조나라 왕을 모셔와 섬겼다. 조나라 왕은 진여를 대 땅의 왕으로 삼으려 했으나 진여는 왕을 보좌하는 것으로 만족하였다. 대신 부하인 하열을 상국으로 삼아 대 땅을 지키도록 하였다.

2년 후, 한(漢)나라에서 조나라로 사신을 보내 함께 초나라를 공격하자고 제안했다. 그러자 진여가 말했다.

"한나라가 장이를 죽인다면 그 제안을 따르겠소!"

이에 한나라에서 모사를 꾸며 장이를 닮은 자를 찾아 그를 죽이고 그의 머리를 가져다 진여에게 주었다. 진여가 고개를 끄덕이며 초나라 공격에 나섰다. 그러나 팽성 전투에서 한나라가 패하고, 장이가 죽지 않았다는 사실을 알게 되자 진여는 바로 약속을 뒤집고 말았다.

한(漢)나라 3년, 유방의 부하 한신이 위나라 땅을 평정하고, 장이가 한신과 더불어 조나라를 격파하고, 위수에서 진여를 목 베었다. 조나라 왕 조헐은 도망치다 양국 땅에서 죽었다. 한나라는 장이를 조나라 왕으로 세웠다.

한(漢)나라 5년, 장이가 세상을 떠났다. 경왕(景王)이라는 시호가 내려졌다. 아들인 장오가 그 뒤를 이어 왕위에 올랐다. 유방의 장녀인 노원

공주가 장오의 아내가 되었다.

한(漢)나라 7년, 고조 유방이 조나라를 지나가게 되었는데, 조나라 왕 장오가 아침저녁으로 몸소 음식을 올리며 사위의 예를 다하였다. 그러나 고조는 다리를 상 위에 올리며 오만하고 불순하게 행동하였다. 이에 나이가 예순이 넘은 조나라 재상 관고(貫高)와 조오(趙午)가 분노를 터뜨리며 말하였다.

"우리의 왕은 너무도 나약하도다!"

하고는 왕을 설득해 말했다.

"지금은 천하의 호걸이라면 누구나 들고 일어나 그중 능력 있는 자가 먼저 왕이 되는 때입니다. 그런데 왕께서는 고조를 공손히 섬기지만 고조는 무례하기가 도가 지나칩니다. 그를 죽이도록 허락하여 주십시오."

그러자 장오가 손가락을 깨물어 피를 내어 보이면서 말하였다.

"무슨 말을 그렇게 함부로 하는 것이오? 선왕께서 나라를 잃었을 때 고조의 힘으로 나라를 되찾았고 그 덕으로 후손에까지 이르고 있소. 터럭만큼 작은 것도 다 고조의 은혜인 것이오. 경들은 다시는 그런 말을 입 밖에 내지 마시오."

그러나 관고와 조어 그리고 다른 신하 십여 명이 은밀히 모여 논의하였다.

"우리가 잘못 생각한 것이오. 우리 왕은 남의 은덕을 배반하지 못하는 분입니다. 그러나 우리 왕이 모욕을 당하는 것을 가만히 볼 수는 없소. 고조가 우리 왕을 모욕했기에 죽이려 하는 것이니, 이 일이 성공하면 그 공은 왕께 돌리고, 설사 실패한다면 우리들이 그 죄를 받도록 합시다."

한(漢)나라 8년, 고조가 동원에서 돌아오는 길에 조나라에 들렀다. 조나라 신하들이 고조가 지나는 길목에 자객을 숨겨 놓고 기다리고 있었다. 고조가 그곳을 지나가는데 가슴이 공연히 떨려 주위 신하들에게 물었다.

"이 현의 이름이 무엇인가?"

신하가 대답했다.

"박인(柏人)이라고 합니다."

그러자 고조가 다시 물었다.

"박인이라면 곧 다른 사람에게 핍박받는다는 뜻이 아닌가?"

하고는 정해진 숙소에 묵지 않고 곧바로 떠났다.

한(漢)나라 9년, 조나라 신하인 관고와 원수지간인 자가 고조 암살 사건의 계책을 우연히 듣게 되어 이를 한나라 조정에 신고하였다. 고조는 즉각 관련자들을 모두 체포하라고 명했다. 그러자 관련된 10여 명의 신하들이 그 소식을 듣고 자살하고 말았다. 관고는 홀로 남아 탄식하며 말했다.

"그대들이 먼저 죽으면 어쩌자는 것이오? 지금 임금도 체포되었는데 그대들이 다 죽어 버리면, 누가 임금이 무관하다는 것을 밝힌단 말이오?"

관고 또한 체포되어 죄수 수레에 실려 왕과 함께 장안으로 압송되었다. 고조는 사위 장오의 죄를 다스리기 위해 조칙을 내렸다.

"조나라의 어느 누구라도 장오를 따르는 자가 있으면 그 일족을 멸하고 말겠다."

관고와 그 밖의 죄인들은 머리를 깎고 칼을 쓴 채 장안에 도착하여 옥에 갇혔다. 옥리의 심문에 대하여 그들은 다음과 같이 말했다.

"우리의 왕은 아무것도 모르는 일이오. 단지 우리들이 한 일이니, 제발 정확히 알아주시오."

옥리가 그들에게 수백 대의 곤장을 치고, 쇠로 살을 찔러 더는 찌를 곳이 없을 때가 되도록 심문했으나 그들은 끝내 이 말만을 반복하였다. 고조의 아내 여후가 심문 내용을 보고받고 고조에게 말했다.

"사위가 역모를 꾸몄을 리가 없습니다. 노원공주 때문이라도 이러한 일을 꾀할 수 없는 것입니다. 통촉하소서!"

그러자 고조가 화를 내며 말했다.

"만일 장오가 반란을 성공했다면 노원공주 같은 여자가 어찌 한둘이겠소?"

정위가 문초한 일을 보고하자 고조가 말했다.

"관고 그놈이 끈질긴 놈이구나. 누가 그놈을 아는 자가 없는가?"

그러자 중대부 설공(泄公)이 나서서 말하였다.

"관고는 저와 같은 고향 사람입니다. 그는 조나라의 명예와 도리를 중히 여기는 자로서 누구에게나 믿음을 저버리지 않는 자입니다."

고조가 설공에게 관고를 찾아가 보도록 했다. 관고가 설공을 보자 말했다.

"설공이 아니오?"

설공은 친근하게 말했다.

"정말로 조나라 왕 장오가 음모를 꾸민 것이오?"

관고가 대답했다.

"어느 누가 자신의 부모와 처와 자식을 아끼지 않는 사람이 어디 있겠습니까? 나는 이제 삼대가 멸하는 사형을 선고받은 몸입니다. 어찌 왕과 나를 바꿀 수 있겠습니까? 진실로 말하지만 왕께서는 음모를 꾸미지 않으셨습니다. 우리끼리 꾸민 음모입니다."

그러면서 이 사건이 일어나게 된 경위와 왕이 무관한 내용에 대해 자세히 설명하였다. 설공이 궁궐로 돌아와 고조에게 상세히 아뢰었다. 그러자 고조가 장오를 풀어 주었다.

고조는 관고의 사람됨을 훌륭하게 여겨 설공을 다시 보내 경과를 이야기해 주도록 하였다.

"조나라 왕은 석방되었네."

그러자 관고가 물었다.

"정말로 우리 대왕이 석방되었는가?"

"그렇소. 그뿐 아니라 폐하께서는 그대 또한 훌륭하다고 여겨 그대를 사면하시었소!"

관고가 말했다.

"내가 몸이 성치 않은 곳이 없는데도 죽지 못한 것은 우리 왕께서 모반에 관련 없다는 것을 밝히기 위해서였소. 그런데 지금 왕께서 석방되셨다니 나의 책임은 다한 것이오. 이제는 죽어도 여한이 없소. 하물며 신하로서 그 임금을 시해하려 했다는 이름을 가지게 되었으니 무슨 면목으로 군주를 섬기겠소. 설령 황제께서 나를 사면한다고 하더라도 내 어찌 부끄러움이 없겠소?"

말을 마치고는 고개를 들어 목에 칼을 집어넣어 스스로 목숨을 끊었다. 관고의 죽음이 알려지자 천하의 선비들이 눈물을 흘리지 않은 자가 없었다.

장오는 석방되어 노원공주의 남편이라는 이유로 선평후(宣平侯)에 봉해졌다. 장오는 6년 후 죽었다.

　　태사공은 말한다.
"장이와 진여는 현자라고 알려진 이들이다. 벼슬을 얻기 전에 둘은 서로 죽음을 무릅쓰고 신의를 지켰으나 나중에 권력을 움켜쥐고 다투게 되면서 서로를 의심하고 갈라서고 말았다. 예전에는 그렇게 서로 사모하고 신뢰하며 성의를 다하더니 도대체 무엇이 이 둘을 갈라서게 했던가? 바로 권세와 이익을 따랐기 때문이다. 아무리 이들이 명예가 높다 하더라도 태백이나 연릉의 계자와는 아마도 상황이 다르다고 해야 할 것이다."

卷九十。魏豹、彭越列傳

제30편
위표、팽월 열전

魏豹者,故魏諸公子也。其兄魏咎,故魏時封為寧陵君。秦滅魏,遷咎為家人。陳勝之起王也,咎往從之。陳王使魏人周市徇魏地,魏地已下,欲相與立周市為魏王。周市曰:「天下昏亂,忠臣乃見。今天下共畔秦,其義必立魏王後乃可。」齊、趙使車各五十乘,立周市為魏王。市辭不受,迎魏咎於陳。五反,陳王乃遣立咎為魏王。

周市為魏王。章邯已破陳王,乃進兵擊魏王於臨濟。魏王乃使周市出請救於齊、楚。齊、楚遣項它、田巴將兵隨市救魏。

"이 둘은 평민의 신분에서 왕에 올랐고 이후 반역을 품었다가 성공하지 못하고 죽임을 당했다. 지략은 뛰어났으나 자신의 몸을 보존하는 데에 너무 급급한 어리석은 자들이었다."

●

위표

위표(魏豹)는 본래 위(魏)나라 왕의 아들이다. 진나라가 위나라를 멸망시키면서 위표와 그의 형 위구(魏咎)를 평민으로 격하시켰다. 나중에 위구는 진나라에 반기를 든 진승(陳勝)을 섬겼다.

진승이 위나라 출신 주불(周市)로 하여금 옛 위나라 지역을 점령토록 하였다. 주불이 군사를 이끌고 당도하니 모든 성이 항복하고 오히려 주불을 왕으로 모시려 했다. 이에 주불이 말했다.

"천하가 혼란하면 충신이 나타나게 마련이오. 지금 천하가 모두 진나라에 반기를 들고 있으니 이런 때일수록 의(義)를 잊어서는 아니 됩니다. 그러니 왕위는 당연히 위나라 후예가 올라야 하는 것입니다."

그러나 모두들 주불을 왕으로 세우고자 하였다. 주불은 극구 사양하고 진왕 진승에게 찾아가 위나라 왕에 대해 의논하였다. 다섯 번이나 진승을 찾아가고서야 허락을 얻어 위구를 위나라 왕으로 삼았다.

그런 가운데 진나라 장군 장한(章邯)이 반란군 진승을 무찌르고 위나라로 쳐들어왔다. 다급해진 위구와 주불은 급히 주변 반란군을 찾아가 구원을 요청하였다. 제나라 지역에서 장군 항타(項它)와 초나라 지역에서 장군 전파(田巴)가 군대를 이끌고 와서 위나라를 보호하였다.

그러나 그것도 잠시 뿐, 장한은 재차 공격하여 위나라 군대를 섬멸시키고 주불을 칼로 베어 죽였다. 사로잡힌 위나라 왕 위구는 스스로 불에 뛰어들어 타 죽고 말았다.

이때 위표는 몰래 초나라로 도망쳤다. 초나라에서 위표에게 수천의 군사를 주어 장한을 공격하게 하였다. 그러나 형세가 만만치 않았다. 이어 항우가 나서자 장한은 그만 항복하고 말았다. 그 승세를 따라 위표 역시 진나라의 20개 성을 함락시켰다. 항우는 그 공로로 위표를 위나라 왕에 봉했다. 이후 위표는 병사들을 이끌고 항우를 따라 함곡관으로 들어갔다.

한(漢)나라 원년, 항우는 위표를 하동 땅 서위왕(西魏王)으로 삼았다. 그 무렵 유방이 삼진(三秦)을 평정하고 돌아가는 길에 하동 임진(臨晉) 지역을 건너고 있었다. 이때 위표는 유방으로부터 공격을 받을까 걱정하여 항우를 배신하고 말았다. 직접 마중 나가 하동 땅을 바치고 유방을 따랐다. 이후 유방을 따라 항우의 초나라 팽성을 공격하였는데 패하고 형양(滎陽)까지 물러서게 되었다.

유방에게 전세가 불리하다고 느낀 위표는 어머니의 위급함을 핑계로 위나라로 돌아가겠다고 유방에게 요청하였다. 하지만 위나라로 돌아오자 하수(河水)의 나루터를 끊고, 유방에게 반기를 들었다. 유방이 이 소식을 듣고 분노하였으나 항우의 공격이 크게 걱정이던 때라 그를 칠 겨를이 없었다. 이에 부하 역생(酈生)에게 말했다.

"가서 위표를 잘 설득해 항복시킨다면, 그대에게 만호의 봉읍을 내리겠다."

역생이 가서 위표를 설득하였지만 위표는 거절하며 다음과 같이 말했다.

"인생은 백마가 달려가는 것을 좁은 문틈으로 잠시 내다보는 것과 같소. 이토록 짧은 인생인데 유방은 거만하여 사람들을 함부로 모욕하고 신하들을 꾸짖고 욕하기를 마치 노예 부리듯 하오. 예절이라고는 조금도 없소. 나는 그러한 꼴을 더는 볼 수가 없소."

이 말을 전해들은 유방은 크게 노하여 장군 한신을 보내 위표를 치게 했다. 한신은 하동에서 저항하는 위표를 사로잡았다. 죽이지 않는 대신에 주가(周苛)와 함께 형양 지역을 지키게 하였다.

그러나 초나라 항우가 형양을 포위해 오자 유방의 한나라 군대는 점점 위급해졌다. 그때 주가가 항우가 이처럼 깊숙이 쳐들어오는 것은 위표가 한나라를 배반했기 때문이라고 생각했다. 주가는 위표를 잡아들여 단칼에 목을 베고 말았다.

팽월

팽월(彭越)은 진나라 창읍(昌邑) 출신이다. 나이가 들도록 하는 일 없이 낮에는 거야라는 강가에서 물고기를 잡고 밤에는 무리를 이루어 도둑질을 다녔다. 그 무렵 진승과 항량이 진나라에 반기를 들고 일어나자 한 젊은이가 팽월에게 말했다.

"천하의 호걸들이 진나라에 반기를 들고 일어났는데, 이참에 당신도 한번 해보시지요?"

팽월이 말했다.

"지금은 두 마리 용이 한창 싸울 때이니 조금만 기다리시오."

한 해가 지나자 거야 강가 주위에 백여 명의 젊은이들이 몰려들었다. 그들이 팽월에게 말했다.

"원컨대 우리들의 수령이 되어 주시오!"

팽월이 말했다.

"나는 그대들과 함께 하고 싶지 않소."

그러자 젊은이들이 계속해서 요구하자 팽월은 허락할 수밖에 없었다. 그러나 허락의 조건으로 다음 날 해가 뜰 때 다시 다 같이 만나기로 약속을 했다. 만약 늦은 사람은 이유를 불문하고 참수하기로 굳게 결의했다.

그러나 다음 날 아침 무려 열 명이나 늦고 말았다. 그중 가장 늦게 온 사람은 해가 중천에 이를 때 도착했다. 이때 팽월이 무리들을 향해 단호하게 말했다.

"내가 비록 나이가 들었지만 나는 너희들이 간청하여 우두머리가 되었다. 그런데 약속을 해 놓고도 이렇게 늦은 자가 많으니 용서할 수 없는 일이다. 하지만 나는 늦은 자들을 다 죽이지는 않겠다. 가장 늦게 온 자를 대표로 참수하겠다."

하고는 그 무리에서 가장 힘센 자에게 가장 늦은 자를 죽이라고 명했다. 그러자 모두 웃으면서 말했다.

"꼭 그렇게 할 필요가 있겠습니까? 다음에 늦지 않으면 되는 거 아닙니까?"

그러나 팽월이 그 말을 듣지 않고 가장 늦은 자를 손수 끌어내 칼로 목을 베었다. 무리들이 모두 놀라 두려워하며 감히 고개를 쳐드는 자가 없었다. 팽월은 이어 죽은 자를 위해 제사를 올렸다.

이 소문은 사방에 전해졌고 팽월이 가는 곳마다 군대에서 이탈해 온 병사들이 모여들어 어느덧 천여 명이 넘어섰다.

그 무렵 유방이 북진해 창읍을 공격할 때 팽월이 자신의 사병을 이끌고 도왔다. 하지만 창읍은 좀처럼 함락되지 않았다. 유방은 다시 군대를 이끌고 서쪽으로 진격했다. 그 틈에 팽월은 거야(巨野)에 머물면서 흩어진 병사들을 모아 세력을 키워 갔다.

유방이 함곡관에 들어가자 팽월이 사병들을 이끌고 따랐다. 이때 유방은 공로에 따라 제후들을 각 지역의 왕으로 봉했다. 임명된 자들은 모두 자신의 나라로 돌아갔다. 그러나 팽월은 만여 명의 무리를 거느린 채 돌아갈 곳이 없었다. 함곡관에 거하며 유방을 따르기로 했다.

한나라 원년, 유방은 팽월을 장군으로 삼아 남쪽 초나라를 치게 하였다. 이 싸움에서 팽월은 초나라 군대를 크게 물리쳤다. 이듬해 유방이 위표를 비롯한 다른 제후들과 함께 초나라를 공격하였다. 이때 팽월이 군사 3만 명을 이끌고 외황에서 한나라로 들어왔다. 그러자 유방이 말했다.

"위나라 땅을 공격해 10개 성을 얻었다고 하던데, 팽 장군은 위나라 왕통을 잇기 위해 너무 서두르는 것 같소. 지금 서위왕 위표야말로 틀림없는 위나라의 후손이 아니겠소?"

하고는 팽월을 위나라 상국으로 임명하여 군대를 지휘하도록 했다. 얼마 후 팽월은 양나라 땅을 공격해 평정하였다. 이어 유방을 따라 팽성 전투에 참가하였으나 항우에게 크게 패했다. 유방은 이 전투에서 많은 군사를 잃었고 서쪽으로 물러났다. 팽월 역시 이전에 점령한 성을 모두 잃고 부하들을 거느린 채 북쪽 연안으로 물러났다.

한나라 3년, 팽월은 한나라 유격 부대를 이끌고 초나라를 공격하여 식량보급로를 차단하는 공을 세웠다. 이듬해 유방이 형양 땅에서 다시 항우와 대치하고 있을 때 팽월은 수양, 외황 등 17개의 성을 함락시키며 진군하고 있었다. 항우가 이 소식을 듣고 부하인 조구(曹咎)로 하여금 유방에 맞서게 하고 자신은 직접 동쪽으로 가서 팽월에게 빼앗긴 성을 되찾았다. 팽월은 패하여 북쪽 곡성(穀城)으로 도주하였다.

한나라 5년, 유방의 공격에 항우는 크게 패해 남쪽 양하로 도주하였다. 이때 팽월은 다시 창읍 부근의 20개 성을 점령하고 10만 섬의 곡식을 얻어 유방에게 전달하였다.

유방은 다시 항우와 접전을 벌였으나 위태로운 상황이었다. 팽월에게 사자를 보내 급히 구원군을 이끌고 와서 돕도록 했다. 그러자 팽월이 말했다.

"창읍을 평정한 지 얼마 안 되고, 초나라의 공격 또한 두려워 자리를 뜰 수가 없는 형편입니다."

유방은 결국 고릉에서 항우에게 또다시 패했다. 이에 자신을 호위하는 신하인 유후에게 탄식하며 말했다.

"제후들이 내 말을 따르지 않으니 이를 어찌해야 한단 말인가?"

유후가 대답했다.

"장군 한신이 제나라 왕의 자리에 오른 것은 대왕의 뜻이 아니기에 한신 역시 마음이 불편한 상황입니다. 그러나 팽월은 본래 양나라 땅을 평정해 공이 많은데 당초 위표 때문에 위나라 상국으로 삼으셨습니다. 그런데 지금 위표는 죽고 뒤를 이을 사람도 없습니다. 팽월 또한 왕이 되고 싶어 하는데 대왕께서 아직 결정을 내리지 않고 계십니다. 지금 이 두 사람에게 각기 위나라와 제나라를 주겠다고 약속하면 능히 초나라를 이길 수 있습니다. 하오니 북쪽 곡성까지의 땅을 모두 팽월에게 주어 왕으로 삼으십시오. 또 동쪽 바다에 이르는 곳까지 모두 한신에게 주십시오. 한신은 초나라에 고향이 있으므로 자신의 고향을 얻고 싶은 마음이 있습니다. 이 두 사람에게 땅을 주겠다고 약속하시면 지금이라도 그들은 구원 병력과 함께 달려올 것입니다. 만일 그렇게 할 수 없다면 천하의 일은 예측할 수 없습니다."

유방이 그 말에 따라 팽월에게 사자를 보냈다. 그러자 위나라 왕으로 내정받은 팽월은 군대를 이끌고 회전(會戰)에 도착해 유방을 대신해 초나라 군대를 크게 무찔렀다. 그 무렵 항우는 이미 죽었기 때문에 유방은 팽월을 양왕에 세우고 정도(定陶)에 도읍을 정하도록 했다.

한나라 10년, 진희(陳豨)가 대(代) 땅에서 반란을 일으키니 고조 유방이 직접 가서 반란군을 진압하였다. 그리고 한단에 이르러 양왕 팽월에게 군사를 이끌고 오도록 명령했다. 그러나 팽월은 병을 핑계로 다른 장수에게 병사를 이끌게 하고 가지 않았다. 유방이 이 일에 대해 사람을 보내 크게 꾸짖었다. 이에 팽월이 죽음이 두려워 직접 가서 사죄하려고 하였다. 그러자 부하 장수 호첩(扈輒)이 나서서 말했다.

"대왕께서는 가지 않으시려다가 꾸지람을 듣고 가시는 것인데, 지금 가신다면 아마도 사로잡히고 말 것입니다. 차라리 이 기회에 군대를 일으켜 유방에게 반란을 꾀하는 것이 낫습니다."

팽월은 이 말을 듣지 않았다. 유방에게 가서 병을 핑계 삼을 작정이었다. 그런데 때마침 자신의 수레를 책임지는 태복(太僕)이 잘못하여 팽월을 노하게 만들었다. 태복은 죽을까 두려워 한나라로 도망쳤다. 그리고 그곳에 가서 양왕 팽월과 호첩이 반란을 꾀하고 있다고 고발하였다.

이에 유방이 노하여 군사를 급히 보내 양왕 팽월을 체포하고 낙양에 감금하였다. 관리가 조사해 보니 반란의 조짐이 있어 법대로 처벌하기를 고조 유방에게 청하였다. 이에 유방은 팽월을 죽이지 않고 평민으로 강등시켜 촉(蜀)의 산골마을로 귀양 보내도록 했다.

팽월이 귀양 가는 길에 정(鄭) 땅에 잠시 머물렀는데, 이때 장안에서 오는 유방의 아내인 여후(呂后)와 마주치게 되었다. 팽월은 울면서 여후에게 자신은 죄가 없다고 억울함을 호소했다. 그리고 자신은 아무것도 원치 않으니 고향인 창읍에 거하게 해달라고 간청하였다. 이에 여후가 가엾게 여겨 허락하고 팽월을 데리고 함께 낙양으로 돌아왔다. 여후가 고조 유방에게 이 사실을 아뢰었다.

"팽월을 지금 촉 땅으로 귀양 보내는 것은 대왕께서 스스로 후환을 남기시는 것입니다. 이번 기회에 죽이는 것이 나을 것입니다. 그래서 첩이 그를 데리고 온 것입니다."

여후가 신하를 시켜 팽월을 집요하게 심문하도록 했다. 이에 고통을 견디지 못한 팽월이 자신이 모반했음을 시인하게 되었다. 정위 왕염개가 고조 유방에게 조사를 보고하였다.

"역적 팽월의 일족 모두를 죽일 것을 요청합니다!"

이에 유방이 지체 없이 허락하였다. 이리하여 마침내 팽월은 죽임을 당하고, 영화를 누렸던 그 일족과 그 영토는 사라지고 말았다.

태사공은 말한다.

"위표와 팽월은 평민의 신분에서 나중에 사방 천 리의 땅을 소유한 왕이 되었다. 이후 그 명성이 더욱 높아졌다. 그러나 반역을 품은 죄로 사로잡혀 죽임을 당하였다. 그 이유가 무엇인가? 이들은 지략은 다른 사람보다 뛰어났으나 자신의 몸을 보존하는 데에 너무 급급했다. 영웅호걸답게 자신의 뜻을 크게 펼치지 못하고 그만 안주하고 갇힌 탓이었다."

卷九十一。　黥布列傳

黥布者、六人也、姓英氏。秦時為布衣。少年有客相之曰「當刑而王」。及壯、坐法黥。布欣然笑曰「人相我當刑而王、幾是乎！」人有聞者、共俳笑之。布已論輸麗山、麗山之徒數十萬人、布皆與其徒長豪桀交通、迺率其曹偶、亡之江中為群盜。

陳勝之起也、布迺見番君、與其衆叛秦、聚兵數千人。番君以其女妻之。章邯之滅陳勝、破呂臣軍、布乃引兵北擊秦左右校、破之清波、引兵而東。聞項梁定江東會稽、涉江而西。陳嬰以項氏世為楚將、迺以

제31편

경포 열전

"항우가 구덩이에 묻어 죽인 사람이 천만이나 되는데, 경포는 언제나 그 포악한 짓의 우두머리였다. 그러나 그의 공로는 제후들 가운데 으뜸이었고, 이로 인해 왕에 올랐다. 하지만 자신도 역시 비참한 죽음을 면치 못했다. 재앙의 근본이 여자로부터 나왔고, 질투로 인해 환란이 생겼으니 마침내 나라와 자신까지도 망하고 만 것이다."

●

경포(黥布)는 육(六) 땅 평민 출신이다. 본래 성은 영(英)이고 이름은 포(布)이다. 죄를 지은 자들의 얼굴이나 팔뚝에 먹물로 죄명을 새겨 넣는 형벌인 경형(黥刑)을 당한 후부터 경포라는 별칭을 얻었다.

경포가 소년이었을 때 누군가 그의 관상을 보고 말했다.

"한 번 형벌을 받고 나면 왕이 될 귀한 상이다."

그런 이유였는지 경포는 죄를 지어 형벌을 받자 도리어 기쁘게 웃으며 말했다.

"이제 왕이 될 일만 남았구나!"

이 말을 들은 같은 죄수들이 어이없어하며 모두 깔깔대며 웃었다. 경포는 판결을 받고 여산(驪山)으로 보내졌는데, 그곳에는 형벌을 기다리는 죄수들이 수만 명이나 되었다. 그곳에서 죄수들의 우두머리들과 주로 사귀었고, 후에 그들을 이끌고 양자강 부근에서 도적 노릇을 하였다.

진승이 봉기할 무렵, 경포는 자신의 도적 떼를 이끌고 진나라에 반기를 든 번군(番君) 오예를 찾아가 섬겼다. 번군은 이에 대한 보답으로 자신의 딸을 경포에게 주었고 장군으로 삼았다.

나중에 항우의 숙부인 항량이 강동을 평정했다는 소식을 듣자 경포는 곧바로 항량의 휘하로 들어갔다. 그곳에서 경포는 언제나 가장 앞서서 싸웠고 가장 공이 많은 장수가 되었다.

항량은 설 땅에 들어가자 옛 초나라를 다시 세우고 회왕을 옹립하였다. 자신을 무신군(武信君), 경포는 당양군(當陽君)이라 칭했다.

이후 항량은 진나라 장군 장한과의 전투에서 패해 정도(定陶)에서 죽었다. 회왕은 도읍을 팽성으로 옮겼고 경포 또한 따라나섰다. 이때 조나라 반군이 진나라의 공격을 받아 위험에 처하자 회왕에게 도움을 요청해 왔다. 회왕은 송의를 상장군으로, 범증을 후미대장으로, 항우을 차장으로 삼고, 경포를 송의에게 배속시켜 조나라에 보냈다.

그런데 황하 유역에 이르렀을 때 별안간 항우가 상장군 송의를 칼로 베어 죽였다. 우유부단하고 겁 많은 상장군을 자신은 섬길 수 없다는 이유였다. 이 소식을 들은 회왕은 별다른 처벌 없이 항우을 상장군으로 삼고 다른 장군들을 그 휘하에 배속시켰다.

항우가 경포에게 먼저 황하를 건너 진나라를 공격하도록 명하였다. 경포는 출전하여 여러 번 승리를 거두었다. 이어 항우가 진나라 군대를 공격하여 크게 이겼다. 이에 주변 여러 제후들이 항우를 받들게 되었고, 적은 군사로 많은 적을 물리치는 경포의 용맹함도 널리 알려지게 되었다.

항우가 군대를 이끌고 신안에 이르렀을 때 한밤중이었다. 경포를 시켜 기습하게 하여 장한이 이끄는 진나라 병사 20만 명을 땅에 묻어 죽였다. 항우가 함곡관에 이르러 진나라 군대에 막혀 들어갈 수 없게 됐을 때에도 경포가 먼저 쳐들어가 진나라 군대를 쳐부수었다. 경포는 언제나 군대의 선봉이었다. 그 용맹한 공을 인정받아 나중에 육(六) 땅 구강왕(九江王)에 올랐다.

한나라 원년 4월, 항우가 모든 장수들을 각지의 제후로 임명하자 장수들은 자기 본국으로 돌아갔다. 이때 항우는 초나라 회왕을 의제(義帝)로 높이고 도읍을 장사로 옮기게 하였다.

그리고 은밀히 경포에게 명령을 내렸다. 경포가 그 명령에 따라 휘하 장수를 시켜 의제를 살해토록 하였다. 의제는 침현까지 도망갔다가 그곳에서 칼 맞아 죽었다.

한나라 2년, 제나라 왕 전영이 초나라를 배반하자 항우가 공격에 나섰다. 구강 땅에서 군사를 징발하는데 구강왕 경포가 병을 핑계로 따라나서지 않고 다른 장수와 병사들만 보냈다. 다시 팽성에서 한나라와 싸울 때에도 병을 핑계로 항우를 돕지 않았다.

항우가 분노하여 경포에게 사자를 보내 책망하고 당장 올 것을 명하였다. 호출을 받은 경포는 두려워 감히 나서지 못했다. 그 무렵 항우는 북으로 조나라와 제나라, 서쪽으로 한나라가 늘 걱정거리였다. 의지할 수 있는 군대는 구강왕 경포뿐이었다. 게다가 경포의 재능을 익히 알고 있었기에 감히 죽일 수가 없었다.

한나라 3년, 유방이 팽성에서 초나라와 싸웠지만 불리하여 퇴각하였다. 그러면서 주위 신하들에게 한탄하며 말했다.

"너희 같은 자들과는 함께 천하를 도모할 수 없다."

신하인 수하(隨何)가 나서서 말했다.

"폐하께서 말씀하신 뜻을 잘 모르겠습니다."

이에 유방이 말했다.

"너희 중에 누가 경포로 하여금 초나라를 배신하게 할 수 있겠는가? 만약 항우를 몇 달 동안만 제나라에 묶어 둘 수 있다면 천하는 우리 것이나 다름없다."

수하가 말했다.

"신이 경포에게 가도록 허락해 주십시오."

그리하여 수하가 사신으로 떠났다. 도착하여 사신을 접대하는 태재(太宰)에게 구강왕 경포를 뵙기를 청하였다. 하지만 사흘이 지나도 만날 수 없었다. 기회를 엿보아 수하가 태재에게 말했다.

"구강왕께서는 초나라는 강하고 한나라는 약하다고 생각하시는 것 같습니다. 만약 제가 왕을 뵙고 올리는 말이 행여 조금의 잘못이라도 있다면 우리 스무 명의 사신 일행을 모두 사형에 처해도 좋습니다."

태재가 그 말을 전하자 구강왕 경포가 사신을 만났다. 수하가 말했다.

"한나라 왕께서 대왕에게 서신을 전하라는 명을 받고 왔습니다. 그런데 대왕께서는 초나라와 어떤 친분이 있는지 궁금합니다."

이에 경포가 말했다.

"나는 초나라를 섬기는 신하요."

수하가 말했다.

"대왕께서는 항우와 같은 위치에 있으면서 항우를 섬긴다니, 아마도 초나라가 강하다고 여기시는 모양입니다. 그렇다면 항우가 제나라를 치면 대왕께서는 몸소 군사를 이끌고 선봉이 되셔야 할 것입니다. 그런데 초나라를 섬긴다면서 겨우 군사 사천 명을 보낸다는 것이 말이 됩니까?

이전에 팽성에서 한나라와 초나라가 맞붙어 싸웠을 때 대왕께서는 팔짱만 낀 채 어느 쪽이 이기는지 관망만 하시지 않았습니까. 이는 명색만 초나라에 내걸고 있는 것이지 실제는 아닐 수도 있다는 것 아니겠습니까?

지금 천하가 초나라를 불의한 나라로 여기고 있습니다. 항우는 맹약을 어기고 의제를 죽였기 때문입니다. 아무리 초나라가 강하다고 하지만 지금 한나라는 여러 제후들과 연합하여 굳건히 요새를 지키고 있습니다. 지금 제나라 깊숙이 머물고 있는 초나라 군대가 돌아가려면 양(梁) 땅을 넘어야 합니다. 싸우려 해도 힘이 모자라고 식량도 천 리에서 날라 와야 합니다. 초나라 구원 부대가 성고에 도착하더라도 한나라가 굳게 지키고 있어 공격하기 쉽지 않은 상황입니다. 이런데도 대왕께서는 아직도 초나라를 강대한 나라로 여기십니까?

모든 제후들은 천하의 흐름에 따라 한나라와 연합하고 있습니다. 그런데 대왕께서는 확실한 한나라와는 멀리 하시고 망해 가는 초나라에 의탁하려 하시니 소신은 그것이 궁금할 뿐입니다.

만약 대왕께서 항우를 제나라에 얼마 동안 묶어 두신다면 우리 한나라는 그 은혜를 결코 잊지 않을 것입니다. 반드시 회남 땅은 대왕의 소유가 될 것입니다. 원컨대 대왕께서는 유념하여 주시옵소서."

이에 경포가 말했다.

"은혜를 잊지 않는다니, 그렇다면 내 그 말을 따르겠소!"

그렇게 하여 경포는 초나라를 배반하고 한나라와 한편이 되겠다고 허락했다. 그 협약은 비밀로 부쳤다.

그 시각에 초나라 사자가 급히 달려와서 군대를 출동시키라고 경포에게 재촉하였다. 그러자 수하가 초나라 사자의 윗자리에 앉아 크게 소리쳤다.

"이보시오! 구강왕이 이미 한나라와 연합하기로 하였는데 어떻게 초나라를 위해 군사를 동원할 수 있단 말이오?"

그 소리에 경포 또한 깜짝 놀랐다. 하지만 초나라 사자가 분한 표정으로 서둘러 자리에서 일어났다. 그걸 보고 수하가 경포에게 말했다.

"이미 일은 벌어졌습니다. 저 초나라 사자를 죽여서 돌아가지 못하게 하고, 대왕께서는 서둘러 한나라와 힘을 합치는 것이 좋겠습니다."

경포가 대답했다.

"할 수 없구려. 이제 군사를 일으켜 초나라를 공격할 수밖에."

경포는 바로 항우의 사자를 죽이고 군사를 일으켜 초나라를 공격하였다. 초나라에서는 항성(項聲)과 용저(項聲) 두 장군을 시켜 회남을 치게 하고, 항우는 하읍을 공격하였다. 싸움은 몇 달이 지나서야 가까스로 용저가 경포의 군대를 격파하였다. 경포는 항우가 자신을 죽일까 두려워 한나라로 달아났다.

한나라에 도착하자 고조 유방은 마침 평상에 걸터앉아 발을 씻고 있었다. 그런 상태로 경포를 맞이하였다. 그 순간 경포는 화가 치밀었다. 한나라에 온 것을 후회하였다. 그리고는 이럴 바에야 차라리 죽고자 맘을 먹었다. 그런데 막상 숙소에 와 보니 상황이 달랐다. 의복과 마차, 음식과 시종들이 고조 유방과 같은 대접이었다. 경포는 이내 크게 기뻐하였다.

이어 경포는 사자를 보내 구강에 자신의 가족들이 남아 있나 알아보

라 하였다. 초나라는 이미 항백을 시켜 경포의 군대를 몰수하고 경포의
처와 자식들은 모조리 죽인 뒤였다. 사자가 돌아올 때에 경포를 섬기던
몇몇 신하들을 데리고 함께 귀국하였다.

한나라 4년, 유방은 경포를 회남왕으로 삼고 함께 항우를 공격했다.
초나라 점령지인 구강에 들어가 여러 고을을 빼앗았다. 2년 후 경포는
초나라의 대사마(大司馬) 주은(周殷)을 설득시켜 항우를 배반하게 하고,
초나라 군대를 해하(垓下)에서 크게 물리쳤다. 이때 항우가 죽고 천하가
평정되자 한나라 유방은 황제의 자리에 올랐다.

승리를 축하하는 잔치에서 유방이 신하 수하에 대해 폄하하는 말을
했다.

"수하는 이젠 썩은 놈이다. 천하를 다스리는 데 어찌 썩은 선비를 쓰
겠는가?"

그 말을 들은 수하가 꿇어 앉아 말하였다.

"항우가 제나라를 벗어났다면, 폐하께서 보병 5만과 기병 5천으로 회
남을 점령할 수 있었겠습니까?"

유방이 말했다.

"못 했을 것이다."

수하가 말했다.

"제가 경포에게 사자로 가서 폐하의 뜻대로 행하였는데 이는 보병과
기병이 한 일보다 나은 일이 아닙니까. 그런데 저더러 썩은 선비라니 무
슨 까닭이십니까?"

유방이 말했다.

"내가 말을 잘못했네. 내 그대의 공을 잊지 않겠다."

그리고 수하를 호군중위(護軍中尉)로 임명하였다. 경포는 회남왕이 되이 구강, 여강, 형산, 예장 지역을 다스렸다.

한나라 11년, 유방의 본처인 고후(高后)가 장군 한신을 꾀여 죽였다. 그 소식을 들은 경포는 두려웠다. 또한 그해 여름, 유방은 양왕 팽월을 죽여 그 시체를 소금에 절이고, 그 절인 살덩이를 그릇에 담아 제후들에게 하사하였다. 경포는 그 살덩이를 보고 더욱 두려워 은밀히 병사를 모으며 한나라를 경계하였다.

어느 날 평소 경포가 총애하는 첩이 병으로 의사의 치료를 자주 받게 되었다. 마침 의사의 집은 중대부(中大夫) 비혁(賁赫)과 마주 보고 있었다. 비혁이 경포를 모시고 있는 관계로 경포의 첩에게 쾌유를 기원하는 뜻으로 많은 선물을 바치고 크게 예우하였다.

하루는 첩이 경포와 한담을 나누다가 비혁을 큰 인물이라 칭찬하였다. 그 말에 경포가 노하여 물었다.

"네가 어찌 그를 아느냐?"

첩이 지난 상황을 이야기했지만 경포는 그들이 간통했다고 여겼다. 한편 첩이 위험한 처지에 있다는 소식을 들은 비혁은 두려워 병을 핑계대고 조정에 나가지 않았다. 경포는 그로 인해 더욱 화가 나서 비혁을 잡아들이라 명했다. 군사가 비혁을 쫓아갔지만 따라잡지 못했다. 비혁은 한나라 장안으로 도망하여 경포가 반란을 꾀한다고 거짓으로 고하였다.

"경포가 반란을 꾀하려는 물증이 있으니, 일이 터지기 전에 먼저 그를 잡아 목을 베어야 합니다."

한나라 고조 유방이 상소를 읽고 상국에게 물었다. 그러자 상국이 대답했다.

"경포는 반란을 일으킬 자가 아닙니다. 아마도 무슨 원한이 있어 모함을 하는 것일 겁니다. 일단 비혁을 잡아 가두고 사람을 보내 경포의 상황을 살피게 하십시오."

하지만 그 시각에 경포는 비혁이 고조에게 상소했다는 사실을 알고는 아마도 회남 땅의 비밀을 말했을 것이라 그다지 걱정하지 않았다. 그러나 한나라에서 사자가 와서 조사를 하게 되자 나름대로 상황이 급박해졌다. 결국 반역죄로 몰릴 것을 두려워하여 비혁의 집안을 모두 멸족시키고, 군대를 일으켜 한나라를 배반하였다.

경포가 반기를 들었다는 보고를 받자 고조 유방은 비혁을 석방하고 급히 장군들을 불렀다.

"경포가 배반을 했다는데 어찌해야 하는가?"

장군들이 말했다.

"군대를 동원해 공격하고 그놈은 잡아 구덩이에 묻어 죽여야 합니다."

신하 중에 여음후(汝陰侯) 등공(滕公)이 이전 초나라 영윤을 지낸 설공을 불러 경포에 대해 물었다. 이에 설공이 대답하였다.

"그가 배반한 것은 당연한 것입니다."

등공이 물었다.

"그래도 고조께서 회음 땅의 왕으로 봉하였는데 배반이라니, 무슨 이유가 있습니까?"

설공이 대답하였다.

"고조께서 지난번 팽월을 죽이고, 그 이전에 한신을 죽였습니다. 경포는 그 두 사람과 같이 공을 세운 자입니다. 그러니 자신에게도 재앙이 미칠 것이라 여겨 모반한 것입니다."

등공이 고조 유방에게 이 사실을 아뢰었다.

"이전 초나라에서 영윤을 지낸 설공이라는 자가 있는데 대단한 책략을 가지고 있습니다. 한 번 그에게 경포에 대해 물어보시는 것이 좋을 듯합니다."

설공이 고조 앞에 불려 나와 말했다.

"경포가 모반한 것은 이상한 일이 아닙니다. 하지만 그가 상책을 쓴다면 산동 지역을 차지할 것이고, 중책을 쓴다면 승부는 알 수가 없을 겁니다. 하지만 하책을 쓴다면 폐하께서는 편히 주무실 수 있습니다."

고조가 물었다.

"상책은 무엇이오?"

설공이 대답하였다.

"경포가 동쪽 오(吳)와 서쪽 초(楚)를 취하고, 제(齊)를 병합하여 노(魯)를 얻는 것입니다. 그러면 산동은 한나라의 소유가 못될 것입니다."

고조가 물었다.

"그러면 중책은 무엇이오?"

설공이 대답하였다.

"경포가 동쪽 오(吳)와 서쪽 초(楚)를 취하고, 한(韓)과 위(魏)를 얻어 성고의 길목을 봉쇄하는 것입니다. 그러면 승패는 알 수 없습니다."

고조가 물었다.

"그럼 하책은 무엇이오?"

설공이 대답하였다.

"경포가 동쪽 오를 취하고 서쪽 하채(下蔡)를 취해 장사로 돌아가는 것입니다. 그러면 폐하께서는 편안히 주무실 수 있습니다."

고조가 물었다.

"그가 무슨 계책을 쓸 것 같소?"

설공이 대답하였다.

"경포는 하책을 쓸 것입니다."

고조가 말했다.

"어째서 상책과 중책을 버리고 하책을 쓴단 말이오?"

설공이 대답하였다.

"경포는 본래 여산(驪山)의 천한 자입니다. 왕이 되었으나 자신을 위할 뿐이지 뒷날을 생각하거나 백성을 위한 일은 결코 없습니다. 그러니 그의 수준으로는 하책을 쓸 뿐입니다."

고조가 옳다고 여겨 설공에게 1천 호의 봉읍을 내렸다. 마침내 군사를 동원해 고조가 직접 거느리고 경포를 공격하였다. 이에 대항하여 경포 또한 휘하 장수들을 모아 놓고 말했다.

"고조는 늙었으니 직접 공격하지 못할 것이다. 그 휘하의 팽월과 한신이 가장 두려운 존재이지만 그들은 이미 죽고 없다. 그러니 우리가 두려워 할 것은 아무것도 없다."

그리고 군대를 일으켜 진영을 짜기 시작했다. 그런데 그 형세가 과연 설공이 말한 대로 하책이었다. 경포는 동쪽을 공략한 것이었다. 형(荊) 지역을 빼앗고 이어 초나라를 공격했다. 마침 초나라 군대는 셋으로 나뉘어 있었다. 그때 어떤 이가 초나라 장군에게 말했다.

"경포는 용병이 뛰어난 자로 병사들이 모두 두려워합니다. 그런데 우리가 셋으로 나누어 싸우다가 만약 한 곳이라도 무너지면 나머지는 따라서 무너지고 말 것입니다. 그렇게 되면 서로 망하는 꼴이 아닙니까?"

그러나 초나라 장군은 그 말을 가볍게 여겨 듣지 않았다. 과연 경포가 초나라 진영 셋 중 하나를 격파하자, 나머지 둘은 싸울 생각도 못하고 모두 흩어져 달아났다.

드디어 경포의 군대가 회추(會甄)에서 고조 유방의 군대를 만났다. 고조가 경포에게 물었다.

"네놈은 무엇이 아쉬워 내게 반기를 든 것인가?"

경포가 대답했다.

"나는 황제가 되고 싶을 뿐이다."

고조가 노하여 크게 꾸짖고 병사들에게 공격을 명했다. 그 싸움에서 경포의 진영은 맥없이 무너졌다. 다급해진 경포는 패배를 인정하고 병사 백여 명과 회수를 건너 강남으로 도망쳤다.

그 지역 애왕(哀王)이 경포를 잘 꾀여 번양으로 도망가라고 했다. 경포는 그 말을 믿고 번양으로 달아났다. 그러나 불행하게도 그곳 어느 농가에 숨어 있다가 그 집 농부에게 죽임을 당하고 말았다.

고조는 곧바로 자신의 큰아들을 회남왕으로 세웠다. 비혁을 기사후(期思侯)에 봉했으며 여러 장군들도 공에 따라 치하하였다.

태사공은 말한다.

"경포의 조상은 춘추(春秋)에 나오는 영(英), 육(六) 땅을 멸한 초나라 영씨로서 어쩌면 순임금 때 형벌 관직을 맡은 고요의 후예가 아닌지 모르겠다. 형벌을 받고서도 어찌 그렇게 빨리 성공할 수 있었던가? 항우가 구덩이에 묻어 죽인 사람이 천만이나 되는데, 경포는 언제나 그 포악한 짓의 우두머리였다. 그러나 그의 공로는 제후들 가운데 으뜸이었고, 이로 인해 왕에 올랐다. 하지만 자신도 역시 비참한 죽음을 면치 못했다. 재앙의 근본이 여자로부터 나왔고, 질투로 인해 환란이 생겼으니 마침내 나라와 자신까지도 망하고 만 것이다."

제32편

회음후 한신 열전

淮陰侯韓信者、淮陰人也。始為布衣時、貧無行、不得推択為吏、又不能治生商賈、常從人寄食飲、人多厭之者、常數從其下郷南昌亭長寄食、數月、亭長妻患之、乃晨炊蓐食。食時信往、不為具食。信亦知其意、怒、竟絶去。

信釣於城下、諸母漂、有一母見信飢、飯信、竟漂數十日。信喜、謂漂母曰、吾必有以重報母。母怒曰、大丈夫不能自食、吾哀王孫而進食、豈望報乎。

淮陰屠中少年有侮信者、曰、若雖長大、好帯刀剣、中

> "회음후 한신은 뜻이 남달랐고 공로와 능력이 누구보다 뛰어난 자였
> 다. 그 공훈은 천하 누구와도 견줄 자가 없었다. 후세에까지 제사를
> 받을 업적이었다. 하지만 죽음을 앞둔 순간까지 우유부단하여 자신의
> 목숨이 달아나는 줄도 모르는 어리석은 자였다."

●

한신(韓信)은 회음(淮陰) 지역 가난한 평민 출신이다. 젊어서 관리가 되
고자 했으나 품행이 단정하지 못해 추천에서 여러 번 떨어졌다. 농사지
을 재주도, 장사 수완도 없어 늘 남에게 빌붙어 다녔다. 당연히 사람들
은 그를 싫어했다.

한번은 아랫마을 이장 집에서 여러 날을 얻어먹고 살았다. 몇 달이
지나자 이장의 아내는 한신이 미워졌다. 새벽에 미리 밥을 지어 가족들
이 다 먹고는 한신이 오면 밥이 없다고 주지 않았다. 한신이 그 속마음
을 알고는 의절하고 마을을 떠났다.

성 아래로 옮겨와 낚시를 하며 지냈다. 하지만 한 마리도 못 잡는 날
이 많았다. 그런데 그곳 개울에서 빨래하던 아낙이 한신이 늘 굶주리고
있는 것을 보고는 밥을 건네주었다. 그렇게 수십 일을 먹여 주자 한신
이 아낙에게 말했다.

"내 반드시 이 은혜에 보답하겠소!"

이 말을 들은 아낙이 버럭 성을 내며 말했다.

"제 밥도 못 먹는 처지에 무슨 남의 은혜를 갚는단 말이오. 은혜를 갚기보다 어서 자신의 밥벌이나 제대로 찾으시오."

또 한 번은 회음 땅의 백정 중에 한신을 업신여기는 젊은이가 있었다. 그가 한신에게 모욕을 주며 말했다.

"네놈은 비록 키가 크고 덩치는 좋은지 몰라도 그 속은 겁쟁이일 뿐이다. 만약 네놈이 용기가 있다면 이 칼로 나를 찌르고, 용기가 없다면 내 가랑이 밑으로 기어가라!"

이에 한신이 잠시 머뭇거리더니 그 백정의 얼굴을 쳐다보고는 이내 몸을 구부려 가랑이 밑으로 기어들어 갔다. 그 광경을 본 시장 사람들이 모두 깔깔 웃으며 한신을 겁쟁이라 불렀다.

이후 한신은 항량이 회수를 건너오자 그 휘하에 들어갔다. 하지만 이름이 알려지지 않았다. 나중에 항량을 떠나 항우 휘하로 들어갔다. 그곳에서 낭중(郎中)에 임명되었다. 항우에게 여러 번 전쟁에 대한 계책을 올렸으나 하나도 받아들여지지 않았다.

실망한 한신은 마침 한나라 유방이 쳐들어오자 항우를 버리고 유방에게 귀순하였다. 하지만 유방 휘하에서도 능력이나 재주가 알려지지 않았기 때문에 창고 관리직인 연오(連敖) 일을 하였다.

한번은 한신이 뜻하지 않게 법을 어겨 참형을 당하게 되었다. 같은 죄목의 열세 명이 모두 목이 베어지고 한신의 차례가 되었다. 한신이 두렵고 한탄스러워 고개를 들어 쳐다보는데, 마침 형을 집행하는 등공(滕公) 하우영과 눈이 마주쳤다. 그러자 한신이 말했다.

"왕께서는 천하를 차지하려고 하시면서 어찌하여 장사를 죽이려 하십니까?"

그 무렵에는 장수가 귀했던 시절이라 등공이 그 말을 기특하게 여겨 풀어 주라 명했다. 그리고 한신과 이야기를 나누어 보고는 크게 매료되어 유방에게 추천하였다. 하지만 유방은 그를 식량관리자로 임명했을 뿐 달리 뛰어나게 쓰지 않았다.

그 무렵 한신은 승상 소하(蕭何)를 자주 만날 기회가 있었다. 소하는 한신을 보자 앞으로 크게 될 인물로 여겼다. 그런데 유방이 남정에 이르렀을 때, 유방 휘하 장수들 중에 수십 명이 도망치는 일이 생겼다. 그때 한신 또한 자신은 아무리 해도 유방 휘하에서는 등용되지 못한다고 여겨 따라서 도망쳤다.

소하는 이 사건을 보고받고, 특히 한신이 도망쳤다는 말을 듣고는 먼저 왕에게 알리지도 않고 한신을 뒤쫓았다. 그러자 신하 중 누군가 승상 소하가 도망쳤다고 왕께 알렸다. 유방이 그 말을 듣고 크게 노하였다.

그런데 며칠 후 소하가 돌아와 왕께 아뢰었다. 왕은 기쁘기도 하고 화가 나기도 해서 우선 소하를 꾸짖었다.

"어째서 나를 도망친 것인가?"

소하가 대답했다.

"신은 도망친 것이 아니라 도망친 자를 쫓았을 뿐입니다."

유방이 말했다.

"도대체 도망친 자가 누구이기에 쫓았단 말인가?"

소하가 대답했다.

"한신이라는 자입니다."

유방이 물었다.

"도망간 장수가 수십 명인데 그들을 쫓지는 않고 겨우 한신을 쫓았다니, 그게 말이 되는 소리인가?"

소하가 대답했다.

"다른 장수들은 쉽게 얻을 수 있는 자들입니다. 하지만 한신은 누구와 비교할 수 없는 뛰어난 자입니다. 만일 왕께서 한중(漢中)에서 왕이되려 하신다면 한신을 쓸 필요가 없습니다. 하지만 천하를 얻고자 하신다면 한신이 아니고서는 함께 일을 도모할 자가 없습니다."

유방이 말했다.

"내 답답하게 어찌 한중 여기서 머물겠소. 나는 천하를 얻고자 하오."

소하가 말했다.

"천하를 얻으시려면 한신을 등용해 쓰도록 하십시오. 그렇다면 한신은 왕을 따를 것입니다. 하지만 중용하지 않는다면 그는 또다시 도망칠 것입니다."

유방이 말했다.

"그대 말대로 한신을 장군으로 삼겠소."

소하가 말했다.

"장군으로 쓰신다 하면 아마 한신은 떠날 것입니다."

유방이 말했다.

"그렇다면 대장으로 삼겠소!"

소하가 말했다.

"참으로 다행입니다."

이에 유방이 한신을 불러 당장에 대장으로 임명하려 했다. 그러자 소하가 말했다.

"왕께서는 지금 대장 임명을 마치 어린아이 장난처럼 하십니다. 이렇게 하시면 한신은 떠날 것입니다. 그를 대장으로 삼는다면 좋은 날을 골라 의식을 갖추어 임명해 주십시오."

유방이 그 말을 따르기로 하였다.

며칠 후, 대장을 임명한다는 말에 여러 장수들이 기대를 하고 있었다. 그러나 이름도 알려지지 않은 한신이 대장에 임명되자 온 군대가 경악하고 말았다.

한신이 예를 갖추고 대장 자리에 오르자 유방이 물었다.

"승상 소하가 장군의 이야기를 자주 했소. 그래, 장군은 내게 무슨 계책을 이야기하겠소?"

한신이 고개를 숙이며 말했다.

"지금 천하의 패권을 다툴 자는 항우가 아닙니까? 그런데 대왕께서는 스스로 생각하시기에 용맹과 현명함을 항우와 견준다면 누가 더 낫다고 생각하십니까?"

유방이 한참을 생각하더니 대답했다.

"항우가 나보다 낫소!"

이어 한신이 두 번 절하며 말했다.

"저도 그렇게 생각합니다. 그러나 저는 일찍이 그를 섬겼기에 그의 사람됨을 알고 있습니다. 항우가 큰 소리로 사람을 꾸짖으면 천 사람이 모두 엎드리지만, 그는 어진 장수에게 병권을 맡기지 못하는 필부에 불과합니다. 항우가 사람을 대하는 태도는 공손하고 부드럽습니다. 누가 아프다고 하면 눈물을 흘리며 음식을 나누어 주는 사람입니다. 그러나 자신의 부하가 공을 세워 벼슬을 주어야 할 경우에는 인장이 닳을 때까지 만지작거리며 선뜻 내주지를 못합니다. 그러니 그는 단지 얄팍한 자에 불과합니다.

지금 항우의 군대가 지나간 곳은 학살과 파괴가 없는 곳이 없습니다. 많은 백성들이 그를 원망하고 저주하고 있습니다. 다만 그의 위세에 눌려 말하지 못하고 있을 뿐입니다. 그러니 천하의 강자라 해도 사실은 천하의 인심을 잃은 자입니다.

대왕께서는 항우와 반대로 용맹한 부하들에게 모든 것을 믿고 맡긴다면 천하는 빠르게 평정될 것입니다. 공로가 있는 신하들에게 분명하게 상을 내린다면 복종하지 않을 신하가 없을 겁니다.

항우는 또한 진나라의 20만 병사를 흙구덩이에 묻어 죽였습니다. 진나라의 부모형제들은 그 원한이 뼛속 깊이 사무쳐 있습니다. 그러나 왕께서는 진나라 백성에게 사람을 죽인 자는 사형에 처하고, 상해를 입힌 자나 도둑질한 자는 벌을 내린다고 삼장의 법을 포고하셨습니다. 그래서 진나라 백성들은 대왕이 진나라 왕이 되기를 바라고 있습니다. 먼저 관중에 들어간 자가 천하의 패권을 얻는다고 했으니 마땅히 왕께서 먼저 들어가야 합니다. 이제 왕께서 군사를 이끌고 동쪽으로 쳐들어간다면, 저 삼진의 땅은 격문 한 장으로 평정될 것입니다."

유방이 이 말을 듣고 매우 기뻐하였다. 그리고 한신의 계책에 따라 공격할 곳을 정하였다.

한나라 원년 8월, 유방이 군사를 이끌고 동쪽으로 진출해 삼진을 평정하였다. 2년 후에 위나라와 황하 이남의 땅을 점령하니 그 일대 제후들이 모두 항복하였다. 4월에 팽성에서 초나라와 격돌하여 패하고 물러섰다. 그러나 한신이 다시 병사를 모아 진격하여 초나라를 깨뜨렸다. 결국 초나라는 더는 서쪽으로 나아갈 수 없게 되었다.

다시 팽성에서 싸우자 한나라 장수 사마흔과 동예가 패하고 결국 초나라에 항복하였다. 이를 계기로 제나라와 조나라가 한나라를 배신하여 초나라와 화친을 맺었다. 6월에는 위나라마저 한나라를 배반하고 초나라와 화친하였다.

그해 8월, 한신은 좌승상이 되어 위나라를 공격하였다. 위나라가 수비를 강화하고 수로를 막자, 한신은 대군을 거느린 것처럼 위장하여 배를 줄지어 황하를 건너게 하였다. 그러나 사실은 다른 쪽으로 강을 건너 위나라 도성인 안읍을 습격하였다. 위나라 군대가 놀라 저항했지만 한신은 위나라 왕을 사로잡고 평정하였다. 9월에는 대(代)나라를 점령하고 재상 하열(夏說)을 사로잡았다.

한신이 장이와 함께 병사 수만 명을 이끌고 조나라를 공격하였다. 조나라의 진여가 이를 알고 군사를 집결시켰는데 그 수가 20만 명에 이르렀다. 장군 이좌거가 진여에게 말했다.

"들리는 바로는 한신이 위왕을 사로잡고, 하열을 사로잡아 일대를 피로 물들였다고 합니다. 하지만 우리 조나라를 항복시키기는 어려울 겁니다. 지금 한신의 군대는 천 리 밖에서 군량미를 보급받아야 하는 형편입니다. 더욱이 땔나무를 베어야 밥을 지을 수 있으니 한신의 병사들은 분명히 배불리 먹을 수 없는 형편일 겁니다. 그런데 지금 한나라가 지나는 길은 두 대의 수레가 지날 수 없는 좁은 곳이고 기병조차 줄지어 갈 수가 없습니다. 그 형세로 보아 군량미는 분명 후미에 있을 겁니다. 원컨대 제게 정예병사 3만 명만 주신다면 지름길로 가서 그들의 식량수송대를 끊어 놓겠습니다. 그때 재상께서는 도랑을 깊이 파고 성벽을 높이 쌓아 한나라 군대와 대치만 하십시오. 그러면 적들은 싸울 수도 없고 후퇴할 수도 없는 지경에 이를 것입니다. 이때 우리 정예 병사들이 적의 후미를 끊고, 식량을 약탈해 버리면 적은 열흘도 못가서 스스로 한신과 장이의 머리를 갖다 바칠 겁니다. 재상께서는 저의 계책을 유념하여 주십시오."

진여가 대답했다.

"병법에 적군보다 아군의 수가 열 배가 되면 적을 포위하고, 두 배가 되면 싸우라고 했소. 지금 한신의 병력이 수만이라고 하지만 실제로는 수천에 지나지 않소. 게다가 천 리 먼 곳까지 와서 싸우는 것이니 지쳤을 것이오. 지금 이런 적을 치지 않는다면 나중에 대군이 쳐들어올 때 어떻게 싸우라는 것이오? 지금 공격하지 않으면 적들은 우리를 비겁하게 여기고 함부로 쳐들어올 것이오."

진여는 끝내 이좌거의 계책을 듣지 않았다.

한신이 첩자를 보내 조나라의 동정을 염탐하였다. 첩자는 이좌거의 계책이 채택되지 않았다고 보고했다. 한신은 매우 기뻐하며 군대를 이끌고 정형 어귀 30리까지 진격했다. 그곳에서 가볍게 무장한 기병 2천 명을 선발하여 붉은 깃발 한 개씩 가지고 산속에 숨어 있게 했다.

"조나라 군대는 우리가 달아나는 것을 보면 성을 비워 놓고 쫓아올 것이다. 너희들은 그 틈에 성으로 들어가 조나라 깃발을 뽑아 버리고 한나라 붉은 깃발을 세워라."

이어 비장(神將)을 시켜 모든 군사에게 가벼운 음식을 나누어 주라고 하였다. 한신이 거국적으로 말했다.

"오늘 조나라를 무찌른 뒤 다 같이 잔치를 열자!"

여러 장수들이 말했다.

"그렇게 하겠습니다!"

한신이 말했다.

"조나라 군대는 우리보다 안전한 곳에 성벽을 구축했다. 또 저들은 우리 대장의 깃발과 북을 보기 전에는 공격하지 않을 것이다. 왜냐하면 우리가 좁고 험한 곳에 서로 부딪쳐 돌아갈까 염려하기 때문이다."

한신은 먼저 만 명의 병사를 지나가게 하고, 정형 어귀에 나가서 물을 등지고 진을 치게 하였다. 조나라 군대가 그것을 보고 병법도 모르는 놈들이라고 크게 비웃었다.

새벽에 한신이 대장 깃발과 북을 앞세우고 나아갔다. 이때 조나라 군대가 성문을 열고 나와 공격하였다. 이에 한신이 거짓으로 패한 척하고 달아났다. 과연 조나라 군대는 성을 비워 놓고 모두 쫓아 나와 한신과 장이를 뒤쫓았다. 그러나 강가 진지로 들어간 한신이 필사적으로 싸우자 조나라는 쉽게 이길 수 없었다.

이튿에 한신의 기습 부대 2천 명이 조나라 성 안으로 들어갔다. 조나라 깃발을 다 뽑아 버리고 한나라의 붉은 깃발을 세웠다. 조나라 군대가 되돌아가려고 했으나 성 안이 온통 붉은 깃발뿐이었다. 놀란 조나라 군대는 성 안에 있는 왕과 장수들이 모두 사로잡혔다고 생각하여 달아나기에 급급했다. 조나라 장군들이 달아나는 자는 목 베인다고 했지만 혼란을 막을 수가 없었다. 결국 진여는 지수 부근에서 스스로 목을 베어 죽고, 조나라 왕은 사로잡혔다.

조나라를 점령하자 한신이 명령을 내렸다.

"광무군 이좌거는 죽이지 마라. 그를 사로잡는 자에게는 천금의 상을 내리겠다."

그러자 이좌거를 결박하여 오는 자가 있었다. 한신이 그 포박을 풀어 주고 같은 자리에 앉게 하여 예를 갖춰 용병에 관한 스승으로 삼았다.

승리를 축하하는 자리에서 여러 장수들이 한신에게 물었다.

"병법에 산은 등지고 물은 앞으로 하라고 쓰여 있습니다. 그런데 이번에 장군께서 명령하신 것은 도리어 물을 등진 배수진이었습니다. 이해할 수 없는 전술이지만 전쟁에서 이겼습니다. 이것은 어떤 병법입니까?"

한신이 대답했다.

"죽을 곳에 빠진 뒤에야 살 수 있고, 망할 곳에 있어야 생존할 수 있다."

그 말에 장수들이 탄복하고 말았다.

"훌륭하십니다. 저희들은 감히 따를 수 없는 병법입니다."

이어 한신이 이좌거에게 물었다.

"내가 북쪽으로 연나라를 치고 동쪽으로 제나라를 치려고 합니다. 어떻게 해야 이길 수 있겠습니까?"

이좌거가 말했다.

"패배한 장수는 전술을 말할 수 없고, 망한 나라의 신하는 나랏일을 도모할 수 없다고 했습니다. 포로인 처지에 어찌 큰일을 말할 수 있겠습니까?"

한신이 말했다.

"백리해가 우나라에 있을 때는 우나라가 망했고, 진나라에 있을 때는 진나라가 번성했습니다. 그것은 우나라에 있을 때는 어리석다가 진나라에 있을 때는 현명했기 때문이 아닙니다. 임금이 그의 계책을 들었는지 듣지 않았는지에 달려 있을 뿐입니다. 만약 진여가 장군의 계책을 들었다면 오히려 내가 포로가 되었을 것입니다. 이제 내가 장군을 모실 수 있게 되었으니 말씀해 주십시오."

이좌거가 말했다.

"지혜로운 자도 천 번 생각하면 한 번 실수가 있을 수 있고, 어리석은 자도 천 번 생각하면 한 번 맞을 수 있습니다. 그래서 성인은 미치광이의 말도 듣는다고 합니다. 제가 부족하지만 진정으로 아뢰겠습니다.

지금 장군께서는 서하를 건너 위나라 왕을 사로잡았고, 연여에서 하열을 사로잡았습니다. 정형에 내려와 하루아침에 조나라 20만 대군을 깨뜨리고 성안군 진여를 목 베었습니다. 그 이름이 천하에 위엄을 떨치기에 충분합니다.

그런데 다시 연나라를 쳐들어가려고 합니다. 백성들은 피로하고 병사들은 지쳐 있는데 언제 끝날지 모르는 전쟁을 하려고 하시니 아마 이길 수 없을 겁니다. 게다가 연나라와 제나라가 연합해 방비를 강화하고, 항우와의 싸움은 남아 있는 상태이니 상황이 장군에게 불리합니다. 따라서 연나라를 치는 것은 잘못이라 사료됩니다. 굳이 결행하신다면 이쪽의 장점을 가지고 적의 단점을 쳐야 할 것입니다."

한신이 물었다.

"그렇다면 어떤 계책을 써야 합니까?"

이좌거가 대답했다.

"먼저 싸움을 멈추고 백성과 병사들을 쉬게 해야 합니다. 전쟁의 고아와 과부들을 어루만지고 위로해야 합니다. 병사들의 사기를 북돋기 위해 잘 대접해야 합니다. 그러면 연나라가 그 소문을 듣고 감히 복종하지 않을 수 없을 겁니다. 이 소식을 제나라에 알리면 제나라 역시 복종하고 말 것입니다. 병법에 싸우기 전에 먼저 소리를 친다는 말이 바로 이런 일입니다."

한신이 대답했다.

"좋은 생각이오."

그리고 이좌거의 제안대로 실행을 한 후에 연나라에 사자를 보냈다. 연나라는 한신의 처세에 익히 소문을 들어 바로 복종하고 말았다.

한신은 유방에게 조나라를 점령한 사실을 알렸다. 그리고 조나라를 다스릴 자로 장이를 추천했다. 유방이 이를 받아들여 장이를 조나라 왕으로 세웠다.

초나라가 종종 조나라를 공격해 왔다. 그러자 장이는 한신에게 방비를 굳게 하고 모든 병사를 징집해 지키게 하였다. 그런 가운데 유방이 형양에서 초나라 군사에게 포위되는 일이 생겼다. 다행히 유방은 남쪽으로 달아나 성고에 머물렀다. 그러나 다시 초나라가 그곳을 에워쌌다. 유방은 다시 조나라 지역 수무로 달아났다. 그곳 역사에서 잠을 자고 새벽에 조나라 성으로 들어갔다.

그 시각에 장이와 한신은 아직 일어나지 않았다. 유방이 몰래 그들의 침실로 들어가 왕위 증명을 빼앗고 장군들 서열을 재배치하였다. 한신과 장이가 일어나 보니 한나라 왕 유방이 와 있는 걸 알고는 매우 놀랐다.

얼마 후 한신이 제나라로 진격하기 위해 평원을 건널 무렵, 제나라가 유방의 부하인 역이기(酈食其)에게 항복했다는 소식을 듣고는 군대를 거두었다. 이때 부하 하나가 나서서 말했다.

"조칙을 받아 제나라 공격에 나섰는데 제나라가 한나라에 항복하였습니다. 그러나 장군께서는 공격을 그만두라는 조칙을 받지 않았습니다. 역이기는 한낱 변사입니다. 세치 혀를 놀려서 70개 성의 항복을 받았습니다. 장군께서 한 해가 넘도록 항복을 받은 50개 성보다 많은 것입니다. 장군이 되신 지 여러 해가 지났는데 보잘것없는 선비보다 공이 못하다면 이게 말이 되겠습니까?"

한신이 듣고 보니 그 말이 옳았다. 이어 군대를 이끌고 제나라를 치기 위해 황하를 건넜다.

그즈음에 제나라는 결코 한나라 군대가 쳐들어오지 않을 것이라는 역이기의 말에 따라 술잔치를 벌이며 군사들도 모두 무기를 내려놓은 상태였다. 이틈에 한신이 습격해 오니 수도 임치성까지 단숨에 진격할 수 있었다.

제나라 왕이 속았다고 생각하여 역이기를 사로잡아 분한 생각을 억누르지 못하고 삶아 죽였다. 그리고 고밀 지역으로 달아났다. 한신이 추격해 그곳까지 이르렀다. 제나라는 그곳에서 초나라에 구원을 요청했다. 그러자 초나라에서 용저 장군과 20만 대군을 구원병으로 보냈다.

용저 장군이 한신과 싸우려 할 무렵, 누군가 나서서 말했다.

"한신의 군대는 멀리서 왔으니 있는 힘을 다해 싸울 겁니다. 그 기세는 날카로워 쉽게 꺾기 어려울 것입니다. 반면에 제나라와 초나라 연합군은 자기 땅에서 싸우기 때문에 쉽게 흩어져 패할 것입니다. 그러니 이 싸움은 전술의 변화가 필요합니다. 우선 성벽을 높이 쌓아 지키는 것이 중요합니다. 그리고 빼앗긴 성마다 제나라 왕이 신임하는 신하를 보내 초나라 군대가 도우러 왔다고 하면 모두 한나라를 배신할 것입니다. 한나라 군대는 2천 리나 떨어진 곳에서 왔습니다. 제나라의 모든 성이 배신하면 식량을 얻을 수 없을 것이고, 그러면 그들은 스스로 항복하고 물러갈 것입니다."

장군 용저가 말했다.

"내가 한신을 잘 안다. 그는 상대하기 쉬운 자이다. 그런데 제나라를 구원하러 와서 싸우지 않는다면 이게 어찌 장군의 공이겠는가? 지금 나가서 싸우면 분명히 이긴다. 이기면 제나라의 절반은 나의 것이 된다. 그러니 어찌 그만두겠는가?"

결국 용저는 싸우기로 하고 유수 지역에서 한신과 대치하였다.

그날 밤 한신은 병사들에게 큰 주머니를 만 개 정도 만들라고 했다. 거기에 모래를 가득 담아 유수 상류를 막게 했다. 그리고 군대를 이끌고 유수를 반쯤 건너가서 용저를 공격하다가 지는 척하고 돌아서 달아났다. 그걸 보고 용저가 말했다.

"한신, 네놈이 원래 겁쟁이라는 걸 나는 알고 있다."

용저는 군대를 이끌고 한신을 뒤쫓았다. 유수를 중간쯤 건널 무렵, 도망치는 한신이 상류의 모래주머니를 터뜨리라 명령했다. 갑자기 물이 쏟아져 내렸다. 용저의 군사들은 대부분 수장되었고 살아 돌아간 군사가 절반도 못 되었다. 이어 한신은 용저를 쫓아가 칼로 쳐 죽였다. 용저가 죽자 군사들은 모두 달아나고 제나라 왕도 도망갔다. 한신이 쫓아가 성양에서 모두 사로잡았다.

한나라 4년, 드디어 한신이 제나라를 모두 평정하고 한나라 왕 유방에게 사자를 보내 아뢰었다.

"제나라는 혼란스럽고 거친 땅입니다. 게다가 남쪽으로 초나라와 국경을 맞대고 있어 왕을 세워 안정시키지 않으면 다스리기 어려운 곳입니다. 그러니 신으로 하여금 이곳을 다스리는 대리인으로 삼아 주십시오."

그런데 그 편지를 받았을 때 유방은 형양에서 초나라의 기습을 받아 포위되어 있는 상태였다. 매우 화가 치밀어 한신의 사자를 크게 꾸짖었다.

"내가 곤경에 빠져 있는데 와서 도와주지는 못할망정 제 몫이나 챙기며 왕이 되겠단 말이냐?"

그 말이 끝나기도 전에 신하 장량이 유방의 발을 밟아 사과하는 척하며 귀에 대고 속삭였다.

"지금 우리는 불리한 처지입니다. 한신이 왕이 되겠다는 것을 막을 수가 없습니다. 차라리 한신의 원대로 그를 왕으로 삼고 잘 대우해서 제나라를 지키는 편이 낫습니다. 그렇지 않으면 변란이 일어날 것입니다."

유방이 깨닫고는 다시 사자를 꾸짖었다.

"대장부가 되어 나라를 평정했으면 진짜 왕이 될 것이지, 어찌 대리인이 된다는 말이냐!"

이에 장량을 보내 정식으로 한신을 제나라 왕으로 삼았다. 그러자 한신이 병사를 내주어 그 도움으로 유방은 초나라의 곤경에서 빠져나왔다.

초나라는 유방을 이기기 위해서 한신을 달래야 했다. 그래서 무섭(武涉)을 한신에게 보냈다. 무섭이 말했다.

"진나라의 폭정에 맞서 천하가 모두 들고 일어났습니다. 그 공을 헤아려 땅을 분할하고 전쟁을 그쳤습니다. 그런데 지금 한나라에서 다시 군사를 일으켜 남의 땅을 빼앗고 있습니다. 삼진(三秦)을 쳐부수고, 초나라를 공격하여 모두 삼키려고 합니다. 한나라 왕의 탐욕은 어디가 끝인지 심히 우려스럽습니다. 게다가 한나라 왕은 신의가 없습니다. 여러 번 초나라 왕의 손아귀에 있었지만 그때마다 그를 가엾게 여겨 살려주었습니다. 그런데도 위기만 벗어나면 번번이 다시 초나라를 공격하고 있습니다.

장군께서는 한나라 왕과 두터운 관계라 힘을 다해 충성을 바치고 있지만 언젠가는 그의 포로가 되고 말 것입니다. 지금껏 장군께서 살아 있는 까닭은 초나라 왕이 건재하기 때문입니다. 이제 한나라와 초나라의 싸움은 장군의 손에 달려 있습니다. 장군께서 유방에게 붙으면 한나라가 이기고, 항우에게 붙으면 초나라가 이길 것입니다. 그러나 초나라가 망하면 그 다음에는 장군께서 망할 것입니다. 옛 연고를 생각하여 초나라와 화친을 맺어 천하를 셋으로 나누어 왕이 되지 않으시렵니까? 슬기로운 자라면 이런 기회를 놓치지 않을 것입니다."

그러나 한신은 그 말을 거절했다.

"내가 예전에 항우를 섬겼지만 벼슬이 낭중에 지나지 않았소. 계책을 말해도 들어주지 않았소. 그런 이유로 초나라를 배반하고 한나라로 간 것이오. 그런데 유방은 나를 상장군으로 삼았소. 자기의 옷을 내게 입히고, 자기의 밥을 내게 먹였고, 내가 원하는 것이면 무엇이든지 들어주었소. 그래서 오늘에 이를 수 있었던 것이오. 신뢰하는 데 배신하는 것은 재앙을 당할 일이니, 나는 죽을지라도 마음을 바꿀 수 없소."

무섭이 떠난 후에 제나라 사람 괴통이 한신을 찾아왔다. 그는 천하의
패권이 한신에게 넘어갈 것으로 보았다.

"제가 일찍이 관상 보는 법을 배웠습니다."

한신이 물었다.

"그래, 선생은 관상을 어떻게 보시오?"

괴통이 말했다.

"귀하고 천한 것은 골상에 달렸고, 근심과 기쁨은 얼굴 모양에 달렸
고, 성공과 실패는 결단에 달렸습니다. 이것을 알게 되면 어느 것 하나
라도 틀리는 것이 없습니다."

한신이 말했다.

"내 관상은 어떻소?"

괴통이 주저하며 말했다.

"잠시 틈을 주십시오."

그러자 한신이 주위 신하들에게 명했다.

"다들 물러가라!"

그러자 괴통이 입을 열었다.

"장군의 상은 제후에 지나지 않습니다. 게다가 위태롭고 불안합니다.
그러나 장군의 등은 귀하기가 이를 데 없습니다."

한신이 물었다.

"그게 무슨 말이오?"

괴통이 말했다.

"천하의 영웅호걸들이 들고 일어나 오직 진나라의 멸망을 바라고 있
었습니다. 그런데 지금 한나라와 초나라가 다투게 되자 죄 없는 백성들

이 죽고 아비와 자식이 들판에 해골로 뒹구는 슬픔이 이루 헤아릴 수 없습니다.

초나라 항우는 팽성에서 형양에 이르기까지 그 기세가 천하를 진동시켰습니다. 그러나 경과 삭에서 곤경에 빠지고 서산에 막혀 나아갈 수 없는 처지가 된 지 벌써 3년이 되었습니다.

한나라 유방은 수십만 병사를 거느리고 여러 차례 전투를 벌였지만 작은 공도 세우지 못했습니다. 형양에서 패하고 성고에서 군사를 잃고 완과 섭에서 달아났습니다. 그런데 슬기로운 유방도 용맹한 항우도 지금은 다 함께 괴로움을 당하는 처지입니다. 지금 이런 형세에 장군께서 한나라 편에 서면 한나라가 이길 것이고, 초나라 편에 서면 초나라가 이길 것입니다. 제가 감히 계책을 말씀드린다면 유방과 항우를 존속하게 하여 장군과 더불어 천하를 셋으로 나누는 것입니다. 천하가 솥발처럼 셋이 웅거하면 어느 편도 먼저 움직이지 못할 것입니다.

그래서 전쟁을 끝내게 하시면 백성들은 환호하며 호응할 것입니다. 제후들이 먼저 찾아와 제나라에 예를 올릴 것입니다. 하늘이 주는 것을 받지 않으면 벌을 받고, 때가 왔을 때 결행하지 않으면 도리어 재앙을 받는다고 합니다. 장군께서는 깊이 헤아려 주시기 바랍니다."

한신이 말했다.

"유방은 자신의 수레와 자신의 옷과 자신의 먹을 것을 내게 준 자요. 어찌 내가 의리를 저버린단 말이오?"

괴통이 말했다.

"상산왕 장이와 성안군 진여는 벼슬이 없을 때 서로 목숨을 내어 줄 정도로 가까운 사이였습니다. 나중에 둘은 장염과 진택의 일로 다투고 서로 원망하게 되었습니다. 장이는 항우를 배반하고 항영의 머리를 베어 유방에게 귀순하였습니다. 유방이 군사를 내주자 장이는 결국 지수 남쪽에서 진여를 사로잡아 팔다리가 떨어져 나가도록 칼로 베어 죽였습니다. 이 둘이 이런 까닭은 탐욕 때문입니다. 그러니 사람의 마음은 예측할 수 없는 것입니다.

지금 장군께서 충성을 다해 유방을 섬기고 있지만 그 믿음이 장이와 진여보다 못할 것입니다. 그러니 유방이 장군을 결코 위태롭게 하지 않을 것이라는 믿음은 잘못된 것입니다. 망해 가는 월나라 구천을 천하의 패권자로 만든 종(種)과 범려(范蠡)는 이름은 날렸지만 결국 죽고 말았습니다. 사냥이 끝나면 사냥개 역시 삶아 먹게 되는 것입니다.

또 전해 오는 말에 용기와 지략으로 군주를 감동시키는 자는 몸이 위태롭고, 공로가 많은 자는 도리어 상을 받지 못한다고 했습니다. 장군께서는 위나라 왕과 하열을 사로잡고 성안군 진여를 죽이고 조나라를 항복시켰습니다. 제나라를 평정하고 초나라 20만 대군을 물리치셨습니다. 용저를 죽이고 유방에게 승리를 알렸으니 그 공로는 천하에 둘도 없고 지략은 불세출입니다. 신하로 있으면서 군주를 벌벌 떨게 하는 위력을 어느 누가 가지고 있겠습니까? 장군께서는 깊이 헤아리시기 바랍니다."

그러자 한신이 손을 내저으며 말했다.

"좋은 말이오. 내가 생각해 볼 테니 선생은 편히 쉬시오."

며칠 후 괴통이 다시 한신을 뵙고 의견을 올렸다.

"아무리 용맹한 호랑이라도 머뭇거리면 작은 들짐승만도 못하고, 아무리 뛰어난 준마라 해도 앞으로 나아가지 않으면 노둔한 말보다 못하다고 했습니다. 비록 순임금이나 우임금 같은 지혜를 가지고 있더라도 입을 다물고 있으면 벙어리가 손짓하는 것보다 못합니다. 이는 실행하는 것이 으뜸이라는 말입니다. 공은 이루기 힘들고, 실패는 하기 쉽고, 때는 얻기 어렵고, 좋은 때는 잃기는 쉽고 두 번 다시 오지 않습니다. 장군께서는 조속히 결정하시기 바랍니다."

그러나 한신은 망설이기만 하고 차마 한나라를 배반하지 못했다. 공이 많으니 유방이 결코 자신을 치지 않으리라 여겼던 것이다. 이후 괴통의 말을 거절하였다. 그러자 괴통은 자신의 목숨이 위태롭다고 여겨 미친 척하고 무당이 되었다.

얼마 후, 유방이 고릉에서 궁지에 몰렸다. 신하 장량이 계책을 써서 한신을 불러들였다. 한신은 해하에서 항우를 꺾고 궁지에 몰린 유방을 구했다. 그러나 유방은 그 틈에 한신의 제나라 군대를 손에 넣었다. 이어 한신을 제나라에서 초나라 왕으로 임명하였다.

초나라에 도착한 한신은 가장 먼전 예전에 자기에게 밥을 먹여 준 빨래하는 아낙을 찾아 천금을 하사했다. 그리고 아랫마을 이장에게 100금을 하사하며 말했다.

"너는 소인배다. 남에게 은혜를 베풀다가 중도에서 끊어 버리다니."

그리고 자신에게 가랑이 밑으로 기어들어 가라고 욕보인 백정을 불러 초나라 중위로 삼았다.

"이자는 장사다. 내게 모욕을 주었을 때 어찌 죽이고 싶지 않았겠는가. 그러나 죽인다고 해도 명성을 얻을 것이 없었기에 참고 오늘에 이른 것이다."

그 무렵 항우에게서 도망친 장군 종리매(鐘離眛)가 초나라 이려(伊廬)의 집에 숨어 있었다. 종리매는 본래 한신과 사이가 좋지 않았지만 어쩔 수 없이 초나라로 온 것이다. 평소 종리매에게 원한이 있었던 한나라 고조 유방이 이 소식을 듣게 되었다. 즉각 한신에게 조서를 내려 체포하라고 명했다.

초나라에 부임한 한신은 각 지역을 순시할 때마다 반드시 군대의 호위를 받으며 다녔다. 출행할 때마다 군대 행렬이 웅장했다. 그걸 보고 누군가 한신이 모반을 꾀한다고 상소를 올렸다.

고조 유방이 상소를 읽어보고는 신하들에게 이 문제를 어떻게 처리할 것인가 물었다. 그러자 진평이 계책을 세웠다. 천자인 유방이 순행한다고 하면서 모든 제후들을 불러 모으기로 했다. 유방은 즉시 모든 제후들에게 사자를 보냈다.

"내 장차 초나라 운몽(雲夢) 호수로 갈 것이니, 모든 제후들은 그곳 진(陳)으로 모이시오."

한신은 통고를 받고 그 배후에 음모가 도사리고 있는 것을 알지 못했다. 또한 자신이 먼저 군대를 동원하면 충분히 유방을 칠 수 있는 절호의 기회였지만 그만두었다. 자신은 유방에게 죄가 없다고 여겨 허물없이 마중 나가기로 했다. 그러면서도 혹시나 자신이 사로잡히지 않을까 하는 두려움이 생겨 신하들에게 의견을 물었다. 그때 어떤 이가 나서며 말했다.

"종리매의 목을 잘라 황제에게 바치면 반드시 기뻐할 것입니다."

한신이 종리매에게 사람을 보냈다. 그러자 종리매가 말했다.

"한나라가 초나라를 빼앗지 못하는 것은 내가 한신 장군 밑에 숨어 있기 때문이오. 만일 한나라에 잘 보이고 싶다면 오늘이라도 나를 죽여도 좋소. 그러나 그 다음에는 한신 장군이 망할 것이오. 아, 장군은 큰 사람이 아니었구려!"

하고는 칼로 자기 목을 찔러 자결하고 말았다.

한신이 종리매의 목을 가지고 고조 유방을 만나러 들어갔다. 그러자 유방이 군사를 시켜 한신을 결박하고 곧바로 수레에 실었다. 한 순간 상황이 달라지자 그제야 한신은 한탄하고 말았다.

"과연 사람들의 말이 맞구나. 교활한 토끼를 잡고 나면 훌륭한 사냥개는 삶아 죽이는 법이고, 높이 나는 새가 없어지면 훌륭한 활도 구석에 처박히는 것이구나. 적을 물리치고 나면 지략 있는 신하는 죽게 된다고 하더니, 천하가 평정되니 이제 내가 죽게 되는구나!"

고조 유방이 사로잡힌 한신에게 말했다.

"네놈이 모반했다고 밀고한 자가 있다."

한신은 그렇게 죄인의 신분으로 낙양까지 끌려갔다. 그런데 뜻밖에도 유방이 용서하여 왕의 신분에서 회음 땅의 제후인 회음후(淮陰侯)로 강등되었다.

이후 한신은 고조 유방이 자신을 경계하는 것을 알고, 늘 병을 핑계로 조회에 나가지 않았다. 밤낮으로 집에 틀어박혀 유방을 원망하며 원한을 품었다. 자신의 지위가 부하인 강후(絳侯)나 관영(灌嬰)과 같은 것을 부끄럽게 여겼다.

한번은 장군 번쾌(樊噲)의 집에 들렀더니 그가 무릎을 꿇고 절하면서 마중하였다.

"대왕께서 신의 집에 왕림해 주셔서 영광입니다!"

한신이 그 집을 나오면서 쓴웃음을 지어야 했다.

"아, 번쾌가 나와 직위가 같단 말인가!"

또 한 번은 고조 유방이 한신을 불러 장수들의 능력을 이야기하게 되었다. 고조가 물었다.

"장군이 보기에 나는 얼마나 많은 군대를 거느릴 사람이오?"

한신이 대답했다.

"폐하는 그저 10만 정도 거느리면 합당합니다."

유방이 물었다.

"그러면 한신 그대는 어떠한가?"

한신이 대답했다.

"저는 많으면 많을수록 좋습니다."

유방이 웃으며 말했다.

"많으면 많을수록 좋다는 자가 어찌하여 내게 사로잡혔는가?"

한신이 대답했다.

"폐하께서는 많은 병사를 거느릴 수는 없으나 장수는 잘 거느리십니다. 이것이 제가 폐하에게 사로잡힌 이유입니다. 황제의 자리는 하늘이 내린 것이지 사람의 힘으로 되는 것이 아닌 것입니다."

하루는 한신의 오랜 부하인 진희(陳豨)가 거록(鉅鹿) 지역의 태수로 임명되어 한신에게 작별인사를 하러 왔다. 한신이 좌우 사람들을 물리친 후에 그와 뜰을 거닐면서 마음을 털어놓았다.

"그대에게는 말할 수 있겠소. 내 상의하고 싶은 것이 있소."

진희가 말했다.

"네, 말씀하시면 분부대로 따르겠습니다."

한신이 말했다.

"거록은 천하의 정예 병사들이 모인 곳이오. 그리고 그대는 황제의 신임을 받으니 누군가 모반했다고 고하더라도 황제께서 믿지 않을 것이오. 두 번째 모반했다고 고하면 황제께서 의심을 할 것이고, 세 번째 모반했다고 하면 그때서야 황제가 노하실 거요. 그러니 우리가 함께 일어나면 천하를 도모할 수 있을 것이오."

진희가 고개를 숙이며 말했다.

"말씀대로 따르겠습니다."

한나라 10년, 거록 태수 진희가 정예 병사를 모아 반란을 일으켰다. 고조 유방이 그 소식을 듣고 직접 정벌하러 나섰다. 한신은 병을 핑계 대고 따라가지 않았다. 그리고 몰래 진희에게 사람을 보내 밀서를 전달했다.

"그대가 군사를 일으키면 내가 밖에서 돕겠소."

이어 한신은 부하들을 시켜 거짓 조서를 꾸며 각 관아에 내려 보내 죄인과 관노들을 모두 풀어 주라고 했다. 한신은 이들을 동원해 유방의 본처인 여후(呂后)와 태자(太子)를 습격하려 했다. 모든 부하들에게 역할을 정하고 진희에게 올 회신을 기다렸다.

그런데 마침 한신의 부하 하나가 중죄를 지어 옥에 갇혀 죽음을 앞두고 있었다. 그 죄인의 아우가 한신의 모반 상황을 알고는 여후에게 상소를 올렸다. 여후가 그 사실을 알고는 상국 소하와 상의하였다. 여후는 고조가 보낸 사신인 것처럼 꾸며 소하를 한신에게 보냈다.

"진희가 모반을 꾀하다 사형을 당하고 말았습니다. 여러 제후들과 신하들은 황제를 위로하러 들어오라는 분부를 가지고 왔습니다. 장군께서 비록 병중이긴 하지만, 그래도 들어와 황제를 위로해 주시오."

한신은 그 말을 그대로 믿고 궁궐로 들어갔다. 입구에 들어서자 여후의 명령을 받은 무사들이 곧바로 달려들어 포박하였다. 그리고 신속히 장락궁(長樂宮) 종실로 끌고 가 심문도 하지 않고 바로 칼로 목을 베어 죽였다.

한신은 죽기 전에 크게 한탄하였다.

"내가 괴통의 계책을 쓰지 못한 것이 안타깝도다. 일개 아녀자에게 속아 운명이 끝날 줄이야."

여후는 한신을 죽인 후에 곧바로 한신의 삼족을 모두 멸하고 말았다.

고조 유방이 진희를 토벌하고 궁에 돌아오자 한신이 죽은 것을 알았다. 한편으로 기쁘고 한편으로 안타깝게 여기며 여후에게 물었다.

"한신이 죽을 때 무엇이라 하던가?"

여후가 말했다.

"괴통의 계책을 쓰지 못한 것이 한스럽다고 했습니다."

이에 유방이 제나라에 조서를 내려 괴통을 잡아오라 명했다. 괴통이 잡혀 오자 유방이 물었다.

"네놈이 한신에게 모반하라고 가르쳤느냐?"

괴통이 말했다.

"그렇습니다. 제가 가르쳤습니다. 그 못난 자가 저의 계책을 썼다면 폐하께서는 감히 그를 이길 수 없었을 겁니다."

그 말에 고조 유방이 노하여 명했다.

"이놈을 당장에 삶아 죽여라!"

그러자 괴통이 탄식하며 말했다.

"아, 원통하도다! 이렇게 죽게 되다니."

고조 유방이 물었다.

"네놈이 한신을 모반하게 해 놓고 무엇이 원통하단 말이냐?"

괴통이 대답했다.

"진나라의 폭정에 대항하여 천하의 영웅호걸들이 각지에서 일어났습니다. 모두가 황제가 되고자 했습니다. 그러나 폐하께서 먼저 황제에 올랐습니다. 도척의 개가 요임금을 보고 짖는 까닭은 요임금이 어질지 못해서가 아닙니다. 그 개의 주인이 아니기 때문에 짖는 것입니다. 저는 오직 한신만을 알았습니다. 폐하는 결코 알지 못했습니다. 그것이 죄라고 하면 힘이 모자라 황제가 되지 못한 자들을 섬긴 이들을 모두 잡아 삶아 죽이시겠습니까?"

이에 고조 유방이 말했다.

"이자를 풀어 주어라!"

태사공은 말한다.

"내가 회음에 갔을 때 그곳 사람들이 말했다. 한신은 출세하기 전에도 그 뜻이 남달랐다. 그의 어머니가 돌아가시자 가난해서 장사를 지낼 수가 없었다. 높고 넓은 땅에 무덤을 만들어 나중에 그 주위에 일만 호의 집이 들어설 것이라 했다. 내가 그 어머니 무덤을 가보니 정말 그러했다. 한신이 만약 도리를 알고 겸양하여 자신의 공로와 능력을 뽐내지 않았다면 주나라의 주공, 소공, 태공의 공훈과 견줄 수가 있었을 것이다. 그리고 후세까지도 나라의 제사를 받았을 것이다. 그런데 많은

기회를 버리고 천하가 평정된 뒤에 반역을 꾀했으니 삼족이 멸한 것도
당연한 일이 아닌가?"

韓王信、盧綰、陳狶列傳

제33편

한왕신, 노관, 진희 열전

韓王信者、故韓襄王孽孫也，長八尺五寸。及項梁之

立楚後懷王也，燕、齊、趙、魏皆已前王，唯韓無有

後、故立韓諸公子橫陽君成為韓王、欲以撫定韓故

地。死，韓地成盡。韓信，以為韓將、將其兵

張，徒韓地，信

從沛公入武關。

沛公立為漢王、韓信從入漢中、廼說漢王曰項王王諸

將近地、而王獨遠居、此左遷也。王卒皆山東人、

跂而望歸、及其鋒東鄉、可以爭天下。漢王還三秦、

"이들은 권모술수와 간사한 책략으로 왕의 자리까지 올랐지만 일이 막다른 곳에 이르자 목숨이 다하고 말았다. 이는 지략이 설익은 자들로 명성을 얻으면 무모한 짓에 빠지는 오류를 범하였던 것이다."

●

한왕 신

한신(韓信)은 한(韓)나라 양왕(襄王)의 후손이다. 회음후 한신(韓信)과 같은 시대를 살았던 동명이인이다. 여기서는 한왕 신으로 칭한다.

항우의 숙부 항량이 초나라 왕으로 회왕(懷王)을 세우자 연(燕), 조(趙), 위(魏) 세 나라도 왕을 세웠다. 그중 한(韓)나라만이 왕이 없다가 횡양군(橫陽君) 성(成)을 왕으로 삼았다.

항량이 정도 전투에서 유방에게 패해 죽자 횡양군은 두려워 초나라로 달아났다. 그러자 유방은 장량에게 한(韓)나라를 평정하도록 하였다. 이때 장량이 한왕 신을 만났는데 키가 크고 몸집이 거대하여 장수로 삼았다. 이후 한왕 신은 유방을 따라 무관으로 들어갔다.

항우의 결정에 따라 유방이 한(漢)나라 왕에 임명되자 한왕 신이 전략을 건의하였다.

"항우는 여러 장수들을 각 지역의 왕으로 봉했습니다. 그런데 대왕께서는 멀리 떨어진 곳의 왕에 봉해졌으니 이것은 분명 좌천과 다름없습니다. 대왕의 장수들과 병사들은 모두 산동 출신이라 늘 고향만 바라보고 있습니다. 이제 칼날을 동쪽 한(韓)나라로 향하신다면 분명 천하를 얻을 수 있을 것입니다."

이에 유방이 한왕 신을 총사령관인 태위(太尉)에 임명하여 한(韓)나라의 옛 영토를 정복하도록 하였다.

한편 항우는 한왕 신이 한(韓)나라의 옛 땅을 회복한다는 말을 듣자 정창(鄭昌)을 한(韓)나라의 왕으로 삼아 대항하게 하였다. 하지만 한왕 신이 10여 개의 성을 평정하고 양성에서 정창을 사로잡았다. 유방은 한왕 신의 공로를 인정하여 그곳 왕으로 봉하였다.

3년 후, 항우가 형양을 공격해 오자 한왕 신은 패해 도망하였다. 하지만 얼마 후 유방이 항우를 격파하고 천하를 평정하자 돌아와 다시 왕위에 올랐다. 이듬해 유방이 한나라 고조 황제에 오르자 한왕 신에게 진양으로 도읍을 옮겨 북쪽 흉노족을 막도록 명했다. 그러자 한왕 신이 상소를 올렸다.

"나라가 변경으로 둘러싸여 있어 흉노가 자주 쳐들어옵니다. 진양은 너무 멀리 떨어져 있으니 마읍(馬邑)으로 옮기게 해 주십시오."

고조 유방이 허락하여 도읍을 마읍으로 옮겼다. 그해 가을, 흉노의 묵돌이 변경을 쳐들어오자 한왕 신은 사자를 보내 화해를 청했다. 이후에도 흉노가 쳐들어오면 자주 사신을 보냈는데, 이 사실을 안 고조 유방은 한왕 신이 두 마음을 품었다고 크게 꾸짖었다.

이에 한왕 신은 목이 달아날까 두려워 은밀히 흉노와 밀약을 맺었다. 그것은 마읍을 흉노에게 바치고 함께 유방을 공격하기로 한 것이었다.

결행된 날에 한왕 신은 흉노와 함께 한나라 태원을 공격하였다.

고조 유방이 보고를 받고 크게 노하여 직접 출동했다. 동제에서 한왕 신의 군대를 격파하고 반란의 장수 왕희를 목 베었다. 한왕 신은 흉노로 도망쳤다. 그리고 흉노 묵돌과 모의해 유방을 공격하기로 했다.

흉노는 만여 명의 기병을 거느리고 남쪽 진양으로 내려와 한나라 군대와 격돌하였다. 하지만 한나라의 기세에 눌려 크게 패하고 말았다. 다시 누번 서쪽에서 한나라를 공격했지만 한나라 전차와 기병부대에 눌려 패하고 말았다. 이에 승세를 타고 한나라 군대가 북으로 도망가는 흉노를 쫓았다. 묵돌이 대곡에 있다는 정보를 듣고 유방은 부하를 시켜 그 상황을 살피게 하였다.

부하가 돌아와서 공격해도 좋다고 아뢰었다. 고조 유방이 출병하여 백등산으로 나아갔다. 그러나 도중에 그만 흉노 기병들에게 포위되고 말았다. 유방은 탈출할 묘책을 찾는 중에 묵돌의 애첩인 연지(閼氏)에게 귀한 선물을 보내기로 했다. 그러자 선물을 받은 연지가 묵돌에게 이부자리 정사를 펼쳤다.

"지금은 한나라 땅을 얻더라도 우리가 살 수 없습니다. 그러니 이렇게 서로 괴롭힐 까닭이 어디 있겠습니까?"

묵돌이 그 말에 따라 7일 만에 포위를 풀고 물러섰다. 한나라 군대가 돌아가고 난 후 한왕 신은 흉노 군대를 몰고 와 변경을 자주 공격했다.

한나라 11년, 한왕 신이 다시 흉노 기병과 함께 삼합에 쳐들어왔다. 한나라에서는 시장군(柴將軍)에게 명해 그들을 치게 하였다. 출정한 시장군이 한왕 신에게 서신을 보냈다.

"한나라 고조는 너그럽고 어진 분이십니다. 비록 그대가 한나라를 배반한 제후일지라도 다시 돌아온다면 예전의 지위와 칭호를 돌려주고 결코 죽이지 않을 겁니다. 그대 또한 이러한 사실을 알고 있을 것입니다. 그대는 단지 흉노에게 패해 달아났을 뿐이지 큰 죄가 있는 것이 아니니 서둘러 마음을 잡아 돌아오십시오."

한왕 신이 답장을 보냈다.

"폐하께서 가련한 저를 왕위에 오르게 하셨으니 참으로 큰 은혜입니다. 그런데 저는 형양 싸움에서 패해 죽지 못하고 항우에게 사로잡혔습니다. 이것이 저의 첫 번째 죄입니다. 흉노가 마읍을 공격해 왔을 때 그곳을 굳게 지키지 못하고 성을 바쳐 항복하였습니다. 이것이 저의 두 번째 죄입니다. 지금은 또한 오랑캐를 위해 군대를 거느리고 장군과 맞서 목숨을 다투게 되었으니 이것이 저의 세 번째 죄입니다. 옛날 대부 종(種)과 범려(范蠡)는 한 가지 죄도 없는데 죽임을 당했는데 저는 폐하에게 세 가지 죄를 저질렀습니다. 그러고도 어떻게 살기를 바라겠습니까? 저는 이곳에서 오랑캐들에게 구걸하며 지내고 있습니다. 제가 한나라로 돌아가고자 하는 맘은 피가 끓듯이 그리우나 이젠 상황이 돌아갈 수가 없습니다."

별 수 없이 두 장수가 싸움을 벌였다. 시장군이 삼합을 정벌하고 한왕 신의 목을 베었다. 후에 한왕 신의 후손들은 한나라에 항복하고 정착하였다.

노관

노관(盧綰)은 풍(豐) 땅 사람이다. 한나라 고조 유방과 같은 날 태어나 자랐다. 마을에서는 경사라 여겨 양을 잡고 술을 준비해 잔치를 벌였다. 이후 둘은 함께 글을 배우고 친하게 지냈다.

유방이 젊어서 죄를 짓고 도망 다닐 때에도 노관은 항상 유방을 따라다녔다. 패(沛) 땅에서 유방이 진나라에 반기를 들고 일어나자 노관이 그의 시중을 들었다. 유방이 항우를 공격할 때에는 태위에 올랐다.

노관은 유방의 침실을 드나드는 유일한 신하였고 그만큼 총애를 받았다. 비록 소하(蕭何)와 조참(曹參) 등이 유방으로부터 총애를 받았다고 하지만 노관에 비할 바가 못 되었다. 이후 노관은 장안후(長安侯)에 봉해졌다.

한나라 5년 겨울, 유방이 항우를 무찌르고 노관은 임강왕(臨江王) 공위(共尉)를 무찔렀다. 이어 유방을 따라 연나라를 공격하여 왕을 사로잡고 항복을 받아 냈다. 마침 유방이 천하를 평정하고서 그 밑에서 왕이 된 자는 유씨가 대부분이었고 아닌 자는 일곱 명뿐이었다.

유방은 평소 노관을 왕으로 삼고 싶었지만 여러 신하들의 불만이 우려스러워 그만두었다. 그러다가 연나라 왕을 사로잡게 되었으므로 곧바로 여러 장군과 제후들에게 알렸다.

"신하 가운데 공 있는 자를 연나라 왕으로 삼겠다!"

그러자 유방의 마음을 알고 있던 신하들이 모두 같이 아뢰었다.

"태위 장안후 노관이 늘 황제 폐하를 모시고 천하를 평정했으니 그의 공이 가장 크다고 하겠습니다. 그를 연나라 왕으로 삼는 것이 좋겠습니다."

이에 유방이 노관을 연나라 왕으로 삼았다.

한나라 11년 가을, 진희(陳豨)가 대(代) 지역에서 한나라에 반기를 들었다. 고조 유방이 직접 한단으로 가서 공격하였고, 노관도 군사를 이끌고 동북쪽을 공격하였다. 다급해진 진희가 흉노에게 구원을 요청하자, 노관이 이를 미리 알고 자신의 신하 장승(張勝)을 흉노에 사신으로 보내 외교전을 펼쳤다.

장승이 막상 흉노에 도착하고 보니 예전 연나라 왕 장도의 아들인 연(衍)이 망명 와 있었다. 연이 장승에게 말했다.

"그대는 누구보다 흉노 사정에 밝기 때문에 연나라 왕 노관에게 중용됐을 겁니다. 혹시 이전에 연나라가 오래 존속한 까닭을 아십니까? 그것은 제후들 간의 싸움이 길어지면서 그 관심에서 벗어나 있었기 때문입니다. 지금 그대가 진희를 멸망시키려고 하는데, 만약 진희가 멸하고 나면 그 다음에는 분명 연나라에 화가 미칠 것입니다. 어찌 이런 것을 모르십니까? 그러니 연나라를 존속시키고자 하면 진희에 대한 공격을 잠시 늦추고 흉노와 화친하도록 연나라 왕께 말씀드리십시오. 연나라가 여유롭고 유방의 한나라가 급하다면 그대의 왕께서는 오래도록 편안할 수 있을 겁니다."

장승이 그 말이 옳다고 여겨 흉노로 하여금 진희를 돕게 하였다. 이 사실을 연나라 왕 노관이 알고는 장승이 흉노와 공모해 배반했다고 여겼다. 이에 장승의 일가족을 처형하도록 명했다. 그러자 곧바로 장승이 돌아왔다. 흉노에서 연을 만난 이야기를 전해 주니 노관이 수긍하며 역시 고개를 끄덕였다.

할 수 없이 거짓으로 다른 이를 처벌하고 장승의 가족을 몰래 흉노로 보냈다. 이어 신하 범제(范齊)를 진희에게 보내 한나라와 전쟁을 오래 끌도록 하니 정말로 승패가 나지 않았다.

한나라 12년, 장군 번쾌(樊噲)가 대 지역에 머물러 있던 진희를 쳐서 목을 베었다. 그러자 진희의 부하 장수가 항복하면서 이전의 비밀을 모두 누설하였다.

"연나라 왕 노관이 범제를 시켜서 진희와 계책을 꾸몄습니다."

고조 유방이 사자를 보내 노관을 불렀지만, 노관은 병을 핑계로 오지 않았다. 유방이 다시 벽양후(辟陽侯) 심이기(審食其)와 어사대부(御史大夫) 조요(趙堯)를 보내 노관을 데려오게 하고 노관의 신하들을 모두 심문하도록 하였다. 노관은 두려워 성문을 닫고 지내면서 자신의 신하들에게 말했다.

"유씨가 아니면서 왕이 된 자는 나와 장사왕뿐이다. 지난해 유방은 회음후 한신을 멸족시키고 팽월을 베어 죽였다. 모두가 여후의 계략이었다. 지금 유방은 병들어 모든 국사를 여후가 맡고 있다. 여후는 유씨 성이 아닌 왕과 제후들은 모두 죽이려 작정한 여자다!"

그런데 노관의 이 푸념이 누설되어 심문하러 온 심이기가 듣게 되었다. 그가 고조 유방에게 이 사실을 자세히 알렸다. 병석에 있던 고조는 그만 노하고 말았다. 게다가 마침 흉노에서 항복해 온 자가 비밀을 털어놓았다.

"노관의 신하인 장승이 지금 흉노에 도망쳐 와 있습니다."

이 말을 듣고 고조는 마음의 결심을 굳혔다.

"노관, 네놈이 나를 배신하였구나!"

고조 유방은 장군 번쾌를 시켜 연나라를 공격하게 하였다. 그때 노관은 군대를 거느리고 장성 아래서 상황을 살피고 있었다. 혹시라도 유방의 병이 나으면 자신이 들어가 사죄하려고 하였다. 그러나 4월에 유방이 죽고 말았다. 노관은 어쩔 수 없이 자신을 따르는 무리를 이끌고 흉노 땅으로 도망쳤다. 흉노가 그를 동호(東胡)의 노왕(盧王)으로 삼았다.

그러나 다른 오랑캐들이 동호에 쳐들어와 약탈해 가는 일이 빈번하자 노관은 한나라로 돌아가고 싶었다. 그렇게 한 해 남짓 지내다가 노관은 흉노 땅에서 죽었다. 이후 노관의 아내와 자식이 한나라에 항복해 왔다.

진희

진희(陳豨)는 원구(宛朐) 사람이다. 그가 유방을 어떻게 만나 따라다니게 되었는지는 알려지지 않았다. 한왕 신이 반기를 들고 흉노로 도망하자 유방은 진희를 조나라 상국으로 삼아 변경 지대의 군사를 감독하게 하였다.

한 번은 진희가 휴가를 얻어 조나라 도읍에 들렀다. 그때 수행 행렬이 수레 천 대나 되었다. 더구나 수행하는 자들이 일사불란했고 모두 철저히 훈련된 자들이었다. 조나라 재상 주창이 이 사실을 고조 유방에게 알렸다.

"진희는 수행 행렬이 아주 성대합니다. 밖에서 마음대로 군대를 휘두르게 되면 행여 변란이라도 일어날까 두렵기 그지없습니다."

고조 유방이 이 말을 듣고 즉시 부하를 시켜 진희에 관한 불법적인 일들을 조사하게 하였다. 심문하고 보니 진희와 관련된 불법적인 일들이 많았다. 이런 사실을 뒤늦게 알게 된 진희는 두려움을 느껴 몰래 옛 조나라 장수였던 만구신(曼丘臣), 왕황(王黃)과 내통하여 역모를 꾸몄다.

고조 유방이 진희를 불렀지만 진희는 병이 심하다는 핑계를 대고 가지 않았다. 그리고 그해 9월 진희는 결국 반기를 들어 조나라와 대나라의 땅을 빼앗고 스스로 대왕(代王)이라 칭했다.

유방이 이 소식을 듣고 우선 진희에게 속아 넘어갔거나 협박당한 자들은 모두 용서한다는 포고를 알렸다. 그리고 몸소 한단으로 가서 진희의 진영을 살펴보고는 웃으며 말했다.

"진희의 군대는 남쪽 장수 지역에 의지하지 않고, 북쪽 한단을 지키지 않으니 참으로 어리석도다. 그는 어떤 일도 할 수 없는 자이다."

마침 조나라 재상 주창이 상산 태수와 태위를 죽이고자 고조 유방에게 아뢰었다.

"상산의 25개 성 가운데 20개를 잃었습니다. 하오니 이들을 처형하게 해 주십시오."

유방이 물었다.

"그래, 태수와 태위가 배반했는가?"

주창이 대답했다.

"배반하지는 않았습니다."

그러자 유방이 말했다.

"힘이 모자랐겠구먼."

그러고는 그 둘을 용서하고 다시 상산의 태수와 태위로 삼았다. 이어 유방이 주창에게 물었다.

"조나라에도 장수로 세울 자가 있는가?"

주창이 대답했다.

"네. 있습니다."

하고는 바로 네 명을 데려와 보였다. 고조 유방이 그들을 보자 대뜸 욕을 퍼부었다.

"너희 같은 놈들이 무슨 장수가 될 수 있겠느냐?"

이에 네 명이 바로 땅에 엎드려 부끄러워했다.

그러나 유방은 그들에게 각각 1천 호를 내려 장군으로 삼았다. 그러자 좌우의 신하들이 나서서 간언을 올렸다.

"폐하를 따라 촉과 한나라까지 들어가고, 심지어 초나라를 쳤던 자들도 아직 상을 골고루 받지 못했습니다. 그런데 이들이 무슨 공이 있다고 1천 호를 봉하시는 것입니까?"

고조 유방이 말했다.

"그대들이 어찌 내 마음을 알겠나. 지금 진희가 배반해 북쪽 조나라 땅은 이미 그의 소유가 되었다. 내가 격문을 띄워 진희를 토벌할 군사를 불렀지만 아무도 달려온 자가 없었다. 오직 조나라 한단의 군사뿐이었다. 그러니 내 어찌 4천 호의 봉읍을 아까워하겠는가? 이렇게라도 조나라를 위로해야 하지 않겠는가?"

신하들이 모두 대답했다.

"옳은 말씀이십니다."

고조 유방이 물었다.

"진희의 장수가 누구냐?"

신하들이 대답했다.

"왕황과 만구신입니다. 그들은 이전에 장사꾼이었습니다."

고조 유방이 말했다.

"각각 상금 천 냥을 걸고 왕황과 만구신을 잡아들여라!"

한나라 11년 겨울, 한나라 군대가 출동해 진희의 장수 후창과 왕황을 곡역에서 사로잡아 목을 베었다. 이때 진희의 병사 만여 명이 같이 목이 베어졌다. 한나라 장군 주발(周勃)이 쳐들어가서 진희가 점령한 태원과 대 땅을 모두 평정했다.

그해 12월에 유방이 친히 동원 지역을 쳤지만 진희는 항복하지 않고 병사들이 오히려 유방에게 욕을 퍼부었다. 그때 유방이 진노하여 나중에 동원 지역이 항복하자 그 지역 병사들을 모두 참수하였다. 그리고 동원의 이름을 진정으로 바꾸었다.

싸움의 패색이 짙어지자 진희의 휘하에 있던 자가 한나라에 상을 받으려고 만구신을 사로잡아 왔다. 이렇게 해서 진희는 패하고 달아났다.

고조 유방이 낙양에 돌아와 말했다.

"대나라는 상산 북쪽에 있어 조나라에서 너무 멀다."

그러고는 안문 지역을 복속시키고 도읍을 중도로 옮겨 아들 항을 대나라 왕으로 삼았다. 한나라 12년 겨울, 번쾌가 결국은 달아난 진희를 사로잡아 목을 베어 죽였다.

태사공은 말한다.

"한왕 신과 노관은 조상의 덕으로 높은 자리에 오른 것이 아니라 한때의 권모술수와 간사한 책략으로 벼슬을 얻어 임금의 자리까지 올랐다. 하지만 너무 강해졌기에 의심을 받았고, 결국 흉노에 의지할 수밖에 없었다. 그로 인해 위태로움을 스스로 느끼지 않았겠는가? 마침내 일이 막다른 곳에 이르고 지혜가 다하자 흉노로 달아났으니 어찌 슬픈 일이 아니겠는가?

진희는 젊을 적에 위공자 신릉군을 흠모하였고 선비들에게 몸을 낮추어 겸손하였다. 그러나 그가 얻은 명성은 실제보다 지나쳤다. 그래서 주창으로부터 의심을 사고 조사를 받게 되어 잘못이 드러나고 말았다. 자신의 몸에 재앙이 닥칠 것을 두려워하여 무모한 짓에 빠지고 말았으니 어찌 슬프지 않겠는가? 지략이 설익고 무르익은 차이가 사람의 성패를 이토록 가를 줄이야!"

田儋者、狄人也、故齊王田氏族也。儋從弟田榮、榮

弟田橫、皆豪、宗彊、能得人

陳涉之初起王楚也（、使周市略定魏地、北至狄、狄城

守。田儋詳為縛其奴、從少年之廷、欲謁殺奴。見狄

令

제34편

전담열전

令、因擊殺令、而召豪吏子弟曰：諸侯皆反秦自立、

齊、古之建國、儋、田氏、當王。遂自立為齊王、發

兵以擊周市。周市軍還去。田儋因率兵東略定齊地。

秦將章邯圍魏王咎於臨濟、急。魏王請救於齊、齊王

田儋將兵救魏、章邯夜銜枚擊、大破齊、魏軍、殺田

> "전담은 진나라에 반기를 들어 제나라를 재건하고 왕이 되었다. 이후 진나라 장군 장한(章邯)에게 패하여 죽었다. 그의 두 사촌 형제 전영과 전횡 또한 제나라 왕에 오른 자들이다. 이들의 파란만장한 일대기는 천하 모든 사람들을 숙연하게 만들었다."

•

전담

전담(田儋)은 제(齊)나라 적현(狄縣) 사람이다. 진나라에 반기를 든 진승이 장군 주불에게 적현을 평정하게 했다. 주불(周市)이 쳐들어가자 적현성 사람들은 성문을 굳게 닫은 채 대항하지 않았다.

이 무렵 성 안에 있던 전담이 사촌 동생 전영, 전횡과 거사를 꾸몄다. 많은 사람들이 전담의 하인을 결박하여 성 책임자인 현령이 있는 관헌으로 끌고 가게 했다. 그리고 현령의 거처 앞에서 하인을 때려죽이는 시늉을 하였다. 매질하는 소리와 살려 달라는 소리 그리고 사람들이 웅성거리는 소리에 현령은 무슨 일인가 싶어 문을 열고 모습을 드러냈다. 그 순간 전담의 휘하 부하들이 기다렸다는 듯이 현령에게 달려들어 칼로 베어 죽였다.

그렇게 거사가 성공하자 전담이 성 안에 있는 백성들에게 크게 소리쳤다.

"지금 포악한 진나라에 대항하여 모든 제후들이 봉기하고 있습니다. 제나라 역시 봉기하여 옛 명성을 되찾아야 합니다. 나는 제나라 왕족의 후예 전담입니다. 따라서 당연히 내가 왕위에 올라야 합니다."

전담은 그렇게 스스로 왕위에 올라 군대를 이끌고 주불을 공격했다. 전담의 군사들이 옛 왕조의 회복으로 사기가 충천함을 느낀 주불은 싸움이 불리하다고 느껴 이내 단념하고 철수하였다. 그러자 전담은 재빨리 군대를 동원해 제나라 옛 땅을 대부분 평정하였다.

얼마 후 진나라 장군 장한(章邯)이 임제에서 위나라를 포위하였다. 위나라는 아주 위급한 상황이었다. 급히 제나라에 구원을 요청하자 전담이 군사를 이끌고 달려왔다. 하지만 한밤중에 장한의 병사들이 입에 나뭇가지를 물고 소리 없이 쳐들어왔다. 위나라와 제나라 연합군은 그 동향을 알지 못하여 속수무책으로 크게 패했다. 전담은 불운하게도 그곳에서 장한의 병사에게 살해되고 말았다.

전영

진나라에 패해 달아난 제나라 군사들을 전담의 사촌 동생 전영(田榮)이 끌어모아 함께 동쪽으로 도주하였다. 장한은 도주하는 전영을 추격해 동아(東阿) 지역에서 포위하였다. 전영이 이 위급함을 항량에게 전했다. 그러자 항량이 군대를 이끌고 달려와 장한의 군대를 격파하고 전영을 구했다. 이때 장한은 목숨을 건져 도주하였다.

한편 전담이 죽었다는 소식에 적현성 백성들은 이전 왕의 후예인 전가(田假)를 왕으로 추대했다. 왕위에 오른 전가는 전각(田角)을 재상에, 전간(田間)을 장군에 임명하였다. 그러나 전가가 왕위에 올랐다는 소식을 들은 전영은 크게 분노하였다.

"그에게는 왕이 될 아무런 자격이 없다!"

단숨에 병사들을 이끌고 적현성을 쳐들어가 전가를 몰아냈다. 전가는 초나라로 달아났고, 전각은 조나라로 도망갔으며, 전간은 조나라에 사신으로 가 있던 중이라 그곳에 체류하고 말았다. 전영은 전담의 아들 전불(田市)을 제나라 왕으로 세우고, 자신은 재상에 오르고, 전횡을 장군으로 삼아 제나라를 평정하였다.

한편 도망한 장한은 병력을 더욱 키우고 있었다. 이 소식을 들은 초나라 항량이 조나라와 제나라에 사신을 보내 함께 장한을 공격하자고 건의하였다. 이에 전영이 사신을 보내 답했다.

"초나라가 전가를 죽이고, 조나라가 전각과 전간을 죽이면 기꺼이 출병하겠소."

이에 초나라 회왕이 사신에게 대답했다.

"전가는 우방국의 왕으로 위험에 처해 우리에게 의탁하러 온 것이오. 그를 죽이는 일은 의롭지 못하오."

조나라 또한 사신에게 대답했다.

"우리는 전각과 전간을 죽이면서까지 제나라와 연합하고 싶지 않소."

이에 제나라 사신이 말했다.

"독사에게 손을 물리면 손을 자르고, 발을 물리면 발을 자릅니다. 왜 그러겠습니까? 자르지 않으면 온몸에 독이 퍼져 죽기 때문입니다. 그런데 전가, 전각, 전간은 초나라와 조나라의 손과 발도 아닌데 어째서 죽이지 못하는 것입니까? 우리 제나라는 반란을 일으킨 그들을 무덤까지 쫓아가 보복할 것입니다."

그래도 초나라와 조나라가 거절하자 제나라는 결국 출병하지 않았다.

그 싸움에서 장한은 항량을 죽이고 초나라 군대를 격파하였다. 이어 장한은 황하를 건너 거록 땅으로 가 조나라를 포위하였다. 조나라가 위급하다는 소식에 이번에는 항우가 달려갔다. 항우가 단칼에 장한의 목을 베고 진나라 군대를 섬멸시켰다. 하지만 항우는 항량이 죽은 일에 대해 제나라 전영을 크게 원망하게 되었다. 이어 항우는 휘하 제후들을 공로에 따라 각 지역의 왕으로 책봉했다.

이때 전불은 전영이 옹립했다는 이유로 제나라 왕에서 교동왕(膠東王)으로 좌천됐다. 전영의 휘하 장수이지만 독자적으로 항량을 도운 전도(田都)가 제나라 왕이 되었다. 진나라로부터 제북성을 빼앗은 전안을 제북왕(濟北王)으로 삼았다. 이는 원래 하나인 제나라를 셋으로 나눈 것에 불과했다.

전영은 항량의 요청을 거절하고 진나라 공격에 호응하지 않아 왕이 되지 못했다. 이때 조나라 장군 진여 역시 왕위에 오르지 못했다. 이로 인해 두 사람은 이후 항우를 원망하는 연합세력이 되었다.

진여가 조나라에서 반란을 일으키기 전에, 먼저 전영이 자신의 병사를 이끌고 제나라 왕 전도를 공격해 성을 점령하였다. 이때 전도는 갈팡질팡하다가 결국 초나라로 달아났다.

전영은 또한 조카인 전불에게 교동왕으로 가지 못하게 했다. 그러자 전불의 신하들이 사정을 말했다.

"항우는 포악한 자이기 때문에 왕께서 교동으로 가셔야 합니다. 그렇지 않으면 목숨이 위태로울 수 있습니다."

그래도 전영은 가지 말라고 했다. 하지만 전불은 어쩔 수 없이 도망가 듯 교동으로 떠났다. 이에 전영이 화가 나서 군사를 일으켜 전불을 추격했다. 즉묵 땅에 이를 무렵 그곳에서 전불을 죽였다. 다시 돌아오면서 제북왕 전안을 공격해 죽였다. 이렇게 하여 전영은 스스로 제나라 왕에 올랐다. 이전에 항우가 갈라놓은 세 개의 제나라를 하나로 병합하였다.

항우가 이 소식을 듣고 분노하여 곧바로 전영을 토벌하러 나섰다. 전영의 군대는 항우의 상대가 되지 못했다. 크게 패하여 평원으로 도주하였다. 그런데 운이 없었든지 전영은 평원 사람들에게 사로잡혀 죽임을 당하고 말았다. 왕위에 오른 지 고작 8개월 만이었다.

항우는 전영이 죽었다는 소식에도 분이 안 풀려, 제나라 성을 불 질러 성 안에 있는 백성 모두를 살육하였다. 이 사건으로 인해 제나라 사람들이 항우에 대해 이를 갈고 분노하였다.

전횡

이후 전영의 동생 전횡이 흩어진 병사들을 다시 모았다. 그 수가 수만 명에 달했다. 전횡이 이들을 이끌고 성향에서 항우와 싸움을 벌였다. 그 무렵 유방이 초나라를 침공하여 팽성으로 진입하고 있었다. 항우가 이 소식을 듣자 전횡과의 전투를 포기하고 서둘러 귀국했다. 이어 팽성에서 한나라 유방과 대치하였다.

항우가 후퇴하자 전횡은 손쉽게 제나라를 손에 넣었다. 전영의 아들 전광을 제나라 왕으로 세우고 자신은 재상을 맡아 왕을 보좌하며 국정을 도맡았다.

3년 후, 한나라 유방은 역생(酈生)을 제나라에 사신으로 보냈다. 역생이 전횡에게 말하였다.

"왕께서 한나라 유방을 섬긴다고 맹약하시면 우리 한나라는 결코 무력으로 제나라를 제압하지 않을 것이오."

전횡이 그 말을 믿고 한나라의 속국이 되겠다는 맹세를 했다. 그리고 제나라 군대에 명하여 경계를 풀라 하였다. 양측이 화친을 도모하려는 훈훈한 순간에, 갑자기 한나라 장군 한신이 제나라 국경을 넘어 수도인 임치성으로 쳐들어오고 있다는 보고가 들어왔다.

제나라 왕과 재상 전횡은 역생이 자신들을 속였다고 생각했다. 당장에 역생을 붙잡아 삶아 죽였다. 이어 한신이 공격해 오자 제나라 왕은 고밀 지역으로, 전횡은 박(博) 지역으로 달아났다. 장군 전기가 교동에 진을 치고 한신의 군대에 저항했다.

이때 초나라가 용저를 장군으로 하여 제나라에 구원병을 파견했다. 하지만 한신이 용저를 죽이고 제나라 왕 전광을 사로잡아 참수하였다. 한나라 장군 관영은 전횡을 사로잡으러 박 땅으로 진격하였다.

박 땅에서 제나라 왕이 죽었다는 소식을 들은 전횡은 스스로 왕위에 올라 한나라 군대와 대치하였다. 하지만 영(嬴) 땅에서 한나라 장군 관영과 싸웠으나 크게 패하고 말았다. 전횡은 어쩔 수 없이 도주하여 양(梁)나라 팽월에게로 귀순하였다. 팽월은 당시 유방과 항우의 대립에서 중립을 지키고 있었다.

이어 한나라 장군 한신은 교동 땅에서 제나라 장군 전기를 죽이고,

장군 관영은 제나라 대신 전흡을 죽여 마침내 제나라를 평정하였다. 그리고 한신은 자신이 제나라의 임시 왕이 되겠다고 유방에게 요청하였다. 얼마 후 유방은 한신을 제나라 왕으로 인정하였다.

1년 뒤, 한나라는 항우를 죽이고 유방은 드디어 황제의 자리에 올랐다. 이때 유방은 팽월을 양나라 왕으로 삼았다. 그러자 전횡은 자신이 살해될 것이 두려워 따르는 무리를 이끌고 바다를 건너 어느 섬에 들어가 살았다.

유방이 이 소식을 듣고 우려를 금치 못했다.

"전횡은 제나라 사람들이 모두 따르는 자가 아니냐? 그런 자를 바다에 방치해 두면 나중에 반란을 일으킬 것이다. 전횡의 죄를 사면하고 봉읍을 내릴 것이니, 당장 섬으로 사신을 보내 속히 돌아오라고 하라."

하지만 사신으로부터 전갈을 받은 전횡은 정중히 거절했다.

"나는 폐하의 사신인 역생을 삶아 죽인 자입니다. 듣자니 지금 역생의 동생이 한나라 장군이 되었다고 하는데, 그가 아무리 어진 자라 해도 어찌 내가 그를 대면할 수 있겠습니까? 송구스러워 감히 조서를 받들지 못하니 이곳에서 평민으로 지내도록 허락해 주십시오."

사신이 돌아와 그대로 보고하자 유방은 즉각 조서(詔書)를 다시 내렸다.

"만약 전횡이 섬에서 돌아왔을 때, 그를 수행하는 자와 따르는 자들은 일족을 멸하리라!"

그리고 다시 신하 역상에게 말했다.

"만약 전횡이 돌아오면 나는 그를 왕이나 제후로 크게 봉할 것이다. 하지만 오지 않으면 군대를 동원해 처단할 것이다."

결국 전횡은 이 조서를 받들고 자신의 부하 두 명과 함께 낙양으로 올라올 수밖에 없었다.

낙양에서 30리 떨어진 어느 시골에 이르렀을 때, 전횡이 사신에게 간곡히 말했다.

"남의 신하가 된 자라면 당연히 천자를 알현하는 데 목욕을 해야겠지요."

하고 그곳에서 하루를 머물렀다. 그날 밤, 전횡이 자신의 두 부하에게 말했다.

"예전에 나와 유방은 서로 왕이 되어 고(孤)라고 칭했었다. 하지만 지금 유방은 천자가 되었고 나는 떠도는 포로 신세에 불과하다. 이제 그를 섬겨야 한다고 생각하니 이 치욕을 참을 수가 없도다. 내가 남의 형을 삶아 죽이고도 그 동생과 어깨를 나란히 하여 유방을 섬길 수도 있지만, 비록 그가 천자의 명에 따라 감히 나를 어쩌지 못하겠지만, 내 어찌 그를 대할 때 미안함이 없겠는가? 또 유방이 천자가 되었는데 나를 만나려는 까닭은 그저 얼굴 한번 보고자 하는 것이지 다른 무슨 특별한 뜻이 있겠는가. 유방이 저기 낙양에 있다고 하니, 그대들은 지금 내 목을 잘라 말을 타고 달려가 보여 주도록 하라."

말을 마친 전횡은 길게 탄식하더니 칼을 뽑아 자결하고 말았다. 다음 날 유방이 전횡의 잘린 목을 보고는 슬퍼하며 말했다.

"아, 전횡은 어진 자로다. 평민에서 시작한 삼형제가 모두 왕이 되었으니, 어찌 어질지 않겠는가."

하고는 그를 위해서 눈물을 흘렸다.

유방은 전횡의 부하를 각각 도위로 임명하고 말했다.

"병사 2천 명을 줄 테니, 너희는 왕의 예를 갖추어 전횡의 장례를 치르라."

전횡의 장례는 성대하게 마쳤다. 하지만 장례식이 끝나자 전횡의 무덤 옆에 구덩이가 하나 파져 있었다. 한나라 도위에 임명된 전횡의 두 부하가 각각 자신의 칼로 목을 베고는 구덩이 속으로 떨어졌다. 전횡을 사모하여 따라간 것이었다.

유방이 이 소식을 듣고 크게 놀랐다.

"아, 전횡을 따르는 자들은 모두가 현자로구나!"

얼마 후, 유방은 섬에 있는 나머지 5백여 명을 예우하기 위해 모두 불러들였다. 하지만 그들은 전횡이 죽었다는 소식에 모두 따라 자결하였다. 천하 사람들이 이 소식에 모두 슬피 울었다.

"전횡은 부하들과 진심으로 교류한 어진 왕이었도다!"

태사공은 말한다.

"심하구나, 괴통의 전략이여! 전횡을 현혹시키고 한신을 교만하게 만들어 마침내 저 두 사람을 망쳤도다. 괴통은 전국시대 때 언변에 능통해 권모술수와 임기응변에 대한 글 81편을 지었다. 괴통은 나중에 벼슬이 내려졌지만 받지 않고 도망하여 숨어 살았다.

전횡의 고상한 절개와 그 추종자들이 의리를 흠모해 따라 죽은 것을 현명하다고 할 수 있겠는가? 나는 이런 이유로 열전 속에 전횡을 넣었다. 천하에 그림을 잘 그리는 자도 끝내 이 절개를 그리지는 못할 것이다."

卷九十五。樊酈滕灌

제35편 번쾌, 역상, 하우영, 관영열전

汝陰侯夏侯嬰、灌嬰列傳

汝陰侯夏侯嬰、沛人也。為沛廐司御。每送使客還、過沛泗上亭、與高祖語、未嘗不移日也。嬰已而試補縣吏、與高祖相愛。高祖戲而傷嬰、人有告高祖、高祖為亭長、重傷人、當坐之。高祖時嬰証之。後獄覆、嬰坐高祖繋歲餘、掠答數百、終以是脱高祖。

高祖之初與徒屬欲攻沛也、嬰時以縣令史為高祖使。上降沛一日、高祖為沛公、賜嬰爵七大夫、以為太僕。從攻胡陵、嬰與蕭何降泗水監平、平以胡陵降、賜嬰爵五大夫、從擊秦軍碭東、攻濟陽、下戸破李由

"이들은 모두 한(漢)나라 고조 유방의 공신들이다. 본래는 개를 도살하거나 비단을 파는 하찮은 신세였다. 하지만 파리가 준마의 꼬리에 붙어 천 리를 가듯이, 자신들이 유방을 만나 한나라 조정에 이름을 날릴 줄 어떻게 알았겠는가."

•

번쾌

무양후(舞陽候) 번쾌(樊噲)는 패현(沛縣) 사람이다. 시장에서 개 잡는 일을 하다가 유방을 따라나섰다. 유방이 풍 땅에서 군사를 일으켜 패현을 함락하고 스스로 패공(沛公)이 되었을 때 번쾌를 자신의 집사로 삼았다.

번쾌는 유방을 따라 호릉과 방여와 사수군(泗水郡)을 공격하여 진나라 군감(郡監)을 물리치고 크게 이겼다. 이후 동쪽 패현을 평정한 후에 사수군 태수를 사로잡았다. 탕현 전투에서 사마이(司馬尼)를 물리치고 적군 수십 명의 목을 베었다. 그 공로로 국대부(國大夫)의 작위를 받았다.

복향현에서 장한의 군대를 공격할 때, 번쾌는 가장 먼저 적의 성에 올라 적군 수십 명을 죽인 공로로 열대부(列大夫)의 작위를 받았다. 성향현을 공략할 때도 가장 먼저 적의 성에 올랐다.

이어 호유 지방을 함락하고 이유(李由)의 군대를 격파한 공로로 상간

작(上間爵)의 벼슬에 올랐다. 성무현을 무너뜨린 공로로 오대부(五大夫)의 작위를 받았다.

얼마 후 유방을 따라 박(亳) 땅 남쪽으로 나아가 하간군 태수의 군대를 격파하였다. 이어 조분(趙賁)의 군대를 무찌르고 그 공로로 경(卿)의 작위를 받았다.

곡우에 주둔하고 있던 진나라 양웅의 군대를 격파하고 원릉을 공략하여 가장 먼저 적군을 무찌른 공로로 현성군(賢成君)이라는 칭호를 받았다.

이어 유방을 따라 장사, 환원, 하진 지역의 진나라 군대를 공격하였다. 남쪽으로 남양군 태수 여의(呂齮)를 물리치고, 동쪽으로 완현성을 공격하는데 가장 먼저 성에 올랐다. 서쪽으로 역현에서 적군 수십 명을 참수하고 포로로 잡았다. 이어 무관 땅을 공격하여 항복을 받아냈는데, 이때 항복한 진나라 병사가 3천여 명이었다.

유방이 진나라 남쪽 관문인 무관(武關)을 지나 항우보다 먼저 관중(關中)에 도달하였다. 이어 동쪽 관문인 함곡관(函谷關)을 막고 항우의 군사가 넘어오는 것을 저지하였다. 이에 항우가 분노하여 장군 경포를 선봉장으로 내세워 유방을 공격하였다. 전세가 불리한 유방은 항우의 숙부인 항백(項伯)을 통해 함곡관을 막은 일에 대해 사죄하였다. 이어 항우의 군대가 함곡관을 통과하여 회하(戱下)에 주둔하였다.

저녁에 항우가 관중 지역 함양을 점령한 기념으로 주연을 베풀었다. 술자리가 무르익자 항우의 책사 범증(范增)이 연회에 참석한 유방을 죽이기 위해 은밀히 음모를 꾸몄다. 항우의 사촌 동생인 항장(項莊)에게 연회석에서 칼춤을 추다가 기회를 엿보아 유방을 내리치라고 알려줬다. 마침 연회 석상에는 유방과 장량만이 참석해 있었고, 유방의 휘하 장군 번쾌는 병영 밖에서 대기 중이었다.

항장이 나와서 칼을 뽑아 검무를 추는데 칼을 휘두를 때마다 유방에게는 위급한 상황이었다. 그러자 항백이 끼어들어 같이 검무를 추면서 항장의 칼을 칼로 막았다. 잠시 후에 병영 밖에서 이 소식을 들은 번쾌가 황급히 방패를 들고 연회장으로 뛰어들어 위기에 처한 유방을 구했다. 그때 항우가 경계근무 병사들의 저지를 뚫고 돌진하는 번쾌를 유심히 보았기에 나중에 불러 물었다.

"네놈은 누구냐?"

그러자 옆에 있던 유방의 책사 장량이 대답했다.

"유방의 호위 장군 번쾌라는 자입니다."

항우가 아래위로 번쾌를 쳐다보며 말했다.

"힘 하나는 장사로구나!"

하고는 술 한 주전자와 안주로 돼지다리를 하사했다. 번쾌가 단숨에 다 먹어 치우자 항우가 다시 물었다.

"더 마실 수 있는가?"

번쾌가 말했다.

"소신은 죽음도 사양하지 않는데 어찌 술을 사양하겠습니까? 외람되지만 한 말씀 아뢰겠습니다. 패공 유방께서는 먼저 진나라 국경을 넘어 함양을 평정하고 대왕을 기다리고 계셨습니다. 그런데 대왕께서는 오늘 도착하셔서 소인배들의 말만 듣고는 패공을 멀리하려고 하십니다. 소신은 이 일로 천하가 분열되고 사람들이 대왕을 의심하지 않을까 심려하는 바입니다."

항우가 묵묵부답이었다. 이 틈에 유방이 화장실에 가는 척하면서 번쾌를 손짓으로 불러 슬그머니 자리를 떠났다. 수레는 그대로 놔둔 채 말에 올라탔다. 번쾌 등 다른 네 명은 걸어서 뒤따랐다. 산 아래 샛길을 만나자 유방은 뒤도 안 돌아보고 그대로 도망쳤다. 병영에 돌아오자 유방은 장량을 시켜 먼저 자리를 뜬 것에 대해 항우에게 사과했다. 항우는 장량의 말에 마음이 흡족하여 유방을 죽이려 하지 않았다.

다음 날 항우는 함양에 입성해 진나라의 관리와 병사들을 모두 몰살하고 유방을 한(漢)나라 왕으로 세웠다. 유방은 번쾌에게 열후(列候)의 작위를 내리고 임무후(臨武侯)라 칭하였고 낭중(郎中)으로 승진시켰다.

이후 번쾌는 서현과 옹현 남쪽을 공격해 격파하였고 이때도 가장 먼저 적의 성에 올랐다. 호치현에서 장평의 군대를 무찌른 공로로 낭중기장(郎中騎將)에 올랐다. 이어 유방을 따라 양향 동쪽에서 진나라 기마부대를 공격해 물리쳤다. 특히 폐구(廢丘)를 수몰시킨 것은 번쾌의 최고의 공적이었다. 이 공로로 두현과 번향 땅을 식읍으로 받았다.

이어 항우를 자조에서 무찔렀고 외항현에서 왕무(王武)와 정처(程處)의 군대를 격파하였다. 하지만 항우는 팽성에서 유방을 무찌르고 노(魯)와 양(梁) 땅을 회복했다.

번쾌는 형양으로 돌아와 2천 호를 식읍으로 하사받고 광무산 수비를 맡았다. 1년 후에 항우를 공격해 양하현을 함락하고 주장군의 군사 4천 명을 사로잡았다. 다시 진현에서 항우를 포위해 크게 무찔렀고, 호릉 땅을 빼앗았다.

항우가 죽자 유방은 한나라 고조 황제에 올랐다. 번쾌는 공로가 많아 8백 호의 식읍을 더 받았다. 이 무렵 유방에게 반기를 든 연(燕)나라 왕 장도(藏荼)를 공격해 사로잡고 연나라를 평정하였다.

또 초나라 왕으로 삼은 한신이 반란을 일으키자 번쾌는 유방을 따라 초나라를 평정하고 한신을 체포하였다. 이에 유방이 그 공로를 인정하여 제후의 부절(符節)을 주어 대대로 세습하게 했으며, 무양(舞陽)을 식읍으로 주어 무양후(舞陽侯)라고 칭했다. 이 무렵 대(代) 땅에서 한왕 신이 모반을 일으키자 역시 번쾌가 평정하였다.

양국, 백인, 동국 지역을 공격할 때도 가장 먼저 성에 올랐고 27개의 현을 함락하였다. 이 공로로 좌승상(左丞相)에 올랐다. 기무앙(綦毋卬)과 윤반(尹潘)의 군대를 격파했고, 흉노족(匈奴族)인 왕황(王黃)의 군대를 물리치고, 삼합(參合)에서 한신의 군대를 공격했다. 이때 번쾌의 사병이 한왕 신의 목을 베었다.

횡곡(橫谷)에서 진희의 오랑캐 기마병을 공격해 장군 조기를 참수하였고, 대(代)나라의 승상 풍량, 태수 손분, 대장 왕황 등 10명을 생포했다. 이렇게 대 땅의 73개 향과 읍을 평정하였다. 이후 연나라 노관이 반란을 일으키자 공격하여 18개 현과 51개 향읍을 평정하였다. 이 공로로 1천3백 호의 식읍을 더 받아 무려 식읍이 5천4백 호에 이르렀다.

번쾌는 유방의 아내인 여후(呂后)의 동생 수(須)를 아내로 맞이해 아들 항(伉)을 낳았다. 그로 인해 다른 장군들보다 유방과 가까울 수 있었다.

이전에 경포가 반란을 일으켰을 때, 유방은 병이 깊어 누워 있었다. 사람을 만나고 싶지 않아 궁궐 깊숙한 곳에 있으면서 어느 신하도 들어오지 못하게 하였다. 그러자 열흘 넘도록 아무도 들어가지 못했다. 그러나 번쾌가 궁궐의 작은 문을 열고 곧바로 들어가자 대신들이 뒤따랐다. 유방은 환관의 무릎을 베고 홀로 누워 있었다. 번쾌가 유방을 보고 눈물을 흘리며 말했다.

"이전에 폐하께서는 저희들과 함께 풍과 패현에서 군사를 일으켰을 때 얼마나 대단하셨습니까? 이제 천하가 평정되었는데 어찌 이리도 지쳐 보이십니까. 폐하의 병이 깊어 모든 신하들이 놀라 두려워하고 있는데 어인 일로 국사는 멀리하시고 환관 한 사람과 더불어 상대하고 계신 겁니까? 폐하께서는 예전 환관 조고의 교훈을 잘 알고 계시지 않으십니까?"

그 말에 유방이 빙그레 웃으며 자리에서 일어났다.

그 후 노관이 반란을 일으키자 유방은 번쾌에게 진압을 명령했다. 그러나 유방이 병이 심했던 중이라 누군가 번쾌를 헐뜯어 말했다.

"번쾌는 여씨(呂氏)와 작당하여 만일 황제가 세상을 뜨면 그 즉시 군대를 이끌고 황제께서 총애하시는 비빈 척씨(戚氏)와 막내아들인 조나라 왕 여의(如意)의 일족을 멸하고 말 것입니다."

유방이 이 소리를 듣고 크게 진노하여 진평을 시켜 번쾌 대신 군대를 통솔하고, 즉각 번쾌를 참수하라고 명했다. 하지만 진평은 여후의 후환이 두려워 번쾌를 장안으로 압송해 왔을 뿐이었다. 이후 유방이 죽자 권력을 쥔 여후는 번쾌를 석방시켜 이전의 식읍을 되돌려 주었다.

효혜제(孝惠帝) 6년, 번쾌가 죽자 무후(武侯)라는 시호가 내려졌다. 아들 번항(樊伉)이 그 자리를 이었다. 유방 이후 전권을 휘둘러 대신들을 두렵게 한 여후는 9년 후에 죽었다. 이에 원한을 품고 있던 대신들이 여씨

자제들과 일가를 주살하였고 그 여파로 번항 또한 참수당했다.

그 후 효문제가 즉위하면서 번쾌의 서자 번불인(樊市人)을 무양후로 책봉하고 옛 작위와 식읍을 되돌려 주었다. 번불인이 29년 후에 죽고 그의 아들 번타광(樊他廣)이 대를 이어 후작이 되었다.

6년 후, 번타광의 가신 하나가 죄를 지어 벌을 받게 되자 번타광에게 원한을 품고 곧바로 상소를 올렸다.

"이전에 번불인은 병이 있어 자식을 가질 수 없는 처지였습니다. 그래서 자기 아내와 동생에게 음란한 행위를 하게 하여 번타광을 낳았습니다. 그러니 타광은 실제로 번불인의 아들이 아니니 후작의 대를 이을 수 없사옵니다."

효경제(孝景帝)는 법관을 불러 판결하였다.

"번타광의 후작을 박탈하고 평민으로 삼고 기존의 모든 봉읍은 해제한다."

이로서 번쾌의 가통이 끊어지고 말았다.

역상

역상(酈商)은 진류현(陳留縣) 고양(高揚) 사람이다. 진나라의 폭정에 맞서 진승(陳勝)이 처음 반란을 일으켰을 때, 역상은 수천 명의 무리들을 이끌고 노략질을 다녔다. 친형 역생(酈生)이 유방의 편에 서자 무리 4천 명을 이끌고 유방을 따랐다.

유방이 장사현을 공격할 때 역상은 용맹한 장수답게 가장 앞장서서 적의 성벽에 올랐다. 이후 유방을 따라 낙양 동쪽에서 진나라 군사를 격파하고 완현과 양현을 함락하였다. 독자적으로 군대를 이끌고 순관을 공격하고 한중군을 평정했다.

항우가 진나라를 멸망시키고 휘하 장수들을 각지의 왕으로 임명할 때 유방을 한나라 왕으로 삼았다. 이어 유방은 역상에게 신성군(信成君)의 작위를 내리고 장군의 직책인 농서군 도위로 삼았다. 이후 역상은 북지군과 상군을 평정했다. 오지현에서 옹국(雍國)의 장군을 격파하고, 순읍현에서 주류(周類)의 군사를 격파하고, 이양현에서 소장(蘇駔)의 군사를 격파하였다. 이 공로로 무성현의 육천 호를 식읍으로 받았다.

항우가 죽자 유방은 한나라 황제의 자리에 올랐다. 그해 가을 연(燕)나라 장도(臧荼)가 반란을 일으키자 역상은 유방을 따라 용탈에서 반란군을 물리쳤다. 이 공로로 우승상(右丞相)에 올랐다. 또한 열후(列侯)의 작위와 제후의 부절을 받아 대대로 세습을 허락받았다. 탁현 5천 호를 식읍으로 받아 탁후(涿侯)라 봉했다.

이어 역상은 상곡군과 대군과 안문군을 평정했다. 반란군 진희를 공격하여 동원현을 점령하였고, 역시 반란군 경포를 공격하여 격파하였다. 이 공로로 곡주현의 5천 호를 식읍으로 받고 이전 식읍은 모두 반환하였다.

역상은 도합 3개의 군대와 6개의 군과 73개의 현을 항복시켜 평정하였고, 승상과 대리승상과 대장 각 1명, 소장 2명, 2천 석에서 6백석 관원 19명을 생포했다.

이후 고조 유방이 죽었다. 고조의 아내 여태후는 태자의 나이가 어린 것을 걱정하여 신하 심이기와 모의하여 황제의 붕어를 공표하지 않았다. 하지만 사실은 여태후가 권력을 잡기 위해 유방의 한나라 공신들을 모두 죽이고자 하는 계획이었다. 이를 알게 된 역상이 심이기를 찾아가 설득했다.

"개국공신 진평과 관영의 군대가 형양에 주둔하고 있고, 번쾌와 주발이 노관의 난을 평정하러 대군을 끌고 나갔으니 후일에 돌아오면 당신에게 위협이 될 것이오. 그러니 더는 황제의 죽음을 숨기지 마시오."

그러자 심이기가 고조의 승하를 곧 발표했다.

역상은 이어 효혜제와 여태후 시기에는 병이 들어 모시지 못했다. 하지만 아들 역기(酈寄)가 여씨 일족인 장군 여록과 친하게 지냈다. 여태후가 죽자 한나라 공신들이 모의해 여씨 일족을 제거하려고 했다. 하지만 이 무렵 여산이 남군을, 여록이 북군을 통솔하고 있어 태위인 주발로서도 군사를 함부로 지휘할 수 없었다.

이때 주발이 역상의 아들 역기가 여록과 친한 것을 알고는 역상을 협박했다. 그러자 역상은 역기에게 여록을 속이도록 했다. 여록이 역기의 말을 믿고 함께 밖으로 놀러 나갔다. 그 틈을 타서 주발이 군영으로 들어가 북군을 장악했다. 이를 계기로 마침내 여씨 일족을 몰살하게 되었다.

그 해에 역상이 죽었다. 경후(景侯)라는 시호가 내려졌다. 아들 역기가 대를 이어 곡주후가 되었다. 하지만 사람들은 역기는 친구를 팔아먹은 자라고 수군거렸다.

효경제 전원 3년, 황제는 역기를 장군으로 삼아 조나라의 반란을 섬멸토록 했다. 하지만 10개월이 지나도 함락하지 못했다. 난포 장군이 제나라의 반란군을 평정하고 와서 힘을 보태주자 그제야 조나라의 도성을 함락하였다. 이때 조나라 왕은 스스로 목숨을 끊었다.

1년 후, 역기가 효경제의 생모인 평원군(平原君) 장아(臧兒)를 부인으로 삼으려 하자 황제가 노하여 역기를 옥에 가두고 후작을 박탈하였다. 대신 역상의 다른 아들 역견을 목후로 봉하고 대를 잇게 했다. 역견이 죽자 그의 아들 역수성이 대를 이었고, 역수성이 죽자 그의 아들 역세종이 대를 이었고, 역세종이 죽자 그의 아들 역종근이 대를 이었다. 하지만 역종근은 죄를 짓게 되어 봉읍과 후작을 모두 몰수당했다.

하후영

여음후(汝陰侯) 하후영(夏侯嬰)은 패현(沛縣) 사람이다. 본래 관헌의 마구간지기였다. 수레에 손님을 모시고 전송하고 돌아올 때면 패현의 사상정(泗上亭)에서 유방을 만나 밤새 이야기하곤 하였다.

젊은 시절 어느 날, 유방이 장난을 치다가 하우영에게 상처를 입히게 되었다. 이때 하우영은 현의 말단 관리였고 유방은 한 마을의 이장인 정장이었다. 관리가 되어 남에게 상처를 입히면 가중처벌을 받는 것이 관례였다. 그런데 어떤 이가 하우영이 다친 일을 고발하였다. 유방은 결코 그런 일이 없다고 진술하였고, 하우영도 그렇게 증언하였다. 하지만 사건을 심의한 형리가 하우영에게 위증죄라 하여 1년 옥살이와 곤장 수십 대를 판결했다. 그러나 유방에게는 혐의가 없다고 하여 풀어주었다.

유방이 진나라에 반기를 들어 패현을 공격하려 했을 때, 하후영은 유방의 사신 역할을 맡았다. 유방이 패현을 하루아침에 점령하여 패공이 되자, 하후영은 칠대부(七大夫)의 작위를 받았고 유방의 수레를 모는 태복(太僕)으로 임명되었다.

하후영은 유방을 따라 진나라를 공격하여 제양현과 옹구현을 점령하였다. 맹렬히 전차를 몰고 싸운 공로로 집백(執帛)의 직위에 올랐다. 이후 유방을 모시고 장한의 군대를 공격할 때에 전차를 몰고 적들을 추풍낙엽처럼 초토화시킨 공로로 집규(執珪)에 올랐다.

또한 개봉에서 조분(趙賁)의 군대를, 곡우에서 양웅(楊熊)의 군대를 수레에 유방을 모신 채 공격하여 크게 무찔렀다. 이 싸움에서 하후영은 포로 68명, 사병 850명을 항복시켰으며 많은 군수품을 노획하였다. 다시 낙양 동쪽 진나라를 공격할 때 전차를 잘 몰아 적을 물리친 공로로 등공(藤公)이라는 작위를 받았다.

항우가 진나라를 멸망시키고 유방을 한나라 왕으로 봉했다. 유방은 하후영을 열후에 봉하고 소평후(昭平侯)라 칭했다. 다시 태복으로 활약하여 촉과 한나라를 누볐다.

하후영이 유방을 따라 항우를 공격했는데 팽성에서 항우에게 크게 패했다. 유방은 불리하다고 여겨 급히 달아나는 처지였다. 그런 위급한 순간에 하우영은 유방의 어린 두 자식 효혜(孝惠)와 노원(魯元)을 길에서 발견하였다. 잠시 수레를 세워 두 아이를 태웠다. 그로 인해 수레가 무거워 말은 지치고 적은 점점 가까이 쫓아와 사태가 위급해졌다. 그러자 유방이 냉정하게 두 아이를 발로 차서 수레 밖으로 떨어뜨렸다. 그 순간 하후영이 가까스로 두 아이를 받아 자신의 목을 껴안게 하고 치달렸다. 유방은 목숨이 위태로운 상황이라 하우영의 그 처신이 맘에 들지 않았다. 수레가 달리는 내내 몇 번이나 하후영의 목을 베려고 칼을 뽑아 들었지만 참고 참았다. 마침내 적의 추격을 벗어나게 되자 유방이 칼을 거두었다. 이어 하후영이 두 아이를 풍 땅에 있는 유방의 아내에게 넘겨주었다.

유방은 형양에 도착해 흩어진 병사들을 다시 모으고 세력을 회복하였다. 하우영은 다시 유방을 모시고 항우를 공격했는데, 이번에는 진현까지 추격하여 마침내 초나라를 평정하였다. 하후영은 이 공로로 노(魯) 땅으로 돌아가고 자씨현(玆氏縣)을 식읍으로 받았다.

유방이 한나라 고조 황제에 즉위하였다. 그해 가을 연나라 왕 장도가 반란을 일으키자 하후영은 태복의 자격으로 유방을 모시고 출전하여 평정하였다. 다음 해 초나라 왕 한신이 반란을 꾀하다가 사로잡혔다. 유방은 하후영에게 여음현(汝陰縣)을 식읍으로 하사하고 대대로 승계하도록 하였다.

하후영이 고조 유방을 따라 대 땅을 공격하여 무천과 운중까지 평정한 공로로 식읍 1천 호를 더 받았다. 그 여세를 몰아 진양현 부근에 있는 흉노 기마병을 쳐서 크게 이겼다. 유방이 계속 적을 추격하다가 평성현에 이르러 흉노에게 포위되어 일주일 동안 연락이 두절되었다.

유방이 흉노의 왕비인 연지에게 후한 예물을 보내자 한쪽 포위망이 해제되었다. 유방은 급히 달아나려 했지만 하후영이 만류하였다.

"화살 시위를 적을 향하게 하여 천천히 걸어야 합니다. 그렇지 않으면 적의 기습을 당할 수 있습니다."

유방이 그 말을 따라 행동하여 무사히 탈출할 수 있었다. 후에 하우영은 다시 유방을 따라 구주산 북쪽에서 흉노의 기마병을 공격해 크게 무찔렀다. 평성현 남쪽에서 흉노의 기마병을 공격해 세 차례나 무찔렀는데 그 공로로 5백 호를 식읍으로 받았다. 또 진희와 경포의 반란군을 공격해 무찌르고 1천 호의 식읍을 받았다. 여음현의 6천9백 호의 식읍을 확정하고 이전의 식읍은 반납하였다.

하후영은 유방이 처음 패현에서 봉기할 때부터 황제의 자리에서 서거할 때까지 항상 태복의 자리에 있었고 이후 효혜제까지 섬겼다.

유방의 아내인 여후는 하후영이 하읍현에서 효혜제와 노원공주를 목숨을 걸고 무사히 탈출시킨 것에 대해 항상 감사하게 생각하던 터라, 궁궐 북쪽에 제일 훌륭한 저택을 지어 주었고 각별히 존중하였다.

효혜제가 서거하자 하후영은 태복의 신분으로 여후를 섬겼다. 이후 여후가 서거하자 하후영은 동모후(東牟侯)와 모의하여 궁중에 들어가 여씨 잔당을 처치하고 효혜제의 비빈에게서 난 소제(少帝)를 폐위시켰다. 이어 천자의 어가를 가지고 대신들과 함께 대왕(代王)을 관저로 영접하여 천자의 자리에 오르게 하니 이가 곧 효문제이다. 그 무렵에도 하후영은 태복으로 있었다. 8년 후 하후영이 죽었다. 시호는 문후(文侯)이다.

그의 아들 조(竈)가 식읍을 계승했는데 7년 후에 죽었다. 이어 조의 아들 사(賜)가 대를 이었고 31년 후에 죽었다. 사의 아들 파(頗)가 평양공주와 결혼했다. 하지만 부친의 첩과 간통한 죄로 처벌받게 될 것을 두려워하여 자살했다. 이로써 모든 걸 박탈당했다.

관영

　영음후(潁陰侯) 관영(灌嬰)은 수양현(睢陽縣)의 비단 장사였다. 유방을 따라 성무(成武)에서 동군을, 강리에서 진나라 군대를 각각 격파했다. 이 공로로 칠대부에 올랐다. 이어 박(亳), 개봉(開封), 곡우(曲遇)에서 진나라를 공격하여 그 공로로 집백(執帛)의 직위와 선릉군(宣陵君)이라는 칭호를 얻었다.

　다시 유방을 따라 양무 서쪽에서 낙양에 이르기까지 진나라를 공격하고 북쪽으로 황하의 나루를 봉쇄했으며 남쪽으로 남양군을 평정하였다. 또 서쪽으로 남전에서 치열한 전투를 벌였다. 그 공로로 집규(執珪)에 올랐고 창문군(昌文君)이라 칭했다.

　유방이 한나라 왕으로 즉위하자 관영은 낭중(郎中)에 임명되었다. 얼마 후 왕의 접견을 담당하는 중알자(中謁者)에 올랐다. 항우의 부하 용저 장군과 위나라 재상 항타를 공격하여 크게 무찌른 공로로 열후의 작위를 받고 창문후라 칭했다.

　형양에서 초나라 군대가 공격해 오자 유방은 군대 내에서 기마술이 뛰어난 자를 뽑도록 하였다. 그러자 장수들이 말했다.

　"진나라 기마병 출신인 이필(李必)과 낙갑(駱甲)이라는 자가 있습니다. 지금은 교위에 있지만 기병대장으로 내세울 만합니다."

　유방이 그 말대로 둘을 대장으로 임명하려 하자 이필과 낙갑이 나서며 말했다.

　"저희는 본래 진나라 출신이라 저희가 대장이 되면 병사들이 저희를 믿지 못할 것입니다. 그러하오니 대왕의 측근 중에서 기마에 능한 자를 선발하시어 저희로 하여금 그분을 보좌하게 해 주십시오."

유방이 곧바로 관영을 중대부로 임명하고 이필과 낙갑을 좌우 교위로 삼았다. 이어 관영이 군대를 거느리고 초나라를 공격하였다. 초나라의 군량 보급로가 차단되고, 항우의 휘하 장군 항관을 무찌르고, 우사마(右司馬)와 기병대장의 머리를 베었다. 또 왕무를 공격하고 누번(樓煩)의 부대장 다섯 명과 연윤(連尹) 한 명을 참수하였다. 백마현 일대에서 왕무의 별동대장을 물리치고 휘하의 도위 한 명을 참수했다. 관영은 그 공로로 어사대부(御史大夫)에 올랐다.

이후 관영은 기마대를 이끌고 한신의 부대에 편입되어 역성에서 제나라 군대를 격파하였다. 거기장군 화무상과 그 휘하의 장수 46명을 사로잡았고, 제나라 수도 임치를 점령하고, 제나라 재상 전횡을 추격하여 그의 기마부대를 격파하였다.

또 영현과 박읍을 공격하여 휘하의 병사가 제나라 장군 전읍의 목을 베었다. 한신을 따라 고밀현을 공격했는데 휘하의 병사가 적장 용저를 참수하고 우사마, 연윤, 장군 등 10여 명을 생포하였다. 관영은 부대장 주란을 사로잡았다.

제나라가 평정되자 한신은 제나라 왕위에 오르고 관영을 별동대장으로 삼았다. 이때 관영은 초나라 장군 공고(公果)를 무찌르고 설군(薛郡)의 태수를 격파하였다. 관영은 직접 적의 기병대장을 포로로 잡았다. 회수 지역을 점령하자 항우의 휘하 장군 항성, 설공, 담공이 공격해왔다. 이때 관영은 하비에서 항성과 담공을 격파하였고 설공의 목을 베었다. 또 팽성을 무너뜨리면서 항타를 사로잡고 7개 현을 항복시켰다.

이어 유방을 따라 진성 아래에서 항우의 군대를 격파하였는데 휘하의 병사가 장군 두 명을 참수하였고 기병대장 여덟 명을 포로로 잡았다. 이 공로로 식읍 2천5백 호를 받았다.

해하(垓下) 싸움에서 항우가 패하고 달아나자 관영이 기마병을 이끌고 추격하여 격파하였다. 휘하 병사 다섯 명이 항우를 참수해 모두 열후의 작위를 받았다. 관영은 항우의 좌우 사마와 장교와 사병 2천 명을 생포하였다. 이어 동성과 역양을 함락하고 양자강을 건너 오군의 태수를 체포하고 그 일대를 점령하였다. 귀국하여 회수 북쪽 52현을 평정하였다.

유방이 한나라 황제의 자리에 등극하자 관영에게 식읍 3천 호를 하사했다. 그해 가을 고조 유방을 따라 연나라 왕 장도를 토벌하였고, 이어 초나라 왕 한신을 체포하고 귀국하였다. 이 공로로 영음의 땅 2천5백 호를 식읍으로 하사받았고 영음후(潁陰侯)라 칭하였다.

다시 유방을 따라 한왕 신을 공격하고, 누번 북쪽 6개 현을 함락하였으며, 대나라의 좌상을 참수하였고, 무천에서 흉노 기마병을 격파하였다. 진양 일대에서 휘하의 병사가 흉노족의 백제 장군을 참수하였다. 관영은 연, 조, 제, 양, 초나라의 연합군을 이끌고 흉노를 격파하였다. 평성에서 한때 흉노에게 포위되었다가 풀려나기도 했다.

고조 유방을 따라 진희를 공격하여 휘하의 사병이 진희의 재상 후창과 특임장수 다섯 명을 참수하였다. 그 일대 5개 현과 동원을 무너뜨렸다. 경포가 반란을 일으키자 관영이 장군의 신분으로 출전하여 무찔렀고 별동대장, 부대장, 장군 등 3명을 참수하였다. 이 공로로 2천5백 호의 식읍을 새로 받았다.

관영의 공적은 2천 석 이상의 식읍을 받는 관원 두 명을 체포하였고,

단독으로 16개의 군대를 격파하였으며, 46개 성을 함락하였다. 1개 국, 1개 군, 52현을 평정하였으며 장군 두 명, 재상 한 명, 2천 석 관원 열 명을 생포하였다.

관영이 경포의 내란을 평정하고 귀국하자 고조 유방이 죽었다. 이후 여후를 섬겼다. 여후가 죽자 상장군 여록이 스스로 조나라의 왕이 되어 반란을 일으켰다. 제나라 애왕(哀王)이 이 소식을 듣고 여록은 왕이 될 수 없는 자라고 비난하며 군대를 동원하여 치려고 하였다.

그 무렵 한나라의 군사력은 여씨 일족이 장악하고 있었다. 여록은 관영에게 군사를 주어 제나라를 진압하도록 했다. 하지만 관영은 태위 주발, 승상 진평 등과 모의하여 여씨 일족을 몰아낼 작정이었다. 관영이 군대를 이끌고 형양에 주둔하면서 슬그머니 모의에 관한 소문을 흘렸다. 그러자 제나라 군대가 진격을 멈추었다. 그 틈에 주발이 여씨 일족을 몰살시켰다. 제나라 애왕과 관영은 군대를 해산하고 돌아갔다. 조정에 돌아온 관영은 주발 진평과 함께 고조의 아들 대나라 왕을 황제로 세우니 이가 곧 효문제(孝文帝)이다. 효문제는 관영에게 식읍 3천 호를 내리고 황금 1천 근을 하사하며 태위로 삼았다.

3년 후 주발이 재상에서 물러났다. 관영이 그 뒤를 이어 재상에 올랐다. 그 해 흉노들이 대대적으로 침입해 오자 관영은 기마병 8만 5천 명을 거느리고 공격에 나섰다. 흉노를 무찔렀으나 제북왕이 반란을 일으키자 서둘러 귀국해야 했다.

1년 후 승상 관영이 죽었다. 시호는 의후(懿侯)이다. 그의 아들이 작위를 이어가다가 후대에 수뢰죄에 연루되어 작위와 식읍이 모두 해제

되었다.

　태사공은 말한다.
"내가 풍과 패 지역에 가서 그곳 노인들을 방문한 적이 있다. 소하, 조참, 번쾌, 등공의 옛 집을 살펴보니 들은 바가 매우 기이했다. 그들이 칼을 휘두르며 개를 도살하거나 비단을 팔거나 할 때 어찌 파리가 준마의 꼬리에 붙어 천 리를 가듯이 자신들이 고조 유방을 만나 한나라 조정에 이름을 날리고 자손들에게 은덕을 내릴 수 있으리라 생각했겠는가? 나는 번타광과 교류하였는데 그는 나에게 한나라 개국 공신들의 처음 상황을 이와 같다고 들려주었다."

- 제36편부터는 2권에서 계속됩니다. -

참고문헌

교양으로 읽는 중국사, 박영규 지음, 웅진씽크빅, 2005년.

史記, 사마천 지음, 중화서국, 1982년.

史記 강의(한나라 무제 편), 왕리췬 지음, 홍순도 옮김, 김영사, 2011.

史記를 탄생시킨 사마천의 여행, 후지타 가쓰히사 지음, 주혜란 옮김, 도서출판 이른
　　　　아침, 2004년.

史記列傳, 김병총 평역, 집문당, 1994년.

史記列傳, 김하중 옮김, 금성출판사, 1989년.

史記列傳, 박성연 옮김, 아이템북스, 2007년.

史記列傳, 연변대학 편찬, 서해문집, 2009년.

史記列傳, 홍석보 옮김, 삼성문화재단, 1975년.

史記列傳 1~2, 권오현, 일신서적출판사, 1991년.

史記列傳 상중하, 박정수 옮김, 청목사, 1994년.

史記列傳 상중하, 정범진 외 옮김, 까치, 1995년.

史記列傳 상중하, 최익순 옮김, 백산서당, 2014.

史記列傳 상하, 이상옥 옮김, 명문당, 2009년.

史記列傳(사람에게 비추어 시대를 말한다), 이인호 씀, 천지인, 2006년.

사기영선(정조대왕이 가려 뽑은 사기의 백미), 정조 엮음, 일빛, 2012년.

사기정선, 제혜성 엮음, 계명대학교출판부, 2007년.

司馬遷과의 대화, 김영수 지음, 새벽, 2013년.

司馬遷과 함께하는 역사여행, 다케다 다이준 저, 하나미디어, 1993.

司馬遷 사기 1~3, 유소림 옮김, 사상사회연구소, 2002년

司馬遷, 에덤스미스의 뺨을 치다, 오귀환 지음, 한겨레신문사, 2005년.

司馬遷의 사기, 이선규 편역, 서울대학교출판부, 2007년.

司馬遷 평전, 張大可 지음, 商務印書館, 2013년.

司馬遷 평전, 지전화이 지음, 김이식 옮김, 글항아리, 2012년.

역사의 혼 司馬遷, 천퉁성 지음, 이은희 옮김, 이끌리오, 2002년.

위대한 역사가 司馬遷, 버튼 워슨 저, 박혜숙 옮김, 한길사, 1995년.

이야기 사기열전, 최범서 옮김, 청솔출판사, 1995년.

인간 司馬遷, 하야시다 신노스케 지음, 심경호 옮김, 강, 1997.

자유인 司馬遷과 '사기'의 세계, 미야자키 이치사다 지음, 이경덕 옮김, 다른세상, 2004.

전국시대 이야기 상하, 조면희 지음, 현암사, 2007년.

중국 고대의 신들, 하야시 미나오 지음, 박봉주 역, 영림카디널, 2004년.

중국의 고대 신화, 袁珂 著, 鄭錫元 譯, 문예출판사, 1991.

진시황 강의, 왕리췬 지음, 홍순도 옮김, 김영사, 2013년.

진시황 평전, 장펀톈 지음, 이재훈 옮김, 글항아리, 2011년.

진시황(천하제패), 란위페이 지음, 민경삼 옮김, 세종서적, 2008년.

춘추전국열전, 김영수 역해, 동서문화사, 2011.

패권의 시대, 리우웨이, 허홍 공동지음, 조영현 옮김, 시공사, 2004년.

한나라 세계 최대의 왕국, 거지엔송 지음, 이성희 옮김, 따뜻한 손, 2009년.

한 눈에 익히는 사기열전, 동양고전연구회 옮김, 나무의 꿈, 2010년.

한무제, 요시카와 고지루 저, 정연우 옮김, 명문당, 1993년.

한무제 평전, 양성민 지음, 심규호 옮김, 민음사, 2012년.

한비자 1~2, 이운구 옮김, 도서출판 한길사, 2002년.

항우와 유방 1~3, 시바료타로 지음, 양억관 옮김, 달궁, 2002년.

항우 유방, 오하일 지음, 동서춘추, 1992년.

고전에서 배우는
지략과 처세

사기열전(上)

1판 1쇄 발행 2015년 10월 15일
1판 2쇄 발행 2018년 4월 13일

지은이 • 사마천 ┃ 옮긴이 • 김치영
펴낸이 • 정영석 ┃ 펴낸곳 • **마인드북스**
주   소 • 서울시 동작구 양녕로25길 27, 403호
전   화 • 02-6414-5995 ┃ 팩   스 • 02-6280-9390
출판등록 • 2009년 3월 5일 제25100-2016-000064호
이메일 • mindbooks@nate.com
홈페이지 • http://www.mindbooks.co.kr

© 김치영, 2015
* 역자와의 협약으로 인지는 생략합니다.

ISBN 978-89-97508-19-8 04910
ISBN 978-89-97508-18-1 세트

이 도서의 국립중앙도서관 출판예정도서목록(CIP)은 서지정보유통
지원시스템 홈페이지(http://seoji.nl.go.kr)와 국가자료공동목록시스템
(http://www.nl.go.kr/kolisnet)에서 이용하실 수 있습니다. (CIP제어
번호 : CIP2015023105)